食品添加物事典

新訂第二版

樋口　彰

佐仲　登

高橋　仁一　編著

食品化学新聞社

新訂第二版の発刊にあたって

　食品の製造工程においては，種々の食品添加物が使用されており，食品の開発，製造等においては，食品添加物の基礎知識，内容確認等が必要になるものと考えられます。

　日本で食品に使用できる食品添加物は，指定添加物が454品目，既存添加物添加物が365品目，一般飲食物添加物が約70品目であり，天然香料を除いた数は約900品目となります。これら約900品目について基本的情報をまとめたのが「食品添加物事典」です。

　初版については，日高徹氏および湯川宗昭氏共同編著で1997年（平成9年）に発行されました。

　続いて，新たな食品添加物の指定と削除などに伴い，2001年に改訂を行い，改訂増補版として発行されました。

　続いて，編著の中心であった日高徹氏が2003年2月に亡くなられたことから，湯川宗昭氏一人が編著にあたられ，2009年（平成21年）に「食品添加物事典 新訂版」というタイトルを採用し，新訂第一版として発行されました。

　その後，平成21年に，消費者行政の司令塔として消費者庁が発足し，食品の表示に関しても消費者庁に統合されました。さらに，「農林物資の規格化及び品質表示の適正化に関する法律（JAS法)」，「食品衛生法」および「健康増進法」における表示に関する規定の統合により，「食品表示法」および「食品表示基準」が公布され，平成27年4月1日より施行されました。

　この間，平成23年には，既存添加物の第3次消除が行われ，53品目が消除され，365品目となりました。指定添加物に関しては，66品目が新規指定され，454品目となりました。

　平成29年11月には，第9版食品添加物公定書が告示され，酵素62成分規格，酵素以外27成分規格が新規収載され，平成30年11月より完全施行されました。さらには，平成30年6月には，HACCPに沿った衛生管理の制度化，食品用器具・容器包装のポジティブリスト制度化などを柱とする食品衛生の改正が行われ，順次施行されることとなっています。

　これらの状況変化に加えて，新訂第一版の発行後10年を経過していることから，改訂版（新訂第2版）の発行が必要となりましたが，新訂第一版の編著者の湯川宗明氏が平成22年10月に亡くなられたことから，樋口彰，佐仲昇および高橋仁一の3名の共同で編著にあたらせていただくこととな

りました。

　本書が，食品および食品添加物に携わる皆様のお役に立てれば幸いです。

　最後に，「別表第1収載の食品添加物物質名表」および「使用基準」の項について，食品表示ポケットブックよりの転載のご快諾をいただいた一般社団法人日本食品添加物協会に深謝します。

　なお，平成9年の初版発刊時の編著者日高徹氏および湯川宗昭氏による「はじめに」を再掲載いたしましたので，ご一読いただければ幸いです。

2019年（令和元年）7月

編著者　**樋口　彰**（一般社団法人日本食品添加物協会　常務理事）

　　　　佐仲　登（一般社団法人日本食品添加物協会
　　　　　　　　　　　　　　　　　　　シニアアドバイザー）

　　　　高橋　仁一（一般社団法人日本食品添加物協会　顧問）

はじめに

　現在，日本では900余の食品添加物が登録されている。この中には，349品目の指定添加物と489品目の既存添加物もあり，さらに，天然香料及び「一般に食品として飲食に供されるものであって添加物として使用されるもの」もある。

　食品添加物といっても，個々の物質，例えば「グッタペルカ」，「ノルビキシンカリウム」，「プロポリス抽出物」，「メチルヘスペリジン」などを，その性質，用途，法的な規格基準，使用した場合の食品での表示方法などについて，具体的にイメージできる人は，非常に稀であるといえよう。

　平成7年（1995年）の食品添加物の制度の見直しを中心とする食品衛生法の抜本的な改正により，いわゆる天然添加物も食品添加物としての指定制度の枠がかかることになるとともに，既存添加物という新たな例外措置も講じられている。この改正された食品衛生法は，平成8年5月から実効されており，既に1年が経過しようとしている。

　ところで，巷間には，数ある食品添加物の一部を解説した書物類，指定添加物あるいは既存添加物またはいわゆる天然添加物に限って解説を加えた書物・便覧類は流布している。しかし，残念ながらすべての食品添加物を解説した事典や書物がなく，食品添加物を扱う食品業界や食品添加物業界は，各種の書籍から必要な部分を調べることを余儀なくされてきた。

　近年の食品の多様化，高品質化，生産の合理化などによる食品業界の競争の激化に伴い，食品添加物の有効な活用がますます要求される時代となっている。このため，食品製造の技術者や関連業界の人達が，個々の食品添加物の性質や機能を簡単に知ることができれば，どんなに便利であろうと考えてきた。

　今回の食品衛生法の改正を機に，幸にも，長年の念願であった全ての食品添加物を網羅する「食品添加物事典」をまとめる機会が与えられ，本事典を発行することができた。

　本事典には，「品目編」として本年4月17日に新たに指定されたキシリトールを含む全ての指定添加物，既存添加物，通常は食品であるが添加物としての使用方法があるもの（通常食品）を含む900余の食品添加物について，個々の製品での表示方法があるもの，主な用途，使用基準の有無と

その内容，成分規格の有無，食品での表示方法，国際的な評価と使用の可否などを記し，さらに「用語編」として約100にのぼる食品添加物に関連する用語の解説を行っている。また，使用する立場から，付録として簡略化した使用基準を収載し，索引では，460を越える別名からの検索も可能となるよう配慮している。

　本事典により，数多い食品添加物の個々の品目の概要を理解し，より効果的に食品添加物が活用されることで，食品工業の発展に少しでも役立てば幸である。また，本事典がこれら食品に携わる人々の学習の一助になれば，これまた望外の幸といえよう。

平成9年 春　　　　　　　　　　　　　　　　　　　　編 著 者

日高　　徹

湯川　宗昭

凡　例

1.　編集方針

　この食品添加物事典は，食品添加物がより正しく理解され，さらに有効に活用されることを目的として，わが国で使用できる約900品目の食品添加物について，個々の品目の本質，性状，食品添加物としての機能や用途の概要を解説している。わが国の食品添加物は平成7年（1996年）春の食品衛生法一部改正により，従来の化学的合成品に限られていた指定制度から，諸外国と同様に，化学的合成品であるとか，天然物由来であるとかいう区別なく総て指定を受けることに改められた。

　ただ，「天然香料」と「添加物としての使用もあるが通常は食品と見なされている物」（一般飲食物添加物）については指定を免除された。また，法改正が告示された時点ですでに市場にあったいわゆる天然添加物については，例外として指定を受けずに引き続いて使用できる「既存添加物」として区別され，「既存添加物名簿」がつくられた。

　2019年7月1日の時点では，日本で使用できる食品添加物の数は，指定添加物463品目，既存添加物365品目，計828品目となっており，他に一般飲食物添加物72品目があるので，合計すると収載品目数は891品目となる。さらに指定添加物および既存添加物の小分類（枝番）品目も個々に収載している。

　本事典は次のような構成で，わが国で使用できる総ての食品添加物（天然香料を除く）について，品目毎にその概要を説明するとともに，食品添加物に関連して汎用される用語についても，概略を解説している。なお，天然香料とわが国では使用できないが，諸外国で汎用されているような食品添加物については関連用語として解説している。

食品添加物 品目編 食品添加物 用語編 付録1 使用基準
付録2　食品添加物の表示名称
索引

2.　本書の使い方 食品添加物 品目編

(1)　品名

　食品添加物の品名を50音（アイウエオ）順に太文字で示した。指定添加物については，「食品衛生法施行規則別表第1」に記載された指定添加物の名称（指定名称）を記載した。また既存添加物については「既存添加物名簿」に記載された既存添加物の名称（既存名称）を記載した。

(2)　指定添加物，既存添加物等の区別

　指定添加物および既存添加物については，それぞれ『(指定)』，『(既存)』と記

載した。また，「一般に食品として飲食に供される物であって添加物として使用される品目」については『(一般飲食物添加物)』と記載した。

(3) 別名

食品添加物の慣用名として，「別表第1」の名称に付記，または「既存添加物収載品目リスト」の品名欄に記載されている別名がある品目について付記した。

(4) 指定名称，名簿名称

指定添加物の範疇物質には（指定名称……），既存添加物の小分類の物質には（名簿名称……）を付記した。

(5) 英名

表記の添加物（成分規格制定品）の名称については，第9版食品添加物公定書における英名を用いた。

(6) 概要

食品添加物の本質，性状，添加物としての機能，使用目的等についての概要を説明した。

指定添加物については，成分規格と使用基準が定められている以外は，製法その他は特に規制されていないので，通常使用されている添加物についての概要を説明した。

既存添加物については，既存添加物収載品目リストに基原物質，製法，成分などが記載されているので，その概要を説明した。なお要約している部分があるので，既存添加物自体を製造，輸入しようとする場合は，原報で詳細を確認されたい。

(7) 主な用途

食品添加物は，品目個々の持つ特性から目的とされる使用方法「主な用途」は決まっている。この欄では，このような主な使用目的を記載した。この場合，食品での食品添加物の表示においては，用途名を併記する必要のある品目や，一括名の範囲に含まれる品目，栄養強化の目的が考えられる品目が定められており，これを参考とした。また，既存添加物については，既存添加物リストに「用途」として記載されているので，これらを記載した。

なお使用基準で用途の限定されている品目があるので，留意されたい。

(8) 使用基準

指定添加物はその大半に，既存添加物は着色料，不溶性鉱物性物質など一部の品目に，使用できる食品やその使用限度量などを定めた使用基準が決められている。そこで使用基準の定められている品目については，その概略を記載した。なお同一の使用基準がある品目が近くにある場合は省略し，記載してある品目を「→」印で示したので，そちらを参照されたい。また限度量の数量を省略した場合もある。現時点における使用基準の概要は付録に記載したが，使用基準のある食品添加物を使用する場合は，限度量など詳細は最新の法規で確認されたい。

(9) 成分規格

食品添加物の成分規格は，日本では「食品，添加物等の規格基準」（厚生省告示第370号）で規定されており，食品添加物公定書に同内容で収載されていることから，成分規格がある場合は「第9版食品添加物公定書」と記載した。

(10) 保存基準

食品添加物自体の保存条件が定められている場合は，その内容を記した。

(11) 安全性

食品安全基本法に基づいて，食品安全委員会で安全性に関する評価を行った品目については，評価結果（ADI（一日摂取許容量）など）を記載した。他の品目で，国際的な評価が行われているものではFAO／WHOと記し，ADI（一日摂取許容量）またはMTDI（一日最大許容摂取量）の決められている品目については，ADIなどを記載した。さらに，他の安全性情報のあるものについては，その概要を記載した。

(12) 表示方法

使用した食品添加物は，食品添加物の品名（別名を含む）で表示することが原則であるが，「簡略名」「一括名」による表示も認められている。また，「保存料」など8種類の用途に使用した場合は，「用途名」の併記が必要である。一方，加工助剤，キャリーオーバー，栄養強化目的の添加物は表示が免除されている。

そこで「簡略名」とその有無，用途名併記の必要な場合はその「用途名」（なお，着色料で品名に「色」の文字のある場合の用途名「着色料」や，増粘多糖類と表示する場合の用途名「増粘剤」は省略できる旨），使用できる一括名がある場合は その「一括名」を記載した。また，使用基準や通常の使用方法で，加工助剤や栄養強化目的に明確に該当する場合はその旨記載した。

なお省略してある場合は，「→」の品目を参照されたい。

(13) 付記

FAO／WHOのINS番号，米国の食品添加物としてのCFR番号およびEUでのE番号がある場合は，その旨を記載した。既存添加物の日本食品添加物協会第4版既存添加物自主規格のある場合はその旨を記載した。その他参考になると考えられる事項がある場合は記載した。さらに，関連する品目を「→」で示した。

記載例

（1） **β－カロテン** （2）（指定）

（3）（別名　β－カロチン）

（5）**英　名**：β-Carotene

（6）**概　要**：カロテンは，ニンジンやカボチャなどで，橙色を呈する色素であり，人の体内では，代謝によってビタミンAとして働くため，プロビタミンAとも呼ばれる。

　　　β－カロテンは，天然のカロテン類の中にもあるが，化学的な合成法による高純度のものが工業的に作られている。また，*Blakeslea trispora* 由来についても，指定添加物「B－カロテン」に該当することが確認されている。

　　　食品に対して黄色～橙色に着色する目的で，めん類，菓子類，マーガリンや飲料など，いろいろな食品に使われる。

　　　また，体内での代謝中に，ビタミンAの働きをすることから健康食品や飲料などにも使われる。β－カロテン12μgはレチノール1μgに相当することとされている。

（7）**主な用途**：着色料，強化剤（ビタミンA前駆体）

（8）**使用基準**：こんぶ類，食肉，鮮魚介類（鯨肉を含む），茶，のり類，豆類，野菜，わかめ類には使用できない。

（9）**成分規格**：第9版食品添加物公定書

（10）**保存基準**：遮光した密封容器に入れ，空気を不活性ガスで置換して保存する。

（11）**安　全　性**：FAO／WHO ADI 0～5mg/kg

（12）**表示方法**：着色の目的で使用した場合 用途名「着色料」併記，または「色素」名で表示 簡略名 カロテン，カロチン，カロテノイド（色素），カロチノイド（色素）強化の目的で使用した場合の表示は免除される（免除にならない食品もある）。

（13）**付　記**：FAO／WHO INS 160a

米国 §73.95，§184.1245（GRAS確認物質）

EU　E 160a

→ イモカロテン，デュナリエラカロテン，ニンジンカロテン，パーム油カロテン

（1）**グリセリン酢酸脂肪酸エステル**（2）（指定）
（4）（指定名称　グリセリン脂肪酸エステル）
（5）**英　　名**：Triacetin
（6）**概　　要**：グリセリンのトリ酢酸エステルで，無色澄明の液体である。
　　　　⋮

（1）**柿タンニン**（2）（既存）
（3）（別名　柿渋，柿抽出物）
（4）（名簿名称　タンニン（抽出物））
（5）**英　　名**：Tannin of Persimmon
（6）**概　　要**：タンニン（抽出物）の一種で，柿の実より搾汁し，または
　　　　水，エタノールで抽出して製造される。主成分はタンニンまたはタン
　　　　ニン酸である。
　　　　→　タンニン（抽出物）。
　　　　⋮

食品添加物 用語編

　本事典でも使用している食品添加物関連で汎用されている用語や，食品添加物を理解するのに参考になると考えられる用語および現在日本で使用が認められていない食品添加物のうち主なものの概要を解説した。

　配列はまずローマ字表示のものをアルファベット順に並べ，次いで漢字および仮名表示のものを50音順に収載する。

既存添加物名簿消除品目

　既存添加物名簿から削除あるいは消除された品目を，消除された日付順に記載し，用語編の最終頁に収載した。これらの品目を再び食品添加物として使用するには，新たな食品添加物として指定される必要がある。

付録1　使用基準

　使用基準の概要を記載した。

付録2　食品添加物の表示名称

　加工食品などの食品添加物表示に用いられる別名，簡略名・類別名と品名の対照を一覧表にした。

索引

　巻末に品名と別名および関連用語を網羅した総索引を付した。

品 目 編

カーギルは、世界的に加工デンプン、増粘多糖類、乳化剤および健康素材を販売しております。また、弊社の強みである原料調達、サプライチェーンや研究開発を通じて、高い品質の製品を継続的に供給させて頂くことができます。

Cargill Texturizers & Specialties

澱粉製品（ワキシーコーン / レギュラーコーン / ハイアミロースコーン / タピオカ）
安定化処理澱粉、冷水可溶澱粉
バッター用澱粉、乳化澱粉、パルプ状食感付与

難消化性澱粉（食物繊維）

マルトデキストリン / 粉あめ
微粉末、顆粒

小麦グルテン

植物ステロール

大豆レシチン / ヒマワリレシチン

エリスリトール / イソマルト

ペクチン / キサンタンガム
カラギーナン

α-トコフェロール
ミックストコフェロール

お問い合わせ先　　　〒100-0005　東京都千代田区丸の内 3-1-1　国際ビル
株式会社カーギルジャパン　Phone：03-5224-5699
CTS 部　　　　　　　Fax：03-5224-5700

ア

アウレオバシジウム培養液 （既存）

英　　名：Aureobasidium Cultured Solution
概　　要：黒酵母の培養液より，分離して得られた多糖類で，主成分は $\beta-1,3$ $-1,6-$グルカンである。
主な用途：増粘安定剤
使用基準：なし
表示方法：用途名「糊料」または使用目的に応じて「増粘剤」,「安定剤」,「ゲル化剤」のいずれかを併記，簡略名なし，既存添加物増粘安定剤（多糖類）を2種以上併用するときの簡略名：増粘多糖類，この場合は用途名「増粘剤」の併記を省略できる。
付　　記：日本食品添加物協会自主規格あり

亜鉛塩類 （指定）

英　　名：Zinc Salts
概　　要：亜鉛塩類は，母乳に含まれる微量栄養素である亜鉛を補填・強化するために指定されたもので，グルコン酸亜鉛と硫酸亜鉛に限って使用が認められている。
　　両者では使用基準が異なる。使用に当たっては留意する必要がある。
主な用途：強化剤
使用基準：母乳代替食品（共通），特定保健用食品，栄養機能食品（グルコン酸亜鉛のみ），発泡性酒類（硫酸亜鉛のみ）
成分規格：第9版食品添加物公定書（グルコン酸亜鉛，硫酸亜鉛の成分規格をそれぞれ個別に設定）
安 全 性：食品安全委員会ＡＤＩ　0.63mg/kg（亜鉛として）
表示方法：栄養強化の目的で使用した場合の表示は免除される（免除にならない食品もある）
　　　　　　表示する場合は，グルコン酸亜鉛または硫酸亜鉛と表示
→ グルコン酸亜鉛，硫酸亜鉛

亜塩素酸水 （指定）

英　　名：Chlorous Acid Aqueous Solution
概　　要：飽和食塩水に塩酸を加え，酸性条件下で，無隔膜電解槽内で電解して得られる水溶液に，硫酸を加えて強酸性とし，これによって生成する塩素酸に過酸化水素水を加えて反応させて製造される。

食肉・魚介類および果実や野菜類の表面の殺菌などの目的で使用される。

主な用途：殺菌剤
使用基準：最終食品の完成前に除去する。
成分規格：第9版食品添加物公定書
安 全 性：食品安全委員会ＡＤＩ　亜塩素酸イオン 0.029mg/kg
表示方法：加工助剤（表示免除）
→ 亜塩素酸ナトリウム，亜塩素酸ナトリウム液，次亜塩素酸ナトリウム，次亜塩素酸水

亜塩素酸ナトリウム（指定）

英　　名：Sodium Chlorite
概　　要：塩素酸ナトリウムより合成法で作られる。本品の酸性溶液には，発生する二酸化塩素から生成する発生期の酸素による漂白作用および殺菌作用がある。この作用により，かんきつ類果皮（菓子製造用），さくらんぼ，ふき，ぶどう，ももの漂白に用いられ，かずのこ加工品，生食用野菜類，卵類（卵殻），食肉，食肉製品の殺菌にも使用される。「最終食品の完成前に分解し又は除去しなければならない」とされ，使用方法の制限のある食品もある。
主な用途：製造用剤（漂白剤，殺菌剤）
使用基準：さくらんぼ，ふき，ぶどう，もも，かんきつ類果皮（菓子製造用に限る），生食用野菜類および卵類（卵殻部分）に限る 最終食品の完成前に分解または除去すること
成分規格：第9版食品添加物公定書
→ 亜塩素酸ナトリウム液
安 全 性：食品安全委員会ＡＤＩ 亜塩素酸イオン 0.029mg/kg
表示方法：加工助剤
付　　記：本品およびこれを含む製剤で25％を超えて含むものは劇物に指定されたため，亜塩素酸ナトリウム液の成分規格が設定された。
　　　　　　米国　§173.325

亜塩素酸ナトリウム液（成分規格の設定された指定添加物の液体製剤）

英　　名：Sodium Chlorite Solution
概　　要：亜塩素酸ナトリウムが25％を超えて含有するものは劇物に該当するため，この劇物としての取り扱いを免れる目的で，4 〜 25％の水溶液にしたものが，亜塩素酸ナトリウム液である。
成分規格：第9版食品添加物公定書
→ 亜塩素酸ナトリウム

アカダイコン　3

アカキャベツ色素 （一般飲食物添加物）
（別名　ムラサキキャベツ色素）

英　　名：Red Cabbage Color
概　　要：赤キャベツに，紫キャベツとも呼ばれる，葉の色が赤～紫色の食用のキャベツである。

　　アカキャベツ色素は，この赤キャベツの葉の水溶性の色素成分を，弱酸性の水溶液から取り出したアントシアニン系の色素である。

　　色は，普通は，赤～紫赤色（強い酸性領域では，鮮明な紫赤色）であるが，アルカリ性になると暗緑色になる。光や熱に比較的安定な性質を持っている。

　　着色の目的で，飲料，冷菓，ゼリー，その他の菓子類，あん，漬物，ドレッシング類当に使われる。着色料目的に使用の場合，添加物扱いとなる。
使用基準：（着色料）こんぶ類，食肉，鮮魚介類（鯨肉を含む），茶，のり類，豆類，野菜およびわかめ類には，使用できない。
成分規格：第9版食品添加物公定書
表示方法：（食品添加物該当品は）用途名「着色料」併記，又は「色素」名で表示，簡略名　アカキャベツ，ムラサキキャベツ，アントシアニン（色素），野菜色素
付　　記：米国　§73.260（Vegetable juice）

アカゴメ色素 （一般飲食物添加物）
英　　名：Red Rice Color
概　　要：アカゴメ（赤米）は，現在食用に栽培されているイネの先祖に当たる品種で，種子（米の部分）が赤い色をしている。日本では福島県，長崎県等で品種の保持の目的や通常品種との差別化のような特別の目的で栽培されているが，一般的な栽培は行われていない。主に東南アジアで栽培されている。

　　アカゴメ色素は，この赤米から水溶性の赤い色素成分を，弱酸性の水溶液または含水エタノール溶液から取り出したアントシアニン系の色素である。

　　色は，酸性では赤色だが，中性～アルカリ性では淡褐色となる。光や熱には比較的安定であり，飲料，冷菓，菓子などに使われる。着色料目的に使用の場合，添加物扱いとなる。
使用基準：→　アカキャベツ色素
表示方法：→　アカキャベツ色素
　　　　　　　ただし，簡略名　アカゴメ，アントシアニン（色素）
付　　記：日本食品添加物協会自主規格あり

アカダイコン色素 （一般飲食物添加物）
英　　名：Red Radish Color
概　　要：赤大根は，根が赤紫色をしている食用の大根である。アカダイコン色

素は，この赤大根から水溶性の色素成分を，弱酸性の水溶液またはエタノール水溶液で抽出するもので，近年開発されたものである。色は，赤〜紫赤色を呈し，その色素の主成分はアントシアニン系のペラルゴニジンアシルグリコシドである。着色料目的に使用の場合，添加物扱いとなる。

使用基準：→ アカキャベツ色素
表示方法：→ アカキャベツ色素，ただし，簡略名 アカダイコン，アントシアニン（色素），野菜色素

アガラーゼ（既存）

英　　名：Agarase
概　　要：担子菌（*Coriolus*属）または細菌（*Bacillus*属および*Pseudomonas*属）の培養物から得られた，寒天のβ−1,4ガラクトシド結合またはβ−1,3ガラクトシド結合を加水分解する酵素である。
使用基準：なし
成分規格：第9版食品添加物公定書
安 全 性：平成8年度厚生科学研究報告書において安全性に問題ないとされている
表示方法：簡略名なし，一括名「酵素」の範囲，工程中で失活すれば加工助剤

アクチニジン（既存）

英　　名：Actinidine
概　　要：キウイ（*Actinidia chinensis* Planch.）の果実から得られた，たん白質を分解する酵素である。
主な用途：酵素（加水分解酵素）
使用基準：なし
成分規格：第9版食品添加物公定書
安 全 性：平成8年度厚生科学研究報告書において安全性に問題ないとされている
表示方法：簡略名なし，一括名「酵素」の範囲，工程中で失活すれば加工助剤

アグロバクテリウムスクシノグリカン（既存）

英　　名：Agrobacterium Succinoglycan
概　　要：特定の細菌の培養液より，分離，精製して得られた多糖類で，成分はスクシノグリカンである。
主な用途：増粘安定剤
使用基準：なし
表示方法：→ アウレオバシジウム培養液，ただし，簡略名 スクシノグリカン
付　　記：日本食品添加物協会自主規格あり

亜酸化窒素（指定）

英　　名：Nitrous Oxide

概　　要：亜酸化窒素を成分とする気体であり，耐圧金属製密封容器（カートリッジ式以外）に入れたものとして製造され，ホイップクリーム類の泡立てに使用される。

主な用途：製造用剤

使用基準：ホイップクリーム類以外に使用できない。

成分規格：第9版食品添加物公定書

安　全　性：食品安全委員会 使用基準に従う限り，ＡＤＩを設定する必要なし

表示方法：品名を表示

付　　記：ＦＡＯ／ＷＨＯ　ＩＮＳ942

米国　§184.1545（ＧＲＡＳ確認物質）

ＥＵ　E942

アジピン酸（指定）

英　　名：Adipic Acid

概　　要：アジピン酸は，ナイロンの原料の一つとしてよく知られている有機酸で，自然界では，甜菜などの植物にも含まれている。

　水に溶けにくい白色の結晶または粉末で，化学的な合成法で作られる。他の有機酸類とは異なり，ナトリウム塩のような水溶性の塩類は，いまだ食品添加物として指定されていない。食品添加物としての使用には，特別な制限はないが，水に溶けにくいため，対象となる食品や食品への使用量は，自然に制限される。酸味料やpH調整剤として使用される。

主な用途：pH調整剤，酸味料

使用基準：なし

成分規格：第9版食品添加物公定書

安　全　性：ＦＡＯ／ＷＨＯ ＡＤＩ0〜5.0mg/kg

表示方法：品名を表示，一括名「酸味料」，「pH調整剤」の範囲

付　　記：ＦＡＯ／ＷＨＯ　ＩＮＳ355

米国　§184.1009（ＧＲＡＳ確認物質）

ＥＵ　E355

亜硝酸ナトリウム（指定）

英　　名：Sodium Nitrite

概　　要：本品は食品中の色素と反応して食品の色を安定化する代表的発色剤である。工業的には合成法でアンモニアガスを酸化して作られる。

　本品の乾燥物は純度97％以上で，白〜淡黄色の結晶性粉末，粒，棒状の塊であり，潮解性があり，水に易溶，水溶液はアルカリ性を示す。本品は畜肉に含まれ

6 アシラーゼ

る筋肉色素（ミオグロビン）と血色素（ヘモグロビン）と反応してニトロソ化合物を作り，これが加熱により安定な赤色色素を形成するので，肉類，魚卵の発色剤として塩漬剤に配合して使われる。

諸外国では，むしろ食中毒原因の猛毒性ボツリヌス菌の増殖を抑える目的，保存料として使われており，使用量も日本より多い。発色助剤として併用されるL－アスコルビン酸ナトリウムなどは，ニトロソアミンの生成を抑える作用がある。

主な用途：発色剤
使用基準：食肉製品，鯨肉ベーコン，魚肉ソーセージ，魚肉ハム，いくら，すじこ，たらこに限る。各残存量が規制されている
成分規格：第9版食品添加物公定書
安 全 性：ＦＡＯ／ＷＨＯ ＡＤＩ０〜0.2mg/kg
表示方法：用途名「発色剤」を併記，簡略名 亜硝酸Na
付　　記：大根，ホウレンソウなどの野菜中に多量に含まれる硝酸塩が生体内で亜硝酸塩に変化している。つまり，亜硝酸塩は通常の食品から多量に摂取されていることになり，食品添加物から摂取される亜硝酸塩は，ごく少量と考えられる。
　　　　　　ＦＡＯ／ＷＨＯ　ＩＮＳ250
　　　　　　米国　§172.175　§181.134
　　　　　　ＥＵ　Ｅ250

アシラーゼ（既存）

英　　名：Acylase
概　　要：種々のアシルDL－アミノ酸を光学的に分割して，L－アミノ酸を生成する機能を持つ酵素である。
　　糸状菌（*Aspergillus ochraceus*および*Aspergillus melleus*）の培養物から製造される。
主な用途：酵素（加水分解酵素）
使用基準：なし
成分規格：第9版食品添加物公定書
安 全 性：平成8年度厚生科学研究報告書において安全性に問題ないとされている
表示方法：簡略名なし，一括名「酵素」の範囲，工程中で失活すれば加工助剤

アズキ色素（一般飲食物添加物）

英　　名：Azuki Color
概　　要：アズキ（小豆）は，餡の主要な原料となる豆であり，赤飯で判るように，食品を赤く着色する色素成分を持っている。
　　アズキ色素は，小豆の色素成分を水で抽出して得られるものである。多くの場

合は，食品である小豆の煮汁として食品製造の工程で使われるが，精製して一般飲食物添加物として流通することもある。着色料目的に使用の場合，添加物扱いとなる。

使用基準：→　アカキャベツ色素
表示方法：→　アカキャベツ色素，ただし，簡略名　アズキ

アズキ全草抽出物 （既存）
（名簿名称　ルチン（抽出物））

英　　名：Azuki Extract
概　　要：本品は，マメ科のアズキの全草から水またはエタノールで抽出して製造される。

　主成分はフラボノイド系のルチンであり，酸化防止剤として使用される。既存添加物としては「ルチン（抽出物）」のなかで，原料がアズキ全草に特定されるものである。

主な用途：酸化防止剤
使用基準：なし
表示方法：用途名（「酸化防止剤」）併記，簡略名ルチン，フラボノイド
→　ルチン（抽出物）

Ｌ－アスコルビン酸 （指定）
（別名　ビタミンC）

英　　名：L-Ascorbic Acid
概　　要：L－アスコルビン酸は，ビタミンCともいわれ，壊血病を予防するビタミンとして知られ，みかん，ゆずなどの柑橘類，いちご，トマト，いも，野菜類に多く含まれる水溶性のビタミンである。熱には不安定だが，柑橘類，野菜・海藻類に比較的多く含まれている。

　工業的には，通常，ブドウ糖からD－ソルビトール，L－ソルボース，2－オキソグロン酸のエステルを経る合成法で作られている。ナトリウム塩や，パルミチン酸エステル，ステアリン酸エステルなどの誘導体は，このビタミンCを原料に作られる。これらのビタミンC類は，水や油脂類への溶解性や酸の強さなど，使用する食品の性質に合うものが使われる。

　ビタミンCは，酸味を持つビタミンとして清涼飲料水などに使われている。果物などにあるビタミンCは壊れやすいため，果実飲料類，果物類の缶詰，ジャムなどでは，この喪失したビタミンCを補う（強化）目的で使われる。このほかに，強化の目的では，粉末飲料や菓子類，乳製品などで使われている。

　ビタミンCは，酸化されやすい性質があるため，他の食品原料と一緒にあるときは，その食品原料より先に酸化されて食品原料の酸化を防ぐ働きをする。このために酸化防止の目的でも使用されている。

酸化防止の目的では，食肉製品，果汁，果物の缶詰，塩漬けの魚介類，魚肉練製品，菓子類などに使われる。また，製パン時には，逆に小麦粉の酸化剤として使われる。

主な用途：酸化防止剤，強化剤，製造用剤（酸化剤）

使用基準：なし

成分規格：第9版食品添加物公定書

安 全 性：ＦＡＯ／ＷＨＯ　Ｌ－アスコルビン酸とそのナトリウム塩ＡＤＩ　特定せず

表示方法：目的により用途名（「酸化防止剤」）併記　簡略名　アスコルビン酸，栄養強化の目的で使用した場合の表示は免除される（免除にならない食品もある）。

付　　記：ＦＡＯ／ＷＨＯ　ＩＮＳ３００
　　　　　米国　§182.3013，182.5013，182.8013，
　　　　　ＥＵ　Ｅ３００

アスコルビン酸オキシダーゼ（既存）

（別名　アスコルベートオキシダーゼ，ビタミンＣオキシダーゼ）

英　　名：Ascorbate Oxidase

概　　要：ウリ科（カボチャ属（*Cucurbita*属），キュウリ属（*Cucumis*属，*Luffa*属，*Sechium*属および*Trichosanthes*属）の植物，キャベツ（*Brassica oleracea* L.）もしくはホウレンソウ（*Spinacia oleracea* L.）または糸状菌（*Eupenicillium brefeldianum*および*Trichoderma lignorum*）もしくは放線菌（*Streptomyces cinnamoneus*および*Streptomyces violaceoruber*）の培養物から製造される。

　Ｌ－アスコルビン酸を酸化し，デヒドロアスコルビン酸を生成する機能がある。畜肉加工品・水産加工品などに使用される。

主な用途：酵素（酸化還元酵素）

使用基準：なし

成分規格：第9版食品添加物公定書

安 全 性：平成8年度厚生科学研究報告書において安全性に問題ないとされている

表示方法：簡略名　オキシダーゼ，一括名「酵素」の範囲，工程中で失活すれば加工助剤

Ｌ－アスコルビン酸カルシウム（指定）

英　　名：Calcium L-Ascorbate

概　　要：Ｌ－アスコルビン酸カルシウムは，アスコルビン酸のカルシウム塩で，水によく溶ける。

　国際的に汎用されている食品添加物として，2008年に新たに指定された。

→ L－アスコルビン酸
主な用途：酸化防止剤，強化剤，製造用剤（酸化剤）
使用基準：なし
成分規格：第9版食品添加物公定書
安 全 性：食品安全委員会　ＡＤＩ特定せず
表示方法：主な簡略名 アスコルビン酸Ca，ビタミンC，V.C 目的により，用途名
　　　　　　（「酸化防止剤」）併記 栄養強化の目的で使用した場合の表示は免除される（免除にならない食品もある）。
付　　記：ＦＡＯ／ＷＨＯ　ＩＮＳ302
　　　　　　米国　§182.3189
　　　　　　ＥＵ　E302

Ｌ－アスコルビン酸2－グルコシド（指定）

英　　名：L-Ascorbic Acid 2-Glucoside
概　　要：L－アスコルビン酸2－グルコシドは，アスコルビン酸にグルコースを結合させて食品中で酸化されないように安定化させたものである。
　　他のL－アスコルビン酸類とは異なり，酸化防止剤としての働きはない。
→ L－アスコルビン酸
主な用途：強化剤
使用基準：なし
成分規格：第9版食品添加物公定書
安 全 性：食品安全委員会 ＡＤＩを設定する必要なし
表示方法：主な簡略名 アスコルビン酸，ビタミンC，V.C，栄養強化の目的で使用した場合の表示は免除される（免除にならない食品もある）。

Ｌ－アスコルビン酸ステアリン酸エステル（指定）

（別名　ビタミンCステアレート）
英　　名：L-Ascorbyl Stearate
概　　要：L－アスコルビン酸ステアリン酸エステルは，水溶性のアスコルビン酸を油脂類への溶解性をよくする目的で，脂肪酸の1種であるステアリン酸と反応させて得られたものである。欧米では，パルミチン酸エステルが主として使用されており，このステアリン酸エステルは主として日本で使用されてきたものである。→ L－アスコルビン酸
主な用途：酸化防止剤，強化剤
使用基準：なし
成分規格：第9版食品添加物公定書
安 全 性：ＦＡＯ／ＷＨＯ ＡＤＩ L－アスコルビン酸のステアリン酸およびパルミチン酸エステル（合計）0 ～ 125mg/kg

表示方法：主な簡略名 アスコルビン酸エステル，ビタミンC，V.C 目的により，用途名（「酸化防止剤」）併記，栄養強化の目的で使用した場合の表示は免除される（免除にならない食品もある）。

付　記：FAO／WHO　INS 305
　　　　米国　§166.100
　　　　EU　E 304

L－アスコルビン酸ナトリウム（指定）

（別名　ビタミンCナトリウム）

英　名：Sodium L-Ascorbate

概　要：L－アスコルビン酸ナトリウムは，アスコルビン酸の水溶性をさらに向上させたり，中性にするためにナトリウム塩にしたものである。酸性を嫌う食品に使用される。→ L－アスコルビン酸

主な用途：酸化防止剤，強化剤，製造用剤（酸化剤）

使用基準：なし

成分規格：第9版食品添加物公定書

安　全　性：→ L－アスコルビン酸

表示方法：主な簡略名 アスコルビン酸Na，ビタミンC，V.C　目的により，用途名（「酸化防止剤」）併記，栄養強化の目的で使用した場合の表示は免除される（免除にならない食品もある）。

付　記：FAO／WHO　INS 301
　　　　米国　§182.3731
　　　　EU　E 301

L－アスコルビン酸パルミチン酸エステル（指定）

（別名　ビタミンCパルミテート）

英　名：L-Ascorbyl Palmitate

概　要：L－アスコルビン酸パルミチン酸エステルは，水溶性のアスコルビン酸を油脂類への溶解性をよくする目的で，脂肪酸の1種であるパルミチン酸と反応させたものである。

　欧米では，パルミチン酸エステルが主として使用されてきたが，日本では添加物として指定された1991年まで使用できず，指定されていたステアリン酸エステルが代替されていた。→ L－アスコルビン酸

主な用途：酸化防止剤，強化剤

使用基準：なし

成分規格：第9版食品添加物公定書

安　全　性：→ L－アスコルビン酸ステアリン酸エステル

表示方法：→ L－アスコルビン酸ステアリン酸エステル

付　　記：ＦＡＯ／ＷＨＯ　ＩＮＳ304
　　　　　米国　§166.100
　　　　　ＥＵ　Ｅ304

アスパラギナーゼ（指定）

英　　名：Asparaginase
概　　要：特定の遺伝子組換え微生物から製造される酵素で，アスパラギンをアスパラギン酸とアンモニアに加水分解する酵素であり，食品の加熱加工におけるアクリルアミドの生成を抑制する。
主な用途：酵素（加水分解酵素）
使用基準：なし
成分規格：第9版食品添加物公定書
安　全　性：食品安全委員会　ＡＤＩ　特定せず
表示方法：一括名「酵素」の範囲，工程中で失活すれば加工助剤

Ｌ－アスパラギン（既存）

英　　名：L-Asparagine
概　　要：Ｌ－アスパラギンは，たん白質を構成する塩基性（塩基の性質を示すアミノ基を2個持つ）のアミノ酸の一つで，いろいろな食品に広く常在している。アスパラギンは，植物性のたん白質を加水分解し，さらに分離精製して得られるが，食品添加物としてはあまり使われていない。
主な用途：調味料，強化剤
使用基準：なし
成分規格：第9版食品添加物公定書
安　全　性：平成8年度厚生科学研究報告書において，「国際的な評価が終了している既存添加物に該当」とされている。
表示方法：簡略名　アスパラギン，一括名「調味料（アミノ酸）」の範囲　栄養強化の目的で使用した場合の表示は免除される（免除にならない食品もある）。
付　　記：米国　§172.320

Ｌ－アスパラギン酸（既存）

英　　名：L-Aspartic Acid
概　　要：Ｌ－アスパラギン酸は，たん白質を構成する酸性（酸の性質を示すカルボキシル基を2個持つ）のアミノ酸の一つで，いろいろな食品に広く常在しているが，水に溶けにくいため，食品添加物としてはあまり使われていない。
　アスパラギン酸は，化学的に合成された原料（フマル酸）を用いる特殊な酵素法によって高純度のものが得られ，医薬品向けに市販されている。しかし，この

12 アスパラギン

ような製法によるものは，既存添加物としては認められず，食品添加物としては
使用できない。
　L－アスパラギン酸は，製法のいかんを問わず，L－アスパラギン酸ナトリウ
ムの原料として使用され，また，甘味料のアスパルテームの原料の一つとしても
使われている。食品添加物用には，天然物を原料とする発酵法または特別の酵素
法による製品が使用される。

主な用途：調味料，強化剤
使用基準：なし
成分規格：第9版食品添加物公定書
安 全 性：平成8年度厚生科学研究報告書において，「国際的な評価が終了してい
　　　　　　る既存添加物に該当」とされている。
表示方法：簡略名 アスパラギン酸，一括名「調味料（アミノ酸）」の範囲 栄養強
　　　　　　化の目的で使用した場合の表示は免除される（免除にならない食品も
　　　　　　ある）。
付　　記：米国　§172.320

L－アスパラギン酸ナトリウム（指定）

英　　名：Monosodium L-Aspartate
概　　要：L－アスパラギン酸は水に溶けにくいため，食品添加物として使い易
くするために，水溶性のナトリウム塩にしたものがL－アスパラギン酸ナトリウ
ムである。
　アスパラギン酸ナトリウムは，通常，医薬品に使用される高純度のアスパラギ
ン酸を原料にしてナトリウム塩にしている。
　アスパラギン酸ナトリウムは，酸味や味質の改良，コク味を付ける目的で，い
ろいろな食品に使用される。

主な用途：調味料，強化剤
使用基準：なし
成分規格：第9版食品添加物公定書
安 全 性：→ アスパラギン酸
表示方法：簡略名 アスパラギン酸Na，アスパラギン酸ナトリウム 一括名「調味
　　　　　　料（アミノ酸）」の範囲 栄養強化の目的で使用した場合の表示は免除
　　　　　　される（免除にならない食品もある）。
付　　記：米国　§172.320

アスパルテーム（指定）

（別名　L－α－アスパルチル－L－フェニルアラニンメチルエステル）
英　　名：Aspartame
概　　要：アスパルテームは，化学的な反応によってアスパラギン酸とフェニル

アラニンという2種のアミノ酸がエステル結合したジペプチド「アスパルチル
フェニルアラニン」のメチルエステルである。

　アスパルテームの甘味の質は，砂糖に近いもので，その甘さは，砂糖の約200
倍あり，また，カロリーも比較的小さいため，高甘味度で低カロリーの甘味料と
して使われている。ただし，熱には，やや弱い性質がある。

　低カロリー（ダイエット）飲料や卓上（テーブルに置いてあり，コーヒーや紅
茶などに使う）甘味料としてよく使われている。このほかにも，ヨーグルトや洋
菓子類など，いろいろな食品での使用が見受けられる。

主な用途：甘味料
使用基準：なし
成分規格：第9版食品添加物公定書
安 全 性：ＦＡＯ／ＷＥＯ ＡＤＩ０～40mg/kg
表示方法：用途名（「甘味料」）併記，さらに，「Ｌ－フェニルアラニン化合物」
　　　　　　 である旨を表示，簡略名なし
付　　記：ＦＡＯ／ＷＨＯ　ＩＮＳ951
　　　　　　 米国　§172.804
　　　　　　 ＥＵ　 Ｅ951
→ Ｌ－アスパラギン酸，Ｌ－フェニルアラニン

アスペルギルステレウス糖たん白 （既存）
（別名　ムタステイン）

英　　名：Aspergillus Terreus Extract
概　　要：糸状菌（アスペルギルステレウス）のブドウ糖などの発酵培養液を除
菌し，硫酸アンモニウムで分画し脱塩して製造される。主成分は糖たん白質であ
る。

主な用途：製造用剤
使用基準：なし
表示方法：簡略名なし
付　　記：日本食品添加物協会自主規格あり

アセスルファムカリウム （指定）
（別名　アセスルファムK）

英　　名：Acesulfame Fotassium
概　　要：アセスルファムカリウムは，1967年に西ドイツで開発された環状のス
ルファミン酸誘導体系の甘味料である。その甘味度はショ糖の約130～200倍で，
甘さの立ち上がりが早いという特徴があり，後味にはやや苦みがあるものの不快
感はない。通常は，白色の結晶性の粉末である。水溶液の状態や加熱に対しても
安定という利点がある。アスパルテームと併用すると砂糖に類似した甘味を呈す

14　アセチル

る。熱に安定な性質を活用して，加熱調理を行う食品での低カロリー化に役立つ
ものとされている。また，アスパルテーム，スクラロースなどの甘味料との併用
で甘味質の改善した低カロリー清涼飲料などで使われる。

主な用途：甘味料
使用基準：食品全般，食品別に量的規制あり
成分規格：第9版食品添加物公定書
安　全　性：食品安全委員会　ＡＤＩ０〜15mg/kg（現在の15mg/kgに相当）
表示方法：用途名（「甘味料」）併記，簡略名なし
付　　記：ＦＡＯ／ＷＨＯ　ＩＮＳ950
　　　　　　米国　§172.800
　　　　　　ＥＵ　Ｅ950

アセチル化アジピン酸架橋デンプン （指定）

英　　名：Acetylated distarch adipate
概　　要：デンプンを無水酢酸でアセチル化すると共に，無水アジピン酸と反応
させることにより，アセチル化デンプンを，アジピン酸を仲立ちとして架橋させ
たデンプンの誘導体である。
　アセチル化と架橋により，デンプンが糊化する温度が低下すると共に，加熱時
の膨潤が抑制される。これらの性質により，レトルト食品のソース類の調理時の
耐性が強化される。また，ソース，タレ，フィリング類などの粘性の改良に使わ
れる。いわゆる化工デンプンとして，通関時には食品（デンプン）とみなされて
きたが，国際的に汎用されている添加物であり，加工デンプンの一つとして，
2008年10月に食品添加物に指定された。
主な用途：製造用剤，増粘安定剤
使用基準：なし
成分規格：第9版食品添加物公定書
安　全　性：食品安全委員会　ＡＤＩ　特定せず
表示方法：製造用剤として使用の場合は，物質名表示，簡略名 加工デンプン，
　　　　　　増粘安定剤の目的で使用した場合は，用途名「糊料」または使用目的
　　　　　　に応じて「増粘剤」，「安定剤」あるいは「ゲル化剤」を併記する。
付　　記：ＦＡＯ／ＷＨＯ　ＩＮＳ1422
　　　　　　米国　§172.892
　　　　　　ＥＵ　Ｅ1422

アセチル化酸化デンプン （指定）

英　　名：Acetylated oxidized starch
概　　要：デンプンを次亜塩素酸ナトリウムで酸化し酸化デンプンとし，さらに
無水酢酸と反応させることによりアセチル化して得られるデンプンの誘導体である。

デンプンの糊化開始温度が低下することにより，透明で安定性のある液状糊が得られる。いわゆる化工デンプンとして，通関時には食品（デンプン）とみなされてきたが，国際的に汎用されている添加物であり，加工デンプンの1つとして，2008年10月に食品添加物に指定された。

主な用途：製造用剤，増粘安定剤

使用基準：なし

成分規格：第9版食品添加物公定書

安 全 性：食品安全委員会　ＡＤＩを特定せず

表示方法：→　アセチル化アジピン酸架橋デンプン（簡略名とも）

付　　記：ＦＡＯ／ＷＨＯ　ＩＮＳ1451
　　　　　　米国　§172.892
　　　　　　ＥＵ　Ｅ1451

アセチル化リン酸架橋デンプン（指定）

英　　名：Acetylated distarch phosphate

概　　要：デンプンを無水酢酸でアセチル化すると共に，トリメタリン酸ナトリウムなどと反応させ，リン酸を仲立ちとしてアセチル化したデンプンを架橋させたデンプンの誘導体である。アセチル化アジピン酸デンプンと類似の性質を有する。

いわゆる化工デンプンとして，通関時には食品（デンプン）とみなされてきたが，国際的に汎用されている添加物であり，加工デンプンの一つとして，2008年10月に食品添加物に指定された。

主な用途：製造用剤，増粘安定剤として広く利用される。

使用基準：なし

成分規格：第9版食品添加物公定書

安 全 性：食品安全委員会　ＡＤＩ　特定せず

表示方法：→　アセチル化アジピン酸架橋デンプン（簡略名とも）

付　　記：ＦＡＯ／ＷＨＯ　ＩＮＳ1414
　　　　　　米国　§172.892
　　　　　　ＥＵ　Ｅ1414

アセトアルデヒド（指定）

英　　名：Acetaldehyde（Ethanal）

概　　要：アセトアルデヒドは，リンゴ，バナナ，グレープフルーツなど果実類，玉ねぎやニンニク，乳製品であるチーズ，バター，ヨーグルト，クリームなど幅広い食品に常在する香気成分である。食品添加物には，合成法で作られる特有の香気がある無色澄明な液体が使われる。

国際的に汎用されている香料として2006年6月に食品添加物として指定された。

主な用途：香料

使用基準：着香の目的に限る

成分規格：第9版食品添加物公定書

安 全 性：食品安全委員会　着香の目的で使用する場合安全性にに懸念なし

表示方法：簡略名なし，一括名「香料」の範囲

付　　記：米国　§182.60

厳しい保存基準（密封容器にほとんど全満し，空気を不活性ガスで置換し，5℃以下で保存）が設定されているので注意が必要である。

アセト酢酸エチル （指定）

英　　名：Ethyl Acetoacetate

概　　要：天然にはイチゴ，チェリー，バナナ，ブドウ，メロンなどの果実のほか，野菜などにも含まれている。合成法で作られ，無色澄明な液体で，特有の香気がある。チェリー，ピーチなどの果実香料，ラム酒，リキュールなどのアルコール飲料の調合に使われる。

主な用途：香料

使用基準：着香の目的に限る

成分規格：第9版食品添加物公定書

安 全 性：ＦＡＯ／ＷＨＯ　香料としての評価が行われ，成分規格が設定されている。

表示方法：簡略名なし，一括名「香料」の範囲

付　　記：米国　§172.515

アセトフェノン （指定）

英　　名：Acetophenone

概　　要：天然にはカストイリウム（海狸）抽出物の主成分で，果実，野菜などにも少量存在する。合成法で作られ，チェリー，イチゴ，バニラなどのフレーバーとして使われる。

主な用途：香料

使用基準：着香の目的に限る

成分規格：第9版食品添加物公定書

表示方法：簡略名なし，一括名「香料」の範囲

付　　記：米国　§172.515

α－アセトラクタートデカルボキシラーゼ （既存）

英　　名：α-Acetolactate Decarboxylase

概　　要：特定の細菌の培養液より，水で抽出して得られたものである。食品に含まれるジアセチルを減少させ，右旋性アセト乳酸に特異的に作用する，アセト

アセレンサン　17

酢酸，オキサロ酢酸に作用しないので，果実酒などに用いられる。
主な用途：酵素（酸化還元酵素）
使用基準：なし
成分規格：第9版食品添加物公書
安 全 性：FAO／WHO　ADI特定せず
表示方法：簡略名 リアーゼ，一括名「酵素」の範囲　工程中で失活すれば加工
　　　　　　助剤

アセトン（指定）

英　　名：Acetone
概　　要：古くから広く使用されている有機溶剤で，発酵法で作られていたが，
現在はほとんどが合成法で製造されている。無色澄明な液体で，沸点は55.5～
57.0℃である。ガラナ飲料用の製造に，ガラナ豆よりガラナ原液を抽出するのに
用いられる。これは他の溶剤よりも風味のよい安定した品質の原液が作れるから
である。また，油脂を分別してカカオ代用脂やMCT（中鎖脂肪酸油脂）などを
製造する分別溶剤に用いられる。
主な用途：製造用剤（溶剤）
使用基準：ガラナ成分の抽出および油脂の分別目的に限る
　　　　　　最終食品の完成前に除去すること
成分規格：第9版食品添加物公定書
安 全 性：FAO／WHO ADI GMPに従って使用
表示方法：加工助剤（表示免除）
付　　記：米国　§73.1　§173.210　§182.60

亜セレン酸ナトリウム（指定）

英　　名：Sodium Selenite
概　　要：ミネラルの口の必須微量元素であるセレンの乳児用調製乳への添加
を目的として指定要請がなされ，平成28年9月食品添加物として指定された。
主な用途：調製粉乳，調製液状乳および母乳代替食品のミネラル強化に使用され
　　　　　　る。
使用基準：調製粉乳，調製液状乳は厚生労働大臣の許可を受けた量，母乳代替食
　　　　　　品はセレンとして5.5μg／100kcal以下
成分規格：第9版食品添加物公定書
安 全 性：食品安全委員会　0カ月児～2歳児の摂取量の上限値5.9μg/kg・体重/日
　　　　　　（セレンとして）
表示方法：物質名表示　簡略名　亜セレン酸Na（調製粉乳など）

アゾキシストロビン（指定）

英　名：Azoxystrobin
概　要：アゾキシストロビンは全て化学反応により製造され，各国において殺菌剤として農薬登録されている。わが国では，食品添加物としての用途があり，防かび剤として使用される。
主な用途：防かび剤
使用基準：みかんを除く柑橘類に0.010g/kg以下
成分規格：第9版食品添加物公定書
表示方法：用途名（「防かび剤」または「防ばい剤」）併記，簡略名なし
　　　　　　　ばら売りの場合も表示するよう通知されている

5'－アデニル酸（既存）

（別名　アデノシン5'－一リン酸）
英　名：5'-Adenylicacid
概　要：5'－アデニル酸は，アデノシンのリン酸エステルの一種で，筋肉中に比較的多量に遊離の形で存在し，エネルギーの運搬体となっている。
　食品添加物には，酵母の菌体から，水で抽出した核酸を，酵素で加水分解し，分離精製して，5'－アデニル酸として濃縮したものが使われる。
　5'－シチジル酸と共に，近年開発されたもので，調製粉乳，調製液状乳などの強化の目的で使用される。
主な用途：強化剤
使用基準：なし
成分規格：第9版食品添加物公定書
表示方法：物質名表示の場合の簡略名5'－ＡＭＰ　栄養強化の目的で使用した場合の表示は免除される（免除にならない食品もある）

アドバンテーム（指定）

英　名：Advantame
概　要：アドバンテームは，アスパルテームと3－ヒドロキシ－4－メトキシ－フェニルプロピオンアルデヒドとの還元アルキル化反応により製造されるジペプチドメチルエステル誘導体であり，砂糖の約14,000～48,000倍，アスパルテームの90～120倍の甘味度を持つ。清涼飲料水，粉末飲料，乳製品，菓子類，卓上甘味料など各種の食品に使用される．
主な用途：甘味料
使用基準：食品全般（使用基準なし）
成分規格：第9版食品添加物公定書
安 全 性：食品安全委員会　ＡＤＩ 5.0mg/kg
表示方法：用途名（「甘味料」）併記，簡略名なし

アナトー色素 （既存）

英　　名：Annatto Extract

概　　要：アナトー色素は，カリブ海諸国から南米にかけて産するベニノキの種子の赤色の穀からとられる色素である。色素成分は，カロテノイド系のもので，ビキシンを主とするものとその加水分解生成物であるノルビキシンを主とするものがある。南米では，顔や体にペインティングするときの顔料として，長い間使われてきた。

　食品を，黄〜だいだい色に着色する目的で使用されるが，水に溶けにくく，油脂性のものに溶けやすい性質がある。このため，カリウム塩又はナトリウム塩にしたノルビキシンの塩類の水溶液である「水溶性アナトー」も使われている。アナトー色素は，マーガリン，バター，チーズ，アイスクリーム類などの油脂製品類，パン粉やコーンカップのような小麦粉製品，あん，魚肉練製品，食肉製品などに使われている。

主な用途：着色料

使用基準：こんぶ類，食肉，鮮魚介類（鯨肉を含む），茶，のり類，豆類，野菜およびわかめ類には，使用できない

成分規格：第9版食品添加物公定書

安全性：ＦＡＯ／ＷＨＯ ＡＤＩ ビキシンとして0〜0.065mg/kg

表示方法：用途名「着色料」併記，または，「色素」名で表示
簡略名 アナトー，カロテノイド（色素），カロチノイド（色素）

付　　記：ＦＡＯ／ＷＨＯ　ＩＮＳ160b
米国　§73.30
ＥＵ　Ｅ160b

アニスアルデヒド （指定）

（別名　パラメトキシベンズアルデヒド）

英　　名：Anisaldehyde

概　　要：合成法で作られ，無色の液体で特有の香気を持ち，アイスクリーム類などの冷菓や，キャンディーなどの菓子類などのフレーバーに使用される。

主な用途：香料

使用基準：着香の目的に限る

成分規格：第9版食品添加物公定書

安全性：→ アセト酢酸エチル

表示方法：簡略名なし，一括名「香料」の範囲

付　　記：米国　§172.515

20 　アポ

β－アポー8'－カロテナール （指定）

英　名：β-Apo-8'-Carotenal

概　要：β－カロテンの酸化で得られるカロテノイドの酸化生成物の一つで，炭素鎖の末端がアルデヒドになっている。高純度のものは，紫色の結晶で，ジエチルエーテルに溶け，その溶液に塩酸を加えると濃い青色を呈する。天然には，果実類，野菜類に含まれ，特にかんきつ類の外皮に多く含まれている。

　ビスケットなどの焼菓子，洋菓子，スープ，チーズなどで，橙黄色の着色料として使われる。

　国際的に汎用されている食品添加物として2014年に指定された。

主な用途：着色料

使用基準：こんぶ類，食肉，鮮魚介類（鯨肉を含む），茶，のり類，豆類，野菜およびわかめ類には，使用できない

成分規格：第9版食品添加物公定書

安　全　性：食品安全委員会　ＡＤＩ 0.05mg/kg

表示方法：簡略名アポカロテナール（色素），カロチノイド（色素），カロテノイド（色素），用途名「着色料」併記

付　記：アポとは，（drived）from の意味をもつギリシア語で，生成物，関連化合物の意味を示す接頭語として，化学物質名に使われている。

→　β－カロテン

　　　ＦＡＯ／ＷＨＯ　ＩＮＳ160e

　　　米国　§73.90

　　　ＥＵ　Ｅ160e

アマシードガム （既存）

英　名：Linseed Gum, Linseed Extract

概　要：アマ科アマの種子の胚乳部より，室温〜微温で，水で抽出して得られた多糖類である。アマシードの成分は油脂30〜70%，粘液質約6%，たん白質約25%とリナマリンである。

主な用途：増粘安定剤

使用基準：なし

安　全　性：平成16年度既存添加物の安全性の見直しに関する調査研究報告において「現時点でヒトへの健康影響を示唆するような試験結果は認められず新たな安全性試験を早急に行う必要はない」とされた。

表示方法：→　アウレオバシジウム培養液，ただし，簡略名 アマシード

付　記：日本食品添加物協会自主規格あり

アマチャ抽出物 （一般飲食物添加物）

（別名　アマチャエキス）

英　　名：Amacha Extract

概　　要：4月8日の花まつり（灌仏会）の甘茶供養に使われるため，甘茶という言葉はよく知られている。この花まつりに使われる甘茶は，アマチャの葉を煎じたものである。

　アマチャ抽出物は，アマチャの葉からフィロズルチンを主要成分とする甘味を持つ成分を取り出したもので，その甘さは砂糖の約450倍程度と，高い甘味度がある。灌仏会に使われる甘茶と差が見られないことから，一般飲食物添加物（甘味料目的）とされている。

主な用途：甘味料

使用基準：なし

表示方法：用途名「甘味料」併記

　　　　　簡略名 アマチャ

（3ーアミノー3ーカルボキシプロピル）ジメチルスルホニウム塩化物 （指定）

英　　名：（3-Amino-3-carboxypropyl）dimethylsulfonium Chloride

概　　要：アスパラガス，セロリ，コールラビ，ウンシュウミカン，スイートコーン，緑茶などに含まれる香気成分であり，2012年に食品添加物として指定された。

　魚介類加工品などに使用される。

主な用途：香料

使用基準：着香の目的に限る

成分規格：第9版食品添加物公定書

安全性：食品安全委員会　着香の目的で使用する場合安全性に懸念なし

表示方法：簡略名なし，一括名「香料」の範囲

アミノペプチダーゼ （既存）

英　　名：Aminopeptidase

概　　要：特定の細菌の培養液より，分離して得られたものである。

主な用途：酵素（加水分解酵素）

使用基準：なし

成分規格：第9版食品添加物公定書

安全性：平成8年度厚生科学研究報告書において安全性に問題ないとされている

表示方法：簡略名なし，一括名「酵素」の範囲，工程中で失活すれば加工助剤

α－アミラーゼ（既存）

（別名　液化アミラーゼ，G3分解酵素）

英　　名：α -Amylase

概　　要：でんぷんのα－1，4－グルコシド結合をランダムに加水分解して，低分子のデキストリンやマルトースなどにする機能を持つ酵素である。特定の糸状菌，細菌，放線菌の培養液から製造される。

　高粘度のデンプン糊を低粘度の液状にするので，液化酵素とも呼ばれる。デンプン糖類（水あめ，コーンシロップ，ブドウ糖など）の製造，清酒，ビール，アルコール工業（デンプンの液化，糖化），パン生地の改良，そのほか果汁や農産加工など，酵素中最も用途が広く，多量に使用されている。

主な用途：酵素（加水分解酵素）

使用基準：なし

成分規格：第9版食品添加物公定書

安　全　性：FAO／WHO ADI 特定せず

表示方法：簡略名 アミラーゼ，カルボヒドラーゼ，一括名「酵素」の範囲，工程中で失活すれば加工助剤

付　　記：FAO／WHO　INS1100
　　　　　　米国　§184.1012（GRAS確認物質）

β－アミラーゼ（既存）

（別名　液化アミラーゼ）

英　　名：β -Amylase

概　　要：デンプンなどの直鎖のα－1，4－グルコシド結合を非還元性末端から一つおきに加水分解し，β－マルトースを生成する機能を持つ酵素である。特定の糸状菌，放線菌または細菌の培養液より，または麦芽，穀類の種子より製造される。分岐のα－1，6結合を切断しないので，デンプンの老化を防ぐことができる。

　デンプン糖類の製造，もち菓子の改質などに用いられる。

主な用途：酵素（加水分解酵素）

使用基準：なし

成分規格：第9版食品添加物公定書

安　全　性：FAO／WHO ADI 制限せず

表示方法：簡略名 アミラーゼ，カルボヒドラーゼ，
　　　　　　一括名「酵素」の範囲，工程中で失活すれば加工助剤

付　　記：米国　§1173.130

アラニン　23

アミルアルコール（指定）

英　　名：Amylalcohol

概　　要：アミルアルコールは，化学的にはペンタノールという，炭素数が5の直鎖のアルコールである。リンゴや柑橘類，ベリー類など果実類，ねぎやアスパラガスなどの野菜，発酵食品などに幅広く常在する香気成分である。

　国際的に汎用されている香料として2005年に食品添加物として指定された。

主な用途：香料

使用基準：着香の目的に限る

成分規格：第9版食品添加物公定書

安 全 性：食品安全委員会 着香の目的で使用する場合は安全

表示方法：簡略名なし，一括名「香料」の範囲

付　　記：米国　§172.515

α－アミルシンナムアルデヒド（指定）

（別名　α－アミルシンナミックアルデヒド）

英　　名：α-Amylcinnamaldehyde

概　　要：合成法で作られ，特有の香気を有する。リンゴ，ピーチ，ストロベリーなどの果実フレーバーとして使用される。

主な用途：香料

使用基準：着香の目的に限る。

成分規格：第9版食品添加物公定書

安 全 性：→ アセト酢酸エチル

表示方法：簡略名なし，一括名「香料」の範囲

付　　記：米国　§172.515

DL－アラニン（指定）

英　　名：DL-Alanine

概　　要：アラニンは，たん白質を構成する中性のアミノ酸の一つで，自然界に広く常在している。

　DL－アラニンは，通常，合成法で作られており，市販品は，通常，白色の結晶性の粉末となっている。なお，発酵法でも，（一般的には）ラセミ体のDL－アラニンが得られることが知られているが，精製が複雑なため実用化されていない。

　食品添加物として使用する場合には，特に制限はなく，食品に対しては，主に，味の調和をとる目的で，水産練り製品や珍味類などの水産加工品や漬物類・そう菜類を中心に，いろいろな食品に使用される。

主な用途：調味料

使用基準：なし

成分規格：第9版食品添加物公定書

24　アラニン

安 全 性：ＦＡＯ／ＷＨＯ調味料として使用する場合に現在の摂取量で安全性
　　　　　の懸念がなく，現在の使用を認める
表示方法：簡略名 アラニン，
　　　　　一括名「調味料（アミノ酸）」の範囲，栄養強化の目的で使用した場
　　　　　合表示は免除される（免除にならない食品もある）。
付　　記：米国　§172.540

Ｌ－アラニン（既存）

英　　名：L-Alanine
概　　要：Ｌ－アラニンは，たん白質を構成する中性のアミノ酸の一つで，自然
界に広く常在している。市販品は，通常，白色の結晶性の粉末となっている。ア
ラニンには，光学的な性質だけが異なる，Ｌ－体とＤ－体の2種類がある。

　かつては，自然界にはＬ－アラニンだけが存在するといわれてきたが，近年の
研究の結果，Ｄ－アラニンもイカ・タコ類やコメ・トウモロコシ類などに存在し
ていることが確認されている。ただし，Ｄ－アラニンは既存添加物名簿に収載さ
れておらず，指定添加物でもないため，その使用は認められていない。

　食品添加物としては，特殊な菌を使用した発酵法で得られたものを分離精製し
たり，または，非合成的な方法で得られたＬ－アスパラギン酸を酵素的に分解し
て得られたものが使用される。

主な用途：調味料
使用基準：なし
成分規格：第9版食品添加物公定書
安 全 性：平成8年度厚生科学研究報告書において安全性に問題ないとされてい
　　　　　る
表示方法：簡略名 アラニン，
　　　　　一括名「調味料（アミノ酸）」の範囲，栄養強化の目的で使用した場
　　　　　合の表示は免除される（免除にならない食品もある）。
付　　記：米国　§172.320

Ｌ－アラニン液（成分規格が設定された既存添加物の液体製剤）

英　　名：L-Alanine Solution
概　　要：既存添加物Ｌ－アラニンの，成分規格の設定に当たり，水溶液での流
通も行われていることから，いわゆる液体製剤として成分規格が設定された。

　含量は，溶解度を勘案して15％以下の濃度で，その含量を表示する方法で成分
規格が定められている。

主な用途：調味料
使用基準：→ Ｌ－アラニン
成分規格：第9版食品添加物公定書

安全性：→ L－アラニン
表示方法：→ L－アラニン

アラビアガム（既存）
（別名　アカシアガム）

英　名：Gum Arabic，Acacia Gum
概　要：スーダンはじめアフリカ北部に産するマメ科アカシアの幹の分泌液を乾燥して得られた多糖類である。成分はラクトース，アラビノース，ラムノース，グルクロン酸である。水に可溶，エタノールに不溶。水に低温で高濃度に溶解し（25℃で35 ～ 40％，加温すると50 ～ 55％可溶），水溶液は粘性が低く（25％水溶液で約70cps），優れた乳化力とフィルム形成能があるなど，他の水溶性ガムにない特性を持っている。
　乳化安定能，被膜形成能，保護コロイド性，結着性などに優れ，乳化剤，粉末化基剤，被膜剤，結着剤，食物繊維など用途は広い。
主な用途：増粘安定剤
使用基準：なし
成分規格：第9版食品添加物公定書
安全性：FAO／WHO ADI 特定せず
表示方法：→ アウレオバシジウム培養液，ただし，簡略名 アカシア
付　記：FAO／WHO　INS414
　　　　　米国　§184.1330（GRAS確認物質）
　　　　　EU　E414

アラビノガラクタン（既存）

英　名：Arabino Galactan
概　要：マツ科セイヨウカラマツまたは同族植物の根，幹から，常温で水により抽出して得られた多糖類である。成分はガラクトースとアラビノースなどの多糖類である。
　白～淡黄褐色の粉末でわずかににおいがある。水に易溶で弱酸性を呈し，エタノールに不溶。水溶液はアラビアガムより更に低粘性（30％液で20cps）で，加熱すると粘度は低下する。
　アラビアガムとほとんど同じ特性を持っているので，アラビアガムの代用にもなる。
主な用途：増粘安定剤
使用基準：なし
安全性：平成8年度厚生科学研究報告書において安全性に問題ないとされている
表示方法：→ アウレオバシジウム培養液，ただし，簡略名なし

26 アラビノース

付　記：米国　§172.610
　　　　日本食品添加物協会自主規格あり

L－アラビノース（既存）

英　名：L-Arabinose
概　要：L－アラビノースは，遊離の状態では針葉樹の心材中に，結合した状態では，植物のガム質，ペクチン質，糖との結合体（配糖体）などに広く分布している単糖類である。食品添加物としては，アラビアガム，ガティガムまたはコーンファイバーの配糖体を加水分解し，分離精製して白色の粉末としたものが使用される。
　本品はグルコース（ブドウ糖）と同程度の甘味を持つため，甘味料として菓子類，肉（獣肉，魚肉）製品に使われる。また，アミノ酸やたん白質と共に加熱すると褐変物質を作りやすく，リアクションフレーバーのもとにもなる。
主な用途：甘味料
使用基準：なし
成分規格：第9版食品添加物公定書
安 全 性：平成8年度厚生科学研究報告書において安全性に問題ないとされている
表示方法：用途名「甘味料」を併記，
　　　　　　簡略名　アラビノース

亜硫酸水素カリウム液（成分規格の設定された指定添加物の液体製剤）

（別名　重亜硫酸カリウム液，酸性亜硫酸カリウム液）
英　名：Potassium Hydrogen Sulfite Solution
概　要：ピロ亜硫酸カリウムの水溶液（液体製剤）で成分規格が設定されている。水溶液中では，ピロ亜硫酸カリウムの多くは解離し，亜硫酸水素カリウムの形になっている。→ ピロ亜硫酸カリウム
使用基準：→ 亜硫酸ナトリウム
安 全 性：→ 亜硫酸ナトリウム
成分規格：第9版食品添加物公定書
表示方法：使用目的に応じて，用途名（「酸化防止剤」，「保存料」，「漂白剤」）併記
　　　　　　簡略名　亜硫酸K，亜硫酸塩，亜硫酸カリウム，重亜硫酸K，重亜硫酸カリウム

亜硫酸水素ナトリウム液（成分規格が設定された指定添加物の液体製剤）

（別名　酸性亜硫酸ナトリウム液）
英　名：SodiumI Hydrogen Sulfite Solution

アリュウサン　27

概　　要：ピロ亜硫酸ナトリウムの水溶液（液体製剤）で成分規格が設定されている。水溶液中では，ピロ亜硫酸ナトリウムの多くは解離し，亜硫酸水素ナトリウムの形になっている。→ ピロ亜硫酸ナトリウム

使用基準：→ 亜硫酸ナトリウム

安 全 性：→ 亜硫酸ナトリウム

成分規格：第9版食品添加物公定書

表示方法：使用目的に応じて，用途名（「酸化防止剤」，「保存料」，「漂白剤」）併記
簡略名 亜硫酸Na，亜硫酸塩，亜硫酸ナトリウム，亜硫酸ソーダ，重亜硫酸Na，重亜硫酸ナトリウム

亜硫酸ナトリウム （指定）

（別名　亜硫酸ソーダ）

英　　名：Sodium Sulfite

概　　要：亜硫酸ナトリウムは亜硫酸のナトリウム塩で，二酸化硫黄（無水亜硫酸）およびピロ亜硫酸塩類と共に，古くから酸化防止剤として食品に使われてきたものである。

　亜硫酸ナトリウムは，7個の結晶水を持つ「亜硫酸ナトリウム（結晶）」と，乾燥させて無水物にした「亜硫酸ナトリウム（無水）」がある。亜硫酸塩類は，保存の目的のほかにも，酸化防止の目的や漂白の目的でも使用されており，いろいろな食品素材（原料となる食品）や食品の加工時に使われている。漂白の目的では，かんぴょうの漂白や，煮豆と甘納豆用の原料豆，サクランボなどの漂白に使われており，酸化防止の目的では，乾燥果物類やエビ・カニの類が褐色または黒色に変色するのを防ぐためなどに使われている。保存の目的では，デンプンや乾燥果実製造時などに使われている。食品に使用したときの表示は，外国でも，亜硫酸ナトリウム，二酸化硫黄，ピロ亜硫酸塩類などを一括して，単に「Sulfite」と表示されることが多く，日本でも総称的な名称の「亜硫酸塩」で表示することが認められている。

使用基準：ごま，豆類，野菜には使用できない，また，量的な規制あり

成分規格：第9版食品添加物公定書

安 全 性：ＦＡＯ／ＷＨＯ ＡＤＩ 二酸化硫黄として0 〜 0.7mg/kg

表示方法：使用目的に応じて，用途名（「酸化防止剤」，「保存料」，「漂白剤」）併記
簡略名 亜硫酸Na，亜硫酸塩，亜硫酸ナトリウム，亜硫酸ソーダ

付　　記：ＦＡＯ／ＷＨＯ　ＩＮＳ221
米国　§172.615　182.3748
ＥＵ　E221

28   アルギニン

L－アルギニン （既存）

英　名：L-Arginine

概　要：アルギニンは，たん白質を構成するアミノ酸の一つで，自然界に広く存在している。食品添加物としては，たん白質を原料として加水分解した後，アルギニンを分取して精製したものや，糖類を原料とした発酵法を経て分離・精製して製造される。

　通常，わずかに特異なにおいがある白色の結晶または結晶性の粉末になっている。水に溶け易く，アルカリ性の水溶液になる。

　アルギニンは，いろいろな食品に使われているが，なかでも特徴的な使用としては，かまぼこのアシを補強する目的，緑茶の旨味を改善する目的やスポーツドリンクなどがある。また，幼児用の食品に，強化の目的で使用されることもある。

主な用途：調味料，強化剤

使用基準：なし

成分規格：第9版食品添加物公定書

安 全 性：ＪＥＣＦＡ　ＡＤＩ

表示方法：簡略名 アルギニン，一括名「調味料（アミノ酸）」の範囲，栄養強化の目的で使用した場合の表示は免除される（免除にならない食品もある）。

L－アルギニンL－グルタミン酸塩 （指定）

英　名：L-Arginine L-Glutamate

概　要：L－アルギニンに，L－グルタミン酸を付加させて，呈味の効果を増したものが，L－アルギニンL－グルタミン酸塩である。→ L－アルギニン，L－グルタミン酸

主な用途：調味料

成分規格：第9版食品添加物公定書

安 全 性：→ L－アルギニン，L－グルタミン酸

表示方法：主な簡略名アルギニングルタミン酸塩，一括名「調味料（アミノ酸）」の範囲，栄養強化の目的で使用した場合の表示は免除される（免除にならない食品もある）。

アルギン酸 （既存）

（別名　昆布類粘質物）

英　名：Alginic Acid

概　要：褐藻類より，抽出し，精製して製造される高分子多糖類である。マンヌロン酸とウロン酸が直鎖状に結合した構造で，ウロン酸のカルボキシル基は遊離型であるので，塩やエステルが作りやすく，各種のアルギン酸の塩類およびアルギン酸プロピレングリコールエステルが食品添加物として指定されている。

アルギンサン　29

　水，エタノールに難溶　アルカリ性水溶液に可溶。水に膨潤してゲル状になる水親和性の高いタイプと水に膨潤しないタイプがあり，使用目的により使い分ける。

　増粘性，保水性に優れ，デンプンの老化防止効果があるので，主にめん類，パン類の改質改良に使われるほか，アイスクリーム類などの安定剤，調味料，ジャムなどの増粘剤，デザート類のゲル化剤などに使われる。

主な用途：増粘安定剤
使用基準：なし
成分規格：第9版食品添加物公定書
安 全 性：食品安全委員会　ＡＤＩ特定せず
表示方式：→　アウレオバシジウム培養液，ただし，簡略名なし
付　　記：ＦＡＯ／ＷＨＯ　ＩＮＳ400
　　　　　　米国　§184.1011（ＧＲＡＳ確認物質）
　　　　　　ＥＵ　Ｅ400

アルギン酸アンモニウム（指定）

英　　名：Ammonium Alginate
概　　要：原料の褐藻から抽出，分離してアルギン酸ナトリウム水溶液とし，酸を加えて不溶性のアルギン酸として精製したのち，アンモニウム塩として製造する。

　本品は，国際的に汎用されている食品添加物として2006年に，カリウム塩，カルシウム塩と共に新規指定されたものである。ＪＥＣＦＡ規格に合せて微生物限度規格が設定されている。

　熱水に速やかに水和して溶解し，水溶液は中性で滑らかな粘性を示す。酸性にするとアルギン酸となり特有のゲル状沈殿を析出する。アルコールを添加してもゲルを生成する。本品はカルシウムイオンによりゲル化するが加えるカルシウム塩の種類やゲル化促進剤としての有機酸，遅延剤としてのリン酸塩などを併用することで，各種のゲルを作ることができる。

　食品添加物としては，他のアルギン酸塩と同様に，増粘性，保水性，安定性，凝集性，フィルム形成能，ゲル化性，デンプンの老化防止性などの各種の機能を活用して，多種類の加工食品に用いられる。

主な用途：増粘安定剤　製造用剤
使用基準：なし
成分規格：第9版食品添加物公定書
安 全 性：食品安全委員会　ＡＤＩ特定せず
表示方法：用途名「糊料」または使用目的により「増粘剤」，「安定剤」，「ゲル化剤」のいずれかを併記，簡略名なし　製造用剤目的の場合は物質名表示

30　アルギンサン

付　　記：FAO／WHO　INS403
　　　　　米国　§184.1133（GRAS確認物質）
　　　　　EU　E403

アルギン酸カリウム （指定）

英　　名：Potassium Alginate
概　　要：原料の褐藻から抽出，分離してアルギン酸ナトリウム水溶液とし，酸を加えて不溶性のアルギン酸として精製したのち，カリウム塩として製造する。
　本品は，国際的に汎用されている食品添加物として2006年に，アンモニウム塩，カルシウム塩と共に新規指定されたものである。JECFA規格に合せて微生物限度規格が設定されている。→ アルギン酸アンモニウム
主な用途：増粘安定剤，製造用剤
使用基準：なし
成分規格：第9版食品添加物公定書
安 全 性：食品安全委員会　ADI 特定せず
表示方法：→ アルギン酸アンモニウム，ただし，簡略名アルギン酸K
付　　記：FAO／WHO　INS402
　　　　　米国　§184.1133（GRAS確認物質）
　　　　　EU　E402

アルギン酸カルシウム （指定）

英　　名：Calcium Alginate
概　　要：原料の褐藻から抽出，分離してアルギン酸ナトリウム水溶液とし，酸を加えて不溶性のアルギン酸として精製したのち，カルシウム塩として製造する。
　本品は，国際的に汎用されている食品添加物として2006年に，アンモニウム塩，カリウム塩と共に新規指定されたものである。JECFA規格に合せて微生物限度規格が設定されている。→ アルギン酸アンモニウム
主な用途：増粘安定剤，製造用剤
使用基準：なし
成分規格：第9版食品添加物公定書
安 全 性：食品安全委員会　ADI 特定せず
表示方法：→ アルギン酸アンモニウム，ただし，簡略名アルギン酸Ca
付　　記：FAO／WHO　INS404
　　　　　米国　§184.1187（GRAS確認物質）
　　　　　EU　E404

アルギン酸ナトリウム （指定）

英　　名：Sodium Alginate

アルギンサン　31

概　　要：原料の褐藻から抽出，分離してアルギン酸ナトリウム水溶液とし，酸を加えて不溶性のアルギン酸として精製したのち，ナトリウム塩として製造する。

本品は，1957年にアルギン酸塩類の中で最初に指定されたものである。ＪＥＣＦＡ規格に合せて微生物限度規格が設定されている。

白～帯黄白色の粉末でにおいはない。冷水および熱水に速やかに水和して溶解し，水溶液は中性で滑らかな粘性を示す。酸性にするとアルギン酸となり特有のゲル状沈殿を析出し，アルコールを添加してもゲルを生成する。

本品はカルシウムイオンによりゲル化するが，加えるカルシウム塩の種類やゲル化促進剤としての有機酸，遅延剤としてのリン酸塩などを併用することで，各種のゲルを作ることができる。本品の水溶液を塩化カルシウム溶液中に滴下して作ったアルギン酸カルシウムビーズは耐熱性があり，魚卵様食品などの製造にも応用されている。

食品添加物としては，増粘性，保水性，安定性，凝集性，フィルム形成能，ゲル化性，デンプンの老化防止性などの各種の機能を活用して，多種類の加工食品に広く用いられている。

主な用途：増粘安定剤，製造用剤
使用基準：なし
成分規格：第9版食品添加物公定書
安　全　性：食品安全委員会　ＡＤＩ 特定せず
表示方法：→　アルギン酸アンモニウム，ただし，簡略名 アルギン酸Na
付　　記：ＦＡＯ／ＷＨＯ　ＩＮＳ401
　　　　　米国　§184.1724（ＧＲＡＳ確認物質）
　　　　　ＥＵ　Ｅ401

アルギン酸プロピレングリコールエステル（指定）

英　　名：Propylene GlycoI Alginate
概　　要：アルギン酸のカルボキシル基をプロピレンオキシドでエステル化したもので，白～帯黄白色の粗または微細な粉末で，ほとんどにおいがない。冷水，温水，希薄な酸性溶液に溶けて，粘稠なコロイド液となる。

アルギン酸ナトリウムが酸性に弱く，使用が限定されるため，開発されたものが本品である。低いpH（pH3～4）でもゲル化したり，沈殿したりしないため，乳たん白安定剤として乳酸菌飲料や果実飲料にも使用される。また耐塩性が大であり，醬油，ソースなど各種調味料の増粘剤，安定剤にも使われる。

主な用途：増粘安定剤
使用基準：食品に1.0％以下
成分規格：第9版食品添加物公定書
安　全　性：ＦＡＯ／ＷＨＯ ＡＤＩ0～70mg/kg
表示方法：→　アルギン酸アンモニウム，ただし，簡略名 アルギン酸エステル

アルギン酸リアーゼ（既存）

英　　名：Alginate Lyase
概　　要：アルギン酸を特異に分解する性質を持つ酵素である。特定の細菌の培養液より，水で抽出して得られたものである。海藻，アルギン酸の分解などに使用される。
主な用途：酵素（脱離酵素）
使用基準：なし
成分規格：第9版食品添加物公定書
安 全 性：平成8年度厚生科学研究報告書において安全性に問題ないとされている
表示方法：簡略名なし，一括名「酵素」の範囲，工程中で失活すれば加工助剤

アルゴン（指定）

（成分規格上の別名：アルゴンガス）

英　　名：Argon
概　　要：きわめて安定した元素で，他の元素と化合物を作りにくい希ガスの一つである。体積で窒素，酸素に次いで3番目（0.934%）に多く存在する。
主な用途：製造用剤
使用基準：なし
成分規格：食品，添加物等の規格基準

アルミニウム（既存）

（別名　アルミ末）

英　　名：Aluminium
概　　要：アルミニウムは，地球上に多量にある金属で，化合物としていろいろな形で存在している。アルミニウムは，ボーキサイト（主成分は，酸化アルミニウム）を原料として，電解法などで生成し作られている。通常は，99%以上に精製されたものが流通している。
　この精製されたアルミニウムは，美麗な銀白色であり，薄く延ばせる性質（展延性）に優れている。このため，箔や細粉に加工されて装飾などに使われる。また，アルミ箔は食品の販売用または調理用の包装材料としても使われている。
主な用途：着色料
使用基準：→　アナトー色素
成分規格：ＦＡＯ／ＷＨＯ規格（アルミニウム粉末）
安 全 性：食品安全委員会　硫酸アルミニウムアンモニウムおよび硫酸アルミニウムカリウム に関するＴＷＩ 2.1 mg/kg 体重/週（アルミニウムとして）
表示方法：用途名「着色料」を併記，簡略名なし

アンソクコウサン 33

安息香酸 （指定）

英　　名：Benzoic Acid
概　　要：安息香酸は，安息香の中に含まれる静菌効果（菌などの微生物の繁殖を抑える効果）を持つ主要な成分として，古くから食品などの保存に使われてきたものである。
　　安息香酸の効果は，酸性（低pH）のとき，遊離の酸の形で発揮されるが，安息香酸は水に溶けにくいため，水に溶けるナトリウム塩もある。
　　工業的には，安息香酸は，化学的な合成法で作られる。
　　清涼飲料水や醤油など，使用基準で認められている食品に使われており，輸入されているキャビアにも使われる。
主な用途：保存料
使用基準：キャビア，マーガリン，清涼飲料水，シロップ，醤油，量的な基準あり
成分規格：第9版食品添加物公定書
安 全 性：FAO／WHO ADI 安息香酸として0～5.0mg/kg（安息香酸および塩類）
表示方法：用途名「保存料」併記，簡略名なし
付　　記：FAO／WHO INS210
　　　　　米国　§184.1021（GRAS確認物質）
　　　　　EU　E210

安息香酸ナトリウム （指定）

英　　名：Sodium Benzoate
概　　要：安息香酸ナトリウムは，水に溶けにくい安息香酸を，水に溶け易くするためにナトリウム塩にしたものである。工業的には，安息香酸ナトリウムは，化学的な合成法で作られている。
　　清涼飲料水や醤油など，使用基準で認められている食品に使われており，輸入されているキャビアにも使われている。
主な用途：保存料
使用基準：キャビア，マーガリン，清涼飲料水，シロップ，醤油，菓子の製造に用いる果実ペーストと果汁，使用量の限度規定がある。
成分規格：第9版食品添加物公定書
安 全 性：→ 安息香酸
表示方法：用途名「保存料」併記，簡略名安息香酸Na
付　　記：FAO／WHO INS211
　　　　　米国　§184.1033（GRAS確認物質）
　　　　　EU　E211

アントシアナーゼ（既存）

英　　名：Anthocyanase
概　　要：アントシアニン系物質を分解する機能を持つ酵素である。特定の糸状菌の培養液または麦芽，穀類の種子より製造される。

　モモの缶詰の赤色アントシアニン色素を分解し，金属イオン（すず）による青変を防止する。またアントシアニン色素を含む果実加工品の品質向上に使われる。

主な用途：酵素（加水分解酵素）
使用基準：なし
成分規格：第9版食品添加物公定書
安 全 性：平成8年度厚生科学研究報告書において安全性に問題ないとされている
表示方法：簡略名なし，一括名「酵素」の範囲，工程中で失活すれば加工助剤

アントラニル酸メチル（指定）

（別名　アンスラニル酸メチル）

英　　名：Methyl Anthranilate
概　　要：天然には，オレンジ，レモン，ジャスミンの精油中にも少量存在する。合成法で作られ，ブドウ様の香気がある。

　グレープ，オレンジ，メロンなどの果実フレーバーに用いられる。

主な用途：香料
使用基準：着香の目的に限る
成分規格：第9版食品添加物公定書
安 全 性：ＦＡＯ／ＷＨＯ ＡＤＩ0 ～ 1.5mg/kg
表示方法：簡略名なし，一括名「香料」の範囲

アンモニア（指定）

英　　名：Ammonia
概　　要：水素と窒素より合成法で製造される。特有の臭気を持つ無色の気体である。

　凍り豆腐の製造で，湯で戻すときの軟化膨潤性を保つ目的で使用されていたが，アンモニア臭が残るので，最近は“かんすい”が使用されることが多い。

主な用途：製造用剤（凍り豆腐の製造用など）
使用基準：なし
成分規格：第9版食品添加物公定書
安 全 性：ＦＡＯ／ＷＨＯ ＡＤＩ　制限しない
表示方法：通常は，加工助剤

イオンコウカン　35

アンモニウムイソバレレート （指定）

英　　名：Ammonium Isovalerate

概　　要：アンモニアとイソ吉草酸から製造される，焼き菓子，清涼飲料水，肉製品，アルコール飲料，アイスクリーム類，プリン，ソフトキャンディーなどに使用される。

　国際的に汎用されている香料として2015年に指定された。

主な用途：香料

使用基準：着香の目的に限る

成分規格：第9版食品添加物公定書

安 全 性：食品安全委員会 着香の目的では安全性に懸念なし

表示方法：簡略名なし，一括名「香料」の範囲

イオノン （指定）

（別名　ヨノン）

英　　名：Ionone

概　　要：天然にはミカン科の一種の花の精油などに含まれる。合成法で作られ，無～淡黄色の液体で，特有の香気がある。

　飲料などのフレーバーとして使われる。

主な用途：香料

使用基準：着香の目的に限る

成分規格：第9版食品添加物公定書

安 全 性：ＦＡＯ／ＷＨＯ ＡＤＩ０～１mg/kg

表示方法：簡略名なし，一括名「香料」の範囲

イオン交換樹脂 （指定）

英　　名：Ion Exchange Resin

概　　要：イオン交換性を持った水に溶けない合成樹脂である。「陽イオン交換樹脂」は酸性基（H^+と結合する交換基）を持ち，「陰イオン交換樹脂」は塩基性基（OH^-と結合する交換基）を持っている。さらに，強酸性陽イオン交換樹脂，弱酸性イオン交換樹脂，強塩基性イオン交換樹脂，弱塩基性イオン交換樹脂の4種に細分される。また，本品は粒状物，粉状物，懸濁液があり，合成法でほとんどスチレン系樹脂が母本となって作られる。

　本品は食品製造の基本となる水の硬度調整や，製造工程中の不純物の除去，特定成分の濃縮など，種々の機能を持つ。

　果汁，清涼水飲料製造，缶詰製造，めん類，食肉加工などの食品製造用水の硬度調整用，ショ糖などの糖類の精製用，調味料の製造用，酒類製造水の不純物の除去など，各種食品製造に利用される。

主な用途：製造用剤

使用基準：最終食品の完成前に除去
成分規格：第9版食品添加物公定書
表示方法：加工助剤

イカスミ色素 （一般飲食物添加物）

英　名：Sepia Color

概　要：イカスミ色素は，モンゴウイカなどのイカ類のスミ（イカ墨）から得られる黒色の色素である。本品は，熱，光に安定で，酸・アルカリにも安定した色調を持つが，水には溶けないため，色素としては，乳化剤などによって分散させて使われている。

　着色の目的で，菓子類，魚肉練製品，めん類などに使われる。着色料目的に使用の場合，添加物扱いとなる。

使用基準：（着色料は）こんぶ類，食肉，鮮魚介類（鯨肉を含む），茶，のり類，豆類，野菜およびわかめ類には，使用できない。

表示方法：用途名「着色料」併記，または「色素」名で表示，簡略名 イカ墨

付　記：日本食品添加物協会自主規格あり

イソアミラーゼ （既存）

（別名　枝切り酵素）

英　名：Isoamylase

概　要：アミロペクチン，グリコーゲンなどの $a-1$，$6-$グルコシド結合を加水分解する機能を持つ酵素である。

　特定の細菌の培養液を除菌後，濃縮して得られたものである。

　デンプン糖の製造などに使用される。

主な用途：酵素（加水分解酵素）

使用基準：なし

成分規格：第9版食品添加物公定書

安全性：平成8年度厚生科学研究報告書において安全性に問題ないとされている

表示方法：簡略名なし，一括名「酵素」の範囲，工程中で失活すれば加工助剤

イソアミルアルコール （指定）

英　名：Isoamylalcohol

概　要：イソアミルアルコール（化学的には，3－メチルブタノール）は，リンゴ，バナナ，メロンなど果実類，じゃがいも，トウモロコシ，乳製品であるチーズ，バターなど幅広い食品に常在する香気成分であり，フーゼル油の主要香気成分である。フーゼル油の分留によっても得られるが，一般的には，合成法で作られる。

国際的に汎用されている香料として2005年に食品添加物として指定された。

主な用途：香料

使用基準：着香の目的に限る

成分規格：第9版食品添加物公定書

安 全 性：食品安全委員会 着香の目的で使用する場合は安全

表示方法：簡略名なし，一括名「香料」の範囲

付　　記：米国 §172.515

イソアルファー苦味酸 （既存）

英　　名：Iso - α -Bitter Acid

概　　要：イソアルファー苦味酸は，ビールに使われるホップの苦み成分（フムロンなど）を熱処理によって更に苦みを増したものである。イソアルファー酸は，ホップの雌花から抽出される成分を熱処理してイソフムロンを主成分とするイソ型に変換して得られる。

　ビールの苦みの調整，ノンアルコールビール（ビール風味飲料）の苦み付けに使われ，他の食品にもホップ風の苦味を付ける目的で使われる。

主な用途：苦味料

使用基準：なし

成分規格：第9版食品添加物公定書追補収載予定

表示方法：簡略名 ホップ，一括名「苦味料」の範囲

付　　記：日本食品添加物協会自主規格あり

イソオイゲノール （指定）

英　　名：Isoeugenol

概　　要：天然にはイランイラン油，ナツメッグ油などに少量存在する。合成法で作られ，無色～淡黄色の液体で，特有の香気がある。モモ，バナナなどの果実フレーバーに配合される。

主な用途：香料

使用基準：着香の目的に限る

成分規格：第9版食品添加物公定書

安 全 性：ＦＡＯ／ＷＨＯ ＡＤＩ 香料としては問題なし

表示方法：簡略名なし，一括名「香料」の範囲

付　　記：米国 §172.515

イソ吉草酸イソアミル （指定）

英　　名：Isoamyl Isovalerate

概　　要：天然にはバナナ，リンゴ，トマトなどに含まれる。合成法で作られ無～淡黄色の液体で，果実様の香気がある。リンゴ，バナナ，パイナップルなどの

果実フレーバーに配合される。

主な用途：香料
使用基準：着香の目的に限る
成分規格：第9版食品添加物公定書
安　全　性：ＦＡＯ／ＷＨＯ ＡＤＩ 香料としては問題なし
表示方法：簡略名なし，一括名「香料」の範囲

イソ吉草酸エチル （指定）

英　　　名：Ethyl Isovalerate
概　　　要：パイナップル，イチゴ，柑橘類などの果実に存在する。合成法で作られる無～淡黄色の液体で，果実様の香気がある。果実フレーバーなどに配合される。
主な用途：香料
使用基準：着香の目的に限る
成分規格：第9版食品添加物公定書
安　全　性：ＦＡＯ／ＷＨＯ ＡＤＩ 香料としては問題なし
表示方法：簡略名なし，一括名「香料」の範囲
付　　　記：米国　§172.515

イソキノリン （指定）

英　　　名：Isoquinoline
概　　　要：かつおぶし，牛乳に含まれる香気成分で，合成法で作られる。焼き菓子，清涼飲料水，肉製品，アルコール飲料，アイスクリーム類，プリン，ソフトキャンディーなどに使用される。
　国際的に汎用されている香料として2011年に指定された。
主な用途：香料
使用基準：着香の目的に限る
成分規格：第9版食品添加物公定書
安　全　性：食品安全委員会 着香の目的では安全性に懸念なし
表示方法：簡略名なし，一括名「香料」の範囲

イソチオシアネート類 （指定）

英　　　名：Isothiocyanates
概　　　要：合成法で作られるイソチオシアン酸のエステル類である。各種食品のフレーバーとして使われる。
主な用途：香料
使用基準：着香の目的に限る
表示方法：簡略名なし，一括名「香料」の範囲

イソチオシアン酸アリル（指定）

（別名　揮発ガイシ油）

英　　名：Allyl Isothiocyanate

概　　要：天然には黒芥子や日本産芥子を圧縮し，水蒸気蒸留して得られるガイシ（芥子）油に含まれる。現在は主として合成法で作られ，無～淡黄色の液体で，からし様の強い刺激臭がある。

　畜肉加工品やソース類などの調味料のフレーバーとして使われる。

主な用途：香料

使用基準：着香の目的に限る

成分規格：第9版食品添加物公定書

安 全 性：ＦＡＯ／ＷＨＯ ＡＤＩ 香料としては問題なし

表示方法：簡略名なし，一括名「香料」の範囲

イソバレルアルデヒド（指定）

英　　名：Isovaler Aldehyde

概　　要：イソバレルアルデヒドは，３－メチルブチルアルデヒドとも呼ばれる炭素数5の短鎖のアルデヒドである。天然には，果実，野菜をはじめ乳製品などにも含まれる香気成分である。

　菓子，清涼飲料，乳製品などの香気成分として配合される。

　国際的に汎用されている香料として2009年に指定された。

主な用途：香料

使用基準：着香の目的に限る

成分規格：第9版食品添加物公定書

安 全 性：食品安全委員会 着香の目的では安全性に懸念なし

表示方法：簡略名なし，一括名「香料」の範囲

付　　記：米国　§172.515

イソブタノール（指定）

英　　名：Isobutanoll

概　　要：イソブタノール（化学的には，２－メチルプロパノールまたはイソブチルアルコール）は，リンゴ，バナナ，パイナップルなど果実類，トマト，きのこなど，パン類，酒類，醤油などの加工食品など幅広い食品に常在する香気成分である。本品は，一般的には合成法で作られる，無色の澄明な液体で，特有の香気がある。

　国際的に汎用されている香料として2004年に食品添加物として指定された。

主な用途：香料

使用基準：着香の目的に限る

成分規格：第9版食品添加物公定書

40　イソブチルアミン

安　全　性：食品安全委員会 着香の目的では安全性に懸念なし
表示方法：簡略名なし，一括名「香料」の範囲
付　　記：米国　§172.515

イソブチルアミン（指定）

英　　名：Isobutylamine
概　　要：きのこ，ココア，コーヒー等に含まれる成分である。
主な用途：香料
使用基準：着香の目的に限る
成分規格：食品，添加物等の規格基準

イソブチルアルデヒド（指定）
（別名　イソブタナール）

英　　名：Isobutylaldehyde
概　　要：イソブチルアルデヒド（化学的には，2－メチルプロパナール）は，ブランデーもしくはウイスキー様の香気を有し，果物や野菜などに含まれるウイスキーやブランデーなどの酒類の香気を有する成分として天然に含まれている。国際的に汎用されている香料として，2007年に指定された。清涼飲料やキャンディー類などで，香気成分として配合される。
主な用途：香料
使用基準：着香の目的に限る
成分規格：第9版食品添加物公定書
安　全　性：食品安全委員会 着香の目的では安全性に懸念なし
表示方法：簡略名なし，一括名「香料」の範囲
付　　記：米国　§172.515

イソプロパノール（指定）

英　　名：Isopropanol
概　　要：イソプロパノール（化学的には，2－プロパノール，イソプロピルアルコール）は，リンゴ，バナナ，など果実類，トマト，玉ねぎ，乳製品，酒類などの加工食品など幅広い食品に常在する香気成分である。無色の透明な液体で，特有の香気がある。国際汎用香料として2005年に指定された。
主な用途：香料
使用基準：製造用剤（残存量の規定あり）および着香の目的に限る
成分規格：第9版食品添加物公定書
安　全　性：食品安全委員会 着香の目的では安全性に懸念なし
表示方法：簡略名なし，一括名「香料」の範囲　製造用剤で残存する場合は物質名表示

付　　記：米国　§172.515

イソプロピルアミン（指定）

英　　名：Isopropylamine

概　　要：にんじん，とうもろこし，豚肉等に含まれている成分である。

主な用途：香料

使用基準：着香の目的に限る

成分規格：食品添加物等の規格基準

イソペンチルアミン（指定）

英　　名：Isopentylamin

概　　要：トリュフ，ヤマドリダケ，ワイン，ルバーブ，コーヒー，ケールなど天然界に存在する香気成分である。清涼飲料水，ゼラチン・プリン類，肉製品，焼き菓子，乳製品類，ソフトキャンディー類などに使用される。

主な用途：香料

使用基準：着香の目的に限る

成分規格：第9版食品添加物公定書

安 全 性：食品安全委員会 着香の目的では安全性の懸念なし

表示方法：簡略名なし，一括名「香料」の範囲

付　　記：米国　§172.515

イソマルトデキストラナーゼ（既存）

英　　名：Isomaltodextranase

概　　要：デキストランをイソマルトースに分解する働きを持つ酵素である。特定の細菌の培養液より，水で抽出して得られたものである。

　デンプン糖の製造に使用される。

主な用途：酵素（加水分解酵素）

使用基準：なし

安 全 性：平成8年度厚生科学研究報告書に安全性に問題ないとされている

表示方式：簡略名なし，一括名「酵素」の範囲，工程中で失活すれば加工助剤

L－イソロイシン（指定）

英　　名：L-Isoleucine

概　　要：L－イソロイシンは，L－ロイシンと共に，いろいろなたん白質を構成するアミノ酸の一つで，やや苦味がある。人の体内で作ることができないため，人にとっての必須アミノ酸となっている。イソロイシンは，通常，発酵法による生成物を，精製して高純度の製品にしている。多くの場合は，他の必須アミノ酸類と共に栄養成分の強化の目的で使用される。スポーツドリンク類などにも使わ

42 イタコンサン

れている。
主な用途：調味料，強化剤
使用基準：なし
成分規格：第9版食品添加物公定書
安 全 性：ＦＡＯ／ＷＨＯ ＡＤＩ現在の使用状況では安全性の懸念なし
表示方法：簡略名 イソロイシン，一括名「調味料（アミノ酸）」の範囲」 強化
　　　　　　の目的で使用した場合の表示は免除される（免除にならない食品もあ
　　　　　　る）
付　　　記：米国　§172.320

イタコン酸（既存）（第4次消除予定品目）

（別名　メチレンコハク酸）
英　　　名：Itaconic Acid
概　　　要：イタコン酸は，でんぷんや糖類を原料として麹菌を使って発酵させ
て，得られた発酵液からイタコン酸分を取り出して精製して製造される。
　酸味・酸度の調整の目的で，コーヒーや果汁などの飲料，醤油・ソース，タレ
などに使用されることがある。
主な用途：酸味料，pH調整剤
使用基準：なし
表示方法：一括名「酸味料」，「pH調整剤」の範囲
付　　　記：日本食品添加物協会自主規格あり

イナワラ灰抽出物（既存）

（別名　ワラ灰抽出物）
英　　　名：Rice Straw Ash Extract
概　　　要：イネ科イネの茎や葉を灰化したものより，水で抽出して得られたもの
で，アルカリ金属，アルカリ土類金属を含む。
主な用途：製造用剤
使用基準：なし
安 全 性：平成8年度厚生科学研究報告書において安全性に問題ないとされてい
　　　　　　る
表示方法：簡略名 植物灰抽出物

イヌリナーゼ（既存）

（別名　イヌラーゼ）
英　　　名：Inulinase
概　　　要：イヌリンのβ－2,1－D－フルクトシド結合を加水分解して果糖にす
る機能を持つ酵素である。

特定の糸状菌の培養液より水で抽出して製造される。

主な用途：酵素（加水分解酵素）

使用基準：なし

成分規格：第9版食品添加物公定書

安　全　性：平成8年度厚生科学研究報告書において安全性に問題ないとされている

表示方法：簡略名なし，一括名「酵素」の範囲，工程中で失活すれば加工助剤

イノシトール（既存）

（別名　イノシット）

英　　名：Inositol

概　　要：イノシトールは，メソイノシトールとも呼ばれ，シクロヘキサンヘキソールの9種類の異性体の一つである。遊離の形では，動物の筋肉，心臓，肝臓などに存在し，リン酸との結合体の形では，動物の肝臓や脳，卵黄，大豆や小麦の胚芽などに含まれている。

　イノシトールは，フィチン酸（イノシトールヘキサリン酸）を分解するか，サトウダイコンの糖液・糖蜜から分離・精製して得られている。通常はミオ（myo-）イノシトールが製造されているが，chilo-イノシトールもイノシトールの一種であるとされている。

　ビタミン様の作用があるため，強化の目的で使用され，調製粉乳，調製液状乳などに使われる。

主な用途：強化剤

使用基準：なし

成分規格：第9版食品添加物公定書（myo-イノシトール）

安　全　性：平成8年度厚生科学研究報告書においてGRAS確認物質であり安全性に問題ないとされている

表示方法：簡略名なし，強化の目的で使用した場合の表示は免除される（免除にならない食品もある）

付　　記：米国　§184.1370（GRAS確認物質）

5'-イノシン酸二ナトリウム（指定）

（別名　5'-イノシン酸ナトリウム）

英　　名：Disodium5'-Inosinate

概　　要：5'-イノシン酸二ナトリウムは，代表的な核酸系の調味料としてよく知られている。その味は，かつお節のうま味として知られているが，他の魚類や肉類のうま味成分としても存在している。工業的には，イノシン酸発酵法または核酸分解法により製造される。

　アミノ酸系調味料（主に，グルタミン酸ナトリウムなど）と併用して，いろい

ろな食品にうま味を付ける目的で使用される。通常の配合量は，L－グルタミン酸ナトリウムに対して5 ～ 10％程度で使われる。このような使い方の場合，食品では，通常「調味料（アミノ酸など）」と表示する。特に，核酸系調味料主体の場合は，「調味料（核酸など）」と表示する。

主な用途：調味料
使用基準：なし
成分規格：第9版食品添加物公定書
安 全 性：ＦＡＯ／ＷＨＯ ＡＤＩ 特定せず
表示方法：簡略名 イノシン酸Na，イノシン酸ナトリウム，一括名「調味料（核酸）」の範囲
付　　記：ＦＡＯ／ＷＨＯ　ＩＮＳ631
　　　　　　米国　§172.535
　　　　　　ＥＵ　　Ｅ631

イマザリル（指定）

英　　名：Imazalil
概　　要：イマザリルは，ポストハーベスト農薬（収穫した後で使う農薬）として開発されたカビ防止効果のある防かび剤である。
　国内では，ほとんど使用されていないが，輸入品では，輸送中のカビ発生を抑える目的で使用されている。
主な用途：防かび剤
使用基準：みかんを除く柑橘類，バナナ
成分規格：第9版食品添加物公定書
表示方法：用途名（「防かび剤」または「防ばい剤」）併記，簡略名なし，ばら売りの場合も表示するよう通知されている

インドール及びその誘導体（指定）

英　　名：Indole and its Derivatives
概　　要：合成法で作られ，フレーバーとして使われる。
主な用途：香料
使用基準：着香の目的に限る
表示方法：簡略名なし，一括名「香料」の範囲

インベルターゼ（既存）

（別名　サッカラーゼ，シュークラーゼ，スクラーゼ）
英　　名：Invertase
概　　要：ショ糖を果糖とブドウ糖に分解する機能を持つ酵素である。天然には動植物界に広く存在し，酵母中に最も豊富に存在する。本品は特定の糸状菌，細

菌または酵母の培養液から製造される。

　酵母由来のインベルターゼは，ショ糖を果糖側から分解するβ－フルクトフラノシダーゼであり，麹由来のものはブドウ糖側から分解するα－グルコシダーゼである。

　ショ糖を分解した転化糖はショ糖より溶解度が高く，糖の結晶が析出しにくく，チョコレート，キャンディー，アイスクリーム類などや，その他の食品の糖濃度を高める目的で使われる。

　本品は，転化糖の製造に使用される。

主な用途：酵素（加水分解酵素）

使用基準：なし

成分規格：第9版食品添加物公定書

安 全 性：平成8年度厚生科学研究報告書において安全性に問題ないとされている

表示方法：簡略名なし，一括名「酵素」の範囲，工程中で失活すれば加工助剤

ウェランガム（既存）

（別名　ウェラン多糖類）

英　　名：Welan Gum

概　　要：スフィンゴモナス属細菌の培養液より，分離して製造される多糖類である。低濃度で粘稠な溶液となる。低濃度でも懸濁安定性がよく，水溶液の粘度は温度の影響を受けにくい。塩類との相溶性もよく，広いpH範囲で安定な粘性を保つ。

　レトルト食品，冷凍食品，タレ類などに使われる。

主な用途：増粘安定剤

使用基準：なし

成分規格：第9版食品添加物公定書

安 全 性：平成8年度厚生科学研究報告書において安全性に問題ないとされている

表示方法：用途名「糊料」または使用目的に応じて「増粘剤」，「安定剤」，「ゲル化剤」のいずれかを併記　既存添加物・一般飲食物添加物の増粘安定剤の2種以上を併用するときの簡略名 増粘多糖類，この場合は用途名「増粘剤」の併記を省略できる

ウコン（一般飲食物添加物）

（別名　ターメリック）

英　　名：Turmeric

概　　要：ウコン（ターメリックとも呼ばれる）は，熱帯から亜熱帯地方に生育するショウガ科の多年性の植物であり，その根茎の黄色の粉末は，原産地のイン

46　ウコンシキ

ドでは，カレーを作るときの必須原料の一つになっている。

　　ウコンは，カレー粉の主要原料として広く使用されている。

　　着色料目的に使用の場合，添加物扱いとなる。

使用基準：（着色料は）こんぶ類，食肉，鮮魚介類（鯨肉を含む），茶，のり類，
　　　　　　豆類，野菜およびわかめ類には，使用できない。

表示方法：用途名「着色料」併記，または「色素」名で表示，簡略名なし

付　　記：→　ウコン色素

ウコン色素 （既存）

（別名　クルクミン，ターメリック色素）

英　　名：Turmeric Oleoresin

概　　要：ウコン色素は，ウコン（ターメリック）の根茎から得られたもので，
主色素はクルクミンであり，黄色を呈する。酸性では淡黄色で，アルカリ性では
赤褐色になる。熱には安定であるが，光によって褐色になりやすい性質がある。

　　ウコン色素は，着色の目的で，栗のシロップ漬け，菓子類，漬け物，食肉加工
品，魚肉ねり製品などに使われている。

主な用途：着色料

使用基準：こんぶ類，食肉，鮮魚介類（鯨肉を含む），茶，のり類，豆類，野菜
　　　　　　およびわかめ類には，使用できない。

成分規格：第9版食品添加物公定書

安 全 性：ＦＡＯ／ＷＨＯ ＡＤＩ クルクミンとして０〜１mg/kg

表示方法：用途名「着色料」併記，または，「色素」名表示，簡略名 ウコン

付　　記：ＦＡＯ／ＷＨＯ　ＩＮＳ100（ii）
　　　　　　米国　§73.600 73.615
　　　　　　ＥＵ　Ｅ100（ii）

うに殻焼成カルシウム （既存）

（名簿名称　焼成カルシウム）

英　　名：Calcinated Sea Urchin Shell Calcium

概　　要：ウニの殻は，炭酸カルシウムを主成分とする骨板およびその外にでた
棘皮から成っている。このウニの殻を焼成して得られるものが酸化カルシウムを
主成分とする「うに殻焼成カルシウム」である。既存添加物名簿収載の「焼成カ
ルシウム」の枝番（小分類）の一つである。→　焼成カルシウム

主な用途：強化剤（カルシウム強化），製造用剤

使用基準：なし

安 全 性：平成8年度厚生科学研究報告書において安全性に問題ないとされてい
　　　　　　る

表示方法：栄養強化の目的で使用した場合の表示は免除される（免除にならない

食品もある）。簡略名 うに殻カルシウム，うに殻Ca，一括名「イーストフード」の範囲

5'-ウリジル酸ニナトリウム （指定）
（別名　5'-ウリジル酸ナトリウム）

英　　名：Disodium 5'-Uridylate

概　　要：ウリジル酸は，イノシン酸（かつお節のうま味），グアニル酸（しいたけのうま味）およびシチジル酸と共にうま味を持つ核酸成分である。

　5'-ウリジル酸ニナトリウムは，リボ核酸を酵素で加水分解した中から，5'-ウリジル酸として分画し，ナトリウム塩にして精製したものである。

　5'-ウリジル酸ナトリウムと5'-シチジル酸ナトリウムは，調製粉乳，調製液状乳を母乳の成分に近づけるためにも使われるが，通常は，単独で使用されることは少なく，5'-イノシン酸ナトリウムなどの他の核酸系調味料と併用して味に幅を持たせるために使われている。

主な用途：調味料

使用基準：なし

成分規格：第9版食品添加物公定書

表示方法：簡略名 ウリジル酸ナトリウム，ウリジル酸Na　一括名「調味料（核酸）」の範囲

ウルシロウ （既存）

英　　名：Urushi Wax

概　　要：ウルシの果実より得られたもので，主成分はグリセリンパルミチン酸エステルである。

主な用途：ガムベース，光沢剤

使用基準：なし

安　全　性：平成18年度厚生科学研究報告書において安全性に問題ないとされている

表示方法：簡略名なし，一括名「ガムベース」，「光沢剤」の範囲

付　　記：日本食品添加物協会自主規格あり

ウレアーゼ （既存）

英　　名：Urease

概　　要：尿素を，アンモニアと二酸化炭素に分解する機能を持つ酵素である。特定の乳酸菌または細菌の培養液より製造される。

　酒類などの製造時の尿素の分解などに使用される。

主な用途：酵素

使用基準：なし

成分規格：第9版食品添加物公定書
安　全　性：平成8年度厚生科学研究報告書において安全性に問題ないとされている
表示方法：簡略名 アミダーゼ，一括名「酵素」の範囲，工程中で失活すれば加工助剤
付　　記：米国 §184.1924（ＧＲＡＳ確認物質）

γ－ウンデカラクトン（指定）
（別名　ウンデカラクトン）

英　　名：γ-Undecalactone
概　　要：天然にはあんず，ももなどに含まれる。無～淡黄色の液体で，もも様の香気を有する。合成法で作られ，ピーチ，プラムなどのフレーバー付与に使われる。
主な用途：香料
使用基準：着香の目的に限る
成分規格：第9版食品添加物公定書
安　全　性：ＦＡＯ／ＷＨＯ ＡＤＩ０～ 1.25mg/kg，香料としては問題なし
表示方法：簡略名なし，一括名「香料」の範囲
付　　記：米国 §172.515

エキソマルトテトラオヒドロラーゼ（既存）
（別名　G4生成酵素）

英　　名：Exomaltotetraohydrolase
概　　要：デンプンをマルトテトラオース単位に分解する酵素である。特定の細菌の培養液より製造される。デンプン糖の製造に用いられる。
主な用途：酵素（加水分解酵素）
使用基準：なし
成分規格：第9版食品添加物公定書
安　全　性：平成8年度厚生科学研究報告書において安全性に問題ないとされている
表示方法：簡略名 アミラーゼ，カルボヒドラーゼ　一括名「酵素」の範囲，工程中で失活すれば加工助剤

エステラーゼ（既存）

英　名：Esterase
概　　要：エステルを加水分解して構成する酸とアルコールに分解する機能を持つ酵素である。動物の肝臓，魚類，特定の糸状菌，細菌，酵母の培養液より製造される。
　油脂食品の改質などに使われる。

エタノール　49

主な用途：酵素（加水分解酵素）
使用基準：なし
成分規格：第9版食品添加物公定書
安　全　性：平成8年度厚生科学研究報告書において安全性に問題ないとされている
表示方法：簡略名なし，一括名「酵素」の範囲，工程中で失活すれば加工助剤

エステルガム　（指定）

英　　名：Ester Gum
概　　要：ロジンまたはその重合物などの誘導体のエステル化合物である。松脂の成分であるアビエチン酸類とメタノール，グリセリン，ペンタエリスリトールをエステル化して作られる。使用するアルコールによりグリセリン系エステルガム，ペンタエリトリトール系エステルガム，メタノール系エステルガムなどがある。
　チューインガムの原料のチクルに似た樹脂感を出す食感改良剤として，風船ガムでは被膜の強化剤として，ガムベースに配合して使われる。
主な用途：ガムベース
使用基準：チューインガムの基礎剤に限る
成分規格：第9版食品添加物公定書
安　全　性：ＦＡＯ／ＷＨＯ　ＡＤＩ　　0～25mg/kg
表示方法：簡略名なし，一括名「ガムベース」の範囲
付　　記：ＦＡＯ／ＷＥＯ　　ＩＮＳ445
　　　　　　米国　　§73.1　§172.615　§172.735
　　　　　　ＥＵ　　Ｅ445

エステル類　（指定）

英　　名：Esters
概　　要：酸とアルコール類の反応で合成されるさまざまなエステル類である。各種食品のフレーバーとして使われる。
主な用途：香料
使用基準：着香の目的に限る
表示方法：簡略名なし，一括名「香料」の範囲

エタノール　（一般飲食物添加物）

（別名　エチルアルコール）
英　　名：Ethanol
概　　要：デンプン，糖蜜を原料として糖化，アルコール発酵後，蒸留して得られた発酵アルコールである。エタノールは，無色透明の特有のにおいと味を持つ可燃性液体で，沸点78.5℃，水や各種有機溶剤との相溶性に富み，また各種塩類，

50　エタノール

炭化水素，脂肪酸その他の有機化合物に優れた溶解性を持っている。

　発酵アルコールは，溶剤としての使用，強い殺菌作用，静菌作用を生かした食品用の殺菌剤，日持向上剤として使われる。これらは，添加物的な使用法であり，食品添加物扱いとなる。

　エタノールは殺菌剤としては60～90％と高濃度が必要であるが，2～3％の低濃度で微生物に対する静菌効果を持っているため，食品の保存用に汎用されている。しかしエタノールは揮発性が強く，またソルビン酸などの保存料と同等の効果を出すには，数％の添加が必要となり，食品の風味を損なうため保存料ではなく，比較的保存期間の短い食品の日持向上剤に該当する。

　エタノールは酸類や他の日持向上剤と併用すると静菌性に相乗的効果が期待できるので，これらを組み合わせた製剤として，みそ，醤油，めん類，菓子類，畜肉・水産加工品，漬物など各種の加工食品の日持向上剤として広く使用されている。

主な用途：製造用剤（日持向上剤）
使用基準：なし
安　全　性：ＦＡＯ／ＷＨＯ　ＡＤＩ　ＧＭＰによる
表示方法：簡略名　アルコール，酒精
付　　　記：エタノールを1vol％以上含有する飲料は酒税法の適用をうける。

2－エチル－3，5－ジメチルピラジン及び2－エチル－3，6－ジメチルピラジンの混合物（指定）

英　　　名：2-Ethyl-3,（5 or 6）-dimetylpyrazine
概　　　要：エチルメチルピラジン類は，糖とアミノ酸を含む食品を加熱することで発生するため，多くの加工食品に含まれる。本品は，一般的には合成法で作られる。

　国際的に汎用されている香料として2004年に食品添加物として指定された。

主な用途：香料
使用基準：着香の目的に限る
成分規格：第9版食品添加物公定書
安　全　性：食品安全委員会　着香の目的で使用する場合は安全といえる。
表示方法：簡略名なし，一括名「香料」の範囲

エチルバニリン（指定）

（別名　エチルワニリン）

英　　　名：Ethylvanillin
概　　　要：合成法で作られ，白～淡黄色のリン片状結晶でバニラのような香気と味がある。

　バニラエッセンス，バニラオイル，その他の製剤として菓子類，冷菓，酒類な

どに広く用いられている。
主な用途：香料 使用基準：着香の目的に限る
成分規格：第9版食品添加物公定書
安　全　性：ＦＡＯ／ＷＨＯ　ＡＤＩ０～3mg/kg
表示方法：簡略名なし，一括名「香料」の範囲
付　　　記：米国　§182.60

2－エチルピラジン （指定）
英　　　名：2-Ethylpyrazin
概　　　要：アスパラガス，生落花生，緑茶，牛肉，じゃがいも，コーヒー，カカオ，ピーナッツなど，天然界に存在する香気成分である。焼き菓子，アイスクリーム類，清涼飲料水，肉製品などに使用される。
主な用途：香料
使用基準：着香の目的に限る
成分規格：第9版食品添加物公定書
安　全　性：食品安全委員会　着香の目的では安全性の懸念なし
表示方法：簡略名なし，一括名「香料」の範囲

3－エチルピリジン （指定）
英　　　名：3-Ethylpyridin
概　　　要：ウイスキー，ビール，紅茶などの食品中に存在し，あさり，ラム肉，いかなどの加熱調理により生成する香気成分である。本品は，一般的には合成法で作られる。焼き菓子，ソフトキャンディー類，乳製品類，ゼラチン・プリン類，肉製品，清涼飲料水などに使用される。
主な用途：香料
使用基準：着香の目的に限る
成分規格：第9版食品添加物公定書
安　全　性：食品安全委員会　着香の目的では安全性に懸念なし
表示方法：簡略名なし，一括名「香料」の範囲

2－エチル－3－メチルピラジン （指定）
英　　　名：2-Ethyl-3-metylpyrazine
概　　　要：エチルメチルピラジン類は，糖とアミノ酸を含む食品を加熱することで発生するため，多くの加工食品に含まれる。本品は，一般的には合成法で作られる。飲料，菓子などに広く用いられる。
　国際的に汎用されている香料として2005年に食品添加物として指定された。
主な用途：香料
使用基準：着香の目的に限る

成分規格：第9版食品添加物公定書
安 全 性：食品安全委員会　着香の目的で使用する場合は安全といえる。
表示方法：簡略名なし，一括名「香料」の範囲

2－エチル－5－メチルピラジン（指定）

英　　名：2-Ethyl-5-methylpyrazine
概　　要：糖とアミノ酸を含む食品を加熱することで発生するため，多くの加工食品に含まれる。本品は，一般的には合成法で作られる。焼菓子，ソフトキャンディー類，乳製品類，清涼飲料水，プリン類などに使用される。
　国際的に汎用されている香料として2010年に食品添加物として指定された。
主な用途：香料
使用基準：着香の目的に限る
成分規格：第9版食品添加物公定書
安 全 性：食品安全委員会　着香の目的で使用する場合は安全といえる。
表示方法：簡略名なし，一括名「香料」の範囲

2－エチル－6－メチルピラジン（指定）

英　　名：2-Ethyl-3-methylpyrazine
概　　要：エチルメチルピラジン類は，糖とアミノ酸を含む食品を加熱することで発生するため，多くの加工食品に含まれる。本品は，一般的には合成法で作られる。焼菓子，ソフトキャンディー類，乳製品類，清涼飲料水，プリン類などに使用される。
　国際的に汎用されている香料として2012年に食品添加物として指定された。
主な用途：香料
使用基準：着香の目的に限る
成分規格：第9版食品添加物公定書
安 全 性：食品安全委員会　着香の目的で使用する場合は安全といえる。
表示方法：簡略名なし，一括名「香料」の範囲

5－エチル－2－メチルピリジン（指定）

英　　名：5-Ethyl-2-methylpyridine
概　　要：ウイスキー，チーズ，えびなどに含まれる香気成分である。本品は，一般的には合成法で作られる。焼菓子，肉製品，シリアル類，ナッツ製品，グレービーソース類，スープ類などに使用される。
　国際的に汎用されている香料として2011年に食品添加物として指定された。
主な用途：香料
使用基準：着香の目的に限る
成分規格：第9版食品添加物公定書

エチレンジア　53

安　全　性：食品安全委員会　着香の目的で使用する場合は安全といえる。
表示方法：簡略名なし，一括名「香料」の範囲

エチレンジアミン四酢酸カルシウム二ナトリウム （指定）

（別名　ＥＤＴＡカルシウム二ナトリウム）
英　　名：Calcium Disodium Ethylenediaminetetraacetate
概　　要：エチレンジアミン四酢酸（ＥＤＴＡ）は，4個のカルボキシル基を持つ有機酸で，金属イオンと反応して金属イオンを封じ込める（キレート化合物を作る）働きがある。
　ＥＤＴＡカルシウム二ナトリウムは，ＥＤＴＡ二ナトリウムに，さらにカルシウムを結合させたものである。既に，カルシウムと結合しているため，ＥＤＴＡ二ナトリウムに比べて金属イオンとの反応性は低くなっている。
　缶詰や瓶詰の中にある不要な金属イオンを封鎖するために使われる。ＥＤＴＡ二ナトリウムは，食品加工で使用した後，ＥＤＴＡの二ナトリウム塩の形で残ったものは，カルシウムと反応させてＥＤＴＡ−Ca・Naの形にすることとされている。このため，ＥＤＴＡ二ナトリウムとして使用したものの一部は，食品中では，ＥＤＴＡ−Ca・Naとして存在することになる。
主な用途：酸化防止剤（金属封鎖剤）
使用基準：缶詰食品，瓶詰食品に限られる。
成分規格：第9版食品添加物公定書
安　全　性：ＦＡＯ／ＷＨＯ ＡＤＩ ＥＤＴＡ−Ca・Naとして 0 〜 2.5mg/kg
表示方法：用途名「酸化防止剤」併記，簡略名　ＥＤＴＡ−Ca・Na
付　　記：ＦＡＯ／ＷＨＯ　ＩＮＳ 385
　　　　　　米国　§73.1 172.120
　　　　　　ＥＵ　Ｅ 385

エチレンジアミン四酢酸二ナトリウム （指定）

（別名　ＥＤＴＡ二ナトリウム）
英　　名：Disodium Ethylenediaminetetraacetate
概　　要：エチレンジアミン四酢酸二ナトリウム（ＥＤＴＡ Na）は，エチレンジアミン四酢酸（ＥＤＴＡ）類の代表として，単にＥＤＴＡともいわれ，化学的な合成法で作られる。
　日本では，缶詰と瓶詰の中にあると酸化作用を促進する不要な金属イオンを封鎖するために使われている。
　なお，ＥＤＴＡ−Naの形で，摂取されると，必要な金属イオンを取り除いてしまう可能性があるため，使用した後はナトリウム型のものは必ずＥＤＴＡカルシウム二ナトリウム（ＥＤＴＡ−Ca・Na）にすることとされている。
主な用途：酸化防止剤（金属封鎖剤）

54　エーテル

使用基準：缶詰食品と瓶詰食品に限られる。使用方法も規定されている。
成分規格：第9版食品添加物公定書
安　全　性：→　ＥＤＴＡ−Ｃａ・Ｎａ
表示方法：用途名「酸化防止剤」併記，簡略名ＥＤＴＡ−Ｎａ
付　　　記：ＦＡＯ／ＷＨＯ　ＩＮＳ386
　　　　　　米国　§73.1 172.135
　　　　　　ＥＵ　Ｅ386

エーテル類 （指定）

英　　　名：Ethers
概　　　要：合成法で作られた香料の目的で使用されるエーテル類である。
主な用途：香料
使用基準：着香の目的に限る
表示方法：簡略名なし，一括名「香料」の範囲

エリソルビン酸 （指定）

（別名　イソアスコルビン酸）

英　　　名：Erythorbic Acid
概　　　要：エリソルビン酸は，イソアスコルビン酸とも呼ばれ，Ｌ−アスコルビ
ン酸（ビタミンＣ）の構造異性体である。酸化防止の作用は強いものの，ビタミ
ンＣ効力は0とされている。動植物体内には常在しないが，微生物の働きで糖類
から生成されることが知られている。工業的には，グルコースを原料とした化学
的な反応によって作られる。エリソルビン酸ナトリウムは，このエリソルビン酸
とナトリウム化合物と反応させて作られる。エリソルビン酸類は，魚肉練製品と
パンには，酸化剤として使用されるが，その他の食品には，酸化防止剤として使
用される。特に，ハム・ソーセージなどの 食肉加工品，生食用以外の冷凍魚介類，
野菜や果物の缶詰，果実飲料などに使われている。
　食品を加工・製造するとき，酸性の物質を使えない場合は，エリソルビン酸ナ
トリウムが使われる。
主な用途：酸化防止剤，製造用剤（酸化剤）
使用基準：魚肉練製品（魚肉すり身を除く）とパン（いずれも，栄養の目的以
　　　　　　外）　その他の食品（酸化防止の目的）
成分規格：第9版食品添加物公定書
安　全　性：ＦＡＯ／ＷＨＯ ＡＤＩ（エリソルビン酸とその塩類）　特定せず
表示方法：魚肉練製品とパンは物質名表示，簡略名なし その他は，用途名「酸
　　　　　　化防止剤」を併記，簡略名なし
付　　　記：ＦＡＯ／ＷＨＯ　ＩＮＳ315
　　　　　　米国　§182.3041

EU　E315

エリソルビン酸ナトリウム（指定）
（別名　イソアスコルビン酸ナトリウム）

英　名：Sodium Erythorbate

概　要：エリソルビン酸ナトリウムは，工業的には，グルコースを原料として化学的な反応によって作られたエリソルビン酸をナトリウム化合物と反応させて作られる。L－アスコルビン酸ナトリウムの構造異性体であるが，1分子の結晶水を持っている。

　エリソルビン酸類は，魚肉練製品とパンには，酸化剤として使用されるが，その他の食品には，酸化防止剤として使用される。食品を加工・製造するとき，酸性の物質を使えない場合は，特に，エリソルビン酸ナトリウムが使われる。

主な用途：酸化防止剤，製造用剤（酸化剤）

使用基準：→　エリソルビン酸

成分規格：第9版食品添加物公定書

安 全 性：→　エリソルビン酸

表示方法：→　エリソルビン酸　ただし，簡略名 エリソルビン酸Na

付　　記：FAO／WHO　INS316
　　　　　　米国　§182.3041
　　　　　　EU　E316

エルゴカルシフエロール（指定）
（別名　ビタミンD$_2$，カルシフェロール）

英　名：Ergocalciferol

概　要：エルゴカルシフェロール（ビタミンD$_2$）は，肝油の中から，ビタミンAとは別に，くる病の予防効果のある成分として取りだされた脂溶性ビタミンである。肝油の他にも，肝臓，酵母，小麦胚芽油，ホウレンソウ，キャベツ，菌類などに含まれている。

　人は体内で，太陽光線（紫外線）の助けを借りてビタミンD$_2$と同様の効果を持つビタミンD$_3$（コレカルシフェロール）を作り出すこともできるが，これらビタミンD類の欠乏症の発症を避けるため，必須のビタミンとされている。

　工業的には，天然物（ビール酵母やシイタケ）から取り出された成分（エルゴステロール）に，紫外線照射と加熱などの処理を加えて作られる。

　人の体内では，カルシウムとリンの平衡を維持する働きや，骨や歯へのリン酸カルシウムの沈着を促進する生理作用がある。

　ビタミンD類は，調製粉乳，調製液状乳，乳飲料，栄養ドリンクなどに使われている。

主な用途：強化剤

56 エルダベリー

成分規格：第9版食品添加物公定書
保存基準：あり（密封容器で，不活性ガスと置換し，冷所に保管）
安　全　性：日本人の食事摂取基準において，ビタミンDとしての目安量および耐
　　　　　　用上限量が定められている。
表示方法：栄養強化の目的で使用した場合の表示は免除される（免除にならない
　　　　　　食品もある）。簡略名　ビタミンD，V.D
付　　　記：米国　§184.1960（GRAS確認物質）

エルダベリー色素（一般飲食物添加物）

英　　名：Elderberry Color
概　　要：エルダベリーは，北米やヨーロッパに広く野生しており，一部では栽
培も行われているスイカズラ科の木である。ヨーロッパではさまざまに利用され
ており，その花は食用にされ，また生薬や化粧品の原料としても使われている。
　その実は，エルダベリーワインの原料として，また，下剤やジャムにして鎮痛
剤としても使われてきた。このエルダベリーの果実を搾汁したり，実から中性〜
酸性の水で抽出した成分は，赤〜青色を呈しており，食品の色付けにも使われる。
この色素はアントシアニン系のシアニジングリコシドなどを色の主要成分として
おり，酸性では安定な赤色を呈し，アルカリ性になるにしたがって不安定になり，
色は青色が強くなる。
　食品用の着色料としては，清涼飲料，菓子類（氷菓を含む）などに使用される。
着色料目的に使用の場合，添加物扱いとなる。
主な用途：着色料
使用基準：(着色料は) こんぶ類，食肉，鮮魚介類（鯨肉を含む），茶，のり類，
　　　　　　豆類，野菜およびわかめ類には，使用できない。
表示方法：用途名「着色料」併記，または「色素」名で表示，簡略名　アントシ
　　　　　　アニン（色素），果実色素，ベリー色素
付　　　記：日本食品添加物協会自主規格あり

エレミ樹脂（既存）

英　　名：Elemi Resin
概　　要：カンラン科エレミの幹，樹皮の分泌液を乾燥して得られたもので，主
成分は，アミリンである。チューインガム基剤として使われる。
主な用途：増粘安定剤・ガムベース
使用基準：なし
安　全　性：平成19年度厚生科学研究報告書において安全性に問題ないとされてい
　　　　　　る
表示方法：増粘安定剤として使用のときは，用途名「糊料」または使用目的に応
　　　　　　じて「増粘剤」「安定剤」「ゲル化剤」のいずれかを併記，既存添加

物・一般飲食物添加物の多糖類の2種以上を併用するときの簡略名 増
粘多糖類, この場 合「増粘剤」の併記は免除される チューインガム
に使用のときは, 一括名「ガムベース」の範囲

付　　記：米国　§172.510

塩化アンモニウム （指定）

英　　名：Ammonium Chloride
概　　要：合成法で作られた白色の結晶性粉末で, 塩味, 清涼味がある。加熱に
より比較的低温で分解し, アンモニアと塩化水素になるので, 膨張剤の主原料の
一つである。
主な用途：製造用剤（イーストフード, 膨張剤他）
使用基準：なし
成分規格：第9版食品添加物公定書
安 全 性：FAO／WHO ADI 制限せず
表示方法：簡略名なし, 一括名「イーストフード」「膨脹剤」の範囲
付　　記：FAO／WHO　INS510
米国　§184.1138（GRAS確認物質）
EU　E316

塩化カリウム （指定）

英　　名：Potassium Chloride
概　　要：塩化カリウムは, 食塩（塩化ナトリウム）の使用によるナトリウム摂
取を減らすための代替に使われる塩味を持つ無機系の塩（えん）である。天然に
は, 海水の中にも含まれているが, カリ岩塩として塩化ナトリウムと塩化マグネ
シウムと共に混合塩として存在している。
　最近の工業的な製法では, 海水から塩化ナトリウムを取り除いた残りの液から
精製する方法が主体になっている。
　食塩の代替として, 各種の減塩食品に使用されている。
主な用途：調味料
使用基準：なし
成分規格：第9版食品添加物公定書
安 全 性：FAO／WHO ADI 制限せず
表示方法：簡略名 塩化K, 一括名「調味料（無機塩）」の範囲
付　　記：FAO／WHO　INS508
米国　§184.1622（GRAS確認物質）
EU　E508

塩化カルシウム（指定）

英　　名：Calcium Chloride

概　　要：市販品は，白色の粉末または粒～塊となっている。乾燥させて無水にした物は，袋に詰めて，乾燥剤としても使用される。

　食品添加物としては，カルシウムの補填・強化の目的で使用される。また，豆腐製造の際の凝固剤として単独あるいは塩化マグネシウムなどとの併用で使用される。

主な用途：強化剤，豆腐用凝固剤

使用基準：使用目的とCa塩としての量的な制限がある。

成分規格：第9版食品添加物公定書

安 全 性：FAO／WHO ADI 制限せず

表示方法：簡略名 塩化Ca，一括名「豆腐用凝固剤」の範囲，栄養強化の目的で使用した場合の表示は免除される（免除にならない食品もある）。

付　　記：FAO／WHO　INS 509
　　　　　　米国　§184.1193（GRAS確認物質）
　　　　　　EU　E 509

塩化第二鉄（指定）

英　　名：Ferric Chloride

概　　要：塩化第二鉄は，塩酸と鉄の反応によって得られる代表的な鉄塩で，極めて水に溶け易い黄褐色の結晶または塊になっている。

　潮解性（水を吸って溶け出す性質）があるため，取り扱いには注意が必要である。不足する鉄を補ったり，強化する目的で，調製粉乳，調製液状乳などで使われている。使用量に対する制限はないが，量が多過ぎると，食品が黄色に着色したり，鉄の味がついたりするために，添加量は必然的に制限される。

主な用途：強化剤

使用基準：なし

成分規格：第9版食品添加物公定書

安 全 性：日本人の食事摂取基準において，鉄としての目安量および耐用上限量が定められている。米国においては，GRAS確認が行われている。

表示方法：簡略名 塩化鉄，栄養強化の目的で使用した場合の表示は免除される（免除にならない食品もある）。

付　　記：米国　§184.1297（GRAS確認物質）

塩化マグネシウム（指定）

英　　名：Magnesium　Chloride

概　　要：海水を濃縮して食塩を分離して得られた母液（苦汁：にがり）中に約20％含まれている。この母液を濃縮し，塩素処理を行って臭素を除去し，さらに

濃縮，精製して作られる。炭酸マグネシウムを原料とする方法などもある。無〜
白色結晶，粉末，粒である。
　たん白質を凝固する作用があり，豆腐用の凝固剤「にがり」として広く使われ，
水産練り製品などの製造にも用いられる。
主な用途：製造用剤（イーストフード，豆腐用凝固剤他）
使用基準：なし
成分規格：第9版食品添加物公定書
安　全　性：ＦＡＯ／ＷＨＯ ＡＤＩ 制限せず
表示方法：簡略名なし，一括名「イーストフード」「豆腐用凝固剤」の範囲，豆
　　　　　腐については「塩化マグネシウム（にがり）」の表示も認められてい
　　　　　る。
付　　　記：ＦＡＯ／ＷＨＯ　ＩＮＳ511
　　　　　米国　§184.1426（ＧＲＡＳ確認物質）
　　　　　ＥＵ　　Ｅ511

塩酸 （指定）
英　　名：Hydrochloric Acid
概　　要：代表的無機酸で，食塩水の電気分解で製造される。無〜淡黄色液体で，
刺激性のにおいがある。動植物たん白質を分解してたん白加水分解物の製造用に，
また缶詰のみかんの内皮除去に使用するアルカリ剤の中和用に，その他食品工業
に使われる。
主な用途：製造用剤
使用基準：最終食品の完成前に中和または除去する。
成分規格：第9版食品添加物公定書
安　全　性：ＦＡＯ／ＷＨＯ ＡＤＩ 制限せず
表示方法：加工助剤
付　　　記：ＦＡＯ／ＷＨＯ　ＩＮＳ507
　　　　　米国　§182.1067
　　　　　ＥＵ　　Ｅ507

エンジュ抽出物 （既存）
（名簿名称　ルチン（抽出物））
英　　名：Enju Extract
概　　要：エンジュ抽出物は，マメ科エンジュのつぼみまたは花から水（熱時），
エタノール（温時），メタノール（室温）で抽出されるクエルセチンの配糖体の
ルチンを主成分とするものである。他の基原物質から得られる同様の抽出成分と
共に，ルチン（抽出物）として既存添加物名簿に収載され，その枝番の一つであ
る。

食品添加物には，エンジュからの抽出後，精製して黄色の粉末にした純度の高いものが使用されている。→ ルチン（抽出物）

黄色の物質で，アルカリ性で黄〜橙色を呈するが，安定性に難があり，着色料としての用途はなく，酸化防止剤として使用される。

主な用途：酸化防止剤

使用基準：なし

安 全 性：平成8年度厚生科学研究報告書において安全性に問題ないとされている

表示方法：用途名「酸化防止剤」併記，簡略名 ルチン，フラボノイド

塩水湖水低塩化ナトリウム液（既存）

英　名：Sodium Chloride-Decreased Brine（Saline Lake）

概　要：塩水湖の湖水には，海水と同様に，塩化ナトリウムの他に，カリウム，カルシウム，マグネシウムなどの塩類が溶け込んでいる。

塩水湖水低塩化ナトリウム液は，この塩水湖水を濃縮して塩化ナトリウム分の多くの部分を析出させて取り除いたものをろ過して得られる液である。

粗製海水塩化カリウムと同様に，調味料として使われる。

主な用途：調味料

使用基準：なし

安 全 性：平成8年度厚生科学研究報告書において安全性に問題ないとされている

表示方法：簡略名なし，一括名「調味料（無機塩）」の範囲

付　記：日本食品添加物協会自主規格あり

オイゲノール（指定）

英　名：Eugenol

概　要：天然にはチョウジ，ケイ皮，肉桂葉などの精油中に含まれ，多くのスパイス類にも存在する。チョウジ油から分離精製され，合成品はほとんどない。無〜淡黄褐色の澄明な液体で，クローブのような香気を持っている。

アプリコット，プラム，バナナ様のフレーバーとして清涼飲料水，菓子類などに広く使われる。

主な用途：香料

使用基準：着香の目的に限る。

成分規格：第9版食品添加物公定書

安 全 性：ＦＡＯ／ＷＨＯ ＡＤＩ０〜2.5mg/kg

表示方法：簡略名なし，一括名「香料」の範囲

オクタンサン　61

オクタナール （指定）

（別名　オクチルアルデヒド，カプリルアルデヒド）

英　　名：Octanal

概　　要：天然にはグレープフルーツ，レモン，バラなどの精油中に含まれている。合成法で作られるが，無〜淡黄色の澄明な液体で，特有の香気を持つ。
　フルーツフレーバーとして広く使用される。

主な用途：香料

使用基準：着香の目的に限る。

成分規格：第9版食品添加物公定書

安 全 性：ＦＡＯ／ＷＨＯ ＡＤＩ０〜0.1mg/kg，香料としては問題なし

表示方法：簡略名なし，一括名「香料」の範囲

付　　記：米国　§172.515

オクタン酸 （指定）

（成分規格上の別名　カプリル酸）

英　　名：Octanoic Acid，Caprylic Acid

概　　要：過酢酸製剤の配合成分として2016年に指定された。脂肪酸のにおいがあり香料としても使用される。食用油脂を分解・精製して製造される。

主な用途：過酢酸製剤の配合成分，香料

使用基準：過酢酸製剤の配合成分および着香の目的に限る

成分規格：第9版食品添加物公定書

安 全 性：食品安全委員会　ＡＤＩを特定する必要なし

表示方法：簡略名なし，一括名「香料」の範囲（カプリル酸は表示可能別名には該当しない）

付　　記：米国　§184.1025（ＧＲＡＳ確認物質）

オクタン酸エチル （指定）

（別名　カプリル酸エチル）

英　　名：Ethyl Octanoate

概　　要：本品はオクタン酸（カプリル酸）のエチルエステルであり，天然には，コニャック，ワインなどのアルコール飲料類，果実類に含まれる。
　合成法で作られる無〜淡黄色の澄明な液体で，ブランデー様の香気を持つ。オレンジ，パイナップルなどのフルーツフレーバーとして広く使用される。

主な用途：香料

使用基準：着香の目的に限る

成分規格：第9版食品添加物公定書

安 全 性：ＦＡＯ／ＷＨＯ ＡＤＩ 香料としては問題なし

表示方法：簡略名なし，一括名「香料」の範囲

付　　記：米国　§172.515

オクテニルコハク酸デンプンナトリウム（指定）

英　　名：Starch sodium octenyl succinate
概　　要：デンプンを無水オクテニルコハク酸と反応させることによりエステル結合したデンプンの誘導体で，この反応の際使われるアルカリ剤のナトリウムがコハク酸の酸基と結合してナトリウム塩となっている。
　粘性が高くなり，糊状食品の保存安定性も改善されると共に，界面活性能も付与される。
　一時期アラビアガムの代替品として使われた。いわゆる化工デンプンとして，通関時には食品デンプンとみなされてきたが，国際的に汎用されている添加物であり，加工デンプンの一つとして，2008年10月に食品添加物に指定された。
主な用途：増粘安定剤，乳化剤
使用基準：なし
成分規格：第9版食品添加物公定書
安 全 性：食品安全委員会　ＡＤＩ　特定せず
表示方法：簡略名 加工デンプン，オクテニルコハク酸デンプンNa，製造用剤目的で使用の場合は物質名表示，増粘安定剤の目的で使用した場合は，用途名「糊料」または使用目的 に応じて「増粘剤」，「安定剤」あるいは「ゲル化剤」を併記する。乳化剤の目的で使用した場合は，一括名「乳化剤」の範囲
付　　記：ＦＡＯ／ＷＨＯ　ＩＮＳ1450
　　　　　米国　§172.892
　　　　　ＥＵ　Ｅ1450

オクラ抽出物（一般飲食物添加物）

英　　名：Okura Extract
概　　要：アメリカ南部，西インド諸島，日本で栽培されるアオイ科オクラのさやより，水で抽出して得られた粘質物である。成分はD－ガラクトース，L－ラムノース，L－アラビノース，D－ガラクチュロン酸からできている。
　水溶液は増粘作用がある。増粘安定剤目的に使用の場合，添加物扱いとなる。
主な用途：増粘安定剤
使用基準：なし
表示方法：用途名「糊料」または使用目的に応じて「増粘剤」，「安定剤」，「ゲル化剤」のいずれかを併記，既存添加物・一般飲食物添加物の増粘安定剤の多糖類2種以上を併用するときの簡略名 増粘多糖類，この場合は用途名「増粘剤」の併記を省略できる

オゾケライト（既存）

（別名　セレシン）

英　　名：Ozokerite

概　　要：東欧，米国，ロシアなどに産するワックスシュールの鉱脈に含まれるロウを精製したもので，主成分は$C_{29} \sim C_{53}$の炭化水素である。地ロウとも呼ばれる。無～白色の結晶性塊で，わずかに特有のにおいがある。水に不溶，エタノールに難溶，油脂に可溶である。ガムに柔軟性を与えて食感を改良するので，ガムベースに使われる。

主な用途：ガムベース

使用基準：なし

表示方法：簡略名なし，一括名「ガムベース」の範囲

付　　記：日本食品添加物協会自主規格あり

オゾン（既存）

英　　名：Ozone

概　　要：O_3，酸素の同族体。乾燥した酸素ガス内で放電すると，オゾンを発生する。常温では無色の気体で，特有の臭気を持つ。不安定で自然に分解して原子状酸素を生成し，強力な殺菌作用を有する。半減期は気中で50分～数時間，水中で20～100分である。不安定なので，使用場所で目的によりオゾン発生機で発生させるか，オゾン水製造機を用いてオゾン水として使用する。殺菌力が強いので，加工食品や食品製造工場その他の殺菌に用いられる。

主な用途：製造用剤（殺菌料）

使用基準：なし

安 全 性：平成8年度厚生科学研究報告書において安全性に問題ないとされている

表示方法：加工助剤

付　　記：米国　§184.1563（GRAS確認物質）

オリゴガラクチュロン酸（既存）

英　　名：Oligogalacturonic Acid

概　　要：ペクチンを加水分解したものを，β－フラクトフラノシダーゼで分解し，限外ろ過して製造される。成分はガラクチュロン酸の1～9量体の混合物である。

主な用途：製造用剤

使用基準：なし

安 全 性：平成8年度厚生科学研究報告書において安全性に問題ないとされている

表示方法：簡略名なし

γ－オリザノール（既存）

英　　名：γ-Oryzanol

概　　要：オリザノールは，穀類（特に胚芽やぬか）に広く存在しており，米糠（ぬか）油をアルカリで処理したときに分解されない物質で，数種類のフェルラ酸エステル類からなる混合物の総称である。

食品添加物に使われるγ－オリザノールは，米ぬかまたは米の胚芽油から抽出したものを，さらに精製して作られている。その成分は，フェルラ酸のテルペンアルコール類とのエステル，または，フェルラ酸のステロール類とのエステルである。

オリザノールには，酸化防止の作用があり，油脂製品や魚肉練製品などに使われている。

動物実験では，成長促進効果も認められている。

主な用途：酸化防止剤

使用基準：なし

成分規格：第9版食品添加物公定書

安 全 性：平成8年度厚生科学研究報告書において安全性に問題ないとされている

表示方法：用途名「酸化防止剤」併記，簡略名 オリザノール

→　フェルラ酸

オリーブ茶（一般飲食物添加物）

英　　名：Olive tea

概　　要：オリーブは，モクセイ科の植物で，地中海沿岸諸国をはじめ各地で栽培されており，葉はハーブとして，実は食用に使われている。

オリーブ茶は，茶と同様の製法でオリーブの葉を処理して作られたものである。オリーブ系の色と，ハーブとしてのオリーブの苦味があるため，食品添加物として使われることもある。着色料および苦味料目的に使用の場合，添加物扱いとなる。

主な用途：食品添加物としては，着色料，苦味料

使用基準：（着色料は）こんぶ類，食肉，鮮魚介頬（鯨肉を含む），茶，のり，豆類，野菜，わかめ類には，使用できない

表示方法：着色の目的：用途名「着色料」併記，簡略名なし　一括名「苦味料」の範囲

オルトフェニルフェノール（指定）

英　　名：o-Phenylphenol

概　　要：欧米で広く使用されている果実の防かび剤で，化学的に合成され，純度は97.0％以上である。水には10％以下で溶解，エタノール，油脂には自由に溶

オルトフェニル　　65

ける。本品は幅の広い静菌効果（糸状菌，細菌，酵母）を持っており，特にかび
類に強い抗菌性がある。

　レモン，オレンジなど輸入への依存度が大きい柑橘類の防かび剤として，他の
防かび剤（ジフェニル，チアベンダゾールなど）があるが，これらに耐性がある
白かび病菌にも本品は効果があり，本品単独またはこれらの防かび剤と併用して，
表皮に散布または塗付して使われる。

主な用途：防かび剤
使用基準：柑橘類に限る。残存量が規定されている
成分規格：第9版食品添加物公定書
安 全 性：ＦＡＯ／ＷＨＯ　ＡＤＩ　　０〜0.2mg/kg（条件付き0.2〜1mg/kg）
表示方法：簡略名ＯＰＰ，用途名（「防かび剤」または「防ばい剤」）併記。なお，
　　　　　　本品で処理した柑橘類は，ばら売りの場合も，その売場の近くに表示
　　　　　　するように指導されている
付　　記：ＦＡＯ／ＷＨＯ　ＩＮＳ231（農薬）
　　　　　　米国　40CFR§180.129（農薬）
　　　　　　ＥＵ　　Ｅ231

オルトフェニルフェノールナトリウム （指定）

英　　名：Sodium *o*-Pherylphenate
概　　要：欧米で広く使用されている果実の防かび剤で，ＯＰＰ（オルトフェニ
ルフェノール）を中和して作られ，純度は95.0％以上である。水，エタノールに
易溶，油脂に不溶である。

　本品は幅の広い静菌効果（糸状菌，細菌，酵母）を持っており，特にかび類に
強い抗菌性があるので，レモン，オレンジなど輸入に依存度の大きい柑橘類の防
かび剤として使われる。使用法はＯＰＰと異なり，水溶液として噴霧か浸漬する
か，または被膜剤乳液に配合して使われる。

主な用途：防かび剤
使用基準：柑橘類に限る。残存量が規定されている
成分規格：第9版食品添加物公定書
安 全 性：ＦＡＯ／ＷＨＯ ＡＤＩ ０〜0.2mg/kg（条件付き0.2〜1mg/kg）
表示方法：簡略名ＯＰＰ−Ｎａ，用途名（「防かび剤」または「防ばい剤」）併記。
　　　　　　なお本品で処理した柑橘類は，ばら売りの場合も，その売場の近くに
　　　　　　表示するように指導されている
付　　記：ＦＡＯ／ＷＨＯ　ＩＮＳ232（農薬）
　　　　　　米国　40CFR§180.129（農薬）
　　　　　　ＥＵ　　Ｅ232

オレイン酸ナトリウム（指定）

英　　名：Sodium Oleate
概　　要：本品は液体植物油を分解して作ったオレイン酸を中和して作られる，いわゆる脂肪酸石けんの一種である。
　みかんなどの保存性の向上のための被膜剤として使用される。
主な用途：製造用剤（被膜剤用の乳化剤）
使用基準：果実及び果菜の被膜剤に限る
成分規格：第9版食品添加物公定書
安 全 性：ＦＡＯ／ＷＨＯ ＡＤＩ 特定せず（脂肪酸塩として）
表示方法：簡略名 オレイン酸Na
付　　記：諸外国では脂肪酸塩（ナトリウム，カリウム，カルシウムなど）として，一括して食品添加物として認められており，乳化剤その他の目的で使用されている
　　　　　　ＦＡＯ／ＷＨＯ　ＩＮＳ470
　　　　　　米国　§172.863
　　　　　　ＥＵ　　Ｅ470

オレガノ抽出物（既存）

英　　名：Oregano Extract
概　　要：シソ科オレガノの葉より得られたもので，主成分はチモール，カルバタロールである。
主な用途：製造用剤（日持向上剤）
使用基準：なし
安 全 性：平成8年度厚生科学研究報告書において安全性に問題ないとされている
表示方法：簡略名なし

オレンジ色素（既存）

英　　名：Orange Color
概　　要：柑橘類の皮をむくときに果汁で，手の指が黄色くなったり，衣服が着色したりすることがある。これらは，カロテン系の色素によるものである。
　オレンジ色素は柑橘類のうち，ミカン科のアマダイダイ（オレンジ）の果実または果皮から得られたものである。その主色素はカロテンとキサントフィルからなり，黄色系の色とオレンジ特有のにおいがある。
　柑橘類の風味を持つ飲料，菓子，氷菓などに，着色の目的で使用されている。
主な用途：着色料
使用基準：こんぶ類，食肉，鮮魚介類（鯨肉を含む），茶，のり類，豆類，野菜およびわかめ類には，使用できない。

安 全 性：平成8年度厚生科学研究報告書において安全性に問題ないとされている

表示方法：用途名「着色料」併記，または，「色素」名で表示　簡略名 カロテノイド（色素），カロチノイド（色素），果実色素

付　　記：日本食品添加物協会自主規格あり

カ

貝殻焼成カルシウム（既存）
（名簿名称　焼成カルシウム）

英　　名：Calcinated Shell Calcium

概　　要：貝殻は，その主成分が炭酸カルシウムであり，これを800℃以上の高温で焼成して酸化カルシウムにして製造される。貝殻中または表面に付着する他の金属の酸化物も混在する。→　焼成カルシウム

成分は，酸化カルシウムであり，水に懸濁あるいは溶解すると強いアルカリ性を示す。

主な用途：強化剤（カルシウム強化），製造用剤

使用基準：なし

成分規格：第9版食品添加物公定書

安 全 性：平成8年度厚生科学研究報告書において安全性に問題ないとされている

表示方法：栄養強化の目的で使用した場合の表示は免除される（免除にならない食品もある）。物質名で表示する場合の簡略名　焼成Ca，貝Ca，貝カルシウム　一括名「イーストフード」の範囲

貝殻未焼成カルシウム（既存）
（名簿名称　未焼成カルシウム）

英　　名：Non-Calcinated Shell Calcium

概　　要：貝殻を，清浄にしたもの，または，それを500℃以下の比較的低温で加熱処理したもので，その主成分は炭酸カルシウムである。

通常は，破砕，粉砕して粉末の形で流通している。→　未焼成カルシウム

主な用途：強化剤（カルシウム強化）

使用基準：なし

安 全 性：平成8年度厚生科学研究報告書において安全性に問題ないとされている

表示方法：栄養強化の目的で使用した場合の表示は免除される（免除にならない食品もある）。物質名で表示する場合の簡略名　未焼成Ca，貝Ca，貝カルシウム

付　　記：日本食品添加物協会自主規格あり

海藻セルロース（一般飲食物添加物）

英　　名：Seaweed Cellulose
概　　要：海藻を乾燥，粉砕して得られたセルロースである。増粘安定剤目的に使用の場合，添加物扱いとなる。
主な用途：増粘安定剤
使用基準：なし
表示方法：用途名「糊料」または使用目的に応じて「増粘剤」「安定剤」，「ゲル化剤」のいずれかを併記　簡略名 セルロース，既存添加物・一般飲食物添加物の増粘安定剤の多糖類を 2種以上併用するときの簡略名 増粘多糖類，この場合は用途名「増粘剤」の併記を省略できる

海藻灰抽出物（既存）

英　　名：Seaweed Ash Extract
概　　要：褐藻類を焼成灰化したものより，水で抽出して得られたもので，成分はヨウ化カリウムである。
　調製粉乳，調製液状乳などのヨウ素強化用に使われる。
主な用途：製造用剤（ヨウ素強化）
使用基準：なし
安 全 性：平成8年度厚生科学研究報告書において安全性に問題ないとされている
表示方法：簡略名なし

カウベリー色素（一般飲食物添加物）

英　　名：Cowberry Color
概　　要：カウベリーは，ツツジ科の低木コケモモ（の実）であり，牧場に自生することからこの名がつけられている。カウベリー色素は，カウベリーの実から搾汁するか，中性または酸性の水で抽出して得られる。
　その色素の成分は，アントシアニン系のシアニジングリコシドなどを主要成分とし，赤～青色を呈する。色調は，酸性では安定であるが，アルカリ性になると不安定になる。着色料目的に使用の場合，添加物扱いとなる。
主な用途：着色料
使用基準：(着色料は) こんぶ類，食肉，鮮魚介類（鯨肉を含む），茶，のり類，豆類，野菜，わかめ類には，使用できない
表示方法：用途名「着色料」併記，または「色素」名で表示，簡略名 アントシアニン（色素），ベリー色素，果実色素

カオリン（既存）

（別名　白陶土）

英　　名：Kaolin

概　　要：カオリンは白陶土とも呼ばれ，天然の含水ケイ酸アルミニウムを精製したものである。

　主としてろ過助剤，沈降助剤として使われる。

主な用途：製造用剤（ろ過助剤など）

使用基準：食品の製造または加工に必要不可欠の場合に限る。不溶性鉱物性物質としての最大残存量0.50％以下

成分規格：第9版食品添加物公定書

安 全 性：平成8年度厚生科学研究報告書において安全性に問題ないとされている

表示方法：簡略名 不溶性鉱物性物質，ろ過助剤の場合は加工助剤

付　　記：米国　§184.1025（ＧＲＡＳ確認物質）

カカオ色素（既存）

（別名　ココア色素）

英　　名：Cacao Color

概　　要：カカオ（*Theobroma cacao* L.）の種子（カカオ豆）を発酵後，焙焼したものから，アルカリ性水溶液で抽出し，中和して製造される。色としてはフラボノイド系で，褐色であるが，水溶液はチョコレート色を呈する。酸性ではやや黄色味を帯び，アルカリ性で赤味を増す性質がある。熱や光に強く，たん白質に対する染色性がよい。着色の目的で，チョコレート菓子，冷菓などの菓子類，水産加工品や食肉加工品に使われている。

主な用途：着色料

使用基準：こんぶ類，食肉，鮮魚介類（鯨肉を含む），茶，のり類，野菜およびわかめ類には，使用できない。

成分規格：第9版食品添加物公定書

安 全 性：平成8年度厚生科学研究報告書において安全性に問題ないとされている

表示方法：用途名「着色料」併記，または「色素」名で表示　簡略名 カカオ，フラボノイド（色素）

カキ色素（既存）

英　　名：Japanese Persimmon Color

概　　要：カキノキ（*Diospyros kaki* Thunb.）の果実を発酵後，焙焼したものより，含水エタノールで抽出，またはアルカリ性水溶液で抽出し，中和して製造される。その色素成分は，フラボノイド系のもので，赤褐色を呈する。デキストリンまた

は乳糖を含むことがある。

　カキ色素は，弱酸性～アルカリ性では安定で，熱や光にも非常に強く，たん白質に対する染色性がよい性質を持っている。着色の目的で，めん類，菓子類，水産加工品などに使われる。

主な用途：着色料

使用基準：→　カカオ色素

安　全　性：平成15年度厚生科学研究報告書において安全性に問題ないとされている

表示方法：用途名「着色料」併記，または，「色素」名で表示　簡略名　果実色素，フラボノイド（色素）

付　　記：日本食品添加物協会自主規格あり

柿タンニン （既存）

（別名　柿渋，柿抽出物）

（名簿名称　タンニン（抽出物））

英　　名：Tannin of Persimmon

概　　要：タンニン（抽出物）の一種で，柿の実より搾汁，または水，エタノールで抽出して製造される。主成分はタンニンまたはタンニン酸である。→　タンニン（抽出物）

主な用途：製造用剤（酒類の清澄剤など）

使用基準：なし

安　全　性：平成8年度厚生科学研究報告書において安全性に問題ないとされている

付　　記：米国　§184.1097（GRAS確認物質）
日本食品添加物協会自主規格あり

花こう斑岩 （既存）

英　　名：Granite Porphyry

概　　要：花こう斑岩は火成岩の一種で，石英，正長石を主体に黒雲母様の有色鉱物の混ざった灰白色の斑状岩である。食品添加物としては花こう斑岩を洗浄，粉砕したものを乾燥後，滅菌して製造される。麦飯石とも呼ばれる。

主な用途：製造用剤

使用基準：不溶性鉱物性物質としての使用基準あり（食品製造上必要不可欠の場合に限定，最大残存量0.50%）

安　全　性：平成8年度厚生科学研究報告書において安全性に問題ないとされている

表示方法：簡略名　麦飯石，不溶性鉱物性物質

付　　記：日本食品添加物協会自主規格あり

加工ユーケマ藻類（既存）

（名簿名称　カラギナン）

英　　名：Semirefined　Carrageenan
概　　要：カラギナンの細分類品目の一つで，イバラノリ属（*Hypnea*属），キリンサイ属（*Eucheuma*属），ギンナンソウ属（*Iridaea*属），スギノリ属（*Gigartina*属）またはツノマタ属（*Chondrus*属）の藻類から製造される。主成分は，ι－カラギナン，κ－カラギナンおよびλ－カラギナンである。
成分規格：第9版食品添加物公定書
安　全　性：ＦＡＯ／ＷＨＯ ＡＤＩ 特定せず
表示方法：用途名「糊料」または使用目的に応じて「増粘剤」，「安定剤」，「ゲル化剤」のいずれかを併記，簡略名 ユーケマ 既存添加物・一般飲食物添加物の増粘安定剤の多糖類を2種以上併用するときの簡略名 増粘多糖類，この場合は用途名「増粘剤」の併記を省略できる。
付　　記：ＦＡＯ／ＷＨＯ　ＩＮＳ407a
　　　　　米国　§172.620
　　　　　ＥＵ　Ｅ407a
→ カラギナン

過酢酸（指定）

英　　名：Peracetic Acid
概　　要：過酢酸は，無色透明な液体で刺激性の酢酸臭があり，酸性触媒の存在下で氷酢酸と過酸化水素から生成されるが，酢酸，過酸化水素および水との平衡状態で存在する。過酢酸製剤の配合成分として指定された。
主な用途：製造用剤（過酢酸製剤の配合成分（殺菌剤））
使用基準：過酢酸製剤の配合成分としての目的に限る。
成分規格：→ 過酢酸製剤
安　全　性：食品安全委員会　ＡＤＩ 特定せず

過酢酸製剤（成分規格が設定された指定添加物の製剤）

英　　名：Peracetic Acid Composition
概　　要：「過酢酸」，「氷酢酸」，「過酸化水素」，「1－ヒドロキシエチリデン－1,1－ジホスホン酸」の混合製剤で，「オクタン酸」を含むことがある。
　食品（牛・鶏・豚の食肉，果実，野菜）表面の殺菌剤として使用される。
主な用途：製造用剤（殺菌剤）
使用基準：牛，鶏及び豚の食肉，果実並びに野菜の表面殺菌の目的以外に使用できず，使用の際の条件がある。
成分規格：第9版食品添加物公定書
安　全　性：食品安全委員会　各成分が添加物として適切に使用される場合安全

性に懸念はない。

→ 過酢酸，氷酢酸，過酸化水素，1－ヒドロキシエチリデン－1,1－ジホスホン酸，オクタン酸

表示方法：加工助剤

過酸化水素 （指定）

英　　名：Hydrogen Peroxide

概　　要：過酸化水素（H_2O_2）35.0 ～ 36.0％を含有する無色澄明の液体である。においがないか，わずかににおいがある。

　かずのこ，釜揚げしらす・しらす干しなどの食品の殺菌剤，漂白剤として使用されるほか過酢酸製剤の成分として配合される。

主な用途：製造用剤（殺菌剤，漂白剤）

使用基準：最終食品の完成前に分解，除去する（釜揚げしらす・しらす干しについては0.005g/kg未満）。

成分規格：第9版食品添加物公定書

安 全 性：食品安全委員会　ＡＤＩ 特定せず

表示方法：加工助剤（釜揚げしらす・しらす干し以外の場合）

付　　記：米国　§184 1366（ＦＣＣ規格あり）

過酸化ベンゾイル （指定）

英　　名：Benzoyl　Peroxide

概　　要：合成法で製造されるが，強力な爆発性があるので，ミョウバン，リン酸カルシウム塩類，硫酸カルシウム，炭酸カルシウム，炭酸マグネシウムおよびでんぷんのうちの1種以上を配合し，含量を約20％とした「希釈過酸化ベンゾイル」として使用される。

　希釈過酸化ベンゾイルとして規格があり，白色の粉末で，強力な漂白作用がある。小麦粉に添加し，熟成を促進して漂白するのに用いられる。

主な用途：製造用剤

使用基準：「希釈過酸化ベンゾイル」として使用する

成分規格：第9版食品添加物公定書，ＦＡＯ／ＷＨＯ規格

安 全 性：ＦＡＯ／ＷＨＯ ＡＤＩ 0 ～ 40ppm（処理濃度）

表示方法：加工助剤

付　　記：ＦＡＯ／ＷＨＯ　ＩＮＳ928
　　　　　米国　§184.1157，ＦＣＣ

カシアガム （既存）

（別名　カッシャガム）

英　　名：Cassia Gum

概　　要：マメ科エビスグサモドキは熱帯アジア原産の一年草で，インド，タイ，中国南部で栽培されている。本品はこの種子の胚乳部を粉砕して得られたもので，主成分は多糖類である。

　カロブビーンガムと似た特性を持っているので，その代替品にもなる。熱水に可溶，冷水で膨潤し，油脂には不溶。水溶液は比較的低い粘性を示し，キサンタンガム，カラギナンなどと混合すると相乗効果でゲル化する。

　増粘安定剤としてアイスクリーム，ゼリー類，畜肉加工品などに使われる。

主な用途：増粘安定剤

使用基準：なし

安 全 性：平成8年度厚生科学研究報告書において安全性に問題ないとされている

表示方法：→ 加工ユーケマ藻類，ただし，簡略名なし

付　　記：日本食品添加物協会自主規格あり

果汁 （一般飲食物添加物）

英　　名：Juice

概　　要：果汁は，文字どおり果物の搾り汁であり，通常は食品として扱われる。米国では果汁（Fruit Juice）は，着色料のリストに入っており，日本でも食品添加物の目的で使用した場合は食品添加物として扱うこととされている。

　食品添加物として使用される果汁の原料となる果実には，さまざまなものがあるが，エルダベリー，ストロベリー，ブルーベリーなどのベリー類，チェリーやモレロチェリーなどのチェリー類，オレンジ，パイナップル，ブドウ，プラム，レモンなどがある。

主な用途：着色料

使用基準：（着色料は）こんぶ顆，食肉，鮮魚介類（鯨肉を含む），茶，のり類，野菜およびわかめ類には，使用できない。

表示方法：用途名「着色料」併記 個々の品名および別名は省略

付　　記：米国　§73.250

カゼイン （一般飲食物添加物）

（別名　酸カゼイン）

英　　名：Casein

概　　要：カゼインは牛乳の主成分で，3％程度含まれている。牛の乳より，酸処理による沈殿によって得られたたん白質である。主にオーストラリア，ニュージーランドより多量に輸入されており，食品用には，その約40％が使われ，ほかには製紙用などの工業用に使われる。優れたたん白質源であり，栄養価が高く，乳化力，保水力，結着力，起泡力にも優れており，チーズフード，アイスクリームなどの乳製品，畜肉加工品，水産加工品などの食品原料として広く使われてい

る。また，カゼインナトリウムなどの原料としても使われている。製造用剤（清澄剤等）目的に使用の場合，添加物扱いとなる。

主な用途：製造用剤

成分規格：第9版食品添加物公定書

使用基準：なし

表示方法：簡略名 乳たん白

付　　記：本品は製造工程に酸処理があるので，1961年に公定書規格が作られた。カゼインには，別に凝乳酵素を使って作られるレンネットカゼインがあるが，レンネットカゼインは本成分規格の適用外である。

カゼインナトリウム（指定）

英　　名：Sodium Caseinate

概　　要：牛の乳より分取したカゼイン自体は水に不溶である。そこで，カゼイン製造時の生カゼインまたはカゼインを水に分散させたものに，アルカリを加えてナトリウム塩として水溶性としたもので，カゼインより用途は広い。ほとんどはオーストラリア，ニュージーランドなどから輸入されている。

製造用剤（乳化安定剤），たん白質強化の基材などとして，乳製品類，アイスクリーム類，畜肉加工品，水産加工品，パン類，菓子類など，広く使用されている。

主な用途：製造用剤（乳化安定剤，たん白質基材）

使用基準：なし

成分規格：第9版食品添加物公定書

安 全 性：FAO／WHO ADI 制限せず（食品と見なされる）

表示方法：簡略名 カゼインNa

付　　記：米国　§182.1748

→　カゼイン

カタラーゼ（既存）

英　　名：Catalase

概　　要：カタラーゼは，過酸化物を分解する酵素である。豚の肝臓から水で抽出し，または特定の糸状菌，細菌，酵母の培養液から製造される。

過酸化水素を分解する機能がある。過酸化水素を食品加工でかずのこなどに使用した場合の後処理（分解）などに使われる。

主な用途：酵素（酸化還元酵素）

使用基準：なし

成分規格：第9版食品添加物公定書

安 全 性：FAO／WHO ADI GMPで使用

表示方法：簡略名 オキシダーゼ，一括名「酵素」の範囲 工程中で失活すれば加

工助剤

付　　記：米国　§184.1034（GRAS確認物質）

活性炭（既存）

英　　名：Active Carbon

概　　要：鋸屑，木片，やし殻の植物性繊維質または亜炭などの含炭素物質を炭化した後，塩化亜鉛などの薬剤を用いる薬剤賦活法や水蒸気を用いるガス賦活法で賦活して製造される。黒色の粉末，粒または繊維状の物質である。炭内に微細な細孔があり，その巨大な表面積により，着色性の成分やにおいの成分に強い吸着力を持っている。

　精製糖の製造に際して色素分や不純物の除去，油脂精製時の脱色，酒類の脱色・香味の調整，果汁の混濁物質の除去など，液体食品の製造に広く使用される。

主な用途：製造用剤（脱色剤，脱臭剤）

使用基準：なし

成分規格：第9版食品添加物公定書

安　全　性：FAO／WHO ADI 制限しない

表示方法：通常の使用法では加工助剤

付　　記：米国　27CFR　§240.246

活性白土（既存）

英　　名：Activated Acid Clay

概　　要：モンモリロナイト系粘土鉱物を精製して得られた酸性白土を，さらに硫酸処理して賦活化したもので，モンモリロナイトと非晶質のケイ酸の複合物である。強い吸着力を持つので，脱色，脱水，吸着に使われる。

　植物性油脂，アルコール飲料など液体食品の脱色剤として使われる。

主な用途：製造用剤（脱色剤）

使用基準：食品の製造または加工に必要不可欠の場合に限る。不溶性鉱物性物質としての最大残存量0.50％以下

成分規格：第9版食品添加物公定書

表示方法：簡略名 不溶性鉱物性物質

→ 酸性白土

褐藻抽出物（一般飲食物添加物）

（別名　褐藻粘質物）

英　　名：Kelp Extract

概　　要：褐藻（アラメ，モズク，コンブ，ワカメ）より水で抽出して得られたもので，成分はポリウロン酸および硫酸多糖である。増粘安定剤目的に使用の場合，添加物扱いとなる。

カテキン　77

主な用途：増粘安定剤
使用基準：なし
表示方法：用途名「糊料」または使用目的に応じて「増粘剤」，「安定剤」，「ゲル化剤」のいずれかを併記，既存添加物・一般飲食物添加物の増粘安定剤の多糖類を2種以上併用するときの簡略名 増粘多糖類，この場合は用途名「増粘剤」の併記を省略できる

ガティガム（既存）

英　　名：Gum Ghatti
概　　要：インド，スリランカに産するガティノキ（*Anogeissus latifolia*（Roxb. ex DC.）Wall. ex Bedd.）の分泌物から製造され，主成分は多糖類である。
　水溶液は，アラビアガムとカラヤガムの中間の粘性を持ち，粘度は中性域では高いが，酸性，アルカリ性域では低下する。乳化性に優れる。
　アラビアガムの代替品にもなり，冷菓，ドレッシングなどに使われる。
主な用途：増粘安定剤
使用基準：なし
成分規格：第9版食品添加物公定書
安　全　性：ＦＡＯ／ＷＨＯ　ＡＤＩ　特定せず
表示方法：→ 加工ユーケマ藻類，ただし，簡略名 ガティ
付　　記：ＦＡＯ／ＷＨＯ　ＩＮＳ419
　　　　　　米国　§184.1333（ＧＲＡＳ確認物質）
　　　　　　ＥＵ　Ｅ419

カテキン（既存）

英　　名：Catechin
概　　要：カテキンは，茶，ペグアセンヤク（マメ科の植物），ガンビール（アカネ科の植物），マホガニー，カカオなどの植物に含まれているいくつかの成分の総称である。
　食品添加物としてのカテキンは，茶（チャノキ），ペグアセンヤク，ガンビールを乾留し，水やエタノールで抽出しものを，精製して製造される。
　カテキン類には，酸化を防止する作用がある。
　アルカリ性では安定性が低く，中性～酸性で使われ，熱に強い性質がある。また，ビタミンＣやビタミンＥと併用すると，効果が高まる。
　カテキンは，油脂類，菓子類，飲料，食肉加工製品，水産加工品などに，酸化防止の目的で使われている。
主な用途：酸化防止剤
使用基準：なし
安　全　性：平成20年度厚生科学研究報告書において安全性に問題ないとされている

表示方法：用途名「酸化防止剤」併記，簡略名なし
付　　記：日本食品添加物協会自主規格あり

カードラン（既存）

英　　名：Curdlan
概　　要：アグロバクテリウム属細菌（*Agrobacterium biovar* 1）またはリゾビウム属細菌（*Rhizobium radiobacter*）の培養液より分離して製造される。主成分はβ-1,3-グルカンである。

　水懸濁液を54～78℃に加温した後冷却するとゲルを形成し，再加熱すると溶解する（熱可逆性ゲル）。また80℃以上に加熱すると硬い弾力のあるゲルを形成し，冷却，再加熱しても溶けない熱不可逆性ゲルを形成する。ゲルの形成はpH2～10と広く，形成したゲルは耐熱性（130℃まで）に優れ，レトルトしても溶解せず，冷凍解凍耐性にも優れる。ゲルを形成しない状態では増粘効果があり，サラッとした粘性を示す。また被膜形成能に優れるなど種々の特性を有する。めん類，水産，畜産加工品，調理加工食品，調味料など広い用途に使われる。

主な用途：増粘安定剤，製造用剤
使用基準：なし
成分規格：第9版食品添加物公定書
安全性：ＦＡＯ／ＷＨＯ ＡＤＩ 特定せず
表示方法：→ 加工ユーケマ藻類，ただし，簡略名 ブドウ糖多糖
付　　記：ＦＡＯ／ＷＨＯ　ＩＮＳ424
　　　　　　米国　§172.809

カフェイン（抽出物）（既存）

英　　名：Caffeine（Extract）
概　　要：カフェインは，茶やココア，コーヒー類に含まれている呈味成分であり，苦味があって中枢神経の興奮作用があることで知られている。医薬品としては，化学的に合成された（合成）カフェインが，利尿作用や強心作用などの薬効で使用されている。食品添加物として指定されておらず，既存添加物に該当するいわゆる天然添加物だけが使用できることになっている。このため，コーヒーノキ属（*Coffea*属）の植物の種子またはチャノキ（*Camellia sinensis*（L.）Kuntze）の葉から，抽出して精製して製造される。

　カフェインは，コーヒー飲料や緑茶飲料，緑茶パックなどの嗜好飲料類およびその飲料パックなどを主体に，カフェインの苦味を必要とする食品に使用されている。

主な用途：苦味料
使用基準：なし
成分規格：第9版食品添加物公定書

ガラクトシダーゼ　79

安 全 性：平成8年度厚生科学研究報告書において安全性に問題ないとされている

表示方法：簡略名 カフェイン，一括名「苦味料」の範囲

付　　記：米国　§182.1180

カラギナン （既存）

（別名　カラギーナン，カラゲナン，カラゲーナン，カラゲニン）

英　　名：Carrageenan

概　　要：イバラノリ，キリンサイ，ギンナンソウ，スギノリ，ツノマタの全藻より水またはアルカリ水溶液で抽出して得られた多糖類である。細分類品目としては加工ユーケマ藻類，精製カラギナン，ユーケマ藻末がある。主成分は，ι－カラギナン，κ－カラギナンおよびλ－カラギナンである。

　牛乳に対してκ－カラギナン主体のものは0.1％以下で，ι－カラギナン主体のものは1％以下でゲルを作るが，λ－カラギナン主体のものいずれの場合もゲル化しない。また，κ－カラギナン主体のもの水溶液は冷却すると堅い脆いゲルを作り，イオタタイプは粘弾性のあるゲルを形成し，これらのゲルは熱可逆性である。

　増粘剤，安定剤の他，プリンやゼリーなどのゲル化剤としての用途が広い。

主な用途：増粘安定剤

使用基準：なし

成分規格：第9版食品添加物公定書（加工ユーケマ藻類，精製カラギナン）

安 全 性：ＦＡＯ／ＷＨＯ ＡＤＩ 特定せず

表示方法：→ 加工ユーケマ藻類

付　　記：ＦＡＯ／ＷＨＯ　ＩＮＳ407

　　　　　　米国　§172.620

　　　　　　ＥＵ　Ｅ407

→ 加工ユーケマ藻類，精製カラギナン，ユーケマ藻末

α－ガラクトシダーゼ （既存）

（別名　メリビアーゼ）

英　　名：α-Galactosidase

概　　要：α－ガラクトシドを加水分解してガラクトースを生成する機能を持つ酵素である。

　特定の糸状菌，細菌の培養液から製造される。

　ガラクトースを糖成分とする配糖体の加水分解などに使われる。

主な用途：酵素（加水分解酵素）

使用基準：なし

成分規格：第9版食品添加物公定書

80　ガラクトシダーゼ

安　全　性：平成8年度厚生科学研究報告書において安全性に問題ないとされている

表示方法：一括名「酵素」の範囲，工程中で失活すれば加工助剤

付　　　記：米国　§173.145

β－ガラクトシダーゼ（既存）

（別名　ラクターゼ）

英　　　名：β-Galactosidase, Lactase

概　　　要：乳糖をブドウ糖とガラクトースに加水分解する酵素である。動物の臓器より水で抽出して得る方法，特定の糸状菌，細菌，酵母の培養液より製造される。

　乳糖は溶解性が低く，乳製品中に乳糖の結晶が析出して食味を害することがあり，あらかじめ分解して風味を改良するのに使われる。また，乳糖不耐症の人のための加工乳の製造（牛乳中の乳糖をあらかじめ分解）に使われる。

主な用途：酵素（加水分解酵素）

使用基準：なし

成分規格：第9版食品添加物公定書

安　全　性：平成8年度厚生科学研究報告書において安全性に問題ないとされている

表示方法：一括名「酵素」の範囲，工程中で失活すれば加工助剤

付　　　記：米国　§184.1388（ＧＲＡＳ確認物質（ラクターゼとして））　§173.120, 173.130（カルボヒドラーゼ）

カラシ抽出物（既存）

（別名　マスタード抽出物）

英　　　名：Mustard Extract

概　　　要：アブラナ科カラシナ（*Brassica juncea*（L.）Czern.）の種子から製造される。主成分成分はイソチオシアン酸アリルである。

　イソチオシアン酸アリルは大根，キャベツ，高菜などの十字花植物の辛味成分とも同じであり，強い抗菌作用を持っているが，水溶液より気化状態の方が強い抗菌性を持つ特色がある。特に真菌類（かび，酵母）やグラム陰性菌の増殖を抑制する。グラム陽性菌に対しても抗菌性はあるが，乳酸菌に対しては弱い。食品表面に酵母が多く発生する漬物類などの日持向上剤として使用される。

主な用途：製造用剤（日持向上剤）

使用基準：なし

成分規格：第9版食品添加物公定書

安　全　性：平成8年度厚生科学研究報告書において安全性に問題ないとされている

表示方法：簡略名なし

カラメル　81

カラメルⅠ （既存）

（別名　カラメル）

英　　名：CarameⅠ（Plain caramel）

概　　要：カラメルは，糖類を加熱してできる（黒）褐色系の物質で，通常，液状のものが流通している。カラメルⅠは，でん粉加水分解物，糖蜜または糖類の食用炭水化物を，熱処理して得られたものまたは酸もしくはアルカリを加えて熱処理して作られる。

　カラメル類には，このほかに，処理法の違いによるいくつかの製法があるが，食品添加物として使われるカラメル類の原料は，でん粉加水分解物，糖蜜または糖類の食用炭水化物に限られている。

　これらのカラメル類は，着色の目的で，醤油，ソース，飲料類，菓子類をはじめとするいろいろな食品に使われている。

　カラメル類の使用量の合計は，着色料の中で最も多く，全量の85％を越える報告もある。

主な用途：着色料，製造用剤

使用基準：→　カカオ色素

成分規格：第9版食品添加物公定書

安　全　性：ＦＡＯ／ＷＨＯ　ＡＤＩ　特定せず

表示方法：着色の目的で使用した場合は，用途名「着色料」併記，または「色素」名を表示，簡略名 カラメル色素

付　　記：ＦＡＯ／ＷＨＯ　ＩＮＳ150a

　　　　　米国　§73.85

　　　　　ＥＵ　　Ｅ150a

カラメルⅡ （既存）

（別名　カラメル）

英　　名：CaramelⅡ（Caustic Sulfite Process）

概　　要：カラメルⅡは，でん粉加水分解物，糖蜜または糖類の食用炭水化物に，亜硫酸化合物を加え，またはこれに酸もしくはアルカリを加えて熱処理して作られる。→　カラメルⅠ

成分規格：第9版食品添加物公定書

安　全　性：ＦＡＯ／ＷＨＯ　ＡＤＩ　0〜160 mg/kg

表示方法：→　カラメルⅠ

付　　記：ＦＡＯ／ＷＨＯ　ＩＮＳ150b

　　　　　米国　§73.85

　　　　　ＥＵ　　Ｅ150ab

82 カラメル

カラメルⅢ （既存）
（別名 カラメル）
英 名：CaramelⅢ （Ammonia Process）
概 要：カラメルⅢは，でん粉加水分解物，糖蜜または糖類の食用炭水化物にアンモニウム化合物を加えてから加熱して作る。→ カラメルⅠ
成分規格：第9版食品添加物公定書
安 全 性：ＦＡＯ／ＷＨＯ ＡＤＩ 固形換算で0 ～ 150mg/kg
表示方法：→ カラメルⅠ
付 記：ＦＡＯ／ＷＨＯ ＩＮＳ150c
　　　　米国 §73.85
　　　　ＥＵ Ｅ150c

カラメルⅣ （既存）
（別名 カラメル）
英 名：Caramel Ⅳ （Sulfite Ammonia Process）
概 要：カラメルⅣは，でん粉加水分解物，糖蜜または糖類の食用炭水化物に亜硫酸塩とアンモニウム化合物を加えたものを加熱してつくる。→ カラメルⅠ
成分規格：第9版食品添加物公定書
安 全 性：ＦＡＯ／ＷＨＯ ＡＤＩ 固形換算で0 ～ 150mg/kg
表示方法：→ カラメルⅠ
付 記：ＦＡＯ／ＷＨＯ ＩＮＳ150 d
　　　　米国 §73.85
　　　　ＥＵ Ｅ150d

カラヤガム （既存）
英 名：Karaya Gum
概 要：カラヤ （*Sterculia urens* Roxb.） もしくはその同属植物またはキバナワタモドキ （*Cochlospermum religiosum* （L.） Alston） もしくはその同属植物の分泌液から製造される。主成分は多糖類である。水に難溶で，膨潤して高濃度分散液となり，高い粘性を示す。高温には弱く，加熱や酸で粘度は低下する。
　　粘性はトラガントガムに似ていて代用品としても使われる。ドレッシングやアイスクリーム類などの増粘安定剤として使用される。
主な用途：増粘安定剤
使用基準：なし
成分規格：第9版食品添加物公定書
安 全 性：ＦＡＯ／ＷＨＯ ＡＤＩ 特定せず
表示方法：→ 加工ユーケマ藻類，ただし，簡略名 カラヤ
付 記：ＦＡＯ／ＷＨＯ ＩＮＳ416

米国　§184. 1349（ＧＲＡＳ確認物質）

EU　E416

過硫酸アンモニウム （指定）

英　名：Ammonium Persulfate

概　要：過硫酸水素アンモニウムより電解法で作られる。

　小麦粉に使用すると，小麦たん白質（グルテン）の－Ｓ－Ｓ－結合を増し，生地の弾性が増して製パン性が向上すると共に酸化漂白作用があり，小麦粉処理剤としてのみ使われる。

主な用途：製造用剤（小麦粉処理剤）

使用基準：小麦粉に限る。量制限あり

成分規格：第9版食品添加物公定書

表示方法：加工助剤

カルナウバロウ （既存）

（別名　カルナウバワックス，ブラジルワックス）

英　名：Carnauba Wax, Brazil Wax

概　要：ブラジルロウヤシ（Copernicia prunifera（Mill.）H.E.Moore（Copernicia cerifera（Arruda）Mart.））の葉から製造される。主成分は，ヒドロキシセロチン酸セリルである。チューインガムに柔軟性を与えて感触を調整するのでガムベースに使われる。天然ロワ中で，最も硬度が高く，光沢ある強靱な耐水性被膜を形成するので，ガム，キャンディー，錠菓などの菓子類，果実の被膜剤，光沢剤としても使われる。

主な用途：ガムベース，光沢剤

使用基準：なし

成分規格：第9版食品添加物公定書

安全性：ＦＡＯ／ＷＨＯ　ＡＤＩ０～7mg/kg

表示方法：簡略名 植物ワックス，一括名「光沢剤」，「ガムベース」の範囲

付　記：ＦＡＯ／ＷＨＯ　ＩＮＳ903

　　　　　米国　§184.1978（ＧＲＡＳ確認物質）

　　　　　EU　E903

カルボキシペプチダーゼ （既存）

英　名：Carboxypeptidase

概　要：たん白質やペプチドを末端基から，アミノ酸単位で分解する加水分解酵素である。イネ科コムギの種皮および果皮（ふすま）から，特定の糸状菌などの培養液から製造される。

主な用途：酵素（加水分解酵素）

84　カルボキシ

使用基準：なし
成分規格：第9版食品添加物公定書
安　全　性：平成8年度厚生科学研究報告書において安全性に問題ないとされている
表示方法：簡略名なし，一括名「酵素」の範囲，工程中で失活すれば加工助剤
付　　　記：日本食品添加物協会自主規格あり

カルボキシメチルセルロースカルシウム （指定）

（別名　繊維素グリコール酸カルシウム）

英　　　名：Calcium Carboxymethylcellulose
概　　　要：カルボキシを硫酸処理して，水に不溶性の遊離酸とし，炭酸カルシウムで中和してカルシウム塩とする。白〜淡黄色の粉末で，水に不溶のため，増粘，安定効果はない。しかし，水を吸収して数倍に膨潤するので，固形食品に添加しておくと，水中で速やかに膨潤して崩壊，溶解を促進する。
　固形スープなどの固形食品，錠菓などの崩壊剤として使われる。
主な用途：増粘安定剤（固形食品の崩壊剤）
使用基準：一般食品に2.0％以下，カルボキシメチルセルロースカルシウム，カルボキシメチルセルロースナトリウム，デンプングリコール酸ナトリウムおよびメチルセルロースの2種以上を併用する場合は，それぞれの使用量の和が2.0％以下
成分規格：第9版食品添加物公定書
表示方法：用途名「糊料」または使用目的に応じて「増粘剤」，「安定剤」，「ゲル化剤」のいずれかを併記，簡略名 CMC−Na
→ カルボキシメチルセルロースナトリウム

カルボキシメチルセルロースナトリウム （指定）

（別名　繊維素グリコール酸ナトリウム）

英　　　名：Sodium Carboxymethylcellulose
概　　　要：パルプを原料とし，セルロースを構成するブドウ糖の有するOH基の一部をカルボキシメチル基で置換したもので，通常は重合度200〜500程度，エーテル化度0.6〜0.9程度で，多種類の製品が作られている。
　代表的な合成の増粘安定剤で，水に溶け粘性のあるコロイド状の溶液になる。粘度は10cps以下から10,000cps以上のものまで，粘度，性能の異なる各種のものが市販されている。腐敗しにくく，増粘性，安定性，乳化性，保護コロイド性などに優れ，耐酸性，耐塩性のよい品目もあり，天然の増粘安定剤に比べ優れている点も多い。
　食品添加物としては増粘剤，安定剤として冷菓，調味料，飲料，漬物などに使用されている。

主な用途：増粘安定剤
使用基準：→ カルボキシメチルセルロースカルシウム
成分規格：第9版食品添加物公定書
安 全 性：ＦＡＯ／ＷＥＯ ＡＤＩ 特定せず（加工セルロースのグループＡＤＩ）
表示方法：→ カルボキシメチルセルロースカルシウム，ただし，簡略名 CMC，
　　　　　　　CMC – Na
付　記：ＦＡＯ／ＷＨＯ　ＩＮＳ 466
　　　　　米国　§ 182.1745
　　　　　ＥＵ　Ｅ 466

β－カロテン（指定）

（別名　β－カロチン）

英　名：β-Carotene
概　要：カロテンは，ニンジンやカボチャなどで，橙色を呈する色素であり，
人の体内では，代謝によってビタミンAとして働くため，プロビタミンAとも呼
ばれる。β－カロテンは，天然のカロテン類の中にもあるが，化学的な合成法に
よる高純度のものが工業的に作られている。また，*Blakeslea trispora* 由来につい
ても，指定添加物「B－カロテン」に該当することが確認されている。
　食品に対して黄～橙色に着色する目的で，めん類，菓子類，マーガリンや飲料
など，いろいろな食品に使われる。また，体内での代謝中に，ビタミンAの働き
をすることから健康食品や飲料などにも使われる。なお，β－カロテン12μgはレ
チノール1μgに相当することとされている。
主な用途：着色料，強化剤（ビタミンA前駆体）
使用基準：こんぶ類，食肉，鮮魚介類（鯨肉を含む），茶，のり類，豆類，野菜，
　　　　　　わかめ類には使用できない。
成分規格：第9版食品添加物公定書
保存基準：遮光した密封容器に入れ，空気を不活性ガスで置換して保存する。
安 全 性：ＦＡＯ／ＷＨＯ ＡＤＩ 0～5mg/kg
表示方法：着色の目的で使用した場合用途名「着色料」併記，または「色素」名
　　　　　　で表示　簡略名 カロテン，カロチン，カロテノイド（色素），カロチ
　　　　　　ノイド（色素）強化の目的で使用した場合の表示は免除される（免除
　　　　　　にならない食品もある）
付　記：ＦＡＯ／ＷＨＯ　ＩＮＳ 160a
　　　　　米国　§ 73.95，§ 184.1245（ＧＲＡＳ 確認物質）
　　　　　ＥＵ　Ｅ 160a
→ イモカロテン，デニナリエラカロテン，ニンジンカロテン，パーム油カロテン

カロブ色素 （既存）

（別名　カロブジャーム）

英　　名：Carob Germ Color

概　　要：カロブ色素は，マメ科の植物イナゴマメの種子の胚芽を粉砕して得られたもので，主要色素としてフラボノイド系物質を含む。原料のイナゴマメは，地中海沿岸諸国などで栽培されており，日本にも輸入されている。

　カロブ色素は，中性で黄色を呈し，アルカリ性が強くなるに従って濃黄色になる。一方，酸性では色がうすくなるため，中華めんなどアルカリ側の食品によく使用される。色調は，熱，光に比較的安定である。

主な用途：着色料

使用基準：→　カカオ色素

成分規格：第9版食品添加物公定書

安　全　性：平成11年度厚生科学研究報告書において安全性に問題ないとされている

表示方法：用途名「着色料」併記，または，「色素」名で表示　簡略名 カロブ，フラボノイド，フラボノイド色素

カロブビーンガム （既存）

（別名　ローカストビーンガム）

英　　名：Carob Bean Gum，Locust Bean Gum

概　　要：カロブビーンガムは古くから使用され，紀元前より使われた歴史がある増粘多糖類で，地中海沿岸に産するマメ科の常緑樹のイナゴマメの種子から採取される。本品はイナゴマメ（*Ceratonia siliqua* L.）の種子の胚乳を粉砕し，または溶解し，沈殿して製造される。主成分はグァーガムに似たガラクトマンナンで，ガラクトースとマンノースが1：4であるが，側鎖の数がグァーガムと異なっている。

　冷水に膨潤した形で分散し，加温すると粘度が増加して80℃で溶解する。冷却すると，さらに粘度が増して，1％液は20℃で3000cps以上の高粘性液となる。水溶液は曳糸性がなく，耐酸，耐塩，耐熱性に優れる。本品が単独ではゲル化しないが，他のゲル化剤，例えばカラギナン，キサンタンガムと混ぜると，相乗効果をだして強いゲル強度を作ることができる。

　ゼリー，プリン，コンニャクなどのゲル強度相乗剤，ドレッシングなどの増粘剤，アイスクリーム類などの安定剤など，用途は広い。

主な用途：増粘安定剤

使用基準：なし

成分規格：第9版食品添加物公定書

安　全　性：FAO／WHO ADI 特定せず

表示方法：→　加工ユーケマ藻類，ただし，簡略名 ローカスト

カンゾウチュ　87

付　　記：ＦＡＯ／ＷＨＯ　ＩＮＳ410
　　　　　米国　§184.1343（ＧＲＡＳ確認物質）
　　　　　ＥＵ　　Ｅ410

カワラヨモギ抽出物（既存）
英　　名：Rumput Roman Extract
概　　要：カワラヨモギは，日本や東アジアの諸国に自生しているキク科の植物である。このカワラヨモギの全草からエタノールなどを使って抽出，または水蒸気蒸留によって製造されたもので，カピリンを主成分とするものが，カワラヨモギ抽出物である。原料のカワラヨモギは，中国や韓国からも輸入されている。カピリンには，防かび性など食品の保存性を高める機能もあり，保存料に区分されているが，その抗菌力は比較的弱い。
主な用途：保存料
使用基準：なし
安　全　性：平成25年度厚生科学研究報告書において安全性に問題ないとされている
表示方法：用途名「保存料」併記，簡略名 カワラヨモギ
付　　記：日本食品添加物協会自主規格あり

かんすい（成分規格が設定された指定添加物の製剤）
英　　名：Kansui
概　　要：かんすいは，中華麺類の食感や色調を改良するために使用されるアルカリ剤で，炭酸カリウム，炭酸ナトリウム，炭酸水素ナトリウム，およびリン酸類のカリウム，ナトリウム塩のうち１種以上を含む製剤である。
　かんすいには，固体かんすい（無機塩の混合物で，無〜白色結晶か粉末），液体かんすい（炭酸カリウムまたは炭酸ナトリウムを主体とし，適量の水に溶かした無色透明の液体），および希釈粉末かんすい（炭酸カリウム，炭酸ナトリウムなどの熱水溶液に小麦粉を混和して乾燥粉砕した白〜淡黄色の粉末）の3種類がある。これらは品質保持のために成分規格と製造基準が定められている。さらに自主的に品質を検査し，品質を保証する自主認証制度が行われている。
主な用途：かんすい（中華麺類用アルカリ剤）
使用基準：なし
成分規格：第9版食品添加物公定書
表示方法：一括名「かんすい」の範囲
→ 用語編「かんすい」

カンゾウ抽出物（既存）
（別名　カンゾウエキス，グリチルリチン，リコリス抽出物）
英　　名：Licorice Extract

88   カンゾウマツ

概　　要：カンゾウ（甘草）は，中国から中央アジア・中近東にかけて分布している（現在は，スペインでも栽培されている）マメ科の木カンゾウ類の根または根茎から採られる甘味成分で，日本でも平安時代から重用されてきた。

　食品添加物的な用法では，大正時代から醤油の塩辛さを和らげ，うま味をつける目的で使われてきた。食品添加物では，一般的には「カンゾウ抽出物」が使われるが，甘草の根茎を粉砕しただけの「カンゾウ末」（一般飲食物添加物），カンゾウ抽出物を酵素で分解した「酵素分解カンゾウ」や，酵素反応によって甘草特有の苦味や渋味を改善した「酵素処理カンゾウ」なども使われており，ナトリウム塩にした「グリチルリチン酸 二ナトリウム」は指定添加物である。カンゾウ抽出物は，ウラルカンゾウ（*Glycyrrhiza uralensis* Fisch. ex DC.），チョウカカンゾウ（*Glycyrrhiza inflata* Batalin），ヨウカンゾウ（*Glycyrrhiza glabra* L.）またはこれらの近縁植物の根もしくは根茎から製造される。主成分は，グリチルリチン酸である。その甘さは，甘味成分 の含有量や精製の度合によって変わる。カンゾウ抽出物は，醤油，味噌，漬物，珍味など，いろいろな食品に使われている。

主な用途：甘味料

使用基準：なし

成分規格：第9版食品添加物公定書

安 全 性：ＦＡＯ／ＷＨＯ　→　グリチルリチン酸二ナトリウム

表示方法：用途名（「甘味料」）併記，簡略名 カンゾウ，リコリス，カンゾウ甘味料

付　　記：米国　§184.1400（ＧＲＡＳ確認物質）

→　グリチルリチン酸二ナトリウム

カンゾウ末（一般飲食物添加物）

英　　名：Powdered Licorice

概　　要：カンゾウ（甘草）類のウラルカンゾウ，チョウカンゾウ，ヨウカンゾウの根茎を粉砕したもので，生薬としても使われている。

　主要成分としてグリチルリチン酸を含み，甘味の付与の目的で使用されることがある。

主な用途：甘味料

使用基準：なし

表示方法：用途名「甘味料」併記，簡略名 カンゾウ

付　　記：日本食品添加物協会自主規格あり

カンゾウ油性抽出物（既存）

英　　名：Licorice Oil Extract

概　　要：カンゾウ類（ウラルカンゾウ，チョウカンゾウ，ヨウカンゾウ）の根または根茎から製造される。主成分はフラボノイドである。フラボノイド，カル

コンなどを含むため酸化防止剤として使用される。ビタミンCやビタミンEとの併用でその効果を高める。

主な用途：酸化防止剤

使用基準：なし

安　全　性：平成11年度厚生科学研究報告書で安全性に問題ないとされている

表示方法：用途名「酸化防止剤」併記，簡略名 油性カンゾウ

カンデリラロウ（既存）

（別名　カンデリラワックス，キャンデリラロウ，キャンデリラワックス）

英　　名：Candelilla Wax

概　　要：メキシコやアメリカ南部に産するトウダイグサ科カンデリラの葉に含まれるロウ成分であり，カンデリラ（*Euphorbia antisyphilitica* Zucc.（*Euphorbia cerifera Alcocer*））の茎から製造される。主成分はヘントリアコンタンである。チューインガムに柔軟性を与え，感触を調整するのでガムベースに添加される。

また，融点が高く（68～73℃），硬い光沢があり，耐水性のよい被膜を形成するので，カルナウバロウと同様の目的でガム，キャンディー，錠菓などの菓子類，果実の被膜剤としても使われる。

主な用途：ガムベース，光沢剤

使用基準：なし

成分規格：第9版食品添加物公定書

安　全　性：FAO／WHO ADI 現行の使用可

表示方法：簡略名 植物ワックス，一括名「ガムベース」「光沢剤」の範囲

付　　記：FAO／WHO　INS902

米国　§184.1976（GRAS確認物質）

EU　E902

カンタキサンチン（指定）

英　　名：Canthaxanthin

概　　要：カンタキサンチンは，きのこ類，甲殻類，魚類などに含まれるβ－カロテノイドの一種で，フラミンゴの羽などにも含まれている。

食品添加物は，化学的に合成された液性（pH），熱，光に安定で化学的な安定性を持つ赤味を帯びた橙色系の色素である。かまぼこの着色を目的として使われる。国際的に汎用されている食品添加物として2015年に指定されている。

主な用途：着色料

使用基準：魚肉練り製品（かまぼこに限る）0.035g/kg以下で使用する必要がある。

成分規格：第9版食品添加物公定書

安　全　性：食品安全委員会 ADI 0.03mg/kg

表示方法：簡略名　カロテン，カロチン，カロテノイド（色素），カロチノイド

（色素），用途名「着色料」併記

付　　記：ＦＡＯ／ＷＨＯ　ＩＮＳ161g
　　　　　米国　§73.75
　　　　　ＥＵ　Ｅ161g

寒天（一般飲食物添加物）

英　　名：Agar
概　　要：原料となる海藻のテングサ，オゴノリなどから弱酸性下で煮熟抽出し，ゾルと粕に分離し，ゾルを凝固，乾燥して作られる。半透明の粉末寒天，角寒天，糸寒天がある。20倍の水を吸収して膨潤し，熱湯によく溶け，0.5％でもゲル化し，1％溶液は32 〜 42℃で固化する。
　羊羹，ゼリーなどの菓子類，ところてんなどの食品原材料として使われている。清酒製造の際の清澄剤（製造用剤）として使用されることもあり，添加物扱いとなる。
主な用途：製造用剤
使用基準：なし
表示方法：清澄剤に使用した場合は加工助剤

ギ酸イソアミル（指定）

英　　名：Isoamyl Formate
概　　要：天然にはイチゴ，リンゴ，ウイスキーなどの酒類に含まれている。食品添加物としては，合成法で作られた特有の香気を持つ無色澄明な液体が使われる。フルーツフレーバーとして使用される。
主な用途：香料
使用基準：着香の目的に限る
成分規格：第9版食品添加物公定書
安　全　性：ＦＡＯ／ＷＨＯ ＡＤＩ香料としては問題なし
表示方法：簡略名なし，一括名「香料」の範囲
付　　記：米国　§172.515

ギ酸ゲラニル（指定）

英　　名：Geranyl Formate
概　　要：天然にはゼラニウム油中に含まれるが，ゲラニオールから合成法で作られる。
　アップル，ピーチ，パイナップルなどのフレーバーとして使われる。
主な用途：香料
使用基準：着香の目的に限る
成分規格：第9版食品添加物公定書

キサンタンガム 91

安 全 性：ＦＡＯ／ＷＨＯ ＡＤＩ 0 〜 0.5mg/kg，香料としては問題なし
表示方法：簡略名なし，一括名「香料」の範囲
付　　記：米国　§172.515

ギ酸シトロネリル（指定）

英　　名：Citronellyl Formate
概　　要：天然にはゼラニウム油中に含まれるが，シトロネロールから合成法で
作られた無色澄明な液体で，特有の香気を持つ。
　プラム，ラズベリーなどのフレーバーとして使われる。
主な用途：香料
使用基準：着香の目的に限る
成分規格：第9版食品添加物公定書
安 全 性：ＦＡＯ／ＷＨＯ ＡＤＩ 香料としては問題なし
表示方法：簡略名なし，一括名「香料」の範囲
付　　記：米国　§172.515

キサンタンガム（既存）

（別名　キサンタン多糖類，ザンサンガム）

英　　名：Xanthan Gum
概　　要：特定のグラム陰性細菌の糖類の培養液より分離して得られたもので，
主成分は，Ｄ－グルコースとＤ－マンノース，Ｄ－グルクロン酸が直鎖状に結合
した多糖類である。微黄〜類褐色の粉末でわずかににおいがある。
　冷水に溶解し，低濃度でも非常に高い粘性を示し，20℃で1％で1000cps程度の
粘度を示す。耐熱，耐酸，耐塩性に優れ，特に温度変化による粘度変化がほとん
どない特徴がある。乳化力が強く，大きな油脂の粒子を作って安定な乳化が得ら
れる。またカロブビーンガムと併用すると熱可逆的弾力のあるゲルを作ることが
できる。
　ドレッシングなどの調味料の増粘安定剤，ゼリーなどのゲル化剤など用途は広
い。
主な用途：増粘安定剤
使用基準：なし
成分規格：第9版食品添加物公定書
安 全 性：ＦＡＯ／ＷＨＯ ＡＤＩ 特定せず
表示方法：用途名「糊料」または使用目的に応じて「増粘剤」，「安定剤」，「ゲル
　　　　　化剤」のいずれかを併記，簡略名 キサンタン，既存添加物・一般飲
　　　　　食物添加物の増粘安定剤の多糖類を2種以上併用するときの簡略名 増
　　　　　粘多糖類，この場合は用途名「増粘剤」併記を省略できる
付　　記：ＦＡＯ／ＷＨＯ　ＩＮＳ415

92　キシャクカサンカ

米国　§172.695
ＥＵ　Ｅ415

希釈過酸化ベンゾイル（成分規格が設定された食品添加物の製剤）

英　　名：Diluted Benzoyl Peroxide
概　　要：小麦粉の漂白に使用される「過酸化ベンゾイル」は，強い爆発性があるため，含量が19.0〜22.0％になるように，ミョウバン，デンプン，カルシウム塩類で希釈した製剤にして使用する。このため「希釈過酸化ベンゾイル」として成分規格および使用基準が定められている。
成分規格：第9版食品添加物公定書
安 全 性：ＦＡＯ／ＷＨＯ　過酸化ベンゾイルでホエイを処理した場合，最大濃度100mg/kgで安全性に懸念はないとしている
→　過酸化ベンゾイル

キシラナーゼ（既存）

英　　名：Xylanase
概　　要：キシランをキシロースとキシロビオースに分解する酵素である。特定の糸状菌の培養液より分離して製造される。
主な用途：酵素（加水分解酵素）
使用基準：なし
成分規格：第9版食品添加物公定書
安 全 性：ＦＡＯ／ＷＨＯ　現在の使用状況においてはＡＤＩを特定する必要はない
表示方法：簡略名なし，一括名「酵素」の範囲，工程中で失活すれば加工助剤

キシリトール（指定）

（別名　キシリット）
英　　名：Xylitol
概　　要：キシリトールは，イチゴ，カリフラワー，プラムなどに含まれているといわれる，Ｄ－キシロースに対応する糖アルコールであり，ショ糖と同程度の甘味を有する。
　キシリトールは，Ｄ－キシロースを原料にした水素添加（還元）による工業的な製法で得られたものが，食品添加物として使用される。
　キシリトールは，チューインガム，菓子類やジャム類に，甘味の付与の目的で使用される。
主な用途：甘味料
使用基準：なし
成分規格：第9版食品添加物公定書

安全性：ＦＡＯ／ＷＨＯ　ＡＤＩ　特定せず
表示方法：用途名「甘味料」併記，簡略名なし
付　　記：ＦＡＯ／ＷＨＯ　ＩＮＳ967
　　　　　米国　§172.395
　　　　　ＥＵ　　Ｅ967

Ｄ－キシロース（既存）

英　　名：D-Xylose

概　　要：キシロースは，樹木をはじめとする植物の繊維に含まれる糖類で，古くは木糖とも呼ばれていた。糖としての甘味は弱く，砂糖の0.6〜0.8倍程度である。キシロースは，ブドウ糖や果糖などの糖類に比べて反応しやすく，アミノ酸やたん白質と混ぜて，60℃位で加熱しても褐色になる性質がある。現在は，広葉樹などから取り出されているが，以前は，トウモロコシや稲穂からも取り出されていたことがある。

　キシロースは，加熱によって褐色になりやすい性質を利用して，かまぼこなどの焼き色をつける目的で使われるなど，魚肉ねり製品などの水産加工品，食肉加工品などに使われている。

主な用途：甘味料，製造用剤

使用基準：なし

成分規格：第9版食品添加物公定書

安　全　性：平成8年度厚生科学研究報告書において安全性に問題ないとされている

表示方法：甘味の目的で使用した場合は，用途名「甘味料」併記　簡略名　キシロース

キチナーゼ（既存）

英　　名：Chitinase

概　　要：甲殻類の殻の主成分のキチンを*N*－アセチルグルコサミンまで分解する機能を持つ酵素である。特定の糸状菌，放線菌または細菌の培養物から製造される。キチン質を加水分解する酵素である。キチンの分解，キトサン含有食品の製造などに使われる。

主な用途：酵素（加水分解酵素）

使用基準：なし

成分規格：第9版食品添加物公定書

安　全　性：平成8年度厚生科学研究報告書において安全性に問題ないとされている

表示方法：簡略名なし，一括名「酵素」の範囲，工程中で失活すれば加工助剤

キチン（既存）

英　名：Chitin

概　要：エビ，カニなど甲殻類の甲殻，イカの甲から炭酸カルシウムおよびたん白質を除去して製造される。糸状菌（*Aspergillus niger*）の培養液からも製造される。成分はN－アセチル－D－グルコサミンの多量体である。

　タンニン類を吸着するので，果汁，果実酒のタンニン類の吸着除去に，また食品工場の廃液からたん白質などの固形物を吸着，凝集する目的でも使われる。

主な用途：増粘安定剤（製造用剤としても使用される。）

使用基準：なし

安 全 性：平成11年度厚生科学研究報告書において安全性に問題ないとされている

表示方法：→　キサンタンガム

付　記：日本食品添加物協会自主規格あり

キトサナーゼ（既存）

英　名：Chitosanase

概　要：キトサンのβ－1,4結合を加水分解する機能を持つ酵素である。特定の放線菌や細菌培養液より製造される。キトサンの分解に使用される。

主な用途：酵素（加水分解酵素）

使用基準：なし

成分規格：第9版食品添加物公定書

安 全 性：平成8年度厚生科学研究報告書において安全性に問題ないとされている

表示方法：簡略名なし，一括名「酵素」の範囲，工程中で失活すれば加工助剤

キトサン（既存）

英　名：Chitosan

概　要：『キチン』を脱アセチル化して製造される。成分はD－グルコサミンの多量体である。たん白質やアニオン性高分子物とイオン性複合体を作り，凝集することから清澄剤として使用される。また，乳化性，保水性，吸湿性フィルム形成能などの特性により食品の品質向上に使われる。また酸性水溶液は静菌力を有するので，日持向上剤として使われる。

　生理効果に関する研究も多く，食物繊維の一種でもある。

主な用途：増粘安定剤，製造用剤

使用基準：なし

安 全 性：平成8年度厚生科学研究報告書において安全性に問題ないとされている

表示方法：増粘安定剤として使用する場合　→　キサンタンガム　製造用剤として

使用する場合　簡略名なし

付　　記：日本食品添加物協会自主規格あり

→ キチン

キナ抽出物（既存）

英　　名：Redbark Cinchona Extract

概　　要：アカキナの樹皮から製造され，キニジン，キニーネおよびシンコニンを主成分とする。これらの成分は，苦味があるため苦味料としての用途がある。

主な用途：苦味料

使用基準：なし

安 全 性：平成8年度厚生科学研究報告書において安全性に問題ないとされている

表示方法：簡略名なし，一括名「苦味料」の範囲

キハダ抽出物（既存）

英　　名：Phellodendron Bark Extract

概　　要：キハダは，日本全土や中国の山地に自生するミカン科の落葉樹で，その種皮は灰褐色であるが，内皮は鮮やかな黄色である。内皮には苦みがあり，古くからダラニスケの主要原料として使われてきたもので，現在も健胃薬などの生薬成分として使われている。また，黄色の染色剤としても使われていた。

　キハダ抽出物は，キハダの内皮を含む樹皮製造され，ベルベリンを主要成分とする。強い苦みがあり，飲料，漬物などに苦味を着ける目的で使われることがある。

主な用途：苦味料

使用基準：なし

安 全 性：平成8年度厚生科学研究報告書において安全性に問題ないとされている

表示方法：簡略名なし，一括名「苦味料」の範囲

魚鱗箔（既存）（第4次消除予定品目）

英　　名：Fish Scale Foil

概　　要：魚のウロコはキラキラときれいなものである。食品添加物に使われる魚鱗箔は，イワシ，タチウオ，ニシンなどの魚体の上皮部から製造される。

　耐熱性，耐光性に優れており，真珠様光沢を与える目的で，食品の表面コーティングに使われる。

主な用途：着色料（コーティング）

使用基準：こんぶ類，食肉，鮮魚介類（鯨肉を含む），茶，のり類，豆類，野菜およびわかめ類には，使用できない

安　全　性：平成8年度厚生科学研究報告書において安全性に問題ないとされてい
　　　　　　　る

表示方法：用途名「着色料」併記，簡略名なし

付　　　記：日本食品添加物協会自主規格あり

キラヤ抽出物（既存）

（別名　キラヤサポニン）

英　　　名：Quillaja Extract

概　　　要：南米に成育するバラ科キラヤの樹皮から製造され，主成分はサポニン
である。"サポニン"とは，本来水に溶けて持続性のよい泡を生じる物質の総称
であり，本品は，古くから南米で石鹸として使われてきた天然の界面活性剤の一
種である。

　特に低濃度でも高い起泡力を持ち，アルコールやpHの影響を受けないので，
起泡性ソフトドリンクの起泡剤として適している。また，乳化性，可溶化性，洗
浄力などにも優れているので，香料，色素，ビタミン類の乳化剤などの用途に使
われる。数多いサポニン類の中で，本品が最も実用的に使われている。

主な用途：乳化剤（起泡剤）

使用基準：なし

成分規格：第9版食品添加物公定書

安　全　性：ＦＡＯ／ＷＨＯ　ＡＤＩ０〜5g／kg

表示方法：簡略名 サポニン，一括名「乳化剤」の範囲

付　　　記：ＦＡＯ／ＷＨＯ　ＩＮＳ9999
　　　　　　　米国　§172.510
　　　　　　　ＥＵ　Ｅ9999

金（既存）

（別名　金箔）

英　　　名：Gold

概　　　要：金は，黄金色に輝く貴金属で，昔から，富の象徴になったり，装飾な
どに使われてきた。金は，酸やアルカリに強く，特に優れた展延性を持っている
ため，細かい装飾用の細工も可能である。

　金は，ケーキのデコレーションなどの装飾などに使われる。また，装飾品的に
使われた金箔入り清酒などもある。

主な用途：着色料，製造用剤

使用基準：こんぶ類，食肉，鮮魚介類（鯨肉を含む），茶，豆類，野菜およびわ
　　　　　　　かめ類には，使用できない（のり類には使用可）。

安　全　性：平成8年度厚生科学研究報告書において安全性に問題ないとされてい
　　　　　　　る

表示方法：製造用剤として使用した場合は品名を表示，着色の目的で使用した場合は用途名「着色料」併記，簡略名なし

付　　記：ＦＡＯ／ＷＨＯ　ＩＮＳ175
　　　　　ＥＵ　Ｅ175
　　　　　日本食品添加物協会自主規格あり

銀 （既存）

（別名　銀箔）

英　　名：Silver

概　　要：銀は，金の次に展延性に優れている貴金属として，装飾などの目的で使われてきた。銀は，強い酸などの化学物質に対する安定性は，金ほどには強くないが，金より安価な点と，電気を通しやすい性質のため，工業的にもいろいろと使われている。

　　銀は，ケーキのデコレーションなどの装飾などに使われる。また，銀の静菌性を活用して浄水器などでも使われることがある。

主な用途：着色料（装飾）

使用基準：→　魚鱗箔

安 全 性：平成8年度厚生科学研究報告書において安全性に問題ないとされている

表示方法：着色料の目的で使用した場合は用途名「着色料」併記，簡略名なし

付　　記：ＦＡＯ／ＷＨＯ ＩＮＳ174
　　　　　ＥＵ　Ｅ174
　　　　　日本食品添加物協会自主規格あり

グァーガム （既存）

（別名　グァーフラワー，グァルガム）

英　　名：Guar Gum

概　　要：インド東部，パキスタン西部に主に産するマメ科グァーの種子の胚乳部分を粉砕したもの，またはこれより水で抽出したものである。

　　成分はガラクトマンナンで，ガラクトースとマンノースの比率は1：4である。類白〜わずかに黄褐色の粉末または粒で，わずかににおいがある。

　　冷水に分散して天然ガム質中で最も高い粘性を示し，カロブビーンガムより高い。また，曳糸性のある粘性で，起泡力に優れる。耐熱性は強くないが，耐酸性，耐塩性に優れる。

　　アイスクリーム類などの安定剤，ドレッシングなどの増粘剤など，広く各種加工食品に利用される。

主な用途：増粘安定剤

使用基準：なし

98　グァーガム

成分規格：第9版食品添加物公定書，ＦＡＯ／ＷＨＯ規格
安 全 性：ＦＡＯ／ＷＨＯ ＡＤＩ 特定せず
表示方法：用途名「糊料」または使用目的に応じて「増粘剤」，「安定剤」，「ゲル
　　　　　化剤」のいずれかを併記，簡略名 グァー，既存添加物・一般飲食物
　　　　　添加物の増粘安定剤の多糖類を２種以上併用のときの簡略名 増粘多
　　　　　糖類，この場合は用途名「増粘剤」併記を省略できる
付　　 記：ＦＡＯ／ＷＨＯ ＩＮＳ419
　　　　　米国　§184.1339（ＧＲＡＳ確認物質）
　　　　　ＥＵ　Ｅ419

グァーガム酵素分解物 （既存）
（別名　グァーフラワー酵素分解物，グァルガム酵素分解物）
英　　 名：Enzymatically Bydrolyzed Guar Gum
概　　 要：「グァーガム」を酵素分解して製造され，主成分は多糖類である。
主な用途：増粘安定剤
使用基準：なし
表示方法：→ グァーガム，ただし，簡略名 グァー分解物
付　　 記：日本食品添加物協会自主規格あり

5'－グアニル酸二ナトリウム （指定）
（別名　5'－グアニル酸ナトリウム）
英　　 名：Disodium 5'-Guanylate
概　　 要：5'－グアニル酸二ナトリウムは，しいたけの旨味として知られる核酸
系の調味料の1つであり，他のきのこ類やアスパラガスのうま味成分でもある。
工業的には，発酵法または核酸分解法により製造される。
　主に，Ｌ－グルタミン酸ナトリウムなどのアミノ酸系調味料および5'－イノシ
ン酸二ナトリウムなどの核酸系調味料に5'－グアニル酸ナトリウムを併用して，
いろいろな食品にうま味を付ける目的で使用されている。
主な用途：調味料
使用基準：なし
成分規格：第9版食品添加物公定書
安 全 性：ＦＡＯ／ＷＨＯ ＡＤＩ 特定せず
表示方法：簡略名 グアニル酸ナトリウム，グアニル酸Na，一括名「調味料（核
　　　　　酸）」の範囲
付　　 記：ＦＡＯ／ＷＨＯ　ＩＮＳ627
　　　　　米国　§172.530
　　　　　ＥＵ　Ｅ627

クエルセチン　99

グアヤク脂 （既存）

英　　名：Guaiac Resin, Guajac Resin
概　　要：グアヤク脂は，カリブ海，中南米に生えるユソウ木の幹枝から製造され，グアヤコン酸，グアヤレチック酸およびβ-レジンを主成分とする。油脂類やバターの酸化防止の目的で使用される。
主な用途：酸化防止剤
使用基準：油脂，バターに1.0g/kg以下で使用する。
安 全 性：ＦＡＯ／ＷＨＯ　ＡＤＩ　0～2.5mg/kg
表示方法：用途名「酸化防止剤」併記，簡略名なし
付　　記：米国　§181.24（酸化防止剤），9CFR§318.7

グアヤク樹脂 （既存）

英　　名：Guajac Resin （Extract）
概　　要：中南米に産するハマビシ科ユソウ木の分泌液より製造され，α-，β-グアヤコン酸を主成分とする。
　チューインガムに柔軟性を与え，食感を改良するので，ガムベースに使われる。国際的には酸化防止剤としても使われる。
主な用途：ガムベース
使用基準：なし
安 全 性：ＦＡＯ／ＷＨＯ　ＡＤＩ0～2.5mg/kg
表示方法：簡略名なし，一括名「ガムベース」の範囲

クエルセチン （既存）

（別名　ケルセチン）

英　　名：Quercetin
概　　要：クエルセチンは，ルチン（抽出物）を酵素または酸性水溶液で加水分解して作られるもので，精製すると黄色の針状の結晶性の粉末になる。熱に極めて安定で，食品の色素の耐光性を増すなど，酸化防止作用がある。
　クエルセチンは，油脂類，飲料，冷菓，食肉加工品などに，酸化防止の目的で使用されている。
主な用途：酸化防止剤
使用基準：なし
安 全 性：平成8年度厚生科学研究報告書において安全性に問題ないとされている
表示方法：用途名「酸化防止剤」併記，簡略名ルチン分解物
付　　記：日本食品添加物協会自主規格あり
→ ルチン

クエン酸（指定）

英　　名：Citric Acid

概　　要：クエン酸は，柑橘類などをはじめ，さまざまな果実など，多くの食品に存在する代表的な食用の有機酸で，さわやかな強い酸味がある。

　酸味をつける目的で使用される「酸味料」としては最も多く使われる酸である。クエン酸には結晶水をもつクエン酸（結晶）と無水のクエン酸（無水）がある。工業的には，でん粉類を原料として発酵法によって作られたクエン酸を，精製して作られる。食品添加物としては，菓子類や乳製品などにも酸味をつけたり，酸度を調整する目的で使用されているが，その使用の主体は，清涼飲料水をはじめとする飲料での酸味・酸度の調整目的になっている。

　また，酸化防止剤や保存料と併用すると，酸化防止の効果や保存性を強くする作用があるため，これらの食品添加物の補助剤（シネルギスト）としても使われている。

主な用途：酸味料，pH調整剤，酸化防止剤のシネルギスト

使用基準：なし

成分規格：第9版食品添加物公定書

安 全 性：ＦＡＯ／ＷＨＯ　ＡＤＩ（クエン酸とその塩類）制限せず

表示方法：簡略名 クエン酸，一括名「酸味料」，「pH調整剤」，「膨脹剤」の範囲

付　　記：ＦＡＯ／ＷＨＯ　ＩＮＳ330
　　　　　米国　§184.1083（ＧＲＡＳ確認物質）
　　　　　ＥＵ　Ｅ330

クエン酸イソプロピル（指定）

英　　名：Isopropyl Citrate

概　　要：クエン酸イソプロピルは，クエン酸とイソプロピルアルコールを反応させてできたクエン酸のエステルである。

　クエン酸が1～3個のイソプロピルアルコールとエステル化したクエン酸のイソプロピルエステル類の混合物となっている。

　マーガリン，バターなどの油脂顆に酸化防止の目的で使われる。

主な用途：酸化防止剤

使用基準：油脂，バター

成分規格：第9版食品添加物公定書

安 全 性：ＦＡＯ／ＷＨＯ　ＡＤＩ0～14mg／kg

表示方法：用途名「酸化防止剤」併記，簡略名 クエン酸エステル

付　　記：ＦＡＯ／ＷＨＯ　ＩＮＳ384
　　　　　米国　§184.1386（ＧＲＡＳ確認物質）
　　　　　ＥＵ　Ｅ384

クエン酸三エチル（指定添加物）

英　　名：Triethyl Citrate

概　　要：クエン酸の3つのカルボキシル基がエタノールとエステル化されたもので，無色の油状液である。

　溶剤および金属析出防止剤（sequestant）などとして使われる 国際的に汎用されている食品添加物として指定された。なお，香料としての使用も認められている。

主な用途：香料，乳化剤

使用基準：着香目的の他，通常の食品形態でない食品（カプセル及び錠剤（チュアブル錠を除く）に限る）に3.5g/kg以下，液卵（殺菌したものに限る）・乾燥卵（液卵を乾燥して製造したものに限る）に液卵（殺菌したものに限る）乾燥卵（液卵を乾燥して製造したものに限る）に2.5g/kg以下，清涼飲料水に0.2g/kg（希釈して飲用に供する清涼飲料水にあっては，希釈後の清涼飲料水として）以下で使用する。

成分規格：第9版食品添加物公定書

安　全　性：食品安全委員会　ＡＤＩ　特定せず

表示方法：簡略名　クエン酸エチル　一括名「香料」，「乳化剤」の範囲

付　　記：ＦＡＯ／ＷＨＯ　ＩＮＳ1505
　　　　　　米国　§184 1911（ＧＲＡＳ確認物質）
　　　　　　ＥＵ　Ｅ1505

クエン酸一カリウム（指定）

英　　名：Monopotassium Citrate

概　　要：クエン酸一カリウムは，クエン酸の3個のカルボキシル基のうち1つを水酸化カリウムなどで中和してカリウム塩にしたものである。食品添加物としての使用には，ナトリウム塩もカリウム塩もいずれも差はないが，現在は，ナトリウム塩が使われることが多い。清涼飲料水や乳製品を中心に，酸味の調整，味質の調整などの目的で使われる。

主な用途：調味料，酸味料，pH調整剤

使用基準：なし

成分規格：第9版食品添加物公定書

安　全　性：→　クエン酸

表示方法：物質名で表示，簡略名 クエン酸K，クエン酸カリウム

付　　記：ＦＡＯ／ＷＨＯ　ＩＮＳ332（i）
　　　　　　米国　§184.1625（ＧＲＡＳ確認物質）
　　　　　　ＥＵ　Ｅ332（i）

102　クエンサンサン

クエン酸三カリウム（指定）

英　　名：Tripotassium Citrate
概　　要：クエン酸三カリウムは，クエン酸を水酸化カリウムなどで完全に中和してカリウム塩にしたものである。→　クエン酸一カリウム
主な用途：調味料，酸味料，pH調整剤
使用基準：なし
成分規格：第9版食品添加物公定書
安　全　性：→　クエン酸
表示方法：物質名で表示，簡略名 クエン酸K，クエン酸カリウム
付　　記：ＦＡＯ／ＷＨＯ　ＩＮＳ 332（ii）
　　　　　　米国　§ 184.1625（ＧＲＡＳ確認物質）
　　　　　　ＥＵ　　Ｅ 332（ii）

クエン酸カルシウム（指定）

英　　名：Calcium Citrate
概　　要：クエン酸を，炭酸カルシウムなどのカルシウム化合物と反応させてカルシウム塩にしたもので，白色の粉末になっている。
　食品添加物としては，カルシウム強化の目的での使用が主になっており，その他に，食品を製造する際の助剤としても使用されている。
主な用途：強化剤（カルシウム強化）
使用基準：カルシウムとしての1.0％以下で使用する
成分規格：第9版食品添加物公定書
安　全　性：→　クエン酸
表示方法：簡略名 クエン酸Ca，一括名「膨脹剤」およびプロセスチーズなどでは「乳化剤」の範囲　栄養強化の目的で使用した場合の表示は免除される（免除にならない食品もある）
付　　記：ＦＡＯ／ＷＨＯ　ＩＮＳ 333
　　　　　　米国　§ 184.1195（ＧＲＡＳ確認物質）
　　　　　　ＥＵ　　Ｅ 333

クエン酸第一鉄ナトリウム（指定）

（別名　クエン酸鉄ナトリウム）
英　　名：Sodium Ferrous Citrate
概　　要：クエン酸第一鉄ナトリウムは，クエン酸を酸性の状態で第一鉄塩にした後，さらにナトリウム塩にしたもので，弱い鉄味がある。使用に際しての規制はないが，鉄の補強の目的で各種食品に使用されている。鉄とカルシウムを強化した飲料や食品に使用されることが多い。
主な用途：強化剤（鉄の強化）

成分規格：第9版食品添加物公定書

安 全 性：日本人の食事摂取基準において，鉄としての推奨量および耐用上限量が定められている

表示方法：簡略名 クエン酸鉄Na　栄養強化の目的で使用した場合の表示は免除される（免除にならない食品もある）

クエン酸鉄 （指定）

英　　名：Ferric Citrate

概　　要：クエン酸鉄は，クエン酸の第二鉄塩であり，褐色の粉末または赤褐色の小葉片になっている。海外でも古くから鉄の強化の目的で使用されてきたものである。

　鉄の補強の目的で各種食品に使用される。

主な用途：強化剤（鉄の強化）

使用基準：なし

成分規格：第9版食品添加物公定書

安 全 性：日本人の食事摂取基準において，鉄としての推奨量および耐用上限量が定められている

表示方法：簡略名なし　栄養強化の目的で使用した場合の表示は免除される（免除にならない食品もある）

付　　記：米国　§184.1298（GRAS確認物質）

クエン酸鉄アンモニウム （指定）

英　　名：Ferric Ammonium Citrate

概　　要：クエン酸鉄アンモニウムは，クエン酸の第二鉄塩である。クエン酸鉄アンモニウムは，海外でも古くから鉄の強化の目的に使用されてきた。

　いずれの鉄塩類も，使用に際しての規制はないが，鉄の補強の目的で各種食品に使用されている。

主な用途：強化剤（鉄の強化）

使用基準：なし

成分規格：第9版食品添加物公定書

安 全 性：日本人の食事摂取基準において，鉄としての推奨量および耐用上限量が定められている

表示方法：簡略名なし　栄養強化の目的で使用した場合の表示は免除される（免除にならない食品もある）

付　　記：FAO／WHO　INS381

　　　　　米国　§184.1296（GRAS確認物質）

　　　　　EU　E381

クエン酸三ナトリウム （指定）

（別名　クエン酸ナトリウム）

英　　名：Trisodium Citrate

概　　要：クエン酸三ナトリウムは，クエン酸を水酸化ナトリウムなどで完全に中和してナトリウム塩にしたものである。

　食品添加物としての使用には，ナトリウム塩もカリウム塩もいずれも差はないが，一般的にはナトリウム塩が使用されている。清涼飲料水や乳製品を中心に，酸味の調整，味質の調整などの目的で使われる ほか，広くいろいろな食品に使用されている。

　また，酸化防止剤の効果を高める目的でも使用される。なお，プロセスチーズでは，乳化を助ける目的で使用される。

主な用途：調味料，pH調整剤，酸味料，その他

使用基準：なし

成分規格：第9版食品添加物公定書，ＦＡＯ／ＷＨＯ規格

安 全 性：→ クエン酸

表示方法：簡略名　クエン酸Na，一括名「調味料」，「酸味料」，「pH調整剤」およびプロセスチーズなどでは「乳化剤」（プロセスチーズなどに限る）の範囲

付　　記：ＦＡＯ／ＷＨＯ　ＩＮＳ331（iii）

　　　　　米国　§184.1751（ＧＲＡＳ確認物質）

　　　　　ＥＵ　Ｅ331（iii）

グースベリー色素 （一般飲食物添加物）

英　　名：Gooseberry Color

概　　要：グースベリーは，欧米の寒冷地に生育するユキノシタ科の低木であり，スグリとも呼ばれる。

　グースベリー色素は，このグースベリーの実から搾汁するか，水で抽出して得られる赤〜暗赤色または暗青色の液，ペースト，粉末であり，水やエタノールに溶けるが，油脂類には溶けない。その色素の成分はアントシアニン類であり，赤〜青色を呈する。色は，酸性では安定であるが，アルカリ性になると不安定になる。着色料目的に使用の場合，添加物扱いとなる。

主な用途：着色料

使用基準：（着色料は）こんぶ類，食肉，鮮魚介類（鯨肉 を含む），茶，のり類，豆類，野菜，わかめ類には，使用できない。

表示方法：食品添加物として使用した場合は，用途名「着色料」併記，または「色素」名で表示，簡略名 アントシアニン（色素），果実色素，ベリー色素

付　　記：米国　§73.250（果汁）

　　　　　ＥＵ　Ｅ163（アントシアニン類）

クチナシ　105

クチナシ青色素 （既存）

英　　名：Gardenia Blue

概　　要：クチナシは，中国や台湾などで栽培されているアカネ科の植物で，その実は，中国では，消炎剤や利尿剤などの民間薬に使われたり，食品の色づけに使われてきた。

　クチナシの実から取り出される水溶性の色は黄色で，酸性では安定性に欠けるが，アルカリ性では熱や光に安定な性質を持っている。

　このクチナシの実から取り出されたクチナシ黄色素またはクチナシの実から取り出された成分を，酵素を使ってアミノ酸類と反応させたものが，クチナシ青色素である。クチナシ青色素は，熱や光に対する安定性がよく，色着きもよい特性があるため，菓子類，冷菓類，めん類などに使われる。

主な用途：着色料

使用基準：こんぶ類，食肉，鮮魚介類（鯨肉を含む），茶，のり類，野菜およびわかめ類には，使用できない

成分規格：第9版食品添加物公定書

安 全 性：平成8年度厚生科学研究報告書において安全性に問題ないとされている

表示方法：用途名「着色料」併記，または「色素」名で表示，簡略名 クチナシ，クチナシ色素

クチナシ赤色素 （既存）

英　　名：Gardenia Red

概　　要：クチナシ黄色素またはクチナシの実から取り出された成分を，加水分解して，たん白質などと反応させたものが，クチナシ赤色素である。

　クチナシ赤色素は，熱や光に対する安定性がよく，色着きもよい特性があるため，菓子類，冷菓類，めん類などに使われる。

主な用途：着色料

使用基準：→ クチナシ青色素

成分規格：第9版食品添加物公定書

安 全 性：平成8年度厚生科学研究報告書において安全性に問題ないとされている

表示方法：用途名「着色料」併記，または「色素」名で表示，簡略名 クチナシ，クチナシ色素

クチナシ黄色素 （既存）

英　　名：Gardenia Yellow

概　　要：クチナシは，中国や台湾などで栽培されているアカネ科の植物で，その実は，中国では，消炎剤や利尿剤などの民間薬に使われたり，食品の色づけに

使われてきた。このクチナシの実から取り出される水溶性の色素は，黄色で，その黄色の主成分は，カロテノイド系の色素である。

このクチナシの実から取り出された色素が，クチナシ黄色素で，たん白質に対する色着きがよい特性があり，また，酸性では安定性に欠けるが，アルカリ性では熱や光に安定な性質を持っている。

クチナシ黄色素またはクチナシの実から取り出された成分を，処理して，非カロテノイド系の色素クチナシ青色素やクチナシ赤色素も作られる。

クチナシ黄色素は，中華めん，栗の甘露煮や栗きんとんなどの食品に，広く使われている。

主な用途：着色料
使用基準：→　クチナシ青色素
成分規格：第9版食品添加物公定書
表示方法：用途名「着色料」併記，または「色素」名で表示，簡略名 クチナシ（色素），クロシン，カロテノイド（色素），カロチノイド（色素）

グッタハンカン（既存）

英　　名：GuttaHang Kang
概　　要：東南アジアに産するアカテツ科グッタハンカンの幹枝より得られたラテックスを熱水で洗浄し，水溶性成分を除去したものより得られたもので，主成分はトランスポリイソプレンとアミリンアセタートである。

チューインガムに弾力性を与えて食感を改良するので，ガムベースに添加される。

主な用途：ガムベース
使用基準：なし
安　全　性：平成8年度厚生科学研究報告書において安全性に問題ないとされている
表示方法：簡略名なし，一括名「ガムベース」の範囲
付　　記：米国　§172.615
　　　　　　日本食品添加物協会自主規格あり

グッタペルカ（既存）

英　　名：GuttaPercha
概　　要：アカテツ科グッタペルカの幹枝より得られたラテックスを熱水で洗浄し，水溶性成分を除去したものより製造される。主成分はトランスポリイソプレンである。

チューインガムに弾力性を与えて食感を改良するので，ガムベースに添加される。

主な用途：ガムベース

使用基準：なし
安　全　性：平成8年度厚生科学研究報告書において安全性に問題ないとされている
表示方法：簡略名なし，一括名「ガムベース」の範囲
付　　　記：日本食品添加物協会自主規格あり

クランベリー色素 （一般飲食物添加物）

英　　名：Cranberry Color
概　　要：クランベリーは，欧米の北部の酸性土壌の湿地に生育するツツジ科の潅木であり，ツルコケモモともいう。ベリー類の中ではもっとも鮮やかな赤い色を呈し，甘酸っぱい果液がある。
　クランベリー色素は，クランベリーの実から搾汁するか，水で抽出して得られる赤～暗赤色の液，ペースト，粉末であり，水やエタノールに溶けるが，油脂類には溶けない。色素の主成分は，アントシアニン系のシアニジングリコシドおよびペラルゴニジングリコシドで，酸性で安定な赤～青色を呈する。着色料目的に使用の場合，添加物扱いとなる。
主な用途：着色料
使用基準：→ グースベリー色素
表示方法：→ グースベリー色素
付　　　記：米国　§73.250（果汁）
　　　　　　EU　E163（アントシアニン類）
　　　　　　日本食品添加物協会自主規格あり

グリシン （指定）

英　　名：Glycine
概　　要：グリシンは　最も簡単な形をしたアミノ酸で，たん白質の構成成分としても自然界に広く存在している。他のアミノ酸類とは異なり異性体がない。
　グリシンは，化学的な合成による高純度のものが市販されている。日本では，食品添加物としての使用に，特段の制限はなく，食品に対しては，微妙な味の調整を目的として使用され，また，水産練り製品などに，やや多量に使用して，日持向上を目的にすることもある。
主な用途：調味料，日持向上
使用基準：なし
成分規格：第9版食品添加物公定書
安　全　性：FAO／WHO　食品に残留することにより健康を害することはないと考えられる
表示方法：簡略名なし，一括名「調味料（アミノ酸）」の範囲　日持向上が目的の場合は，品名で表示

付　　記：米国　§172.812，§172.320（アミノ酸）
　　　　　EU　E640

クリストバル石（既存）

英　　名：Cristobalite
概　　要：クリストバル石は，方珪石とも呼ばれ，ケイ酸（二酸化ケイ素）を主体とする非金属性の鉱物で，同じケイ酸系の鉱物である石英より，鉄やアルミニウムなどの不純物を多く含む。
　食品添加物としては，この鉱石のクリストバル石を粉砕し，800〜1000℃で焼成，または塩酸処理して焼成して製造される。
主な用途：製造用剤
使用基準：なし
安 全 性：平成8年度厚生科学研究報告書において安全性に問題ないとされている
表示方法：簡略名 不溶性鉱物性物質

グリセリン（指定）
（別名　グリセロール）

英　　名：Glycerol
概　　要：グリセリンは油脂の構成成分であり，油脂を分解して脂肪酸を除去し，精製することで製造さる。また，化学的な合成法でも作られる。食品添加物として使われるものは，油脂の加水分解による天然物由来のグリセリンが一般的である。
　食品添加物としては，着色料，香料などの溶媒，冷菓の結晶化防止，乾燥食品や菓子類の保湿剤，チューインガムの軟化剤，冷凍食品の氷点降下剤などに使われる。
　さらに，乳化剤グリセリン脂肪酸エステル類の原料としても使われており，ポリグリセリン脂肪酸エステル類では，合成法によるグリセリンが使われることも多い。
主な用途：製造用剤（溶剤，保湿剤など）
使用基準：なし
成分規格：第9版食品添加物公定書，ＦＡＯ／ＷＨＯ規格
安 全 性：ＦＡＯ／ＷＨＯ　ＡＤＩ 特定せず
表示方法：簡略名なし，チューインガムに使用した場合は，一括名「軟化剤」の範囲
付　　記：ＦＡＯ／ＷＨＯ　ＩＮＳ422
　　　　　米国　§182.1320
　　　　　EU　E422

グリセリンクエン酸脂肪酸エステル （指定）

（指定名称　グリセリン脂肪酸エステル）

英　　名：Citric and Fatty Acid Esters of Glycerol

概　　要：モノグリセリドのクエン酸の誘導体であるが，無～コハク色の液体か
らろう状物まである。冷水に不溶，熱水に分散，油脂に可溶。
　比較的親水性が強く，耐酸性のよい乳化剤で，マーガリンなどの乳化剤，マヨ
ネーズ，ドレッシングなどの乳化安定剤のほか，酸化防止剤の油溶性ネルギスト
としても使われる。

→　グリセリン脂肪酸エステル

グリセリンコハク酸脂肪酸エステル （指定）

（指定名称　グリセリン脂肪酸エステル）

英　　名：Succinic and Fatty Acid Esters of Glycerol

概　　要：モノグリセリドに無水コハク酸を反応させて作る誘導体で，淡黄色の
ろう状物質である。水に不溶，熱水に分散，油脂に可溶。本品はでんぷんと複合
体をつくり，たん白質にも作用するので，パンの改良剤として米国で開発された。
　小麦粉に添加，またはショートニングに加えてパンの生地改良剤として使われ
る。

→　グリセリン脂肪酸エステル

グリセリン酢酸エステル （指定）

（指定名称　グリセリン脂肪酸エステル）

英　　名：Triacetin

概　　要：グリセリンのトリ酢酸エステル（トリアセチン）で，無色澄明の液体
である。
　グリセリン脂肪酸エステルの範疇とされているが，長鎖脂肪酸を含まないので
界面活性能は低く，乳化力は低い。むしろ各種物質に対する溶解力が強いので，
香料などの溶剤や酢酸ビニルなどの合成樹脂の可塑剤として使われる。

→　グリセリン脂肪酸エステル

グリセリン酢酸脂肪酸エステル （指定）

（指定名称　グリセリン脂肪酸エステル）

英　　名：Acetic and Fatty Acid Esters of Glycerol

概　　要：モノグリセリドを無水酢酸でアセチル化するか，油脂とトリアセチン
をエステル交換して，モノグリセリドの水酸基の一部または全部をアセチル化し
たもので，アセチル化モノグリセリドまたはアセチンファットと呼ばれる。
　界面活性はほとんどないので，乳化剤というより特殊な油脂であり，液体のも
のは溶剤や合成樹脂の可塑剤となり，ガムベースの酢酸ビニルの可塑剤として多

用されている。軟質のものは柔軟性や防湿性のよい可食性フィルムやコーティング剤となり，固体のものは油脂の改質に使われる。

→ グリセリン脂肪酸エステル

グリセリンジアセチル酒石酸脂肪酸エステル（指定）

（指定名称　グリセリン脂肪酸エステル）

英　　名：Diacetyltartarlc and Fatty Acid Esters of Glycerol

概　　要：モノグリセリドに無水ジアセチル酒石酸を反応させて作る誘導体で，反応条件により粘稠性液体からろう状物質まである。冷水，熱水に分散し，油脂に可溶である。

　親水性の乳化剤で，耐酸性があるので，マーガリン，ドレッシングその他の乳化，起泡剤として使われ，また，デンプン，たん白質と作用するので，パンの生地調整剤としての需要も多い。

→ グリセリン脂肪酸エステル

グリセリン脂肪酸エステル（指定）

　　　　範疇物質：①　グリセリン脂肪酸エステル
　　　　　　　　　②　グリセリン酢酸脂肪酸エステル
　　　　　　　　　③　グリセリン乳酸脂肪酸エステル
　　　　　　　　　④　グリセリンクエン酸脂肪酸エステル
　　　　　　　　　⑤　グリセリンコハク酸脂肪酸エステル
　　　　　　　　　⑥　グリセリンジアセチル酒石酸脂肪酸エステル
　　　　　　　　　⑦　グリセリン酢酸エステル
　　　　　　　　　⑧　ポリグリセリン脂肪酸エステル
　　　　　　　　　⑨　ポリグリセリン縮合リシノレイン酸エステル
　　　　　　　①～⑨は第9版食品添加物公定書における定義の収載順

概　　要：食品添加物のグリセリン脂肪酸エステルとは，本来は，界面活性を有するグリセリンモノ脂肪酸エステル（通称モノグリセリド）を主成分としているが，ジエステルやトリエステルを相当量含むものもある。

　モノエステルは，反応性に富む2個のOH基を含むので，有機酸とエステルを作りやすく，国際的にもモノグリセリドの各種有機酸誘導体が乳化剤として認められ，汎用されている。

　そこで日本でも，1981年に食品添加物等の規格基準が改正され，8種の誘導体も範疇物質として認められ，個々の規格値が設定されている。

主な用途：乳化剤

使用基準：なし

成分規格：第9版食品添加物公定書（品目別に規格値は異なる）

安　全　性：ＦＡＯ／ＷＨＯ　食品添加物からの酒石酸の摂取量の合計量が30mg/

kgを超えない場合，脂肪酸類，酢酸，クエン酸，乳酸および酒石酸の
グリセリンエステルの合計量として，ＡＤＩを特定しないとしている

表示方法：簡略名 グリセリンエステル，一括名「乳化剤」の範囲 ガムベースの
目的で使用する場合は，一括名「ガムベース」の範囲

付　　記：国際的には品目毎にＩＮＳ番号，ＣＦＲ番号，ＥＵ番号などが定めら
れている。

グリセリン脂肪酸エステル範疇該当品目	FAO/WHO ADI	INS番号	CFR番号	EU番号
①モノグリセリド	特定せず	INS471	182.4505	E471
②酢酸モノグリセリド	特定せず	INS472 (a)	172.828	E472 (a)
③乳酸モノグリセリド	特定せず	INS472 (b)	172.852	E472 (b)
④クエン酸モノグリセリド	特定せず	INS472 (c)	172.832	E472 (c)
⑤コハク酸モノグリセリド	―	―	172.830	―
⑥ジアセチル酒石酸モノグリセリド	0 ～ 50	INS472 (e)	184.1101	E472 (e)
⑦トリアセチン	特定せず	―	184.1901	―
⑧ポリグリセリンエステル	0 ～ 25	INS475	172.854	E475
⑨ポリグリ縮合リシノレイン酸エステル	0 ～ 7.5	INS476	―	E476

①～⑧は独立した品目としてFCC規格あり

グリセリン脂肪酸エステル（指定（狭義））

英　　名：Glycerol Esters of Fatty Acids

概　　要：本品はグリセリンと脂肪酸のエステル化反応によるか，グリセリンと
食用油脂のエステル交換反応で作られる。反応モノグリセリドはモノグリセリド
含量約50％であるが，これを分子蒸留法で精製した蒸留モノグリセリドは含量約
95％で，食品用には主としてこの蒸留品が使われている。

脂肪酸としては，油脂を分解して得たC8 ～ C24の飽和または不飽和脂肪酸で，
合成脂肪酸は食品添加物には使われない。

世界的にも最も古くから広く使われていて，乳化剤市場の約半数を占めている
代表的乳化剤である。乳化だけでなく，分散，起泡，消泡，湿潤からデンプンや
たん白質の改質まで，多種の機能を持っている。

例えばマーガリンやコーヒークリームなどの乳製品などの乳脂肪の乳化安定に，
チョコレート，チューインガムなどの成分の均一な分散に，ケーキやアイスク
リームなど生地の起泡に，豆腐の消泡から，パン，めん類，インスタントマッ
シュポテトなどのでんぷん食品の改良から，中鎖の脂肪酸モノグリセリドの静菌
効果を利用した日持ちの向上まで，幅広い食品にさまざまな目的で使われている。

グリセリン乳酸脂肪酸エステル （指定）

（指定名称　グリセリン脂肪酸エステル）

英　　名：Lactic and Fatty Acid Esters of Glycerol

概　　要：モノグリセリドの乳酸誘導体であるが，乳酸には水酸基とカルボキシル基の2つの官能基を持つため，種々の結合様式のものができて，多種の混合物となる。乳化力は弱いが起泡力が強いので，単独またはモノグリセリドと併用して，ケーキやホイップクリーム類の起泡剤に使われる。

→　グリセリン脂肪酸エステル

グリセロリン酸カルシウム （指定）

英　　名：Calcium Glycerophosphate

概　　要：グリセロリン酸カルシウムは，卵黄やレシチンの構成成分として存在するものである。

　　工業的には，グリセリンとリン酸塩を反応させてグリセロリン酸塩を作り，これをカルシウム塩類と反応させてグリセロリン酸カルシウムとする。わずかに苦味のある白色の粉末になっている。

主な用途：強化剤（カルシウム強化）

使用基準：カルシウムとして1.0％以下（栄養目的に限る）

成分規格：第9版食品添加物公定書

安 全 性：日本人の食事摂取基準において，カルシウムとしての推奨量および耐用上限量が定められている。

表示方法：簡略名 グリセロリン酸Ca強化の目的で使用した場合の表示は免除される（免除にならない食品もある）

付　　記：米国　§182.5201

グリチルリチン酸二ナトリウム （指定）

英　　名：Disodium Glycyrrhizinate

概　　要：グリチルリチン酸二ナトリウムは，甘草の抽出物をさらに精製して水に溶けやすいナトリウム塩にしたものである。

　　グリチルリチン酸二ナトリウムは，砂糖の約200 ～ 700倍の甘味度がある高甘味度甘味料であり，カンゾウ抽出物と同様に，醤油と味噌の塩辛さを和らげる目的での甘味づけと，味の調整に使われている。

主な用途：甘味料

使用基準：醤油，味噌に限る

成分規格：第9版食品添加物公定書

表示方法：用途名「甘味料」併記，簡略名 グリチルリチン酸ナトリウム，グリチルリチン酸Na

→　カンゾウ抽出物

グルコサミン　113

グルカナーゼ（既存）

英　　名：Glucanase

概　　要：β－グルカンを分解して，オリゴ糖またはペントースを生成する酵素の総称である。特定の糸状菌，担子菌，細菌，酵母の培養液より製造される。

　みそ，しょうゆ製造時のβ－グルカンの分解などに使われる。

主な用途：酵素（加水分解酵素）

使用基準：なし

成分規格：第9版食品添加物公定書

安 全 性：ＦＡＯ／ＷＨＯ　現在のワイン製造での使用においてはＡＤＩ特定せず

表示方法：一括名「酵素」の範囲，工程中で失活すれば加工助剤

付　　記：米国　§173.120，173.130（カルボヒドラーゼとして）

グルコアミラーゼ（既存）

（別名　糖化アミラーゼ）

英　　名：Glucoamylase

概　　要：でん粉の α－1，4結合と α－1，6結合を分解する酵素である。特定の糸状菌，担子菌，細菌，酵母の培養液から製造される。デンプン類のアミロースおよびアミロペクチンを，いずれもグルコースまで分解する。

　清酒の製造などで使用される。

主な用途：酵素（加水分解酵素）

使用基準：なし

成分規格：第9版食品添加物公定書

安 全 性：ＦＡＯ／ＷＨＯ　ＡＤＩ特定せず

表示方法：簡略名 アミラーゼ，カルボヒドラーゼ，一括名「酵素」の範囲　工程中で失活すれば加工助剤

付　　記：米国　§173.120，173.130（カルボヒドラーゼとして）§173.110（グルコアミラーゼとして）

グルコサミン（既存）

英　　名：Glucosamine

概　　要：『キチン』または糸状菌の培養液を塩酸などで加水分解し，分離して製造される。成分はグルコサミンである。

主な用途：増粘安定剤，製造用剤

使用基準：なし

表示方法：→ グァーガム

付　　記：日本食品添加物協会自主規格あり

→ キチン，キトサン

α－グルコシダーゼ（既存）

（別名　マルターゼ）

英　　名：α-Glucosidase

概　　要：マルトースやオリゴ糖のα－1,4－グルコシド結合を切り，同時に転移反応を行い非発酵性の糖を生成する酵素である。特定の糸状菌，細菌，酵母の培養液より製造される。
　デンプン糖の製造などに使われる。

主な用途：酵素（加水分解酵素）

使用基準：なし

成分規格：第9版食品添加物公定書

安 全 性：平成8年度厚生科学研究報告書において安全性に問題ないとされている

表示方法：簡略名なし，一括名「酵素」の範囲，工程中で失活すれば加工助剤

β－グルコシダーゼ（既存）

（別名　ゲンチオビアーゼ，セロビアーゼ）

英　　名：β-Glucosidase

概　　要：β－グルコシドを加水分解して，糖とアグリコンに分解する酵素である。ソテツ科ソテツより，または特定の糸状菌，細菌の培養液より，製造される。
　柑橘類などの缶詰，果汁の製造に用いられる。

主な用途：酵素（加水分解酵素）

使用基準：なし

成分規格：第9版食品添加物公定書

安 全 性：平成8年度厚生科学研究報告書において安全性に問題ないとされている

表示方法：簡略名なし，一括名「酵素」の範囲，工程中で失活すれば加工助剤

付　　記：日本食品添加物協会自主規格あり

α－グルコシルトランスフェラーゼ（既存）

（別名　4－α－グルカノトランスフェラーゼ, 6－α－グルカノトランスフェーゼ）

英　　名：α-Glucosyltransferase

概　　要：α－グルコシル基の転移反応をする機能を持つ酵素である。特定の細菌の培養液またはバレイショの根茎より製造される。パラチノースの製造，酵素処理ステビア（α－グルコシルトランスフェラーゼ処理ステビア）の製造などに使われる。

主な用途：酵素（転移酵素）

使用基準：なし

成分規格：第9版食品添加物公定書

安　全　性：平成8年度厚生科学研究報告書において安全性に問題ないとされている

表示方法：簡略名なし，一括名「酵素」の範囲，工程中で失活すれば加工助剤

α－グルコシルトランスフェラーゼ処理ステビア （既存）

（別名　酵素処理ステビア）

英　　　名：α-Glucosyltransferase-treated　Stevia

概　　　要：酵素処理ステビアは，甘味料として使われているステビア抽出物をα－グルコシルトランスフェラーゼなどの酵素を用いてグルコースを付加させて，味質をより砂糖に近づけたものである。甘味の主要成分は，α－グルコシルステビオシドである。

主な用途：甘味料

使用基準：なし

安　全　性：ＦＡＯ／ＷＨＯ　ステビオール配糖体のＡＤＩ０～４ mg/kg

成分規格：第9版食品添加物公定書

表示方法：用途名「甘味料」併記，簡略名 ステビア，ステビア甘味料，糖転移ステビア

α－グルコシルトランスフェラーゼ処理ステビオール配糖体 （既存）

（別名　酵素処理ステビオール配糖体）（いずれも 食品添加物公定書収載の品名）

英　　　名：α-Glucosyltransferase Treated Steviol Glycosides

概　　　要：「ステビオール配糖体」を原料として製造されたもので含量95％以上の高甘味度甘味料である。

主な用途：甘味料

使用基準：なし

成分規格：第9版食品添加物公定書

安　全　性：→　α－グルコシルトランスフェラーゼ処理ステビア

表示方法：用途名「甘味料」を併記して既存添加物の品名または簡略名を用いて表示する。

グルコースイソメラーゼ （既存）

英　　　名：Glucose Isomerase

概　　　要：ブドウ糖を果糖に変える機能を持つ酵素である。特定の糸状菌，放線菌，細菌の培養液より製造される。ブドウ糖から異性化糖を生産するためなどに使用される。

主な用途：酵素（異性化酵素）

使用基準：なし

成分規格：第9版食品添加物公定書

116　グルコースオキ

安　全　性：ＦＡＯ／ＷＨＯ　ＡＤＩ 特定せず
表示方法：簡略名なし，一括名「酵素」の範囲，工程中で失活すれば加工助剤
付　　　記：米国　§184.1372（ＧＲＡＳ確認物質）

グルコースオキシダーゼ（既存）

英　　　名：Glucose Oxidase
概　　　要：グルコースに特異的に作用してグルコン酸に変える作用を持つ酵素である。特定の糸状菌の培養液より製造される。食品中にグルコースが存在して貯蔵中に褐変して品質劣化を起こすような食品や，果汁などの品質保持に使われる。
主な用途：酵素（酸化還元酵素）
使用基準：なし
成分規格：第9版食品添加物公定書
安　全　性：ＦＡＯ／ＷＨＯ　ＡＤＩ 特定せず
表示方法：簡略名なし，一括名「酵素」の範囲，工程中で失活すれば加工助剤

グルコノデルタラクトン（指定）

（別名　グルコノラクトン）

英　　　名：Glucono-σ-Lactone
概　　　要：グルコノデルタラクトンとグルコン酸は，本質的には同じ物質である。グルコン酸には，高濃度になると分子内で環状化してグルコノデルタラクトン（ＧＤＬ）になり，結晶化する性質がある。ＧＤＬは，この性質を利用してグルコン酸の水溶液を濃縮して析出したＧＤＬを取りだし，精製して得られる。
　このＧＤＬは，水に溶けて徐々にグルコン酸に戻る性質がある。食品添加物としては，使いやすい結晶性の粉末状のＧＤＬが，一般的に使用されている。その主要用途は，豆腐用の凝固剤であり，また，膨脹剤の酸性成分としての使用も大きい。そのほかには，一般的な酸味料およびpH調整剤としての使用がある。
主な用途：豆腐用凝固剤，膨張剤（酸成分），酸味料，pH調整剤ほか
成分規格：第9版食品添加物公定書
使用基準：なし
安　全　性：ＦＡＯ／ＷＨＯ　ＡＤＩ 特定せず（グルコン酸塩類とグループＡＤＩ）
表示方法：簡略名なし，一括名「豆腐用凝固剤」，「膨脹剤」および「酸味料」と「pH調整剤」の範囲
付　　　記：ＦＡＯ／ＷＨＯ　ＩＮＳ575
　　　　　　米国　§184.1318（ＧＲＡＳ確認物質）
　　　　　　ＥＵ　Ｅ575

グルコン酸 （指定）

（別名　グルコン酸液）

英　　名：Gluconic Acid

概　　要：グルコン酸は，ブドウ糖（グルコース）の酸化生成物であり，天然系の有機酸ということもできる。しかし，動植物中にはあまり存在しない。製法は，ブドウ糖を酸化して得られるグルコン酸を精製する。酸化の方法には，化学的な方法と，発酵法がある。

　グルコン酸には，高濃度になると分子内で環状化してグルコノデルタラクトン（ＧＤＬ）になり，結晶化する性質があるが，このＧＤＬは，水に溶けて徐々にグルコン酸に戻る。食品添加物のグルコン酸は，グルコン酸とグルコノデルタラクトンが平衡状態にある水溶液（グルコン酸含量50 ～ 52％）であり，グルコン酸液ともいう。液状のため，酸剤としての用途は少なく，酸味料およびpH調整剤として使用される。

主な用途：酸味料，pH調整剤

成分規格：第9版食品添加物公定書

使用基準：なし

安　全　性：ＦＡＯ／ＷＨＯ グルコン酸のＡＤＩ（グルコン酸とその塩類）0 ～ 50mg/kg

表示方法：簡略名なし，一括名「酸味料」および「pH調整剤」の範囲

グルコン酸亜鉛 （指定）

（指定名称　亜鉛塩類（グルコン酸亜鉛））

英　　名：Zinc Gluconate

概　　要：グルコン酸亜鉛は，グルコン酸を塩基性の炭酸亜鉛などと反応させて得られる亜鉛塩で，白色の粉末である。

　乳児用調製粉乳，調製液状乳には，微量必須元素である亜鉛塩が不足しがちなため，硫酸亜鉛と共に「亜鉛塩類」として指定された。

　乳幼児用の母乳代替食品（調製粉乳，調製液状乳など）および保健機能食品に，亜鉛強化の目的で添加される。

用　　途：強化剤（亜鉛の強化）

使用基準：母乳代替食品，特定保健用食品，栄養機能食品，量的な規制あり

成分規格：第9版食品添加物公定書

安　全　性：食品安全委員会 ＡＤＩ　0.63mg/kg（亜鉛として）

表示方法：強化の目的で使用した場合の表示は免除される（免除にならない食品もある）

付　　記：米国　§182.5988　182.8988

→ 亜鉛塩類，硫酸亜鉛

グルコン酸カリウム （指定）

英　　名：Potassium Gluconate

概　　要：グルコン酸カリウムは，グルコン酸をカリウム塩と中和反応させることによって得られる，通常は白色のにおいのない結晶性の粉末である。

　　グルコン酸カリウムは，ナトリウム塩と共に，各種の食品への添加効果試験の結果が報告されている。特徴的な使い方としては，減塩みそにおける発酵の維持と味のバランスへの効果がある。

主な用途：調味料，酸味料，pH調整剤など

使用基準：なし

成分規格：第9版食品添加物公定書

安 全 性：FAO／WHO　ADI特定せず　→　グルコノデルタラク／ン

表示方法：簡略名　グルコン酸K，一括名「調味料」，「酸味料」，「pH調整剤」，「イーストフード」および「乳化剤」（プロセスチーズなどに限る）の範囲

付　　記：FAO／WHO　INS577
米国　FCC規格あり
EU　E577

グルコン酸カルシウム （指定）

英　　名：Calcium Gluconate

概　　要：グルコン酸カルシウムは，グルコン酸を炭酸カルシウムなどと反応させて得られるグルコン酸のカルシウム塩で，味のない白色の粉末である。

　　栄養強化（カルシウムの補強）の目的以外には使用できないため，使用に関しては注意が必要である。

用　　途：強化剤（カルシウムの強化，栄養強化の目的のみに使用可能）

使用基準：栄養強化の目的に限る，量的な基準あり（カルシウムとして1.0％以下）

成分規格：第9版食品添加物公定書

安 全 性：FAO／WHO ADI特定せず　→　グルコノデルタラクトン

表示方法：簡略名　グルコン酸Ca　栄養強化の目的で使用した場合の表示は免除される（免除にならない食品もある。）

付　　記：FAO／WHO　INS578
米国　§184.1199（GRAS確認物質）
EU　E578

グルコン酸第一鉄 （指定）

（別名　グルコン酸鉄）

英　　名：Ferrous Gluconate

概　　要：グルコン酸鉄は，グルコン酸またはその塩類を，硫酸鉄などと反応させて得られる鉄塩で，黄灰〜緑黄色の粉末または結晶となっている。
　オリーブには色調を安定させる目的で使用されるほか，粉ミルクのような母乳代替食品などで鉄分の強化を目的として使用されている。
主な用途：呈色安定剤，強化剤（鉄の強化）
使用基準：オリーブ，母乳代替食品，離乳食品，妊産婦・授乳婦用粉乳
成分規格：第9版食品添加物公定書
安　全　性：日本人の食事摂取基準において，鉄としての推奨量および耐用上限量が定められている。
　　　　　（参考）→　グルコノデルタラクトン，グルコン酸
表示方法：簡略名なし　栄養強化の目的で使用した場合の表示は免除される（免除にならない食品もある）
付　　記：米国　§73.160，184.1308（ＧＲＡＳ確認物質）
　　　　　ＥＵ　　Ｅ579

グルコン酸銅（指定）

（指定名称　銅塩類（グルコン酸銅））
英　　名：Copper Gluconate
概　　要：グルコン酸銅は，グルコン酸を塩基性の炭酸銅などと反応させて得られる銅塩で，淡青色の粉末である。
　乳児用調製粉乳，調製液状乳には，微量必須元素である銅塩が不足しがちなため，不足分の補塡・強化の目的で，硫酸銅と共に「銅塩類」として指定された。
　乳幼児用の母乳代替食品（調製粉乳，調製液状乳など）および保健機能食品に，銅の強化の目的で使用される。
用　　途：強化剤（銅の強化）
使用基準：母乳代替食品，特定保健用食品，栄養機能食品，量的な規制あり
成分規格：第9版食品添加物公定書
安　全　性：食品安全委員会が設定した許容上限摂取量（ＵＬ）銅として9mg/ヒト/日→　グルコノデルタラクトン，グルコン酸
表示方法：簡略名なし，栄養強化の目的で使用した場合の表示は免除される（免除にならない食品もある）
付　　記：米国　§182.5260，
→　銅塩類，硫酸銅

グルコン酸ナトリウム（指定）

英　　名：Sodium Gluconate
概　　要：グルコン酸ナトリウムは，グルコン酸発酵工程で生成するグルコン酸ナトリウムを精製することによって得られる。グルコン酸の代表的な塩である。

食品に対しては減塩効果に関する使用報告が多い。

主な用途：調味料，酸味料，pH調整剤など

使用基準：なし

成分規格：第9版食品添加物公定書

安 全 性：ＦＡＯ／ＷＨＯ ＡＤＩ 特定せず → グルコノデルタラクトン

表示方法：簡略名　グルコン酸Na，一括名「調味料」，「酸味料」，「pH調整剤」，「イーストフード」および「乳化剤」（プロセスチーズなどに限る）の範囲

付　　　記：ＦＡＯ／ＷＨＯ　ＩＮＳ576
米国　§182.6757
ＥＵ　Ｅ576

グルタミナーゼ（既存）

英　　名：Glutaminase

概　　要：L－グルタミンのアミドを加水分解してグルタミン酸を生成する機能を持つ酵素である。特定の枯草菌，糸状菌または酵母の培養液より，水で抽出して得られたもの，濃縮したもの，またはエタノール含水エタノール，またはアセトンで処理して得られたもの，もしくは硫酸アンモニウムで分画した後，脱塩して製造される。

食品の改質に使われる。

主な用途：酵素（加水分解酵素）

使用基準：なし

成分規格：第9版食品添加物公定書

安 全 性：平成8年度厚生科学研究報告書において安全性に問題ないとされている

表示方法：簡略名 アミダーゼ，一括名「酵素」の範囲，工程中で失活すれば加工助剤

グルタミルバリルグリシン（指定）

英　　名：Glutamyl-valyl-glycine　L-γ-Glutamyl-L-valyl-glycine

概　　要：アミノ酸のL－グルタミン酸，L－バリン，グリシンからなるトリペプチドであり，y－グルタミル構造（グルタミン酸のy位のカルボキシル甚とアミノ酸のアミノ基がペプチド結合した構造）を有しており，強いコク味付与機能を持つことから，スープ，スナック，アイスクリーム類，チーズやヨーグルトなどさまざまな食品に利用される。

主な用途：調味料（コク味の付与）

使用基準：なし

成分規格：第9版食品添加物公定書

グルタミンサン　121

安　全　性：食品安全委員会　ＡＤＩ　特定せず
表示方法：一括名「調味料（アミノ酸）」の範囲

L－グルタミン （既存）

英　　名：L-Glutamine
概　　要：グルタミンは，自然界，特にカボチャ，ヒマワリなどをはじめとする植物中に，広く存在するアミノ酸である。生体内では，血中筋中に多く含まれ，体内で生合成される非必須アミノ酸である。体内でのアンモニアの固定，解毒に寄与するなどの生理作用もある。
　食品添加物としては，糖類を原料とした発酵法を用いて生成したグルタミンを分離精製して得られる白色の結晶または粉末が使用される。
　独特の甘味とうま味があるため味の改善に用いられたり，アミノ酸バランスを取るための強化目的などで使用される。
主な用途：調味料，強化剤（アミノ酸バランス）
使用基準：なし
成分規格：第9版食品添加物公定書
安　全　性：ＦＡＯ／ＷＨＯ　ＡＤＩ　Acceptable
表示方法：簡略名 グルタミン，一括名「調味料（アミノ酸）」の範囲 栄養強化の目的で使用した場合の表示は免除される（免除にならない食品もある）。
付　　記：米国　§172.320（アミノ酸）

L－グルタミン酸 （指定）

英　　名：L-Glutamic Acid
概　　要：L－グルタミン酸は，たん白質を構成する主要なアミノ酸の一つとして広く食品に常在している。しかし，L－グルタミン酸は，水に溶けにくく，また感じられる味も弱いため，通常は，ナトリウム塩にして使用されている。
　L－グルタミン酸は，サトウキビなどの糖質を原料として発酵法により粗製のL－グルタミン酸を得て，精製して作られている。
主な用途：調味料
使用基準：なし
成分規格：第9版食品添加物公定書，ＦＡＯ／ＷＨＯ規格
安　全　性：食品安全委員会では，L－グルタミン酸アンモニウムの評価の際に，L－グルタミン酸とその塩類に対して，安全性に懸念を生じさせる特段の毒性影響が認められないと評価　ＦＡＯ／ＷＨＯ　グループＡＤＩ（L－グルタミン酸とそのアンモニウム・カルシウム・ナトリウム・カリウム・マグネシウム塩）特定せず
表示方法：簡略名 グルタミン酸，一括名「調味料（アミノ酸）」の範囲

付　記：ＦＡＯ／ＷＨＯ　ＩＮＳ620
　　　　ＥＵ　Ｅ620

Ｌ－グルタミン酸アンモニウム（指定）

英　名：Monoammonium L-Glutamate
概　要：グルタミン酸アンモニウムは，グルタミン酸をアンモニア水などと反応させてアンモニウム塩にしたものである。
　国際的に汎用されている食品添加物として新たな指定が検討されている。アンモニウム塩は，ナトリウム塩と同様の使用が考えられる。
主な用途：調味料
使用基準：なし
成分規格：食品，添加物などの規格基準
安　全　性：食品安全委員会　ＡＤＩ　特定せず
表示方法：簡略名 グルタミン酸アンモニウム
付　記：ＦＡＯ／ＷＨＯ　ＩＮＳ624
　　　　米国　§182.1500
　　　　ＥＵ　Ｅ624

Ｌ－グルタミン酸カリウム（指定）

英　名：Monopotassium L-Glutamate
概　要：グルタミン酸カリウムは，グルタミン酸を水酸化カリウムなどのカリウム化合物と反応させてカリウム塩にしたものである。使用に当たっての規制はないが，使い過ぎると味に悪影響が出るため，使用量は必然的に制限される。
　カリウム塩は，カルシウム塩およびマグネシウム塩と共に，食品に応じて使い分けられる。
主な用途：調味料
使用基準：なし
成分規格：第9版食品添加物公定書
安　全　性：→ Ｌ－グルタミン酸
表示方法：簡略名 グルタミン酸K，グルタミン酸カリウム
付　記：ＦＡＯ／ＷＨＯ　ＩＮＳ622
　　　　米国　§172.320（アミノ酸）　§182.1516
　　　　ＥＵ　Ｅ622

Ｌ－グルタミン酸カルシウム（指定）

英　名：Monocalcium Di-L-Glutamate
概　要：グルタミン酸カルシウムは，グルタミン酸を水酸化カルシウムなどのカルシウム化合物と反応させてカルシウム塩にしたものである。

カルシウム塩は，カリウム塩およびマグネシウム塩と共に，食品に応じて使い分けられる。

主な用途：調味料，強化剤（カルシウムの強化）
使用基準：量的な使用基準がある（カルシウムとして1.0％以下）。
成分規格：第9版食品添加物公定書
安 全 性：→ L－グルタミン酸
表示方法：簡略名 グルタミン酸Ca，グルタミン酸カルシウム
付　　記：ＦＡＯ／ＷＨＯ　ＩＮＳ623
　　　　　　ＥＵ　　Ｅ623

L－グルタミン酸ナトリウム（指定）

（別名　グルタミン酸ソーダ）
英　　名：Monosodium L-Glutamate
概　　要：グルタミン酸ナトリウムは，強いうま味を持つアミノ酸（ナトリウム塩）としてよく知られている。また，調味料としての食品添加物の代名詞的な存在にもなっている。家庭の調理場や食卓に置かれているうま味調味料の主成分でもある。

L－グルタミン酸は，たん白質を構成する主要なアミノ酸の一つとして広く食品に 常在しているものである。しかし，L－グルタミン酸は，水に溶けにくく，また感じられるうま味も弱いため，通常は，ナトリウム塩にして使用される。

L－グルタミン酸ナトリウムは，サトウキビなどの糖質を原料として発酵法により粗 製のグルタミン酸を得て，これをナトリウム塩にして精製して得られる。

グルタミン酸ナトリウムは，各種の食品に，コンブだしのうま味をつける呈味の目的で使用されている。

主な用途：調味料
使用基準：なし
成分規格：第9版食品添加物公定書
安 全 性：→ L－グルタミン酸
表示方法：簡略名 グルタミン酸Na，グルタミン酸ナトリウム，一括名「調味料（アミノ酸)」の範囲
付　　記：ＦＡＯ／ＷＨＯ　ＩＮＳ621
　　　　　　米国　§172.320（アミノ酸のNa塩)，§182.1（ＧＲＡＳ物質）
　　　　　　ＥＵ　　Ｅ621

L－グルタミン酸マグネシウム（指定）

英　　名：Monomagnesium Di-L-Glutamate
概　　要：グルタミン酸マグネシウムは，グルタミン酸と水酸化マグネシウムなどのマグネシウム塩とを反応させて得られる。

124　グルテン

マグネシウム塩は，カルシウム塩およびカリウム塩と共に，食品に応じて使い分けられる。

主な用途：調味料
使用基準：なし
成分規格：第9版食品添加物公定書
安　全　性：→　L－グルタミン酸
表示方法：物質名で表示，簡略名 グルタミン酸Mg，グルタミン酸マグネシウム
付　　　記：ＦＡＯ／ＷＨＯ　ＩＮＳ625
　　　　　　　ＥＵ　Ｅ625

グルテン（一般飲食物添加物）

英　　名：Gluten
概　　要：小麦たん白質で，小麦を原料として製造される。成分はグリアジンとグルテニンがほぼ等量含まれる。増粘安定剤として使用される。
主な用途：通常は食品，増粘安定剤目的に使用の場合，添加物扱いとなる
使用基準：なし
表示方法：→　グァーガム

グルテン分解物（一般飲食物添加物）

英　　名：Gluten Decomposites
概　　要：『グルテン』を加水分解して製造される。増粘安定剤目的に使用の場合，添加物扱いとなる。
主な用途：増粘安定剤
使用基準：なし
表示方法：→　グァーガム

グレープフルーツ種子抽出物（既存）

英　　名：Grapefruit Seed Extract
概　　要：グレープフルーツの種子より製造され，主成分は脂肪酸とフラボノイドである。微生物の増殖を抑える効果があるため，日持向上剤として使われる。
主な用途：製造用剤（日持向上剤）
使用基準：なし
表示方法：簡略名 グレープフルーツ種子

クーロー色素（既存）　第4次消除予定品目

（別名　ソメモノイモ色素）
英　　名：Kooroo Color
概　　要：ソメモノイモは，沖縄や台湾などに産するヤマノイモ科のイモで，

クロレラマツ 125

クーローとも呼ばれている。クーロー色素は，このソメモノイモの地下茎（根）から製造される。主色素成分はフラボノイド系で，水溶液は赤褐色を呈する。

主な用途：着色料

使用基準：こんぶ類，食肉，鮮魚介類（鯨肉 を含む），茶，のり類，豆類，野菜，わかめ類には，使用できない。

表示方法：用途名「着色料」併記，または「色素」名で表示，簡略名 フラボノイド（色素）

付　　記：日本食品添加物協会自主規格あり

クローブ抽出物 （既存）
（別名　チョウジ抽出物）

英　　名：Clove Extract

概　　要：クローブは，フトモモ科の植物でマダガスカル島などに生育する。チョウジ（丁子）とも呼ばれ，このエキス（精油）である丁子油は，香辛料や生薬として使われてきた。

　クローブ抽出物は，チョウジの花のつぼみ，葉または花から製造され，オイゲノールを主成分とする。

主な用途：酸化防止剤

使用基準：なし

表示方法：用途名「酸化防止剤」併記，簡略名 チョウジ油

付　　記：米国　184.1257（ＧＲＡＳ確認物質）
　　　　　　日本食品添加物協会自主規格あり

クロレラ抽出液 （一般飲食物添加物）

英　　名：Chlorella Extract

概　　要：クロレラは，淡水産の緑藻で，健康食品として使われることもあり中国をはじめとする各地で培養されている。クロレラ抽出物は，クロレラから，抽出して製造される。

主な用途：調味料，製造用剤

使用基準：なし

表示方法：簡略名 クロレラエキス，（注）一括名「調味料」の範囲外

クロレラ末 （一般飲食物添加物）

英　　名：Chlorella Powder

概　　要：クロレラは，淡水産の緑藻で，健康食品として使われることもあり，中国をはじめとする各地で栽培されている。クロレラ末は，クロレラを乾燥し，粉末化したもので，緑色の着色に使われる。着色料目的に使用の場合，添加物扱いとなる。

126 クロロフィリン

主な用途：着色料
使用基準：→ クランベリー色素
表示方法：用途名「着色料」併記，簡略名なし

クロロフィリン （既存）

英　名：Chlorophylline
概　要：クロロフィリンは，植物の葉などの緑色を示す色素「葉緑素」の構成成分クロロフィル類の分解生成物である。食品添加物として使われるクロロフィリンは，原葉を処理して得られたクロロフィルを，アルカリ性のエタノールなどで加水分解し，中和，抽出の工程を経て 製造されたもので，主成分は，原葉中のマグネシウムと結合したクロロフィリンMg塩である。このクロロフィリンは，アルカリ性 では安定だが，酸性では褐変し，不安定である。
　着色の目的で，魚肉練製品，めん類などに使われる。
主な用途：着色料
使用基準：こんぶ類，食肉，鮮魚介類（鯨肉を含む），茶，のり類，豆類，野菜，わかめ類には，使用できない
安 全 性：平成8年度厚生科学研究報告書において安全性に問題ないとされている
表示方法：用途名「着色料」併記，簡略名 葉緑素

クロロフィル （既存）

英　名：Chlorophyll
概　要：クロロフィルは，葉緑素ともいわれる植物の葉などが緑色を示す色素で，その成分は数種のクロロフィル類からなる。食品添加物のクロロフィルは，クロレラ，ホウレンソウ，コンフリー，スピルリナなどの色素成分を多く含む緑色植物から，抽出して得られる。主成分はクロロフィル類で，緑色を呈する。中性～アルカリ性では安定だが，酸性や光には不安定である。
　クロロフィルを使いやすくするために鉄または銅と結合させたり，水溶性を与えるためにナトリウム塩にしたものが使われることもある（指定添加物となる）。
　着色の目的で，キャンディーなどのあめ類，チューインガム，その他の菓子類，魚肉練製品，めん類などに使われている。
使用基準：こんぶ類，食肉，鮮魚介類（鯨肉を含む），茶，のり類，豆類，野菜，わかめ類には，使用できない
成分規格：第9版食品添加物公定書
安 全 性：ＦＡＯ／ＷＨＯ　ＡＤＩ 葉緑素：制限せず
表示方法：用途名「着色料」併記，簡略名 葉緑素
付　記：ＦＡＯ／ＷＨＯ　ＩＮＳ140
　　　　　ＥＵ　Ｅ140

ケイサンカルシ　127

くん液 （既存）

英　　名：Smoke Flavourings

概　　要：くん液には①木酢液と②リキッドスモークがある。木酢液は，サトウキビ，竹，トウモロコシ，木材を乾留して得られた乾留液から精製したものであり，リキッドスモークは，木材などを一定の空気条件の下で不完全燃焼させて，発生した煙を凝結または水で補集したものである。いずれも主成分は酢酸で，ほかにアルコール，エステル，アルデヒド，ケトンなど多種の成分を含んでおり，pHが2.0 〜 3.0の淡黄〜赤褐色の液体または粉体で，くん香がある。

　くん煙しないでも，くん香を付けることができるので，畜肉，水産加工品などの調味などに使われる。

主な用途：製造用剤（くん香の付与，調味）

使用基準：なし

成分規格：ＦＡＯ／ＷＨＯ規格

安　全　性：ＦＡＯ／ＷＨＯ　ＡＤＩ暫定的承認

表示方法：簡略名なし

付　　記：日本食品添加物協会自主規格あり

ケイ酸カルシウム （指定）

英　　名：Calcium Silicate

概　　要：酸化カルシウムと二酸化ケイ素の結合体であり，その結合の仕方はさまざまであり，オルトケイ酸カルシウム，メタケイ酸カルシウムおよびケイ酸三カルシウムなどがある。工業的には，酸化カルシウムと二酸化ケイ素を高温で焼成することによって得られる。ケイ酸カルシウムは，世界的に使用されているケイ酸塩系の固結防止剤の1種である。

　国際的に汎用されている食品添加物であるケイ酸塩類4品目のうち，先行して2008年に指定されたものである。なお，カルシウムとしての栄養強化の目的での使用は想定されていない。

使用基準：母乳代替食品及び離乳食に使用してはならない。量的な基準あり（2.0％以下（特定保健用食品・栄養機能食品のカプセル・錠剤は量的基準なし，二酸化ケイ素と併用時の規定あり））

成分規格：第9版食品添加物公定書せず

付　　記：ＦＡＯ／ＷＨＯ　ＩＮＳ120

　　　　　米国　§182.2227

　　　　　ＥＵ　Ｅ552

→　二酸化ケイ素

ケイ酸マグネシウム（指定）

英　　名：Magnessium Silicate

概　　要：酸化マグネシウムと二酸化ケイ素の結合体であり，その結合の仕方はさまざまであり，オルトケイ酸マグネシウム，メタケイ酸マグネシウムおよび三ケイ酸マグネシウムなどがあり，成分規格が設定されている既存添加物タルク（滑石）もケイ酸マグネシウムの1種である。自然界にはほかに，苦土かんらん石，ジャモン石などとしても存在する。

　国際的に汎用されている食品添加物として，指定された。

使用基準：油脂のろ過助剤に限られ最終食品の完成前に除去する

成分規格：第9版食品添加物公定書

安 全 性：食品安全委員会ＡＤＩ　0.3mg/kg

付　　記：ＦＡＯ／ＷＨＯ　ＩＮＳ553（i）

　　　　　米国　§182.2437

　　　　　ＥＵ　Ｅ553（i）

ケイソウ土（既存）

英　　名：Diatomaceous Earth

概　　要：鉱床より採掘した珪藻土を原料として，粉砕し，400 ～ 800℃で乾燥したもの（乾燥品），800 ～ 1200℃で焼成したもの（焼成品），少量の炭酸アルカリ塩を加えて800 ～ 1200℃で焼成したもの（融剤焼成品）がある。

　主成分はケイソウ由来の微細な多孔質シリカで，ろ過助剤として使用されるが，高温焼成することで，ろ過速度が増大する。

　かつては製糖工業に用いられていたが，現在はビール製造時をはじめ，清酒その他の液体食品のろ過助剤としてよく使われている。

主な用途：製造用剤（ろ過助剤など）

使用基準：不溶性鉱物性物質としての使用基準あり（食品製造上必要不可欠の場合に限定，最大残存量0.50％）

成分規格：第9版食品添加物公定書

安 全 性：平成8年度厚生科学研究報告書において安全性に問題ないとされている

表示方法：ろ過助剤としては加工助剤，簡略名 不溶性鉱物性物質

付　　記：米国　§182.90

ケイ皮酸（指定）

英　　名：Cinnamic Acid

概　　要：天然にはケイ皮油などの精油中に含まれる。合成法で作られ，白色結晶性粉末で特有の香気を有する。シンナモン，スパイス類，チェリーなどのフレーバーとして使用される。

主な用途：香料
使用基準：着香の目的に限る。
成分規格：第9版食品添加物公定書
表示方法：簡略名なし，一括名「香料」の範囲
付　　記：米国　§172.515

ケイ皮酸エチル （指定）

英　　名：Ethyl Cinnamate
概　　要：天然には古くスチラックス精油中に発見され，その後イチゴ，グァバなどの果実や清酒中にも見いだされている。合成法で作られ，無～淡黄色の液体で，特有の香気を有する。果実フレーバーとして使われる。
主な用途：香料
使用基準：着香の目的に限る
成分規格：第9版食品添加物公定書
表示方法：簡略名なし，一括名「香料」の範囲
付　　記：米国　§172.515

ケイ皮酸メチル （指定）

英　　名：Methyl Cinnamate
概　　要：天然にはまつたけより見いだされ，イチゴやきのこにも含まれる。合成法で作られ，白色の粉末で，まつたけ様の特有の香気を有する。果実フレーバーまたは松茸フレーバーとして使用される。
主な用途：香料
使用基準：着香の目的に限る
成分規格：第9版食品添加物公定書
表示方法：簡略名なし，一括名「香料」の範囲
付　　記：米国　§172.515,

ケトン類 （指定）

英　　名：Ketones
概　　要：合成法で作られた，香料の目的だけで使用されるケトン類を指す。
主な用途：香料
使用基準：着香の目的に限る
表示方法：簡略名なし，一括名「香料」の範囲

ゲラニオール （指定）

英　　名：Geraniol
概　　要：天然にはパルマローザ油，ローズ油，シトロネラ油，ラベンダー油な

ど多くの精油中に存在する。天然のシトロネラ油より分留する方法と合成法で作る方法がある。無～淡黄色の液体で，特有の香気を有する。

ローズ系フレーバーの主体として多量に用いられる。

主な用途：香料
使用基準：着香の目的に限る
成分規格：第9版食品添加物公定書
表示方法：簡略名なし，一括名「香料」の範囲
付　　記：米国　§182.60

ゲンチアナ抽出物 (既存)

英　　名：Gentian Root Extract
概　　要：ゲンチアナは，ヨーロッパ中南部に自生する亜高山性のリンドウ科の多年草で，その根茎は竜胆と呼ばれ苦味のある生薬として使われてきたものである。ゲンチアナ抽出物は，ゲンチアナの根および根茎から，水またはエタノールで抽出される成分で，有効成分はアマログンチンとゲンチオピクロシドを主成分とする。黄褐色の液体で，特異なにおいがあり，初めに甘味を感じた後，強い苦味を呈する性質がある。呈味の特性を活かしてカクテルの苦味付けや味にアクセントを付ける目的の料理などで使われている。
主な用途：苦味料
使用基準：なし
安 全 性：平成8年度厚生科学研究報告書において安全性に問題ないとされている
表示方法：簡略名なし，一括名「苦味料」の範囲
付　　記：米国　§172.510（天然フレーバー物質）
　　　　　　EU　フレーバーリストにあり

高級脂肪酸 (既存)

英　　名：Higher Fatty Acid
概　　要：動植物性油脂，またはその硬化油脂を加水分解して得られた，炭素数8～22の飽和または不飽和の脂肪酸である。主にカプリル酸，カプリン酸，ラウリン酸，ミリスチン酸，パルミチン酸，ステアリン酸，ベヘニン酸，オレイン酸などである。

錠菓の賦形剤，滑沢剤，食品製造時の離型剤，消泡剤，食品添加物の原料などに使われる。

主な用途：製造用剤（滑沢剤，離型剤，消泡剤など）
使用基準：なし
安 全 性：平成8年度厚生科学研究報告書において安全性に問題ないとされている

表示方法：簡略名 脂肪酸
付　　記：米国　§172.860

EU　E570

指定添加物に「脂肪酸類」があるが，これは着香の目的以外に使用できないため，これと区別するため「高級脂肪酸」として名簿に収載された。高級脂肪酸のうち，ステアリン酸に関しては日本食品添加物協会自主規格がある

香辛料抽出物 （既存）

（別名　スパイス抽出物）
英　　名：Spice Extracts
概　　要：香辛料には，ショウガ，コショウ，トウガラシ，ワサビなどや，カレーのスパイス類，西洋料理に使われるスパイス類やハーブ類がある。

食品添加物でいう「香辛料抽出物」とは，このような香辛料類から抽出または，水蒸気蒸留により製造される。原料に使用される香辛料・香辛野菜類として，現在，75種類（このうちチャービルについては第4次消除予定品目）が認められている。これらは，一括して「香辛料抽出物」あるいは「スパイス抽出物」と呼び，原料の香辛料名を冠して呼ぶことはない。「ウコン色素」のように着色料として使われるもの，「セイヨウワサビ抽出物」のように酸化防止剤・製造用剤として製造されたもの，「ショウガ抽出物」のように製造用剤として製造されたものなどは，香辛料抽出物としては扱われないので，注意する必要がある。

一般的には，原料と同種の香辛料類の香辛味を増強するために加えられるが，香辛料抽物だけで使われる場合もある。
使用基準：なし
表示方法：簡略名 香辛料，スパイス

合成膨張剤 （成分規格が設定された添加物製剤）

英　　名：Baking Powder
概　　要：パン類やケーキ類を膨らませる方法としては，イースト菌の発酵で発生する二酸化炭素による方法と，炭酸水素ナトリウム，炭酸アンモニウム，塩化アンモニウムなどのガス発生剤と酸剤を組み合わせて，加熱によりガスを発生させる方法があり後者を「合成膨張剤」と呼んで，成分規格が定められている。膨張剤には，二酸化炭素を発生させるために，炭酸塩と酸をあらかじめ配合した「一剤式膨張剤」と，炭酸塩類と酸を別々にした「二剤式膨張剤」のほか，アンモニアを発生させる「アンモニア式膨張剤」の3種類がある。現在は，一剤式膨張剤が広く使われ，アンモニア式膨張剤は，アンモニア臭が残る場合があるのであまり使用されていない。また膨張剤には速効性，遅効性，持続性のものがある。速効性は蒸しパンなど比較的低温で多量のガスを発生する必要があるものに，遅

効性はホットケーキなど比較的高温で短時間の加熱で焼き上げるものに，持続性
はスポンジケーキなど長時間かけてゆっくり焼き上げるものに使われる。
主な用途：膨張剤
使用基準：なし（配合成分の使用基準が適用される）
成分規格：第9版食品添加物公定書
表示方法：一括名「膨脹剤」，「膨張剤」，「ベーキングパウダー」，「ふくらし粉」
　　　　　のいずれかを表示
→ 用語編「膨張剤」

酵素処理イソクエルシトリン （既存）
（別名　糖転移イソクエルシトリン）
英　　名：Enzymatically Modified Isoquercitrin
概　　要：既存添加物名簿収載のイソクエルシトリンを主成分とする「ルチン酵
素分解物」を原料とし，これをデンプンまたはデキストリンと混合してシクロデ
キストリングルコシルトランスフェラーゼで酵素処理すると，イソクエルシトリ
ンにグルコースが付加したグルコシルイソクエルシトリンを主成分とする糖付加
物として製造される。これが酵素処理イソクエルシトリンであり，水に難溶なイ
ソクエルシトリンが水溶性になる。
主な用途：酸化防止剤
使用基準：なし
成分規格：第9版食品添加物公定書
表示方法：用途名「酸化防止剤」併記，簡略名 酵素処理ルチン，糖転移ルチン
→ ルチン酵素分解物，ルチン（抽出物），酵素処理ルチン（抽出物）

酵素処理ナリンジン （既存）
（別名　糖転移ナリンジン）
英　　名：Enzymatically Modified Naringin
概　　要：ナリンジンは，グレープフルーツや夏みかんなどの柑橘類の果皮に含
まれる苦味成分である。このナリンジンをデキストリンと混合し，シクロデキス
トリングルコシルトランスフェラーゼで酵素処理してナリンジンにグルコースが
付加したグルコシルナリンジンを生成させて製造される。
主な用途：苦味料
使用基準：なし
表示方法：簡略名 ナリンジン，一括名「苦味料」の範囲
付　　記：日本食品添加物協会自主規格あり
→ ナリンジン

酵素処理ヘスペリジン （既存）

（別名　糖転移ヘスペリジン，糖転移ビタミンP）

英　　名：Enzymatically Modified Hesperidin

概　　要：ヘスペリジンは，ビタミン様の作用があるフラボノイドであり，柑橘
類から抽出して製造される。

　酵素処理ヘスペリジンは，このヘスペリジンをグルコースと混合し，シクロデ
キストリングルコシルトランスフェラーゼで酵素処理してヘスペリジンにグル
コースを付加させて製造される。

主な用途：強化剤（ビタミンP作用）

使用基準：なし

成分規格：第9版食品添加物公定書

表示方法：簡略名 ヘスペリジン　栄養強化の目的で使用した場合の表示は免除
　　　　　　される（免除にならない食品もある）

→　ヘスペリジン，メチルヘスペリジン

酵素処理ルチン （抽出物）（既存）

（別名　糖転移ルチン（抽出物））

英　　名：Enzymatically Modified Rutin（Extract）

概　　要：ルチンは，ソバや小豆，豆科のエンジュなどに含まれる成分で，酸化
防止作用がある。このルチンにデンプンまたはデキストリンを混合し，シクロデ
キストリングルコシルトランスフェラーゼで酵素処理すると，ルチンにグルコー
スが付加したグルコシルルチンを主成分とするルチンの糖付加物を生ずる。これ
が酵素処理ルチンであり，水に難溶なルチンが水溶性になる。

　食品添加物としては，「ルチン（抽出物）」を原料として製造される。

主な用途：酸化防止剤

使用基準：なし

表示方法：用途名「酸化防止剤」併記，簡略名 酵素処理ルチン，糖転移ルチン

付　　記：日本食品添加物協会自主規格あり

→　ルチン

酵素処理レシチン （既存）

英　　名：Enzymatically modified lecithin

概　　要：『植物レシチン』または『卵黄レシチン』とグリセリンの混合物を酵
素（ホスホリパーゼD）で処理し，生成したホスファチジン酸に水溶性のグリセ
リンを付加させて製造される。主成分はホスファチジルグリセロールである。通
常のレシチンに比し水溶性が著しく向上し，食塩，カルシウムの濃度の高い溶液，
また低pH領域でも優れた乳化力を持っている。植物（卵黄）レシチンの改良品
でもある。

主な用途：乳化剤
使用基準：なし
表示方法：簡略名 レシチン，一括名「乳化剤」の範囲
付　　記：日本食品添加物協会自主規格あり
→ 植物レシチン

酵素分解カンゾウ （既存）

英　　名：Enzymatically Hydrolyzed Licorice Extract
概　　要：酵素分解カンゾウは，甘草からの甘味の抽出物である「カンゾウ抽出物」を，β－グルクロニダーゼを作用させて酵素分解し，グルクロン酸基を１つ外して得られた，グリチルリチンモノグルクロナイドを主成分とする白～淡黄色の粉末で，持続性の強い甘味（砂糖の約1000倍，グリチルリチンの約5倍）を持つ。
主な用途：甘味料
使用基準：なし
成分規格：第9版食品添加物公定書
表示方法：用途名「甘味料」併記，簡略名 カンゾウ
→ カンゾウ抽出物，グリチルリチン酸二ナトリウム

酵素分解リンゴ抽出物 （既存）

英　　名：Enzymatically Decomposed Apple Extract
概　　要：ポリフェノール類には酸化防止の作用があるが，リンゴの未熟果実には，ポリフェノール類が多量に含まれている。この未熟リンゴを破砕，圧搾し，ペクチン分解酵素で処理して清澄にした果汁から，ポリフェノール類を分取したものが，「酵素処理リンゴ抽出物」である。
主な用途：酸化防止剤
使用基準：なし
表示方法：用途名「酸化防止剤」併記，簡略名 リンゴ抽出物，リンゴエキス

酵素分解レシチン （既存）

英　　名：Enzymatically decomposed lecithin
概　　要：「植物レシチン」または「卵黄レシチン」を水またはアルカリ水溶液でpHを調整したのち，酵素分解して得られたもの，またはこれをエタノール，イソプロピルアルコール，アセトンで抽出して得られたものである。卵黄から直接製造されることもある。主成分はリゾレシチン，ホスファチジン酸である。なお，レシチンを酵素（ホスホリパーゼA2）で処理すると，β位のエステルが加水分解してリゾレシチンとなり，酵素（ホスホリパーゼD）で処理するとホスファチジン酸が生成する。白～褐色の粉末，粒，または淡黄～暗褐色の粘稠な液

体で，特有のにおいと苦味がある。水に分散し，油脂に可溶。

通常のレシチンと比較して親水性が増強されるので，耐酸性，対塩性，対熱性に優れた乳化安定性が得られ，各種食品に使用される。

主な用途：乳化剤

使用基準：なし

成分規格：第9版食品添加物公定書

表示方法：簡略名 レシチン，一括名「乳化剤」の範囲

→ 植物レシチン

高度サラシ粉 （指定）

英　　名：High-Test Hypochlorite

概　　要：水酸化カルシウムの懸濁液である石灰乳に塩素を反応して作られ，有効塩素60％以上を含む，白色粉末である。代表的な漂白・殺菌剤である。

デンプン，果皮などの漂白に，果実，野菜，飲料水などの殺菌に使用される。

主な用途：製造用剤（漂白剤，殺菌剤）

使用基準：なし

成分規格：第9版食品添加物公定書

表示方法：加工助剤

付　　記：かつては，有効塩素25 ～ 40％の「サラシ粉」も食品添加物として指定されていたが使用実態がないということで削除されている

酵母細胞壁 （既存）

（別名　酵母細胞膜）

英　　名：Yeast Cell Wall

概　　要：酵母を自己消化させて分離した細胞壁，またはこれを脱色したもので，主成分は多糖類であるが，たん白質，ビタミン類も多く含んでいる。

一般的に，フレーク状または粉末状である。乳幼児，病人用の栄養食品や水産加工品用等に使われる。

主な用途：増粘安定剤

使用基準：なし

成分規格：第9版食品添加物公定書

表示方法：用途名「糊料」または使用目的に応じて「増粘剤」，「安定剤」，「ゲル化剤」のいずれかを併記
　　　　　　簡略名なし
　　　　　　既存添加物増粘安定剤（多糖類）を2種以上併用するときの簡略名：
　　　　　　増粘多糖類，この場合は用途名「増粘剤」の併記を省略できる

コウリャン色素 （既存）

（別名　キビ色素）

英　　名：Kaoliang Color

概　　要：コウリャン（高粱）は，モロコシ（キビ）の１種で，中国の東北部などで栽培されているイネ科の植物（穀類）であり，食用や飼料に使われている。

　コウリャン色素は，このコウリャンの実と殻から水，含水エタノールなどで抽出されるフラボノイド系のアピゲニニジンなどを主要成分とする赤褐色の色素で，熱や光に安定で，たん白質に対する染色性がよいという性質がある。

　このため，ハムやソーセージなど，菓子類などの着色に使われている。

主な用途：着色料

使用基準：着色の目的では，こんぶ類，食肉，鮮魚介類（鯨肉を含む），茶，のり類，野菜およびわかめ類には，使用できない

成分規格：第9版食品添加物公定書

表示方法：用途名（「着色料」）併記，または，「色素」名で表示
　　　　　　簡略名 フラボノイド（色素）

ココア （一般飲食物添加物）

（別名　ココアパウダー）

英　　名：Cocoa

概　　要：ココアはカカオ豆を乾燥，粉砕したもので，通常は，ココア飲料として喫食されたり，チョコレートの原料として使われる。

　稀に，着色の目的で使用されることもある。

主な用途：食品（稀に，着色の目的での使用がある）

使用基準：食品としては，自由
　　　　　　着色の目的では，こんぶ類，食肉，鮮魚介類（鯨肉を含む），茶，のり類，野菜およびわかめ類には，使用できない

表示方法：食品として使用した場合　任意
　　　　　　着色の目的で使用した場合　品名と用途名「着色料」併記

コチニール色素 （既存）

（別名　カルミン酸色素）

英　　名：Cochineal Extract

概　　要：コチニールは，エンジムシ（中南米などに自生するサボテンに寄生する昆虫）を乾燥させたものから，エタノールまたは水に溶ける成分を取りだしたもので，カルミンを主成分にする橙～赤紫色の色素であり，中南米では，昔から皮膚や衣類の着色にも使われてきた。熱や光に強い性質があり，また，pHの変化にしたがって色が変わる性質（pH4以下で橙～赤橙色，5～6で赤～赤紫色，7以上で紫赤～紫色）もある。

コツタン　137

　ヨーロッパでは，イタリアのリキュールの1つであるカンパリなどの酒類やジャムなどに橙～紅色の色をつけるために長年使われている。

　日本では，着色の目的で，清涼飲料水や健康志向飲料などの飲料類，氷菓，キャンディーなどのあめ類，ハムやウィンナーソーセージなどの食肉加工品，かまぼこやソーセージなどの魚肉練製品など，幅広い食品に使われている。

主な用途：着色料

使用基準：こんぶ類，食肉，鮮魚介類（鯨肉を含む），茶，のり類，野菜およびわかめ類にに，使用できない

成分規格：第9版食品添加物公定書，ＦＡＯ／ＷＨＯ規格

安　全　性：ＦＡＯ／ＷＨＯ ＡＤＩ カルミンとして０～5mg/kg

表示方法：用途名（「着色料」）併記，または「色素」名で表示
　　　　　　簡略名 カルミン酸，コチニール

付　　　記：米国　§73.100，CFR規格あり
　　　　　　ＥＵ　Ｅ120

骨焼成カルシウム （既存）
（名簿名称　焼成カルシウム）
（別名　骨カルシウム）

英　　名：Calcinated Bone Calcium

概　　要：牛などの動物の骨や魚類の骨は，リン酸のカルシウム塩類が主成分である。この骨を焼成して得られるものが「骨焼成カルシウム」であり，リン酸カルシウム類からなる。→ 焼成カルシウム

主な用途：強化剤（カルシウム強化），製造用剤

使用基準：なし

成分規格：第9版食品添加物公定書

安　全　性：（参考）→ 骨未焼成カルシウム

表示方法：栄養強化の目的で使用した場合の表示は免除される 物質名で表示する場合の簡略名 焼成Ca，骨Ca，骨カルシウム
　　　　　　一括名「イーストフード」の範囲

→ 骨未焼成カルシウム，焼成カルシウム

骨炭 （既存）

英　　名：Bone Charcoal

概　　要：牛骨を空気を遮断して加熱し，有機物を炭化分解し，粉砕した動物性活性炭素である。黒色粒状で，主成分はリン酸カルシウムと炭末である。巨大な表面積と表面構造を持つので，イオン交換能力と吸着力に優れる。製糖工業の精製用に用いられる。

主な用途：製造用剤（糖類精製用）

138 コツタンシキ

使用基準：なし
成分規格：第9版食品添加物公定書
表示方法：通常は加工助剤

骨炭色素 （既存）（第4次消除予定品目）
（別名　炭末色素）
英　　名：Bone Carbon Black
概　　要：炭末色素は，原料である牛などの動物の骨を焼いて，ほぼ完全に炭化して炭にした粒状の黒色の色素であり，活性炭と同様に表面積が大きいため着色性が強い性質があるが，活性炭のような強い脱色や脱臭の作用はない。
　菓子類や細工もののかまぼこなどを黒色に装飾する目的で使われている。
主な用途：着色料
使用基準：→　コチニール色素

骨未焼成カルシウム （既存）
（名簿名称　未焼成カルシウム）
英　　名：Non-calcinated Bone Calcium
概　　要：牛などの動物の骨や魚類の骨は，リン酸のカルシウム塩類が主成分である。この骨を殺菌，乾燥し，粉末化したものが「骨未焼成カルシウム」であり，リン酸カルシウム類の他に，骨中に含まれる成分を含む。
→　未焼成カルシウム
主な用途：強化剤（カルシウム強化）
使用基準：なし
成分規格：ＦＡＯ／ＷＨＯ規格（ボーン・フォスフェイト）
安 全 性：ＦＡＯ／ＷＨＯ　リンとしてのＭＴＤＩ70mg/kg
表示方法：栄養強化の目的で使用した場合の表示は免除される
　　　　　　物質名で表示する場合の簡略名　未焼成Ca，骨Ca，骨カルシウム

コハク酸 （指定）
英　　名：Succinic Acid
概　　要：コハク酸は，貝類のうま味成分の酸としてよく知られている有機酸で，貝類をはじめとする動植物に広く存在しているものである。
　食品添加物のコハク酸は，通常，マレイン酸などを原料とする化学的な合成によって得られており，独特な酸味とうま味がある。市販品は，白色の結晶または粉末である。清酒や合成酒，味噌・醤油などの味（酸味・うま味）の調整に使われているが，特殊な味のために，酸味料としての使用より，酸味を持つ調味料として使われることが多いことも特徴である。
主な用途：酸味料，調味料，pH調整剤

ゴマアブラ　139

使用基準：なし

成分規格：第9版食品添加物公定書，ＦＡＯ／ＷＨＯ規格

安　全　性：ＦＡＯ／ＷＨＯは未評価，LD_{50}（ラット：経口）8.0g/kg

表示方法：簡略名なし，一括名「酸味料」，「pH調整剤」および「調味料（有機
酸）」の範囲

付　　　記：米国　§184.1091，ＦＣＣ規格あり
EU　E363

コハク酸一ナトリウム（指定）

英　　名：Monosodium Succinate

概　　要：コハク酸のナトリウム塩は，特有のうま味があり，特に，コハク酸一
ナトリウムは，貝類のうま味成分を構成している。においのない無～白色の結晶
または白色の粉末が流通している。

食品には，特有のうま味を活用した調味の目的での使用が多く，魚肉練り製品，
佃煮，貝の缶詰やソースなどの味の改善に使用されている。

主な用途：調味料

使用基準：なし

成分規格：第9版食品添加物公定書

安　全　性：→　コハク酸

表示方法：簡略名 コハク酸Na，コハク酸ナトリウム，一括名「調味料（有機酸）」，
「酸味料」，「pH調整剤」の範囲

コハク酸二ナトリウム（指定）

英　　名：Disodium Succinate

概　　要：コハク酸二ナトリウムは，コハク酸をナトリウムで完全に中和した塩
類で，貝類のうま味に塩味を加えたような味を持つ，無～白色の結晶または白色
の粉末である。

食品には，特有のうま味を活用した調味の目的での使用が多く，魚肉練り製品，
佃煮，貝の缶詰やソースなどの味の改善に使用されている。

主な用途：調味料

使用基準：なし

成分規格：第9版食品添加物公定書

安　全　性：→　コハク酸

表示方法：→　コハク酸一ナトリウム

ゴマ油不けん化物（既存）

英　　名：Sesame Seed Oil Unsaponified Matter

概　　要：ゴマの種子から採られる油（ゴマ油）の中には，酸化を防止する作用

を持つ成分（セサモリン，セサモール，セサミン，セサミノールなど）が含まれている。

　ゴマ油不けん化物は，このゴマ油から酸化防止の効果を持つ成分を取り出す目的で，ゴマの種子またはゴマ油からエタノールを溶剤として抽出して得られた成分で，主要成分はアルカリで分解されないセサモリンである。

　ゴマ油抽出物顆は，油脂および油脂加工食品を中心に使われている。

主な用途：酸化防止剤
使用基準：なし
表示方法：用途名「酸化防止剤」併記
　　　　　　　簡略名 ゴマ油抽出物
付　　記：日本食品添加物協会自主規格あり
→　セサモリン，セサモール

ゴマ柄灰抽出物 （既存）（第4次消除予定品目）

英　　名：Sesame Straw Ash Extract
概　　要：ゴマの茎，葉を灰化して水で抽出し，上澄み液をろ過して得られたものである。
主な用途：製造用剤
使用基準：なし
表示方法：簡略名なし

ゴム （既存）

（別名　カウチョック）

英　　名：Rubber
概　　要：マレーシア，インドネシア等に産するトウダイグサ科パラゴムの幹枝より得られたラテックス（ゴム乳液）を酸性水溶液で凝固させ，水洗，脱水して得られたもので，主成分はシスポリイソプレンである。

　白～黄～暗褐色の半透明の弾性物質。水，エタノールに不溶，チューインガムの弾力感を与えて食感を改良するので，ガムベースに使われる。

主な用途：ガムベース
使用基準：なし
表示方法：簡略名なし，一括名「ガムベース」の範囲
付　　記：米国　§172.615，ＦＣＣ規格あり
　　　　　　　日本食品添加物協会自主規格あり

小麦粉 （一般飲食物添加物）

英　　名：Wheat Flour
概　　要：小麦粉として食品原材料であるが，ろ過時の凝集剤や増粘安定剤など

の目的で使用した場合は，食品添加物として扱う。

主な用途：製造用剤

表示方法：食品原材料としては表示任意

食品添加物の目的で使用した場合は，添加物としての表示が必要

コムギ抽出物 （一般飲食物添加物）

英　　名：Wheat Extract

概　　要：小麦の種子〔玄麦〕をばい煎後，熱水で抽出したもの。

主な用途：製造用剤

表示方法：食品原材料としては表示任意

食品添加物の目的で使用した場合は，添加物としての表示が必要

ゴム分解樹脂 （既存）

英　　名：Resin of Depolymerized Natural Rubber

概　　要：トウダイグサ科パラゴムの幹枝から得られるラテックス（ゴム乳液）を加水分解したもの，または酵素分解して得られた低分子の樹脂状物質で，炭素数20〜40のテルペノイドを主成分としている。

淡黄〜淡褐色のガラス状の魂で，わずかに特有のにおいがある。チューインガムの樹脂様の食感を付与するために，ガムベースに使われる。

主な用途：ガムベース

使用基準：なし

表示方法：簡略名なし，一括名「ガムベース」の範囲

コメヌカ油抽出物 （既存）

（別名　コメヌカ油不けん化物）

英　　名：Rice Bran Oil Extract

概　　要：コメヌカはイネの種子（米）の精米・精白の際に生ずるぬか（内皮かす）であり，この米ぬかに含まれる油性分（米ぬか油）をアルカリ分解したとき，加水分解されない成分（不けん化物）から，エタノールで抽出したもので，わずかに油臭のある赤褐色の液体である。

成分として含まれるフェルラ酸が，酸化防止作用を持つ。

主な用途：酸化防止剤

使用基準：なし

成分規格：第9版食品添加物公定書

表示方法：用途名「酸化防止剤」併記，簡略名なし

→　フェルラ酸

142　コメヌカコウ

コメヌカ酵素分解物 （既存）

英　名：Enzymatically Decomposed Rice Bran
概　要：コメヌカの油脂分を除去した脱脂米ぬかを酵素で分解して得られるものがコメヌカ酵素分解物で，フィチン酸とペプチドを主要成分とする。淡黄色の水溶液または粉末が流通している。

　トコフェロール，アスコルビン酸などと併用する。
主な用途：酸化防止剤（シネルギスト）
使用基準：なし
表示方法：用途名「酸化防止剤」併記，簡略名なし
付　記：日本食品添加物協会自主規格あり
→ フィチン酸

コメヌカスフィンゴ脂質 （既存）

（名簿収載名　スフィンゴ脂質）
英　名：Rice Bran Sphingolipid
概　要：スフィンゴ脂質のうち，コメヌカを原料としてエタノールなどで抽出して得られたものである。主成分はスフィンゴシン誘導体である。
主な用途：乳化剤
使用基準：なし
表示方法：物質名 スフィンゴ脂質，一括名「乳化剤」の範囲
付　記：日本食品添加物協会自主規格あり
→ スフィンゴ脂質

コメヌカロウ （既存）

（別名　コメヌカワックス，ライスワックス）
英　名：Rice Bran Wax
概　要：コメヌカより抽出した油分（米糠油）を分離して得られたワックスで，主成分は高級脂肪酸と高級アルコールのエステルであるリグノセリン酸ミリシルで，日本の特産品でもある。

　淡黄〜淡褐色の薄片または塊で，特有のにおいがある。水に不溶，冷エタノールに不溶，熱エタノールに一部可溶，油脂に可溶。

　チューインガムに柔軟性を与え，食感を改良するためにガムベースに使われる。また，カルナウバロウに似た性質で，それに次ぐ硬さを持っているので，菓子類や果実に光沢性，防湿性，離型性を与えるための被膜剤としても使われる。
主な用途：ガムベース，光沢剤
使用基準：なし
表示方法：簡略名 植物ワックス，一括名「ガムベース」，「光沢剤」の範囲
付　記：米国　§172.890，ＦＣＣ規格あり

日本食品添加物協会自主規格あり

コラーゲン （一般飲食物添加物）

英　　名：Collagen

概　　要：硬たん白質の一種で，結合組織の主成分であり，骨，軟骨，腱，皮膚
などに含まれる。骨，軟骨を水，酸，アルカリ，有機溶剤で抽出して，可溶性部
分を除き，コラーゲンを不溶性部分として残す。水，希酸，希アルカリと長時間
加熱すると，変性してゼラチンになる。

　通常は，食品原料として使われるが，食品添加物としての目的で使用した場合
には食品添加物として扱われる。

主な用途：製造用剤（増粘安定剤など）

表示方法：食品原材料としては表示任意

　　　　　　食品添加物の目的で使用した場合は，食品添加物としての表示が必要

コレカルシフェロール （指定）

（別名　ビタミンD₃）

英　　名：Cholecalciferol

概　　要：ビタミンDは，肝油の中から，くる病の予防効果のある成分として，
ビタミンAと別に採り出された油に溶けやすいビタミンであり，肝油の他，肝臓，
卵黄，バター，青身の魚類などに含まれている。体内で，カルシウムとリンの平
衡の維持や骨や歯へのリン酸カルシウムの沈着を促進する生理作用を持っている。
人は，太陽光線（紫外線）の助けを借りて，体内でビタミンD₃を作り出すことも
できる。

　体内では，ビタミンD₂もD₃も同様な働きをし，同じように代謝されるため，ビ
タミンD類としてまとめられることも多く，食品の表示でも区別しないでもよい
ことになっている。

　工業的には，天然物から取り出された成分に，化学的な処理を加えて作られて
いる。

　ビタミンDは，医薬品的な傾向が強く，食品添加物としては，調製粉乳，乳飲
料，栄養ドリンクなどに使われている。

主な用途：強化剤（ビタミンD強化）

使用基準：なし

成分規格：第9版食品添加物公定書

安　全　性：栄養強化成分は，ＪＥＣＦＡの評価対象外

　　　　　　（参考）最近では，発育期以外は，食品などからの摂取が充分であり，
　　　　　　ビタミンDの摂取の不足はあまりなく，逆に過剰な摂取に注意するよ
　　　　　　うにとの意見もある

表示方法：簡略名 ビタミンD，V.D，

栄養強化の目的で使用した場合の表示は免除される

→　エルゴカルシフェロール

コンドロイチン硫酸ナトリウム （指定）

英　　名：Sodium Chondroitin Sulfate
概　　要：コンドロイチン硫酸は軟骨，血管壁，その他の結合組織に含まれ，動物体に広く分布している。
　食品添加物としては，クジラ，サメの軟骨を原料として作られる，白〜類白色の粉末の多糖類で，水に溶けて粘稠な液体となる。
　吸水性が強く，保水性がよく，魚臭を消すので，魚肉ソーセージ，マヨネーズ，ドレッシングの乳化安定剤として使われる。
主な用途：製造用剤（乳化安定剤）
使用基準：魚肉ソーセージ，マヨネーズ，ドレッシングに限る，量制限あり
成分規格：第9版食品添加物公定書
表示方法：簡略名 コンドロイチン硫酸Na

コンニャクイモ抽出物 （一般飲食物添加物）

（別名　グルコマンナン）

英　　名：Konjac Extract
概　　要：コンニャクの根茎を乾燥，粉砕，含水エタノールで洗浄して得られたもの，またはこれを水で抽出して得られたものである。成分はグルコースとマンノースからなる。
　マンナンにはα－，β－があり，水と練り合わせたものはα－型で粘性が強く，石灰を加えて加熱するとβ－型となり，ゲル化する。
　純度の高い本品の水溶液は高粘性（1％液で10万cps以上のものもある）となり，pH3〜7で安定，電子レンジによる3分間加熱にも耐える。また本品は20〜40倍の水を保水し，消化吸収されないので栄養補助食品としても使われる。
主な用途：通常は食品，添加物としては増粘安定剤，製造用剤
使用基準：なし
表示方法：食品としては表示任意
　　　　　　食品添加物で増粘安定剤として使用した場合は，使用目的に沿った用途名を併記

サ

サイリウムシードガム（既存）
（別名　サイリウムハスク）

英　名：Psyllium Seed Gum

概　要：オオバコ科のブロンドサイリウムの種子の外皮を粉砕して得られたもの，またはこれを水で抽出して得られたものである。成分は，ガラクチュロン酸を骨格とする酸性および中性のポリサッカライドの混合物である。淡黄褐色の粉末でわずかに特有のにおいがある。

　水にゆっくり膨潤し水和して，曳糸性のある高粘性分散液となる。これを加熱すると弾性のあるゲルを作る。

　アイスクリーム等に使われる。

主な用途：増粘安定剤

使用基準：なし

成分規格：第9版食品添加物公定書

表示方法：用途名「糊料」または使用目的に応じて「増粘剤」，「安定剤」，「ゲル化剤」のいずれかを併記

　簡略名 サイリウム

　既存添加物増粘安定剤（多糖類）を2種以上併用するときの簡略名：増粘多糖類，この場合は用途名「増粘剤」の併記を省略できる

酢酸（成分規格が設定された指定添加物の製剤）

英　名：Acetic Acid sclution

概　要：指定添加物「氷酢酸」の約30％の水溶液製剤である

成分規格：第9版食品添加物公定書

→　氷酢酸

酢酸イソアミル（指定）

英　名：Isoamyl Acetate

概　要：酢酸のエステルの1種で，リンゴの芳香成分などであり，バナナや酒類の揮発成分中にも含まれる。合成法で作られる無色透明な液体で，バナナ様の香気を有する。

　バナナフレーバーとして使われる。

主な用途：香料

使用基準：着香の目的に限る

成分規格：第9版食品添加物公定書，ＦＡＯ／ＷＨＯ規格

146　サクサンエチ

安 全 性：ＦＡＯ／ＷＨＯ ＡＤＩ０〜3mg/kg，香料としては問題なし
表示方法：簡略名なし，一括名「香料」の範囲
付　　記：米国　§172.515，ＦＣＣ規格あり

酢酸エチル（指定）

英　　名：Ethyl Acetate
概　　要：代表的な酢酸のエステルで，天然にはパイナップル，イチゴなどの香気成分である。合成法で作られる無色透明の液体で，果実様の香気がある。
　果実フレーバー用として使われる以外に，酢酸ビニル樹脂の溶剤や特定用途用変性アルコールの変性剤や酵母エキス製造時の酵母の自己消化を促進する目的などに使用される。
主な用途：香料，製造用剤（柿の渋抜用，酢ビの溶剤，アルコールの変性剤など）
使用基準：着香の目的に限る
　　　　　　ただし酢酸ビニル樹脂の溶剤，および柿の脱渋用，香辛料の顆粒・錠剤用，ＢＨＴの溶剤用，食酢原料用，こんにゃく製造用，結晶果糖の製造用のアルコールの変性用に使用する場合（最終食品の完成前に除去）を除く
成分規格：第9版食品添加物公定書，ＦＡＯ／ＷＨＯ規格
安 全 性：ＦＡＯ／ＷＨＯ ＡＤＩ０〜25mg/kg，香料としては問題なし
表示方法：簡略名なし，香料の目的の場合は，一括名「香料」の範囲
付　　記：米国　§173.228，ＦＣＣ規格あり

酢酸カルシウム（指定）

英　　名：Calcium Acetate
概　　要：酢酸カルシウムは，酢酸溶液に水酸化カルシウムを反応させることにより生成する中和生成物である。熱溶液からは二水和物が，冷溶液からは一水和物が析出し，100℃で乾燥することにより無水物が得られる。無水物は白色の粉末で，水和物は無色の結晶である。
成分規格：第9版食品添加物公定書，ＦＡＯ／ＷＨＯ規格
安 全 性：ＦＡＯ／ＷＨＯ ＡＤＩ 制限せず
付　　記：米国　§184.1185，ＦＣＣ規格あり
　　　　　　ＥＵ　　Ｅ263

酢酸ゲラニル（指定）

英　　名：Geranyl Acetate
概　　要：天然にはレモン油，オレンジフラワー精油中に存在し，レモングラス，シトロネラなどの精油中にも広く含まれる。

合成法で作られ，無～淡黄色の液体で，バラに似た特有の芳香を有する。

果実フレーバーとして使われる。

主な用途：香料

使用基準：着香の目的に限る

成分規格：第9版食品添加物公定書，ＦＡＯ／ＷＨＯ規格

安　全　性：ＦＡＯ／ＷＨＯ ＡＤＩ０～0.5mg/kg，香料としては問題なし

表示方法：簡略名なし，一括名「香料」の範囲

付　　記：米国　§182.60，ＦＣＣ規格あり

酢酸シクロヘキシル（指定）

英　　名：Cyclohexyl Acetate

概　　要：合成法で作られ，無～淡黄色の液体で，特有の香気を有する。イチゴ，リンゴ，パイナップルなどの果実フレーバーの成分として使われる。

主な用途：香料

使用基準：着香の目的に限る

成分規格：第9版食品添加物公定書

表示方法：簡略名なし，一括名「香料」の範囲

酢酸シトロネリル（指定）

英　　名：Citronellyl Acetate

概　　要：天然にはシトロネラ油，ゼラニウム油などの精油中に含まれる。シトロネロールより合成法で作られ，無色透明な液体で，特有の香気を有する。バナナなどのフルーツフレーバーとして使用される。

主な用途：香料

使用基準：着香の目的に限る

成分規格：第9版食品添加物公定書

表示方法：簡略名なし，一括名「香料」の範囲

付　　記：米国　§172.515，ＦＣＣ規格あり

酢酸シンナミル（指定）

英　　名：Cinnamyl Acetate

概　　要：天然ではケイ皮油，ヒヤシンス油などに含まれる。合成法で作られ，無色または淡黄色の透明な液体で，穏やかな甘い花の香りを有する。

アップル，ピーチ，グレープなどの果実フレーバーとして使われる。

主な用途：香料

使用基準：着香の目的に限る

成分規格：第9版食品添加物公定書

表示方法：簡略名なし，一括名「香料」の範囲

148　サクサンテルピ

付　　記：米国　§172.515，ＦＣＣ規格あり

酢酸テルピニル（指定）

英　　名：Terpinyl Acetate
概　　要：天然にはカルダモン油などに存在する。合成法で作られ，無色または淡黄色の透明な液体で，特有の香気を有する。果実フレーバーとして使われる。
主な用途：香料
使用基準：着香の目的に限る
成分規格：第9版食品添加物公定書
安 全 性：ＦＡＯ／ＷＨＯ ＡＤＩ香料としては問題なし
表示方法：簡略名なし，一括名「香料」の範囲
付　　記：米国　§172.515，ＦＣＣ規格あり

酢酸デンプン（指定）

英　　名：Starch acetate
概　　要：デンプンをアセチル化して得られるデンプンの誘導体であり，アセチル化デンプン（Acetylated starch）とも呼ばれる。アセチル化は，無水酢酸との反応あるいは酢酸ビニルとのエステル交換による。
　デンプンの糊化開始温度が下がり，高い粘着性のある透明で安定性のある液状糊が得られる。冷凍麺などの食感改良，安定化の目的で使用される。
　いわゆる化工デンプンとして，通関時には食品デンプンとみなされてきたが，国際的に汎用されている添加物であり，加工デンプンの1つとして，2008年10月に食品添加物に指定された。
主な用途：増粘安定剤
使用基準：なし
成分規格：第9版食品添加物公定書，ＦＡＯ／ＷＨＯ規格
安 全 性：ＦＡＯ／ＷＨＯ　ＡＤＩ特定せず
表示方法：簡略名 加工デンプン，増粘安定剤の目的で使用した場合は，用途名「糊料」または使用目的に応じて「増粘剤」，「安定剤」あるいは「ゲル化剤」を併記する
付　　記：米国　§172.892
　　　　　ＥＵ　Ｅ1420

酢酸ナトリウム（指定）

英　　名：Sodium Acetate
概　　要：酢酸ナトリウムは，酢酸を水酸化ナトリウムなどの無機のナトリウム塩と反応させて作られており，無〜白色の結晶または粉末になっている。
　酢酸ナトリウムには，3つの結晶水をもつ酢酸ナトリウム（結晶）と無水物の

酢酸ナトリウム（無水）がある。

　食品に対しては，酸味・酸度の調整の目的でソース類，マヨネーズ等の酸性調味料食品，酢漬け，水産練製品，パン等に使用される。また，酢酸と併用して，酢酸の味をまろやかにしたり，日持ちを向上させる目的などにも使用されている。日持ち向上の目的では，練製品や包装もち，パンなどに使用されており，物質名で「酢酸Na」などと表示される。

主な用途：酸味料，pH調整剤，調味料（有機酸），日持ち向上
使用基準：なし
成分規格：第9版食品添加物公定書，ＦＡＯ／ＷＨＯ規格
安 全 性：ＦＡＯ／ＷＥＯ ＡＤＩ（酢酸およびその塩類）制限せず
表示方法：簡略名 酢酸Na，一括名「酸味料」，「pH調整剤」，「調味料（有機酸）」の範囲
付　　記：米国　§184.1721，ＦＣＣ規格あり
　　　　　　ＥＵ　　Ｅ262

酢酸ビニル樹脂（指定）

英　　名：Polyvinyl Acetate
概　　要：合成法で作られる代表的な合成樹脂である。無～淡黄色の粒または塊で，水に不溶，酢酸，酢酸エチル，メタノールなどには溶解，エタノール，エーテルなどには膨潤する。

　無味無臭で，軟化点が30℃付近のために口中温度で軟化し，噛み心地のよいガム生地となるので，チューインガム基礎剤として使われる。また，本品の乳化液は果実の被膜剤として使われる。

主な用途：製造用剤（ガム基礎剤，被膜剤）
使用基準：チューインガム基礎剤と果実，果菜の被膜剤に限る
成分規格：第9版食品添加物公定書
表示方法：簡略名なし，ガムに使用した場合は，一括名「ガムベース」の範囲
付　　記：米国　§172.615，ＦＣＣ規格あり

酢酸フェネチル（指定）

（別名　酢酸フェニルエチル）

英　　名：Phenethyl Acetate
概　　要：天然にはブドウ，イチゴ，リンゴ，茶などに含まれる。合成法で作られ，無色透明な液体で特有の香気を有する。

　食品香料としては，ハニーフレーバー調合の主体となり，果実フレーバーとしても使われる。

主な用途：香料
使用基準：着香の目的に限る

成分規格：第9版食品添加物公定書
表示方法：簡略名なし，一括名「香料」の範囲
付　　記：米国　§172.515，ＦＣＣ規格あり

酢酸ブチル （指定）

英　　名：Butyl Acetate
概　　要：天然にはブドウ，イチゴ，リンゴ，ナシなどの芳香成分に含まれる。
合成法で作られ，無色透明な液体で特有の香気を有する。
　　食品香料としては，果実フレーバーとしても使われる。
主な用途：香料
使用基準：着香の目的に限る
成分規格：第9版食品添加物公定書
安 全 性：ＦＡＯ／ＷＨＯ ＡＤＩ 香料としては問題なし
表示方法：簡略名なし，一括名「香料」の範囲
付　　記：米国　§172.515，ＦＣＣ規格あり

酢酸ベンジル （指定）

英　　名：Benzyl Acetate
概　　要：天然にはジャスミン，ヒヤシンスなどの精油，イチゴ，リンゴなどの
芳香成分に含まれる。合成法で作られ，無色透明な液体で特有の香気を有する。
　　食品香料としては，アプリコット，プラム，ストロベリーなどの果実フレー
バーとして使われる。
主な用途：香料
使用基準：着香の目的に限る
成分規格：第9版食品添加物公定書，ＦＡＯ／ＷＨＯ規格
安 全 性：ＦＡＯ／ＷＨＯ ＡＤＩ 0 〜 5mg/kg
表示方法：簡略名なし，一括名「香料」の範囲
付　　記：米国　§172.515，ＦＣＣ規格あり

酢酸 *l*ーメンチル （指定）

（別名　*l*-酢酸メンチル）

英　　名：*l*-Menthyl Acetate
概　　要：天然には，西洋ハッカ，和種ハッカなどの精油に含まれる。合成法で
作られ，無色または淡黄色な透明な液体で，清涼感のある香気を有する。
　　食品香料としては人工ペパーミント，人造ハッカ油などに使用される。
主な用途：香料
使用基準：着香の目的に限る
成分規格：第9版食品添加物公定書

安　全　性：ＦＡＯ／ＷＨＯ　ＡＤＩ　香料としては問題なし
表示方法：簡略名なし，一括名「香料」の範囲
付　　　記：米国　§172.515，ＦＣＣ規格あり

酢酸リナリル（指定）

英　　名：Linalyl Acetate
概　　要：天然にはラベンダー油などの精油に含まれる。合成法で作られ，無〜淡黄色の透明な液体で特有の香気を有する。
　食品香料としてはピーチ，オレンジ，レモンなどの果実フレーバーとして使われる。
使用基準：着香の目的に限る
成分規格：第9版食品添加物公定書，ＦＡＯ／ＷＨＯ規格
安　全　性：ＦＡＯ／ＷＥＯ　ＡＤＩ０〜0.5mg/kg，香料としては問題なし
表示方法：簡略名なし，一括名「香料」の範囲
付　　　記：米国　§182.60，ＦＣＣ規格あり

サッカリン（指定）

英　　名：Saccharin
概　　要：サッカリンといえば，合成甘味料の代表とされている。この場合のサッカリンは，通常，水溶性のナトリウム塩である「サッカリンナトリウム」のことであり，食品添加物でいう「サッカリン」は，ナトリウム塩になっていないもので，水に溶けにくく，酸，アルカリによって分解されやすい性質がある。
　サッカリンの甘さは，砂糖の200〜500倍程度であり，水に溶けにくい性質を利用してチューインガムの甘味料に使用される。
主な用途：甘味料
使用基準：チューインガムに限る，量的規制あり
成分規格：第9版食品添加物公定書
安　全　性：ＦＡＯ／ＷＨＯ　ＡＤＩ（サッカリンとその塩類）サッカリンとして0〜5mg/kg
表示方法：用途名「甘味料」併記，簡略名なし　ばら売りの場合も表示するよう指導されている（通知）
付　　　記：米国　§180.37，ＦＣＣ規格あり
　　　　　　ＥＵ　Ｅ954

サッカリンカルシウム（指定）

英　　名：Calcium Saccharin
概　　要：サッカリンのカルシウム塩で，水溶性の白色の結晶または結晶性の粉末である。甘味は，砂糖の200〜500倍程度である。

152 サッカリンナト

使用基準：→ サッカリンナトリウム
成分規格：第9版食品添加物公定書
安 全 性：→ サッカリン
付　　記：米国　§180.37
　　　　　　EU　　E954

サッカリンナトリウム （指定）
（別名　溶性サッカリン）

英　　名：Sodium Saccharin
概　　要：サッカリンナトリウムは，代表的な合成甘味料であり，水に溶けにくいサッカリンをナトリウム塩にして水溶性にしたものである。
　サッカリンナトリウムの甘さは，砂糖の200〜500倍程度である。サッカリンナトリウムは，食品に甘味を与える目的で，漬物，佃煮，菓子類など幅広く使われており，特定の地域では，醤油にもよく使われている。さらに，低カロリー食などの特殊栄養食品にも使われている。
主な用途：甘味料
使用基準：アイスクリーム類，あん類，海藻加工品，菓子，魚介加工品，ジャム，醤油，シロップ，酢，清涼飲料水，ソース，佃煮，漬物，煮豆，乳飲料，乳酸菌飲料，発酵乳，氷菓，フラワーペースト，粉末清涼飲料，味噌，前記以外の食品の缶詰および瓶詰，特別用途表示の許可または承認を受けた食品，量的規制あり
成分規格：第9版食品添加物公定書，ＦＡＯ／ＷＨＯ規格
安 全 性：→ サッカリン
表示方法：用途名「甘味料」併記，簡略名 サッカリンNa
　　　　　　ばら売りの場合も表示するよう指導されている（通知）
付　　記：米国　§180.37，ＦＣＣ規格あり
　　　　　　EU　　E954

サツマイモセルロース （一般飲食物添加物）

英　　名：Sweet potato cellulose
概　　要：甘藷とも呼ばれるサツマイモ（薩摩芋）はヒルガオ科，サツマイモ属に属する蔓性の多年生の植物であり，その塊根が食用になる。生の塊根部分には約1％の繊維があり，このセルロース部分を食品添加物として使用することがある。
主な用途：通常はデンプン部分と共に食用，食品添加物としては増粘安定剤，製造用剤
使用基準：なし
表示方法：食品としての表示は任意，食品添加物で増粘安定剤として使用した場

合は，使用目的に沿った用途名を併記，簡略名 セルロース

サトウキビロウ （既存）
（別名　カーンワックス，ケーンワックス）
英　　名：Cane Wax
概　　要：サトウキビの茎の搾汁残渣より，分離精製して得られたもので，主成分はパルミチン酸ミリシルである。融点65～80℃の淡黄～緑色の魂で，わずかに特有のにおいがある。水，油脂に不溶，また，冷エタノールに不溶，熱エタノールに可溶である。
　　チューインガムに柔軟性を付与するためにガムベースに使われるほか，錠菓などの菓子類，果実に光沢性，防湿性，離型性を付与するための被膜剤などに使われる。
主な用途：ガムベース，光沢剤
使用基準：なし
表示方法：簡略名 植物ワックス，一括名「ガムベース」，「光沢剤」の範囲
付　　記：日本食品添加物協会自主規格あり

サバクヨモギシードガム （既存）
（別名　アルテミシアシードガム，サバクヨモギ種子多糖類）
英　　名：Artemisia Sphaerocephala Seed Gum
概　　要：キク科サバクヨモギの種子の外皮を脱脂，乾燥したもの。主成分は α －セルロースを基本骨格に持つ，中性および酸性多糖類である。
主な用途：製造用剤
使用基準：なし
表示方法：簡略名なし，ただし，増粘安定剤として使用した場合は，使用目的に沿った用途名を併記
付　　記：日本食品添加物協会自主規格あり

サフラン （一般飲食物添加物）
英　　名：Saffron
概　　要：サフランは，ヨーロッパ各地で栽培されているアヤメ科の植物で，晩秋に薄紫色の花をつける。古くから料理の着色およびフレーバーを着ける目的で使用されてきたものであり，特にイタリア料理のブイヤベースやスペイン料理のパエリヤでの使用は有名である。
　　日本でも栽培されているが，大量に安定した入手は困難な状態にある。
主な用途：食品以外では，着色料，香辛料，風味の増強など
使用基準：着色の目的では，こんぶ類，食肉，鮮魚介類（鯨肉を含む），茶，のり類，豆類，野菜およびわかめ類には，使用できない

表示方法：食品として使用した場合は任意

　　　　　　着色の目的で使用した場合は，品名に用途名「着色料」を併記

サフラン色素 （一般飲食物添加物）

英　　名：Saffron Color

概　　要：サフラン色素は，サフランの雌しべからエタノールで抽出される成分を集めたもので，主色素は，カロテノイド系のクロシンおよびクロセチンである。通常，特異なにおいのある褐～赤褐色の粉末または液体であり，食品中では，クチナシ黄色素と同様な黄色を呈する。日本では，高価で入手しにくいため，クチナシ黄色素が一般的に使用されている。

主な用途：食品添加物としては着色料

使用基準：→ サフラン

成分規格：ＦＡＯ／ＷＨＯ規格

安　全　性：ＦＡＯ／ＷＨＯ

表示方法：用途名「着色料」併記，または「色素」名で表示

　　　　　　簡略名 サフラン，クロシン，カロチノイド（色素）

付　　記：米国　§73.500，ＦＣＣ規格

　　　　　　日本食品添加物協会自主規格あり

サーモンベリー色素 （一般飲食物添加物）

英　　名：Salmonberry Color

概　　要：サーモンベリーは，北米の西側（太平洋側）に産生するキイチゴの一種で，バラ科の植物である。サーモンベリー色素は，この果実から搾汁または水で抽出して得られるもので，アントシアニン系の色素を主体とする。

主な用途：食品添加物としては着色料

使用基準：→ サフラン

表示方法：用途名「着色料」併記，または「色素」名で表示

　　　　　　簡略名 果実色素，ベリー色素，アントシアニン（色素）

付　　記：米国　§73.250（果汁）

　　　　　　ＥＵ　　Ｅ163（アントシアニン色素）

サリチル酸メチル （指定）

英　　名：Methyl Salicylate

概　　要：天然には，ウィンターグリーン油の主成分であり，しらかば油，丁字油などにも含まれる。合成法で作られ，無～淡黄色の透明な液体で清涼感のある香気を有する。

　　　　　　食品香料としては，ウィンターグリーンなどのフレーバーとして使われる。

主な用途：香料

サンカデン　155

使用基準：着香の目的に限る
成分規格：第9版食品添加物公定書，ＦＡＯ／ＷＨＯ規格
安　全　性：ＦＡＯ／ＷＨＯ　ＡＤＩ０〜0.5mg/kg
表示方法：簡略名なし，一括名「香料」の範囲
付　　記：米国　§172.515，ＦＣＣ規格あり

酸化カルシウム （指定）

英　　名：Calcium Oxide
概　　要：天然物由来の酸化カルシウムは，生石灰として既存添加物名簿に収載
されているが，化学的な合成反応で得られる酸化カルシウムも流通の可能性があ
る。
成分規格：第9版食品添加物公定書，ＦＡＯ／ＷＨＯ規格
安　全　性：ＦＡＯ／ＷＨＯ　ＡＤＩ　制限せず
付　　記：米国　　§184.1210，ＦＣＣ規格あり
　　　　　　　ＥＵ　　Ｅ529
→　生石灰，焼成カルシウム

酸化デンプン （指定）

英　　名：Oxidized starch
概　　要：デンプンを次亜塩素酸ナトリウムで酸化することによって得られる
デンプンの誘導体である。
　デンプンの糊化開始温度が低下し，透明で安定性のある液状糊が得られる。食
品の粉末化基剤，煎餅のつや出しなどの目的で使われる。いわゆる化工デンプン
として，通関時には食品デンプンとみなされてきたが，国際的に汎用されている
添加物であり，加工デンプンの1つとして，2008年10月に食品添加物に指定され
た。
　なお，次亜塩素酸ナトリウム処理で，単にデンプンを漂白しただけの「漂白デ
ンプン」は，従前どおり食品デンプンとして扱われる。メチレンブルー試薬で，
デンプン粒が濃青色着色した場合は酸化デンプン，着色が認められない場合は漂
白デンプンとして扱われる。
主な用途：増粘安定剤
使用基準：なし
成分規格：第9版食品添加物公定書，ＦＡＯ／ＷＨＯ規格
安　全　性：ＦＡＯ／ＷＨＯ　ＡＤＩ　特定せず
表示方法：→　アセチル化アジピン酸架橋デンプン（簡略名とも）
付　　記：米国　§172.892
　　　　　　ＥＵ　　Ｅ1404

156　サンカマグ

酸化マグネシウム （指定）

英　　名：Magnesium Oxide

概　　要：酸化マグネシウムはマグネシア，苦土ともいい，天然に鉱石として産する。オーストリアや中国に産するマグネシウム鉱石，または海水から分離した苦汁より得られる水酸化マグネシウムより作られる。白～類白色のかさだかい粉末である。

　　色素を吸着する作用があるので，主として製糖工業で脱色剤として使われる。

主な用途：製造用剤（脱色剤），いわゆる健康食品で強化の目的

使用基準：なし

成分規格：第9版食品添加物公定書，ＦＡＯ／ＷＨＯ規格

安 全 性：ＦＡＯ／ＷＨＯ ＡＤＩ 制限せず

表示方法：簡略名 酸化Mg，通常は，加工助剤，栄養強化の目的で使用する場合の表示は免除される

付　　記：米国　§184.1431，182.5431，ＦＣＣ規格あり
　　　　　　EU　　E530

サンゴ未焼成カルシウム （既存）

（名簿名称　未焼成カルシウム）

英　　名：Non-Calcinated Coral Calcium

概　　要：海生生物のサンゴの死骸は炭酸カルシウムに富んでおり，これを清浄化して粉末にしたものである。

→　未焼成カルシウム

主な用途：強化剤（カルシウム強化）

使用基準：なし

成分規格：第9版食品添加物公定書

表示方法：栄養強化の目的で使用した場合の表示は免除される
　　　　　　物質名で表示する場合の簡略名 サンゴCa，サンゴカルシウム，コーラルCa，コーラルカルシウム，未焼成Ca

→　未焼成カルシウム，造礁サンゴ焼成カルシウム

酸性リン酸アルミニウムナトリウム （指定検討予定）

英　　名：Sodium Aluminium Phosphate, acidic

概　　要：リン酸のアルミニウムとナトリウムの混合塩であり，酸性塩と塩基性塩がある。

　　酸性塩は，リン酸8分子に，ナトリウムが1，アルミニウムが3結合し，残りが水素の形で残されている混合塩で，SALPとも呼ばれる。水に徐々に溶け，pH2.8程度である。水への溶解速度が遅いため，遅効性の膨脹剤に酸性剤として使われる。酸性塩は，国際的に汎用されている食品添加物として指定の検討が予定され

ている。

成 分 規 格：ＦＡＯ／ＷＨＯ規格（酸性塩，塩基性塩それぞれ）

安 全 性：ＦＡＯ／ＷＨＯ ＰＴＷＩ（暫定週間耐容摂取量）Al 7mg/kg

表 示 方 法：未検討（使用目的に応じた一括名が想定される）

付 記：米国 §182.1781，ＦＣＣ規格あり

EU （541）

塩基性塩は，リン酸4分子に，ナトリウムが8，アルミニウムが2，水酸基が2結合した結合塩で，Kasalとも呼ばれる。水にほとんど溶けない白色の粉末である。プロセスチーズの乳化塩（乳化剤）として使われる

酸性白土（既存）

英 名：Acid Clay

概 要：モンモリロナイト系粘土鉱物を精製して得られたものである。主成分はモンモリロナイトと可溶性型ケイ酸で，水に懸濁すると酸性を呈することから酸性白土の名がある。淡灰色の微粉末。水，エタノールに不溶。多孔質で広い表面積を持つため，吸着力に優れる。

　本品を硫酸処理して，吸着力を増加させたものが「活性白土」となる。植物油などの液体食品の脱色剤として使われる。

主 な 用 途：製造用剤（脱色剤）

使 用 基 準：不溶性鉱物性物質としての使用基準あり（食品製造上必要不可欠の場合に限定，最大残存量0.5％）

成 分 規 格：第9版食品添加物公定書

表 示 方 法：通常は加工助剤

付 記：米国 §184.1155

→ 活性白土

酸性ホスファターゼ（既存）

（別名 ホスホモノエステラーゼ）

英 名：Acid Phosphatase

概 要：糸状菌（*Aspergillus niger*および*Aspergillus oryzae*に限る。）または細菌（*Escherichia coli*に限る。）の培養物から得られた，リン酸モノエステルを分解する酵素である。

主 な 用 途：酵素（加水分解酵素）

使 用 基 準：なし

成 分 規 格：第9版食品添加物公定書

表 示 方 法：簡略名なし，一括名「酵素」の範囲，工程中で失活すれば加工助剤

酸素 （既存）

英　　名：Oxygen

概　　要：元素O_2，空気中に21％含まれており，無色，無臭の気体である
黒色ボンベ詰で扱われる（液体酸素は淡青色液体（-182.9℃））。非常に活性
に富む。

主な用途：製造用剤

使用基準：なし

表示方法：加工助剤

三二酸化鉄 （指定）

（別名　三酸化二鉄，ベンガラ）

英　　名：Iron Sesquioxide

概　　要：三二酸化鉄は，天然の鉱物である赤鉄鉱の主成分で，古くからベンガ
ラ（弁柄）といって赤色顔料として使われてきたものである。現在は，硫酸鉄を
加熱分解するなどの方法で作られている。食品添加物としては，滋賀県の特産品
「赤コンニャク」の着色，保存料で処理したことを識別するためにバナナの果柄
を着色するという限られた用途に使用されている。

主な用途：着色料

使用基準：コンニャク，バナナ（果柄部分）に限る

成分規格：第9版食品添加物公定書，ＦＡＯ／ＷＨＯ規格

安 全 性：ＦＡＯ／ＷＨＯ ＡＤＩ０～5mg/kg

表示方法：用途名「着色料」併記，簡略名 酸化鉄

付　　記：米国　§73.200
　　　　　　ＥＵ　　Ｅ172

次亜塩素酸水 （指定）

英　　名：Hypochlorous Acid Water

概　　要：塩酸または塩化ナトリウム水溶液を電解することにより得られる，次
亜塩素酸を主成分とする水溶液である。本品には，強酸性次亜塩素酸水（0.2％
以下の塩化ナトリウム水溶液を有隔膜電解槽（隔膜で隔てられた陽極及び陰極に
より構成されたものをいう。）内で電解して，陽極側から得られる水溶液をいう。），
弱酸性次亜塩素酸水（適切な濃度の塩化ナトリウム水溶液を有隔膜電解槽内で電
解して，陽極側から得られる水溶液または陽極側から得られる水溶液に陰極側か
ら得られる水溶液を加えたものをいう。）および微酸性次亜塩素酸水（適切な濃
度の塩酸または適切な濃度の塩酸に塩化ナトリウム水溶液を加えて適切な濃度に
調整した水溶液を無隔膜電解槽内で電解して得られる水溶液をいう。）がある。

主な用途：製造用剤（殺菌剤）

使用基準：最終食品の完成前に除去しなければならない

成分規格：第9版食品添加物公定書
表示方法：加工助剤

次亜塩素酸ナトリウム （指定）

（別名　次亜塩素酸ソーダ）

英　　名：Sodium Hypochlorite

概　　要：水酸化ナトリウムまたは炭酸ナトリウムに塩素ガスを吸収させて作られ，有効塩素4％以上を含む無～淡禄黄色の液体で，塩素のにおいがする。最も広く用いられている塩素系殺菌消毒剤で，飲料水，果実，野菜の殺菌から，各種食品製造施設，装置，その他の消毒殺菌に用いられている。漂白効果も強い。昔，黒ゴマを漂白して白ゴマとして売られたことがあり，ごまには禁止されている。

主な用途：製造用剤（漂白・殺菌剤）

使用基準：ごまに使用してはならない

成分規格：第9版食品添加物公定書

表示方法：加工助剤

次亜臭素酸水 （指定）

英　　名：Hypobromous Acid Water

概　　要：1，3－ジブロモ－5，5－ジメチルヒダントインを加水分解することにより得られる，次亜臭素酸を主成分とする水溶液である。

主な用途：製造用剤（殺菌剤）

使用基準：食肉の表面殺菌の目的以外に使用してはならない

　　　　　　使用量は，臭素として，食肉（食鳥肉を除く）にあっては浸漬液または噴霧液1kgにつき0.90g以下，食鳥肉にあっては浸漬液または噴霧液1kgにつき0.45g以下でなければならない

成分規格：第9版食品添加物公定書

表示方法：加工助剤

シアナット色素 （既存）（第4次消除予定品目）

英　　名：Shea Nut Color

概　　要：シアナッツは，ナイジェリアをはじめとする西アフリカ南部に産するアカテツ科のシアノキの果実の種子であり，種子には，40～50％の油分（シア脂）を含み製菓原料などに使用されている。

　　シアナット色素は，このシアナッツの果実または種皮から弱アルカリ性水溶液で抽出した後，中和して得られるものであり，色素成分を含み，食品中で，褐色を呈する。色素成分は，フラボノイド系と推定されるが，構造は未確定である。アルカリ性では暗褐色となる。光，熱には安定である。

160　シアノコバラ

ハム・ソーセージのケーシング材の着色に使われることがあるが，単独で食品に使われることは少ない。

主な用途：着色料
使用基準：着色の目的では，こんぶ類，食肉，鮮魚介類（鯨肉を含む），茶，のり類，豆類，野菜およびわかめ類には，使用できない
表示方法：用途名「着色料」併記，または，「色素」名で表示
　　　　　　簡略名 シアナット，フラボノイド（色素）
付　　記：日本食品添加物協会自主規格あり

シアノコバラミン（既存）

（別名　ビタミンB$_{12}$）

英　　名：Cyanocobalamin
概　　要：シアノコバラミンはビタミンB$_{12}$と呼ばれるビタミンB類の一つで，肉類，肝臓，卵，牛乳，チーズなどに含まれる，熱に安定で，調理による損失は少ないビタミンである。

　ビタミンとしては，貧血症の改善，成長の促進，肝臓疾患の治療などに効果がある。

　ビタミン類としては，珍しく化学的な合成法による工業生産がなく，発酵法で得られた生成液から，シアノコバラミン分を取りだし，精製している。

　強化の目的で調整粉乳やビタミン強化食品類に，菓子類やスポーツドリンク類などの健康志向食品類にも使用されている。

主な用途：強化剤（ビタミン強化）
使用基準：なし
成分規格：第9版食品添加物公定書
安 全 性：栄養強化成分は，JECFAでの評価対象外
表示方法：栄養強化の目的で使用した場合の表示は免除される
　　　　　　物質名で表示する場合の簡略名　V.B$_{12}$

次亜硫酸ナトリウム（指定）

（別名　ハイドロサルファイト）

英　　名：Sodium Hydrosulfite
概　　要：次亜硫酸ナトリウムは，水溶液中または湿度・水分の高い条件下で，酸化されて亜硫酸塩になる性質があり，他の亜硫酸塩類と同様に使われる。

　次亜硫酸ナトリウムは，無機化学工業製品として作られており，わずかに二酸化硫黄のにおいがある白～灰白色の粉末である。

　亜硫酸塩類は，保存の目的，酸化防止の目的や漂白の目的などで使用されており，いろいろな素材食品（原料となる食品）の調製時や食品の加工時に使われている。

ジエチル　161

主な用途：酸化防止剤，保存料，漂白剤など
使用基準：ごま，豆類，野菜には使用できない，量的な規制あり
成分規格：第9版食品添加物公定書
安　全　性：ＦＡＯ／ＷＨＯ　ＡＤＩ　二酸化硫黄として0〜0.7mg/kg
表示方法：使用目的に応じて，用途名（「酸化防止剤」，「保存料」，「漂白剤」）併
　　　　　記，簡略名　次亜硫酸Na，亜硫酸塩
→　亜硫酸ナトリウム

2,3－ジエチルピラジン（指定）

英　　名：2,3-Diethylpyrazine
概　　要：天然には，ジャガイモ，ココア，ひき割りオート麦，おきあみ，しょ
う油等の食品中に加熱調理や発酵・殺菌処理等により生成する成分である。
　合成法で作られ，無〜淡黄色の澄明な液体で，特有の香気を有する。
　食品香料としては，チューインガム，焼菓子，ソフトキャンディー類，冷凍乳
製品類，肉製品，清涼飲料等さまざまな加工食品に使われる。
主な用途：香料
使用基準：着香の目的に限る
成分規格：第9版食品添加物公定書，ＦＡＯ／ＷＨＯ規格
安　全　性：ＦＡＯ／ＷＨＯ　ＡＤＩ　0〜5mg/kg
表示方法：簡略名なし，一括名「香料」の範囲
付　　記：米国　§172.515，ＦＣＣ規格あり

2,3－ジエチル－5－メチルピラジン（指定）

英　　名：2,3-Diethyl-5-methylpyrazine
概　　要：天然には，ライ麦パン，ポップコーン等の食品中に存在し，また，
コーヒーおよび落花生の焙煎並びに豚肉，子めん羊肉等の加熱調理により生成す
る成分である。
　合成法で作られ，無〜淡黄色の澄明な液体で，特有の香気を有する。
　食品香料としては，焼菓子，シリアル類，ソフトキャンディー類，肉製品，冷
凍乳製品類，ゼラチン・プリン類等さまざまな加工食品に使われる。
主な用途：香料
使用基準：着香の目的に限る
成分規格：第9版食品添加物公定書，ＦＡＯ／ＷＨＯ規格
安　全　性：ＦＡＯ／ＷＨＯ　ＡＤＩ　0〜5mg/kg
表示方法：簡略名なし，一括名「香料」の範囲
付　　記：米国　§172.515，ＦＣＣ規格あり

シェラック（既存）

（別名　セラック）

英　　名：Shellac

概　　要：本品には白シェラックと精製シェラックがある。本品はラックカイガラムシの分泌する樹脂状物質から抽出したもので，主成分はアレウリチン酸とジャラール酸またはアレウリチン酸とシェロール酸のエステル等である。温時アルカリ性水溶液で抽出し，漂白したものを「白シェラック」といい，室温でエタノールまたはアルカリ性水溶液で抽出し，精製したものを「精製シェラック」という。

　精製過程でシェラックロウを除去しないもの（含ロウ品）と除去したもの（脱ロウ品）とがある。

　暗褐〜淡黄白色の鱗片状か小粒状の紙片で，硬くてもろく，においはないかわずかに特有のにおいがある。エタノールに可溶，エーテルにわずかに溶け，水に不溶でアルカリ水には易溶である。

　チューインガムに樹脂様の食感を付与して改良するためにガムベースに使われる。また，光沢性，防湿性を与えるためにキャンディー，チョコレートなどの菓子類，果実類の被膜剤として使われる。

主な用途：ガムベース，光沢剤

使用基準：なし

成分規格：第9版食品添加物公定書，ＦＡＯ／ＷＨＯ規格

安 全 性：ＦＡＯ／ＷＨＯ ＡＤＩ 現行使用可

表示方法：簡略名なし，一括名「ガムベース」，「光沢剤」の範囲

付　　記：米国　§184.1705，ＦＣＣ規格あり
　　　　　　ＥＵ　　Ｅ904

シェラックロウ（既存）

（別名　セラックロウ）

英　　名：Shellac Wax

概　　要：南洋の植物に寄生するラックカイガラムシの分泌する樹脂状物質を室温でエタノールまたはアルカリ性水溶液に溶解し，ろ液からロウ分を分離して得られたもので，樹脂酸エステルを主成分としている。

　淡黄褐色の硬くてもろい塊で，わずかににおいがある。水，エタノールに不溶。熱エタノール，油脂に可溶。チューインガムに樹脂様の食感を付与するためにガムベースに使われる。また光沢性，防湿性を与えるためにキャンディー，チョコレートなどの菓子類，果実類の被膜剤として使われる。

主な用途：ガムベース，光沢剤

使用基準：なし

成分規格：ＦＡＯ／ＷＨＯ規格

表示方法：簡略名なし，一括名「ガムベース」，「光沢剤」の範囲
付　　記：米国　§184.1706，ＦＣＣ規格あり
　　　　　　日本食品添加物協会自主規格あり

ジェランガム（既存）
（別名　ジェラン多糖類）

英　　名：Gellan Gum
概　　要：糖類を栄養源として特定のグラム陰性細菌（シードモナス）の培養液より分離して得られたもので，主成分は多糖類である。類白～類褐色の粉末で，わずかに特有のにおいがある。水に分散した後加熱すると溶解する（水の硬度が高いとキレート剤の併用が必要），油脂に不溶。カチオンの存在でゲル化する。1価のNa，Ｋイオンでもゲル化するが，2価のCa，Mgイオンで強固なゲルを形成する。酸でもゲル化し，pH3.5付近でゲル強度が大となる。

　また，果汁や乳製品でもゲル化させることができる。このゲルは耐酸，耐熱性に優れ，寒天やカラギナンと比較し，少量で非常に強いゲルを形成する。ゲルは透明性がよく，また寒天以上に硬くてもろいテクスチャーであり，口どけやフレーバーリリース性がよい。

　各種ゼリー，ジャム，デザート類に使われる。
主な用途：増粘安定剤（ゲル化剤）
使用基準：なし
成分規格：第9版食品添加物公定書，ＦＡＯ／ＷＨＯ規格
安　全　性：ＦＡＯ／ＷＨＯ ＡＤＩ 特定せず
表示方法：用途名「糊料」または使用目的に応じて「増粘剤」，「安定剤」，「ゲル化剤」のいずれかを併記，簡略名 ジェラン，
　　　　　　既存添加物増粘安定剤（多糖類）を2種以上併用するときの簡略名：
　　　　　　増粘多糖類，この場合は用途名「増粘剤」の併記を省略できる
付　　記：米国　§172.665，ＦＣＣあり
　　　　　　EU　E418

ジェルトン（既存）
（別名　ポンチアナック）

英　　名：Jelutong
概　　要：東南アジアに産するキョウチクトウ科ジェルトンの幹枝から得られたラテックス（ゴム状乳液）を熱時水で洗浄し，水溶性成分を除去したもので，アミリンアセタート，シスポリイソプレンを主成分としている。

　類白～暗褐色の粘弾性のある塊で特有のにおいがある。加熱すると粘性のある樹脂状物となる。

　チューインガムに樹脂様の食感を付与するためにガムベースに使われる。

164　シクロデキストリン

主な用途：ガムベース　使用基準：なし
表示方法：簡略名なし，一括名「ガムベース」の範囲
付　　記：米国　§172.615，ＦＣＣ規格あり
　　　　　　日本食品添加物協会自主規格あり

シクロデキストリン（既存）

（別名　サイクロデキストリン，分岐サイクロデキストリン，分岐シクロデキストリン）
英　　名：Cyclodextrin
概　　要：デンプンにシクロデキストリン生成酵素を作用させて得られる，非還元性環状デキストリンである。成分は，シクロデキストリンであり，6 ～ 8個のブドウ糖からなり，それぞれαーシクロデキストリン，βーシクロデキストリン，γーシクロデキストリンと称している。この各々にオリゴ糖を酵素反応で結合させた分岐シクロデキストリンもある。
　白色の結晶または結晶性粉末，無臭で甘味がある。βーシクロデキストリンは水に難溶，ほかは水に可溶。環状分子内部は比較的疎水性を示すので，この水溶液中に親油基を持つ物質が共存すると，環状内に親油基を取り込んで安定な包接化合物を作る。
　この性質を利用して香料，香辛料，色素その他の不安定な物質の安定化，乳化，無臭化，粉末化などに使用される。
主な用途：製造用剤（安定化，粉末化，矯臭用等）
使用基準：なし
成分規格：第9版食品添加物公定書［αー，βー，γー］，ＦＡＯ／ＷＨＯ規格
安全性：ＦＡＯ／ＷＨＯ　ＡＤＩ 3 ～ 6mg/kg，βー：0 ～ 5mg/kg，γー：特定せず
表示方法：簡略名 環状オリゴ糖
付　　記：ＥＵ　Ｅ459（βーシクロデキストリン）

シクロデキストリングルカノトランスフェラーゼ（既存）

（別名　シクロデキストリングルコシルトランスフェラーゼ）
英　　名：Cyclodextrin Glucanotransferase
概　　要：αー1，4グルコシド結合で糖転移する機能を持つ酵素である。
　放線菌（*Streptomyces thermoviolaceus*に限る。）または細菌（*Anoxybacillus caldiproteolyticus*，*Bacillus*属，*Brevibacterium*属，*Corynebacterium*属，*Geobacillus stearot hermophilus*，*Paenibacillus campinasensis*および*Paenibacillus macerans*に限る。）の培養物から得られた，デンプン等からシクロデキストリンを生成する酵素である。
　白～淡黄～褐色の粉末または透明～褐色の液体。水に可溶，エタノールに不溶。

デンプン加工品に使われる。

主な用途：酵素（転移酵素）

使用基準：なし

成分規格：第9版食品添加物公定書

安　全　性：平成8年度厚生科学研究報告書において，「酵素については一般に，人の健康の確保に支障となるものではないと考えられる」とされている

表示方法：簡略名 トランスフェラーゼ 一括名「酵素」の範囲，工程中で失活すれば加工助剤

シクロヘキシルプロピオン酸アリル （指定）

英　　名：Allyl Cyclohexylpropionate

概　　要：合成法で作られ，無～淡黄色の透明な液体で特有の香気を有する。食品香料としては，パイナップルフレーバーとして使われる。

主な用途：香料

使用基準：着香の目的に限る

成分規格：第9版食品添加物公定書

安　全　性：FAO／WHO　ADI 香料としては問題なし

表示方法：簡略名なし，一括名「香料」の範囲

付　　記：米国　§172.515，FCC規格あり

L－シスチン （既存）

英　　名：L-Cystine

概　　要：シスチンは，たん白質を構成するペプチドの1つで，アミノ酸のシステイン2分子が結合した形になっている。製法は，動物性のたん白質（特に，動物の毛，羽毛等）を加水分解した後，シスチン分を取り出して精製する。市販品は，わずかに特有なにおいがある白色の 結晶または粉末となっている。

　食品添加物としては，粉ミルクなどの母乳代替品を母乳成分に近づける目的などで使用されている。

主な用途：強化剤（栄養強化，アミノ酸バランス），調味料

使用基準：なし

成分規格：第9版食品添加物公定書

安　全　性：栄養強化成分は，JECFAの評価対象外

表示方法：栄養強化の目的で使用した場合の表示は免除される

　　　　　　物質名で表示する場合の簡略名 シスチン 一括名「調味料（アミノ酸）」の範囲

付　　記：米国　§172.320（アミノ酸），FCC規格あり

166　システイン

L－システイン塩酸塩（指定）

英　名：L-Cysteine Monohydrochloride
概　要：システインは，シスチンを構成するアミノ酸で，たん白質の構成アミ
ノ酸として広く存在している。
　製法としては，シスチンを還元する方法や合成的な手法により，システインと
して得ることが可能だが，不安定で，酸化されやすいため，安定性を増す目的で
塩酸塩にされる。
　システインの塩酸塩は，通常，特有なにおいと味のある白色系の結晶または粉
末となっている。
　食品での使用は，パンでの熟成促進の目的と，天然果汁への使用に限られてい
る。
主な用途：製造用剤
使用基準：パン，天然果汁に限る
成分規格：第9版食品添加物公定書
表示方法：簡略名 システイン，システイン塩酸塩
　　　　　　酸化防止の目的で使用した場合は，用途名「酸化防止剤」併記 栄養
　　　　　　強化の目的で使用した場合の表示は免除される
付　記：米国　§172.320（アミノ酸），ＦＣＣ規格あり

シソ色素（一般飲食物添加物）

英　名：Beefsteak Plant Colour，Perilla Colour
概　要：赤ジソは，家庭でも梅干しを漬け込む際の赤い色付けに使われるほど
一般的なものである。
　シソ色素は，このシソの着色性を利用する目的で，シソ科のシソ（赤ジソ）の
葉から，弱酸性水溶液または含水エタノールで抽出して得られるもので，アント
シアニン系のシソニン，マロニルシソニンなどを主色素成分とする。酸性で安定
な紅色を呈し，中性では紫色，アルカリ性では緑色であるが，アルカリ側では不
安定なため褐色に変化する。
　キャンディー類，ゼリー，飲料，漬物などの着色に使われる。
主な用途：食品添加物としては着色料
使用基準：着色の目的では，こんぶ類，食肉，鮮魚介類（鯨肉を含む），茶，の
　　　　　　り類，豆類，野菜およびわかめ類には，使用できない
表示方法：用途名「着色料」併記，または「色素」名で表示
　　　　　　簡略名 野菜色素，アントシアニン（色素）
付　記：米国　§73.260（野菜汁）
　　　　　　ＥＵ　Ｅ163（アントシアニン）
　　　　　　日本食品添加物協会自主規格あり

シソ抽出物 （既存）

（別名　シソエキス）

英　　名：Perilla Extract

概　　要：シソ（紫蘇）の種子，葉より温時エタノールで抽出して得たもので，主成分はテルペノイドである。淡黄色油状または褐色樹脂状で，水，エタノールに可溶。微生物に対する静菌効果や酸化防止効果があり，日持向上剤として使われる。

主な用途：製造用剤（日持向上剤）

使用基準：なし

表示方法：簡略名なし

シタン色素 （既存）

（別名　サンダルウッド色素）

英　　名：Sandalwood Red

概　　要：シタン（紫檀）は，インド南部からフィリピンにかけて自生する常緑のマメ科の小喬木で，極めて堅い芯を持つため家具材などとして使われている。このシタンの芯は，フラボノイド系のサンタリンを含むために暗紫紅色を呈している。シタン色素は，このシタンの幹枝（芯材または芯材の砕片）を温エタノールまたは熱プロピレングリコールで処理して，色素成分を抽出したものであり，紫赤色を呈している。水には溶けにくく，エタノール，プロピレングリコールなどに溶ける。酸性では赤，アルカリ性では紫色となる。

主な用途：着色料

使用基準：→　シアナット色素

表示方法：用途名「着色料」併記，または「色素」名で表示
　　　　　　簡略名 サンダルウッド，フラボノイド（色素）

付　　記：日本食品添加物協会自主規格あり

5'ーシチジル酸 （既存）

英　　名：5'-Cytidylic Acid

概　　要：5'ーシチジル酸は，核酸中およびシチジン二リン酸補酵素群として天然に広く存在している。

　　食品添加物としては，酵母の菌体から食塩の存在下で熱時核酸を抽出し，これを加水分解し，分離・精製して得られたものが使われる。

主な用途：栄養強化（粉乳の母乳組成への近似）

使用基準：なし

成分規格：第9版食品添加物公定書

表示方法：栄養強化の目的で使用した場合の表示は免除される表示する場合の
　　　　　　簡略名 5'-CMP

5'ーシチジル酸二ナトリウム（指定）

（別名　5'－シチジル酸ナトリウム）

英　　名：Disodium 5'-Cytidilate

概　　要：5'－シチジル酸のナトリウム塩で呈味はそれほど強くないが，核酸系調味料との併用やアミノ酸類との併用で調味の目的で使用されたり，シチジル酸と同様に，調製粉乳の組成を母乳に近付けるために使用される。

主な用途：調味料

使用基準：なし

成分規格：第9版食品添加物公定書

表示方法：簡略名 シチジル酸Na，シチジル酸ナトリウム　一括名「調味料（核酸）」の範囲

シトラール（指定）

英　　名：Citral

概　　要：天然にはレモングラス油や，ベルベナ油，レモン油など多くの果実類に含まれる。合成法で作られ，無～淡黄色の透明な液体で，レモンのような香気を有する。

　　　　　イチゴ，レモン，アップルなどの果実フレーバーとして使われる。

主な用途：香料

使用基準：着香の目的に限る

成分規格：第9版食品添加物公定書，ＦＡＯ／ＷＨＯ規格

安 全 性：ＦＡＯ／ＷＨＯ　ＡＤＩ０～0.5mg/kg

表示方法：簡略名なし，一括名「香料」の範囲

付　　記：米国　§182.60，ＦＣＣ規格あり

シトロネラール（指定）

英　　名：Citronellal

概　　要：天然にはシトロネラ油の主成分として，またレモン，ローズその他の精油中に含まれる。シトロネラ油を分離精製するか，合成法で作られ，無色透明な液体で特有の香気を有する。

　　　　　食品香料としては，リンゴ，バナナ，チェリーなどのフルーツフレーバーとして使われる。

主な用途：香料

使用基準：着香の目的に限る

成分規格：第9版食品添加物公定書

表示方法：簡略名なし，一括名「香料」の範囲

付　　記：米国　§172.515，ＦＣＣ規格あり

シトロネロール（指定）

英　　名：Citronellol

概　　要：天然には多くの精油中に含まれる。シトロネロールの還元またはテレピン油からの合成法で作られ，無色透明な液体で特有の香気を有する。

　食品香料としては，フルーツフレーバー，ハニーフレーバーなどに使われる。

主な用途：香料

使用基準：着香の目的に限る

成分規格：第9版食品添加物公定書，ＦＡＯ／ＷＨＯ規格

安　全　性：ＦＡＯ／ＷＨＯ　ＡＤＩ０〜0.5mg/kg

表示方法：簡略名なし，一括名「香料」の範囲

付　　記：米国　§172.515，ＦＣＣ規格あり

1，8－シネオール（指定）

（別名　ユーカリプトール）

英　　名：1, 8-Cineole

概　　要：天然には多くの精油中に含まれる。ユーカリプトールの含有量の多い精油を精留し精製するか，合成法で作られる。無〜淡黄色の透明な液体で，ユーカリの葉様の香気を有する。

　キャンディーなどの飴類，パンの付香などに使われる。

主な用途：香料

使用基準：着香の目的に限る

成分規格：第9版食品添加物公定書

表示方法：簡略名なし，一括名「香料」の範囲

付　　記：米国　S172.515，ＦＣＣ規格あり

ジフェニル（既存）

（別名　ビフェニル）

英　　名：Diphenyl

概　　要：欧米で広く使用されている柑橘類用の防かび剤で，合成法で作られる。

　ポストハーベスト農薬（収穫した後で使う農薬）として開発されたカビ防止効果のある保存料である。無〜白色の結晶または結晶性粉末で，特異なにおいがある。

　本品は特に柑橘類の腐敗菌である緑かび病菌，青かび病菌に抗菌効果がある。本品を塗付した紙を柑橘類の輸送容器中に入れて密閉すると，徐々に昇華して果実表皮に浸透し，貯蔵病害菌の発生を防止する。

主な用途：防かび剤

使用基準：グレープフルーツ，レモン，オレンジ類の貯蔵，運搬に用いる容器に入れる紙片に湿潤させて使用する，残存量が規定されている

成分規格：第9版食品添加物公定書，ＦＡＯ／ＷＨＯ規格

安 全 性：ＦＡＯ／ＷＨＯ ＡＤＩ０〜0.05mg/kg（条件付き　0.05〜0.25mg/kg）

表示方法：用途名（「防かび剤」または「防ばい剤」）併記，簡略名 DP
　　　　　なお，本品で処理した柑橘類は，ばら売りの場合も，その売場の近く
　　　　　に表示するように指導されている（S46.3.17，環食化第32号）

付　　　記：ＥＵ　Ｅ230

ジブチルヒドロキシトルエン（指定）

英　　名：Butylated Hydroxytoluene

概　　要：ジブチルヒドロキシトルエンは，通常，ＢＨＴと呼ばれる化学的に合
成された酸化防止剤である。4−ヒドロキシトルエンに3級ブタノール2分子を反
応させて得られる。
　　ＢＨＴは，食用油脂，魚介乾製品，魚介塩蔵品などに，酸化防止の目的で使わ
れている。

主な用途：酸化防止剤

使用基準：油脂，バター，魚介塩蔵品，魚介乾製品，生食用を除く魚介冷凍品，
　　　　　生食用以外の鯨冷凍品，チューインガム，乾燥裏ごしいもに限る，量
　　　　　的規制がある

成分規格：第9版食品添加物公定書，ＦＡＯ／ＷＨＯ規格

安 全 性：ＦＡＯ／ＷＨＯ ＡＤＩ０〜0.3mg/kg

表示方法：用途名「酸化防止剤」併記，簡略名 ＢＨＴ

付　　　記：米国　§172.115，ＦＣＣ規格あり
　　　　　ＥＵ　Ｅ321

ジベンゾイルチアミン（指定）

英　　名：Dibenzoyl Thiamine

概　　要：チアミン（ビタミンB_1）は，脚気を防ぐ働きを持つ成分として，米ぬ
かから抽出された水に溶けやすいビタミンである。米や小麦の胚芽，肉，緑黄色
野菜などに含まれており，生理的な作用として，消化液の分泌を促進する働き，
神経系統の調整をとるなどの働きがある。
　　ビタミンB_1は，水に溶けやすいが，熱に弱く，紫外線で分解されやすく，アル
カリ性や中性で不安定という性質がある。このような不安定な性質を改善したり，
使いやすくするために，様々な塩（えん）や誘導体が開発されている。
　　ジベンゾイルチアミンもチアミン誘導体の一つであり，水に溶けにくく，加熱
に強い，においのない白色の粉末になっている。
　　白米の強化，小麦粉，パン，めん類をはじめ，味噌，醤油，乳製品，マーガリ
ン，菓子類，清涼飲料水などにビタミンB_1を補う目的などで使われている。

主な用途：強化剤（ビタミンB_1の強化）

シボウゾク　171

使用基準：なし
成分規格：第9版食品添加物公定書
安 全 性：栄養成分は，ＪＥＣＦＡでは評価対象外，
　　　　　日本では亜慢性毒性や特殊毒性試験が行われている
表示方法：栄養強化の目的で使用した場合の表示は免除される
　　　　　表示する場合の簡略名 チアミン，ビタミンB_1，V.B_1

ジベンゾイルチアミン塩酸塩 （指定）

英　　名：Dibenzoyl Thiamine Hydrochloride
概　　要：水に難溶にしたジベンゾイルチアミンを，水に溶けやすくするために
塩酸塩にしたものである。
主な用途：強化剤（ビタミンB_1の強化）
使用基準：なし
成分規格：第9版食品添加物公定書
安 全 性：→ ジベンゾイルチアミン
表示方法：→ ジベンゾイルチアミン

脂肪酸類 （指定）

英　　名：Fatty Acids
概　　要：動植物油脂に含まれる炭素数の少ない低級脂肪酸は，バター臭，チー
ズ臭など特有の香気を有する。これらの香気成分を着香の目的で使われる脂肪酸
類を総括する。
主な用途：香料
使用基準：着香の目的に限る
表示方法：簡略名なし　一括名「香料」の範囲
付　　記：動植物油脂を加水分解して得られる脂肪酸の主成分であるラウリン
　　　　　酸（C_{12}），パルミチン酸（C_{16}），ステアリン酸（C_{18}）などの高級脂肪
　　　　　酸は，着香の目的で使用されることはなく，滑沢剤や食品添加物の脂
　　　　　肪酸エステル類の原料などに使われる．このため，これらは既存添加
　　　　　物名簿に「高級脂肪酸」として収載されている

脂肪族高級アルコール類 （指定）

英　　名：Aliphatic Higher Alcohols
概　　要：着香の目的で使われる脂肪族高級アルコール類である。油脂を加水分
解して得た脂肪酸を還元して作られる。
主な用途：香料
使用基準：着香の目的に限る
表示方法：簡略名なし，一括名「香料」の範囲

脂肪族高級アルデヒド類 （指定）

英　　名：Aliphatic Higher Aldehydes
概　　要：油脂を加水分解して得られる脂肪酸より作られ，着香の目的で使われる脂肪族高級アルデヒド類を指す。
主な用途：香料
使用基準：着香の目的に限る
表示方法：簡略名なし，一括名「香料」の範囲

脂肪族高級炭化水素類 （指定）

英　　名：Aliphatic Higher Hydrocarbons
概　　要：油脂を加水分解して得られる脂肪酸より作られ，着香の目的で使われる脂肪族高級炭化水素類を指す。
主な用途：香料
使用基準：着香の目的に限る
表示方法：簡略名なし，一括名「香料」の範囲

2, 3－ジメチルピラジン （指定）

英　　名：2, 3-Dimethylpyrazine
概　　要：ピラジン環の2と3の位置にメチル基が置換したピラジン類である。
　天然では，生落花生，緑茶等に含まれ，食品では食肉，エビ，ジャガイモなどの加熱調理品，コーヒーやカカオの焙煎などにより生成する。
　焼菓子，食品製品，飲料，アイスクリームなどの香味，風味の向上を目的として配合される。
主な用途：香料
使用基準：着香の目的に限る
成分規格：第9版食品添加物公定書，ＦＡＯ／ＷＨＯ規格
安 全 性：食品安全委員会 香料の目的では安全性に懸念なし
表示方法：簡略名なし，一括名「香料」の範囲
付　　記：米国　ＦＥＭＡ／ＧＲＡＳ，ＦＣＣ規格あり

2, 5－ジメチルピラジン （指定）

英　　名：2, 5-Dimethylpyrazine
概　　要：ピラジン環の2と5の位置にメチル基が置換したピラジン類である。
　天然では，アスパラガス，生落花生，緑茶等に含まれ，食品では食肉，エビ，ジャガイモなどの加熱調理品，コーヒーやカカオの焙煎などにより生成する。
　焼菓子，食品製品，飲料，アイスクリームなどの香味，風味の向上を目的として配合される。
主な用途：香料

ジャマイカ　173

使用基準：着香の目的に限る
成分規格：第9版食品添加物公定書，ＦＡＯ／ＷＨＯ規格
安 全 性：食品安全委員会 香料の目的では安全性に懸念なし
表示方法：簡略名なし，一括名「香料」の範囲
付　　記：米国　ＦＥＭＡ／ＧＲＳＳ，ＦＣＣ規格あり

2, 6－ジメチルピラジン （指定）
英　　名：2, 6-Dimethylpyrazine
概　　要：ピラジン環の2と6の位置にメチル基が置換したピラジン類である。
　天然では，アスパラガス，生落花生，緑茶等に含まれ，食品では食肉，エビ，ジャガイモなどの加熱調理品，コーヒーやカカオの焙煎などにより生成する。
　焼菓子，食品製品，飲料，アイスクリームなどの香味，風味の向上を目的として配合される。
主な用途：香料
使用基準：着香の目的に限る
成分規格：第9版食品添加物公定書，ＦＡＯ／ＷＨＯ規格
安 全 性：食品安全委員会 香料の目的では安全性に懸念なし
表示方法：簡略名なし，一括名「香料」の範囲
付　　記：米国　ＦＥＭＡ／ＧＲＳＳ，ＦＣＣ規格あり

2, 6－ジメチルピリジン （指定）
英　　名：2, 6-Dimethylpyridine
概　　要：ピリジン環の2と6の位置にメチル基が置換したピリジン類である。
　天然では，ウイスキー，コーヒー，ビール，しょうゆ等の食品中に存在し，また，紅茶の焙煎および豚肉の加熱調理により生成する成分である。
　スナック菓子，焼菓子，肉製品，スープ類，グレービーソース類，ナッツ製品等様々な加工食品などの香味，風味の向上を目的として配合される。
主な用途：香料
使用基準：着香の目的に限る
成分規格：第9版食品添加物公定書，ＦＡＯ／ＷＨＯ規格
安 全 性：食品安全委員会 香料の目的では安全性に懸念なし
表示方法：簡略名なし，一括名「香料」の範囲
付　　記：米国　ＦＥＭＡ／ＧＲＳＳ，ＦＣＣ規格あり

ジャマイカカッシア抽出物 （既存）
（別名　カッシアエキス）
英　　名：Jamaica Quassia Extract
概　　要：ジャマイカカッシアは，ニガキ科の木である。この木の幹枝または樹

皮から，水で抽出される成分が，ジャマイカカッシア抽出物であり，有効成分としてクアシンおよびネオクアシンを含むため，苦味がある。

主な用途：苦味料

使用基準：なし

表示方法：簡略名 カッシア，一括名「苦味料」の範囲

付　　記：日本食品添加物協会自主規格あり

シュウ酸 (指定)

英　　名：Oxalic Acid

概　　要：シュウ酸は，植物界を中心に自然界に広く存在する有機酸の一つである。食用植物としてはホウレン草に比較的多く含まれていることがよく知られており，緑茶にも含まれている。

　シュウ酸は，ブドウ糖を酸化することによっても得られるが，現在は，化学的な合成方法で作られており，無色の結晶が市販されている。

　シュウ酸は，デンプンの加水分解による水あめやブドウ糖の製造に使用されている。使用基準では，使用した後，食品の完成前に除去することが定められている。

主な用途：製造用剤（加工助剤）

使用基準：最終食品の完成前に除去する

成分規格：第9版食品添加物公定書

安全性：ＪＥＣＦＡでは未評価，シュウ酸は，劇物であり，体内で難溶性のシュウ酸カルシウムを生成して毒性を発揮するとされている。ただし，前述のとおり除去され，食品添加物としての摂取はない

表示方法：簡略名なし

　　　　　　ただし，使用方法は加工助剤であり，表示は義務づけられていない

臭素酸カリウム (指定)

英　　名：Potassium Bromate

概　　要：水酸化ナトリウムに臭素を反応して作られる白色結晶性粉末で，水に低温では溶けにくいが，温度が上がれば溶解度は増す。

　製パン時に小麦粉に添加すると，たん白分解酵素の活性を適度に規制して生地中のグルテンの性質を向上するので，製パン性を向上する。

　かつては，酸化剤として，かまぼこ，魚肉ハム・ソーセージの改質にも使われていたが，本品に発ガン性の疑いが生じ，1983年に最終食品に残存しないことを条件としてパンに限定された。現在は，本品の代替品としてビタミンＣが使われているが，焼成により本品が分解されることが確認された一部の食パン等に限って使われている。

主な用途：製造用剤（パン用改質剤）

シュセキサン　175

使用基準：パンのみ，使用量規制あり。最終食品の完成前に除去する
成分規格：第9版食品添加物公定書，ＦＡＯ／ＷＨＯ規格
表示方法：加工助剤
付　　記：米国　§172.730，ＦＣＣ規格あり
　　　　　ＥＵ　Ｅ924

DL－酒石酸（指定）
（別名　*dl*－酒石酸）
英　　名：DL-Tartaric Acid
概　　要：酒石酸は，やや渋味を伴った酸味がある，食品用の代表的な有機酸の
一つである。
　DL－酒石酸は，合成法によって作られるが，市場では，現在，ほとんど流通
していない。
成分規格：第9版食品添加物公定書
→　Ｌ－酒石酸

Ｌ－酒石酸（指定）
（別名　*d*－酒石酸）
英　　名：L-Tartaric Acid
概　　要：酒石酸は，代表的な食品用の有機酸の一つで，やや渋味を伴った酸味
がある。自然界では，ブドウなどの植物を中心に広く常在している。
　食品では，ワインの中に多く含まれており，時には，そのカリウム塩が酒石と
して沈殿を生じることがよく知られている。
　Ｌ－酒石酸は，酒石を原料としてこれをカルシウム塩にした後，分解・精製し
て作られる。
　合成法で作られるDL－酒石酸も食品添加物として指定されているが，現在，
市場には，ほとんど流通していない。
　食品には，主に，酸味を付ける目的で，清涼飲料水を中心に，いろいろな食品
に使用されているが，通常は，他の有機酸と併用されることが多い。
主な用途：酸味料
使用基準：なし
成分規格：第9版食品添加物公定書，ＦＡＯ／ＷＨＯ規格
安　全　性：ＦＡＯ／ＷＨＯ　Ｌ-体　ＡＤＩ（L－酒石酸とその塩類）0 ～ 30mg/kg，
　　　　　DL－体　未評価
表示方法：簡略名 酒石酸，一括名「酸味料」，「pH調整剤」，「膨脹剤」の範囲
付　　記：米国　§184.1099，ＦＣＣ規格あり
　　　　　ＥＵ　Ｅ334

DL－酒石酸水素カリウム（指定）

（別名　*dl*－酒石酸水素カリウム）

英　　名：Potassium Hydrogen DL-Tartrate

概　　要：DL－酒石酸水素カリウムは，DL－酒石酸のカリウム塩の一つ（酸性塩）であるが，あまり使われていない。

成分規格：第9版食品添加物公定書

安 全 性：→ L－酒石酸

→ L－酒石酸水素カリウム

L－酒石酸水素カリウム（指定）

（別名　*d*－酒石酸水素カリウム）

英　　名：Potassium Hydrogen L-Tartrate

概　　要：酒石酸水素カリウムは，酒石酸のカリウム塩の一つであり，L－酒石酸水素カリウムは，ブドウ汁等の植物性食品にも常在している。一般的には，酒石酸とカリウム塩類の反応で作られるが，酒石から精製する方法もある。清涼な酸味がある無色の結晶または白色の粉末になっている。食品添加物としては，pH調整の目的や調味の目的などにも使用されるが，主として膨脹剤の酸性成分として炭酸水素ナトリウム（重曹）などとの併用で，炭酸ガスを発生させるために助剤的に配合され，焼き菓子等に使用される。

主な用途：膨脹剤，酸味料など

使用基準：なし

成分規格：第9版食品添加物公定書

安 全 性：→ L－酒石酸

表示方法：簡略名 酒石酸K，酒石酸水素カリウム，酒石酸カリウム

　　　　　　一括名「膨脹剤」，「pH調整剤」，「調味料（アミノ酸）」の範囲

付　　記：米国　§184.1077，ＦＣＣ規格あり

　　　　　　ＥＵ　E336（i）

DL－酒石酸ナトリウム（指定）

（別名　*dl*－酒石酸ナトリウム）

英　　名：Disodium DL-Tartrate

概　　要：DL－酒石酸ナトリウムは，DL－酒石酸をナトリウム塩類で中和してナトリウム塩にしたものであるが，あまり使用されていない。

成分規格：第9版食品添加物公定書

→ L－酒石酸ナトリウム

L－酒石酸ナトリウム（指定）

（別名　*d*－酒石酸ナトリウム）

英　　名：Disodium L-Tartrate

概　　要：L－酒石酸ナトリウムは，L－酒石酸をナトリウム塩類で完全に中和してナトリウム塩にしたものであり，水によく溶ける無色の結晶または白色の粉末になっている。

　食品添加物としては，単独または酒石酸と併用されて酸味の付与や酸度・pHの調整の目的で使用され，また，食品の風味の調整にも使用される。

主な用途：調味料，pH調整剤など

使用基準：なし

成分規格：第9版食品添加物公定書，⑧，ＦＡＯ／ＷＨＯ規格

安全性：→　L－酒石酸

表示方法：簡略名　酒石酸ナトリウム，酒石酸Na　一括名「調味料（有機酸）」，「pH調整剤」，「酸味料」の範囲

付　　記：米国　§184.1802，ＦＣＣ規格あり　ＥＵ　Ｅ335（ii）

ショウガ抽出物（既存）

（別名　ジンジャー抽出物）

英　　名：Ginger Extract

概　　要：ショウガの根茎より，エタノール，アセトン，ヘキサンなどで抽出して得られたものである。主成分は，ジンゲロール類，ショウガオール類である。淡黄色の液体で特有のにおいがある。水に難溶，エタノールに可溶。

　静菌作用を持つので，日持向上剤として使われる。

主な用途：製造用剤（日持向上剤）

使用基準：なし

表示方法：簡略名なし

硝酸カリウム（既存）

英　　名：Potassium Nitrate

概　　要：天然にはインド，エジプト，ベンガル地方に硝石として産出する。工業的には，硝酸ナトリウムと塩化カリウムの反応による合成法で作られる。

　無色の柱状結晶か白色の結晶性粉末で，においはなく，塩味，清涼味があり，水には易溶，エタノールにわずかに溶ける。

　本品の乾燥品は，硝酸カリウムを99.0％以上含んでいる。

　本品は食肉製品の発色剤として使われるが，これは原料肉中の硝酸還元菌により亜硝酸塩となって作用することによる。現在は，この目的では亜硝酸塩と併用するか，亜硝酸塩のみが使われることが多い。

　また，発酵調整剤としてチーズ，清酒の製造に使われる。

主な用途：発色剤

使用基準：チーズ，清酒，食肉製品，鯨肉ベーコンに限る。量の規制もある。

178　ショウサンナト

成分規格：第9版食品添加物公定書，⑧，ＦＡＯ／ＷＨＯ規格
安 全 性：ＦＡＯ／ＷＨＯ ＡＤＩ 0 ～ 5mg/kg
表示方法：用途名「発色剤」を併記，簡略名 硝酸K
付　　記：米国　§172.160，ＦＣＣ規格あり
　　　　　　　ＥＵ　　Ｅ249
　　　　　　　硝酸塩はホウレンソウ，大根，コマツナなどの野菜に広く多量に存在
　　　　　　　する。なお，厚生省の「食品添加物の一日摂取量調査」によると，日
　　　　　　　本人の硝酸塩の摂取は，ほとんど生鮮食品（野菜，きのこ，海草類）
　　　　　　　であることが確かめられている
→　亜硝酸ナトリウム

硝酸ナトリウム （既存）

英　　名：Sodium Nitrate
概　　要：天然には，チリ，ペルー，ボリビアなどにチリ硝石として産出する。
　工業的には，炭酸ナトリウムを希硝酸で中和して作られる。無色の結晶か白色
の結晶性粉末で，においはなく，塩味があり，水には易溶，エタノールにわずか
に溶ける。本品の乾燥品は，硝酸ナトリウムを99.0％以上含んでいる。
　本品は，食肉製品の発色剤として使われるが，これは原料肉中の硝酸還元菌に
より亜硝酸塩となって作用することによる。現在は，この目的では亜硝酸塩と併
用するか，亜硝酸塩のみが使われることが多い。
　また，発酵調整剤としてチーズ，清酒の製造に使われる。
主な用途：発色剤
使用基準：チーズ，清酒，食肉製品，鯨肉ベーコンに限る。各残存量が規制され
　　　　　　　ている。
成分規格：第9版食品添加物公定書，ＦＡＯ／ＷＨＯ規格
安 全 性：ＦＡＯ／ＷＨＯ ＡＤＩ 0 ～ 5mg/kg
表示方法：用途名「発色剤」を併記，簡略名 硝酸Na
付　　記：米国　§172.170，ＦＣＣ規格あり
　　　　　　　ＥＵ　　Ｅ251
→　硝酸カリウム，亜硝酸ナトリウム

焼成カルシウム （既存）

英　　名：Calcinated Calcium
概　　要：焼成カルシウムは，比較的多量にカルシウムを含有する物質を原料と
して高温で焼いたものである。原料のカルシウム含有物には，うにの殻，ホタテ
貝などの貝殻，鶏卵の殻，牛などの動物の骨および魚の骨，造礁サンゴの死骸，
乳清（酸カゼインホエイ）が使われている。
　主成分は，うに殻，貝殻，卵殻および造礁サンゴを原料にして焼成したものは

「酸化カルシウム（生石灰）」であり，焼成（焼き方）が不十分な場合には，炭酸カルシウムが残っていることがある。また，骨および乳清を原料としたものは「リン酸カルシウム」類である。純度的には，類似の化学的に合成したものに近い場合もあるが，一般的には，原料に付随するいろいろな不純物が含まれている。これらのカルシウム剤は，カルシウム強化の目的で，強化剤として使用されることがあり，また，食品添加物としての用法ではなく，いわゆる健康食品として錠剤の形で市販されていることもある。

　貝殻と卵殻を原料にする焼成カルシウムは，水に溶けて強いアルカリ性を示すため，中華めん風のめん類に，「かんすい」と同様の目的で使用されることもある。

主な用途：強化剤（カルシウム強化），製造用剤
使用基準：なし
表示方法：簡略名 焼成Ca，一括名「イーストフード」の範囲
　　　　　　栄養強化の目的で使用した場合の表示は免除される
→ うに殻焼成カルシウム，貝殻焼成カルシウム，骨焼成カルシウム，造礁サンゴ焼成カルシウム，乳清焼成カルシウム，卵殻焼成カルシウム
→ 生石灰，炭酸カルシウム，未焼成カルシウム，リン酸三カルシウム

植物性ステロール（既存）

（別名　フィトステロール）
英　　名：Vegetable Sterol
概　　要：植物性油脂中に広く存在し，油脂の不鹸化物の主要成分である。

　植物性油脂から，メタノール，エタノール，アセトン等の特定の有機溶剤で抽出して得られ，主成分はフィトステロールである。白～わずかに黄色を帯びた白色の粉末，ほとんどにおいがない。水に不溶，油脂に微溶で，通常油脂に溶かして使用する。

　親油性に富むので，W/O乳化剤として利用される。

主な用途：乳化剤
使用基準：なし
成分規格：第9版食品添加物公定書
表示方法：簡略名 ステロール，一括名「乳化剤」の範囲

植物タンニン（既存）

（名簿名称　タンニン（抽出物））
英　　名：Vegetable Tannin
概　　要：タンニン（抽出物）の一種で，五倍子，タラ末または没食子を原料とし，水で抽出して得られたものである。

　主成分は，タンニンおよびタンニン酸である。

180　ショクブツタン

成分規格：第9版食品添加物公定書
→　タンニン（抽出物）

植物炭末色素（既存）
（別名　炭末色素）
英　　名：Vegetable Carbon Black
概　　要：植物を乾燥し，炭化したものが，植物炭末であり，主成分は黒色の炭素である。通常は，水蒸気賦活法により高温で加熱・炭化して作られている。
主な用途：着色料
使用基準：着色の目的では，こんぶ類，食肉，鮮魚介類（鯨肉を含む），茶，のり類，野菜およびわかめ類には，使用できない
成分規格：ＦＡＯ／ＷＨＯ規格
安 全 性：ＦＡＯ／ＷＨＯ
表示方法：用途名「着色料」併記，または「色素」名で表示，簡略名 炭末
付　　記：ＥＵ　Ｅ153
　　　　　　日本食品添加物協会自主規格あり

植物レシチン（既存）
（別名　レシチン）
英　　名：Vegetable Lecithin
概　　要：広義のレシチンは動植物界に広く分布している生体膜の構成成分の一つで，フォスファチジルコリン，フォスファチジルエタノールアミン，フォスファチジルイノシトール，その他を含むリン脂質の混合物の総称である。
　　実用されているレシチンには，植物レシチンと卵黄レシチンがあり，植物レシチンは，昔から最も汎用されている乳化剤である。
　　工業的には，大豆油の製造工程で粗製植物油に加水して不溶となる物質を除く工程（デガミング）で得られるガム状物を脱水して作られる。
　　市場のレシチンは，通常，油脂を加えて含量60 ～ 70％にして含量や粘度を調整したもので，淡黄～暗褐色で透明～半透明の粘稠性の液状物質である。
　　これをアセトンで精製し，アセトン不溶物として分離した高純度レシチンは白色粉末もある。水で水和して分散し，アセトンには難溶。
　　本品は安価な汎用性乳化剤で，乳化，分散，湿潤，消泡その他の効果に優れる。
　　マーガリン，ショートニング，乳製品の乳化剤，チョコレートの粘度低下剤，パンの老化防止剤，めん類の食感改良剤などの他，酸化防止剤として，また栄養強化剤として，多彩な用途に使用されている。
主な用途：乳化剤
使用基準：なし
成分規格：第9版食品添加物公定書（レシチン），ＦＡＯ／ＷＨＯ規格

安全性：ＦＡＯ／ＷＨＯ ＡＤＩ 制限なし

表示方法：簡略名 レシチン，一括名「乳化剤」の範囲

付　　記：米国　§184.1400，ＦＣＣ規格あり　EU E322
　　　　　　本品は天然添加物であるが，古くから汎用されているので「レシチン」として食品添加物の成分規格が作られてきた。植物レシチン，卵黄レシチン，分別レシチンは本規格に合致するが，酵素分解レシチン，酵素処理レシチンは本規格外である。なお，狭義の"レシチン"とは，フォスファチジルコリンを指す

食用青色１号 （指定）

（別名　ブリリアントブルーＦＣＦ）

英　　名：Food Blue No.1

概　　要：青色１号は，欧米諸国でも使われている，水やアルコールなどに溶けるが，油脂類には溶けない，青色の着色料である。熱，光，酸などに強いが，着色性はあまり強くない。

　青色に着色される食品はあまり多くないため，青色のまま使われることは少なく，他の着色料と組み合わせて緑色の食品やぶどう色やチョコレート色に着色する目的で，清涼飲料水，冷菓，ゼリー，菓子類や野菜類の漬物などに使用されている。

主な用途：着色料

使用基準：→　食用赤色2号

成分規格：第9版食品添加物公定書，ＦＡＯ／ＷＨＯ規格

安全性：ＦＡＯ／ＷＨＯ ＡＤＩ 0 ～ 12.5mg/kg

表示方式：→　食用赤色2号，ただし，簡略名 青色1号，青1

付　　記：米国　§74.101，ＣＦＲ規格あり
　　　　　　EU　　E133

食用青色１号アルミニウムレーキ （指定）

（別名　ブリリアントブルー FCFアルミニウムレーキ）

英　　名：Food Blue No.1 AlminiumLake

概　　要：水溶性の青色１号を，水に溶けにくくするために，アルミニウム塩と反応させて，アルミウムレーキにしたものである。

主な用途：着色料

使用基準：→　食用赤色2号

成分規格：第9版食品添加物公定書

安全性：→　食用青色1号

表示方式：→　食用青色1号，ただし，簡略名に，食用青色１号，ブリリアントブルー FCFを追加

182　ショクヨウアオ

付　　記：米国　§82.101

食用青色2号 (指定)

（別名　インジゴカルミン）

英　　名：Food Blue No.2

概　　要：青色2号は，インジゴカルミンまたはインジゴチンとも呼ばれ，欧米諸国でも使われている青色の着色料である。水やアルコール類には比較的溶けにくいが，グリセリンには溶ける。グリセリンや含水グリセリンなどに溶けて紫青色になる。

　青色に着色される食品はあまりないため，他の着色料と組み合わせて緑色の食品やぶどう色やチョコレート色に着色する目的で，和菓子や焼菓子などの菓子類冷菓などに使用されている。

主な用途：着色料

使用基準：→　食用赤色2号

成分規格：第9版食品添加物公定書，ＦＡＯ／ＷＨＯ規格

安 全 性：ＦＡＯ／ＷＨＯ　ＡＤＩ０～5mg/kg

表示方法：→　食用赤色2号，ただし，簡略名 青色2号，青2

付　　記：米国　§74.102，CFR規格あり
　　　　　ＥＵ　Ｅ132

食用青色2号アルミニウムレーキ (指定)

（別名　インジゴカルミンアルミニウムレーキ）

英　　名：Food Blue No.2 AlminiumLake

概　　要：水溶性の青色2号を，水に溶けにくくするためにアルミニウム塩と反応させて，アルミウムレーキにしたものである。

主な用途：着色料

使用基準：→　食用赤色2号

成分規格：第9版食品添加物公定書

安 全 性：→　食用青色2号

表示方法：→　食用青色2号，ただし，簡略名に，食用青色2号，インジゴカルミンを追加

付　　記：米国　§82.102

食用黄色4号 (指定)

（別名　タートラジン）

英　　名：Food Yellow No.4

概　　要：黄色4号は，水によく溶ける着色料であり，光や酸に対しては安定だが，熱にはあまり強くない。水溶液は黄色だが，アルカリ性では赤みが強くなる。

また，グリセリンにも溶けるが，アルコール類には溶けにくく，油脂類には溶けない。

　清涼飲料水，冷菓，ゼリー，あめ類，菓子類，つくだ煮などを，黄色に着色する目的，または他の着色料と併用してさまざまな色に着色する目的で使用される。

主な用途：着色料
使用基準：→　食用赤色2号
成分規格：第9版食品添加物公定書，ＦＡＯ／ＷＨＯ規格
安　全　性：ＦＡＯ／ＷＨＯ　ＡＤＩ0〜7.5mg/kg
表示方法：→　食用赤色2号，ただし，簡略名 黄色4号，黄4
付　　記：米国　§74.705（FD＆C Yellow No.5），ＣＦＲ規格あり
　　　　　　EU　E 102

食用黄色4号アルミニウムレーキ（指定）

（別名　タートラジンアルミニウムレーキ）

英　　名：Food Yellow No.4 AluminumLake
概　　要：水溶性の黄色4号を，水に溶けにくくするために，アルミニウム塩と反応させて，アルミウムレーキにしたものである。
主な用途：着色料
使用基準：→　食用赤色2号
成分規格：第9版食品添加物公定書
安　全　性：→　食用黄色4号
表示方法：→　食用黄色4号，ただし，簡略名に食用黄色4号，タートラジンを追加
付　　記：米国　§82.705

食用黄色5号（指定）

（別名　サンセットイエロー FCF）

英　　名：Food Yellow No.5
概　　要：黄色5号は，水に溶けて橙黄色になる合成着色料で，光・熱や酸に対しては安定である。アルカリ性では赤みが強くなり，褐色をおびた赤色になる。また，グリセリンには溶けるが，アルコール類には溶けにくく，油脂類には溶けない。

　清涼飲料水，冷菓，ゼリー，あめ類，菓子類，野菜類の漬物などを黄色に着色，または，他の着色料との併用によりさまざまな色に着色する目的で使用されている。

主な用途：着色料
使用基準：→　食用赤色2号
成分規格：第9版食品添加物公定書，ＦＡＯ／ＷＨＯ規格

安　全　性：ＦＡＯ／ＷＨＯ ＡＤＩ ０〜2.5mg/kg
表示方法：→　食用赤色2号，ただし，簡略名 黄色5号，黄5
付　　　記：米国　§74.706（FD＆C　Yellow No.6），ＣＦＲ規格あり
　　　　　　ＥＵ　E110

食用黄色5号アルミニウムレーキ（指定）
（別名　サンセットイエロー FCFアルミニウムレーキ）
英　　　名：Food Yellow No.5 AlminiumLake
概　　　要：水溶性の黄色5号を，水に溶けにくくするために，アルミニウム塩と反応させて，アルミウムレーキにしたものである。
主な用途：着色料
使用基準：→　食用赤色2号
成分規格：第9版食品添加物公定書
安　全　性：→　食用黄色5号
表示方法：→　食用黄色5号，ただし，簡略名に食用黄色5号，サンセットイエロー FCFを追加
付　　　記：米国　§82.706

食用赤色2号（指定）
（別名　アマランス）
英　　　名：Food Red No.2
概　　　要：赤色2号は，米国を除く欧米諸国でも使われている，水によく溶ける紫系をおびた赤色の着色料である。光や酸に対しては安定だが，熱にはあまり強くない。また，油脂類には溶けない。
　清涼飲料水，冷菓，ゼリー，氷用のいちごシロップ，菓子類などの食品を，赤色に着色する目的，または他の着色料と組み合わせてさまざまな色に着色する目的で使われている。
主な用途：着色料
使用基準：カステラ，きなこ，魚肉漬物，鯨肉漬物，こんぶ類，しょう泊，食肉，食肉漬物，スポンジケーキ，鮮魚介類（鯨肉を含む），茶，のり類，マーマレード，豆類，みそ，めん類（ワンタンを含む），野菜およびわかめ類には，使用できない。
成分規格：第9版食品添加物公定書，ＦＡＯ／ＷＨＯ規格
安　全　性：ＦＡＯ／ＷＨＯ ＡＤＩ ０〜0.5mg/kg
表示方法：用途名「着色料」併記，または「色」を含む物質名で表示
　　　　　　簡略名 赤色2号，赤2
付　　　記：ＥＵ　E123

食用赤色2号アルミニウムレーキ （指定）

（別名　アマランスアルミニウムレーキ）

英　　名：Food Red No.2 AluminiumLake

概　　要：水溶性の赤色2号を，水に溶けにくくするために，アルミニウム塩と反応させてアルミニウムレーキにしたものである。

主な用途：着色料

使用基準：→　食用赤色2号

成分規格：第9版食品添加物公定書

安 全 性：→　食用赤色2号

表示方法：→　食用赤色2号，ただし簡略名に，食用赤色2号，アマランスを追加

食用赤色3号 （指定）

（別名　エリスロシン）

英　　名：Food Red No 3

概　　要：赤色3号は，欧米諸国でもよく使われている青色をおびた赤色の着色料で水やアルコール類に溶ける。熱には安定だが，光や紫外線に不安定で，酸性では水に溶けなくなる性質があり，また，油脂類には溶けない。たん白質に対してよい着色性を持っている。

　焼菓子などの菓子類，かまぼこ，さくらんぼ，福神漬などを赤色に着色する目的，または他の色との并用で赤以外の色に着色する目的で使われている。

主な用途：着色料

使用基準：→　食用赤色2号

成分規格：第9版食品添加物公定書，ＦＡＯ／ＷＨＯ規格

安 全 性：ＦＡＯ／ＷＨＯ　ＡＤＩ０〜0.1mg/kg

表示方法：→　食用赤色2号，ただし，簡略名 赤色3号，赤3

付　　記：米国　§74.303，ＣＦＲ規格あり

　　　　　　ＥＵ　　Ｅ127

食用赤色3号アルミニウムレーキ （指定）

（別名　エリスロシンアルミニウムレーキ）

英　　名：Food Red No.3 AlminiumLake

概　　要：水溶性の赤色3号を，水に溶けにくくするために，アルミニウム塩と反応させてアルミニウムレーキにしたものである。

主な用途：着色料

使用基準：→　食用赤色3号

成分規格：第9版食品添加物公定書

安 全 性：→　食用赤色3号

表示方法：→　食用赤色3号，ただし簡略名に，食用赤色3号，エリスロシンを追加

食用赤色40号 （指定）

（別名 アルラレッドAC）

英　　名：Food Red No.40

概　　要：赤色40号は，長い間米国で使われてきた水やアルコール類に溶けやすい赤色の着色料で，現在指定されている中では，一番新しい合成着色料で，光，熱，酸に安定な特性がある。

　食品に赤色または他の着色料と組み合わせてさまざまな色に着色する目的で，菓子類，ゼリー，冷菓，清涼飲料水，漬物，ジャムなどに使われる。

　米国など北米からの輸入食品に使用されているものが，特に多く見受けられる。

主な用途：着色料

使用基準：→ 食用赤色2号

成分規格：第9版食品添加物公定書，ＦＡＯ／ＷＨＯ規格

安 全 性：ＦＡＯ／ＷＨＯ ＡＤＩ0～7mg/kg

表示方法：→ 食用赤色2号，ただし，簡略名 赤色40号，赤40

付　　記：米国 §74.340，ＣＦＲ規格あり
　　　　　　EU　E 129

食用赤色40号アルミニウムレーキ （指定）

（別名 アルラレッドACアルミニウムレーキ）

英　　名：Food Red No.40 AlminiumLake

概　　要：水溶性の赤色40号を，水に溶けにくくするために，アルミニウム塩と反応させて，アルミニウムレーキにしたものである。

主な用途：着色料

使用基準：→ 食用赤色40号

成分規格：第9版食品添加物公定書

安 全 性：→ 食用赤色40号

表示方法：→ 食用赤色40号，ただし，簡略名に，食用赤色40号，アルラレッドACを追加

食用赤色102号 （指定）

（別名 ニューコクシン）

英　　名：Food Red No.102

概　　要：赤色102号は，長い間ヨーロッパを中心に使われてきた水に溶ける赤色の着色料で，ヨーロッパでは，ボンソー4Rなどとも呼ばれている。この色素は光，熱，酸に安定な色素であり，アルコールに溶けにくく，油脂類には溶けない。菓子類，ゼリー，クリーム，ジャム，つくだ煮，漬物類，食肉ねり製品など，各種の食品を，赤色に着色する目的，または，他の着色料と併用してさまざまな色に着色する目的で使用されている。

主な用途：着色料
使用基準：→ 食用赤色2号
成分規格：第9版食品添加物公定書，ＦＡＯ／ＷＨＯ規格
安 全 性：ＦＡＯ／ＷＨＯ ＡＤＩ０〜4mg/kg
表示方法：→ 食用赤色2号，ただし，簡略名 赤色102号，赤102
付　　記：ＥＵ　Ｅ124

食用赤色104号 （指定）

（別名　フロキシン）

英　　名：Food Red No.104
概　　要：赤色104号は　水やアルコール類に溶けやすく，水に溶けて緑黄色の蛍光のある赤色となる着色料で，光に弱く，酸にも不安定であるが，熱に強く，たん白質への着色性がよい特性を持っており，主として日本で使用されている。
　菓子類，かまぼこ，ソーセージ，でんぶなどを，赤色に着色する目的，または他の着色料と併用してさまざまな色に着色する目的で使用される。
主な用途：着色料
使用基準：→ 食用赤色2号
成分規格：第9版食品添加物公定書
安 全 性：ＪＥＣＦＡでは未検討，日本では，慢性毒性や発がん性試験などの安全性を確認する試験が行われている
表示方法：→ 食用赤色2号，ただし，簡略名 赤色104号，赤104

食用赤色105号 （指定）

（別名　ローズベンガル）

英　　名：Food Red No.105
概　　要：赤色105号は，水に溶けやすく，アルコール類にも溶ける赤色の着色料で，水に溶けて紫赤色になる。光に弱く，酸にも不安定だが，熱には強く，たん白質への着色性がよい性質を持つ。主として日本で使用されている。
　菓子類，魚肉練製品，ソーセージなどを，赤色に着色する目的，他の着色料との併用による着色の目的で使用されている。
主な用途：着色料
使用基準：→ 食用赤色2号
成分規格：第9版食品添加物公定書
安 全 性：ＪＥＣＦＡでは未検討，日本では，慢性毒性や発がん性試験などの安全性を確認する試験が行われている
表示方法：→ 食用赤色2号，ただし，簡略名 赤色105号，赤105

食用赤色106号 （指定）

（別名 アシッドレッド）

英 名：Food Red No.106

概 要：赤色106号は，水とアルコール類に溶ける赤色の着色料で，水に溶けて黄色の蛍光を発する紫赤色になる。光と熱に強く，酸およびアルカリにも安定である。主として日本で使用されている。

　菓子類，食肉練製品，野菜類の漬物（醤油漬，味噌漬など）などを，赤色に着色する目的，または他の着色料と併用して様々な色に着色する目的で使用されている。

主な用途：着色料

使用基準：一 食用赤色2号

成分規格：第9版食品添加物公定書

安 全 性：ＪＥＣＦＡでは未検討，
　　　　　　日本では，慢性毒性や発がん性試験などの安全性を確認する試験が行われている

表示方法：→ 食用赤色2号，ただし，簡略名 赤色106号，赤106

食用緑色3号 （指定）

（別名 ファストグリーンFCF）

英 名：Food Green No.3

概 要：緑色3号は，水によく溶け，アルコール類にも溶ける合成着色料であり，水に溶けて青緑色を呈する。光や熱に強く，酸に対しては安定だが，アルカリには不安定で変色しやすい。緑色に着色される食品は多くなく，他の着色料と組み合わせてさまざまな色が作られて，清涼飲料水，菓子類などに使われている。ただし，日本では，あまり使われていない。

主な用途：着色料

使用基準：→ 食用赤色2号

成分規格：第9版食品添加物公定書

安 全 性：ＦＡＯ／ＷＨＯ ＡＤＩ０〜25mg/kg

表示方法：→ 食用赤色2号，ただし，簡略名 緑色3号，緑3

付 記：米国 §74.203，ＣＦＲ規格あり

食用緑色3号アルミニウムレーキ （指定）

（別名 ファストグリーンFCFアルミニウムレーキ）

英 名：Food Green No.3 AlminiumLake

概 要：水溶性の緑色3号を，水に溶けにくくするために，アルミニウム塩と反応させて，アルミウムレーキにしたものである。

主な用途：着色料

使用基準：→ 食用赤色2号
成分規格：第9版食品添加物公定書
安 全 性：→ 食用緑色3号
表示方法：→ 食用緑色3号，ただし，簡略名に 食用緑色3号，緑色3号ファスト
　　　　　　グリーンFCFを追加
付　　記：米国　§82.203

ショ糖酢酸イソ酪酸エステル （指定）

（指定名称　ショ糖脂肪酸エステル）

英　　名：Sucrose Acetate Isobutyrate

概　　要：SAIBとも略称され，ショ糖脂肪酸エステルの範疇物質とされている。
乳化剤の目的での使用になく，香料製剤の比重調整などに使用される。

→ ショ糖脂肪酸エステル （②）

ショ糖脂肪酸エステル （指定）

範疇物質：

　　①　ショ糖脂肪酸エステル

　　②　ショ糖酢酸イソ酪酸エステル

概　　要：本品には，ショ糖脂肪酸エステルとショ糖酢酸イソ酪酸エステルがある。

①　ショ糖脂肪酸エステル （指定）

英　　名：Sucrose Esters of Fatty Acids

概　　要：ショ糖と食用油脂を分解して得られた脂肪酸とのエステルであり，代表的な乳化剤の一種である。ショ糖と油脂は相溶性がないので，当初は，ジメチルホルムアミドなどの溶剤を用い，ショ糖と脂肪酸メチルとを反応させてエステル化した後，精製する方法が用いられた。その後，プロピレングリコールや水を溶媒として微細乳化状で反応させる方法や，さらに無溶媒法が開発された。ショ糖は8個の水酸基を持つので，脂肪酸の種類やエステル化の度合いにより，親水性から親油性の乳化剤まで，各種のものが作られる。

　特に日本の食品添加物は親油性乳化剤が主体で水溶性が劣るのに対し，本品はHLBが0 ～ 18まで，親油性から親水性の強い乳化剤までさまざまなものが市販されているのが特徴である。

　モノグリセリド（グリセリン脂肪酸エステル）と同様に，汎用性のある乳化剤であり，高HLB品は優れたO/W乳化能を持つため，コーヒークリーム，アイスクリーム，ホイッピングクリーム等の乳製品に使用され，低HLB品はW/O乳化能を持つためマーガリン，ファットスプレッドの乳化剤，チョコレートのブルーミング防止等に使用される。またケーキ類の起泡剤，香料，ビタミンなどの可溶化剤，

190　ショトウサク

デンプン食品の老化防止などの改良剤から，コーヒー飲料の抗菌剤まで，幅広い
用途に用いられている。

使用基準：なし

成分規格：第9版食品添加物公定書，ＦＡＯ／ＷＨＯ規格

安 全 性：ＦＡＯ／ＷＨＯ ＡＤＩ0 ～ 30mg/kg（ショ糖脂肪酸エステル，ショ糖
　　　　　　オリゴエステルおよびスクログリセリドのグループＡＤＩ）

表示方法：簡略名 ショ糖エステル，一括名「乳化剤」の範囲
　　　　　　ガムベースの目的で使用する場合は，一括名「ガムベース」の範囲

付　　記：米国　§172.859，ＦＣＣ規格あり
　　　　　　ＥＵ　　Ｅ473

②　ショ糖酢酸イソ酪酸エステル（指定）

英　　名：Sucrose Acetate Isobutyrate

概　　要：ショ糖に酢酸基とイソ酪酸基を導入したエステルで，ＳＡＩＢと略称される。1970年にショ糖エステルの範疇として認められたが，乳化力はなく，香料等の比重を調整して，香料に濁りを与える目的の比重調整剤として用いられる。

主な用途：比重調整剤）

使用基準：なし

成分規格：第9版食品添加物公定書，ＦＡＯ／ＷＨＯ規格

安 全 性：ＦＡＯ／ＷＨＯ　ＡＤＩ0 ～ 10mg/kg

表示方法：簡略名 ショ糖エステル，一括名「乳化剤」の範囲

付　　記：米国　§175.105
　　　　　　ＥＵ　　Ｅ444

しらこたん白抽出物（既存）

（別名　しらこたん白，しらこ分解物，プロタミン）

英　　名：Milt Protein

概　　要：しらこたん白は，魚類などの精巣（白子）のたん白質という意味であり，食品添加物でいう「しらこたん白質抽出物」とは，この白子の中の核酸類や塩基性のたん白質類を酸で分解し，中和して得られる「しらこ分解物」をさしている。

　しらこたん白の主要成分は，アルギニンやリシンのような塩基性のアミノ酸を主体にするたん白質（プロタミンヒストン）である。このたん白質は，比較的熱に安定であり，熱に強い菌に対する静菌性がある。このため，食品の保存の目的で使われている。

　食品添加物の「しらこたん白」は，アイナメ，サケ・マス類，カツオおよびニシンなどの精巣から，酸性にした水溶液中，室温で加水分解し，中和して取り出している。

本品は，保存の目的で魚肉練製品やデンプン系食品などに使われており，特に，熱に強い性質を活用して加熱工程のある食品で使用されている。

主な用途：保存料
使用基準：なし
成分規格：第9版食品添加物公定書
表示方法：用途名「保存料」を併記，簡略名 核たん白，しらこ

シリコーン樹脂（指定）
（別名　ポリジメチルシロキサン）

英　　名：Silicone Resin
概　　要：ポリジメチルシロキサン（シリコーン油）は，無～淡灰色の粘稠な液体またはペースト状である。シリコーン樹脂は，通常，このポリジメチルシロキサンに微量のシリカを配合しており，白色～半透明の液である。

シリコーン油は，シロキサン骨格の持つ無機性と，パラフィン類似構造の有機性の両方の特性を持っているので，耐熱性，耐久性，柔軟性，たわみ性，はっ水性を持ち，150℃の加熱にも安定で，酸，アルカリにも侵されない。

油性または水性の泡に強力な消泡作用を持ち，生理的に不活性である。醸造工業，発酵工業，その他のあらゆる食品工業で消泡剤として使われている。

主な用途：製造用剤（消泡剤）
使用基準：消泡の目的に限る。量規制あり
成分規格：第9版食品添加物公定書
安　全　性：ＦＡＯ／ＷＨＯ　ＡＤＩ０～1.5mg/kg
表示方法：簡略名 シリコーン
付　　記：米国　§173.340，ＦＣＣ規格あり（ジメチルポリシロキサンとして）
　　　　　　ＥＵ　　Ｅ900

白シェラック（既存）
（別名　白セラック，白ラック）
（名簿名称　シェラック）

英　　名：White Shellac
概　　要：シェラックの細分類品目の一つで，ラックカイガラムシの分泌する樹脂状物質を温時アルカリ水溶液で抽出し，漂白したものである。
成分規格：第9版食品添加物公定書（シェラックの内）
→ シェラック

真珠層未焼成カルシウム（既存）
（名簿名称　未焼成カルシウム）

英　　名：Non-Calcinated Mother-of-Pearl Layer Calcium

192　シンナミル

概　　要：真珠を産するアコヤ貝から，真珠の核を取り出した残りの貝殻（真珠層）を，殺菌，乾燥して粉末化したものが，真珠層未焼成カルシウムである。
　　貝殻未焼成カルシウムと同様に，主成分は炭酸カルシウムである。
主な用途：強化剤（カルシウム強化）
使用基準：なし
表示方法：栄養強化の目的で使用した場合の表示は免除される物質名表示の場合の簡略名 未焼成Ca，真珠層Ca，真珠層カルシウム
→　未焼成カルシウム

シンナミルアルコール（指定）
（別名　ケイ皮アルコール）
英　　名：Cinnamyl Alcohol
概　　要：天然には，エステルとしてケイ皮油中に含まれる。合成法で作られる無～淡黄色の液体または白～淡黄色の結晶で，特有の香気を有する。アプリコット，ブランデー，ストロベリーなどの香料として用いられる。
主な用途：香料
使用基準：着香の目的に限る
成分規格：第9版食品添加物公定書
表示方法：簡略名なし，一括名「香料」の範囲
付　　記：米国　§172.515，ＦＣＣ規格あり

シンナムアルデヒド（指定）
（別名　ケイ皮アルデヒド）
英　　名：Cinnam Aldehyde
概　　要：天然には，カシア皮油，シンナモン皮油の主成分である。合成法で作られる無～淡黄色の液体で，シンナモン様の香気を有する。スパイス類，シンナモン，コーラなどのフレーバー，また果実フレーバーにも用いられる。
主な用途：香料
使用基準：着香の目的に限る
成分規格：第9版食品添加物公定書，ＦＡＯ／ＷＨＯ規格
安　全　性：ＦＡＯ／ＷＨＯ　香料としては問題なし
表示方法：簡略名なし，一括名「香料」の範囲
付　　記：米国　§182.60，ＦＣＣ規格あり

水酸化カリウム（指定）
（別名　カセイカリ）
英　　名：Potassium Hydroxide
概　　要：塩化カリウム水溶液を，電気分解して作られた白色の粉末または粒で

ある。水酸化ナトリウムと同様に，代表的アルカリ剤で，pH調整のためのアルカリ剤，中和剤として使われる。

主な用途：製造用剤（アルカリ剤）
使用基準：最終食品の完成前に中和または除去する
成分規格：第9版食品添加物公定書（水酸化カリウム，水酸化カリウム液）
　　　　　　ＦＡＯ／ＷＨＯ規格
安 全 性：ＦＡＯ／ＷＨＯ ＡＤＩ 制限せず
表示方法：加工助剤
付　　記：米国　§184.1631，ＦＣＣ規格あり
　　　　　　ＥＵ　Ｅ525
　　　　　　生活習慣病（成人病）対策として食塩の摂取量の低減が叫ばれている。
　　　　　　日本の食品添加物はNa塩が多いので，本品はNa塩を分散させる一助
　　　　　　として1991年に指定された

水酸化カリウム液 （成分規格が設定された指定添加物の製剤）

（別名　カセイカリ液）

英　　名：Potassium Hydroxide Solution
概　　要：水酸化カリウム液は，塩化カリウム液を電気分解して製造され，水酸
化カリウムを表示量の95 ～ 120％含む，無色かわずかに着色した液体である。
　成分規格が定められており，食品の製造用剤として使われる。
　本品を濃縮，冷却，固化させたものが「水酸化カリウム」である。
成分規格：第9版食品添加物公定書　→　水酸化カリウム

水酸化カルシウム （指定）

（別名　消石灰）

英　　名：Calcium Hydroxide
概　　要：水酸化カルシウムは，一般には，消石灰として知られている白色の粉
末であり，生石灰（酸化カルシウム）に水を加えて作られる。食品製造時に，ア
ルカリ剤としてまたはカルシウム剤として使用される。また，カルシウムの強化
の目的で使用されることもある。
　本品は，強いアルカリ性を示すため，食品に直接使用することは少なく，食品
や食品素材の製造・加工の工程で製造用剤として使用されることが多い。
　直接，食品に使われる例としては，コンニャクの凝固剤としての使用がある。
主な用途：製造用剤，カルシウム強化
使用基準：カルシウムとしての使用目的と量的な制限がある
成分規格：第9版食品添加物公定書，ＦＡＯ／ＷＨＯ規格
安 全 性：ＦＡＯ／ＷＨＯ ＡＤＩ 制限せず
表示方法：栄養強化の目的で使用した場合の表示は免除される

物質名表示の場合の簡略名 水酸化Ca
付　　記：米国　§184.1205 ＦＣＣ規格あり
　　　　　ＥＵ　　Ｅ526
→　生石灰

水酸化ナトリウム（指定）

（別名　カセイソーダ）

英　　名：Sodium Hydroxide

概　　要：電解法または炭酸ナトリウムのカセイ化法で作られ，食品添加物には含量95％以上の無水物の「水酸化ナトリウム」と，含量70 〜 75％の「水酸化ナトリウム（結晶）」がある。水溶液は強アルカリ性を示す。

　化学しょう油製造時の中和剤，みかん，ももの缶詰製造時の内皮の皮剥き用などに用いられる。

主な用途：製造用剤（アルカリ剤）

使用基準：最終食品の完成前に中和または除去する

成分規格：第9版食品添加物公定書（水酸化ナトリウム，水酸化ナトリウム液）
　　　　　ＦＡＯ／ＷＨＯ規格

安 全 性：ＦＡＯ／ＷＨＯ ＡＤＩ 制限せず

表示方法：加工助剤

付　　記：米国　§184.1763，ＦＣＣ規格あり
　　　　　ＥＵ　　Ｅ524

水酸化ナトリウム液（成分規格が設定された指定添加物の製剤）

（別名　カセイソーダ液）

英　　名：Sodium Hydroxide Solution

概　　要：水酸化ナトリウム液は，水酸化ナトリウムを水に溶解して先ず40％以上の液とし，放置して炭酸ナトリウムの結晶を沈殿，除去して所定の濃度としたもので，表示量の95 〜 120％の水酸化ナトリウムを含んでいる。無色かわずかに着色した液体で，成分規格が定められている。

成分規格：第9版食品添加物公定書

→　水酸化ナトリウム

水酸化マグネシウム（指定）

英　　名：Magnessium Hydroxide

概　　要：マグネシウムの水酸化物であり，酸化マグネシウムの水和あるいは炭酸マグネシウムと水酸化ナトリウムとの反応などで作られる。

　水に分散した液はアルカリ性を示すが，アルカリ剤としての使用は少ない物と考えられ，必須ミネラルであるマグネシウム補填の目的で使用されることが想定

される。

　国際的に汎用されている食品添加物として2008年に新たに指定された。
主な用途：強化剤，製造用剤
使用基準：なし
成分規格：第9版食品添加物公定書
安　全　性：ＦＡＯ／ＷＨＯ　ＡＤＩ　制限せず
表示方法：栄養強化の目的で使用した場合は，表示を免除される
　　　　　　　表示する場合の簡略名　水酸化Mg
付　　　記：米国　　§184.1428
　　　　　　　ＥＵ　　Ｅ528

水素 （既存）

英　　名：Hydrogen
概　　要：元素H$_2$，無色，無臭，無味の気体。液化点−220℃，凝固点−257℃，沸点−252.7℃，比重0.069，低温では比較的不活性であるが，高温では活性となり，爆発範囲が広い（4〜75％）ので危険性は大きい。
　　　　　　食用植物油の硬化（水素添加），糖類の還元用等に使われる。
主な用途：製造用剤（水素添加用）
使用基準：なし
表示方法：加工助剤

水溶性アナトー （成分規格が設定された指定添加物の製剤）

英　　名：Annatto, Water-soluble
概　　要：ベニノキの種子の赤色の被覆物をアルカリで加水分解して得られるノルビキシンの塩類（指定添加物であるノルビキシンカリウムまたはノルビキシンナトリウム）を含む製剤である。作り方，使う目的に応じて赤褐〜褐色の粉末，塊，あるいはペースト状から液体までさまざまな形態がある。
主な用途：着色料
使用基準：こんぶ類，食肉，鮮魚介類（鯨肉を含む），茶，のり類，豆類，野菜，
　　　　　　わかめ類には使用できない
成分規格：第9版食品添加物公定書，ＦＡＯ／ＷＨＯ規格
安　全　性：→　アナトー色素
表示方法：着色の目的で使用した場合　用途名「着色料」併記，または「色素」
　　　　　　名で表示
　　　　　　簡略名　アナトー（色素），カロテノイド（色素），カロチノイド（色素），製剤名称（水溶性アナトー）の使用も可能
→　ノルビキシンカリウム，ノルビキシンナトリウム，アナトー色素

スクラロース（指定）

（別名　トリクロロガラクトスクラロース）

英　　名：Sucrarose

概　　要：スクラロースは，ショ糖を原料にして，その3つの水酸基を塩素で置換したもので，1976年に英国で開発された新しい甘味物質である。

　白色の結晶性の粉末で，ショ糖の約600倍という，高い甘味度をほこる。高温での安定性がよく，味が砂糖に似ているという性質がある。

　キャンディー類や清涼飲料などを中心に，採用される食品が増えている。

主な用途：甘味料

使用基準：食品全般，食品別に量的規制あり

成分規格：第9版食品添加物公定書，ＦＡＯ／ＷＨＯ規格

安 全 性：ＦＡＯ／ＷＨＯ　ＡＤＩ０～15mg/kg

表示方法：用途名「甘味料」併記，簡略名なし

付　　記：米国　§172.831，ＦＣＣ規格あり
　　　　　　ＥＵ　Ｅ955

ステアリン酸カルシウム（指定）

英　　名：Calcium Stearate

概　　要：ステアリン酸カルシウムは，ステアリン酸カルシウムとパルミチン酸カルシウムを主成分とする高級脂肪酸のカルシウム塩の混合物であり，低水溶性で粉末の流動性向上・固結防止等の機能を有し，欧米においては1920年代頃からさまざまな用途で食品に用いられてきている。

　米国では，ステアリン酸カルシウムはＧＲＡＳ物質としてフレーバー付与およびその助剤，潤滑剤，離型剤，安定剤，増粘剤，固結防止剤として使用が認められている他，食品添加物の脂肪酸塩類の一つとして，結着剤，乳化剤，固結防止剤として使用が認められている。EUでは，脂肪酸のナトリウム，カリウムおよびカルシウム塩の一つとして一般に使用が認められている。

主な用途：強化剤，製造用剤

使用基準：なし

成分規格：第9版食品添加物公定書，ＦＡＯ／ＷＨＯ規格

安 全 性：ＦＡＯ／ＷＨＯ　ＡＤＩ　設定しない

表示方法：栄養強化の目的で使用した場合は，表示を免除される
　　　　　　表示する場合の簡略名　ステアリン酸Ca

付　　記：米国　§184.1229，ＦＣＣ規格あり
　　　　　　ＥＵ　Ｅ463

ステアロ　197

ステアリン酸マグネシウム （指定）

英　　名：Calcium Stearate

概　　要：これまで，日本においては「特定保健用食品たるカプセル剤及び錠剤並びに栄養機能食品たるカプセル剤及び錠剤以外の食品に使用してはならない。」と規定されていたが，平成29年6月23日付官報厚生労働省告示第226号により，使用基準が拡大された。

米国においては，ステアリン酸マグネシウムは，ＧＲＡＳ物質として認められ，潤滑剤，離型剤および加工助剤として，適正製造規範（ＧＭＰ）の下で使用が認められている。

ＥＵにおいては，ステアリン酸マグネシウムは，脂肪酸のマグネシウム塩として添加物として認められ，固形のサプリメント（カプセル，タブレットおよび同様の形状を含み，チュアブル形状を除く），ブレス・リフレッシュ（口腔内清涼）用の菓子を含む他の菓子類などに対し，**GMP**の下で使用が認められている。

主な用途：製造用剤

使用基準：カプセル・錠剤等通常の食品形態でない食品及び錠菓以外の食品に使用してはならない

成分規格：第9版食品添加物公定書，ＦＡＯ／ＷＨＯ規格

安 全 性：ＦＡＯ／ＷＨＯ　ＡＤＩ 設定しない

表示方法：簡略名 ステアリン酸Mg

付　　記：米国　§184.1440，ＦＣＣ規格あり
　　　　　　　ＥＵ　　E470b

ステアロイル乳酸カルシウム （指定）

（別名　ステアリル乳酸カルシウム）

英　　名：Calcium Stearoyl Lactylate

概　　要：ステアロイル乳酸カルシウムは，一般にはＣＳＬと略称されているもので，ステアリン酸を主体とする高級脂肪酸と乳酸（縮合乳酸を含む）のエステル化反応物のカルシウム塩を主要成分とするさまざまな関連物質の混合物である。

化学的な反応により作られたものであるが，原料はいずれも天然にあるもので，生体内で分解して自然界にある原料に戻る。

ＣＳＬは，小麦粉や米粉を原料とする食品で，たん白質やデンプンの加工性を向上させる作用があり，製品のデンプンの老化を防ぐ作用もあり，アニオン系の乳化剤として使われる。

日本では，パン，めん類，蒸しまんじゅうなどに使われている。

主な用途：乳化剤

使用基準：菓子（小麦粉を原料とし，ばい焼したもの）とそのミックスパウダー，パンとそのミックスパウダー，米粉を原料とする生菓子とそのミックスパウダー，蒸しパンとそのミックスパウダー，小麦粉を原料とする

198　ステアロ

　　　　　　蒸しまんじゅうとそのミックスパウダー，めん類（マカロニ類を除く
　　　　　　乾めんと即席めんを除く）のそれぞれに使用量（ＳＳＬとの合計量）
　　　　　　の規定がある
安 全 性：ＦＡＯ／ＷＨＯ ＡＤＩ０〜20mg/kg（ＳＳＬとのグループ）
成分規格：第9版食品添加物公定書，ＦＡＯ／ＷＨＯ規格
表示方法：簡略名 ステアロイル乳酸Ca，ステアリル乳酸Ca
　　　　　　一括名「乳化剤」の範囲
付 　 記：米国　§172.844　ＦＣＣ規格あり
　　　　　　ＥＵ　Ｅ482

ステアロイル乳酸ナトリウム（指定）

英 　 名：Sodium Stearoyl Lactylate
概 　 要：ステアロイル乳酸ナトリウムは，一般にはＳＳＬと略称されているも
ので，ステアリン酸を主体とする高級脂肪酸と乳酸（縮合乳酸を含む）のエステ
ル化反応物のナトリウム塩を主要成分とするさまざまな関連物質の混合物である。
　化学的な反応により作られたものであるが，原料はいずれも天然にあるもので，
生体内で分解して自然界にある原料に戻る。
主な用途：乳化剤
使用基準：→ ステアロイル乳酸カルシウム
成分規格：第9版食品添加物公定書，ＦＡＯ／ＷＨＯ規格
安 全 性：→ ステアロイル乳酸カルシウム
表示方法：簡略名 ステアロイル乳酸Na
付 　 記：米国　§172.846
　　　　　　ＥＵ　Ｅ481

ステビア抽出物（既存）

（別名　ステビアエキス，ステビオサイド，ステビオシド，レバウジオシド，レ
バウディオサイド）
英 　 名：Stevia Extract
概 　 要：ステビアは，南米のパラグアイを中心に野生していたキク科の植物で
ある。現在は，中国などでも栽培されている。
　ステビア抽出物は，ステビアの葉に含まれている水に溶ける甘味成分を，室温
〜熱時水に溶かし出し，これを精製したものである。甘味の主要成分は，ステビ
オサイドとレバウディオサイドおよびそれらの関連物質からなっており，成分の
割合は，品種，精製の仕方によって変わる。味の質は，比較的砂糖に近いが，そ
の甘さは，甘味成分の含有量や精製の度合によって変わる。
　一般的には「ステビア抽出物」が使われているが，乾燥したステビアの葉を粉
砕しただけの「ステビア末」，ステビア抽出物を酵素反応によってさらに砂糖に

近い甘さに改善した「酵素処理ステビア」なども使われている。

　ステビア類は，菓子類，炭酸飲料，ジュース類，冷菓などをはじめとする各種の食品およびノンカロリー食品で，甘味料として使われている。

主な用途：甘味料

使用基準：なし

成分規格：第9版食品添加物公定書

安全性：ＦＡＯ／ＷＨＯ

　　　　　一時，（特に，粗製のステビアの安全性）に疑問が投げかけられたことがあったが，最近の研究で，人が摂取する程度では何ら問題がないことが確認されている

表示方法：用途名「甘味料」併記，簡略名 ステビア，ステビア甘味料

→ 酵素処理ステビア

ステビオール配糖体 （既存）（食品添加物公定書収載の名称）

（別名　ステビオシド　レバウジオシド）

英　名：Steviol Glycosides

概　要：ステビアは，南米のパラグアイを中心に野生していたキク科の植物である。現在は，中国などでも栽培されている。

　ステビア抽出物は，ステビアの葉に含まれている水に溶ける甘味成分を，室温～熱時水に溶かし出し，これを精製したものである。甘味の主要成分は，ステビオサイドとレバウディオサイドおよびそれらの関連物質からなっており，成分の割合は，品種，精製の仕方によって変わる。味の質は，比較的砂糖に近いが，その甘さは，甘味成分の含有量や精製の度合によって変わる。

　一般的には「ステビア抽出物」が使われているが，乾燥したステビアの葉を粉砕しただけの「ステビア末」，ステビア抽出物を酵素反応によってさらに砂糖に近い甘さに改善した「酵素処理ステビア」なども使われている。

　ステビア類は，菓子類，炭酸飲料，ジュース類，冷菓などをはじめとする各種の食品およびノンカロリー食品で，甘味料として使われている。

主な用途：甘味料

使用基準：なし

成分規格：第9版食品添加物公定書

安全性：ＦＡＯ／ＷＨＯ

　　　　　一時，（特に，粗製のステビアの安全性）に疑問が投げかけられたことがあったが，最近の研究で，人が摂取する程度では何ら問題がないことが確認されている

表示方法：用途名「甘味料」併記，簡略名 ステビア，ステビア甘味料

ステビア末 （既存）

英　　名：Powdered Stevia

概　　要：ステビア末は，ステビアの葉を粉末にしたものである。ステビアの葉に含まれている甘味成分のステビオサイドとレバウディオサイドによる甘味がある。

→　ステビア抽出物

主な用途：甘味料

使用基準：→　ステビア抽出物

安 全 性：→　ステビア抽出物

表示方法：用途名「甘味料」併記，簡略名 ステビア

付　　記：日本食品添加物協会自主規格あり

ストロベリー色素 （一般飲食物添加物）

英　　名：Strawberry Colour

概　　要：ストロベリー色素は，イチゴのうちでも主としてバラ科のオランダイチゴ（日本でもハウス栽培の一般品種になっている）の実から搾汁，または，水で抽出して得られた液を濃縮したものである。

　主色素は，アントシアニン系のシアニジングリコシド，ペラルゴニジングリコシドなどで，赤～青色を呈する。

　色は，酸性では安定だが，アルカリ性になるにしたがって不安定になる。赤色に着色する目的で，飲料，菓子類，果実酒などに使われる。

主な用途：食品添加物としては着色料

使用基準：食品添加物の目的では，こんぶ類，食肉，鮮魚介類（鯨肉を含む），茶，のり類，野菜およびわかめ類には，使用できない。

表示方法：食品として使用した場合　任意

食品添加物として使用した場合　用途名（「着色料」）併記，または「色素」名で表示，簡略名・類別名 アントシアニン，アントシアニン色素，果実色素，ベリー色素

付　　記：米国　§73.250（果汁）

EU　E163（アントシアニン類）

日本食品添加物協会自主規格あり

スピルリナ色素 （既存）

（別名　スピルリナ青色素）

英　　名：Spirulina Color

概　　要：スピルリナは，タイや米国で量産化されている，光合成の機能を持つ藍藻類の海藻である。

　スピルリナ色素は，このスピルリナから，水に溶ける成分として取り出された

鮮明な青色の色素である。熱や光に弱く，金属イオンがあると安定性が落ちる欠点がある。この欠点を補い，安定性を増すために，クエン酸ナトリウムなどと併用したり，クエン酸ナトリウムなどを加えた製剤として販売されている場合もある。

スピルリナからは，エタノールなどに溶ける色素成分（クロロフィル）も取り出されている。

スピルリナ色素は，着色の目的で，菓子類，冷菓，乳製品などに使われる。

主な用途：着色料
使用基準：こんぶ類，食肉，鮮魚介類（鯨肉も含む），茶，のり類，野菜およびわかめ類には使用できない
成分規格：第9版食品添加物公定書
表示方法：用途名（「着色料」）併記，または「色素」名で表示
簡略名 スピルリナ青（スピルリナという簡略名はない）
→ クロロフィル

スフィンゴ脂質（既存）

英　　名：Sphingolipid
概　　要：牛の脳，稲の種子または小麦の胚芽より得られた米ぬかを原料に，エタノールなど特定の有機溶剤で抽出して得られる。主成分は，スフィンゴシン誘導体である。

黄褐色ペーストまたは粉末。水に不溶，エタノール，油脂に可溶。50℃以上の高温では変化するが，低温では安定である。水でコロイド状に分散し，強い乳化作用を持つ。

主な用途：乳化剤
使用基準：なし
表示方法：簡略名なし　一括名「乳化剤」の範囲
付　　記：日本食品添加物協会自主規格あり

精製カラギナン（既存）

（名簿名称　カラギナン）

英　　名：Purified Carrageenan
概　　要：カラギナンの細分類品目の一つ。紅藻類のイバラノリ，キリンサイ，ツノマタ，スギノリ，ギンナンソウの全藻から，水またはアルカリ性の水で抽出し，精製して得られたもので，主成分はカラギナンである。
成分規格：第9版食品添加物公定書
表示方法：→ スクレロガム，ただし，簡略名 紅藻抽出物
→ カラギナン

精製シェラック（既存）

（別名　精製セラック）

（名簿名称　シェラック）

英　　名：Purified Shellac

概　　要：ラックカイガラムの分泌する樹脂状物質をエタノールまたはアルカリ性の水で抽出して得られるシェラックの細分類品目の一つで，抽出されものを，精製したものである。

成分規格：第9版食品添加物公定書（シェラックの内）

→　シェラック

生石灰（既存）

英　　名：Quicklime

概　　要：生石灰は，酸化カルシウムを主成分とする白色の粉末または塊で，炭酸カルシウムを主成分とする石灰石を高温で焼いて作られる。選別された石灰石を原料としたものは，高純度の酸化カルシウムとなっている。

　水を加えると，水と反応して消石灰（水酸化カルシウム）になり，また，空気中に放置すると，炭酸ガスを吸って炭酸カルシウムになる。

　通常は，水と反応して強いアルカリ性を示すため，食品添加物としては，製造用剤として使用されることが多い。

主な用途：製造用剤

使用基準：なし

成分規格：第9版食品添加物公定書，ＦＡＯ／ＷＨＯ規格

安 全 性：ＦＡＯ／ＷＨＯ ＡＤＩ 制限せず

表示方法：栄養強化の目的で使用した場合の表示は免除される。簡略名なし，表示する場合は品名

付　　記：米国　§184.1210

　　　　　　　ＥＵ　　Ｅ529

→　水酸化カルシウム，炭酸カルシウム

精油除去ウイキョウ抽出物（既存）

（別名　精油除去フェンネル抽出物）

英　　名：Essential Oil-removed Fennel Extract

概　　要：ウイキョウは，地中海原産のセリ科の多年草で，フェンネルとも呼ばれる。完熟したウイキョウの種子を水蒸気蒸留し，芳香成分を留去した残渣を熱水で処理して抽出し，濃縮して得られたものが精油除去ウイキョウ抽出物であり，グルコシルシナピルアルコールが主要成分となっている。

主な用途：酸化防止剤

使用基準：なし

表示方法：用途名「酸化防止剤」併記，簡略名なし

セイヨウワサビ抽出物 （既存）

（別名　ホースラディッシュ抽出物）

英　　名：Horseradish Extract

概　　要：通常，ホースラディッシュと呼ばれるセイヨウワサビは，地中海の島々が原産地で，欧米で栽培されているアブラナ科の多年生の植物である。日本では，静岡，長野を中心に栽培されている。

　日本ワサビに似た辛みのある鉛筆型の根を有する。この根を粉砕し，水蒸気蒸留などで抽出した主要成分としてイソチオシアナートを含むものが，セイヨウワサビ抽出物である。

主な用途：酸化防止剤，製造用剤

使用基準：なし

表示方法：簡略名なし　酸化防止の目的で使用した場合は，用途名「酸化防止剤」併記

付　　記：日本食品添加物協会自主規格あり

ゼイン （既存）

（別名　トウモロコシたん白）

英　　名：Zein

概　　要：トウモロコシの種子を粉末化してエタノール，またはアセトンで抽出し，精製したものである。白～淡黄色の粉末。水に不溶，$60 \sim 90\%$エタノールに可溶。エタノール溶液を乾燥すると，水，空気が透過しにくい被膜を形成するので，食品の防湿，酸化防止，艶だしなどに利用される。

主な用途：製造用剤（被膜剤）

使用基準：なし

表示方法：簡略名なし

ゼオライト （既存）

英　　名：Zeolite

概　　要：ゼオライトは，結晶性のアルミノケイ酸ナトリウムを主体とする沸石系のものと，カリウムを主要成分とする粘土質の海緑石のような，ケイ酸質の交換体からなる鉱物性土壌成分の総称として使われている。

　ケイ酸四面体を母体とし，アルミン酸基を交換基として持っているので，イオン交換性があり硬水の軟化などイオン交換用として用いられる。

　化学的な合成法で作られるゼオライトもあるが，これは既存添加物に該当しないため使用できない。使用に際しては注意する必要がある。

主な用途：製造用剤

使用基準：なし

表示方法：類別名 不溶性鉱物性物質

セージ抽出物 （既存）

英　　名：Sage Extract

概　　要：セージは，アメリカで最も一般的なスパイスの一つとして使われているもので，シソ科の多年草サルビアの葉である。サルビアは欧米，トルコ，日本などで広く栽培されている。この葉から，水，エタノールまたはヘキサンなどで抽出し，精製して得られたものが，セージ抽出物であり，有効成分としてフェノール性ジテルペン類およびカルノシン酸を含み，抗酸化力を有する。

　　短時間の熱には安定であり，ビタミンE類などと併用されることもある。

主な用途：酸化防止剤

使用基準：なし

表示方法：用途名「酸化防止剤」併記，簡略名なし

セピオライト （既存）

英　　名：Sepiolite

概　　要：セピオライトは，マグネシウムを含むイノケイ酸系の鉱物であり，蛇紋石層の中に含まれる。ギリシャ，スペインなどに産出するセピオライト鉱石を粉砕して，灰白色の繊維状または塊状にしたもので，水，エタノールに不溶。ろ過助剤として使われる。

主な用途：製造用剤（ろ過助剤）

使用基準：なし

表示方法：加工助剤

ゼラチン （一般飲食物添加物）

英　　名：Gelatine

概　　要：動物の骨，皮等より水で抽出したもので，無～淡黄色の透明なフレークまたは粉末である。5～10倍の冷水で膨潤し，熱，エタノールに可溶。温水の溶液は粘性の非常に強いゾルとなる。

　　10～15％溶液は30℃付近で液化し，20～25℃で固化する。寒天よりは凝固力が弱く，凝固物は弾力があり，食感の柔らかなゲルを作る。

　　ゼリー，冷菓，その他のデザート，菓子類や畜肉加工品，その他に使われる。

主な用途：製造用剤（増粘安定剤など）

使用基準：なし

表示方法：食品としては任意表示，食品添加物の目的で使用した場合は，食品添加物としての表示が必要

セルラーゼ　205

L－セリン（既存）

英　　名：L-Serine

概　　要：セリンは，たん白質を構成するアミノ酸の1つで，特に，絹フィブロインなどに多く含まれており，水に溶けやすく，わずかに甘味がある。

　製法は，セリンを多量に含むたん白質を加水分解した後，セリン分を取り出して精製する方法が実用化されている。また，発酵法によっても作ることができる。食品添加物としては，特有の風味を利用してフレーバーの原料や各種の食品での風味の改良目的に使用されており，また，強化の目的で各種のアミノ酸類と併用して栄養ドリンク類等に使われることもある。

主な用途：調味料

使用基準：なし

成分規格：第9版食品添加物公定書

安 全 性：栄養強化目的のアミノ酸はＪＥＣＦＡの評価対象外

表示方法：簡略名 セリン，一括名「調味料（アミノ酸）」の範囲
　　　　　　栄養強化の目的で使用した場合の表示は免除される

付　　記：米国　§172.320（アミノ酸），ＦＣＣ規格あり

セルラーゼ（既存）

（別名　繊維素分解酵素）

英　　名：Cellulase

概　　要：セルロースのβ－1,4－グルコシド結合を加水分解して，セルビオースとグルコースを生成する機能を持つ酵素である。

　担子菌（*Corticium*属，*Irpex*属および*Pycnoporus coccineus*に限る。），糸状菌（*Acremonium cellulolyticus*，*Aspergillus aculeatus*，*Aspergillus awamori*，*Aspergillus niger*，*Humicola insolens*，*Penicillium funiculosum*，*Trichoderma harzianum*，*Trichoderma insolens*，*Trichoderma koningii*，*Trichoderma longibrachiatum*，*Trichoderma reesei*および*Trichoderma viride*に限る。），放線菌（*Actinomyces*属および*Streptomyces*属に限る。）または細菌（*Bacillus circulans*および*Bacillus subtilis*に限る。）の培養物から得られたセルロースを加水分解する酵素である。

　白～淡黄～褐色の粉末，または透明～褐色の液体で，水に可溶，エタノールに不溶である。

　木材からの糖の生成，穀類の脱皮，穀物食品の軟化，脱脂大豆粉，大豆たん白，寒天の製造など多様な食品の製造に使われる。

主な用途：酵素（加水分解酵素）

使用基準：なし

成分規格：第9版食品添加物公定書

安 全 性：平成8年度厚生科学研究報告書において，「酵素については一般に，人の健康の確保に支障となるものではないと考えられる」とされている

206　ゾウショウサンゴ

表示方法：簡略名 カルボヒドラーゼ
　　　　　　一括名「酵素」の範囲，工程中で失活すれば加工助剤
付　　記：米国　§173.120（カルボヒドラーゼとして）

造礁サンゴ焼成カルシウム （既存）

（名簿名称　焼成カルシウム）

英　　名：Calcinated Coral Calcium
概　　要：造礁サンゴ焼成カルシウムは，焼成カルシウムのうち，造礁サンゴを原料としたものである。造礁サンゴといっても，海中に生きているものを採取したものではなく，イシサンゴ類の死骸（風化した造礁サンゴ）を使用するものである。サンゴの主成分は炭酸カルシウムであり，焼成することにより酸化カルシウムを主体とし，他の金属酸化物を微量含む混合物となっている。
主な用途：製造用剤，強化剤（カルシウム強化）
使用基準：なし
表示方法：簡略名 焼成カルシウム，サンゴCa，サンゴカルシウム，コーラルCa，
　　　　　　コーラルカルシウム栄養強化の目的で使用した場合の表示は免除される

粗製海水塩化カリウム （既存）

英　　名：Crude Potassium Chloride（Sea Water）
概　　要：海水には，ナトリウムを主体とし，カリウム，カルシウム，マグネシウムなどがイオン化されて（陽イオンとして）存在しており，一方，陰イオンとしては塩化物，硫酸塩などがある。
　　この塩水を濃縮すると，まず塩化ナトリウムが析出するので，これを取り除いた後，冷却すると塩化カリウムに富む成分が析出する。
　　これを食品添加物として使用するものが，「粗製海水塩化カリウム」である。
主な用途：調味料
使用基準：なし
表示方法：簡略名なし，一括名「調味料（無機塩）」の範囲
付　　記：日本食品添加物協会自主規格あり
→ 塩化カリウム，粗製海水塩化マグネシウム

粗製海水塩化マグネシウム （既存）

（別名　塩化マグネシウム含有物）

英　　名：Crude Magnecium Chloride（Sea Water）
概　　要：海水を濃縮し，塩化ナトリウムを析出分離し，その母液を冷却し，析出する塩化カリウム等を分離した残りで，主成分は塩化マグネシウムである。
　　さらに精製すると，指定添加物の「塩化マグネシウム」に該当するようになる。結晶，粒状，塊状があり，潮解性がある。主に豆腐用，油揚用凝固剤として使わ

れる。

主な用途：製造用剤（豆腐等の凝固剤）

使用基準：なし

成分規格：第9版食品添加物公定書

表示方法：簡略名なし，豆腐用凝固剤として使用した場合は，一括名「凝固剤」の範囲

→ 塩化マグネシウム

ソバ柄灰抽出物 （既存）

英　　名：Buckwheat Ash Extract

概　　要：ソバの茎，葉を灰化したものより，熱時水で抽出したもので，アルカリ金属，およびアルカリ土類金属を含む。

主な用途：製造用剤

使用基準：なし

表示方法：簡略名 植物灰抽出物

ソバ全草抽出物 （既存）

（名簿名称　ルチン（抽出物））

英　　名：Buckwheat Extract

概　　要：「ルチン（抽出物）」の細分類品目である。タデ科ソバの全草を原料にして，水，エタノールで抽出して得られたもので，主成分はルチンである。

主な用途：製造用剤

使用基準：なし

表示方法：簡略名 フラボノイド，ルチン

→ ルチン（抽出物）

ソルバ （既存）

（別名　ペリージョ，ペンダーレ，レッチェカスピ）

英　　名：Sorva, Leche Caspi

概　　要：南米に産するキョウチクトウ科ソルバの幹枝から得られたラテックス（ゴム状樹脂液）を熱時水で洗浄し，水溶性成分を除去したもので，アミリンアセタート，シスポリイソプレンを主成分としている。

　白～灰色のもろい塊で，わずかに特有のにおいがある。水，エタノールに不溶。熱時エタノール，油脂に可溶。加熱すると粘性のある樹脂状物質になる。

　チューインガムに樹脂様の食感を付与するためにガムベースに使われる。

主な用途：ガムベース

使用基準：なし

表示方法：簡略名なし，一括名「ガムベース」の範囲

付　　記：米国　§172.615，ＦＣＣ規格あり
　　　　　　日本食品添加物協会自主規格あり

ソルビタン脂肪酸エステル（指定）

英　　名：Sorbitan Esters of Fatty Acids
概　　要：本品は糖類の一種であるソルビトールを脱水したソルビタンと，食用油脂を分解して得られた脂肪酸とをエステル化して作られたソルビタンの脂肪酸エステルである。

　国際的に主要なものはソルビタンモノステアレート，ソルビタントリステアレート，ソルビタンモノラウレート，ソルビタンモノオレエート，ソルビタンモノパルミテートの5種類であるが，日本では脂肪酸の種類とエステル化度を変えることにより，各種のものが作られている。

　本品は，白～黄褐色の粉末，薄片，粒，ろう状の塊または液体である。ソルビタンモノラウレートは冷水に分散し，モノステアレート，モノパルミテートは冷水には溶けないが，温水には分散し，油脂には加温すると分散する。

　本品は純品ではなく，ソルビトール，ソルビタン，ソルパイドのモノ，ジ，トリエステルの各種エステルの混合物となるので，同じ種類でもメーカーにより規格，性能は幾分異なる。

　代表的乳化剤であるが，単独で使われる用途は少なく，主として他の乳化剤と組み合わせて使われる。

　各種乳飲料やアイスクリームなどの乳化安定に，ショートニング，クリーム類などのクリーミング性の向上の他，清涼飲料水からチューインガムまで，多くの食品に使用される。

主な用途：乳化剤
使用基準：なし
成分規格：第9版食品添加物公定書，ＦＡＯ／ＷＨＯ規格（上記5種類は個別に規格）
安　全　性：ＦＡＯ／ＷＨＯ（上記5種類は個別に規定）ＡＤＩ 0 ～ 25mg/kg（ラウリン酸，オレイン酸，パルミチン酸，ステアリン酸エステルの Group ＡＤＩ）
表示方法：簡略名 ソルビタンエステル，一括名「乳化剤」の範囲 ガムベースの目的で使用する場合は，一括名「ガムベース」の範囲
付　　記：米国　§172.842（ソルビタンモノステアレートのみ認可），ＦＣＣ規格あり
　　　　　　ＥＵ　Ｅ491，492，493，494，495（上記5種類は順に個別番号）

ソルビンサン　209

D－ソルビトール（指定）

（別名　D－ソルビット）

英　　名：D-sorbitol

概　　要：ソルビトールは天然にも広く存在し，紅藻類には13％，柑橘類以外の果実に1～10％含まれている。製法には，デンプン類の分解還元，砂糖の転化還元などがあるが，日本ではブドウ糖を還元，精製してソルビトール液を作り，これを濃縮して，含量80％以上のソルビトールとしている。そのため，別に含量50～70％のソルビトール液の成分規格もある。白色結晶性粉末で，清涼な甘味を持ち，甘味度はショ糖の60％程度である。水に溶け易く，エタノールにやや溶け難い。ソルビトール液はグリセリンより放湿吸湿速度が少なく，保湿効果が大きい。

　また，ショ糖液より浸透圧が大きく，メイラード反応を起こしにくいなどの特色がある。

　各種食品の保湿剤，品質改良剤として広く使われる。たん白質の冷凍変性の防止効果があるので，冷凍すり身に多量に使用されている。ビタミンCや乳化剤のソルビタンエステルの原料でもある。

主な用途：製造用剤（保湿剤，品質改良剤，添加物原料等）

使用基準：なし

成分規格：第9版食品添加物公定書（D－ソルビトール，D－ソルビトール液）FAO／WHO規格

安 全 性：FAO／WHO ADI 特定せず

表示方法：簡略名なし，チューインガム軟化剤として使用した場合は，一括名「軟化剤」の範囲

付　　記：米国　§184.1835，FCC規格あり
　　　　　EU　E420

D－ソルビトール液（成分規格のある指定添加物の製剤）

英　　名：D-Sorbitol

概　　要：D－ソルビトールは，合成法で溶液として製造され，50～70％まで濃縮，精製してD－ソルビトール液とする。90％以上を含む粉末のD－ソルビトールは，この液を濃縮し，結晶化して製造する。

　取り扱いが容易なので，市場では液状のものも流通しているため，「D－ソルビトール液」としての成分規格も定められている。

成分規格：第9版食品添加物公定書

→ ソルビトール

ソルビン酸（指定）

英　　名：Sorbic Acid

概　　要：ソルビン酸は，天然にはナナカマドの未成熟な実の果汁に含まれてお

り，静菌作用がある二重結合を持つ有機酸である。菌に対する力は，それほど強くはないが，カビ，酵母，好気性の菌など幅広い種類の微生物の繁殖を抑えることができる特徴がある。

　ソルビン酸は水に溶けにくいため，カリウム塩（ソルビン酸カリウム）にして水溶性を与えたものも使われている。なお，ナトリウム塩は，カリウム塩より空気中の水を吸いやすく安定性が劣るために使われていない。

　ソルビン酸は，化学的な合成法により作られている。

主 な 用 途：保存料
使 用 基 準：使用可能な食品を規定し，量的な制限もある
成 分 規 格：第9版食品添加物公定書，ＦＡＯ／ＷＨＯ規格
安 全 性：ＦＡＯ／ＷＨＯ　ＡＤＩ（ソルビン酸およびその塩類）ソルビン酸として0 ～ 25mg/kg
表 示 方 法：用途名「保存料」併記，簡略名なし
付 　 　 記：米国　§182.3089，ＦＣＣ規格あり
　　　　　　　ＥＵ　Ｅ200

ソルビン酸カリウム （指定）

英 　 　 名：Potassium Sorbate
概 　 　 要：水に溶けにくいソルビン酸を，水に溶け易くするためにカリウム塩にしたものがソルビン酸カリウムである。

　ソルビン酸は，食品が酸性領域にあるときに効果が発揮されるため，ソルビン酸カリウムは，酸性剤（有機酸など）と併用されるのが一般的である。

主 な 用 途：保存料
使 用 基 準：使用可能な食品を規定し，量的な制限もある
成 分 規 格：第9版食品添加物公定書，ＦＡＯ／ＷＨＯ規格
安 全 性：→　ソルビン酸
表 示 方 法：用途名「保存料」併記，簡略名 ソルビン酸Ｋ
付 　 　 記：米国　§182.3640，ＦＣＣ規格あり
　　　　　　　ＥＵ　Ｅ202

ソルビン酸カルシウム （指定）

英 　 　 名：Calcium Sorbate
概 　 　 要：ソルビン酸を，熱安定性を良くするためにカルシウム塩にしたものがソルビン酸カルシウムである。水への溶解性（約1.2％）は，ソルビン酸より良いが，カリウム塩（約58％）に劣る。

　ソルビン酸は，食品が酸性領域にあるときに効果が発揮されるため，ソルビン酸カルシウムは，酸性剤（有機酸など）と併用されるのが一般的である。

　静菌性は，ソルビン酸に劣るため，加熱食品などでの使用が考えられる。

主な用途：保存料

使用基準：使用可能な食品を規定し，量的な制限もある

成分規格：第9版食品添加物公定書，ＦＡＯ／ＷＨＯ規格

安　全　性：→　ソルビン酸

表示方法：用途名「保存料」併記，簡略名　ソルビン酸Ca

付　　　記：米国　§182.3225，ＦＣＣ規格あり

　　　　　　　EU　　E 203

ソルビンハ（既存）

（別名　ソルバペケーニヤ）

英　　　名：Sorvinha

概　　　要：南米に産するキョウチクトウ科ソルビンハの幹枝から得られたラテックス（ゴム状の樹液）を熱時水で洗浄し，水溶性成分を除去したもので，アミリンアセタート，シスポリイソプレンを主成分としている。

　白〜灰色のもろい塊で，わずかに特有のにおいがある。水，エタノールに不溶。熱時エタノール，油脂に可溶。加熱すると粘性のある樹脂状物質になる。チューインガムに樹脂様の食感を付与するためにガムベースに使われる。

主な用途：ガムベース

使用基準：なし

表示方法：簡略名なし，一括名「ガムベース」の範囲

付　　　記：米国　§172.615，ＦＣＣ規格あり

　　　　　　　日本食品添加物協会自主規格あり

タ

ダイズサポニン（既存）

英　名：Soybean Saponin

概　要：大豆を粉砕し，水またはエタノールで抽出し，精製して得られたもので，主成分はサポニン（ソヤサポニン等）である。水，希エタノールに可溶。強い起泡力を持っている。

主な用途：乳化剤

使用基準：なし

表示方法：簡略名 サポニン，一括名「乳化剤」の範囲

→ キラヤ抽出物

ダイズ多糖類（一般飲食物添加物）

（別名　ダイズヘミセルロース）

英　名：Soybean Polysaccharides

概　要：大豆の種子より得られた多糖類で，主成分はヘミセルロースである。白～淡黄色の粉末粒状で，水に不溶であるが，数倍の水や油脂を吸収する性質がある。食物繊維の一種として使われるが，食品のボディ形成性も優れている。

主な用途：製造用剤

使用基準：なし

表示方法：食品としては任意表示，添加物の目的で使用した場合は，添加物としての表示が必要。

ダイダイ抽出物（一般飲食物添加物）

英　名：Daidai Extract

概　要：ダイダイ（橙）は，ミカン科の常緑低木であり，冬に黄熟する果実は，正月飾りにも使われる，果汁はダイダイ酢として酢の代わりに使われる。このダイダイの果皮から有効成分をエタノールで抽出したものがダイダイ抽出物である。主成分はテルペン類のリモネンで苦味がある。

主な用途：食品添加物としては苦味料

使用基準：なし

表示方法：簡略名なし，一括名「苦味料」の範囲

タウマチン（既存）

（別名　ソーマチン）

英　　名：Thaumatin

概　　要：タウマチンは，西アフリカの熱帯雨林地帯に自生するクズウコン科の植物（タウマトコッカスダニエリ）の実（種子）から酸性の水溶液で抽出したたん白質系の甘味料である。砂糖の2000倍以上という強い甘味度がある。

　微量で効果があるため甘味料としていろいろな食品に使われる。また，風味を増強する目的で，香料，香辛料，風味調味料などに使われていることもある。

主な用途：甘味料

使用基準：なし

成分規格：第9版食品添加物公定書，ＦＡＯ／ＷＨＯ規格

安 全 性：ＦＡＯ／ＷＨＯ ＡＤＩ 特定せず

表示方法：用途名「甘味料」併記，簡略名なし

付　　記：ＥＵ　Ｅ957

タウリン（抽出物）（既存）

英　　名：Taurine（Extract）

概　　要：タウリンは，動物の臓器やイカ・タコをはじめとした魚介類に多く含まれるスルホン酸基を持つ特殊なアミノ酸の一種である。体内では，システインから生合成される。タウリンは，水に溶けやすく，比較的耐熱性もあり，通常の調理法では安定であるという，使いやすい性質がある。

　製法は，タウリンを多量に含む魚介類や哺乳動物の肉および臓器から抽出して精製している。

　化学的な合成法による製造も可能で，安価であり，医薬品には使われているが，食品添加物としては使えない。

　タウリンは，イカ・タコ・貝類のエキスの風味を構成しているとともに，胆汁の分泌をよくするなどの生理的な活性もあるといわれている。

　食品添加物として水産加工食品での風味の改良目的に使用されている。また，調製粉乳などに使われたり，各種のアミノ酸類と併用して栄養ドリンク類等にも使われている。

主な用途：調味料

使用基準：なし

成分規格：第9版食品添加物公定書

表示方法：簡略名 タウリン，一括名「調味料（アミノ酸）」の範囲

ダークスイートチェリー色素（一般飲食物添加物）

英　　名：Dark Sweet Cherry Color

概　　要：サクラ（桜）は，花の鑑賞用や食用の果実（サクランボ）をとる目的

214　タマネギ

のものなどいろいろな品種があり，日本・中国やヨーロッパなどで栽培されている。このうち西洋種のバラ科セイヨウミザクラのサクランボ（チェリー）から搾汁または抽出して得られる色素が，「ダークスイートチェリー色素」である。その色素の成分は，アントシアニン系で，赤〜赤紫色を呈する。実際の食品では，ジャム，氷菓，ゼリー，菓子類，清涼飲料などに着色の目的で使用されることがある。

主な用途：食品添加物としては着色料
使用基準：食品添加物の目的では，こんぶ類，食肉，鮮魚介類（鯨肉を含む），茶，のり類，豆類，野菜およびわかめ類には，使用できない。
表示方法：食品として使用した場合　任意
　　　　　　食品添加物として使用した場合　用途名（「着色料」）併記，または「色素」名で表示，類別名　アントシアニン（色素），果実色素，チェリー色素
付　　記：ＥＵ　Ｅ163（アントシアニン）
→ チェリー色素，モレロチェリー色素

タマネギ色素 （既存）

英　　名：Onion Color
概　　要：タマネギ色素はタマネギの鱗茎（食用部分）から，水または含水エタノールで抽出したもの，あるいは，弱アルカリ性水溶液で抽出した後中和したもので，黄色のフラボノイド系の色素であり，成分に酸化防止作用を持つケルセチンを含んでいる。

この色素は，酸性では水に溶けなくなるため，中性〜アルカリ性で使用される。この使用条件では，熱や光に非常に安定で，染色性も優れており，たん白質に使うと黄褐色に染色できる。

タマネギ色素は，食肉加工品や焼き菓子類に使われており，特に，ソーセージ（外側の部分）に使うと，スモークソーセージに適したやや赤味の褐色になる。

主な用途：着色料
使用基準：こんぶ類，食肉，鮮魚介類（鯨肉を含む），茶，のり類，野菜およびわかめ類には，使用できない。
成分規格：第9版食品添加物公定書
表示方法：用途名（「着色料」）併記，または「色素」名で表示
　　　　　　簡略名　フラボノイド（色素），野菜色素
　　　　　　（注）「たまねぎ」という簡略名は認められていない

タマリンド色素 （既存）

英　　名：Tamarind Color
概　　要：タマリンドは，インドなどで栽培されているマメ科の植物で，その種子の胚乳からはガム質の物質（タマリンドシードガム）が，殻からはタンニンが

取りだされている。

タマリンド色素は，タマリンドの種子を焙焼したものから，弱アルカリ性の水溶液で抽出した後，中和して得られた，赤褐色のフラボノイド系の色素である。熱や光に安定な性質がある。

タマリンド色素は，着色の目的で，魚肉練製品，食肉練製品，めん類，菓子類などに使われている。

主な用途：着色料
使用基準：→ タマネギ色素
成分規格：第9版食品添加物公定書
表示方法：用途名（「着色料」）併記，または，「色素」名で表示
　　　　　　　簡略名　フラボノイド（色素）
　　　　　　　（注）タマリンドという簡略名は認められていない

タマリンドシードガム（既存）

（別名　タマリンドガム，タマリンド種子多糖類）

英　　名：Tamarind Seed Gum
概　　要：東南アジア一帯に生育するタマリンドの木の種子の胚乳部分より，水またはアルカリ性水溶液で抽出したもの，またはこれを酵素処理したものである。主成分はグルコースを三鎖とし，キシロース，ガラクトースを側鎖に持つキシログルカンである。褐色を帯びた灰白色の粉末で，わずかににおいがある。

　水に溶解し，その水溶液は他の天然ガム（グァーガム等）より低い粘性を持ち，耐酸，耐熱，耐塩性に優れている。砂糖，ブドウ糖など糖類を加えると相乗的に増粘する。また砂糖やアルコールを一定量以上加えるとゲル化し，弾力性のある食感のゲルを作ることができる。

　アイスクリームなどの乳化安定剤，ソースなどの増粘剤，各種デザート類のゲル化剤などに使われる。

主な用途：増粘安定剤
使用基準：なし
成分規格：第9版食品添加物公定書
表示方法：用途名「糊料」または，使用目的に応じて「増粘剤」，「安定剤」，「ゲル化剤」のいずれかを併記，簡略名 タマリンド，既存添加物増粘安定剤（多糖類）を2種以上併用するときの簡略名：増粘多糖類，この場合は用途名「増粘剤」の併記を省略できる。

タラガム（既存）

英　　名：Tara Gum
概　　要：マメ科タラの種子の胚乳部分を粉砕して得られたもの，またはこれを温熱時水で抽出して得られたもので，主成分はガラクトマンナンである。白～淡

黄色の粉末。水に膨潤し加熱すると溶解する。水溶液は中性でpHの変化には比較的安定である。

カロブビーンガム（ローカストビーンガム）やグァーガムと類似し，その中間の性質を持っているが，粘度はさらに高い。キサンタンガムと加熱後冷却するとゲルを形成する。

アイスクリームなどの氷菓，ソースなどの調味料に使われる。

主な用途：増粘安定剤
使用基準：なし
成分規格：第9版食品添加物公定書，ＦＡＯ／ＷＨＯ規格
安　全　性：ＦＡＯ／ＷＨＯ　ＡＤＩ　特定せず
表示方法：用途名「糊料」または，使用目的に応じて「増粘剤」，「安定剤」，「ゲル化剤」のいずれかを併記，ただし，簡略名なし
　　　　既存添加物増粘安定剤（多糖類）を２種以上併用するときの簡略名：増粘多糖類，この場合は用途名「増粘剤」の併記を省略できる。

タルク（既存）

英　　名：Talc
概　　要：カンラン岩，輝石，ドロマイト，マグネサイトの滑石片岩等より，混在物を除き，微粉末化したもので，主成分は含水ケイ酸マグネシウムで，少量のケイ酸アルミニウムを含むことが多い。

白～灰白色の結晶性の粉末。結晶型は単斜晶系の六角板状または葉片状の集合体で，超微粉末のために大きな表面積を持ち，非常に滑らかな感触を持っている。水，酸，アルカリ，エタノール，油脂に不溶。

チューインガムの食感を調整して弾力性を与えるので，ガムベースに添加される。また濾過助剤などにも使われる。

主な用途：ガムベース，製造用剤
使用基準：不溶性鉱物性物質としての使用基準がある（食品製造上必要不可欠の場合のみ。限度量0.5％以下。タルクをチューインガムに使圧する場合は５％以下）
成分規格：第9版食品添加物公定書，ＦＡＯ／ＷＨＯ規格
安　全　性：ＦＡＯ／ＷＨＯ　ＡＤＩ　特定せず
表示方法：簡略名　不溶性鉱物性物質，一括名「ガムベース」の範囲
付　　記：米国　§182.90（包装材料として），ＦＣＣ規格あり
　　　　ＥＵ　　Ｅ553（b）

タール色素の製剤（成分規格が設定された指定添加物の製剤）

英　　名：Preparations of Tar Colors
概　　要：着色料は，絵の具と同様に，基本的な幾つかの色を組み合わせて必要

とされる色を出すことができる。しかし，使用する際にそれぞれの色素を所定の割合で加えるのは，手間が掛かりすぎるため，あらかじめ幾つかの色素を配合して必要とする色を調整しておいた方が便利である。

このために，現在，レーキを除いて12種類ある赤，黄，緑，青色からなる色素から，必要な色素を選別して配合した製剤が造られている。

かつては，この製剤も公的な検査が必要とされていたため，製剤としての成分規格が定められている。現在は，製剤メーカーの責任による自己認証によりこの成分規格に合致しているものが，出荷されている。なお，自己認証制度の補完として，日本食品添加物協会における自主認定制度があり，タール色素製剤のメーカーの多くは，この制度に加入することにより成分規格の保証を行っている。

なお，タール色素の製剤にあっては，「食品添加物 着色料製剤」の表示の後に続けて，食品に使用したときに発揮される色調としての実効色名を併記することとされている。

主な用途：着色料
使用基準：着色料の使用基準に準ずる
成分規格：第9版食品添加物公定書
安 全 性：→ 各タール色素（食用赤色2号〜食用青色2号）
表示方法：用途名「着色料」併記，または「色」のついた簡略名で表示 物質名
　　　　　（品名，簡略名等）は，使用したタール色素を配合量順に列記

炭酸アンモニウム（指定）

英　　名：Ammonium Carbonate
概　　要：合成法で作られる白色または半透明の粉末で，アンモニア臭がある。加熱すると二酸化炭素とアンモニアを発生するので，膨脹剤の原料として使われる。
主な用途：製造用剤（膨脹剤・イーストフード）
使用基準：なし
成分規格：第9版食品添加物公定書，ＦＡＯ／ＷＨＯ規格
安 全 性：ＦＡＯ／ＷＨＯ ＡＤＩ 特定せず
表示方法：簡略名なし，一括名「イーストフード」，「膨脹剤」の範囲
付　　記：米国　§184.1137，ＦＣＣ規格あり
　　　　　ＥＵ　Ｅ503（1）

炭酸カリウム（無水）（指定）

英　　名：Potassium Carbonate
概　　要：炭酸カリウムは天然には植物の灰分中に多量に含まれる。本品は合成法で作られ，白色粉末で吸湿性が強く，水に極めて溶け易く，強いアルカリ性を示す。かんすいの主要成分である。
主な用途：製造用剤（pH調整剤，かんすい，イーストフード等）

218 **タンサンカル**

使用基準：なし
成分規格：第9版食品添加物公定書，ＦＡＯ／ＷＨＯ規格
安 全 性：ＦＡＯ／ＷＨＯ ＡＤＩ 制限せず
表示方法：簡略名 炭酸Ｋ，一括名「かんすい」，「pH調整剤」，「イーストフード」
　　　　　　の範囲
付 　 記：米国　§184.1619，ＦＣＣ規格あり
　　　　　　ＥＵ　Ｅ501（1）

炭酸カルシウム （指定）

英 　 名：Calcium Carbonate
概 　 要：炭酸カルシウムは，大理石や石灰石の主成分としてよく知られており，また，貝殻や卵殻などの主要な構成成分ともなっている。
　食品添加物として市販されているものも，化学的な合成反応によるものではなく，食品添加物の成分規格に合う炭酸カルシウムを含有する石灰石を選別して，清浄化したものを粉砕し，白色の粉末にしたものが一般的である。
　炭酸カルシウムは，中性のカルシウム塩であり，使い易いため，最も繁用されているカルシウム剤の一つである。
　食品添加物としては，カルシウムの補填や強化の目的で，いろいろな食品に使用されている。また，チューインガムの基礎剤の一部として天然系のガム質や合成系のガム用樹脂類の改質の目的にも使用されている。さらに，各種の食品の改質の目的や食品同士の固着を防ぐ目的などでも使用されている。
主な用途：強化剤（カルシウム強化），製造用剤
使用基準：使用目的およびカルシウムとしての使用量に規制あり
成分規格：第9版食品添加物公定書，ＦＡＯ／ＷＨＯ規格
安 全 性：ＦＡＯ／ＷＨＯ ＡＤＩ 制限せず
表示方法：簡略名 炭酸Ｃａ，一括名「イーストフード」，「ガムベース」の範囲
　　　　　　栄養強化の目的で使用した場合の表示は免除される
付 　 記：米国　§182.5191，§184.1191
　　　　　　ＥＵ　Ｅ170（i）

炭酸水素アンモニウム （指定）

（別名　重炭酸アンモニウム）
英 　 名：Ammonium Bicarbonate
概 　 要：アンモニア水と二酸化炭素より合成された白色の結晶性粉末で，アンモニア臭がある。吸湿性があり，水に溶けてアルカリ性を呈する。60℃以上で分解してアンモニアと二酸化炭素，水を発生する。膨脹剤の主原料である。
主な用途：製造用剤（膨脹剤）
使用基準：なし

タンサンナト　219

成分規格：第9版食品添加物公定書，ＦＡＯ／ＷＨＯ規格
安 全 性：ＦＡＯ／ＷＨＯ ＡＤＩ 制限せず
表示方法：簡略名なし，一括名「膨脹剤」の範囲
付　　記：米国　§184.1135，ＦＣＣ規格あり
　　　　　ＥＵ　Ｅ503（2）

炭酸水素ナトリウム（指定）
（別名　重炭酸ナトリウム，重炭酸ソーダ）
英　　名：Sodium Bicarbonate
概　　要：アンモニアソーダ法で合成された白色の結晶性粉末で，水に溶けて弱アルカリ性を示す。湿った空気中では徐々に分解して炭酸ソーダになる。加熱すると，50℃以上で分解して二酸化炭素を発生する。膨脹剤として単独または酸剤等と配合して使われるほか，種々の用途に用いられる。
主な用途：製造用剤（膨脹剤，かんすい，pH調整剤等）
使用基準：なし
成分規格：第9版食品添加物公定書，ＦＡＯ／ＷＨＯ規格
安 全 性：ＦＡＯ／ＷＨＯ ＡＤＩ 制限せず
表示方法：主な簡略名 重曹，重炭酸Na，一括名「かんすい」，「pH調整剤」，「膨脹剤」の範囲
付　　記：米国　§184.1736，ＦＣＣ規格あり
　　　　　ＥＵ　Ｅ500（2）

炭酸ナトリウム（指定）
（別名　炭酸ソーダ；無水物の別名　ソーダ灰）
英　　名：Sodium Carbonate
概　　要：炭酸ナトリウムは，天然には植物の灰にも含まれ，天然ソーダとしての産出もあるが，アンモニアソーダ法で多量に合成生産されている。結晶品と無水物があり，水に溶け易くアルカリ性を示す。小麦粉のたん白質に作用して弾力性を与え，淡黄色に発色させるので，かんすいとして中華めんに用いられるほか，中和剤，膨脹剤，pH調整剤などに広く使われる。
主な用途：製造用剤（中和剤，膨脹剤，その他）
使用基準：なし
成分規格：第9版食品添加物公定書，ＦＡＯ／ＷＨＯ規格
安 全 性：ＦＡＯ／ＷＨＯ ＡＤＩ 制限せず
表示方法：主な簡略名 炭酸Na，一括名「かんすい」，「pH調整剤」，「膨脹剤」の範囲
付　　記：米国　§184.1742，ＦＣＣ規格あり
　　　　　ＥＵ　Ｅ500（1）

炭酸マグネシウム（指定）

英　　名：Magnesium Carbonate

概　　要：炭酸マグネシウムはマグネサイト（菱苦土鉱），ドロマイト（白雲石）として産する。本品はマグネサイトを原料として作られ，白色のかさ高い粉末で，膨脹剤の成分となり，希釈過酸化ベンゾイルの希釈剤としても使われる。

　　　　　必須ミネラルであるマグネシウムの補填にも使用される。

主な用途：製造用剤（膨脹剤等），強化剤

使用基準：なし（かつては，使用目的等の基準があったが，廃止された）

成分規格：第9版食品添加物公定書，ＦＡＯ／ＷＨＯ規格

安 全 性：ＦＡＯ／ＷＨＯ ＡＤＩ 制限せず

表示方法：簡略名 炭酸Mg，一括名「膨脹剤」の範囲
　　　　　　栄養強化の目的で使用した場合は表示が免除される

付　　記：米国　§184.1425，ＦＣＣ規格あり
　　　　　　ＥＵ　Ｅ504

胆汁末（既存）

（別名　コール酸，デソキシコール酸）

英　　名：Powdered bile

概　　要：動物の胆汁を粉末化したもので，主成分はコール酸，デソキシコール酸である。白色の結晶性粉末，後味に苦味と甘味を持つ。水には難溶，酢酸，エタノール，アルカリ水溶液には可溶。優れた乳化力を持つ。

主な用途：乳化剤

使用基準：なし

成分規格：ＦＡＯ／ＷＨＯ規格

安 全 性：ＦＡＯ／ＷＨＯ ＡＤＩ０～1.25mg/kg

表示方法：簡略名なし，一括名「乳化剤」の範囲

付　　記：米国　§184.1560，ＦＣＣ規格あり
　　　　　　日本食品添加物協会自主規格あり

単糖・アミノ酸複合物（既存）

英　　名：Amino Acid-Sugar Reaction Product

概　　要：糖類とアミノ酸が混ざった状着で加熱されると，糖の種類，アミノ酸の種類，組み合わせにより反応の強さには差があるが，メイラード反応と呼ばれる糖とアミノ酸との反応が起り，褐色の生成物を生ずる。この糖類とアミノ酸の反応によって生じたメイラード反応生成物は，特有の香りを持つものや，抗酸化力を持つものがある。

　　　　　食品添加物として使用されるメイラード反応生成物は，グルコースなどの単糖類とアミノ酸との反応によって生じるものであり，原料となるアミノ酸は，既存

添加物名簿に収載されているもの，または食用のたん白質から解離したものに限られる。

　食肉加工食品，珍味糝，惣菜，つゆなどの酸化防止の目的に使われる。

主な用途：酸化防止剤

使用基準：なし

表示方法：用途名「酸化防止剤」併記，簡略名 糖・アミノ酸複合物

タンナーゼ（既存）

英　　名：Tannase

概　　要：タンニンを加水分解する機能を持つ酵素である。

　糸状菌（*Aspergillus niger*，*Aspergillus niger var. awamori*および*Aspergillus oryzae*に限る。）の培養物から得られた，タンニン類のデプシド結合を加水分解する酵素である。

　白〜淡黄〜褐色の粉末，または透明〜褐色の液体。水に可溶，エタノールに不溶である。

　ビール中のタンニンに作用して澄明な淡色にする他，紅茶などに用いられる。

主な用途：酵素（加水分解酵素）

成分規格：第9版食品添加物公定書

使用基準：なし

安 全 性：平成8年度厚生科学研究報告書において，「酵素については一般に，人の健康の確保に支障となるものではないと考えられる」とされている

表示方法：簡略名なし，一括名「酵素」の範囲，工程中で失活すれば加工助剤

タンニン（抽出物）（既存）

（別名　タンニン酸（抽出物））

英　　名：Tannin（Extract）

概　　要：カキの果実，くりの渋皮，五倍子，タマリンドの種子，タラ末，没食子，ミモザの樹皮より水またはエタノールで抽出して得られた多種のポリフェノール成分で，主成分はタンニンおよびタンニン酸である。

　基原物質により，次の3種類に細分される。

　a．柿タンニン，b　植物タンニン，c．ミモザタンニン

　黄白〜淡褐色の粉末で，においがないか，わずかに特有のにおいがある。渋味と収斂味がある。水，エタノールに可溶で，油脂に不溶である。空気および光で次第に暗色に変色する。卵白，ゼラチン，でんぷん，金属塩等で不溶性物質を作り，鉄イオンで黒変し，沈殿する。主として清酒中に混在するたん白質を不溶性物質として除去する清酒の除たん白質剤（おりさげ剤）として用いられ，水産加工品，漬物などにも使われる。

主な用途：製造用剤（主に除たん白質剤）

使用基準：なし
成分規格：ＦＡＯ／ＷＨＯ規格；
　　　　　ｃ．植物タンニンには食品，添加物等の規格基準・⑧
安　全　性：ＦＡＯ／ＷＨＯ　ＡＤＩ　特定せず
表示方法：簡略名　タンニン，タンニン酸
付　　記：米国　§184.1097，173.310，ＦＣＣ規格あり

チアベンダゾール（指定）

英　　名：Thiabendazole

概　　要：チアベンダゾールは，ポストハーベスト農薬（収穫した後で使う農薬）として開発された化学的な合成により作られたかび防止効果のある保存料である。広い抗菌スペクトルを持っているので，諸外国でも工業用抗菌剤，農薬としても広く使われている。食品添加物としては合成法で作られ，白〜類白色の粉末でにおいはなく，乾燥品の純度は98.0〜101.0%である。

　本品の抗菌作用はかびに限定されているが，柑橘類の防かび剤のオルトフェニルフェノールやジフェニルが，軸腐れ病や緑かび病に効果が乏しいので，これを補うために本品が認可されている。

　通常，柑橘類にはワックスエマルジョンに本品を混入して，浸漬する方法が行われ，バナナには本品を添加した鉱油乳化液に浸漬するか，収穫時にスプレーする方法が用いられる。

主な用途：防かび剤

使用基準：柑橘類，バナナに限定。残存量が規定されている。

成分規格：第9版食品添加物公定書

安　全　性：ＦＡＯ／ＷＨＯ　ＡＤＩ　0〜0.3mg／kg

表示方法：用途名（「防かび剤」または「防ばい剤」）併記，簡略名　ＴＢＺ　なお，ＴＢＺで処理した柑橘類やバナナは，ばら売りの場合も，その売場の近くに使用した旨を表示するよう指導されている（S53.8.30，環食化第36号）。

付　　記：ＥＵ　Ｅ233

チアミン塩酸塩（指定）

（別名　ビタミンB$_1$塩酸塩）

英　　名：Thiamine Hydrochloride

概　　要：チアミンは，ビタミンの一つであり，通常，ビタミンB$_1$と呼ばれている。ビタミンB$_1$は，脚気を防ぐ働きを持つ成分として，米ぬかから抽出された水に溶けやすいビタミンであり，米や小麦の胚芽，肉，緑黄色野菜などに含まれている。生理的な作用としては消化液の分泌を促進する働き，神経系統の調整をとるなどの働きがある。

ビタミンB$_1$は，熱に弱く，紫外線で分解されやすく，アルカリ性や中性で不安定であり，水に溶けやすい性質がある。このような不安定な性質を改善したり，使い易くしたいろいろな塩（えん）や誘導体が食品添加物として指定されている。いずれも人の体内では，ビタミンB$_1$として働くものである。

チアミン塩酸塩は，最も基本的なビタミンB$_1$の水溶性の塩であり，通常，白〜帯黄白色の結晶または粉末で流通している。

白米の強化，小麦粉，パン，めん類をはじめ，味噌，醤油，乳製品，マーガリン，菓子類，清涼飲料水などにビタミンB$_1$の補填・強化の目的で使われる。

主な用途：強化剤（ビタミンB$_1$の補填および強化）

使用基準：なし

成分規格：第9版食品添加物公定書

安 全 性：栄養成分のビタミン類はJECFAの評価対象外

表示方法：簡略名 チアミン，ビタミンB$_1$，V.B$_1$
　　　　　　栄養強化の目的で使用した場合の表示は免除される

付　　記：米国　§184.1875，FCC規格あり

チアミン硝酸塩 （指定）

（別名　ビタミンB$_1$硝酸塩）

英　　名：Thiamine Mononitrate

概　　要：チアミン硝酸塩は，チアミン塩酸塩と共に，代表的なビタミンB$_1$の水溶性の塩である。塩酸塩に比べて安定性が優れている。通常，白〜帯黄白色の結晶または粉末で流通している。

→　チアミン塩酸塩

主な用途：強化剤（ビタミンB$_1$補填・強化）

使用基準：→　チアミン塩酸塩

成分規格：第9版食品添加物公定書

安 全 性：→　チアミン塩酸塩

表示方法：→　チアミン塩酸塩

付　　記：米国　§184.1878

チアミンセチル硫酸塩 （指定）

（別名　ビタミンB$_1$セチル硫酸塩）

英　　名：Thiamine Dicetylsulfate

概　　要：チアミンセチル硫酸塩は，ビタミンB$_1$の吸湿性がなく，水に溶けにくい誘導体として開発されたもので，通常，無〜白色の結晶または白色の粉末で流通している。また，高級アルコール硫酸エステルの塩であることから，界面活性作用もあり，通常の使い方の他に，マーガリン，乳製品，マヨネーズ，カレールーなどにも使用される。

→ チアミン塩酸塩

主な用途：強化剤（補填・強化）

使用基準：→ チアミン塩酸塩

成分規格：第9版食品添加物公定書

安 全 性：→ チアミン塩酸塩

表示方法：→ チアミン塩酸塩

チアミンチオシアン酸塩（指定）

（別名　ビタミンB_1ロダン酸塩）

英　　名：Thiamine Thiocyanate

概　　要：チアミンチオシアン酸塩は，水に難溶性で，チアミン塩酸塩に比べて安定性の高いビタミンB_1誘導体として開発されたもので，白色の結晶または粉末であるが，現在はあまり流通していない。

→ チアミン塩酸塩

主な用途：強化剤（補填・強化）

使用基準：→ チアミン塩酸塩

成分規格：第9版食品添加物公定書

安 全 性：→ チアミン塩酸塩

表示方法：→ チアミン塩酸塩

チアミンナフタレン－1,5－ジスルホン酸塩（指定）

（別名　チアミンナフタリン－1,5－ジスルホン酸塩，ビタミンB_1ナフタレン－1,5－ジスルホン酸塩）

英　　名：Thiamine Naphthalene-1,5-disulfonate

概　　要：チアミンナフタレンジスルホン酸塩は，チアミン塩酸塩に，ナフタレン－1,5－ジスルホン酸と反応させて得られるビタミンB_1の誘導体で，水に難溶性で，吸湿性がない性質を有する白色の粉末である。炭酸アルカリなどアルカリにも強い性質があり，通常の使い方のほかに，粉末食品や固形食品にも使われる。

→ チアミン塩酸塩

主な用途：強化剤（ビタミンB_1補填・強化）

使用基準：→ チアミン塩酸塩

成分規格：第9版食品添加物公定書

安 全 性：→ チアミン塩酸塩

表示方法：→ チアミン塩酸塩

チアミンラウリル硫酸塩 （指定）

（別名　ビタミンB$_1$ラウリル硫酸塩）

英　　名：Thiamine Dilaurylsulfate

概　　要：チアミンラウリル硫酸塩は，チアミンセチル硫酸塩と同様に，ビタミンB$_1$の中鎖アルコールの硫酸エステルの塩であり，界面活性作用（乳化作用）がある。

　　また，ラウリルは，セチルに比べてアルキルが短い中鎖のため，食品の保存性（日持ち）を向上させる作用もある。→　チアミン塩酸塩，チアミンセチル硫酸塩

主な用途：強化剤（ビタミンB$_1$の補填・強化），日持ち向上

使用基準：なし

成分規格：第9版食品添加物公定書

安　全　性：→　チアミン塩酸塩

表示方法：→　チアミン塩酸塩

　　　　　　日持ち向上の目的で使用した場合は，物質名での表示が必要

チェリー色素 （一般飲食物添加物）

英　　名：Cherry Color

概　　要：サクラ（桜）は，日本・中国やヨーロッパに，花の鑑賞用や食用の実（サクランボ）をとる目的のものなどいろいろな品種があり，そのサクランボ（チェリー）から取り出される色素が，大きな意味での「チェリー色素」である。そのうち，日本種のサクラによるものが「チェリー色素」であり，西洋種のサクラによるものに「ダークスイートチェリー色素」と「モレロチェリー色素」がある。

　　狭い意味での「チェリー色素」は，バラ科のカラミザクラの果実（サクランボ）から搾汁するが，水または弱酸性の水溶液で抽出して得られる。その色素の成分は，アントシアニン系のアントシアニジンが主要色素成分で，赤〜赤紫色を呈する。

　　実際の食品では，ジャム，氷菓，ゼリー，菓子類，清涼飲料などに使われる。

主な用途：食品添加物としては着色料

使用基準：食品添加物の目的では，こんぶ類，食肉，鮮魚介類（鯨肉を含む），茶，のり類，豆類，野菜およびわかめ類には，使用できない。

表示方法：食品として使用した場合　任意

　　　　　　食品添加物として使用した場合　用途名（「着色料」）併記，または「色素」名で表示，

　　　　　　簡略名 アントシアニン（色素），果実色素，チェリー色素

付　　記：EU　E163（アントシアニン）

チオエーテル類（指定）

英　　名：Thioethers
概　　要：合成法で作られた，着香の目的で用いられるチオエーテル類である。
主な用途：香料
使用基準：着香の目的に限る
表示方法：簡略名なし，一括名「香料」の範囲

チオール類（指定）

（別名　チオアルコール類）

英　　名：ThioalcohoIs
概　　要：合成法で作られた，着香の目的で用いられるチオール類である。
主な用途：香料
使用基準：着香の目的に限る
表示方法：簡略名なし，一括名「香料」の範囲

チクル（既存）

（別名　クラウンガム，チクブル，ニスペロ）

英　　名：Chicle, Chiquibul, Crown Gum, Nispero,
概　　要：メキシコ，西インド諸島や中央アメリカに生育する，アカテツ科サポジラの木の幹枝より得られたラテックスを脱水したもので，アミリンアセタートとポリイソプレンを主成分としている。
　白～茶褐色のもろい固体で，特有のにおいがある。水に不溶，エタノールに一部可溶である。
　特有の弾性と可塑性を持っているので，チューインガムに適当なかみ心地を与えるためにガムベースに添加される。
主な用途：ガムベース
使用基準：なし
表示方法：簡略名なし，一括名「ガムベース」の範囲
付　　記：米国　§172.615，ＦＣＣ規格あり
　　　　　　日本食品添加物協会自主規格あり

チコリ色素（一般飲食物添加物）

英　　名：Chicory Colour
概　　要：チコリは，ヨーロッパ原産のキク科の多年草でキクチシャの仲間であり，キクニガナとも呼ばれ，その根株からでる若芽は軟白チコリといい，高級サラダの食材とされる。
　チコリ色素は，このキクニガナの根を焙煎した後，温水で抽出したものである。色としては，黄褐色を呈するが，欧米では，苦みを利用したコーヒー代用品とし

ての利用も多い。

主な用途：食品添加物としては着色料

使用基準：→ チェリー色素

表示方法：→ チェリー色素，ただし，簡略名 チコリ，野菜色素

付　　記：日本食品添加物協会自主規格あり

窒素 （既存）

英　　名：Nitrogen

概　　要：元素 N_2，空気中に78％含まれ，無色の気体，不活性ガスとして，酸化されやすい食品の製造時に，貯蔵包材に封入して，品質保持に用い，凍結冷媒としても使われる。

主な用途：製造用剤（不活性ガス）

使用基準：なし

成分規格：ＦＡＯ／ＷＨＯ規格

表示方法：加工助剤

付　　記：米国　§184.1540，ＦＣＣ規格あり

茶 （一般飲食物添加物）

英　　名：Tea

概　　要：飲用に使われる茶，特に抹茶は，きれいな緑色（抹茶色）があり，茶のよい香りを持つため，アイスクリームやかき氷にしばしば使われてきた。最近は，緑色の着色だけの目的で使われることもある。

主な用途：食品添加物としては着色料

使用基準：→ チェリー色素

表示方法：→ チェリー色素，ただし，簡略名 抹茶

チャカテキン （既存）
（名簿収載名称　カテキン）

英　　名：Tea Catechin

概　　要：ツバキ科のチャ，マメ科のペグアセンヤク，アカネ科のガンビールなどから得られるカテキンのうち，ツバキ科チャを原料とするカテキンである。チャの茎あるいは葉から，水またはエタノールで抽出し，精製する。
　酸化防止の作用を持つ。

→ カテキン

付　　記：日本食品添加物協会自主規格あり

チャ乾留物（既存）

英　　名：Tea Dry Distillate
概　　要：チャの葉より作った茶を乾留して得られたものである。有効成分は特定できないが，アミノ酸，カフェイン，タンニン，カテキン類である。
主な用途：製造用剤
使用基準：なし
表示方法：簡略名なし

チャ抽出物（既存）

（別名　ウーロンチャ抽出物，緑茶抽出物）
英　　名：Tea Extract
概　　要：茶には，マホガニー，ペグアンセンヤク，カカオなどと共に，カテキンが比較的多く含まれている。カテキンは，いくつかの成分の総称で，酸化防止作用がある。アルカリ性では安定性が低いが，熱に強い性質があるため，中性～酸性で使われている。また，ビタミンCやビタミンE類と併用すると，酸化防止効果が高まる。
　食品添加物としてのチャ抽出物は，茶の葉から茶を製し，水やエタノール，その他の溶媒を使ってカテキン類を多く含む成分を抽出したものである。
　茶としては，半発酵茶であるウーロン茶を使う場合もある。カテキン類は，油脂顆，菓子類，飲料，食肉加工製品，水産加工品などに，酸化防止の目的で使われる。茶を原料にする食品添加物（既存添加物）としては，日持ちの向上に使われるチャ乾留物もある。
主な用途：酸化防止剤
使用基準：なし
表示方法：用途名「酸化防止剤」併記，簡略名なし
付　　記：日本食品添加物協会自主規格あり

チルテ（既存）

英　　名：Chilte
概　　要：トウダイグサ科チルテの幹枝より得られたラテックス（ゴム状樹液）を熱時水で洗浄し，水溶性成分を除去して得られたものである。アミリンアセタートとポリイソプレンを主成分としている。
　灰色のもろい固体で，特有のにおいがある。水に不溶，冷エタノールに難溶，熱エタノールに一部可溶。加熱すると粘桐性の樹脂状物となる。
　チューインガムに樹脂状の食感を与えるためにガムベースに加えられる。
主な用途：ガムベース
使用基準：なし
表示方法：簡略名なし，一括名「ガムベース」の範囲

付　　記：米国　§172.615，ＦＣＣ規格あり

L－チロシン（既存）
（別名　L－チロジン）
英　　名：L-Tyrosine
概　　要：チロシンは，絹フィブロイン，カゼインなどに比較的多く含まれている，たん白質を構成するアミノ酸の一つで，水には溶けにくい性質がある。
　　体内では，フェニルアラニンから生合成されて，生理的に重要な働きをする。食品添加物としての製法は，チロシンを多量に含む動物性または植物性のたん白質を加水分解した後，分離精製している。また，糖類を原料にした発酵法で得られたものから分離・精製する方法もある。
　　食品添加物としては，特有の風味を利用してフレーバーの原料や各種の食品での風味の改良目的に使用されており，また，強化の目的で各種のアミノ酸類と併用して栄養ドリンク類等に使われることもある。
主な用途：調味料，強化（アミノ酸組成調整）
使用基準：なし
成分規格：第9版食品添加物公定書
安 全 性：栄養強化目的のアミノ酸は，ＪＥＣＦＡでの評価対象外
表示方法：簡略名 チロシン，チロジン，一括名「調味料（アミノ酸）」の範囲
　　　　　栄養強化の目的で使用した場合の表示は免除される
付　　記：米国　§172.320（アミノ酸），ＦＣＣ規格

チンブルベリー色素（一般飲食物添加物）
（別名　スイムブルベリー色素）
英　　名：Thimbleberry Colour
概　　要：チンブルベリーは，バラ科のクロミキイチゴの実である。
　　このキイチゴを搾汁するか，水で抽出して得られたものが，チンブルベリー色素で，アントシアニン系の色素成分が含まれている。
使用基準：→ チェリー色素
表示方法：→ チェリー色素，ただし，簡略名 アントシアニン（色素），果実色素，ベリー色素
付　　記：EU　E163（アントシアニン）

ツヌー（既存）
英　　名：Tunu
概　　要：クワ科ツヌーの幹枝より得られたラテックス（ゴム状の樹脂液）を脱水して得られたもので，アミリンアセタートとポリイソプレンを主成分としている。淡褐～暗褐色のもろい塊で，特有のにおいがある。水に不溶。チューインガ

ムに樹脂感を与えるために，ガムベースに添加される。

主な用途：ガムベース

使用基準：なし

表示方法：簡略名なし，一括名「ガムベース」の範囲

ツヤプリシン（抽出物）（既存）

（別名　ヒノキチオール（抽出物））

英　　名：Thujaplicin（Extract），Hinokitiol（Extract）

概　　要：ツヤプリシンは，ヒノキ科の植物（特に，その木部や株の部分）など
の精油に含まれるトロポロン類であり，タイワンヒノキ，ニオイヒバ，アスナ
ロなどに含まれている α －ツヤプリシン，タイワンヒノキ，ニオイヒバ，ネズコ，
アスナロ，オニヒバなど，およびビャクシン科のビャクシンなどに含まれている
β －ツヤプリシン，ニオイヒバや，オニヒバに含まれている γ -ツヤプリシンが
ある。このうち，β －ツヤプリシンは，特に，ヒノキチオールとも呼ばれており，
強い静菌性を持つ。

食品添加物に使われるツヤプリシンは，ヒノキ科のヒバの幹枝，根株などのツ
ヤプリシンを多く含む部位を水蒸気蒸留して得られた油状の成分から，精油分を
除去し，さらに精製して得られており，ヒバ特有のにおいがある。菓子類，めん
類などに保存性を向上させる目的で使われている。また，食品の保存を目的とし
て，生鮮食品用の包材などにも使われている。

主な用途：保存料

使用基準：なし

成分規格：第9版食品添加物公定書

表示方法：用途名「保存料」併記，簡略名 ヒノキチオール

付　　記：日本食品添加物協会自主規格あり

L－テアニン（指定）

英　　名：L-Theanine

概　　要：L－テアニンは，煎茶に少なく抹茶に多い緑茶のうま味成分の一つで，
L－グルタミン酸エチルアミドというグルタミン酸の誘導体（酸アミド）である。
工業的には，グルタミン酸を原料に，化学的な反応によって作られている。

テアニンは，煎茶や番茶などのテアニン含量の少ない緑茶に風味を増強する目
的で添加されることがある。

主な用途：調味料

使用基準：なし

成分規格：第9版食品添加物公定書

安 全 性：アミノ酸類として，ＪＥＣＦＡでの評価対象外 日本では，長い間緑
茶から，カフェインと共に摂取されてきたが，特に問題が生ずるよう

な事例は見当たらない。

表示方法：簡略名 テアニン，一括名「調味料（アミノ酸）」の範囲

5'ーデアミナーゼ （既存）

英　　名：5'-Deaminase

概　　要：5'ーアデニル酸を脱アミノ化して5'ーイノシン酸に転換する機能を持つ酵素である。

　　糸状菌（*Aspergillus melleus*及び*Aspergillus oryzae*に限る。）または放線菌（*Streptomyces aureus*，*Streptomyces avermitilis*，*Streptomyces cinnamoneus*，*Streptomyces griseus*，*Streptomyces murinus*，*Streptomyces thermoviolaceus*及び*Streptomyces violaceoruber*に限る。）の培養物から得られた，5'ーアデニル酸を脱アミノ化して5'ーイノシン酸を生成する酵素である。

　　白〜淡黄〜褐色の粉末，または澄明〜褐色の液体。水に可溶，エタノールに不溶。

　　核酸調味料の製造等に使われる。

主な用途：酵素

使用基準：なし 表示方法：簡略名なし，一括名「酵素」の範囲，工程中で失活すれば加工助剤

成分規格：第9版食品添加物公定書

安 全 性：平成8年度厚生科学研究報告書において，「酵素については一般に，人の健康の確保に支障となるものではないと考えられる」とされている。

低分子ゴム （既存）

英　　名：Depolymerized Natural Rubber

概　　要：トウダイグサ科パラゴムの幹枝より得られたラテックス（ゴム状の樹脂液）を加水分解して得られたもの，または酵素分解して得られたものである。シスポリイソプレンを主成分としている。淡黄〜黄褐色の弾力性のある半固体か粘稠物で，特有のにおいがある。水，エタノールに不溶。

　　チューインガムに弾力感のあるかみ心地を与えるために，ガムベースに添加される。

主な用途：ガムベース

使用基準：なし

表示方法：簡略名なし，一括名「ガムベース」の範囲

付　　記：米国　§172.615，ＦＣＣ規格あり
　　　　　　日本食品添加物協会自主規格あり

テオブロミン（既存）

英　名：Theobromine

概　要：テオブロミンは，カフェインの脱メチル体であり，アオギリ科のカカオやコーラの種子，ツバキ科のチャの葉などに含まれているアルカロイドである。チョコレートのような苦味があり，利尿作用などの薬理作用も知られている。カカオ種子，コーラ種子，チャの葉から，水またはエタノールで抽出し，分離して得られる。通常白色の粉末で，水およびエタノールには難溶である。

主な用途：苦味料

使用基準：なし

表示方法：簡略名なし，一括名「苦味料」の範囲

デカナール（指定）

（別名　デシルアルデヒド）

英　名：Decanal

概　要：天然には，グレープフルーツ，レモングラスなど多くの精油中に含まれる。合成法で作られ，無〜淡黄色の透明な液体で，特有の香気を有する。バナナ，チェリー，オレンジなどの果実のフレーバーに調合される。

主な用途：香料

使用基準：着香の目的に限る

成分規格：第9版食品添加物公定書，ＦＡＯ／ＷＨＯ規格

安 全 性：ＦＡＯ／ＷＨＯ ＡＤＩ 香料としては問題なし

表示方法：簡略名なし，一括名「香料」の範囲

付　記：米国　§172.515，ＦＣＣ規格あり

デカノール（指定）

（別名　デシルアルコール）

英　名：Decanol

概　要：天然には，イチゴ，バナナ，リンゴなどの果実類に含まれる。合成法で作られ，無〜淡黄色の透明な液体で，特有の香気を有する。オレンジなどの柑橘類果実のフレーバーとして飲料，菓子類に用いられる。

主な用途：香料

使用基準：着香の目的に限る

成分規格：第9版食品添加物公定書

安 全 性：ＦＡＯ／ＷＨＯ ＡＤＩ 香料としては問題なし

表示方法：簡略名なし，一括名「香料」の範囲

付　記：米国　§172.515，ＦＣＣ規格あり

デキストラン　233

デカン酸エチル （指定）

（別名　カプリン酸エチル）

英　　名：Ethyl Decanoate

概　　要：合成法で作られ，無色透明な液体で，ブランデー様の香気を有する。パイナップル，ストロベリーなどの果実フレーバーとして飲料，菓子，洋酒などに用いられる。

主な用途：香料

使用基準：着香の目的に限る

成分規格：第9版食品添加物公定書

安 全 性：ＦＡＯ／ＷＨＯ ＡＤＩ 香料としては問題なし

表示方法：簡略名なし，一括名「香料」の範囲

付　　記：米国　§172.515，ＦＣＣ規格あり

デキストラナーゼ （既存）

英　　名：Dextranase

概　　要：高分子多糖類のデキストランの $a-1$，$6-$グルコシド結合を加水分解してイソマルトースと同族のオリゴ糖を生成する機能を持つ酵素である。

　　糸状菌（*Chaetomium erraticum*，*Chaetomium gracile*および*Penicillium lilacinum*に限る。）の培養物から得られた，デキストランを分解する酵素である。

　　白～淡黄～褐色の粉末，または透明～褐色の液体。水に可溶，エタノールに不溶。粘度を低下させる作用がある。

　　製糖工業のほか，菓子類，飲料等にも用いられる。

主な用途：酵素（加水分解酵素）

使用基準：なし

成分規格：第9版食品添加物公定書

安 全 性：平成8年度厚生科学研究報告書において，「酵素については一般に，人の健康の確保に支障となるものではないと考えられる」とされている

表示方法：簡略名なし，一括名「酵素」の範囲，工程中で失活すれば加工助剤

デキストラン （既存）

英　　名：Dextran

概　　要：特定のグラム陽性細菌の培養液より，分離して得られたもので，成分はグルコース（ブドウ糖）が重合したデキストランである。白色の粉末。水に徐々に溶解し熱湯には易溶。

主な用途：増粘安定剤

使用基準：なし

成分規格：第9版食品添加物公定書

表示方法：用途名「糊料」または，使用目的に応じて「増粘剤」，「安定剤」，「ゲ

ル化剤」のいずれかを併記，簡略名 ブドウ糖多糖，既存添加物増粘
安定剤（多糖類）を2種以上併用するときの簡略名：増粘多糖類，こ
の場合は用途名「増粘剤」の併記を省略できる

鉄 （既存）

英　　名：Iron
概　　要：鉄は，微小の鉄粉の形で食品に使われることがある。鉄の製法として
は，鉄鉱石から精製する方法が一般的である。また，酸化された鉄（さびた鉄）
を還元して「鉄」に戻す方法もある。
　　不足する鉄を補ったり，強化する目的で，調製粉乳などで使われている。米国
では，小麦粉の鉄分の調整（強化）にも使われている。
主な用途：強化剤（鉄の補填・強化），製造用剤
使用基準：なし
安 全 性：栄養成分は，ＪＥＣＦＡでの評価対象外
　　　　　　（参考）LD50：マウス（経口）約1.3g/kg，ラット（経口）約1.9g/kg
表示方法：簡略名なし
　　　　　　栄養強化の目的で使用した場合の表示は免除される
付　　記：米国　§182.5375（還元鉄），ＦＣＣ規格あり§184.1375（元素状鉄），
　　　　　　ＦＣＣ規格あり（電解）

鉄クロロフイリンナトリウム （指定）

英　　名：Sodium Iron Chlorophyllin
概　　要：鉄クロロフイリンナトリウムは，クロロフイリンマグネシウムを主成
分とするクロロフイリンの安定性を向上し，水溶性にするために鉄と反応させた
後，ナトリウム塩にしたものである。
　　着色の目的で，キャンディーなどのあめ類，チューインガム，その他の菓子類，
魚肉練製品，めん類などに使われている。
主な用途：着色料
使用基準：こんぶ類，食肉，鮮魚介類（鯨肉を含む），茶，のり類，野菜および
　　　　　　わかめ類には，使用できない
成分規格：第9版食品添加物公定書
安 全 性：ＪＥＣＦＡでは未評価 → クロロフィル
表示方法：用途名「着色料」併記，簡略名 鉄クロロフイリンNa，鉄葉緑素

デュナリエラカロテン （既存）

（別名　藻類カロテン，藻類カロチン，デュナリエラカロチン，ドナリエラカロ
テン，ドナリエラカロチン，抽出カロテン，抽出カロチン）
英　　名：Dunaliella Carotene

概　　要：デュナリエラは，オオヒゲマワリ科の海藻である。低塩度から飽和までの幅広い食塩濃度の海水で生育できる性質があり，太陽光の豊富なオーストラリア，米国西南部，イスラエルなどで商業的に栽培されている。栽培中の微生物汚染を防ぐ目的で，20％以上の食塩濃度で栽培されており，約9％程度のβ－カロテンが蓄積される。

　　デュナリエラカロテンは，デュナリエラ藻から，油脂またはヘキサンで抽出するか，加圧下で二酸化炭素で抽出して得られたもので，β－カロテンを主成分とするカロテン類からなり，食品に使われたときは黄～黄橙色を呈する。

主な用途：着色料，強化剤（ビタミンA強化：プロビタミンAとして）

使用基準：着色の目的では，こんぶ類，食肉，鮮魚介類（鯨肉を含む），茶，のり類，野菜およびわかめ類には，使用できない

成分規格：第9版食品添加物公定書，ＦＡＯ／ＷＨＯ規格

安全性：ＦＡＯ／ＷＨＯ（参考）植物カロテンは，ＡＤＩ設定できず

表示方法：簡略名 カロテン（色素），カロチン（色素），カロテノイド（色素），カロチノイド（色素）栄養強化の目的で使用した場合　表示は免除される

　　　　　　着色の目的で使用した場合　用途名「着色料」併記，または「色素」名で表示

付　　記：米国　§182.5245，ＦＣＣ規格あり（藻類カロテン）

　　　　　　ＥＵ　　E160（a）（（i）：混合カロテン）

デュベリー色素（一般飲食物添加物）

英　　名：European Dewberry Colour

概　　要：デュベリーは，北米やイギリスなどで自生または栽培されている這行性のバラ科オオナワシロイチゴの実（キイチゴ）である。

　　デュベリー色素は，このキイチゴを搾汁したもの，または水で抽出したもので，アントシアニン系の色素類を含み，赤～青色を呈しており，食品の色付けにも使われる。この色素は，酸性では安定な赤色を呈し，アルカリ性になるにしたがって不安定になり，色は青色が強くなる。

　　食品用の着色料としては，果実酒，清涼飲料，菓子類（氷菓を含む）などに使用される。

主な用途：食品添加物としては着色料

使用基準：着色の目的では，こんぶ類，食肉，鮮魚介類（鯨肉を含む），茶，のり類，豆類，野菜およびわかめ類には，使用できない

表示方法：食品として使用した場合　任意

　　　　　　食品添加物として使用した場合　用途名「着色料」を併記，または「色素」名表示，簡略名 アントシアニン（色素），果実色素，ベリー色素

付　　記：ＥＵ　E163（アントシアニン）

5, 6, 7, 8－テトラヒドロキノキサリン （指定）

英　　名：5, 6, 7, 8-Tetrahydroquinoxaline
概　　要：ローストナッツ様の加熱香気を有し，パン，ココア，コーヒー等の食品中に存在するほか，ヘーゼルナッツ，ピーナッツ，ゴマ等の焙煎により生成する成分である。
　食品添加物として使われるものは，合成法で作られ，特有の香気を有する無色またはわずかに黄色の透明な液体である。
　清涼飲料，ソフトキャンディー類，スープ，ゼラチン・プリン類，シリアル類，グレービーソース類等さまざまな加工食品に用いられる。
主な用途：香料
使用基準：着香の目的に限る
成分規格：第9版食品添加物公定書
表示方法：簡略名なし，一括名「香料」の範囲
付　　記：米国　§172.515，FCC規格あり

2, 3, 5, 6－テトラメチルピラジン （指定）

英　　名：2, 3, 5, 6-Tetramethylpyrazine
概　　要：ローストナッツ様の加熱香気を有し，食品中に天然に存在，または加熱により生成する。
　食品添加物として使われるものは，合成法で作られ，特有の香気を有する白色の結晶又は粉末である。
　焼き菓子，アイスクリーム，キャンディー，清涼飲料，肉製品等さまざまな加工食品に用いられる。
主な用途：香料
使用基準：着香の目的に限る
成分規格：第9版食品添加物公定書
表示方法：簡略名なし，一括名「香料」の範囲
付　　記：米国　§172.515，FCC規格あり

デヒドロ酢酸ナトリウム （指定）

英　　名：Sodium Dehydroacetate
概　　要：デヒドロ酢酸類は，アセト酢酸エステル類を原料にして化学的に合成された保存料で，細菌，かび，酵母や食品や薬品・化粧品によく見られる微生物類に対して幅広い抗菌性を持っている。
　食品添加物として使われるものは，水に難溶なデヒドロ酢酸を，水に溶けやすいナトリウム塩にしたデヒドロ酢酸ナトリウムだけが指定されている。
　主に，米国（酸型を含む）と日本で，マーガリンを主として，バターなどに静菌による保存性向上の目的で，使用されている。

デンプングリ　237

主な用途：保存料
使用基準：チーズ，バター，マーガリンに限る，量的規制あり
成分規格：第9版食品添加物公定書
表示方法：用途名「保存料」併記，簡略名 デヒドロ酢酸Na
付　　記：米国　ＦＣＣ規格あり

テルピネオール （指定）

英　　名：Terpineol
概　　要：天然には，テレピン油，オレンジ油など，多くの精油中に存在する。食品添加物として使われるものは，合成法で作られ，特有の香気を有する無色またはわずかに黄色の透明な液体である。パイナップル，ピーチなどの果実フレーバー，また，ライムフレーバーとして飲料，菓子などに用いられる。
主な用途：香料
使用基準：着香の目的に限る
成分規格：第9版食品添加物公定書
表示方法：簡略名なし，一括名「香料」の範囲
付　　記：米国　§172.515，ＦＣＣ規格あり

テルペン系炭化水素類 （指定）

英　　名：Terpene Hydrocarbons
概　　要：合成法で作られた，着香の目的で用いられるテルペン系炭化水素類である。
主な用途：香料
使用基準：看香の目的に限る
表示方法：簡略名なし，一括名「香料」の範囲

デンプングリコール酸ナトリウム （指定）

英　　名：Sodium Carboxymethylstarch
概　　要：アルカリデンプンにモノクロロ酢酸を作用させて作られる。無味無臭の白色のデンプン様の粉末である。デンプンを構成するブドウ糖の水酸基にカルボキシル基がエーテル結合したもので，ブドウ糖の持つ３個の水酸基に対し，置換度が0.3 〜 0.5程度のものが多い。
　常温で水に溶けてコロイド溶液となるが，酸性になると粘度が低下する。また，細菌が産生するアミラーゼにより液化されて粘度が低下しやすいので，ジャムなどには使えない。アイスクリームの乳化安定剤などの目的で使われる。
主な用途：増粘安定剤
使用基準：→ カルボキシメチルセルロースカルシウム
成分規格：第9版食品添加物公定書

表示方法：用途名「糊料」または，使用目的に応じて「増粘剤」，「安定剤」，「ゲル化剤」のいずれかを併記，
簡略名 デンプングリコール酸Na，加工デンプン

銅 （既存）

英　　名：Copper
概　　要：元素Cu，特有の赤色の金属
主な用途：製造用剤
使用基準：なし
表示方法：簡略名なし

銅塩類 （指定）

英　　名：Copper Salts
概　　要：銅塩類は，人工栄養児用の粉ミルク類に不足しがちな微量必須元素の銅塩を強化するために添加されるもので，グルコン酸銅と硫酸銅の2種の銅塩に限って使用が認められている。
　亜鉛塩類と同様に，硫酸銅は乳幼児用の母乳代替食品（調製粉乳等）に限って，グルコン酸銅は母乳代替品および保健機能食品で強化の目的で添加される。
主な用途：強化剤
使用基準：グルコン酸銅（母乳代替食品，健康機能食品），硫酸銅（母乳代替食品）
成分規格：第9版食品添加物公定書：グルコン酸銅，硫酸銅 個別に
表示方法：栄養強化の目的で使用した場合 表示は免除される
　　　　　　表示する場合　使用したグルコン酸銅，または，硫酸銅を表示
→ グルコン酸銅，硫酸銅，亜鉛塩類

トウガラシ色素 （既存）

（別名　カプシカム色素，パプリカ色素）
英　　名：Capsicum Color
概　　要：パプリカは，熱帯アメリカが原産地で，現在は地中海沿岸諸国やハンガリー，米国，メキシコなどで栽培されているトウガラシやピーマンと同種で，ナス科の植物のうち，実の成分であるカプサイシンをあまり含んでいない甘唐辛子の1種で，その実の粉末は，代表的なスパイスになっている。
　トウガラシ色素は，パプリカ色素とも呼ばれるように，パプリカを主とするトウガラシ類の実のサヤから，油脂，ヘキサン，エタノールなどで抽出される成分を集め，辛み成分のカプサイシンを除き，溶媒のヘキサンなどを取り除いて濃縮したもの，または，これを食用油に溶かしたものであり，パプリカオレオレジンといわれる。油に溶け易い性質（油溶性）のもので，カプサンチンを主要色素成

分とするカロチノイド系の赤色色素である。

　油溶性の色素のため，油脂製品に着色の目的で使われたり，乳化剤と組み合わされた製剤として魚肉練製品，漬け物，米菓やタレ類などに使われている。

主な用途：着色料

使用基準：こんぶ類，食肉，鮮魚介類（鯨肉を含む），茶，のり類，野菜およびわかめ類には，使用できない

成分規格：第9版食品添加物公定書，ＦＡＯ／ＷＨＯ規格（パプリカオレオレジン）

安　全　性：ＦＡＯ／ＷＨＯ

表示方法：用途名「着色料」併記，または「色素」名で表示
　　　　　　簡略名 カロテノイド（色素），カロチノイド（色素）

付　　　記：米国　§73.340（パプリカ），§73.345（パプリカオレオレジン），ＣＦＲ規格あり
　　　　　　ＥＵ　Ｅ160（Ｃ）

トウガラシ水性抽出物 （既存）

（別名　カプシカム水性抽出物，パプリカ水性抽出物）

英　　　名：Capsicum Water-Soluble Extract

概　　　要：トウガラシの果実より，含水エタノールで抽出したもので，たん白質，ペプチド，ビタミンCを含む。

主な用途：製造用剤

使用基準：なし

表示方法：簡略名 パプリカ抽出物

付　　　記：日本食品添加物協会自主規格あり

銅クロロフイリンナトリウム （指定）

英　　　名：Sodium Copper Chlorophyllin

概　　　要：銅クロロフイリンナトリウムは，クロロフイリンマグネシウムを主体とするクロロフイリンの安定性を改良し，水溶性にするためにナトリウム塩としたものである。

　着色の目的で，キャンディーなどのあめ類，チューインガム，その他の菓子類，魚肉練製品，めん類などに使われている。

主な用途：着色料

使用基準：こんぶ，野菜類または果実類の貯蔵品，チューインガム，魚肉練製品，チョコレート，菓子パンを除く生菓子類，みつ豆中の寒天，シロップ，あめ類に限る，量的規制がある

成分規格：第9版食品添加物公定書，ＦＡＯ／ＷＨＯ規格

安　全　性：ＦＡＯ／ＷＨＯ　ＡＤＩ0～15mg/kg

表示方法：用途名「着色料」併記，簡略名 銅クロロフイリンNa，銅葉録素
付　　記：ＥＵ　Ｅ141（ii）

銅クロロフィル（指定）

英　　名：Copper Chlorophyll
概　　要：クロロフィルは，植物が緑色を呈する主要な色素成分であり，クロレラ，ホウレンソウ，コンフリー，スピルリナなどの色素成分を多く含む緑色植物から，エタノールなどで抽出して得ることができる。このクロロフィルは，中性～アルカリ性では安定だが，酸性や光には不安定である。
　クロロフィルの安定性を増す目的で，銅と反応させたものが，銅クロロフィルである。
　着色の目的で，キャンディーなどのあめ類，チューインガム，その他の菓子類，魚肉練製品，めん類などに使われる。
主な用途：着色料
使用基準：こんぶ，野菜類または果実類の貯蔵品，チューインガム，魚肉練製品，チョコレート，菓子パンを除く生菓子頚，みつ豆中の寒天に限る，量的規制あり
成分規格：第9版食品添加物公定書，ＦＡＯ／ＷＨＯ規格
安 全 性：ＦＡＯ／ＷＨＯ ＡＤＩ０～15mg／kg
表示方法：→ 銅クロロフイリンナトリウム，ただし，簡略名 銅葉緑素
付　　記：ＥＵ　Ｅ141（i）

動物性ステロール（既存）

（別名　コレステロール）
英　　名：Cholesterol
概　　要：陸上動物，魚介類にエステルまたは遊離の形で広く存在している。食品添加物としては，魚油の不鹸化物または「ラノリン（羊毛脂）」を加水分解したもの，または有機溶剤で抽出したものより得られたものである。主成分はコレステロールである。白色の光沢のある薄片または粒状結晶。水に不溶，油脂，脂肪酸，熱アルコールには可溶で，O/W乳化を安定化する効果がある。
主な用途：乳化剤
使用基準：なし
成分規格：第9版食品添加物公定書
表示方法：簡略名 ステロール，一括名「乳化剤」の範囲

トウモロコシセルロース（一般飲食物添加物）

（別名　コーンセルロース）
英　　名：Corn cellulose

概　　要：イネ科，トウモロコシの種皮から得られたもので，主成分はセルロース，ヘミセルロース及びリグニンである。

主な用途：通常はデンプン部分と共に食用，食品添加物としては製造用剤

使用基準：なし

表示方法：食品としての表示は任意，簡略名 セルロース

トコトリエノール （既存）

英　　名：Tocotrienol

概　　要：トコトリエノールは，トコフェロールよりやや酸化防止作用の強い同属体の混合物で，米糠油（イネのヌカに含まれる油分），パーム油（ヤシ科アブラヤシの果肉に含まれる油脂分）などに含まれており，これらから分離して得られる。

　動物性油脂の酸化防止に使われる。

主な用途：酸化防止剤

使用基準：なし

成分規格：第9版食品添加物公定書

表示方法：用途名「酸化防止剤」併記，簡略名なし

*d-α-*トコフェロール （既存）

（別名　α-ビタミンE，抽出トコフェロール，抽出ビタミンE）

英　　名：*d-α*-Tocopherol

概　　要：トコフェロールは，ビタミンEとも呼ばれ，米や小麦の胚芽，大豆，卵黄，植物油，肝臓などに含まれている脂溶性のビタミンである。

　天然界には，α-，β-，γ-，δ-，ε-など異性体があり，栄養素としてのビタミンEとしての働きは，α-トコフェロールが一番である。

　生理的には，酸化することによる細胞の老化を抑え，血液の凝固を防ぐ作用があり，ビタミンAの酸化を防いでビタミンAの働きを保つ作用がある。

　ビタミンEには，このように油脂・不飽和脂肪酸類の酸化を防止する力もあるが，この酸化防止の効果はδ-トコフェロールが強く，γ-やβ-の順に弱くなり，α-の抗酸化力は他のものに比べて弱い。

　D-α-トコフェロールは，化学的な合成法によって高純度のものも製造しうるが，食品添加物としては，天然物から抽出などで得られたものに限って使用が認められる。通常，綿実油，ナタネ油，ゴマ油，大豆油などの植物性油脂またはこれらの植物性油脂から抽出したトコフェロール類を濃縮した「ミックストコフェロール」を原料にしてα-トコフェロール分の濃度が高くなるように分画したものである。

　α-トコフェロールは，栄養強化の目的で，ミックストコフェロールと共に，油脂，油脂加工食品，菓子類および健康志向食品などに使われている。

主な用途：強化剤（ビタミンE強化）

使用基準：なし

成分規格：第9版食品添加物公定書（既存添加物のみ），ＦＡＯ／ＷＨＯ規格（化学的合成品を含む規格）

安　全　性：ＦＡＯ／ＷＨＯ ＡＤＩ（d－体およびdl－体の合計で）0 ～ 2mg/kg

表示方法：簡略名　ビタミンE，V.E.，抽出V.E.，トコフェロール，抽出トコフェロール　栄養強化の目的で使用した場合　表示は免除される 酸化防止の目的で使用した場合　用途名「酸化防止剤」併記

付　　　記：米国　§184.1890
　　　　　　　ＥＵ　E 306

→ ミックストコフェロール

d－γ－トコフェロール（既存）

（別名　γ－ビタミンE，抽出トコフェロール，抽出ビタミンE）

英　　　名：d-γ-Tocopherol

概　　　要：抽出・濃縮されたミックストコフェロールから，γ－トコフェロールに富んだ分画部分を集めたものである。

　　δ－体およびミックストコフェロールと共に，酸化防止の目的で，油脂類，即席めん類，フライ製品，食肉加工製品などに使われる。

主な用途：酸化防止剤

使用基準：なし

成分規格：第9版食品添加物公定書

安　全　性：（参考）→ ミックストコフェロール

表示方法：→ d－α－トコフェロール

付　　　記：米国　§182.3980，§182.5980，§182.8890
　　　　　　　ＥＵ　E 308

d－δ－トコフェロール（既存）

（別名　δ－ビタミンE，抽出トコフェロール，抽出ビタミンE）

英　　　名：d-δ-Tocopherol

概　　　要：抽出・濃縮されたミックストコフェロールから，δ－トコフェロールに富んだ分画部分を集めたものである。

　　ミックストコフェロールと共に，酸化防止の目的で，油脂類，即席めん類，フライ製品，食肉加工製品などに使われる。

主な用途：酸化防止剤

使用基準：なし

成分規格：第9版食品添加物公定書

安　全　性：→ ミックストコフェロール

表示方法：→ d－α－トコフェロール

付　　記：米国　§182.3980，§182.5980，§182.8890
　　　　　EU　　E 309

dl－α－トコフェロール （指定）

英　　名：*dl*－α－Tocopherol
概　　要：*dl*－α－トコフェロールは，化学的に合成されたα－トコフェロール
であり，*d*－α－トコフェロールと同様な効果を持つ。
　栄養効果も認められているが，食品添加物としては酸化防止の目的でのみ使用
が認められている。
　酸化防止の目的では，油脂類，即席めん頬，フライ製品，食肉加工製品などに
使われる。
主な用途：酸化防止剤
使用基準：酸化防止の目的に限る
成分規格：第9版食品添加物公定書，ＦＡＯ／ＷＨＯ規格
安 全 性：ＦＡＯ／ＷＨＯＡＤＩ（*d*－体および*dl*－体の合計で）0 ～ 2mg/kg
表示方法：用途名「酸化防止剤」併記，
　　　　　簡略名 トコフェロール，V.E，ビタミンE
付　　記：米国　§184.1890，ＦＣＣ規格あり
　　　　　EU　　E 307

トコフェロール酢酸エステル （指定）

英　　名：*dl*-α-Tocopherol Acetate
概　　要：*dl*－α－トコフェロールの酢酸エステルである。トコフェロールは酸
化されやすいため，空気中で安定にするために酢酸とのエステル化誘導体とした
もので，無～黄色の粘性のある澄明な液体である。
　安定化されているため，酸化防止作用はないが，ビタミンEとしての効果が持
続される。
主な用途：強化剤（ビタミンE）
使用基準：保健機能食品に限る。量的な基準もある。
成分規格：第9版食品添加物公定書
安 全 性：食品安全委員会 ＡＤＩ 特定せず
表示方法：栄養強化の目的で使用した場合　表示は免除される 簡略名 酢酸トコ
　　　　　フェロール，酢酸ビタミンE，酢酸V.E
付　　記：米国　§182.8892，ＦＣＣ規格あり

d－α－トコフェロール酢酸エステル （指定）

英　　名：*d*-α-Tocopherol Acetate
概　　要：*d*－α－トコフェロールの酢酸エステルである。トコフェロールは酸

化されやすいため，空気中で安定にするために酢酸とのエステル化誘導体とした
もので，無～黄色の粘性のある澄明な液体である。

　安定化されているため，酸化防止作用はないが，ビタミンEとしての効果が持
続される。

主な用途：強化剤（ビタミンE）

使用基準：→　トコフェロール酢酸エステル

成分規格：第9版食品添加物公定書

安　全　性：食品安全委員会 ＡＤＩ 特定せず

表示方法：→　トコフェロール酢酸エステル

付　　記：米国　§182.8892，ＦＣＣ規格あり

トマト色素 （既存）

（別名　トマトリコピン）

英　　名：Tomato Color

概　　要：ナス科トマトの果実から得られる果汁は，ジュースとして飲用に供さ
れており，また濃縮されて食品素材として使われることもある。

　このトマトの果汁には，リコピンなどのカロテノイド系の色素が含まれており，
着色性もある。トマト色素は，このリコピンを主要成分とする着色力のある成分
を得る目的で，次のようなさまざまな方法により得られるものである。

　イ．トマトの果実から油脂で，色素成分を抽出する。

　ロ．トマトを脱水し，ヘキサン，酢酸エチル，アセトンなどの有機溶媒で色素
　　　成分を抽出して，溶媒を留去する。

　ハ．トマト果汁から，水に溶けにくい色素成分を分離する。

　トマト色素は通常は，暗赤色の粉末か油状の液体となっており，食品中では黄
～赤色を呈するが，その中でも油脂溶液は黄橙色，粉末は赤橙色に着色する傾向
がある。

主な用途：着色料

使用基準：→　トウガラシ色素

成分規格：第9版食品添加物公定書

表示方法：用途名「着色料」併記，または「色素」名で表示
　　　　　　　簡略名 カロテノイド（色素），カロチノイド（色素），野菜色素

付　　記：ＥＵ　Ｅ160（d）

トラガントガム （既存）

英　　名：Tragacanth Gum

概　　要：マメ科トラガントの分泌物を乾燥して得られたもので，主成分は水に
溶ける約10％の部分（タラガカンチン）と，水に溶けない70～90％の部分（パ
リソン）から構成されている。

白～帯白色の粉末，白～淡黄白色の半透明の折れやすい角質様平板か薄片で，においがある。水に溶けにくいが，水を吸収して膨潤し，ゲル化傾向を持つ透明の粘稠液となる。耐酸，耐塩性がある。

ドレッシングなどの乳化安定剤となり，またアラビアガムに似た強い乳化力を持っているので調味料などに使われる。

主な用途：増粘安定剤

使用基準：なし

成分規格：第9版食品添加物公定書，ＦＡＯ／ＷＨＯ規格

安 全 性：ＦＡＯ／ＷＨＯ ＡＤＩ 特定せず

表示方法：用途名「糊料」または，使用目的に応じて「増粘剤」，「安定剤」，「ゲル化剤」のいずれかを併記，簡略名 トラガント，既存添加物増粘安定剤（多糖類）を２種以上併用するときの簡略名：増粘多糖類，この場合は用途名「増粘剤」の併記を省略できる

付　　記：米国　§184.1351，ＦＣＣ規格あり
　　　　　　ＥＵ　　Ｅ413

トランスグルコシダーゼ（既存）

英　　名：Transglucosidase

概　　要：オリゴ糖に糖を転移して非発酵性の糖にする機能を持つ酵素である。

糸状菌（*Aspergillus niger*および*Aspergillus usamii*に限る。）または細菌（*Sulfolobus solfataricus*に限る。）の培養物から得られた，マルトースやオリゴ糖のグルコシド結合を加水分解し，同時にグルコシル基を転移する酵素である。

白～淡黄～濃褐色の粉末，または無～濃褐色の液体。水に可溶，エタノール不溶である。

デンプン糖の製造等に使われる。

主な用途：酵素（酸化還元酵素）

使用基準：なし

成分規格：第9版食品添加物公定書

安 全 性：平成8年度厚生科学研究報告書において，「酵素については一般に，人の健康の確保に支障となるものではないと考えられる」とされている

表示方法：簡略名なし，一括名「酵素」の範囲，工程中で失活すれば加工助剤

トランスグルタミナーゼ（既存）

英　　名：Transglutaminase

概　　要：ペプチド中のγ－グルタミン基を他のアミノ酸に転移し，ペプチド架橋を形成する機能を持つ酵素である。

動物の肝臓よりまたは放線菌（*Streptomyces*属および*Streptoverticillium mobaraense*に限る。）もしくは細菌（*Bacillus*属に限る。）の培養物から得られた，たん白質

またはペプチド中のグルタミン残基のγ－カルボキシアミド基をアシル供与体とし，アミン化合物の第1級アミノ基またはたん白質若しくはペプチド中のリジン残基のε－アミノ基をアシル受容体とするアシル転移反応を触媒する酵素である。

　白～淡黄～濃褐色の粉末，粒，または無～濃褐色の液体。水に可溶，エタノールに不溶である。

　畜肉，水産加工品，植物たん白加工品などに使われる。

主な用途：酵素（酸化還元酵素）

使用基準：なし

成分規格：第9版食品添加物公定書

安　全　性：平成8年度厚生科学研究報告書において，「酵素については一般に，人の健康の確保に支障となるものではないと考えられる」とされている

表示方法：簡略名なし，一括名「酵素」の範囲，工程中で失活すれば加工助剤

トリプシン（既存）

英　　名：Trypsin

概　　要：たん白質のペプチド結合を特異的に加水分解する機能を持つ酵素である。

　動物の膵臓又は魚類若しくは甲殻類の臓器から得られた，たん白質分解酵素である。

　白～淡黄色の粉末，顆粒，または透明～褐色の液体で，水に可溶，エタノールに不溶である。

　畜肉，水産加工品に使われる。

主な用途：酵素（加水分解酵素）

使用基準：なし

成分規格：第9版食品添加物公定書，ＦＡＯ／ＷＨＯ規格

安　全　性：ＦＡＯ／ＷＨＯ ＡＤＩ ＧＭＰにより制限
　　　　　　平成8年度厚生科学研究報告書において，「酵素については一般に，人の健康の確保に支障となるものではないと考えられる」とされている。

表示方法：簡略名なし，一括名「酵素」の範囲，工程中で失活すれば加工助剤

付　　記：米国　§184.1914，ＦＣＣ規格あり

DL－トリプトファン（指定）

英　　名：DL-Tryptophan

概　　要：DL－トリプトファンは，必須アミノ酸であるL－トリプトファンの代替品として，化学的な合成法で製造されるトリプトファンである。

　D－体も生理的に有効ともいわれ，かつてはDL－体が，トリプトファンの主体であったが，現在は発酵法などの進歩で，L－体に代わられている。

　DL－トリプトファンは，甘味のある白～帯黄白色の結晶または粉末である。

主な用途：強化剤（トリプトファンの補填・強化），調味料
使用基準：なし
成分規格：第9版食品添加物公定書
安 全 性：栄養強化成分としてＪＥＣＦＡの評価対象外
表示方法：簡略名 トリプトファン，一括名「調味料（アミノ酸）」の範囲
　　　　　　栄養強化の目的で使用した場合の表示は免除される
付　　記：米国　ＦＣＣ規格あり

Ｌ－トリプトファン（指定）

英　　名：L-Tryptophan
概　　要：トリプトファンは，生体内で重要な生理的な役割を果たすアミノ酸であるが，人は体内で作ることができないため，食品から摂取する必要がある必須アミノ酸であり，たん白質の中での存在も少ないアミノ酸である。

　かつては，化学的な合成法で作られたDL－トリプトファンが主体であったが，現在は，発酵法や酵素法によるＬ－トリプトファンに移行している。

　また，DL－トリプトファンのアシル化物を使い，光学分割によりＬ－トリプトファンを得る方法もある。

　Ｌ－トリプトファンは，わずかに苦味のある白～帯黄白色の結晶または粉末である。

　トリプトファンは，必須アミノ酸であり，その不足分を補う目的で，トリプトファン含量の少ない食品に添加したり，他の必須アミノ酸類と共に強化の目的で栄養ドリンク等に使用されている。また，食品によいフレーバーを出させるために，微量配合されることもある。

主な用途：強化剤（トリプトファンの補填・強化），調味料
使用基準：なし
成分規格：第9版食品添加物公定書
安 全 性：栄養強化成分としてＪＥＣＦＡの評価対象外
表示方法：→ DL－トリプトファン
付　　記：米国　§172.320（アミノ酸），ＦＣＣ規格あり かつて，米国で，健康食品的な多量摂取をした人に，混在していた極めて微量の不純物によると思われる事故（EMS：好酸球増加筋肉痛症候群）が，問題となった。しかし，これは，通常考えられる食品添加物としての使用方法ではなかった

トリメチルアミン（指定）

英　　名：Trimethylamine
概　　要：天然には，に存在する。食品添加物として使われるものは，合成法で作られ，特有の香気を有する無色またはわずかに黄色の透明な液体である。パイ

ナップル，ピーチなどの果実フレーバー，また，ライムフレーバーとして飲料，菓子などに用いられる。

主な用途：香料
使用基準：着香の目的に限る
成分規格：第9版食品添加物公定書
表示方法：簡略名なし，一括名「香料」の範囲
付　　記：米国　§172.515，ＦＣＣ規格あり

2, 3, 5－トリメチルピラジン（指定）

英　　名：2, 3, 5-Trimethylpyrazine
概　　要：天然には，ローストナッツ様の加熱香気を有する食品に存在する。食品添加物として使われるものは，合成法で作られ，特有の香気を有する無色またはわずかに黄色の透明な液体である。パイナップル，ピーチなどの果実フレーバー，また，ライムフレーバーとして飲料，菓子などに用いられる。

主な用途：香料
使用基準：着香の目的に限る
成分規格：第9版食品添加物公定書
表示方法：簡略名なし，一括名「香料」の範囲
付　　記：米国　§172.515，ＦＣＣ規格あり

DL－トレオニン（指定）

（別名　DL－スレオニン）

英　　名：DL-Threonine
概　　要：DL－トレオニンは，必須アミノ酸であるL－トレオニンの代替品として化学的な合成法により作られたアミノ酸である。

　DL－トレオニンは，わずかに甘味のある白色の結晶または粉末である。DL－トレオニンは，現在でも，その需要は高く，必須アミノ酸のL－トレオニン含量の少ない食品に強化の目的で添加したり，他の必須アミノ酸類と共に，栄養ドリンク等に使用されている。また，各種のアミノ酸類と組み合わせてスポーツドリンク類にも使用されている。

主な用途：強化剤（トレオニンの補填・強化），調味料
使用基準：なし
成分規格：第9版食品添加物公定書
安 全 性：栄養強化成分はＪＥＣＦＡでの評価対象外
表示方法：簡略名　トレオニン，スレオニン，
　　　　　　一括名「調味料（アミノ酸）」の範囲　栄養強化の目的で使用した場合の表示は免除される

L－トレオニン （指定）

（別名　L－スレオニン）

英　　名：L-Threonine

概　　要：トレオニンは，ゼラチンやフィブロインなどに含まれている成長に必要なアミノ酸であるが，人は体内で生成することができないため，食品から摂取する必要のある必須アミノ酸である。特に，成長期の幼児では，体重1kg当り60mg程度が必要とされている。

　トレオニンは，化学的な合成法によるDL－トレオニンが一般的であったが，発酵法によるL－トレオニンの製造も実用化されている。

　L－トレオニンは，わずかに甘味がある白色の結晶または粉末である。トレオニンは，必須アミノ酸として，トレオニン含量の少ない食品に強化の目的で添加したり，他の必須アミノ酸類と共に，栄養ドリンク等に使用されている。また，各種のアミノ酸類と組み合わせてスポーツドリンク類にも使用されている。

主な用途：強化剤（トレオニン補填・強化），調味料

使用基準：なし

成分規格：第9版食品添加物公定書

安　全　性：栄養強化成分はＪＥＣＦＡでの評価対象外

表示方法：→　DL－トレオニン

付　　記：米国　§172.320（アミノ酸），ＦＣＣ規格あり

トレハロース （既存）

英　　名：Trehalose

概　　要：トレハースは2分子のD－グルコースがその還元性基どうしで結合した非還元性の二糖類である。

　特定の細菌，酵母の培養ろ液または菌体より，水またはエタノールで抽出して得られたもの，これを酵素によるデンプンの糖化液より分離して得られたもの，またはマルトースを酵素処理して得られたものである。

　白色の結晶または結晶性の粉末で，臭いはなく，甘味がある。その甘味は砂糖の45%程度である。デンプンの老化防止作用やたん白質の変成を抑制する作用などがある。

　デンプン系食品，たん白質系食品の品質の保持，改善の目的で使われる。

主な用途：製造用剤

使用基準：なし

表示方法：簡略名なし

付　　記：日本食品添加物協会自主規格あり

トレハロースホスホリラーゼ（既存）

英　　名：Trehalose Phospholylase

概　　要：マルトースからトレハロースを作るときに使用される酵素である。
　細菌（*Paenibacillus sp.*および*Plesiomonas*属に限る。）の培養物から得られた，トレハロースを加リン酸分解する酵素である。

主な用途：酵素（転移酵素）

使用基準：なし

成分規格：第9版食品添加物公定書

安　全　性：平成8年度厚生科学研究報告書において，「酵素については一般に，人の健康の確保に支障となるものではないと考えられる」とされている。

表示方法：簡略名なし，一括名「酵素」の範囲，工程中で失活すれば加工助剤

ドロマイト（一般飲食物添加物）

英　　名：Dolomite

概　　要：ドロマイトは苦灰石と呼ばれるカルシウムとマグネシウムの炭酸塩である。日本国内では東北地方，海外ではイタリア，ドイツ，スイス，フランスなどで産出する。
　カルシウムとマグネシウムの比率は1：1であるが，2：1までの比率の変動もある。
　一般飲食物添加物リストには例示されていないが，食品と医薬品の区分に関わる厚生労働省の課長通知では，ドロマイト鉱石を一般飲食物添加物として扱う旨が示されている。
　カルシウムおよびマグネシウムの補填の目的で使われる。

主な用途：強化剤

表示方法：食品としては任意
　　　　　　食品添加物として使用した場合品名で表示　栄養強化の目的で使用した場合表示を免除される

トロロアオイ（既存）

英　　名：Tororoaoi

概　　要：アオイ科トロロアオイの根を乾燥，粉砕して得られる褐色の粉末で，主成分は約30％含まれるポリラムノガラクチュロン酸とラムノースの重合体である。
　豆腐，がんもどき等にやまいもの代用としても使われる。

主な用途：増粘安定剤

使用基準：なし

表示方法：→　トラガントガム，ただし，簡略名なし

付　　記：日本食品添加物協会自主規格あり

ナ

ナイシン（指定）

英　名：Nisin

概　要：発酵乳から取り出される乳酸菌（ラクトバチルス・ラクティス）の中で特定の菌が産出する抗生物質である。34個のアミノ酸からなるペプチドで，熱処理されたグラム陽性菌が発芽した後の生育を抑制する効果がある。

　ナイシンには，ナイシンAの他にナイシンZも知られているが，ナイシンAに限られる。

　白から薄黄赤色の粉末で，ナイシンとしての力価は1mg当たり900単位以上で，塩化ナトリウムを50％以上を含むことが規定されている。チーズ，アイスクリーム類，乳飲料，食肉および魚肉の加工品などの保存の目的で使用される。国際的に汎用されている食品添加物であり，企業からの指定要請もあり，安全性等の検討を経て，2009年3月に新たな指定された。

主な用途：保存料

使用基準：洋生菓子，食肉製品，チーズ，味噌など使用対象食品およびその使用量に関する規定あり。

成分規格：第9版食品添加物公定書，ＦＡＯ／ＷＨＯ規格

安 全 性：食品安全委員会 ＡＤＩ 0.13mg／kg，ＦＡＯ／ＷＨＯ 33000単位／kg

表示方法：用途名「保存料」を併記，簡略名なし

付　　記：米国　§184.1538

　　　　　　EU　E234

　　　　　　抗生物質であり，耐性菌が出現しないよう注意して使用する必要がある

ナタデココ（一般飲食物添加物）

（別名　醸造セルロース，発酵セルロース）

英　名：Fermentation-derived Cellulose

概　要：ナタは，ナタ菌によって形成されるコンニャクに似た半透明の白い繊維状物質である。

　ナタデココは，ココのナタの意味で，ココナッツの汁にナタ菌を加えてナタを生成させたもので，そのセルロール繊維は網目構造になっており，保水力や懸濁の保持力が強く，増粘性もある。通常は食品として，シロップをかけて歯応えのあるデザート菓子として食べられている。

　このナタのセルロースが，食品添加物として使用されることがある。

主な用途：通常は食品，食品添加物としては増粘安定剤，製造用剤

252　ナタマイシン

使用基準：なし
表示方法：食品としての表示は任意，食品添加物の増粘安定剤として使用した場合は，使用目的に沿った用途名を併記，簡略名 セルロース

ナタマイシン（指定）

（別名　ピマリシン）

英　　名：Natamycin
概　　要：ナタマイシンは，ストレプトマイセス・ナタレンシスの培養によって産出する抗生物質である。かびおよび酵母の生育を抑制する働きがある。

　国際的に汎用されている食品添加物であり，企業からの指定要請もあったことから，食品安全委員会の評価を得て，2005年に新たに指定された。

主な用途：保存料（表面処理剤）
使用基準：ナチュラルチーズ（ハードおよびセミハード）の表面処理
成分規格：第9版食品添加物公定書，ＦＡＯ／ＷＨＯ規格
安 全 性：食品安全委員会 ＡＤＩ 0.3mg／kg，ＦＡＯ／ＷＨＯ 0.3mg／kg
表示方法：可食部に残存すれば用途名「保存料」併記，簡略名なし
付　　記：米国　§172.155
　　　　　　ＥＵ　Ｅ235
　　　　　　医薬品としても使用されている抗生物質であり，耐性菌が出現しないよう注意して使用する必要がある

納豆菌ガム（既存）

（別名　納豆菌粘質物）

英　　名：Bacillus Natto Gum
概　　要：大豆発酵食品の代表である納豆は，粘性のある糸を引くことが特徴の一つとなっている。この納豆の糸はポリ－Ｄ－グルタミン酸である。

　納豆菌ガムは，納豆の粘性のある糸の特性を増粘剤などとして活用する目的で，糖類を原料として納豆菌を培養し，その生成する粘質物を分離して得られたものである。この精製品は，白色系の粉末になる。

　納豆菌ガムの水溶液は粘度が高く，その粘度はpH 4以上で安定であるが，塩類（食塩やカルシウム塩類）を加えることにより粘度は著しく低下する。食品添加物として，パンやケーキなどの組織改良，めん類の粘弾性の向上などに使われる。

主な用途：増粘安定剤
使用基準：なし
成分規格：第9版食品添加物公定書
表示方法：用途名「糊料」または，使用目的に応じて「増粘剤」，「安定剤」，「ゲル化剤」のいずれかを併記，簡略名 ポリグルタミン酸，既存添加物

増粘安定剤（多糖類）を２種以上併用するときの簡略名：増粘多糖類，この場合は用途名「増粘剤」の併記を省略できる

ナトリウムメトキシド（指定）
（別名　ナトリウムメチラート）

英　　名：Sodium Methoxide

概　　要：本品は白色微粉末で，吸湿性があり，湿った空気中では分解し易く，メチルアルコールと水酸化ナトリウムになる。

マーガリン，製菓用油脂などの原料となる可塑性油脂の粘稠度などの物性は，グリセリンと結合している脂肪酸の組成や結合状態により違ってくる。

本品は油脂のエステル交換反応の触媒であり，異なる脂肪酸組成の油脂を，本品を触媒としてエステル交換を行わせて油脂の組成を変化させることで，可塑性油脂の外観，保型性，展延性などの品質を改良するのに用いられる。反応後はアルコールとアルカリに分解され，アルコールは揮散して食品に残存しない。

主な用途：製造用剤（エステル交換触媒）

使用基準：最終食品の完成前に分解，除去する

成分規格：第9版食品添加物公定書

保存基準：密封容器に入れ，保存する

表示方法：加工助剤

付　　記：米国　ＦＣＣ規格あり

ナフサ（既存）
（別名　石油ナフサ）

英　　名：Petroleum Naphtha

概　　要：石油蒸留物を精製して得られたもので，成分はパラフィン系，ナフタレン系炭化水素である。

主な用途：製造用剤

使用基準：なし

表示方法：簡略名なし

付　　記：米国　§172.250，ＦＣＣ規格あり

生コーヒー豆抽出物（既存）

英　　名：Coffee Bean Extract

概　　要：コーヒーは，世界的にポピュラーな飲料となっている。コーヒーは，アカネ科のコーヒーの種子（豆）を焙煎したものが使われる。

一方，焙煎する前の生のコーヒーの豆を，クエン酸などで酸性にした水溶液で温時抽出すると，クロロゲン酸やポリフェノール類を含む成分が得られる。これが，生コーヒー豆抽出物で，酸化防止作用がある。

水溶性だが，エタノールには溶ける性質があり，140℃程度までは安定なため，水を使う加熱調理でも使用することができる。

飲料，魚肉・食肉加工品などの酸化防止の目的で使われる

主な用途：酸化防止剤

使用基準：なし

表示方法：用途名「酸化防止剤」併記，簡略名なし

付　　記：日本食品添加物協会自主規格あり

ナリンジナーゼ（既存）

（別名　ナリンギナーゼ）

英　　名：Naringinase

概　　要：柑橘類に含まれる苦み成分のナリンジンを分解して，無味のナリンゲンとグルコースにする機能を持つ酵素である。

糸状菌（*Aspergillus usamii*および*Penicillium decumbens*に限る。）の培養物から得られた，ナリンジンを分解する酵素である。

白～淡黄～褐色の粉末，または無～褐色の液体。水に可溶，エタノールに不溶である。

柑橘類缶詰，果汁の製造に使われる。

主な用途：酵素（加水分解酵素）

使用基準：なし

成分規格：第9版食品添加物公定書

安 全 性：平成8年度厚生科学研究報告書において，「酵素については一般に，人の健康の確保に支障となるものではないと考えられる」とされている

表示方法：簡略名なし，一括名「酵素」の範囲，工程中で失活すれば加工助剤

ナリンジン（既存）

（別名　ナリンギン）

英　　名：Naringin

概　　要：ナリンジンは，夏ミカン，グレープフルーツ，ザボン類などの柑橘類の果皮に多く含まれる苦味のあるフラボノイドである。

食品添加物としては，ミカン科のグレープフルーツの果皮，果汁または種子から，水またはアルコール類で抽出し，分離したものが使われる。

チューインガムや清涼飲料の味にアクセントを付ける目的で使用される。

主な用途：苦味料

使用基準：なし

成分規格：第9版食品添加物公定書

表示方法：簡略名なし，一括名「苦味料」の範囲

ニコチンサン　255

ニガーグッタ（既存）

英　　名：Niger Gutta

概　　要：南米に生育するクワ科ニガーグッタの木の幹枝より得られたラテックス（ゴム状の樹液）を熱時水洗し，水溶性成分を除去して得られたものである。アミリンアセタートとポリイソプレンを主成分としている。

　淡褐〜暗褐色のもろい固体で，特有のにおいがある。加熱すると粘稠性の樹脂状となる。

　チューインガムのかみ心地に弾力感を与えるためにガムベースに添加される。

主な用途：ガムベース

使用基準：なし

表示方法：簡略名なし，一括名「ガムベース」の範囲

付　　記：米国　§172.615，ＦＣＣ規格あり

ニガヨモギ抽出物（既存）

英　　名：Absinth Extract

概　　要：ニガヨモギは，中部ヨーロッパや北アフリカに産するキク科の植物で，ヨモギに似ているが苦味を持つためニガヨモギと言われる。

　この全草を，水またはエタノールで抽出して得られるアブシンチンなどから成るセスキテルペン類が，ニガヨモギ抽出物であり，強い苦味がある。

主な用途：苦味料

使用基準：なし

表示方法：簡略名 ニガヨモギ，一括名「苦味料」の範囲

付　　記：日本食品添加物協会自主規格あり

ニコチン酸（指定）

（別名　ナイアシン）

英　　名：Nicotinic Acid

概　　要：ニコチン酸は，米ヌカから見つけられた水溶性のビタミンである。ニコチン酸およびニコチン酸アミドは，動物の肝臓，肉，乳，酵母，豆類および多くの穀粉類など，多種の食品に含まれているが，トウモロコシには不足している。ビタミンＢ群の一つとしてビタミンB_3と呼ばれることもある。

　酸や熱には強いが，アルカリには弱い性質がある。ニコチンを酸化することによって得られたためにニコチン酸と呼ばれるが，栄養学上はナイアシンと呼ばれることが一般的になっている。ビタミンＢ類とトリプトファンがあれば，体内で生合成することができる。食品添加物としてのニコチン酸は，さまざまな化学的な合成法で作られている。トウモロコシ食品への添加や，ビタミン強化飲料などに使用されるほか，食肉加工食品の肉の色の保持の目的などで使われている。なお，使用基準に反してニコチン酸類が使われた食肉を食べた人の中で，皮膚の敏

感な人に，赤疹や痒みを発したことがあるので，使用基準は厳密に守る必要がある。

主な用途：強化剤（ナイアシン），食肉加工品の色調保持

使用基準：食肉，鮮魚介類（鯨肉を含む）には使用できない

成分規格：第9版食品添加物公定書

安　全　性：ＦＡＯ／ＷＨＯ 栄養成分は評価の対象外

表示方法：簡略名なし
　　　　　　栄養強化の目的で使用した場合の表示は免除される

付　　　記：米国　§184.1530，§182.5530，ＦＣＣ規格あり
　　　　　　ＥＵ　375

ニコチン酸アミド（指定）

（別名　ナイアシンアミド）

英　　　名：Nicotinamid

概　　　要：ニコチン酸の酸アミドがニコチン酸アミドである。製法としては，ニコチン酸のアミド化のほか，化学的な方法で直接合成することもできる。ニコチン酸と同様に使われる。

主な用途：強化剤（ナイアシン），加工食肉の色調保持

使用基準：→　ニコチン酸

成分規格：第9版食品添加物公定書

表示方法：簡略名　ニコチン酸，ナイアシン
　　　　　　栄養強化の目的で使用した場合の表示は免除される

付　　　記：米国　§184.1535，§182.5535，ＦＣＣ規格あり
　　　　　　ＥＵ　375

二酸化硫黄（指定）

（別名　無水亜硫酸）

英　　　名：Sulfur Dioxide

概　　　要：二酸化硫黄とその塩類である亜硫酸ナトリウムとピロ亜硫酸塩類は，昔からぶどう酒の腐造を防ぐ防腐剤としての使用など，保存のためなどに使われてきたものである。このほかに，漂白の目的，酸化防止の目的などでも使用される。

　二酸化硫黄は，硫黄を燃やして発生するガスを使用するため，はとんどは，特殊な発生装置をもつ食品メーカーだけで使われている。

　漂白の目的では，カンピョウの漂白や，煮豆と甘納豆に使う原料豆の漂白などに使われている。

　酸化防止の目的では，乾燥果物類やエビ・カニの類が褐色または黒色になるのを防ぐためなどに使われている。

保存の目的では，果汁・ジュース類とぶどう酒などに使われている。

主な用途：酸化防止剤，漂白剤，保存料

使用基準：ごま，豆類，野菜を除く食品，量的規制がある

成分規格：ＦＡＯ／ＷＨＯ規格

安 全 性：ＦＡＯ／ＷＨＯ ＡＤＩ 二酸化硫黄として０〜0.7mg／kg

表示方法：使用目的に従った用途名（「酸化防止剤」，「保存料」あるいは「漂白剤」）を併記，簡略名 亜硫酸塩，二酸化イオウ

付 記：米国 §183.3862，ＦＣＣ規格あり

　　　　　ＥＵ　Ｅ220

→ 亜硫酸ナトリウム

二酸化塩素 （指定）

英 名：Chlorine Dioxide

概 要：亜塩素酸ナトリウムに酸を加えて発生するガス体で，小麦粉の漂白・改質剤として使用される。

主な用途：製造用剤（小麦粉処理剤）

使用基準：小麦粉以外に使用してはならない

成分規格：なし

表示方法：加工助剤

付 記：米国 §173.300

二酸化ケイ素 （指定） 範疇物質

① 二酸化ケイ素　　　（別名　シリカゲル）

② 微粒二酸化ケイ素　（成分規格別名　微粒シリカゲル）

概 要：二酸化ケイ素は，自然界にケイソウ土，パーライト，石英，リン珪石などの鉱石として多量に産出する。

本品はケイ酸ナトリウムを酸で処理して二酸化ケイ素を析出させ，精製して作られた非晶質で多孔質の含水ケイ酸で，処理方法で孔径，表面積，含水量の異なったものが作られている。

本品には①二酸化ケイ素と②微粒二酸化ケイ素がある。

①二酸化ケイ素 （指定）

英 名：Silicon Dioxide

概 要：本品を強熱したものは二酸化ケイ素94％以上を含む。本品は白色粉末またはコロイド状の液体である。水溶液中の物質を吸着する効果に優れているので，主として酒類のろ過助剤として指定されている。日本酒，ビールなどの酒類では濁りの原因となる高分子たん白質の除去効果が優れている。

酒類の清澄の目的で使用される。

主な用途：製造用剤（ろ過助剤）
使用基準：ろ過助剤の目的のみ。最終食品の完成前に除去すること
表示方法：加工助剤

②　微粒二酸化ケイ素（指定）

英　　名：Silicon Dioxide（Fine）
概　　要：本品を強熱したものは二酸化ケイ素99％以上を含む。本品は平均粒径
15μm以下の滑らかな触感を持つ白色の微細な粉末で，各種粉粉末食品に直接添
加して，固結防止剤として使われる。
主な用途：製造用剤（固結防止剤）
使用基準：母乳代替食品および離乳食品を除く。食品に2％以下
表示方法：二酸化ケイ素，シリカゲル，酸化ケイ素，
　　　　　　　微粒二酸化ケイ素では，微粒酸化ケイ素または微粒シリカゲルを表示
　　　　　　　以下は①②共通
成分規格：第9版食品添加物公定書（①②別），ＦＡＯ／ＷＨＯ規格
安 全 性：ＦＡＯ／ＷＨＯ ＡＤＩ 特定せず
付　　記：米国　§172.480，ＦＣＣ規格あり
　　　　　　　ＥＵ　　Ｅ551

二酸化炭素（指定）

（別名　炭酸ガス）

英　　名：Carbon Dioxide
概　　要：炭酸は，ビールや炭酸飲料などで馴染みの深いものである。この炭酸
とは，二酸化炭素（炭酸ガス）をさしている。
　二酸化炭素は，固体にされたドライアイスの形でよく見かけるが，食品添加物
として使用されるものは，ガス状の炭酸ガスが一般的である。少量の場合には，
圧縮して液化した状態で，緑色のボンベに詰められて流通している。
　炭酸は，清涼飲料類の酸味料としての使用が大きなウェイトを占めている。
　「炭酸飲料」と表示された飲料では，本品に関する表示を省略することが認め
られている。また，食品の製造・加工・運搬などの過程で，食品を冷却するため
にも使われている。
主な用途：酸味料，その他冷却用など
使用基準：なし
成分規格：第9版食品添加物公定書，ＦＡＯ／ＷＨＯ規格
安 全 性：ＦＡＯ／ＷＨＯ ＡＤＩ 特定せず
表示方法：簡略名 炭酸，一括名「酸味料」の範囲
付　　記：米国　§184.1240，ＦＣＣ規格あり
　　　　　　　ＥＵ　　Ｅ290

二酸化チタン（指定）

英　　名：Titanium Dioxide

概　　要：二酸化チタンは，チタンの酸化物のうち，酸化度の高いものであり，白色の粉末になっている。微量の酸化アルミニウムおよび二酸化ケイ素を含むことがある。白色の顔料として医薬品，化粧品をはじめ，各種の工業製品に使われてきた。

　　食品添加物としては，ホワイトチョコレートの白色，各種の色に着色するための下地としての白色などに使われている。

主な用途：着色料

使用基準：着色の目的に限られる。カステラ，きなこ，魚肉漬物，鯨肉漬物，こんぶ類，醤油，食肉，食肉漬物，スポンジケーキ，鮮魚介類（鯨肉を含む），茶，海苔類，マーマレード，豆類，味噌，めん類（ワンタンを含む），野菜およびわかめ類には使用できない。

成分規格：第9版食品添加物公定書，ＦＡＯ／ＷＨＯ規格

安 全 性：ＦＡＯ／ＷＨＯ ＡＤＩ 制限せず

表示方法：用途名「着色料」併記，簡略名 酸化チタン

付　　記：米国　§73.575，ＦＣＣ規格あり
　　　　　　ＥＵ　　Ｅ171

ニッケル（既存）

英　　名：Nickel

概　　要：元素Ni，油脂の水素化，糖類の還元用触媒として，還元ニッケルまたはラネーニッケルが広く使用される。

主な用途：製造用剤（触媒）

使用基準：なし

表示方法：加工助剤

付　　記：米国　§184.1537
　　　　　　日本食品添加物協会自主規格あり

乳酸（指定）

英　　名：Lactic Acid

概　　要：乳酸は，多くの動物，イネなどの植物の組織に存在する酸で，ヨーグルトや乳酸菌飲料などの乳の発酵物に多量に含まれるなど，自然界に広く常在する有機酸である。

　　食品添加物として使用される乳酸は，発酵法を経由して化学合成的な手段で精製する方法と，純粋に化学的な方法により合成する方法の２種類の製造方法があり，いずれも純度の高い乳酸が得られる。発酵法では，使用する菌により，Ｌ－体，Ｄ－体，ＤＬ－体（ラセミ体）の乳酸が生成する。一方，化学的合成法では

ラセミ体が作られる。DL－体は，イカ・タコなどの動物やイネなどの植物体にも存在することが確認されている。

　水に対する溶解性と潮解性が高いため，40％以上の水溶液（一般的には，50％と90％）で流通している。食品添加物としては，主に，酸味を付けたり，酸度・pHを調節する目的で，清涼飲料水や漬物をはじめ，さまざまな食品に使用されている。特に，清酒の製造では，主要な原材料の一つとして，明治時代から使われてきている。

　また，環状二量体（ジラクチド）を主体とする固形の乳酸も開発されている。

主な用途：酸味料，pH調整剤

使用基準：なし

成分規格：第9版食品添加物公定書，ＦＡＯ／ＷＨＯ規格

安 全 性：ＦＡＯ／ＷＨＯ ＡＤＩ（乳酸とその塩類）制限せず

表示方法：簡略名なし，一括名「酸味料」および「pH調整剤」の範囲，また，「膨脹剤」の酸剤としても認められている

付　　記：米国　§184.1061，ＦＣＣ規格あり
　　　　　　ＥＵ　Ｅ270

乳酸カリウム（指定）

英　　名：Potassium Lactate

概　　要：乳酸カリウムは，乳酸を水酸化カリウムなどのカリウム塩で中和して作られる乳酸の塩である。

　乳酸ナトリウムと代替する使われ方が想定される。

主な用途：pH調整剤，酸味料，調味料，

使用基準：なし

成分規格：第9版食品添加物公定書，ＦＡＯ／ＷＨＯ規格

安 全 性：→ 乳酸

表示方法：簡略名 乳酸Ｋ，一括名「pH調整剤」，「酸味料」，「調味料（有機酸）」の範囲（想定される表示方法）

付　　記：米国　§184.1639，ＦＣＣ規格あり
　　　　　　ＥＵ　Ｅ326

乳酸カルシウム（指定）

英　　名：Calcium Lactate

概　　要：乳酸カルシウムは，乳酸のカルシウム塩で，食品に使われるカルシウム塩の中では水溶性に富んでおり，広く使用されている。不足するカルシウムを補ったり，カルシウムを強化する目的で，健康志向食品や飲料・飴類等に使用される。また，果肉・野菜類の身締めの目的で果肉入り缶詰や漬物に使われたり，コンブ等の海藻類の成分の流出防止の目的などにも使用されている。このほか，

調味料の成分として少量加えられていることもある。

主な用途：強化剤（カルシウムの強化），果肉などの身締め，その他

使用基準：カルシウムとしての量的な基準がある

成分規格：第9版食品添加物公定書，ＦＡＯ／ＷＨＯ規格

安　全　性：→　乳酸

表示方法：簡略名 乳酸Ca，一括名「調味料（有機酸）」の範囲 栄養強化の目的
で使用した場合の表示は免除される

付　　記：米国　§184.1207，ＦＣＣ規格あり

　　　　　　ＥＵ　　Ｅ327

乳酸菌濃縮物（一般飲食物添加物）

英　　名：Lactic acid bacteria concentrates

概　　要：乳酸菌は，牛乳をヨーグルトに変えたり，漬物の製造中で増殖して乳
酸を生成して独特の風味を出したりする微生物である。また，乳酸を発酵法で得
るにも，ある種の乳酸菌が使われている。日本では，乳酸菌によって生成された
乳酸を含む飲料が，乳酸菌飲料として普及している。

　乳酸菌には，さまざまな生理活性があることも研究されており，健康志向食品
での応用も進められている。

　食品添加物としての乳酸菌濃縮物は，このような乳酸菌の働きを利用する目的
で乳酸菌の培養液を，乳酸菌または乳酸菌由来の酵素が作用することになる。

　乳酸菌濃縮物は，凍結または，乾燥した状態で流通する。

主な用途：通常は食品（乳酸発酵液），食品添加物として使用される場合は酵素

使用基準：なし

表示方法：食品としての表示は任意，食品添加物として使用した場合は「酵素」
として扱われ，工程中で失活すれば加工助剤

乳酸鉄（指定）

英　　名：Iron Lactate

概　　要：乳酸鉄は，乳酸の鉄塩である。安定性のよい製品（酸性塩）が開発さ
れたため，普及してきた。

　国際規格では，結晶水を持った第一鉄塩に限られている場合もあるが，日本の
規格では第二鉄塩も理論上は可能である。

　ただし，現時点では，日本でも第一鉄の塩だけが流通している。

　食品では，主に鉄の強化を目的として健康志向食品を中心に，あめ類やその他
の菓子類で使用されている。

主な用途：強化剤（鉄の補填・強化）

使用基準：カルシウムとして1.0％以下となるよう使用

成分規格：第9版食品添加物公定書，

262　ニュウサンナト

　　　　　乳酸第一鉄としてＦＡＯ／ＷＨＯ規格
安 全 性：→ 乳酸
表示方法：簡略名なし，栄養強化の目的で使用した場合の表示は免除される
付　　記：米国（第一鉄塩）§73.165，§184.1311，§182.5311，ＦＣＣ規格あ
　　　　　り
　　　　　ＥＵ（第一鉄塩）E 585

乳酸ナトリウム（指定）

（別名　乳酸ナトリウム液）

英　　名：Sodium Lactate
概　　要：乳酸ナトリウムは乳酸のナトリウム塩で，通常，乳酸を水酸化ナトリ
ウムで中和して作られる。
　吸湿性が高いため，水溶液（成分規格では40％以上，通常は50％あるいは60％
溶液）の形で流通している。
　乳酸ナトリウムは，各種のアミノ酸や有機酸の塩類と共に，味の調和をとる目
的で，漬物類や水産加工品類・畜肉加工品類等に使用され，単独あるいは乳酸等
と併用して酸味の付与，酸度・pHを調整する目的でベーカリー製品等に使用さ
れている。また，優れた保湿性を使って珍味類やひび割れを嫌うデンプン系の食
品等に，離水防止作用を使って水産練り製品等に使われている。
　また，近年は，静菌性に関する研究が進められており，米国では食肉加工食品
等の日持ちを向上させる目的でも使用されている。
　日本では，冷凍食品や氷温流通食品での，冷凍障害防止の目的にも使用されて
いる。
主な用途：pH調整剤，酸味料，調味料，日持ちの向上
使用基準：なし
成分規格：第9版食品添加物公定書，ＦＡＯ／ＷＨＯ規格
安 全 性：→ 乳酸
表示方法：簡略名 乳酸Na，一括名「pH調整剤」，「酸味料」，「調味料（有機酸）」
　　　　　の範囲
付　　記：米国　§184.1768，ＦＣＣ規格あり
　　　　　ＥＵ　E 325

乳清焼成カルシウム（既存）

（別名　乳清第三リン酸カルシウム，ホエイ第三リン酸カルシウム，ホエイリン
酸三カルシウム）

（名簿名称　焼成カルシウム）

英　　名：Calcinated Whey Calcium（Tricalcium Phosphate）
概　　要：乳清（ホエイ）は，牛乳の酸または酵素（レンネット）を作用させて

カゼイン分を取り除いた，通常，透明で黄緑色の液体である。

　この乳清は，乳糖を主成分とする固形分の他，乳清たん白質，無機質および水溶性のビタミン類が含まれている。

　乳清焼成カルシウムは，酸カゼインホエイから乳清たん白質と乳糖を分離，除去したものを精製し，焼成したものである。主成分はリン酸三カルシウムであり，その他に，ナトリウムなどの微量のミネラルのリン酸塩および酸化物を含む。現在，市場には，カルシウムとして18％程度のものと，26％程度のものが流通しており，30％程度のものも開発されている。

　粉ミルク，チーズ，アイスクリーム，乳飲料などの乳製品を中心に，カルシウムの補填，強化の目的で使用されることが多くなっている。

主な用途：強化剤（カルシウム強化）

使用基準：なし

表示方法：簡略名 乳清リン酸Ca，乳清リン酸カルシウム，ホエイリン酸カルシウム，ホエイリン酸Ca 栄養強化の目的で使用した場合の表示は免除される

→　ホエイソルト

ニンジンカロテン （既存）

（別名　ニンジンカロチン，キャロットカロテン，キャロットカロチン，抽出カロテン，抽出カロチン）

英　　名：Carrot Carotene

概　　要：食用のニンジンには，糖質やたん白質の他に，カルシウム，リン，鉄などのミネラル類などと共に多量のカロテン類が含まれている。ニンジン特有の色もカロテン色素によるものである。

　このニンジンの根の乾燥物から，油脂またはヘキサンなどの有機溶媒で抽出，あるいは加圧下に二酸化炭素で抽出した，カロテン分を主体としたものがニンジンカロテンである。β－カロテンを主要成分とするカロテン類からなっており，着色の目的およびプロビタミンAとしてのビタミンA補填・強化の目的で使用される。

主な用途：着色料，強化剤（プロビタミンA）

使用基準：着色の目的では，こんぶ類，食肉，鮮魚介類（鯨肉を含む），茶，のり類，豆類，野菜およびわかめ類には，使用できない

成分規格：第9版食品添加物公定書，ＦＡＯ／ＷＨＯ規格（野菜カロテン類として）

安　全　性：ＦＡＯ／ＷＨＯ ＡＤＩ 通常の含量以内での使用可

表示方法：簡略名 カロテン（色素），カロチン（色素），カロテノイド（色素），カロチノイド（色素）

　　　　　　着色の目的で使用した場合　用途名「着色料」併記，または「色素」

名で表示

栄養強化の目的で使用した場合の表示は免除される

付　　記：米国　§73.300，§182.5245

　　　　　　ＥＵ　　Ｅ160（a）（i）

ネオテーム（指定）

英　　名：Neotame

概　　要：ネオテームは，アスパルテームの還元的Ｎ－アルキル化によって合成されるジペプチドメチルエステル誘導体である。

　ネオテームの甘味の質は，砂糖に近いもので，その甘さは，砂糖の約10,000倍と非常に高く，また，カロリーも比較的小さいため，高甘味度で低カロリーの甘味料として使われている。化学的に安定で，熱安定性や発酵耐性が高い。

　低カロリー（ダイエット）飲料や卓上（テーブルに置いてあり，コーヒーや紅茶などに使う）甘味料としてよく使われている。

主な用途：甘味料

使用基準：なし

成分規格：第9版食品添加物公定書，ＦＡＯ／ＷＨＯ規格

安 全 性：ＦＡＯ／ＷＨＯ ＡＤＩ0～2mg/kg

表示方法：用途名（「甘味料」）併記，さらに，「L－フェニルアラニン化合物」である旨を表示，簡略名なし

付　　記：米国　§172.804，ＦＣＣ規格あり

γ－ノナラクトン（指定）

（別名　ノナラクトン）

英　　名：γ-Nonalactone

概　　要：天然にはモモ，パイナップル，あんず，トマトなどに存在する。合成法で作られ，無～淡黄色の透明な液体で，甘いココナッツ様の香気を有する。

　ココナッツフレーバーなどナッツ系フレーバー成分として，アイスクリーム，キャンディー，菓子類に使われる。

主な用途：香料

使用基準：着香の目的に限る

成分規格：第9版食品添加物公定書，ＦＡＯ／ＷＨＯ規格

安 全 性：ＦＡＯ／ＷＨＯ ＡＤＩ0～1.25mg/kg，香料としては問題なし

表示方法：簡略名なし，一括名「香料」の範囲

付　　記：米国　§172.515，ＦＣＣ規格あり

ノリ色素 （一般飲食物添加物）

（別名　海苔色素）

英　　名：Laver Colour

概　　要：食用に使われる海藻のノリ（海苔）は，ウシケノリ科アマノリを乾燥したもの（板海苔），またはアマノリを調理したものである。このノリを水に浸けておくと桃～赤色系の色が出ることがある。

　　ノリ色素は，このノリの色を積極的に取りだしたもので，通常，温時，水または弱酸性の水で抽出して得る。

　　この色素は，フィコエリトリンを主成分とする桃色色素である。酸性～中性では安定だが，たん白質結合性の色素の傾向として，熱，光，酸に対する安定性に欠ける性質もある。

主な用途：食品添加物としては着色料

使用基準：着色の目的では，こんぶ類，食肉，鮮魚介類（鯨肉を含む），茶，のり類，豆類，野菜およびわかめ類には，使用できない

表示方法：着色の目的で使用した場合は，用途名「着色料」併記，簡略名なし

付　　記：日本食品添加物協会自主規格あり

ノルビキシンカリウム （指定）

英　　名：Patassium Norbixate

概　　要：ノルビキシンは，ベニノキの種子の殻から得られるアナトー色素の主成分であるビキシンの加水分解物で，アナトー色素の成分として存在するものである。

　　ノルビキシンは，エタノールや油脂性の溶媒には溶けるが，水に溶けないため，カリウムまたはナトリウムのアルカリ塩として水溶性にし，「水溶性アナトー」にして使われる。

　　ノルビキシンカリウムは，アルカリとしてカリウムを使用した，ノルビキシンの水溶性塩である。

　　魚肉練製品，食肉加工品，アイスクリームなどの食品を，黄～橙色に着色する目的で使用される。

主な用途：着色料

使用基準：こんぶ類，食肉，鮮魚介類（鯨肉を含む），茶，のり類，豆顆，野菜およびわかめ類には，使用できない

成分規格：第9版食品添加物公定書（「水溶性アナトー」として），
　　　　　　ＦＡＯ／ＷＨＯ　規格

安 全 性：（参考）ＦＡＯ／ＷＨＯ ＡＤＩ （ビキシンとして）0 ～ 0.065mg/kg

表示方法：用途名「着色料」併記，または「色素」名で表示
　　　　　　簡略名 ノルビキシンＫ，水溶性アナトー，アナトー（色素），カロテノイド（色素），カロチノイド（色素）

付　　記：米国　§73.30，CFR規格あり（「アナトー抽出物」として）
　　　　　　EU　E160（b）（「アナトー抽出物」）
→　アナトー色素

ノルビキシンナトリウム（指定）

英　　名：Sodium Norbixate
概　　要：ノルビキシンナトリウムは，アルカリとしてナトリウムを使用したノルビキシンの水溶性塩である。
主な用途：着色料
使用基準：→　ノルビキシンカリウム
成分規格：→　ノルビキシンカリウム
安　全　性：→　ノルビキシンカリウム
表示方法：→　ノルビキシンカリウム，ただし，簡略名　ノルビキシンKに代えて
　　　　　　ノルビキシンNa
付　　記：→　ノルビキシンカリウム

ハ

ばい煎コメヌカ抽出物 （既存）

英　　名：Roasted Rice Bran Extract

概　　要：米ぬかを脱脂し，ばい煎したものを，熱水で抽出し，温時エタノールでたん白質を除去したものである。成分はマルトールを含む。

主な用途：製造用剤

使用基準：なし

表示方法：簡略名なし

ばい煎ダイズ抽出物 （既存）

英　　名：Roasted Soybean Extract

概　　要：大豆の種子を脱脂し，ばい煎したものを，熱水で抽出し，温時エタノールでたん白質を除去したものである。成分はマルトールを含む。

主な用途：製造用剤

使用基準：なし

表示方法：簡略名なし

ハイビスカス色素 （一般飲食物添加物）

（別名　ローゼル色素）

英　　名：Hibiscus Colour

概　　要：ハイビスカス類は，アジア原産で亜熱帯～熱帯にかけて広く植生するアオイ科の多年草であり，日本では，主に観賞用に栽培されているが，南アジアでは，ハーブとして食用にされることもある。

　ハイビスカス類の花弁およびび萼には，アントシアニン系の色素が含まれており，この色素成分を水で抽出して得られたものが，ハイビスカス色素である。ハイビスカス類の中でもローゼル草が多く使われることから，ローゼル色素とも言われる。pH4以下で鮮赤色，pH5～6で橙色，pH7以上で青紫色と変わるので，通常はpH4以下の食品に使われる。

主な用途：食品添加物としては着色料

使用基準：着色の目的では，こんぶ類，食肉，鮮魚介類（鯨肉を含む），茶，のり類，豆類，野菜およびわかめ類には，使用できない

表示方法：用途名「着色料」併記，または「色素」名で表示
　　　　　　簡略名 ローゼル，アントシアニン（色素）

付　　記：米国　§73.260（野菜汁）
　　　　　　ＥＵ　Ｅ163（アントシアニン類）

268　パーオキシダーゼ

日本食品添加物協会自主規格あり

パーオキシダーゼ（既存）

（別名　ペルオキシダーゼ）

英　　名：Peroxidase

概　　要：過酸化水素を還元分解する機能を持つ酵素である。

　キュウリ（*Cucumis sativus* L.），セイヨウワサビ（*Armoracia rusticana* P.Gaertn.およ
びB. Mey. & Scherb.），ダイコン（*Raphanus sativus* L.）もしくはダイズ（*Glycinemax*
(L.) Merr.），または担子菌（*Coprinus cinereus*），糸状菌（*Alternaria*属，*Aspergillus
oryzae*及び*Oidiodendron*属に限る。），放線菌（*Streptomyces thermoviolaceus*および
*Streptomyces violaceoruber*に限る。）若しくは細菌（*Bacillus*属に限る。）の培養物
から得られた，過酸化水素を還元分解する酵素である。

　白～淡黄～黒褐色の粉末，または無～黒褐色の液体。水に可溶で，エタノール
には不溶である。

　食品加工に過酸化水素を使用した場合，次の工程で過酸化水素を分解させるた
めに使われる。

主な用途：酵素（酸化還元酵素）

使用基準：なし

成分規格：第9版食品添加物公定書

安　全　性：平成8年度厚生科学研究報告書において，「酵素については一般に，人
　　　　　　の健康の確保に支障となるものではないと考えられる」とされている

表示方法：簡略名なし，一括名「酵素」の範囲，工程中で失活すれば加工助剤

麦芽抽出物（一般飲食物添加物）

（別名　麦芽エキス）

英　　名：Malt Extract

概　　要：イネ科の穀類のモヤシを総称して麦芽というが，ここでは，狭義の意
味でのイネ科オオムギ（大麦）のモヤシを，特に麦芽と称している。

　この麦芽（モルト）は，ビール醸造の原料となることでもよく知られており，
これを焙煎・薫煙したウイスキー用の麦芽もある。

　麦芽またはこれを焙煎したものを，水で抽出すると，淡黄褐～褐色に着色した
水が得られる。これを濃縮したものが麦芽抽出物であり，着色の目的で使用され
ることもある。

主な用途：食品添加物としては，着色料

使用基準：着色の目的では，こんぶ類，食肉，鮮魚介類（鯨肉を含む），茶，の
　　　　　　り類，豆類，野菜およびわかめ類には，使用できない

表示方法：食品として使用した場合　任意
　　　　　　着色の目的で使用した場合　用途名「着色料」併記 簡略名 モルトエキス

ハクルベリー色素 （一般飲食物添加物）

英　　名：Black Huckleberry Colour

概　　要：ハクルベリーは，ツツジ科の低木で，青〜黒色の実（ブラックハクルベリー）をつける。この実を搾汁，または，水で抽出するとアントシアニン系の赤〜青色を呈する色素成分が得られる。これがハクルベリー色素である。

主な用途：食品添加物としては，着色料

使用基準：→ ハイビスカス色素

表示方法：用途名「着色料」併記，または「色素」名で表示
　　　　　　簡略名 ベリー色素，果実色素，アントシアニン（色素）

付　　記：米国　§73.250（果汁）
　　　　　　ＥＵ　Ｅ163（アントシアニン類）
　　　　　　日本食品添加物協会自主規格あり

白金 （既存）

英　　名：Platinum

概　　要：元素Pt。食用硬化油や還元糖製造の水素添加触媒として使われる貴金属系触媒である。低温低圧でも反応が進行するので，反応の選択性，省エネルギー面から優れている。使用済み触媒は回収再使用される。

主な用途：製造用剤（触媒）

使用基準：なし

表示方法：加工助剤

バニリン （指定）

（別名　ワニリン）

英　　名：Vanillin

概　　要：天然にはバニラ豆の香料成分で，豆中に約2％含まれている。合成法で作られ，白〜淡黄色の針状結晶で，バニラ様の香気と味がある。菓子，アイスクリーム，清涼飲料などに，単品で，または調合香料として広く使われる。

主な用途：香料

使用基準：着香の目的に限る

成分規格：第9版食品添加物公定書，ＦＦＡＯ／ＷＨＯ規格

安　全　性：ＦＡＯ／ＷＨＯ ＡＤＩ 0〜10mg/kg

表示方法：簡略名なし，一括名「香料」の範囲

付　　記：米国　§172.515，ＦＣＣ規格あり

パパイン（既存）

英　　名：Papain

概　　要：たん白質を加水分解する機能を持つ植物性のプロテアーゼである。パパイヤ（*Carica papaya* L.）の果実から得られた、たん白質分解酵素である。

白〜淡黄白〜濃褐色の粉末、粒、または透明〜濃褐色の液体で特有のにおいがある。水に可溶で、エタノールに不溶である。

ビールの混濁防止の清澄剤、肉の軟化剤その他食品加工に広く使われる。

主な用途：酵素（加水分解酵素）

使用基準：なし

成分規格：第9版食品添加物公定書、ＦＡＯ／ＷＨＯ規格

安　全　性：ＦＡＯ／ＷＨＯ　ＡＤＩ　GMPにより制限

平成8年度厚生科学研究報告書において、「酵素については一般に、人の健康の確保に支障となるものではないと考えられる」とされている

表示方法：簡略名なし、一括名「酵素」の範囲、工程中で失活すれば加工助剤

付　　記：米国　§184.1585、ＦＣＣ規格あり

パプリカ粉末（一般飲食物添加物）

英　　名：Powdered Paprika

概　　要：パプリカは、スペイン、ハンガリー、北アフリカ、北米などで栽培されているナス科の植物で、唐辛子の1種である。

このパプリカを、乾燥し、粉砕して鮮赤橙〜赤色の粉末にしたものが、パプリカ粉末である。主要なスパイスとして長年使われてきたもので、まれに着色の目的で使用されることもある。

主な用途：スパイス（食品）、まれに食品添加物として、着色料

使用基準：スパイスとしては、任意

着色の目的では、こんぶ類、食肉、鮮魚介類（鯨肉を含む）、茶、のり類、豆類、野菜およびわかめ類には、使用できない

表示方法：着色の目的で使用した場合は、用途名「着色料」併記、簡略名なし

付　　記：米国　§73.340

→　トウガラシ色素

パーム油カロテン（既存）

（別名　パーム油カロチン、抽出カロチン、抽出カロテン）

英　　名：Palm Oil Carotene

概　　要：パーム油は、ヤシ科アブラヤシの果肉に含まれる油脂であり、この油脂中にカロテン類を含むためオレンジ色を呈している。このパーム油から、カロテン類を取りだしたものが、パーム油カロテンである。カロテン類の取りだし方としては、パーム油中のカロテン類をシリカゲルに吸着させ、これをヘキサンで

分離して得る方法，パーム油の不けん化物から含水メタノールで分別して得る方法などがある。カロテンが主成分であり，黄～橙色を呈する。カロテンの含量は，ニンジンカロテンに比べて多い。

主な用途：着色料，強化剤（プロビタミンA）

使用基準：着色の目的では，こんぶ類，食肉，鮮魚介類（鯨肉を含む），茶，のり類，豆類，野菜およびわかめ類には，使用できない

成分規格：第9版食品添加物公定書

安 全 性：ＦＡＯ／ＷＨＯ ＡＤＩ 通常の含量以内での使用可

表示方法：簡略名 カロテン（色素），カロチン（色素），カロテノイド（色素），カロチノイド（色素）

着色の目的で使用した場合 用途名「着色料」併記，または「色素」名で表示

栄養強化の目的で使用した場合の表示は免除される

付　　記：米国　§73.300，§182.5245

EU　E160（a）（i）

パーライト（既存）

英　　名：Perlite

概　　要：熔岩が冷却してできた真珠岩，黒曜岩などのガラス質鉱物を工業的にはパーライトと呼んでいる。

本品はこれらより得られた鉱物性二酸化ケイ素を800～1200℃で焼成して，原石を数倍～20倍に膨張させて多孔質とし，粉砕したもので，白色または淡灰色の非常に軽い粉末である。嵩密度が0.032～0.122g／mlで，軽量パーライトと呼ばれる。ろ過助剤として使われる。

主な用途：製造用剤（ろ過助剤）

使用基準：不溶性鉱物性物質は食品の製造，加工上必要不可欠の場合のみ使用可

食品への残存量は0.5%以下

成分規格：第9版食品添加物公定書

安 全 性：ＦＡＯ／ＷＨＯ

表示方法：類別名 不溶性鉱物性物質，ろ過助剤の場合は加工助剤

付　　記：米国　ＦＣＣ規格あり

パラオキシ安息香酸イソブチル（指定）

（別名　パラヒドロキシ安息香酸イソブチル）

英　　名：Isobutyl *p*-Hydroxybenzoate

概　　要：パラオキシ安息香酸エステル類は，19世紀に合成された静菌性の保存料で，通称では「パラベン」類ともいわれる。パラオキシ安息香酸エステル類は，日本では5種類が食品添加物として指定されている。

272　パラオキシア

　パラベン類は，一般的に水に溶けにくいが，分枝鎖エステル類のイソブチルおよびイソプロピルは，エチル，ブチル，プロピルに比べると少しは水に溶ける傾向がある。

　本品は分枝鎖エステルであり，少しは水に溶けるが，実用的には溶けにくいため，エタノールなどに溶かしたかたちで使われる。また，効果や溶解性を考慮して数種類のパラベン類を極めて少量ずつ併用することも多い。

　醤油には，かびの発生を防止する目的で使われており，その他，酢や清涼飲料水にも保存の目的で使われている。

主な用途：保存料

使用基準：醤油，果実ソース，酢，清涼飲料水，シロップ，果実と果菜の表皮に限る。量的規制あり

成分規格：第9版食品添加物公定書

安 全 性：（参考）エチル，メチルおよびプロピルエステル
　　　　　　ＦＡＯ／ＷＨＯ ＡＤＩ（パラオキシ安息香酸として）0 〜 10mg / kg

表示方法：用途名「保存料」併記，
　　　　　　簡略名 パラオキシ安息香酸，イソブチルパラベン

パラオキシ安息香酸イソプロピル（指定）

（別名　パラヒドロキシ安息香酸イソプロピル）

英　　名：Isopropyl *p*-Hydroxybenzoate

概　　要：パラベンのうち，イソプロピルエステルである。

→ パラオキシ安息香酸イソプロピル

主な用途：保存料

使用基準：→ パラオキシ安息香酸イソブチル

安 全 性：→ パラオキシ安息香酸イソブチル

成分規格：第9版食品添加物公定書

表示方法：→ パラオキシ安息香酸イソブチル，
　　　　　　ただし，簡略名のイソブチルパラベンに換えてイソプロピルパラベン

パラオキシ安息香酸エチル（指定）

（別名　パラヒドロキシ安息香酸エチル）

英　　名：Ethyl *p*-Hydroxybenzoate

概　　要：パラベン類のうち，エチルエステルで，水に溶けないため，エタノールなどの食用の溶剤に溶解して使用する。

→ パラオキシ安息香酸イソブチル

主な用途：保存料

使用基準：→ パラオキシ安息香酸イソブチル

成分規格：第9版食品添加物公定書

パラジウム　273

安 全 性：ＦＡＯ／ＷＨＯ　ＡＤＩ０～10mg / kg（エチル，メチルおよびプロピ
ル エステルの合計：パラオキシ安息香酸として）

表示方法：→　パラオキシ安息香酸イソブチル，ただし，簡略名のイソブチルパ
ラベンに換えてエチルパラベン

付　　　記：ＥＵ　Ｅ214

パラオキシ安息香酸ブチル（指定）

（別名　パラヒドロキシ安息香酸ブチル）

英　　　名：Butyl *p*-Hydroxybenzoate

概　　　要：パラベン類のうち，エチルエステルで，水に溶けないため，エタノー
ルなどの食用の溶剤に溶かして使用する。

→　パラオキシ安息香酸イソブチル

主な用途：保存料

使用基準：→　パラオキシ安息香酸イソブチル

成分規格：第9版食品添加物公定書

安 全 性：→　パラオキシ安息香酸イソブチル

表示方法：→　パラオキシ安息香酸イソブチル，ただし，簡略名のイソブチルパ
ラベンに換えてブチルパラベン

パラオキシ安息香酸プロピル（指定）

（別名　パラヒドロキシ安息香酸プロピル）

英　　　名：Propyl *p*-Hydroxybenzoate

概　　　要：パラベン類のうち，プロピルエステルで，水に溶けないため，エタ
ノールなどの食用の溶剤に溶かして使用する。

→　パラオキシ安息香酸イソブチル

主な用途：保存料

使用基準：→　パラオキシ安息香酸イソブチル

成分規格：第9版食品添加物公定書

安 全 性：→　パラオキシ安息香酸エチル

表示方法：→　パラオキシ安息香酸イソブチル，ただし，簡略名のイソブチルパ
ラベンに換えてプロピルパラベン

付　　　記：米国　§184.1670，ＦＣＣ規格あり
ＥＵ　Ｅ216

パラジウム（既存）

英　　　名：Palladium

概　　　要：元素Pd，食用硬化油や還元糖製造の水素添加触媒として使われる貴
金属系触媒であり，一番多く使用されており，脱ベンジル反応などの特異的反応

性も持っている。

　貴金属系触媒は低温低圧でも反応が進行するので，反応の選択性，省エネルギー面から優れているので利用は増加している。

　使用済み触媒は回収再使用される。

主な用途：製造用剤（触媒）

使用基準：なし

表示方法：加工助剤

パラフィンワックス（既存）

（別名　パラフィン）

英　　名：Paraffin Wax

概　　要：原油を減圧蒸留して得られた潤滑油分画成分から，冷時プロパンで脱レーキし，脱ロウ，脱油したもの，あるいは熱時メチルエチルケトンで処理し，溶剤を留去したものから得られたもので，C_{20} ～ C_{40}の炭化水素を含む。

　無味，無臭の水，冷エタノールに不溶，熱エタノールに一部可溶な，無～白色のやや透明性を帯びた塊である。

　チューインガムに柔軟性を与え，食感を改良するためにガムベースに添加される。また光沢性，防湿性，可撓性の被膜をつくるので，菓子類や果実の表面被膜用にも使われる。

主な用途：ガムベース，光沢剤

使用基準：なし

成分規格：第9版食品添加物公定書

安 全 性：ＦＡＯ／ＷＨＯＡＤＩ 特定せず

表示方法：簡略名なし，一括名「ガムベース」，「光沢剤」の範囲

付　　記：米国　§172.886，ＦＣＣ規格あり

パラメチルアセトフェノン（指定）

英　　名：*p*-Methylacetophenone

概　　要：天然にはミモザ花精油，ボアドローズ油等に存在する。合成法で作られ，無～淡黄色の透明な液体で，サンザシ，クローバー蜂蜜に似た特有の香気を有する。ストロベリーなどの果実フレーバーに使われる。

主な用途：香料

使用基準：着香の目的に限る

成分規格：第9版食品添加物公定書

表示方法：簡略名なし，一括名「香料」の範囲

付　　記：米国　§172.515，ＦＣＣ規格あり

L－バリン（指定）

英　名：L-Valine

概　要：バリンは，タンパク質を構成するアミノ酸の一つで，ウニの味のうち特有の苦味はバリンによるものと言われている。人の場合は必須アミノ酸になっている。

製法には，化学的な合成による方法と，発酵法があり，発酵法でも精製には化学反応が利用されている。

必須アミノ酸として栄養の強化の目的で，バリン含量の少ない食品に添加したり，他の必須アミノ酸類と併用して栄養ドリンク等に使用されている。

その他には，調味や味の調整の目的で，即席スープや各種のルウ，ソース・ケチャップ等，漬物などに使われており，味にコクを付ける目的で，昆布茶や合成酢にも使われている。

米菓では，バリンを加えて焼くと，ゴマを煎ったような香ばしい香りがつく。また，醸造酢や乳酸菌飲料では，発酵を促進させる目的でも使用される。

主な用途：強化剤（バリン補填・強化），調味料

使用基準：なし

成分規格：第9版食品添加物公定書

安　全　性：栄養強化成分は，ＪＥＣＦＡでの評価対象外

表示方法：簡略名 バリン，一括名「調味料（アミノ酸）」の範囲
　　　　　　栄養強化の目的で使用した場合の表示は免除される

付　記：米国　§172.320（アミノ酸），ＦＣＣ規格あり

バレルアルデヒド（指定）

（別名　ペンタナール）

英　名：Valeraldehyde

概　要：化学的には，ペンタナールと呼ばれる炭素数5の直鎖のアルデヒドである。天然では，果物，穀類，豆などに含まれ，加工食品では酒類，茶葉，乳製品などにも含まれている。

化学的な合成法で作られる，特有の香気を持つ液体である。飲料用のフレーバーなどに配合される。国際的に汎用されている香料として指定に向けて検討されている。

主な用途：香料

使用基準：着香の目的に限る

成分規格：第9版食品添加物公定書

安　全　性：食品安全委員会 着香の目的では安全性に懸念なし

表示方法：簡略名なし，一括名「香料」の範囲

付　記：米国　§172.515，ＦＣＣ規格あり

パンクレアチン（既存）

英　名：Pancreatin

概　要：アミラーゼ，プロテアーゼ，リパーゼの混合物であり，タンパク質およびデンプンを分解する機能がある。

　動物の膵臓より水で抽出し，冷時アセトンで処理して得られたものである。白～淡黄色の粉末で，特有のにおいがある。水に可溶，エタノールに不溶。畜肉，水産加工品などに使われる。

主な用途：酵素（酸化還元酵素）

使用基準：なし

成分規格：第9版食品添加物公定書

表示方法：簡略名なし，一括名「酵素」の範囲，工程中で失活すれば加工助剤

付　記：米国　§184.1583，ＦＣＣ規格あり

パントテン酸カルシウム（指定）

英　名：Calcium Pantothenate

概　要：パントテン酸は，肉類，小麦胚芽，腎臓，肝臓，ナッツ類，ビール酵母などに含まれている水溶性のビタミンで，ビタミンB類の1種であり，ビタミンB$_5$とも呼ばれたこともある。生理的な作用として，細胞の形成・成長，中枢神経系統の発達を助ける働き，副腎を正常に機能させる働きなどがあり，性ホルモンの生成にも関与している。

　不足すると，栄養障害，低血糖症，血液や皮膚の障害などが生じることがある。パントテン酸は，腸内細菌によって体内でも作られる。

　このパントテン酸のカルシウム塩が，パントテン酸カルシウムであり，水溶性のビタミンとして使われる。また，有機酸のカルシウム塩として，カルシウム強化用の目的もあわせて使われることがある。

　パントテン酸カルシウムは，化学的な合成法で作られている。調整粉乳をはじめとする強化食品に使われている。

主な用途：強化剤（パントテン酸補填・強化，カルシウム補填・強化）

使用基準：カルシウム塩としての量的な基準がある

成分規格：第9版食品添加物公定書

安全性：栄養強化成分は，ＪＥＣＦＡでの評価対象外

表示方法：簡略名 パントテン酸Ca

　　　　　　栄養強化の目的で使用した場合の表示は免除される

付　記：米国　§184.1212，§182.5212，ＦＣＣ規格あり

パントテン酸ナトリウム（指定）

英　　名：Sodium Pantothenate
概　　要：パントテン酸のナトリウム塩が，パントテン酸ナトリウムであり，化学的な合成法により製造されている。
→　パントテン酸カルシウム
主な用途：強化剤（パントテン酸補填・強化）
使用基準：なし
成分規格：第9版食品添加物公定書
安 全 性：→　パントテン酸カルシウム
表示方法：簡略名 パントテン酸Na
　　　　　　栄養強化の目的で使用した場合の表示は免除される
付　　記：米国　§182.5772

ヒアルロン酸（既存）

英　　名：Hyaluronic Acid
概　　要：鶏冠から水，アルカリまたは酸性水溶液で抽出し，そのまままたは酵素処理したのち，エタノールまたは含水エタノールで処理し精製したもの，あるいは特定の細菌培養液を除菌し，エタノールまたは含水エタノールで処理し，精製して得られたものである。成分はヒアルロン酸である。白～淡黄色粉末。
　水に可溶，エタノールに不溶。酸性ムコ多糖類の一種で，酸性域では安定であるがアルカリ性域では不安定である。
　たん白質と複合体をつくり，保水性を向上する。食品の保水性，物性の改良に使われる。
主な用途：製造用剤
使用基準：なし
表示方法：簡略名 ムコ多糖
付　　記：日本食品添加物協会自主規格あり

ビオチン（指定）

英　　名：Biotin
概　　要：白色の結晶または結晶性の粉末であり，においや味はない
主な用途：強化剤
使用基準：保健機能食品に限る
成分規格：第9版食品添加物公定書

278　ビケッショウ

微結晶セルロース（既存）

（別名　結晶セルロース）

英　　名：Microcrystalline Cellulose

概　　要：パルプを鉱酸で加水分解し，非結晶領域を除いて得られたもので，主成分は結晶性のセルロースである。白〜灰白色の流動性のある結晶性粉末で，無味，無臭。水，エタノール，酸に不溶，アルカリで膨潤する。

　本品は水，油等の吸着，保持性がよいので，粉末食品の流動性の改良や，液体食品の粉末化に使われる。また，圧縮成形性がよく，かつ吸水性が大きいので水中での崩壊性のよい造粒成形品を作ることができる。

　なお，本品の表面を増粘安定剤やＣＭＣでコーティングした製剤は，水中で撹拌すると結晶セルロースはコロイド状になり，分散または乳化粒子の表面に吸着して安定化する。

　乳化，懸濁食品の安定化剤として使われる。

主な用途：製造用剤

使用基準：なし

成分規格：第9版食品添加物公定書

安 全 性：ＦＡＯ／ＷＨＯ ＡＤＩ 特定せず

表示方法：簡略名 セルロース

付　　記：米国　§133.146，ＦＣＣ規格あり
　　　　　　EU　　E460

微小繊維状セルロース（既存）

英　　名：Microfibrillated Cellulose

概　　要：パルプまたは綿を均質化処理し，微小繊維状にして得られたものである。主成分はセルロースである。白色の湿綿状，水に不溶であるが，充分に分散させると高い増粘効果を有し，優れた保水性，乳化性，分散性を持つ。

　調味料などの増粘剤として使われる。

主な用途：増粘安定剤，製造用剤

使用基準：なし

成分規格：第9版食品添加物公定書

表示方法：用途名「糊料」または，使用目的に応じて「増粘剤」，「安定剤」，「ゲル化剤」のいずれかを併記，簡略名 セルロース，既存添加物・通常食品の増粘安定剤の多糖類を2種以上併用するときの簡略名 増粘多糖類，この場合は，用途名「増粘剤」の併記を省略できる

Ｌ－ヒスチジン（既存）

英　　名：L-Histidine

概　　要：ヒスチジンは，タンパク質の構成アミノ酸として広く存在しており，

特に，ヘモグロビンの中には多量に含まれている。また，魚肉には遊離の形でも存在している。

　人の体内では，生成が比較的遅いため，幼児期では必須アミノ酸となっている。製法としては，ウシの血液中のヘモグロビンなどのような，ヒスチジンを多量に含むたん白質を加水分解してヒスチジン分を分取・精製する。また，糖類を原料とする発酵法もある。市販品は，白色のわずかに苦味のある結晶または粉末が流通している。ヒスチジンは，幼児には必須アミノ酸であり，他の必須アミノ酸類と共に強化の目的で，乳幼児食や栄養ドリンク等に使用されている。また，食品によいフレーバーを出させるために微量添加されることもある。

主な用途：強化剤（ヒスチジン補填・強化），調味料

使用基準：なし

成分規格：第9版食品添加物公定書

安 全 性：栄養強化成分は，ＪＥＣＦＡでの評価対象外

表示方法：簡略名 ヒスチジン，一括名「調味料（アミノ酸）」の範囲
　　　　　栄養強化の目的で使用した場合の表示は免除される

付　　記：米国　§172.320（アミノ酸），ＦＣＣ規格あり

Ｌ－ヒスチジン塩酸塩 （指定）

英　　名：L-Histidine Monohydrochloride

概　　要：ヒスチジンは，水に溶けるが溶解度が低いため，溶解性を上げ，安定性を高めるために塩酸塩にしたものが，Ｌ－ヒスチジン塩酸塩である。

　市販品は，白色の結晶または粉末であり，苦味とわずかに酸味がある。

主な用途：強化剤，調味料

使用基準：→ Ｌ－ヒスチジン

成分規格：第9版食品添加物公定書

安 全 性：→ Ｌ－ヒスチジン

表示方法：簡略名 ヒスチジン，ヒスチジン塩酸塩，一括名「調味料（アミノ酸）」の範囲

付　　記：米国　§172.320（アミノ酸），ＦＣＣ規格あり

ビスベンチアミン （指定）

（別名　ベンゾイルチアミンジスルフイド）

英　　名：Bisbenthiamine

概　　要：ビスベンチアミンは，チアミン（ビタミンB₁）の誘導体の1種で，水溶性のチアミンを水に難溶にしたもので，かつ，ベンゾイル化して消化管からの吸収を向上させたものである。

　ビタミンB₁は，脚気を防ぐ働きを持つ成分として，米ぬかから抽出された水溶性ビタミンで，生理的な作用としては消化液の分泌促進，神経系統の調整などの

働きがある。

　ビスベンチアミンは，水に難溶な性質を使用して白米の強化をはじめ，小麦粉，パン，めん類などのビタミン強化に使われる。

主な用途：強化剤（ビタミンB₁補填・強化）

使用基準：なし

成分規格：第9版食品添加物公定書

安 全 性：栄養強化成分は，ＪＥＣＦＡでの評価対象外

表示方法：簡略名　チアミン，ビタミンB₁，V.B₁
　　　　　　　栄養強化の目的で使用した場合の表示は免除される

→　チアミン塩酸塩

ビタミンＡ （指定）

（別名　レチノール）

英　　　名：VitaminA

概　　　要：ビタミンAは，動物の肝臓や肝油，卵黄やうなぎなどに多く含まれる油に溶けやすく，水に溶けにくいビタミンである。

　緑黄色野菜にはカロテンの形で存在しており，人の体内に入って代謝されてビタミンAになる。

　ビタミンAは，熱には強いが，光（紫外線）には弱い性質がある。ビタミンAは，発育促進，皮膚の保護や発育，細菌に対する抵抗力の増進，視力の調節などの生理作用があり，不足すると，夜盲症や皮膚の硬化などいろいろな症状が現れる。

　食品添加物のビタミンAは，肝油などから抽出して精製したものも考えられるが，通常は，抽出した油状のままの形態，または，これを食用油脂に溶かした形態の何れかが使われることが多かったため，食品添加物としての成分規格では，このような製剤として「ビタミンA油」の成分規格が定められている。なお，使い易くするためにこれを粉末化した「粉末ビタミンA」も使われている。

　現在は，肝油から抽出したような天然系のビタミンAは，ほとんど使用されておらず，化学的に合成されたビタミンA脂肪酸エステル類およびその製剤が主体となっている。

　特殊栄養食品であった「みそ」，「マーガリン」，「魚肉ハム・ソーセージ」などで，ビタミンA強化の他，粉ミルク，強化乳，小麦粉，スープの素，カレーなどのルウ，菓子などに使われている。

主な用途：強化剤（ビタミンA補填・強化）

使用基準：なし

成分規格：（参考）第9版食品添加物公定書（製剤としての「ビタミンA油」，「粉末ビタミンA」）

安 全 性：栄養強化成分は，ＪＥＣＦＡの評価対象外

表示方法：簡略名 V.A
　　　　　栄養強化の目的で使用した場合の表示は免除される
付　　記：米国　§184.1930，§182.5930，ＦＣＣ規格あり
　　　　　ビタミンAは，必要以上に多量に摂取すると「ビタミンA過剰症」を
　　　　　起こすので，留意する必要がある
→　ビタミンA油，粉末ビタミンA

ビタミンＡ脂肪酸エステル （指定）
（別名　レチノール脂肪酸エステル）
英　　名：VitaminA Fatty Acid Ester
概　　要：化学的に合成されたビタミンAで，安定化のために酢酸のエステルま
たはパルミチン酸を主体とする高級脂肪酸のエステルにしたものが，ビタミンA
脂肪酸エステルである。
　　通常は，食用油などに溶解した形の「油性ビタミンA脂肪酸エステル」として
「ビタミンA油」の範疇のものとして流通していることが多く，「ビタミンA脂肪
酸エステル」での流通は少ない。
→　ビタミンA
成分規格：第9版食品添加物公定書
表示方法：簡略名 ビタミンA，V.A，ビタミンAエステル，レチノールエステル
　　　　　栄養強化の目的で使用した場合の表示は免除される
付　　記：米国　§182.1933（ビタミンA酢酸エステル），ＦＣＣ規格あり
　　　　　§182.5936（ビタミンAパルミチン酸エステル），同上

ビタミンＡ油 （成分規格が設定された添加物の製剤）
（別名　油性ビタミンA脂肪酸エステル）
英　　名：VitaminA in Oil
概　　要：ビタミンAまたはビタミンA脂肪酸エステルの油性製剤であり，製剤
として成分規格が定められている
　　これを，更に粉末化した製剤，「粉末ビタミンA」も成分規格が定められている。
成分規格：第9版食品添加物公定書
→　ビタミンA，ビタミンA脂肪酸エステル

ビートレッド （既存）
（別名　アカビート色素）
英　　名：Beet Red
概　　要：赤ビートは，アカザ科のサトウダイコン（ビート）の変種で，根の表
皮が赤く，根の身の部分にも紅色がある。
　　冷涼な地域で世界的に栽培されている。古くから料理に用いられており，ロシ

ア料理のボルシチは代表的な例である。

この赤ビートを搾汁するか，水，酸性の水または含水エタノールで抽出して得られる赤系統の色素成分が，ビートレッドである。主成分はアントシアニン系のイソベタニンおよびベタニンなどである。色は濃くなく，熱，光および酸に不安定なため，製剤化して使われることが多い。

冷菓および各種の菓子類に，赤系統に着色する目的で使用されることがある。

主な用途：着色料

使用基準：着色の目的では，こんぶ類，食肉，鮮魚介類（鯨肉を含む），茶，のり類，豆類，野菜およびわかめ類には，使用できない

成分規格：第9版食品添加物公定書

安 全 性：ＦＡＯ／ＷＨＯ ＡＤＩ 特定せず

表示方法：用途名「着色料」併記，または，「色素」名で表示
簡略名 アカビート，野菜色素

付　　記：米国　§73.40（脱水ビート），ＣＦＲ規格あり
ＥＵ　Ｅ162

1－ヒドロキシエチリデン－1，1－ジホスホン酸 （指定）

（別名　HEDP，エチドロン酸）

英　　名：l-Hydroxyethyliden-1,1-diphosphonic Acid

概　　要：無～淡黄色の透明な液体である。

主な用途：製造用剤

使用基準：過酢酸製剤として使用する場合に限る

成分規格：第9版食品添加物公定書

ヒドロキシシトロネラール （指定）

英　　名：Hydroxycitronellal

概　　要：天然には存在しない。合成法で作られ，無～淡黄色の透明な液体で，スズラン様の香気を有する。

スズラン花精油の主要成分や，花精油に使われる。アプリコット，モモなどの果実フレーバーに使われる。

主な用途：香料

使用基準：着香の目的に限る

成分規格：第9版食品添加物公定書

安 全 性：ＦＡＯ／ＷＨＯ

表示方法：簡略名なし，一括名「香料」の範囲

付　　記：米国　§172.515，ＦＣＣ規格あり

ヒドロキシシトロネラールジメチルアセタール （指定）

英　　名：Hydroxycitronellal Dimethylacetal

概　　要：天然には存在しない。合成法で作られ，無〜わずかに黄色の透明な液体で，弱いスズラン様の香気を有する。果実フレーバーに使われる。

主な用途：香料

使用基準：着香の目的に限る

成分規格：第9版食品添加物公定書

安 全 性：ＦＡＯ／ＷＨＯ

表示方法：簡略名なし，一括名「香料」の範囲

付　　記：米国　§172.515，ＦＣＣ規格あり

ヒドロキシプロピル化リン酸架橋デンプン （指定）

英　　名：Hydroxypropyl Distarch Phosphate

概　　要：デンプンを，酸化プロピレンでプロピル化すると共に，トリメタリン酸ナトリウムにより，リン酸架橋したデンプン加工物で，白〜類白色の粉末，薄片または顆粒である。デンプンの糊化開始温度が低下することにより，透明で安定性のある液状糊が得られる。

　冷凍食品の離水防止，冷蔵食品の老化防止の目的で，たれ類，ソース類，フィリングなどに使われる。いわゆる化工デンプンとして，通関時には食品（デンプン）とみなされてきた。

　国際的に汎用されている添加物であり，加工デンプンの1つとして，2008年10月に食品添加物に指定された。

主な用途：増粘安定剤

使用基準：なし

成分規格：第9版食品添加物公定書

安 全 性：ＦＡＯ／ＷＨＯ　特定せず

表示方法：用途名「糊料」または，使用目的に応じて「増粘剤」「安定剤」「ゲル化剤」のいずれかを併記，簡略名 加工デンプン

付　　記：米国　§172.892（Food Starch-Modified）

　　　　　　ＥＵ　　Ｅ1442

ヒドロキシプロピルセルロース （指定）

英　　名：Hydroxypropyl Cellulose

概　　要：セルロースのヒドロキシプロピルエーテルであり，白〜帯黄白色の粉末または粒でにおいがない。水を加えると膨潤し粘稠な液体となる。

主な用途：増粘安定剤，品質改良剤

使用基準：なし

成分規格：第9版食品添加物公定書

ヒドロキシプロピルデンプン （指定）

英　　名：Hydroxypropyl Starch
概　　要：デンプンを，酸化プロピレンでプロピル化したデンプンの加工物で，白〜類白色の粉末，薄片または顆粒である。デンプンの糊化開始温度が低下することにより，透明で安定性のある液状糊が得られる。
　冷凍耐性，老化耐性，に優れ，食品の食感改良や物性改良の目的で，冷凍食品類，パン・菓子類（焙焼製品）などに使われる。
　いわゆる化工デンプンとして，通関時には食品（デンプン）とみなされてきた。
　国際的に汎用されている添加物であり，加工デンプンの1つとして，2008年10月に食品添加物に指定された。
主な用途：増粘安定剤
使用基準：なし
成分規格：第9版食品添加物公定書
安　全　性：ＦＡＯ／ＷＨＯ　特定せず
表示方法：用途名「糊料」または，使用目的に応じて「増粘剤」「安定剤」「ゲル化剤」のいずれかを併記，簡略名 加工デンプン
付　　記：米国　§172.892
　　　　　　ＥＵ　Ｅ1440

ヒドロキシプロピルメチルセルロース （指定）

英　　名：Hydroxypropyl Methylcellulose
概　　要：セルロースのメチルおよびヒドロキシプロピルの混合エーテルである。白〜帯黄色の粉末または粒で，無臭またはわずかに特異なにおいがある。水を加えると膨潤し，粘稠な液体となる。
主な用途：増粘安定剤，品質改良剤
使用基準：なし
成分規格：第9版食品添加物公定書

Ｌ−ヒドロキシプロリン （既存）

（別名　Ｌ−オキシプロリン）
英　　名：L-Hydroxyproline
概　　要：ヒドロキシプロリンは，ゼラチン，コラーゲン，大豆表皮などのタンパク質に比較的多く含まれるアミノ酸である。関節や腱の働きに関与しているとされる。
　ヒドロキシプロリンを多く含むゼラチンなどを原料にし，加水分解して得られたアミノ酸類から分離し，精製したものが食品添加物として使用される。
主な用途：調味料，強化剤
使用基準：なし

成分規格：第9版食品添加物公定書
表示方法：簡略名 ヒドロキシプロリン，オキシプロリン
一括名「調味料（アミノ酸）」の範囲 栄養強化の目的で使用した場合
の表示は免除される

ピペリジン （指定）

英　　名：Piperidine
概　　要：無～淡黄色の液体で特有のにおいがある。
主な用途：香料
使用基準：着香の目的に限る
成分規格：第9版食品添加物公定書

ピペロナール （指定）

（別名　ヘリオトロピン）

英　　名：Piperonal
概　　要：合成法で作られ，白色の結晶または塊で，ヘリオトロープ様の特有の
香気を有する。
　バニラフレーバー，チェリーフレーバーなどに用いられる。
主な用途：香料
使用基準：着香の目的に限る
成分規格：第9版食品添加物公定書
安 全 性：ＦＡＯ／ＷＨＯ ＡＤＩ０～2.5mg／kg
表示方法：簡略名なし，一括名「香料」の範囲
付　　記：米国　§182.60，ＦＣＣ規格あり

ピペロニルブトキシド （指定）

（別名　ピペロニルブトキサイド）

英　　名：Piperony Butoxide
概　　要：ピペロニルブトキシドは，化学的な合成によって作られる防虫剤であ
り，穀類につくコクゾウ虫から，穀類を守る目的で使用されている。
主な用途：防虫剤
使用基準：穀類（量的な規制もある）
成分規格：第9版食品添加物公定書
表示方法：簡略名なし

ヒマワリ種子抽出物 （既存）

（別名　ヒマワリエキス，ヒマワリ種子エキス，ヒマワリ抽出物）

英　　名：Sunflower Seed Extract

概　　要：ヒマワリは，北米が原産のキク科の背の高い1年草であるが，世界各地 で観賞用，油脂の採取用，飼料用として栽培されている。

　このヒマワリの種子または種子から得られる搾油（ヒマワリ油）を原料に，熱水または含水エタノールなどで抽出して得られるものが，ヒマワリ種子抽出物であり，有効成分としてイソクロロゲン酸およびクロロゲン酸を含んでいる。

　クロロゲン酸やイソクロロゲン酸は，カフェー酸の誘導体であり，コーヒーなどにも含まれている抗酸化作用を持つ物質である。

主な用途：酸化防止剤

使用基準：なし

表示方法：用途名「酸化防止剤」併記，簡略名 ヒマワリ種子

付　　記：日本食品添加物協会自主規格あり

ヒマワリレシチン（指定）

英　　名：Sunflower Lecitin

概　　要：ヒマワリ種子から得られたもので，主成分はリン脂質である。

主な用途：乳化剤

使用基準：なし

成分規格：第9版食品添加物公定書（レシチン）

氷酢酸（指定）

英　　名：Acetic Acid Glacial

概　　要：酢酸は，食酢の酸味成分としてよく知られている有機酸である。

　90％以上の高含量の酢酸は，低温（純品は16.6℃）で凍り，このために，高含量の酢酸（食品添加物としては含量99％以上のもの）は，「氷酢酸」と呼ばれている。また，食品添加物では，この化学的な意味での酢酸を30％程度含む水溶液製剤を「酢酸」と称している。この名称の違いは，流通の段階でのことで，本質や，使用される目的には変わりがない。

　なお，一般的な食酢には，化学的な意味での酢酸が，4～5％程度含まれており，最近は高酸度酢と呼ばれる酢酸含量の多い醸造酢もでている。

　食酢のうち，醸造酢は，酢酸発酵によって得られた発酵液から成るが，いろいろな副生物を含むために酢酸だけを取り出すことはできず，食品添加物の酢酸は，化学的な合成法で作られている。

　酢酸は，食酢のうち合成酢の原料となるものが大きな用途になっている。このほか，ソース類，マヨネーズ等の酸度のある調味料食品での酸味・酸度の調整，菓子類や漬け物等での酸味・酸度の調整などの目的で使用されている。また，酢酸ナトリウム等と併用して，食品の日持ちをよくする目的でも使用されている。

主な用途：酸味料，pH調整剤，日持向上剤

使用基準：なし

ピリメタニル　287

成分規格：第9版食品添加物公定書
安　全　性：ＦＡＯ／ＷＨＯ ＡＤＩ（酢酸およびその塩類）制限せず，香料として
　　　　　　は問題なし
表示方法：簡略名 酢酸，一括名「酸味料」，「pH調整剤」の範囲
付　　　記：米国　§184.1005，ＦＣＣ規格あり
　　　　　　ＥＵ　Ｅ260

ピラジン （指定）

英　　　名：Pyrazine
概　　　要：白～淡黄色の固体で特有の臭いがある。
主な用途：香料
使用基準：着香の目的に限る
成分規格：第9版食品添加物公定書

ピリドキシン塩酸塩 （指定）

（別名　ビタミンB_6）
英　　　名：Pyridoxine Hydrochloride
概　　　要：ピリドキシンは，ビタミンB_6と呼ばれる水溶性のビタミンである。ビ
タミンB_6は，緑色野菜，ビール酵母，卵黄，肝臓や腎臓などに多く含まれており，
酸性では安定で，中性やアルカリ性では光により分解される性質がある。熱に比
較的安定なために，調理による損失は多くない特性を持つ。
　生理作用としては，たん白質の代謝や皮膚の抵抗力に関連があり，ニキビの予
防効果もあり，不足すると，貧血や皮膚炎，成長停止などの原因にもなる。
　食品添加物としては，化学的な合成で作られたピリドキシンの安定性を増す目
的で，塩酸塩にしたものが使われている。
　強化の目的で，調整粉乳や小麦粉などに加えられる他，健康志向の菓子類や飲
料をはじめとする食品類に使われている。
主な用途：強化剤（ビタミンB_6補填・強化）
使用基準：なし
成分規格：第9版食品添加物公定書
安　全　性：栄養強化成分は，ＪＥＣＦＡでの評価対象外
表示方法：簡略名 ピリドキシン，V.B_6
　　　　　　栄養強化の目的で使用した場合の表示は免除される
付　　　記：米国　§184.1676．§182.5676．ＦＣＣ規格あり

ピリメタニル （指定）

英　　　名：Pyrimethanil
概　　　要：白～淡黄白色の粉末でにおいがない。

主な用途：防かび剤
使用基準：最大残存量　あんず，おうとう，かんきつ類（みかんを除く）に
　　　　　　0.010g/kg，すもも，もも，西洋なし，マルメロ，りんごが0.014g/kg
成分規格：第9版食品添加物公定書

微粒二酸化ケイ素（指定）

（指定名称　二酸化ケイ素）
英　　名：Silicon Dioxide（fine）
概　　要：二酸化ケイ素は，ケイ酸ナトリウムを酸で処理して二酸化ケイ素を析出させ，精製して作られた非晶質で多孔質の含水ケイ酸で，処理方法で孔径，表面積，含水量の異なったものがあり，ろ過助剤として古くから使用されていた。本品は，粉末食品の固結防止剤として食品に直接添加して使用するために，二酸化ケイ素をさらに精製した高純度品である。
　本品は平均粒径15μm以下の滑らかな触感を持つ白色の微細な粉末で，強熱したものは二酸化ケイ素99%以上を含む。各種粉末食品に直接添加して，固結防止剤として使われる。
　日本は高温多湿のために粉末食品の固結が起こりやすいが，専ら固結防止を目的とする添加物がなかったため，「二酸化ケイ素」のうち高純度品を「微粒二酸化ケイ素」として固結防止剤としての使用が認められた。
主な用途：製造用剤（固結防止剤）
使用基準：母乳代替食品および離乳食品を除く，食品に2%以下
成分規格：第9版食品添加物公定書
表示方法：簡略名 酸化ケイ素，微粒酸化ケイ素，微粒シリカゲル
→　二酸化ケイ素

ひる石（既存）

英　　名：Vermiculite
概　　要：鉱床より採掘したひる石（黒雲母が風化してカリウムが亡失したもの）を1000℃で焼成し，洗浄，乾燥したものである。主成分はケイ酸塩である。
主な用途：製造用剤
使用基準：なし
表示方法：簡略名 不溶性鉱物性物質

ピロ亜硫酸カリウム（指定）

（別名　亜硫酸水素カリウム，メタ重亜硫酸カリウム）
英　　名：Potassium Pyrosulfite
概　　要：ピロ亜硫酸カリウムは，亜硫酸の二量体であるピロ亜硫酸（メタ重亜硫酸）のカリウム塩で，二酸化硫黄（無水亜硫酸）および亜硫酸塩ナトリウムな

どと共に，亜硫酸塩としてぶどう酒などの防腐・保存用に昔から使われてきたものである。

　ピロ亜硫酸カリウムは，白色の結晶または粉末で流通している。本品を水溶液にしたものは，ピロ亜硫酸塩が解離して亜硫酸水素塩の形になる。また，水溶液の状態で製造・販売されることもあり，「亜硫酸水素カリウム液」として成分規格が定められている。亜硫酸塩類は，保存の目的の他にも，酸化防止の目的や漂白の目的でも使用されており，いろいろな食品素材（原料となる食品）や食品の加工時に使われている。

　漂白の目的では，カンピョウの漂白や，煮豆と甘納豆用の原料豆，サクランボなどに使われている。

　酸化防止の目的では，乾燥果物類やエビ・カニの類が褐色または黒色に変色するのを防ぐためなどに使われている。

　保存の目的では，果汁・ジュース類とぶどう酒などに使われている。食品に使用したときの表示は，外国でも，亜硫酸ナトリウム，二酸化硫黄，ピロ亜硫酸塩類などを一括して，単に「Sulfite」と表示されることが多く，日本でも総称的な名称の「亜硫酸塩」で表示することが認められている。

使用基準：ごま，豆類，野菜には，使用できない，量的な規制あり
成分規格：第9版食品添加物公定書
安 全 性：ＦＡＯ／ＷＨＯ，ＡＤＩ　二酸化硫黄として0 ～ 0.7mg / kg
表示方法：使用目的に応じて，用途名（「酸化防止剤」，「保存料」，「漂白剤」）併記，簡略名 亜硫酸K，亜硫酸塩，亜硫酸カリウム，重亜硫酸K，重亜硫酸カリウム
付　　記：米国　§182.3637，§182.3616（亜硫酸水素カリウム），ＦＣＣ規格あり
　　　　　　　ＥＵ　Ｅ224，Ｅ228（亜硫酸水素カリウム）
→　亜硫酸水素カリウム液

ピロ亜硫酸ナトリウム（指定）

（別名　亜硫酸水素ナトリウム，メタ重亜硫酸ナトリウム，酸性亜硫酸ソーダ）
英　　名：Sodium Pyrosulfite
概　　要：ピロ亜硫酸ナトリウムはピロ亜硫酸のナトリウム塩である。ピロ亜硫酸ナトリウムは，白色の粉末で流通している。本品を水溶液にしたものは，ピロ亜硫酸塩が解離して亜硫酸水素塩の形になる。また，水溶液の状態で製造・販売されることもあり，「亜硫酸水素ナトリウム液」として成分規格が定められている。→　ピロ亜硫酸カリウム
使用基準：ごま，豆類，野菜に使用できない，量的な規制あり
成分規格：第9版食品添加物公定書
安 全 性：ＦＡＯ／ＷＨＯ ＡＤＩ 二酸化硫黄として0 ～ 0.7mg /kg

表示方法：使用目的に応じて，用途名（「酸化防止剤」，「保存料」，「漂白剤」）併記，簡略名 亜硫酸Na，亜硫酸塩，亜硫酸ナトリウム，亜硫酸ソーダ，重亜硫酸Na，重亜硫酸ナトリウム

付　　記：米国　§182.3766，§182.3739（亜硫酸水素ナトリウム），
　　　　　　FCC規格あり
　　　　　　EU　E 223，E 222（亜硫酸水素ナトリウム）
→　亜硫酸水素ナトリウム液

ピロリジン （指定）

英　　名：Pyrrolidine
概　　要：無色透明の液体で特有のにおいがある。
主な用途：香料
使用基準：着香の目的に限る
成分規格：第9版食品添加物公定書

ピロリン酸四カリウム （指定）

（別名　ピロリン酸カリウム）

英　　名：Potassium Pyrophosphate
概　　要：ピロリン酸は，リン酸2分子の脱水縮合体（二量体）であり，4個の酸基を持つ。ピロリン酸四カリウムは，このピロリン酸の4個の酸を全てカリウムで中和した塩であり，無～白色の粉末または塊となっている。水に溶けるとアルカリ性を示す。
　　中華めんなどに使われる「かんすい」の成分の一つとして，肉の結着用製剤の成分の一つとして使われたり，プロセスチーズの乳化塩として使われる。
主な用途：製造用剤
使用基準：なし
成分規格：第9版食品添加物公定書
安　全　性：FAO／WHO ADI リンとして70mg／kg
表示方法：簡略名 ピロリン酸K，ただし，他のリン酸塩類と併用した場合は，リン酸塩（K）のように表示することもできる。一括名「かんすい」，「膨脹剤」およびプロセスチーズなどにおける「乳化剤」の範囲
付　　記：米国　FCC規格あり
　　　　　　EU　E 450（V）

ピロリン酸二水素カルシウム （指定）

（別名　酸性ピロリン酸カルシウム）

英　　名：Calcium Dihydrogen Pyrophosphate
概　　要：ピロリン酸の2つの酸基をカルシウムで部分中和したものが，ピロリ

ン酸二水素カルシウムである。白色の結晶または粉末で，水に難溶で，酸に溶ける。また，水を加えて混和すると酸性を示す。

　カルシウムの強化の目的および膨脹剤の成分として使われる。

主な用途：カルシウム補填・強化，膨脹剤の酸成分など
使用基準：カルシウム塩類としての制限あり
成分規格：第9版食品添加物公定書
安 全 性：（参考）→　ピロリン酸四カリウム
表示方法：簡略名 ピロリン酸Ca，ピロリン酸カルシウム，ただし，他のリン酸塩類と併用した場合は，リン酸塩（Ca）のように表示することができる。一括名「膨脹剤」およびプロセスチーズ等における「乳化剤」の範囲
付　　記：EU　E450（vii）

ピロリン酸二水素二ナトリウム （指定）

（別名　酸性ピロリン酸ナトリウム）

英　　名：Disodium Dihydrogen Pyrophosphate
概　　要：ピロリン酸二水素二ナトリウムは，ピロリン酸の4個の酸基のうち2個がナトリウムで中和されたものであり，白色の粉末になっている。

　ピロリン酸塩の中では，比較的よく使用されるものであり，かんすい，膨脹剤の成分として，また，食品のpH調整の目的や，プロセスチーズ等における乳化塩として使用される。

主な用途：pH調整剤，膨脹剤の酸成分など
使用基準：なし
成分規格：第9版食品添加物公定書
安 全 性：→　ピロリン酸四カリウム
表示方法：簡略名 ピロリン酸Na，ピロリン酸ナトリウム，ただし，他のリン酸塩類と併用した場合は，リン酸塩（Na）などと表示することができる。一括名「pH調整剤」，「かんすい」，「膨脹剤」およびプロセスチーズ等における「乳化剤」の範囲
付　　記：米国　§182.6787，ＦＣＣ規格あり
　　　　　EU　E450（i）

ピロリン酸第二鉄 （指定）

英　　名：Ferric Pyrophosphate
概　　要：ピロリン酸第二鉄は，2種類あるピロリン酸の鉄塩の1つであり，安定性や取り扱いが容易なため，専ら第二鉄塩が，使用されている。

　本品の成分規格には　黄～黄褐色の粉末と，3％程度の希薄水溶液（「ピロリン酸第二鉄液」）がある。

292　ピロリンサ

　不足する鉄を補ったり，強化したりする目的で，調整粉乳やベビーフード類，
その他の一般食品に使用されている。

主な用途：強化剤（鉄の補填・強化）

使用基準：なし

成分規格：第9版食品添加物公定書

安 全 性：栄養強化成分は，ＪＥＣＦＡでの評価対象外

表示方法：簡略名 ピロリン酸鉄

　　　　　　栄養強化の目的で使用した場合の表示は免除される ただし，調製粉
　　　　　　乳等，他法規により表示が必要のある場合もある

付　　記：米国　§184.1304，§182.5304，ＦＣＣ規格あり

ピロリン酸第二鉄液 （成分規格が設定された指定添加物の製剤）

英　　名：Ferric Pyrophosphate Solution

概　　要：ピロリン酸第二鉄液は，ピロリン酸第二鉄の3％程度の希薄溶液製剤
であり，白～淡黄色の乳状のにおいのない液体である。

　かつては，液だけに成分規格が設定されていたが，現在では，含量95.0％以上
という純度の高い粉末が開発され，このピロリン酸第二鉄が主に使用されている。
しかし，この粉末から水溶液製剤を調整するには，手間が掛かりすぎるため，初
めから水溶液とする製剤も成分規格が残されている。

→　ピロリン酸第二鉄

主な用途：強化剤（鉄の補填・強化）

使用基準：なし

成分規格：第9版食品添加物公定書

表示方法：→　ピロリン酸第二鉄

ピロリン酸四ナトリウム （指定）

（別名　ピロリン酸ナトリウム）

英　　名：Sodium Pyrophosphate

概　　要：ピロリン酸四ナトリウムは，ピロリン酸の4個の酸基をナトリウムで
完全に中和したものである。ピロリン酸四ナトリウムには，10水和物の結晶物
「ピロリン酸四ナトリウム（結晶）」と，乾燥させて結晶水を除いた無水物「ピロ
リン酸四ナトリウム（無水）」がある。通常は，白色の結晶または粉末であるが，
結晶物には無色のもの，無水物には白色の塊になっているものも存在する。水に
はよく溶け，弱アルカリ性を呈する。

　ピロリン酸四カリウムと同様に使われる。

主な用途：製造用剤

使用基準：なし

成分規格：第9版食品添加物公定書→　ピロリン酸四カリウム

ファーセレ　293

表示方法：簡略名 ピロリン酸Na，ピロリン酸ナトリウム，ピロリン酸四ナトリウム，ただし，他のリン酸塩類と併用した場合は，リン酸塩（Na）などと表示することができる。一括名「かんすい」，「膨脹剤」およびプロセスチーズ等における「乳化剤」の範囲

付　　記：米国　§182.6789，ＦＣＣ規格あり
　　　　　　ＥＵ　Ｅ450（ⅲ）

ピロール（指定）

英　　名：Pyrrole
概　　要：コーヒー，タマリンド，麦芽等の食品に含まれ，牛肉，鶏肉，ばかがい等の加熱調理により生成する成分である。無～黄色の澄明な液体で，特有のにおいがある。
主な用途：香料
使用基準：着香の目的に限る
成分規格：第9版食品添加物公定書

ファーセレラン（既存）

英　　名：Furcelleran
概　　要：デンマーク，ノルウェー等に生育するススカケベニ科のフルセラリアの全草を原料に，水またはアルカリ性水溶液で抽出して得られたもので，主成分はガラクトースとアンヒドロガラクトースからの多糖類の硫酸エステル塩である。デンマークで開発されたので，デンマーク寒天とも言われる。
　白～淡黄色の粉末，わずかに塩味がある。水に可溶。分散液は約70℃で溶解し，冷却すると約40℃でゲル化し6℃位でゲル強度が最大となる。ゲルは寒天よりは粘く弾性がある。少量のカリウム，カルシウム塩，たん白質と反応して粘度，ゲル強度は増大する。カラギナンより弱いが乳たん白とも結合し，カラギナン，寒天と近似した化学構造を持ち，その中間の性質を持つので，それらの代用としても使われる。
　乳化製品，デザート類，畜肉加工品，その他広く使われる。
主な用途：増粘安定剤
使用基準：なし
成分規格：ＦＡＯ／ＷＨＯ規格
安 全 性：ＦＡＯ／ＷＨＯ ＡＤＩ 特定せず
表示方法：用途名「糊料」または，使用目的に応じて「増粘剤」，「安定剤」，「ゲル化剤」のいずれかを併記，簡略名なし
　　　　　　既存添加物・通常食品の増粘安定剤の多糖類を2種以上併用するときの 簡略名 増粘多糖類。この場合は，用途名「増粘剤」を省略できる
付　　記：米国　§172.655，ＦＣＣあり

294　ファフィア

日本食品添加物協会自主規格あり

ファフィア色素 （既存）

英　　名：Phaffia Colour

概　　要：ファフィア色素は，酵母の一種であるファフィア・ロードジーマの培養液に含まれるカロテノイド系のアスタキサンチンを主成分とする。その色素成分を，アセトン，エタノール，ヘキサンなどの溶媒で抽出し，溶媒を除去したものである。

　アスタキサンチンは，鮭・鱒類の魚肉，真鯛の体表の赤～紅色を呈する色素であり，水に不溶で，油脂やアルコールに可溶な橙～赤色を呈する色素で，カロチノイド系の中では強い赤味がある。熱には強く，pHの影響も受けないが，耐光性は劣る。

　水産練製品や飲料・冷菓などの嗜好食品類に着色の目的で使用される。

主な用途：着色料

使用基準：着色の目的では，こんぶ類，食肉，鮮魚介類（鯨肉を含む），茶，のり類，豆類，野菜およびわかめ類には，使用できない

表示方法：用途名「着色料」併記，または「色素」名で表示 簡略名 カロテノイド（色素），カロチノイド（色素）

付　　記：日本食品添加物協会自主規格あり

フィシン （既存）

（別名　ファイシン）

英　　名：Ficin

概　　要：クワ科イチジク，ヒゴの樹液を乾燥したもの，またはこれより冷時水で抽出して得られたもので，成分はフィシンである。

　白～淡黄白～褐色の粉末，粒，または透明～褐色の液体で，水に可溶，エタノールに不溶。タンパク質を分解する機能があり，ビールの混濁防止，チーズ製造時のレンネットの代替，肉類の軟化等に使われる。

主な用途：酵素（加水分解酵素）

使用基準：なし

成分規格：第9版食品添加物公定書

安　全　性：ＦＡＯ／ＷＨＯ

表示方法：簡略名なし，一括名「酵素」の範囲，工程中で失活すれば加工助剤

付　　記：米国　§184.1316，9CFR　§318.7，ＦＣＣ規格あり

フィターゼ （既存）

英　　名：Phytase

概　　要：フィチン，フィチン酸からリン酸を離脱させる機能を持つ酵素である。

特定の糸状菌の培養液より水で抽出し，濃縮して得られたものである。

主な用途：酵素（加水分解酵素）

使用基準：なし

成分規格：第9版食品添加物公定書

表示方法：簡略名 ホスホヒドロラーゼ一括名「酵素」の範囲，工程中で失活すれば加工助剤

フィチン酸 (既存)

英　　名：Phytic Acid

概　　要：フィチン酸は，イネやトウモロコシをはじめとする植物，特に，イネ科の植物の種子部に多く含まれており，有機物イノシトールがリン酸と結合したイノシトール－6－リン酸を主体とする各種のイノシトールリン酸エステル類の混合物である。植物体内では，マグネシウムやカルシウムと結合したフィチンの形で存在している。

　　工業的には，フィチンの含量が高い米糠やトウモロコシから，まずフィチンを抽出し，次に，このフィチンを水に混合し，酸性にすることにより，マグネシウムやカルシウムを取り除き，水溶性のフィチン酸を得る。

　　フィチン酸は，熱に弱く，濃度を高くできないために，50％程度の淡黄色のシロップ状の水溶液で流通している。

　　フィチン酸は，数個のリン酸がイノシトールの水酸基とエステル結合しているもので，酸の部分が多いため，強酸性を示し，またリン酸の特徴である金属へのキレート作用も持っている。

　　食品に対しては，酸味料として清涼飲料やマヨネーズ等に使用され，清澄の目的などの食品加工用に酒類の製造や水産缶詰等で使用されている。

主な用途：酸味料，製造用剤（キレート化剤他）

使用基準：なし

成分規格：第9版食品添加物公定書

安　全　性：ＦＡＯ／ＷＨＯでは未評価，ＬＤ$_{50}$（マウス：経口）1.65g／kg

表示方法：簡略名なし　一括名「酸味料」，「pH調整剤」の範囲

付　　記：日本食品添加物協会自主規格あり

→ フィチン（抽出物）

フィチン (抽出物) (既存)

英　　名：Phytin（Extract）

概　　要：米ぬかやトウモロコシの種子から，希酸で抽出し，エタノールで析出させて得られたもので，イノシトールヘキサリン酸マグネシウムが主成分で，そのカルシウム，カリウム塩等も含む。白～類白色の粉末で，希酸には溶解，水，エタノールには不溶。キレート作用を持っている。

清酒，ぶどう酒等の変色，退色防止等の目的で使われる。

主な用途：製造用剤
使用基準：なし
表示方法：簡略名 フィチン

L－フェニルアラニン（指定）

英　　名：L-Phenylalanine
概　　要：フェニルアラニンは，タンパク質を構成するアミノ酸の一つであり，カボチャの種子やもやしのタンパク質などに多く含まれている。人にとって必須のアミノ酸である。製法は，フェニルアラニンを比較的多量に含むタンパク質を加水分解してフェニルアラニン分を取りだした後，精製する方法が実用化されている。また，化学的な合成法や発酵法によっても作ることができる。

市販品は，わずかに苦味がある比較的水に溶けにくい，白色の結晶または粉末となっている。

必須アミノ酸であり，他の必須アミノ酸類と共に強化の目的で，栄養ドリンク等に使用されたり，特有の風味を利用してフレーバーの原料や各種の食品での風味の改良目的に使用されている。甘味料のアスパルテームの原料としても使われている。

なお，フェニルケトン尿症の患者は，フェニルアラニンを代謝できないため，摂取しないような注意が必要となる。

主な用途：強化剤（フェニルアラニン補填・強化），調味料
使用基準：なし
成分規格：第9版食品添加物公定書
安 全 性：栄養強化成分は，ＪＥＣＦＡでの評価対象外
表示方法：簡略名 フェニルアラニン，一括名「調味料（アミノ酸）」の範囲 栄養
　　　　　　強化の目的で使用した場合の表示は免除される。ただし，調製粉乳等，
　　　　　　他の法規で表示が定められている場合あり
付　　記：米国　§182.320（アミノ酸），ＦＣＣ規格あり

フェニル酢酸イソアミル（指定）

英　　名：Isoamyl Phenylacetate
概　　要：天然には存在しない。合成法で作られ，無色透明な液体で，特有の香気を有する。

チョコレート，ココアフレーバーに使われる。

主な用途：香料
使用基準：着香の目的に限る
成分規格：第9版食品添加物公定書
表示方法：簡略名なし，一括名「香料」の範囲

付　　記：米国　§172.515，ＦＣＣ規格あり

フェニル酢酸イソブチル（指定）

英　　名：Isobutyl Phenylacetate
概　　要：天然には存在しない。合成法で作られる，無色透明な液体で，特有の香気を有する。
　バタースコッチ，ハニーフレーバーなど食品香料に使われる。
主な用途：香料
使用基準：着香の目的に限る
成分規格：第9版食品添加物公定書
表示方法：簡略名なし，一括名「香料」の範囲
付　　記：米国　§172.515，ＦＣＣ規格あり

フェニル酢酸エチル（指定）

英　　名：Ethyl Phenylacetate
概　　要：天然にはリンゴ，オリーブ，カカオなどに存在する。化学的な合成法で作られ，無色透明な液体で，特有の香気を有する。ストロベリー，ハニーフレーバーなどの食品香料に使われる。
主な用途：香料
使用基準：着香の目的に限る
成分規格：第9版食品添加物公定書
表示方法：簡略名なし，一括名「香料」の範囲
付　　記：米国　§172.515，ＦＣＣ規格あり

2ー（3ーフェニルプロピル）ピリジン（指定）

英　　名：2-(3-Phenulpropyl）pyridine
概　　要：本物質はローストナッツ様の加熱香気を有する。無色澄明な液体で特有のにおいがある。
主な用途：香料
使用基準：着香の目的に限る
成分規格：第9版食品添加物公定書

フェネチルアミン（指定）

英　　名：Phenethylamine
概　　要：チーズ，魚の加工品，ワイン，キャベツ，ココア，ビール等の食品中に存在する成分である。無～淡黄色の澄明な液体で特有のにおいがある。
主な用途：香料
使用基準：着香の目的に限る

成分規格：第9版食品添加物公定書

フェノールエーテル類（指定）

英　名：Phenolethers
概　要：合成法で作られた，着香の目的で用いられるフェノールエーテル類である。
主な用途：香料
使用基準：着香の目的に限る
表示方法：簡略名なし，一括名「香料」の範囲

フェノール類（指定）

英　名：Phenols
概　要：合成法で作られた，着香の目的で用いられるフェノール類である。
使用基準：着香の目的に限る
主な用途：香料
表元方法：簡略名なし，一括名「香料」の範囲

フェリチン（既存）（第4次消除予定品目）

英　名：Ferritin
概　要：フェリチンは，金属たん白質の一種であり，多量の鉄を含むため赤褐色を呈している。動物のヒ臓，肝臓，骨髄に多く含まれており，ウマのヒ臓に特に多く含まれている。
　食品添加物としては，ウシのヒ臓から熱時，水で抽出し，塩析法で分画し，膜ろ過法で精製したものなどが，使われている。
　鉄強化の目的で，調製粉乳などに使用されている。
主な用途：強化剤（鉄の補填・強化）
使用基準：なし
表示方法：簡略名 鉄たん白，鉄たん白質
　　　　　　栄養強化の目的で使用した場合の表示は免除される。ただし，調製粉乳等，他の法規で表示が必要な場合あり

フェルラ酸（既存）

英　名：Ferulic Acid
概　要：フェルラ酸は，γ-オリザノールを加水分解して得られるケイ皮酸誘導体であり，ゴム樹脂のアギなどにも含まれている。
　化学的には，バニリンと無水酢酸から合成することができる。食品添加物としては，米糠油を原料とするγ-オリザノールを，加圧下，熱時，硫酸で加水分解し，精製して得られたものが使われる。酸化防止作用があるため，酸化防止剤と

して使用される。

主な用途：酸化防止剤

使用基準：なし

成分規格：第9版食品添加物公定書

表示方法：用途名「酸化防止剤」併記，簡略名なし

フェロシアン化物（指定）

英　名：Ferrocyanide

概　要：化学的には，ヘキサシアノ鉄（Ⅱ）酸塩と呼ばれ，黄血塩とも呼ばれてきたもので，2価の鉄とシアンが結合した錯塩である。

　2002年に，輸入されている岩塩に固結防止剤として配合され，それを使用した食品も輸入されていることが判明し，緊急的に，安全性などの検討を行い，食品添加物として指定したものである。カリウム塩，カルシウム塩，ナトリウム塩の3種類に限って認められている。

フェロシアン化カリウム（指定）

（別名　ヘキサシアノ鉄（Ⅱ）酸カリウム）

英　名：Potassium Ferrocyanide

概　要：フェロシアン化物のうち，カリウム塩である。黄血カリウムとも呼ばれる。

主な用途：食塩の固結防止

使用基準：食塩に限る　量も規制

成分規格：第9版食品添加物公定書，ＦＡＯ／ＷＨＯ規格

安全性：ＦＡＯ／ＷＨＯ ＡＤＩ 0～0.025mg／kg（フェロシアン化物グループ：ナトリウム塩として）

表示方法：簡略名 フェロシアン化Ｋ

付　記：ＥＵ　Ｅ536

フェロシアン化カルシウム（指定）

（別名　ヘキサシアノ鉄（Ⅱ）酸カルシウム）

英　名：Calcium Ferrocyanide

概　要：フェロシアン化物のうち，カルシウム塩である。

主な用途：食塩の固結防止

使用基準：食塩に限る，量も規制

成分規格：第9版食品添加物公定書

安全性：→ フェロシアン化カリウム

表示方法：簡略名 フェロシアン化Ca

付　記：ＥＵ　Ｅ538

フェロシアン化ナトリウム（指定）

（別名　ヘキサシアノ鉄（Ⅱ）酸ナトリウム）

英　　名：Sodium Ferrocyanide
概　　要：フェロシアン化物のうち，ナトリウム塩である。
主な用途：食塩の固結防止
使用基準：食塩に限る，量も規制
成分規格：第9版食品添加物公定書
安　全　性：→　フェロシアン化カリウム
表示方法：簡略名　フェロシアン化Na
付　　記：ＥＵ　　Ｅ535

フクロノリ抽出物（既存）

（別名　フクロノリ多糖類，フクロフノリ多糖類，フクロフノリ抽出物）

英　　名：Fukuronori Extract
概　　要：フノリ科フクロノリの全藻より，熱時水で抽出して得られたもので，主成分は多糖類である。
主な用途：増粘安定剤
使用基準：なし
成分規格：第9版食品添加物公定書
表示方法：→　ファーセレラン，ただし，簡略名なし

ブタノール（指定）

英　　名：Butanol
概　　要：炭素数4の直鎖のアルコールで，ブチルアルコール，1－ブタノールあるいはn－ブタノールなどとも呼ばれる。果物や発酵生成物中に見いだされる。

　化学的な合成法でつくられる，フルーツ様の特徴のあるにおいを持つ，無色で透明な液体である。

　焼菓子，アイスクリーム，ゼリー，プリン，清涼飲料等さまざまな食品で，香味を再現する目的で配合されている。

　国際的に汎用されている香料（短鎖のアルコール）として新たに指定された。

主な用途：香料
使用基準：着香の目的に限る。
成分規格：第9版食品添加物公定書
安　全　性：食品安全委員会　着香の目的では安全性に懸念なし
表示方法：簡略名なし，一括名「香料」の範囲
付　　記：米国　§172.515，ＦＣＣ規格あり

ブタン（既存）

英　　名：Butane

概　　要：石油または天然ガス成分中，n－ブタン（C_4H_{10}）の沸点付近の留分である。無色無臭のメタン系炭化水素ガスである。

主な用途：製造用剤

使用基準：なし

表示方法：簡略名なし

ブチルアミン（指定）

英　　名：Butylamine

概　　要：ケール，チーズ，ワイン，キャビア，パン，生鮭等の食品中に存在する成分である。欧米ではさまざまな加工食品において香りの再現，風味の向上等の目的で添加されている。無〜淡黄色の澄明な液体で特有のにおいがある。

主な用途：香料

使用基準：着香の目的に限る

成分規格：第9版食品添加物公定書

sec－ブチルアミン（指定）

英　　名：sec-Butylamine

概　　要：ビール，チーズ，ココア等の食品中に存在する成分である。

主な用途：香料

使用基準：着香の目的に限る

成分規格：食品，添加物等の規格基準

ブチルアルデヒド（指定）

英　　名：Butylaldehyde

概　　要：化学的には，ブタナールとも呼ばれる炭素数4のアルデヒドである。天然には，リンゴ，洋なしなどの果物，豆類等に含まれている。化学的な合成で得られる，フルーツ様の香気を持つ液体である。欧米では清涼飲料，キャンディー，アイスクリーム，ゼリー，プリン等，さまざまな加工食品において，香りを再現するために配合されている。国際的に汎用されている香料（短鎖のアルデヒド）として新たに指定された。

主な用途：香料

使用基準：着香の目的に限る。

成分規格：第9版食品添加物公定書

安 全 性：食品安全委員会 着香の目的では問題ない

表示方法：簡略名なし，一括名「香料」の範囲

付　　記：米国 §172.515，ＦＣＣ規格あり

ブチルヒドロキシアニソール（指定）

英　　名：Butylated Hydroxyanisole
概　　要：ブチルヒドロキシアニソールは，ＢＨＡと略称される化学的に合成された酸化防止剤である。
　現在は，油脂製造用の原料油の酸化防止の目的以外，食品にはほとんど使われていないが，輸入食品では，油脂，魚介類の加工品などの食品に，酸化防止の目的で，使用されていることがある。
主な用途：酸化防止剤
使用基準：油脂，バター，魚介塩蔵品，魚介乾製品，生食用以外の魚介冷凍品および生食用以外の鯨冷凍品の浸漬液，乾燥裏ごしいも
成分規格：第9版食品添加物公定書
安 全 性：ＦＡＯ／ＷＨＯ ＡＤＩ０〜0.5mg／kg
　日本での動物実験で，ラットの前胃（人などにはない消化器）に発ガン性を示すデータがでたことがあり，その後，各国で追加試験を行い，その結果，人に対しては，安全に使うことができるものと認められ，一時制限されていた使用基準も復活された。
表示方法：用途名「酸化防止剤」併記，簡略名 ＢＨＡ
付　　記：米国　§172.110，ＦＣＣ規格あり
　　　　　　EU　E320

ブドウ果汁色素（一般飲食物添加物）

英　　名：Grape Juice Colour
概　　要：赤〜紫色のブドウの果汁や果皮に着色性があることは，経験的によく知られていることである。このようなブドウの色素成分は，赤〜赤紫色を呈するアントシアニン類である。
　ブドウ果汁色素は，ブドウ科のアメリカブドウおよびブドウを原料にして搾汁し，沈殿物を除去したブドウ果汁，または，その濃縮液であり，通常は食品・食材として使用されている。これを着色の目的に使用するのがブドウ果汁色素である。
　同種のブドウ果皮色素に比べると，ブドウ果汁色素の方が，風味がよく，色調も鮮やかである。
　清涼飲料類，冷菓類，ゼリー・キャンディーのような菓子類などの着色に使われることがある。
主な用途：食品添加物としては，着色料
使用基準：食品・食材としては，使用基準なし 着色の目的では，こんぶ類，食肉，鮮魚介類（鯨肉を含む），茶，のり類，豆類，野菜，わかめ類には，使用できない
表示方法：食品として使用した場合　任意

着色の目的で使用した場合　用途名「着色料」併記，または「色素」
名で表示，簡略名 ブドウ色素，果実色素，アントシアニン（色素）

付　　記：米国　§73.169，ＣＦＲ規格あり
　　　　　　ＥＵ　Ｅ163（アントシアニン類）
　　　　　　日本食品添加物協会自主規格あり

ブドウ果皮色素 （既存）
（別名　エノシアニン）

英　　名：Grape Skin Colour
概　　要：ブドウ科のアメリカブドウおよびブドウの果皮から抽出された，アントシアニン系の色素がブドウ果皮色素で，赤〜赤紫色を呈する。
　また，赤ぶどう酒の製造に使われたブドウの果皮を原料にすることもある。
→　ブドウ果汁色素
主な用途：着色料
使用基準：→　ファフィア色素
成分規格：第9版食品添加物公定書
安 全 性：ＦＡＯ／ＷＨＯ　ＡＤＩ 0 〜 25mg / kg
表示方法：用途名「着色料」併記，または「色素」名で表示
　　　　　　簡略名 ブドウ色素，アントシアニン（色素）
付　　記：米国　§73.170，ＣＦＲ規格あり
　　　　　　ＥＵ　Ｅ163（アントシアニン類）

ブドウ果皮抽出物 （既存）

英　　名：Grape Skin-Derived Substance
概　　要：ブドウ科のアメリカブドウやブドウの内，生食用，醸造用のブドウである甲州，シヤルドネ，リースリング種の果皮の搾粕より，エタノールで抽出して得られたもので，ポリフェノールを主成分とし，有機酸，糖，脂肪酸とそのエステル類を含む。無〜淡赤褐色の粉末で，ブドウの香りがある。水に可溶で，水溶液はわずかに酸味がある。微生物に対する静菌作用がある。
　主に，日持向上剤として使われる。
主な用途：製造用剤（日持向上剤）
使用基準：なし
表示方法：簡略名なし

ブドウ種子抽出物 （既存）

英　　名：Grape Seed Extract
概　　要：ブドウ酒の中には，ポリフェノール類の一種であるプロアントシアニジン類が含まれている。このプロアントシアニジン類（少量体）には抗酸化作用

がある。プロアントシアニジンは，さまざまな植物の果実・種子類に微量ではあるが含まれており，ブドウの種子にも含まれている。

ブドウ種子抽出物は，ブドウ科のアメリカブドウおよびブドウの種子を，水（熱時），エタノール（温時）またはアセトン（室温）で処理して有効性成分を抽出したもの，およびこの抽出物を原料に発酵処理したもの，または酵素（タンナーゼ）で処理して加水分解したものから，精製して得られるものであり，プロアントシアニンが主成分である。

近年開発されたものであり，ビタミンや色素類の光による分解の防止，魚肉・食肉加工品の退色防止，菓子類・飲料および調味料などの酸化防止への利用などが研究されている。

主な用途：酸化防止剤，製造用剤

使用基準：なし

表示方法：簡略名 プロアントシアニジン 酸化防止の目的の場合は，用途名「酸化防止剤」併記

フマル酸 （指定）

英　　名：Fumaric Acid

概　　要：フマル酸は，二重結合を1つ持ち，酸基を2つ持つ有機酸（二塩基酸）であり，マレイン酸とは構造異性体の関係にある。

製法としては，さまざまな化学的合成法があり，発酵法もあるが，多くは無水マレイン酸を経る合成法が使われている。

食品添加物のフマル酸は，においのない白色の結晶性の粉末であり，特有の酸味がある。フマル酸は水に溶けにくいため，水溶性のナトリウム塩（フマル酸一ナトリウム）も食品添加物として指定されている。

フマル酸は，クエン酸などの他の有機酸類と併用して酸味の調整に使われることがほとんどであり，また，水溶性のナトリウム塩が使われることが，一般的である。

フマル酸の特殊な使われ方として水産練製品でのpHの調整や，日持ちの向上の目的での使用がある。このような目的での使用に対応するために食用油脂などでコーティングされた製剤もある。

主な用途：酸味料，pH調整剤，日持向上剤

使用基準：なし

成分規格：第9版食品添加物公定書

安　全　性：ＦＡＯ／ＷＨＯ　ＡＤＩ（フマル酸とその塩類）特定せず

表示方法：簡略名なし，一括名「酸味料」，「pH調整剤」，「膨脹剤」の範囲

付　　記：米国　§172.350，ＦＣＣ規格あり

　　　　　　ＥＵ　　Ｅ297

フマル酸一ナトリウム （指定）

（別名　フマル酸ナトリウム）

英　　名：Monosodium Fumarate

概　　要：フマル酸一ナトリウムは，二塩基酸であるフマル酸の1つの酸基をナトリウムで部分中和したものである。

　食品添加物のフマル酸一ナトリウムは，においのない白色の結晶性の粉末であり，水に難溶性のフマル酸と異なり，水溶性である。さらに，酸の性質も持つためよく使用されている。

　ジュース類や清涼飲料などの飲料，冷菓やゼリー菓子，漬物などに酸味料として，他の有機酸類との併用などで使用され，洋酒類での酸味・酸度の調整にも使用されている。

主な用途：→　フマル酸

使用基準：なし

成分規格：第9版食品添加物公定書

安 全 性：→　フマル酸

表示方法：簡略名　フマル酸Na，一括名「酸味料」，「pH調整剤」，「調味料（有機酸）」，「膨脹剤」の範囲

付　　記：米国　§172.350，ＦＣＣ規格あり

ブラジルカンゾウ抽出物 （既存）

（別名　ペリアンドリン）

英　　名：Brazilian Licorice Extract

概　　要：ブラジルカンゾウは，ブラジル中央高原地帯に生育するマメ科の植物であり，その根には，ペリアンドリンを主成分とする甘味成分を有する。

　ブラジルカンゾウ抽出物は，ブラジルカンゾウの根から，水で抽出して得られるペリアンドリンを主要成分とする甘味成分である。

　その甘味度は，ショ糖の約100倍といわれる。

主な用途：甘味料

使用基準：なし

表示方法：用途名「甘味料」併記，簡略名　ブラジルカンゾウ

ブラックカーラント色素 （一般飲食物添加物）

英　　名：Black Currant Color

概　　要：ブラックカーラントとは，ユーラシア原産で，米国西海岸，地中海東部沿岸部で生育している，酸味の強い黒色の実をつけるユキノシタ科のクロフサスグリをいう。このクロフサスグリの実を搾汁するか，水または弱酸性の水で抽出して得られるものが，ブラックカーラント色素である。

　他のベリー類と同様にアントシアニン系成分を主色素としており，赤〜暗赤紫

色の着色料として使用されることもある。

主な用途：食品添加物としては，着色料

使用基準：→ ファフィア色素

成分規格：第9版食品添加物公定書

表示方法：（食品添加物該当品は）用途名「着色料」併記，または「色素」名で
表示，簡略名 ベリー色素，果実色素，アントシアニン（色素）

付　　記：米国　§73.250（果汁）
　　　　　EU　E163（アントシアニン類）

ブラックベリー色素 （一般飲食物添加物）

英　　名：Black berry colour

概　　要：ブラックベリーは，バラ科の落葉低木であるキイチゴに属する植物
で，ヨーロッパ，アジア，アメリカで自生がみられる。房状の実をつけるが，酸
味が強いため，通常はジャムなどに加工される。
　ブラックベリー色素は，主としてバラ科ヨーロッパブラックベリーの実を原料
として，搾汁するか，水抽出して得られたもので，アントシアニン系のシアニジ
ングリコシドを主色素とする色素成分である。

主な用途：食品添加物としては，着色料

使用基準：→ ファフィア色素

表示方法：→ ブラックカーラント色素

付　　記：→ ブラックカーラント色素
　　　　　日本食品添加物協会自主規格あり

プラム色素 （一般飲食物添加物）

英　　名：Plum Colour

概　　要：プラムは，バラ科のスモモの仲間の植物の総称であり，日本では一括
してスモモとも称されるが，欧州種の大型の果実をつける品種を特にプラムと呼
ぶこともある。スモモ類は，東アジアが原産で，ヨーロッパで栽培されたもので
あり，果実の形状，果皮の色，味などもさまざまで，多様な品種がある。
　プラム色素は，これらのプラム類の果実を原料に，エタノールでアントシアニ
ン系の色素成分を抽出したものであり，主色素は，シアニジングリコシドである。

主な用途：食品添加物としては，着色料

使用基準：→ ファフィア色素

表示方法：→ ブラックカーラント色素，
　　　　　ただし，簡略名 果汁色素，アントシアニン（色素）

付　　記：米国　§73.250（果汁）
　　　　　EU　E163（アントシアニン類）

フルフラール　307

フルクトシルトランスフェラーゼ（既存）

英　　名：Fructosyl Transferase
概　　要：ショ糖からフラクトシル基を転移して，フラクトスクロース等を生成する機能を持つ酵素である。糸状菌または細菌の培養液より，水で抽出して得られたもの，または抽出液を除菌後，濃縮して得られたものである。白～淡黄～褐色の粉末，または透明～褐色の液体で，水に可溶，エタノールに不溶。
　フラクトオリゴ糖の製造や，ステビア抽出物にフラクトースを付加して果糖転移ステビアの製造等に使われる。
主な用途：酵素（転移酵素）
使用基準：なし
成分規格：第9版食品添加物公定書
表示方法：簡略名なし，一括名「酵素」の範囲，工程中で失活すれば加工助剤

フルジオキソニル（指定）

英　　名：Fludioxonil
概　　要：化学的には，4－（2,2－ジフルオロ－1,3－ベンゾジオキソール－4－イル）ピロール－3－カルボニルという名称で，糸状菌に対して殺菌力のある農薬として使用されるものであるが，収穫後（ポストハーベスト）農薬として使用されることもある。
　収穫後農薬としては，保存中のカビの発生による腐敗・変敗を防ぐ目的がある。
主な用途：防かび剤
使用基準：キウィー，パイナップル（冠芽を除く），かんきつ類（みかんを除く），ばれいしょ，アボカド，あんず，おうとう，ざくろ，すもも，西洋なし，ネクタリン，パパイヤ，びわ，マルメロ，マンゴー，もも，りんご
成分規格：第9版食品添加物公定書
安 全 性：食品安全委員会ＡＤＩ 0.33mg/kg
表示方法：用途名（「防かび剤」または「防ばい剤」）併記，簡略名なし，ばら売りの場合も表示するように通知されている

フルフラール及びその誘導体（指定）

英　　名：Furfural and its Derivatives
概　　要：合成法で作られた，着香の目的で用いられるフルフラールおよびその誘導体である。
主な用途：香料
使用基準：着香の目的に限る
表示方法：簡略名なし，一括名「香料」の範囲

ブルーベリー色素（一般飲食物添加物）

英　　名：Blueberry Colour

概　　要：ブルーベリーは，北米原産のスノキ（コケモモの類）に属する植物の総称であり，表面に白色の粉のついた濃青色の実をつける。

　改良品種が，米国を中心にヨーロッパなどでも盛んに栽培されている。日本には，第2次世界大戦後導入され，欧米と同様に果樹品種として普及しつつあり，ジャムなどの原料に使用されている。

　このツツジ科のブルーベリー類（ハイブッシュブルーベリーやロースイートブルーベリーなど）の果実を原料に，搾汁するか，水または弱酸性の水で抽出して得られる，アントシアニン系成分を主色素とするものが，ブルーベリー色素である。

　アントシアニン類の中では，青色を呈することに特徴がある。ベリー類色素の中では，比較的多量に生産されており，飲料，果実酒，アイスクリーム類などの冷菓，各種の菓子類，ジャムなどに使用されている。

主な用途：食品添加物としては，着色料

使用基準：→ ファフィア色素

表示方法：→ ブラックカーラント色素

付　　記：→ ブラックベリー色素

　　　　　　日本食品添加物協会自主規格あり

プルラナーゼ（既存）

英　　名：Pullulanase

概　　要：プルランを分解して直鎖のデキストリンを生成する機能を持つ酵素である。

　特定の細菌の培養液より水で抽出して得られたもので，除菌したもの，濃縮したもの，冷時エタノールや含水エタノールまたはアセトンで処理して得られたもの，あるいは硫酸アンモニウムで分画した後，脱塩処理して得られたものである。白～褐色の粉末，粒，または淡黄～濃褐色の液体で，水に可溶，エタノールに不溶である。

　でんぷん糖の製造などに使われる。

主な用途：酵素（加水分解酵素）

使用基準：なし

成分規格：第9版食品添加物公定書

表示方法：類別名 アミラーゼ，カルボヒドラーゼ

　　　　　　一括名「酵素」の範囲，工程中で失活すれば加工助剤

プルラン（既存）

英　　名：Pullulan

概　　要：デンプン分解物を炭素源とした特定の黒酵母の培養液より，分離して

得られた多糖類で、成分はマルトトリオース（グルコース3分子が$\alpha-1,4-$グルコシド結合）が、規則正しく直鎖状に$\alpha-1,6-$グルコシド結合を繰り返した多糖類である。

　白～淡黄白色の粉末、無臭またはわずかに特有のにおいがある。水に易溶で、ゲル化せず透明で粘稠な中性液体となる。水溶液はアラビアガムと同じ低粘性で、pHの変化や塩類には安定である。

　水溶液を乾燥すると、透明で光沢のある強靱なフィルムを作り、このフィルムは可食性で酸素不透過性、耐油性に優れている。また接着性に優れ、食物繊維として難消化性でもある。

　増粘安定剤としての用途のほか、粘着剤、コーティング剤、可食性フィルムなどの用途があるので、製造用剤にも分類されている。

主な用途：増粘安定剤、製造用剤
使用基準：なし
成分規格：第9版食品添加物公定書
表示方法：簡略名なし、増粘安定剤として使用した場合→　ファーセレラン
　　　　　　製造用剤として使用した場合物質名で表示

プロテアーゼ（既存）

（別名　たん白分解酵素）

英　　名：Protease
概　　要：タンパク質のペプチド結合を加水分解する酵素の総称で、タンパク質の可溶化、呈味の増強、肉の軟化などの機能がある。動物、魚類、甲殻類の筋肉、臓器より水で抽出して得られたもの、または特定の糸状菌、担子菌、放線菌、細菌、酵母より水で抽出して得られたもの、除菌したもの、濃縮したもの、樹脂精製したもの、またはこれよりエタノールや含水エタノールまたはアセトンで処理して得られたもの、もしくは硫酸アンモニウムで分画し、脱塩処理して得られたものである。

　白～淡黄～濃褐色の粉末、粒、または透明～濃褐色の液体で、水に可溶、エタノールに不溶である。

　畜肉、水産加工品、各種調味料、清酒など広い用途で使われる。

主な用途：酵素（加水分解酵素）
使用基準：なし
成分規格：第9版食品添加物公定書
安 全 性：ＦＡＯ／ＷＨＯ ＡＤＩ 基原により0～1mg／kg　または食品扱い
表示方法：簡略名なし、一括名「酵素」の範囲、工程中で失活すれば加工助剤
付　　記：米国 §184.1027、ＦＣＣ規格あり

310　プロテイン

プロテイングルタミナーゼ（参考）

英　名：Proteinglutaminase
概　要：たんぱく質またはペプチドのグルタミン残基のアミドを加水分解してアンモニアを放出してグルタミン酸残基に変換する機能を持つ酵素である。新たに見つけられた特殊な細菌が生産する酵素であり，白〜淡黄白色の粉末または粒状，あるいは無〜淡黄白色の液体である。やや酸性よりのpH領域で，温度は50〜60℃で高い活性を示すが，70℃になると1時間で活性を失う。
　業者からの要請で，新規の指定が検討されたが，指定に至らなかった。
　小麦タンパク質，トウモロコシタンパク質の改質に使われる。
主な用途：酵素
使用基準：なし
成分規格：食品，添加物等の規格基準（案あり）
表示方法：簡略名なし，一括名「酵素」の範囲，工程中で失活すれば加工助剤

プロパノール（指定）

英　名：propanol
概　要：フルーツ様の香気を有し，果物などに天然に含まれる成分である。無色澄明の液体で特有のにおいがある。
主な用途：香料
使用基準：着香の目的に限る
成分規格：第9版食品添加物公定書

プロパン（既存）

英　名：Propane
概　要：石油または天然ガス成分中，n−プロパン（C_3H_8）の沸点付近の留分である。無色無臭の可燃性のメタン系炭化水素ガスである。
主な用途：製造用剤
使用基準：なし
表示方法：簡略名なし

プロピオンアルデヒド（指定）

英　名：Propionaldehyde
概　要：化学的にはプロパナールと呼ばれる，炭素数3の直鎖のアルデヒドである。発酵生成物中に含まれ，果物，乳製品など幅広い食品に含まれている。
　化学的な合成法で作られる，強いにおいを持つ液体である。焼菓子，アルコール飲料，ゼリー・プリン類，キャンディーなどさまざまな食品で，香りを再現する目的で香料製剤に配合される。国際的に汎用されている香料（短鎖のアルデヒド）として新たな指定が検討されている。

プロピオ　311

主な用途：香料
使用基準：着香の目的に限る。
成分規格：第9版食品添加物公定書
安　全　性：食品安全委員会　着香の目的では安全性に懸念なし
表示方法：簡略名なし，一括名「香料」の範囲
付　　　記：米国　§172.515，ＦＣＣ規格あり

プロピオン酸（指定）

英　　　名：Propionic Acid
概　　　要：プロピオン酸は，食品の素材となるさまざまな植物に化合物の形（各
種アルコールとのエステル）で，また，発酵食品では遊離の酸（プロピオン酸）
の形でも存在する短鎖の有機酸である。
　プロピオン酸には，酵母や細菌類に対する静菌作用があり，食品の保存の目的
で使用される。また，特有のにおいがあるため，香料としても使われる。しかし，
そのにおいが影響するために，酸味料などとしては使われていない。
　プロピオン酸は，通常，化学的な合成法によって作られている。
主な用途：保存料，香料
使用基準：チーズ，パン，洋菓子（以上は，量的な基準あり），香料
成分規格：第9版食品添加物公定書
安　全　性：ＦＡＯ／ＷＨＯ ＡＤＩ（プロピオン酸とその塩類）プロピオン酸とし
　　　　　　て制限せず，香料としては問題なし
表示方法：簡略名なし，一括名「香料」の範囲　着香の目的の場合は，品名，ま
　　　　　　たは，一括名で表示 保存の目的の場合は，用途名「保存料」併記
付　　　記：米国　§184.1081，ＦＣＣ規格あり
　　　　　　ＥＵ　　Ｅ280

プロピオン酸イソアミル（指定）

英　　　名：Isoamyl Propionate
概　　　要：天然にはリンゴ，バナナ，ブドウ，はちみつなどに存在する。合成法
で作られ，無〜淡黄色の透明な液体で，特有の香気を有する。りんご，パイナッ
プル，プラムなどの果実フレーバーに使われる。
主な用途：香料
使用基準：着香の目的に限る
成分規格：第9版食品添加物公定書
安　全　性：ＦＡＯ／ＷＨＯ ＡＤＩ 香料としては問題なし
表示方法：簡略名なし，一括名「香料」の範囲

プロピオン酸エチル（指定）

英　　名：Ethyl Propionate
概　　要：天然にはリンゴ，イチゴ，ブドウなどの果実に存在する。合成法で作られ，無色透明な液体で，特有の香気を有する。アップル，ベリー，グレープなどの果実フレーバーに使われる。
主な用途：香料
使用基準：着香の目的に限る
成分規格：第9版食品添加物公定書
安 全 性：ＦＡＯ／ＷＨＯ ＡＤＩ 香料としては問題なし
表示方法：簡略名なし，一括名「香料」の範囲
付　　記：米国　§172.515，ＦＣＣ規格あり

プロピオン酸カルシウム（指定）

英　　名：Calcium Propionate
概　　要：特異な臭気を持ち，揮発性の液体であるプロピオン酸を，使い易くするためにカルシウム塩にしたものが，プロピオン酸カルシウムである。
　プロピオン酸カルシウムは，わずかにプロピオン酸臭のある白色の粉末〜結晶として流通している。
　プロピオン酸カルシウムは，保存料として，特にパンに使われている。
主な用途：保存料
使用基準：チーズ，パン，洋菓子に限る，量的規制がある
成分規格：第9版食品添加物公定書
安 全 性：→　プロピオン酸
表示方法：用途名「保存料」併記，簡略名 プロピオン酸Ca
付　　記：米国　§184.1221，ＦＣＣ規格あり
　　　　　　ＥＵ　　Ｅ282

プロピオン酸ナトリウム（指定）

英　　名：Sodium Propionate
概　　要：プロピオン酸をナトリウム塩にしたものが，プロピオン酸ナトリウムである。
　通常，わずかにプロピオン酸臭のある白色の粉末〜結晶として流通している。プロピオン酸ナトリウムは，保存料として，特に洋菓子に使用されている。
主な用途：保存料
使用基準：→　プロピオン酸カルシウム
成分規格：第9版食品添加物公定書格
安 全 性：→　プロピオン酸
表示方法：→　プロピオン酸カルシウム，ただし，簡略名 プロピオン酸Na

プロピレン 313

付　　記：米国　§184.1784，ＦＣＣ規格あり
　　　　　ＥＵ　Ｅ281

プロピオン酸ベンジル（指定）

英　　名：Benzyl Propionate
概　　要：天然には存在しない。合成法で作られ，無色透明な液体で，特有の香気を有する。
　バナナ，ストロベリーなどの果実フレーバーに使われる。
主な用途：香料
使用基準：着香の目的に限る
成分規格：第9版食品添加物公定書
表示方法：簡略名なし，一括名「香料」の範囲
付　　記：米国　§172.515，ＦＣＣ規格あり

プロピコナゾール（指定）

英　　名：Propiconazole
概　　要：トリアゾール系殺菌剤であり，糸状菌の細胞膜のエルゴステロール生合成阻害により殺菌効果を示す。
主な用途：防かび剤
使用基準：最大残存量　かんきつ類（みかんを除く）0.008g/kg，あんず，おうとう，ネクタリン，もも0.004g/kg，すもも0.0006g/kg着香の目的に限る

プロピルアミン（指定）

英　　名：Propylamine
概　　要：紅茶，チーズ，きのこ等の食品中に存在する成分である。無～淡黄色の澄明な液体で特有のにおいがある。
主な用途：香料
使用基準：着香の目的に限る
成分規格：食品，添加物等の規格基準

プロピレングリコール（指定）

英　　名：Propylene Glycol
概　　要：本品は合成法で作られた無色透明の粘稠な液体でにおいがなく，わずかに苦味と甘味がある。グリセリンと似ているが，グリセリンより溶解力が大きく静菌力もあるので，用途は広い。
　本品は水，アルコール，その他の有機溶剤とも任意に混和し，各種有機化合物に対する溶解力が強い。沸点も高く（187.4℃），100℃以上の加熱も可能で，空気酸化も受けないので，着色料，香料，保存料，ビタミン類などの溶剤となる。

また，静菌効果や保湿効果も大きいので，めん類や珍味，その他の食品の改質にも使われる。

主な用途：製造用剤（溶剤，保湿剤等）

使用基準：生めん，いかくんには2％以下，ギョウザ，シュウマイ，春巻，ワンタンの皮には1.2％以下，その他の食品には0.6％以下

成分規格：第9版食品添加物公定書

安 全 性：ＦＡＯ／ＷＨＯ ＡＤＩ０～25mg／kg

表示方法：簡略名なし，チューインガム用軟化剤の目的の場合は，一括名「軟化剤」の範囲

付　　記：米国　§184.1666，ＦＣＣ規格あり
保湿効果や静菌効果を利用して，生めんなどの品質改良，日持向上の目的で一時期多量に添加して使われだしたので，総量をＡＤＩ量以下に抑えるために，1982年使用基準で残存量が規定された

プロピレングリコール脂肪酸エステル （指定）

英　　名：Propylene Glycol Esters of Fatty Acids

概　　要：本品はプロピレングリコールと，食用油脂を分解して得られた脂肪酸のエステルである。プロピレングリコールと脂肪酸をエステル化するか，食用油脂とプロピレングリコールのエステル交換で作られる。後者の方が風味がよいが，少量のグリセリン脂肪酸エステルを含む。いずれも分子蒸留法でモノエステル90％以上の高純度品が市販されている。

脂肪酸の種類により，白色固体から黄褐色液体まであるが，水には不溶，油脂には可溶である。界面活性低下能はほとんどないので，乳化力はなく，単独で乳化剤として使われることはない。しかし，他の乳化剤の性質を改良する作用があるので，グリセリンエステルなど他の乳化剤と組み合わせて，ケーキ用の起泡剤や各種の加工油脂の改質などに使われる。

主な用途：乳化剤

使用基準：なし

成分規格：第9版食品添加物公定書

安 全 性：ＦＡＯ／ＷＨＯ ＡＤＩ０～25mg／kg

表示方法：簡略名 プロピレングリコールエステル，一括名「乳化剤」の範囲
ガムベースの目的で使用する場合は，一括名「ガムベース」の範囲

付　　記：米国　§172.856，ＦＣＣ規格あり
ＥＵ　Ｅ477

プロポリス抽出物 （既存）

英　　名：Propolis Extract

概　　要：プロポリスは，ミツバチ（蜜蜂）の巣の個々の区画の隙間を詰める赤

みがかった油性物質である。この油性物質にはフラボノイドが含まれているため，蜜蜂の巣をエタノールで処理し，フラボノイドを主成分とする抽出物として得たものが，プロポリス抽出物であり，酸化防止作用がある。

　菓子類などで酸化防止剤として使われる。

主な用途：酸化防止剤

使用基準：なし

表示方法：用途名「酸化防止剤」併記，簡略名 プロポリス

ブロメライン（既存）

（別名　ブロメリン）

英　　名：Bromelain

概　　要：基質特異性が広いタンパク質分解能を持つ酵素である。パイナップルの果実，根茎より，搾汁したのち乾燥したもの，またはこれより水で抽出し，エタノールもしくはアセトンで処理して得られたものである。淡黄〜淡灰褐色の粉末で，わずかに特有のにおいがある。水に可溶，エタノールに不溶。パパイン，フィシンに似た性質を持つ。

　畜肉，水産加工品，菓子類などに使用される。

主な用途：酵素（加水分解酵素）

使用基準：なし

成分規格：第9版食品添加物公定書

安　全　性：FAO／WHO ADI　GMPで制限

表示方法：簡略名なし，一括名「酵素」の範囲，工程中で失活すれば加工助剤

付　　記：米国　§184.1024，FCC規格あり

L－プロリン（既存）

英　　名：L-Proline

概　　要：L－プロリンは，ゼラチンやカゼイン中に多く含まれるタンパク質構成アミノ酸の1つであり，小麦やトウモロコシなどの穀類をはじめとして自然界にも広く存在しているアルコールに可溶な環状のアミノ酸である。

　人の体内では，L－グルタミン酸やL－オルニチンから生合成され，コラーゲンに多く含まれる。一方，腎臓でL－プロリン酸化酵素により，開環・酸化されてL－グルタミン酸になり，代謝される。

　ゼラチンのタンパク質など，L－プロリンを多く含む原料を，加水分解し，分離精製する方法，または，糖類を原料として発酵法を経て精製する方法により得られるL－プロリンが食品添加物として使用される。

　プロリンは，苦味と独特の甘味がある白色の粉末〜結晶である。飲料などに味を特徴づける目的で使われたり，他の強化アミノ酸類と併用して栄養強化の目的で使用される。

316　プロリン

主な用途：調味料
使用基準：なし
成分規格：第9版食品添加物公定書
安　全　性：栄養強化目的の添加物はＪＥＣＦＡの検討対象外
表示方法：簡略名 プロリン，一括名「調味料（アミノ酸）」の範囲
　　　　　　栄養強化の目的で使用した場合の表示は免除される
付　　　記：米国　§172.320（アミノ酸），ＦＣＣ規格あり

Ｌ－プロリン液（成分規格が設定された既存添加物の製剤）

英　　　名：L-Proline Solution
概　　　要：Ｌ－プロリンの，成分規格の設定に当たり，水溶液での流通も行われていることから，いわゆる原体製剤として，溶解度を勘案して50％以下の濃度で，含量を表示する方法で成分規格が設定された。
主な用途：調味料
使用基準：→ Ｌ－プロリン
成分規格：第9版食品添加物公定書
安　全　性：→ Ｌ－プロリン
表示方法：→ Ｌ－プロリン

分別レシチン（既存）

（別名　レシチン分別物，レシチン）

英　　　名：Fractionated lecithin
概　　　要：レシチンに含まれる各成分の個々の機能を発揮させるために，溶剤の種類で溶解性が異なる点を利用して，分別したものである。「植物レシチン」または「卵黄レシチン」をメタノール，エタノールなど特定の有機溶剤で抽出して得られたものである。
　　主成分は，フォスファチジルコリン（ＰＣ），フォスファチジルエタノールアミン（ＰＥ），フォスファチジルイノシトール（ＰＩ），スフィンゴミエリンである。淡黄～褐色の粘稠な液体，ペースト，または固体。分別条件により，種々の成分配合のものが作られる。

	水	エタノール	アセトン
油脂	不溶	溶	可溶
PC	溶	易溶	難溶
PE	易溶	溶	不溶
PI	易溶	不溶	不溶

PCの濃度を上げると水溶性が増し，逆にPCが減少すると油溶性が増す。乳化安定性はPI＞PE＞PCの順である。ただPCにPEまたはPIを加えていくと，精製PCより乳化安定性は向上するとも言われる。食品よりむしろ医薬品，化粧品に使われる。

主な用途：乳化剤
使用基準：なし
成分規格：第9版食品添加物公定書　（レシチン）
安 全 性：ＦＡＯ／ＷＨＯ ＡＤＩ 制限しない
表示方法：簡略名なし，一括名「乳化剤」の範囲
付　　記：米国　§184.1400，ＦＣＣ規格あり
　　　　　　　ＥＵ　　Ｅ322

→ 植物レシチン

粉末セルロース （既存）

英　　名：Powdered Cellulose
概　　要：パルプ繊維を加水分解したものや，短繊維を分解して得られたセルロースで，ブドウ糖が$\beta-1$，4－結合しているセルロースである。

　白色繊維状または粉末で無味，無臭である。水，酸，アルカリ，エタノールにも不溶。水，油に対して親和力があり，水で膨潤するが油では膨潤しない。

　水中ではマイナスに帯電するので，水溶液中から金属イオンや陽イオンを吸着する性質がある。

　主として酒類や液体食品のろ過助剤として使われる。

主な用途：製造用剤（ろ過助剤等）
使用基準：なし
成分規格：第9版食品添加物公定書
表示方法：簡略名 セルロース，ろ過助剤の場合は加工助剤
付　　記：米国　ＦＣＣ規格あり
　　　　　　　ＥＵ　　Ｅ460（ii）

粉末ビタミンＡ （成分規格が設定された添加物の製剤）

英　　名：Dry Formed VitaminA
概　　要：ビタミンＡおよびビタミンＡ脂肪酸エステルの製剤であるビタミンＡ油は，油性であるため使用できる食品が限られてしまう。この欠点を補うために，ビタミンＡを原料として，必要に応じて酸化防止剤，乳化剤，カゼイン類，補助剤としての糖類などを加えて分散・乳化させた後，噴霧法または造粒法により粉末化したものが，粉末ビタミンＡである。

　食品に対しては，小麦粉，粉乳，スープの素などの粉末食品でのビタミンＡの補填・強化の目的で使用される。

主な用途：強化剤（ビタミンAの補填・強化）
使用基準：なし
成分規格：第9版食品添加物公定書
保存基準：遮光．密封容器で保存する
表示方法：→ ビタミンA，ビタミンA脂肪酸エステル
→ ビタミンA，ビタミンA脂肪酸エステル，ビタミンA油

粉末モミガラ（既存）

英　　名：Powdered Rice Hulls
概　　要：稲のモミ殻を微粉砕したもので，主成分はセルロースである。淡黄色の粉末または粒状で，わずかに特有のにおいがある。水，エタノールに不溶である。チューインガムの食感に弾力性を与えるために，ガムベースに使われる。
主な用途：ガムベース
使用基準：なし
表示方法：簡略名なし，一括名「ガムベース」の範囲

ペカンナッツ色素（既存）

（別名　ピーカンナッツ色素）

英　　名：Pecan Nut Colour
概　　要：ペカン（ピーカン）は，ヒッコリー系のクルミ科の落葉性高木であり，米国のニューメキシコ州やオーストラリアに産するが，その種実（ナッツ：ペカンナッツ）は，北米のアメリカインディアンに常食されてきたものである。
　このペカンナッツの外皮および渋皮を水または含水エタノールで処理すると，褐色の抽出物が得られる。また，酸性の水で抽出し，中和することによっても褐色の抽出物が得られる。これが，ペカンナッツ色素である。
　この色素成分は，フラボノイド系の物質であると推定されている。食肉練製品や各種の菓子類に，着色の目的で使用されることがある。
主な用途：着色料
使用基準：着色の目的では，こんぶ類，食肉，鮮魚介類（鯨肉を含む），茶，のり類，豆類，野菜およびわかめ類には，使用できない
表示方法：用途名「着色料」併記，または「色素」名で表示
　　　　　　　簡略名 フラボノイド（色素）
付　　記：日本食品添加物協会自主規格あり

ヘキサン（既存）

英　　名：Hexane
概　　要：石油成分中，n－ヘキサン（C_6H_{14}）の沸点（68.8℃）付近の留分で，n－ヘキサンを60％程度含んでいる。無色透明の揮発性の粘性の低い液体で，特異

なにおいがあり，引火性がある。諸外国では油脂類，香料その他の抽出に広く用いられるが，日本では食用油脂の抽出用溶剤としてのみ許可されている。

食用植物油の製造は，旧来の圧搾法による胡麻油等ごく一部を除き，ほとんどヘキサン抽出法で行われている。

主な用途：製造用剤（抽出溶剤）

使用基準：食用油脂製造用の溶剤の限定，食品の完成前に除去する

成分規格：第9版食品添加物公定書

安 全 性：ＦＡＯ／ＷＨＯ ＡＤＩ ＧＭＰにより制限

表示方法：加工助剤

付 記：米国 §173.270，ＦＣＣ規格あり
　　　　　天然添加物であるが，汎用されるので，1963年に成分規格と使用基準が制定された

ヘキサン酸（指定）
（別名　カプロン酸）

英 名：Hexanoic Acid

概 要：天然には，乳脂，ココヤシ油，パーム油，イチゴなどの果実中に存在する。合成法で作られ，無〜淡黄色の透明な液体で，特有のにおいを有する。

チーズ，バター，ブランデー，ウイスキーなどのフレーバーに使われる。

主な用途：香料

使用基準：着香の目的に限る

成分規格：第9版食品添加物公定書

安 全 性：ＦＡＯ／ＷＨＯ ＡＤＩ 香料としては問題なし

表示方法：簡略名なし　一括名「香料」の範囲

付 記：米国 §172.515，ＦＣＣ規格あり

ヘキサン酸アリル（指定）
（別名　カプロン酸アリル）

英 名：Allyl Hexanoate

概 要：天然にはイチゴ，パイナップル中に存在する。合成法で作られ，無〜淡黄色の透明な液体で，パイナップル様の香気を有する。主としてパイナップルフレーバーとして使われる。

主な用途：香料

使用基準：着香の目的に限る

成分規格：第9版食品添加物公定書

安 全 性：ＦＡＯ／ＷＨＯ ＡＤＩ０〜0.13mg／kg，香料としては問題なし

表示方法：簡略名なし，一括名「香料」の範囲

付 記：米国 §172.515，ＦＣＣ規格あり

ヘキサン酸エチル（指定）

（別名　カプロン酸エチル）

英　　名：Ethyl Eexanoate
概　　要：天然にはウイスキーなどの酒類に存在し，果実類にも見いだされる。合成法で作られ，無～淡黄色の透明な液体で，特有の香気を有する。
　リンゴ，なしなどの果実フレーバーとして使われる。
主な用途：香料
使用基準：着香の目的に限る
成分規格：第9版食品添加物公定書
安 全 性：ＦＡＯ／ＷＨＯ ＡＤＩ 香料としては問題なし
表示方法：簡略名なし，一括名「香料」の範囲
付　　記：米国　§172.515，ＦＣＣ規格あり

ヘキシルアミン（指定）

英　　名：Hexylamine
概　　要：リンゴ，ビール，チーズ等に含まれている成分である。
主な用途：香料
使用基準：着香の目的に限る
成分規格：食品，添加物等の規格基準

ペクチナーゼ（既存）

英　　名：Pectinase
概　　要：ペクチンに作用して，構成成分であるＤ－ガラクチュロン酸の $a-1$，4－グルコシド結合を加水分解する機能を持つ酵素である。特定の糸状菌，細菌，担子菌，もしくは酵母の培養液より水で抽出して得られたもの，除菌したもの，濃縮したもの，または冷時エタノールか含水エタノール で処理して得られたものである。
　白～淡黄～褐色の粉末または透明～褐色の液体。水に可溶，エタノールに不溶。ペクチン質に作用し，オリゴ糖とモノガラクチュロン酸を生成する。
　果汁の清澄剤としての他，クエン酸の製造，みかんの缶詰，野菜の加工などに使われる。
主な用途：酵素（加水分解酵素）
使用基準：なし
成分規格：第9版食品添加物公定書
安 全 性：ＦＡＯ／ＷＨＯ ＡＤＩ ０～１mg／kg
表示方法：類別名 カルボヒドラーゼ，一括名「酵素」の範囲，
　　　　　　　工程中で失活すれば加工助剤
付　　記：米国　§173.120，173.130（カルボヒドラーゼとして），

ペクチン　321

　　　ＦＣＣ規格あり

ペクチン（既存）

英　　名：Pectin
概　　要：サトウダイコン，ヒマワリ，アマダイダイ，グレープフルーツ，ライム，レモン，リンゴに含まれる成分であり，これらの原料から，熱時水や酸性水溶液で抽出したもの，またはアルカリ性水溶液か酵素で分解して得られたものである。成分は，ガラクチュロン酸エステルとガラクチュロン酸からなり，メチルエステル化度により2種類に大別される。エステル化度が60 ～ 75％のものをハイメトキシペクチン（ＨＭペクチン）といい，エステル化度を50％以下にしたものをローメトキシペクチン（ＬＭペクチン）という。

　白～淡褐色の粉末で，においがないかわずかににおいがある。水に可溶であるが分散時にままこを作り易いので，あらかじめ砂糖で倍散するか，エタノールや糖液で湿らすなどの必要がある。水溶液は低粘性で耐酸性がある。

　ＨＭペクチンは酸や糖の存在でゲル化するので，ゼリーやジャムに利用される。ＬＭペクチンはCaイオンや2価のイオンでゲル化され，また牛乳でゲル化するのでミルクプリンを作ることができる。

　酸性乳飲料，ゼリー，ジャム，デザート類など広く使われる。
主な用途：増粘安定剤
使用基準：なし
成分規格：第9版食品添加物公定書，ＦＡＯ／ＷＨＯ規格
安 全 性：ＦＡＯ／ＷＨＯ ＡＤＩ 特定せず
表示方法：用途名「糊料」または，使用目的に応じて「増粘剤」，「安定剤」，「ゲル化剤」のいずれかを併記，既存添加物・通常食品の増粘安定剤の多糖類を2種以上併用するときの 簡略名 増粘多糖類，この場合は，用途名「増粘剤」を省略できる
付　　記：米国　§184.1588，ＦＣＣ規格あり
　　　　　　ＥＵ　　Ｅ440

ペクチン分解物（既存）

英　　名：Pectin Digests
概　　要：ペクチンは，さまざまな植物原料から得られる多糖類で，メチル化されているポリガラクチュロン酸類を主成分としている。

　ペクチン分解物は，既存添加物に該当する「ペクチン」を，酵素で分解してガラクチュロン酸を主成分とする生成物を，分画・精製したものである。

　ガラクチュロン酸は，（アルド）ウロン酸の１種であり，食品の保存の目的で使われることがある。
主な用途：保存料

使用基準：なし

表示方法：用途名「保存料」併記，簡略名 分解ペクチン

付　　記：日本食品添加物協会自主規格あり

ヘゴ・イチョウ抽出物 （既存）（第4次消除予定品目）

英　　名：Hego-Ginkgo Leaf Extract

概　　要：ヘゴは，シダ類のヘゴ科に属する植物である。このヘゴの葉とイチョウの葉を9：1の割合で混合したものを，熱水で抽出すると，抗酸化作用を有する物質が得られる。これが，ヘゴ・イチョウ抽出物である。

主な用途：酸化防止剤

使用基準：なし

表示方法：用途名「酸化防止剤」併記，簡略名なし

ヘスペリジナーゼ （既存）

英　　名：Hesperidinase

概　　要：ヘスペリジンをラムノースとヘスペリジングルコシドに加水分解する機能を持つ酵素である。

特定の糸状菌の培養液より水で抽出し，濃縮後，冷時エタノールで処理して得られたものである。白～淡黄～暗褐色の粉末または透明～暗褐色の液体。水に可溶，エタノールに不溶である。柑橘類に存在する不溶性のヘスペリジンを分解して，溶解度の高いラムノースとヘスペリチングルコシドに分解する。

柑橘類缶詰，果汁の白濁防止に用いられる。

主な用途：酵素（加水分解酵素）

使用基準：なし

成分規格：第9版食品添加物公定書

表示方法：簡略名なし，一括名「酵素」の範囲，工程中で失活すれば加工助剤

ヘスペリジン （既存）

（別名　ビタミンP）

英　　名：Hesperidin

概　　要：ヘスペリジンは，ビタミンCと共に毛細血管壁を強化するビタミン様物質としてレモン汁から見出されたもので，ビタミンPとも呼ばれ，毛細血管の壁を強くする働きのほか，ビタミンCが酸化されるのを防ぎ，ビタミンCの効果を増強する作用も持っている。

ヘスペリジンは，柑橘類，特に白い果皮の部分と房を含む薄皮の部分，あんず，そば粉，サクランボなどに含まれており，精製したものは，わずかに苦味のある，水に難溶な無色の粉末である。

食品添加物のヘスペリジンは，グレープフルーツなどの柑橘類の果皮や果汁ま

たは種子からアルカリ性にした水で抽出し，精製したものが使われている。

ビタミンCと併用して，果物のジュースなどに強化とビタミンCの効果を高める目的で使用される。

主な用途：強化（ビタミンC効果の増進）

使用基準：なし

成分規格：第9版食品添加物公定書

表示方法：簡略名なし，栄養強化の目的で使用した場合の表示は省略できる

付　　記：日本食品添加物協会自主規格あり

→　メチルヘスペリジン

ベタイン（既存）

英　　名：Betaine

概　　要：ベタインは，アミノ酸の1種であり，グリシンのアミノ基がメチル化されたもの（N−トリメチルグリシン）である。甜菜（サトウダイコン）や綿の実などの植物やイカ・タコ類に含まれ，イカ・タコ類のうま味を構成する成分と言われている。

ベタインは，独特の甘味をもつ水溶性のアミノ酸で，比較的耐熱性があり，通常の調理法では安定で，使いやすい性質がある。

食品添加物としては，アカザ科のサトウダイコンの糖蜜から，ベタイン分を分離し，精製したものが使用される。

グリシンなどを原料とする化学的な合成法による製造も可能であるが，食品添加物としては使えない。

食品添加物として塩辛やカニ風味カマボコ等の水産加工食品に，風味改良を目的に使用されている。また，各種のアミノ酸類と併用して栄養ドリンク類等に使われることもある。

主な用途：調味料

使用基準：なし

成分規格：第9版食品添加物公定書

表示方法：簡略名なし，一括名「調味料（アミノ酸）」の範囲
　　　　　　栄養強化の目的で使用した場合の表示は省略できる

ベニコウジ黄色素（既存）

（別名　モナスカス黄色素）

英　　名：Monascus Yellow

概　　要：ベニコウジ菌は，赤い色の日本酒や中国のアンチュウ（新酒は深紅色，経時的に黄金色になる）などを作る麹菌として知られている。このベニコウジ菌（子のう菌類のモナスカス属のベニコウジカビ）の培養液を乾燥し，粉砕したものを原料に，弱い塩酸酸性にしたエタノールで抽出し，中和して得られるものが，

ベニコウジ黄色素である。

　色素の主成分は、キサントモナシン類であり、pHの変化に対して比較的安定であるが、酸性が強くなると沈殿物が出ることがある。また、耐光性はやや劣る。色素に蛍光性があり、鮮明な色調を呈する。

　ゼリーや冷菓類を黄色に着色する目的で使用されるが、若干苦味を有するため、使用量には注意を要する。

主な用途：着色料
使用基準：→　ペカンナッツ色素
成分規格：第9版食品添加物公定書
表示方法：用途名「着色料」併記、または、「色素」名で表示
　　　　　　　簡略名 紅麹（色素）、モナスカス（色素）

ベニコウジ色素 （既存）

（別名　モナスカス色素）

英　　名：Monascus Colour
概　　要：ベニコウジ菌（子のう菌類のモナスカス属のベニコウジカビ）は、赤い色の日本酒などを作る麹菌として知られている。このベニコウジ菌の菌体から、含水エタノールまたは含水プロピレングリコールで抽出して得られるものが、ベニコウジ色素である。

　色素の主成分は、アザフィロン系のアンカフラビンおよびモナスコルブリンであり、pHの変化に対して比較的安定な赤色を呈するが、酸性が強くなると、沈殿物が出ることがある。また、耐光性は劣り、経時的に退色して黄色味を帯びてくる。タンパク質に対する着色性がよい。

　水産練製品をはじめとする水産加工品、食肉加工品などを鮮やかな赤色に着色する目的で使用されるが、退色を防ぐよう、包材に留意する必要がある。

→　ベニコウジ黄色素

主な用途：着色料
使用基準：→　ペカンナッツ色素
成分規格：第9版食品添加物公定書
表示方法：→　ベニコウジ黄色素、ただし、簡略名 紅麹、モナスカス

ベニバナ赤色素 （既存）

（別名　カーサマス赤色素）

英　　名：Carthamus Red
概　　要：ベニバナ（紅花）は、その黄～赤橙色の花と、サラダ油などの食用油脂の原料としてよく知られているキク科の植物である。

　このベニバナの花から、水にとける成分として取り出された黄色の色素が「ベニバナ黄色素」で、この黄色の色素を取り出した後、弱いアルカリ性の水で取り

出した赤色の色素が「ベニバナ赤色素」である。また，ベニバナの花を発酵させるか，酵素処理したものを原料にすることもある。

ベニバナ赤色素の主成分は，フラボノイド系のカルタミンで赤色を呈する。この色素は，水に不溶であるが，アルカリ性にすると溶けるようになる。しかし，アルカリの強さにより色調が変化する。また，油脂に分散し，耐熱性に優れているが，耐光性はやや劣る。

原料となるベニバナは，現在では，主に中国，インドなどで栽培されているものが使用されている。

ベニバナ赤色素は，主に和菓子類に使われている。

主な用途：着色料
使用基準：→ ペカンナッツ色素
成分規格：第9版食品添加物公定書
安 全 性：ＦＡＯ／ＷＨＯ
表示方法：用途名「着色料」併記，または「色素」名で表示
　　　　　　簡略名 紅花，紅花赤，フラボノイド（色素）

ベニバナ黄色素 （既存）

（別名　カーサマス黄色素）

英　　名：Carthamus Yellow
概　　要：ベニバナ黄色素は，ベニバナの花から，水で抽出して得られる色素であり，フラボノイド系のサフラーイエロー（サフロミン）を主色素成分としており，黄色を呈する。

ベニバナ黄色素は，水溶性で，耐熱性および耐光性に優れており，pHの変化にも比較的安定であるが，アルカリ性ではやや赤味がでる。油脂に不溶であり，タンパク質への着色性はよくないが，デンプン系食品での着色性はよい。

ベニバナ黄色素は，菓子類の他，飲料・冷菓類，めん類，漬物などに着色の目的で使われている。また，他の天然系着色料との組み合せによるさまざまな色を作り，食品に使われることも行われている。

主な用途：着色料
使用基準：→ ペカンナッツ色素
成分規格：第9版食品添加物公定書
安 全 性：ＦＡＯ／ＷＨＯ
表示方法：→ ベニバナ赤色素，ただし，簡略名の紅花赤に代えて，紅花黄

ベネズエラチクル 〈既存〉

（別名　カプーレ）

英　　名：Venezuelan Chicle
概　　要：南米に産するアカテツ科ベネズエラチクルの木の幹枝より得られた

ラテックス（ゴム状の樹液）を脱水して得られたもので，アミリンアセタートとポリイソプレンを主成分としている。

淡褐～淡茶褐色のもろい魂で，特有のにおいを有する。水に不溶，エタノールに一部可溶である。

チューインガムの食感に樹脂感を与えるので，ガムベースに使われる。

主な用途：ガムベース
使用基準：なし
表示方法：簡略名なし，一括名「ガムベース」の範囲
付　　記：米国　§172.615，ＦＣＣ規格あり

ペプシン（既存）

英　　名：Pepsin
概　　要：タンパク質の酸性アミノ酸や芳香族アミノ酸のペプチド結合の部位を加水分解するタンパク分解がある酵素である

動物胃粘膜または魚類より酸性水溶液で抽出し，エタノールまたはアセトンで処理して得られたものである。弱い吸湿性のある白～淡黄の粉末で特有のにおいがある。水に可溶，エタノールに不溶である。

畜肉，水産加工品等に使われる。

主な用途：酵素（加水分解酵素）
使用基準：なし
成分規格：第9版食品添加物公定書
安　全　性：ＦＡＯ／ＷＨＯ ＡＤＩ（鳥類基原）特定せず，（豚基原）ＧＭＰにより制限
表示方法：簡略名なし，一括名「酵素」の範囲，工程中で失活すれば加工助剤
付　　記：米国　§184.1595，ＦＣＣ規格あり

ヘプタン（既存）

英　　名：Heptane
概　　要：石油成分中，n－ヘプタンの沸点付近の留分である。
主な用途：製造用剤
使用基準：なし
成分規格：ＦＡＯ／ＷＨＯ規格
安　全　性：ＦＡＯ／ＷＨＯ ＡＤＩ　ＧＭＰにより制限
表示方法：加工助剤

ヘプタン酸エチル（指定）

（別名　エナント酸エチル）
英　　名：Ethyl Heptanoate

概　　要：天然にはアプリコット，ラズベリーなどの果実類に含まれる。合成法
で作られ，無〜淡黄色の透明な液体で，ワインのような香気を有する。果実フ
レーバーとして，洋酒，清涼飲料，アイスクリーム，その他に広く使われる。

主な用途：香料

使用基準：着香の目的に限る

成分規格：第9版食品添加物公定書

安 全 性：ＦＡＯ／ＷＨＯ ＡＤＩ 0〜2.5mg／kg，香料としては問題なし

表示方法：簡略名なし，一括名「香料」の範囲

付　　記：米国　§172.515，ＦＣＣ規格あり

ペプチダーゼ（既存）

英　　名：Peptidase

概　　要：ペプチド結合を分解する機能を持つ酵素である。一般には，エキソペ
プチダーゼを指す語で，分解様式の異なるアミノペプチダーゼ，カルボキシペプ
チダーゼ，ジペプチダーゼがある。

　特定の糸状菌，細菌の培養液より，水で抽出して得られたもの，または除菌し
たもの，もしくはこれよりエタノールで処理して得られたものである。

　白〜淡黄〜褐色の粉末，または透明〜褐色の液体。エタノールには不溶。畜肉，
水産加工品などに使われる。

主な用途：酵素（加水分解酵素）

使用基準：なし

成分規格：第9版食品添加物公定書

表示方法：簡略名なし，一括名「酵素」の範囲，工程中で失活すれば加工助剤

ヘマトコッカス藻色素（既存）

英　　名：Haematococcus Algae Colour

概　　要：コナヒゲムシ科のヘマトコッカス藻には，カロテノイド（キサントフ
ィル）系のアスタキサンチンが含まれている。

　このヘマトコッカス藻を乾燥粉砕するか，粉砕物をさらに二酸化炭素で超臨界
抽出，または数種類の有機溶剤を組み合わせた混合溶剤で抽出して溶媒を除去し
て得られるものが，ヘマトコッカス藻抽出物である。

　通常は，有機溶剤抽出物であり，濃赤色の粘性のある油状になっている。水に
は不溶で，エタノール，油脂類には可溶であり，食品中では橙〜赤色を呈する。
耐熱性はよいが，耐光性に劣るため，酸化防止剤などとの併用が望ましい。

　水産練製品，油脂製品類，スープ類などに使用される。

主な用途：着色料

使用基準：→ ペカンナッツ色素

成分規格：第9版食品添加物公定書

表示方法：用途名「着色料」併記，または「色素」名で表示
　　　　　　簡略名 カロテノイド（色素），カロチノイド（色素）

ヘミセルラーゼ（既存）
（別名　ペントサナーゼ）

英　　名：Hemicellulase
概　　要：植物の細胞膜の成分であるヘミセルロースを分解する機能がある。特定の枯草菌，糸状菌，担子菌の培養液より水で抽出して得られたもの，除菌したもの，濃縮したもの，または冷時エタノール，含水エタノールで処理して得られたもの，または培養液を固液分離，濃縮，ろ過して得られたものである。白～淡黄～濃褐色の粉末または無～濃褐色の液体。エタノールには不溶。
　野菜や穀物の加工品，醸造食品などに使われる。
主な用途：酵素（加水分解酵素）
使用基準：なし
成分規格：第9版食品添加物公定書
安 全 性：ＦＡＯ／ＷＨＯ（カルボヒドラーゼとして）
　　　　　　ＡＤＩ基原により特定せず，またはＧＭＰにより制限
表示方法：類別名 カルボヒドラーゼ，一括名「酵素」の範囲 工程中で失活すれば加工助剤
付　　記：米国　§173.120，173.130（カルボヒドラーゼとして），ＦＣＣ規格あり

ヘム鉄（既存）

英　　名：Heme iron
概　　要：ヘム鉄は，動物の血液のヘモグロビンから得られる鉄化合物である。一般的には，黒褐色の粉末または顆粒になっている。
　ヘム鉄は，近年開発されたものであるが，天然系の鉄剤ということで，吸収され易い鉄化合物といわれ，よく使用されるようになってきた。
　不足する鉄を補ったり，強化することを目的とする健康指向食品（あめ，菓子類を含む）に使用されている。
主な用途：強化剤（鉄の補填・強化）
使用基準：なし
成分規格：第9版食品添加物公定書
表示方法：簡略名なし

ヘリウム（既存）

英　　名：Helium
概　　要：希ガス類元素。He，原子量4.0天然ガスより分離される。不活性ガスで，水素に次ぐ軽い気体。

主な用途：製造用剤
使用基準：なし
表示方法：簡略名なし
付　　記：米国　§184.1355

L－ペリルアルデヒド（指定）

（別名　L－ペリラアルデヒド）

英　　名：l-Perillaldehyde

概　　要：天然にはシソの精油の芳香成分として存在する。合成法で作られ，無
〜わずかに黄色の透明な液体で，強いシソ様の香気を有する。菓子類，ガム，あ
め類，洋酒などの香料として広く使われる。

主な用途：香料

使用基準：看香の目的に限る

成分規格：第9版食品添加物公定書

表示方法：簡略名なし，一括名「香料」の範囲

ベンジルアルコール（指定）

英　　名：Benzyl Alcohol

概　　要：天然にはアカシア，チョウジ，チャなどの花精油に含まれる。合成法
で作られ，無色透明な液体で，弱い特有の香気を有する。

　チェリー，オレンジ，バニラ，グレープや，ナッツ類の香料に配合して保留効
果を持つと共に，油性香料の溶解助剤として配合されることがある。

主な用途：香料

使用基準：着香の目的に限る

成分規格：第9版食品添加物公定書

安　全　性：ＦＡＯ／ＷＨＯ　ＡＤＩ　0〜5mg／kg

表示方法：簡略名なし，一括名「香料」の範囲

付　　記：米国　§172.515，ＦＣＣ規格あり

ベンズアルデヒド（指定）

英　　名：Benzaldehyde

概　　要：天然にはアーモンド，チョウジ，チャなどの花精油に含まれる。合成
法で作られ，無色透明な液体で，弱い特有の香気を有する。アーモンドなどの
ナッツ類，チェリー，プラム，バニラやブランデーなどの香料として使われる。

主な用途：香料

使用基準：着香の目的に限る

成分規格：第9版食品添加物公定書

安　全　性：ＦＡＯ／ＷＨＯ　ＡＤＩ　0〜5mg／kg

表示方法：簡略名なし，一括名「香料」の範囲
付　　記：米国　§172.515，ＦＣＣ規格あり

２－ペンタノール（指定）

英　　名：2-Pentanol
概　　要：２－ペンタノールは，sec－アミルアルコールとも呼ばれる炭素数5の短鎖のアルコールである。
　天然にはバナナ，イチゴ，トロピカルフルーツなどの果物，チーズ等の乳製品，酒類，焙焼製品などに含まれる。合成法で作られ，無色透明な液体で，弱い特有の香気を有する。飲料，焼菓子等で香気や風味を向上させる目的で配合される。国際的に汎用されている香料として，新たな指定が検討されている。
主な用途：香料
使用基準：着香の目的に限る
成分規格：第9版食品添加物公定書
安 全 性：食品安全委員会 香料の目的では安全性に懸念なし
表示方法：簡略名なし，一括名「香料」の範囲
付　　記：米国　§172.515

ペンチルアミン（指定）

英　　名：Pentylamine
概　　要：コーヒー，ハツカダイコン，カリフラワー等に含まれている成分である。
主な用途：香料
使用基準：着香の目的に限る
成分規格：食品，添加物等の規格基準

trans－２－ペンテナール（指定）

英　　名：trans- 2-Pentenale
概　　要：バター，後発酵茶，グアバ，トマト，紅茶等の食品中に存在し，また，鶏肉等の加熱調理により生成する成分である。欧米ではさまざまな加工食品に，香りの再現，風味の向上等の目的で添加されている。無～淡黄色の液体で特有のにおいがある。
主な用途：香料
使用基準：着香の目的に限る
成分規格：第9版食品添加物公定書

１－ペンテン－３－オール（指定）

英　　名：1-Penten-3-ol

概　　要：緑茶，後発酵茶，紅茶，グアバ，ほうじ茶，あんず等の食品中に存在が確認されている。無色澄明の液体で特有のにおいがある。

主な用途：香料

使用基準：着香の目的に限る

成分規格：第9版食品添加物公定書

ベントナイト （既存）

英　　名：Bentonite

概　　要：モンモリナイト系粘土鉱物を精製して作られ，モンモリナイト約90％を含む。白〜淡黄褐色の微細な粉末，においはなくわずかに土様の味がする。水，エタノールに不溶。粉末は微粒子のため大きな表面積を持ち，吸着能力が大きい。水に対する親和力が大で，水に入れると8〜10倍に膨潤，崩壊し，コロイド状となる。また可塑性を付与する性質がある。

主な用途：製造用剤

使用基準：不溶性鉱物性物質としての使用基準あり（食品製造上必要不可欠の場合のみ可。食品に0.5％以下）

成分規格：第9版食品添加物公定書

安 全 性：FAO／WHO

表示方法：簡略名 不溶性鉱物性物質

付　　記：米国　§184.1155

ボイセンベリー色素 （一般飲食物添加物）

英　　名：Boysenberry Colour

概　　要：ボイセンベリーは，ブルーベリーに似た果実を結実するバラ科エゾイチゴに属する米国で開発された交配新種である。

　　このボイセンベリーの果実を搾汁するか，果実を水または酸性にした水で抽出して得られるものがボイセンベリー色素である。この果汁または抽出液は，アントシアニン系の配糖体シアニジングリコシド類を主要色素成分として含有しており，赤〜紫赤〜紫青色に着色する。

主な用途：食品素材，食品添加物としては着色料

使用基準：着色の目的では，こんぶ類，食肉，鮮魚介類（鯨肉を含む），茶，のり類，豆類，野菜およびわかめ類には，使用できない

表示方法：用途名（「着色料」）併記，または「色素」名で表示

　　　　　簡略名 ベリー色素，果実色素，アントシアニン（色素）

付　　記：米国　§73.250（果汁）

　　　　　EU　E163（アントシアニン）

　　　　　日本食品添加物協会自主規格あり

332　ホウコウゾク

芳香族アルコール類 （指定）

英　　名：Aromatic Alcohols
概　　要：合成法で作られた，着香の目的で用いられる芳香族アルコール類である。
主な用途：香料
使用基準：着香の目的に限る
表示方法：簡略名なし，一括名「香料」の範囲

芳香族アルデヒド類 （指定）

英　　名：Aromatic Aldehydes
概　　要：合成法で作られた，着香の目的で用いられる芳香族のアルデヒド類である。
主な用途：香料
使用基準：着香の目的に限る
表示方法：簡略名なし，一括名「香料」の範囲

ホエイソルト （一般飲食物添加物）

（別名　乳清ミネラル，ホエイミネラル）
英　　名：Whey Salt
概　　要：ホエイソルトは，牛乳などからチーズを作る際に分離してくる液体部分であるチーズホエイ（乳清）から，タンパク質を取りのぞいた後，濃縮・精製してミネラル分を高めたものである。ミネラル類としては，カリウム，カルシウム，ナトリウムなどが主体になっている。塩味といくらかの酸味および甘味がある。
　塩味を持つミネラルとして，ビスケットやキャラメルなどの菓子類の調味とミネラルの強化の目的で，減塩と呈味の目的で食肉加工品や水産加工品などに使われており，また，形を変えて健康志向食品として市販されることもある。
主な用途：食品素材，食品添加物としては調味料
使用基準：なし
表示方法：食品として使用した場合は，任意
　　　　　　食品添加物として使用した場合は，簡略名なし
　　　　　　一括名「調味料（無機塩）」の範囲
→　乳清焼成カルシウム

ホスホジエステラーゼ （既存）

英　　名：Phosphodiesterase
概　　要：リボ核酸を分解して，5'-イノシン酸，5'-グアニル酸，5'-シチジル酸，5'-ウリジル酸にする機能を持つ酵素である。特定の糸状菌の培養液より，

水で抽出し，エタノールで処理して得られたものである。白～淡黄～褐色の粉末
または透明～褐色の液体。水に可溶，エタノールに不溶。

核酸調味料の製造に使われる。

主な用途：酵素（加水分解酵素）

使用基準：なし

成分規格：第9版食品添加物公定書

表示方法：簡略名なし，一括名「酵素」の範囲，工程中で失活すれば加工助剤

ホスホリパーゼ（既存）

（別名　ホスフアチダーゼ，レシチナーゼ）

英　　名：Phospholipase

概　　要：リン脂質を分解する機能を持つ酵素の総称で，リン脂質のエステル結
合の作用部位により，ホスホリパーゼA，B，C，Dと呼ばれる。動物の膵臓，ア
ブラナ科キャベツより水で抽出して得られたもの，または特定の糸状菌，担子菌，
放線菌，細菌の培養液より水で抽出して得られたもの，除菌したもの，濃縮した
もの，またはこれより含水エタノールまたは含水アセトンで処理して得られたも
の，樹脂で精製した後，アルカリ性水溶液で処理して得られる。白～淡黄～濃褐
色の粉末，粒，または透明～濃褐色の液体。水に可溶，エタノールに不溶。油脂
食品の改質に使われる。

主な用途：酵素（加水分解酵素）

使用基準：なし

成分規格：第9版食品添加物公定書

表示方法：簡略名なし，一括名「酵素」の範囲，工程中で失活すれば加工助剤

没食子酸（既存）

英　　名：Gallic Acid

概　　要：没食子酸は　ブナ科の樹木の若枝にハチの刺激で生ずる没食子（ボッ
ショクシともモッショクシとも読まれる）に，遊離体，または，糖と結合した没
食子タンニン（ガロタンニンの一つ）の形で含まれるフェノール系カルボン酸
（トリヒドロキシ安息香酸）である。また，没食子酸は，ウルシ科のヌルデの葉
に発生する五倍子にも五倍子タンニン（ガロタンニンの一つ）および遊離の酸の
形で含まれており，マメ科のタラの実のサヤにもタンニンの形で含まれている。

没食子酸は，これらのタンニン類を，アルカリまたは酵素（タンナーゼ）で加
水分解することによって得られ，白～微黄色の結晶性の粉末になっている。

日本では，五倍子タンニンが主要原料であるが，ヨーロッパでは没食子タンニ
ンが主要原料とされている。

フェノール系有機酸として抗酸化力があり，食品向けの酸化防止剤として使わ
れる。

主な用途：酸化防止剤

使用基準：なし

安　全　性：(参考) → 没食子酸プロピル

表示方法：用途名「酸化防止剤」併記，簡略名なし

付　　記：日本食品添加物協会自主規格あり

没食子酸プロピル（指定）

英　　名：Propyl Gallate

概　　要：没食子酸をプロピルアルコールとエステル化反応させたものが，没食子酸プロピルである。

　没食子酸プロピルは，油脂およびバターの酸化防止剤として使用される。

主な用途：酸化防止剤

使用基準：油脂，バター　（量的な規制あり）

成分規格：第9版食品添加物公定書

安　全　性：ＦＡＯ／ＷＨＯ　ＡＤＩ０〜1.4mg／kg

表示方法：用途名「酸化防止剤」併記，簡略名 没食子酸

付　　記：米国　§184.1660，ＦＣＣ規格あり

　　　　　　　ＥＵ　　Ｅ310

ホップ抽出物（一般飲食物添加物）

（別名　ホップエキス）

英　　名：Hop Extact

概　　要：ホップは，その球花が，ビールの特有の苦味を着ける目的で使われることで有名である。

　ホップは，クワ科のツル性の多年草であり，北米，ヨーロッパをはじめ，日本でも北海道，東北地方，長野，山梨などの寒冷地で栽培されている。

　このホップの球花の抽出物を，苦味の調整に添加したり，加工食品の苦味つけに使用したりすることがある。

主な用途：食品素材，食品添加物としては苦味料

使用基準：なし

表示方法：食品として使用した場合は，任意食品添加物として使用した場合は，
　　　　　　　簡略名 ホップ，一括名「苦味料」の範囲

→　イソアルファー苦味酸

ホホバロウ（既存）

（別名　ホホバワックス）

英　　名：Jojoba Wax

概　　要：アメリカ，メキシコに自生するツゲ科ホホバの果実より採ったホホバ

脂より分離した高融点ロウで，主成分はイコセン酸イコセニルである。

淡い黄金色のロウ状物。水に不溶，熱エタノール，油脂に可溶。チューインガムに弾力性のある食感を与えるためにガムベースに使われる。

主な用途：ガムベース

使用基準：なし

表示方法：簡略名なし，一括名「ガムベース」の範囲

付　　記：日本食品添加物協会自主規格あり

ポリアクリル酸ナトリウム（指定）

英　　名：Sodium Polyacrylate

概　　要：アクリル酸またはアクリル酸エステルを原料とし，合成して作られる親水性高分子物である。白色粉末でにおいはない。吸湿性が極めて強く，水に徐々に溶けて粘性の高い透明な液（0.5％液で粘度は1,000cps）となる。

本品は他の合成系の糊料と比較して約10倍の粘性を持ち，耐熱性，耐塩性に優れ，有機酸類では粘度変化は少ないが，アルカリ側で粘度が増大する。食品に対して少量で効果を持つので，使用量は0.2％以下と定められている。

食品の増粘安定剤，品質改良剤として使われるほか，高分子凝集剤として糖液，飲料の清澄促進剤，食品工場の廃液のたん白質凝集剤などの用途もある。

主な用途：増粘安定剤

使用基準：使用量0.2％以下

成分規格：第9版食品添加物公定書

表示方法：用途名「糊料」または，使用目的に応じて「増粘剤」，「安定剤」，「ゲル化剤」のいずれかを併記，簡略名 ポリアクリル酸Na

ポリイソブチレン（指定）

（別名　ブチルゴム）

英　　名：Polyisobutylene

概　　要：石油よりのナフサを分解するときの副成物のイソブチレンとイソプレンを精製し，重合させたのち精製して作られるイソブチレンの重合体で，重合成分として2％以下のイソプレンを含むことがある。

無～淡黄色の弾力性のあるゴム様の半固体または粘稠な物質で，においがないかわずかな特有のにおいがあり，味はない。水，エタノール等には不溶，非極性溶剤の脂肪族炭化水素，二硫化炭素などには可溶。

酢酸ビニル樹脂の欠点である寒冷時の固化，夏時の軟化，唾液による軟化などを改良し，長く均一性を保持させる目的でガムベースに配合される。

主な用途：ガムベース

使用基準：なし

成分規格：第9版食品添加物公定書

表示方法：簡略名なし，一括名「ガムベース」の範囲

付　　記：米国　§172.615，ＦＣＣ規格あり

ポリグリセリン脂肪酸エステル（指定）

（指定名称　グリセリン脂肪酸エステル）

英　　名：Polyglycerol Esters of Fatty Acids

概　　要：通常のモノグリセリドは親水性に乏しいので，グリセリンを加熱し，直鎖状に重合させて親水性にしたポリグリセリンと脂肪酸のエステルで，グリセリンの重合度は10以下である。重合度とエステル化度により，親水性から親油性まで各種のものが作れていて，白～コハク色の粘稠性液体からろう状物質まである。

　Ｏ／Ｗ乳化力，Ｗ／Ｏ乳化力，洗浄力，可溶化力など乳化剤としての基本的機能に優れているので，用途は広い。

主な用途：乳化剤

使用基準：なし

成分規格：第9版食品添加物公定書

安 全 性：ＦＡＯ／ＷＨＯ ＡＤＩ０～25mg／kg

表示方法：簡略名 グリセリンエステル，

　　　　　　一括名「乳化剤」「ガムベース」の範囲

付　　記：米国　§172.854，ＦＣＣ規格あり

　　　　　　ＥＵ　Ｅ475

→　グリセリン脂肪酸エステル

ポリグリセリン縮合リシノレイン酸エステル（指定）

（指定名称　グリセリン脂肪酸エステル）

英　　名：Polyglycerol Esters of Interesterified Ricinoleic Acid

概　　要：主にひまし油中に含まれるリシノレイン酸（側鎖の水酸基を持つ脂肪酸）を縮合した脂肪酸と，ポリグリセリンをエステル化させたもので，通称ポリグリセリンポリリシノレート（ＰＧＰＲ）とも呼ばれる。

　親油性に富んだW/O乳化剤であり，通常の乳化剤では難しい高水分のW/O乳化ができる。

　高水分ファットスプレッドなどに使われる。またチョコレートの粘度低下剤としても効果がある。

主な用途：乳化剤

使用基準：なし

成分規格：第9版食品添加物公定書

安 全 性：ＦＡＯ／ＷＨＯ ＡＤＩ０～75mg／kg

表示方法：簡略名 グリセリンエステル，

一括名「乳化剤」,「ガムベース」の範囲

付　　記：EU　E476
→　グリセリン脂肪酸エステル

ポリソルベート20 （指定）

英　　名：Polysorbate 20

概　　要：ポリソルベート類は，ソルビタン脂肪酸エステル1に対して，20モルの酸化エチレン（エチレンオキサイド）を反応させて得られるポリオキシエチレンソルビタン脂肪酸エステル類である。

　　ポリソルベート20は，脂肪酸がラウリン酸のものである。国際的に使用されている食品添加物として検討され，2008年4月に新たに指定された。

主な用途：乳化剤

使用基準：使用量の規制あり

成分規格：第9版食品添加物公定書

安 全 性：食品安全委員会ＡＤＩ 10mg／kg（グループ）

　　　　　　ＦＡＯ／ＷＨＯ ＡＤＩ 0～25mg／kg（グループ）

付　　記：米国　ＦＣＣ規格あり

　　　　　　EU　E432

ポリソルベート60 （指定）

英　　名：Polysorbate 60

概　　要：ポリソルベート60は，脂肪酸がステアリン酸のものである。

　　国際的に使用されている食品添加物として検討され，2008年4月に新たに指定された。

主な用途：乳化剤

使用基準：使用量の規制あり

成分規格：第9版食品添加物公定書

安 全 性：→　ポリソルベート20

付　　記：米国　§172.836，ＦＣＣ規格あり

　　　　　　EU　E435

ポリソルベート65 （指定）

英　　名：Polysorbate 65

概　　要：ポリソルベート65は，脂肪酸がステアリン酸のもののうち，ソルビタン1に対してステアリン酸が3の割合で結合したものである。国際的に使用されている食品添加物として検討され，2008年4月に新たに指定された。

主な用途：乳化剤

使用基準：使用量の規制あり

成分規格：第9版食品添加物公定書
安 全 性：→ ポリソルベート20
付　　記：米国　§172.838，ＦＣＣ規格あり
　　　　　 ＥＵ　Ｅ436

ポリソルベート８０（指定）

英　　名：Polysorbate 80
概　　要：ポリソルベート80は，脂肪酸がオレイン酸のものである。
　国際的に使用されている食品添加物として検討され，2008年4月に新たに指定された。
主な用途：乳化剤
使用基準：使用量の規制あり
成分規格：第9版食品添加物公定書
安 全 性：→ ポリソルベート20
付　　記：米国　§172.840，ＦＣＣ規格あり
　　　　　 ＥＵ　Ｅ433

ポリビニルピロリドン（指定）

英　　名：PolyvinylPyrrolidone
概　　要：ポリビニルピロリドン（ＰＶＰ）は，化学的に合成されるビニルピロリドンの重合体である。第2次世界大戦中人造血漿として注目され，開発が進められた。
　カプセル，錠剤の皮膜剤，結合剤などでの使用が想定される。
主な用途：製造用剤
使用基準：通常の食品形態でない食品（カプセル，錠剤等）
成分規格：第9版食品添加物公定書
安 全 性：食品安全委員会 検討中，ＦＡＯ／ＷＨＯ ＡＤＩ0～50mg/kg
表示方法：簡略名ポビドン，ＰＶＰ
付　　記：米国　§173.55，ＦＣＣ規格あり
　　　　　 ＥＵ　Ｅ1201

ポリビニルポリピロリドン（指定）

英　　名：PolyvinylPolypyrrolidone
概　　要：ポリビニルポリピロリドン（ＰＶＰＰ）は，化学的に合成された高分子物質である。ヨーロッパや米国では，清澄なビールを作るためのろ過時に使われる清澄剤である。日本でも，ビールなどのろ過に使えるように，食品添加物として認められたものである。
　ＰＶＰＰは，ビールなどの酒類に混在して濁りの原因となる物質をろ過・除去

するとき，濁りの原因物質と結合して粒子を大きくすることにより，ろ別しやすくするためのろ過助剤として使われる。

主な用途：製造用剤（ろ過助剤）
使用基準：使用目的を限定（ろ過助剤），除去を規定
成分規格：第9版食品添加物公定書
安　全　性：ＦＡＯ／ＷＨＯ ＡＤＩ 特定せず
表示方法：簡略名なし，ろ過後除去するため加工助剤となる（表示免除）
付　　　記：米国　§173.50，ＦＣＣ規格あり
　　　　　　　ＥＵ　Ｅ1202

ポリフェノールオキシダーゼ（既存）

（別名　フェノラーゼ）

英　　名：Polyphenol Oxidase
概　　要：ポリフェノールの水酸基を酸化分解する機能を持つ酵素である。特定の糸状菌，担子菌の培養液より，水で抽出して得られたもの，濃縮したもの，エタノール，含水エタノール，またはアセトンで処理して得られたもの，または除菌後，含水エタノールで処理して得られたもの，または硫酸アンモニウムで分画し，脱塩処理して得られたものである。
　　白〜淡黄〜暗褐色の粉末，または透明〜暗褐色の液体で，水に可溶，エタノールに不溶である。
　　紅茶などに使われる。
主な用途：酵素（酸化還元酵素）
使用基準：なし
成分規格：第9版食品添加物公定書
表示方法：簡略名なし，一括名「酵素」の範囲，工程中で失活すれば加工助剤

ポリブテン（指定）

（別名　ポリブチレン）

英　　名：Polybutene
概　　要：石油よりのナフサを分解するときの副成物のブタン・ブテン混合ガスを原料とし，重合して得られた重合物を精製して作られ，イソブチレンを主成分としている。
　　無〜微黄色の粘稠な液体で，においがないかわずかな特有のにおいがあり，味はない。水，エタノール等には不溶，ベンゼン，石油エーテル等には可溶。
　　酢酸ビニル樹脂の欠点である寒冷時の固化，夏時の軟化，唾液による軟化などを改良するために，5％以下の量でガムベースに配合される。
主な用途：ガムベース
使用基準：なし

成分規格：第9版食品添加物公定書
表示方法：簡略名なし，一括名「ガムベース」の範囲
付　　記：米国　§172.615，ＦＣＣ規格あり

ε－ポリリシン （既存）

（別名　ε－ポリリジン）
英　　名：ε-Polylysine
概　　要：ε－ポリリシンは，アミノ酸のL－リシン（しばしばL－リジンと称
される）がいくつも結合したポリペプチドである。このポリリシンは，発酵法に
よって作られており，既存添加物とされている。
　ポリリシンは，多くの細菌の生育を抑制するため，保存料として使われている。
ただし，カビには効果が低いとされている。通常は，50％に希釈された粉末で流
通している。ポリリシンは，熱にも強いためいろいろな食品に使われるが，特に
デンプン系の食品に使われている。
主な用途：保存料
使用基準：なし
成分規格：第9版食品添加物公定書
表示方法：用途名「保存料」併記，簡略名 ポリリジン
→　L－リシン

ポリリン酸カリウム （指定）

英　　名：Potassium Polyphosphate
概　　要：ポリリン酸とは，リン酸が3個以上鎖状に縮合したリン酸誘導体であ
る。ポリリン酸の塩類では，カリウム塩とナトリウム塩が食品添加物として使わ
れている。トリポリリン酸塩と特定した縮合物も流通している。
　ポリリン酸カリウムの含量は，乾燥物における五酸化リンの含量で規定されて
いるが，その幅も広く，各種の縮合度とカリウム塩の混合物になっている。
　単独よりは，他の重合リン酸塩類と併用して，さまざまな食品に，金属イオン
の封鎖剤（キレート化剤），pHの緩衝剤，分散剤，結着剤などとして使用される。
主な用途：製造用剤
使用基準：なし
成分規格：第9版食品添加物公定書
安 全 性：ＦＡＯ／ＷＨＯ MTDI（リンとして）70mg / kg
表示方法：簡略名 ポリリン酸K，一括名「かんすい」，「膨脹剤」およびプロセ
　　　　　スチーズ等における「乳化剤」の範囲
付　　記：米国　ＦＣＣ規格あり（トリポリリン酸カリウム）
　　　　　ＥＵ　E 451（ii），E 452（ii）

ホワートル　341

ポリリン酸ナトリウム （指定）

英　　名：Sodium Polyphosphate

概　　要：ポリリン酸のナトリウム塩であり，カリウム塩より一般的に使われている。

→　ポリリン酸カリウム

主な用途：→　ポリリン酸カリウム

使用基準：製造用剤

成分規格：第9版食品添加物公定書

安 全 性：→　ポリリン酸カリウム

表示方法：簡略名 ポリリン酸Na，一括名「かんすい」，「膨脹剤」およびプロセスチーズ等における「乳化剤」

付　　記：米国　§182.1810，§182.6810（トリポリリン酸ナトリウム）
　　　　　　EU　　E451（i），E452（i）

d－ボルネオール （指定）

英　　名：d-Borneol

概　　要：ボルネオールは，ボルニルアルコールともいい，テルペンアルコールの一種である。D−ボルネオールは，フタバガキ科の龍脳樹に，ほとんど純粋の状態で存在し，ラベンダーやローズマリーにも遊離の形で含まれている。

　食品添加物に使われるd−ボルネオールは，天然成分であるリュウノウ（龍脳）を原料にして，これを精製したものであり，製品中には，d−ボルネオールの異性体であるl−イソボルネオールを0〜30%程度含むことがある。

　本品は，白色の結晶または結晶性粉末で，リュウノウ特有のにおいを有し，香料の調製に用いられる。

　なお，工業的に製造されるdl−ボルネオールもあるが，成分規格に合致しない。

主な用途：香料

使用基準：着香の目的に限る

成分規格：第9版食品添加物公定書

表示方法：簡略名なし　一括名「（合成）香料」の範囲

付　　記：米国　§172.515（合成着香物質）

ホワートルベリー色素 （一般飲食物添加物）

英　　名：Whortleberry Colour

概　　要：ホワートルベリーは，ユーラシアの寒冷地を中心に自生するツツジ科コケモモ属の低木であり，秋に黒色の果実をつける。

　このホワートルベリーの果実を搾汁するか，果実を水またはエタノールなどで抽出して得られるものがホワートルベリー色素である。この果汁または抽出液は，アントシアニン系の配糖体マルビジングリコシド類を主要色素成分として含有し

ており，赤〜紫青色に着色する

主な用途：食品素材，食品添加物としては着色料

使用基準：着色の目的では，こんぶ類，食肉，鮮魚介類（鯨肉を含む），茶，の
り類，豆類，野菜およびわかめ類には，使用できない

表示方法：用途名「着色料」併記，または「色素」名で表示
簡略名 ベリー色素，果実色素，アントシアニン（色素）

付　　記：米国　§73.250（果汁）
ＥＵ　Ｅ163（アントシアニン）
日本食品添加物協会自主規格あり

マ

マイクロクリスタリンワックス （既存）
（別名　ミクロクリスタリンワックス）

英　　名：Microcrystallin Wax

概　　要：原油を減圧蒸留した残滓油を冷時プロパンで脱レキし，脱ロウ，脱油し分離して得られたもの，または熱時フルフラールで処理したのち，フルフラールを留去したものより得られたもので，$C_{30} \sim C_{60}$の分岐炭化水素を含む。

　無〜白〜淡黄色の塊でやや透明性を帯び，無味，無臭。水，冷エタノールに不溶，熱エタノールに一部可溶，油脂に可溶。

　チューインガムに柔軟性のある食感を与える目的でガムベースに配合されるほか，光沢性，防湿性を与える目的で菓子類に使用したり果実の表面処理剤として使われる。

主な用途：ガムベース，光沢剤

使用基準：なし

成分規格：第9版食品添加物公定書

安　全　性：ＦＡＯ／ＷＨＯ　ＡＤＩ０〜20mg/kg

表示方法：簡略名なし，一括名「ガムベース」，「光沢剤」の範囲

付　　記：米国　§172.615，ＦＣＣ規格あり

マクロホモプシスガム （既存）
（別名　マクロホモプシス多糖類）

英　　名：Macrophomopsis Gum

概　　要：不完全菌類マクロホモシスから，分離して得られた多糖類である。主成分の多糖類は，グルコースだけの結合物である点に特徴がある。

主な用途：増粘安定剤

使用基準：なし

成分規格：第9版食品添加物公定書

表示方法：用途名「糊料」または，使用目的に応じて「増粘剤」，「安定剤」，「ゲル化剤」のいずれかを併記，簡略名なし
　　　　　既存添加物・通常食品の増粘安定剤の多糖類を2種以上併用するときの簡略名 増粘多糖類，この場合は，用途名「増粘剤」の併記を省略できる

マスチック （既存）

英　　名：Mastic Gum

概　　要：ギリシアやトルコなど地中海沿岸に分布するウルシ科ヨウニュウコウの分泌物から低沸点留分を留去したのち，熱時エタノールで抽出し，エタノールを留去して得られたもので，マスチカジエノン酸を主成分としている。

　白黄色の透明の粒状樹脂で，破砕面はガラス様となり，芳香を持っている。

　水に不溶，エタノールには一部可溶。

　チューインガムに樹脂様の食感を与えるために，ガムベースに使われる。

主な用途：ガムベース

使用基準：なし

表示方法：簡略名なし，一括名「ガムベース」の範囲

付　　記：米国　§172.615，ＦＣＣ規格あり

　　　　　　日本食品添加物協会自主規格あり

マッサランドバチョコレート （既存）

英　　名：Massaranduba Chocolate

概　　要：南米に生育するアカテツ科マッサランドバチョコレートの木の幹枝より得られたラテックス（ゴム状の樹液）を，熱時水で洗浄して水溶性成分を除去して得られたもので，アミリンアセタートとポリイソプレンを主成分としている。

　淡褐～淡茶褐色の塊で，わずかに特有のにおいがある。水，エタノールに不溶。加熱すると粘性のある樹脂状となる。

　チューインガムに樹脂様の食感を与えるためにガムベースに配合される。

主な用途：ガムベース

使用基準：なし

表示方法：簡略名なし，一括名「ガムベース」の範囲

付　　記：米国　§172.615，ＦＣＣ規格あり

マッサランドババラタ （既存）

英　　名：Massaranduba Balata

概　　要：南米に生育するアカテツ科マッサランドババラタの木の幹枝より得られたラテックス（ゴム状の樹液）を，熱時水で洗浄して水溶性成分を除去して得られたもので，アミリンアセタートとポリイソプレンを主成分としている。

　淡褐～淡茶褐色の塊で，わずかに特有のにおいがある。水，エタノールに不溶。加熱すると粘性のある樹脂状となる。

　チューインガムに樹脂様の食感を与えるためにガムベースに配合される。

主な用途：ガムベース

使用基準：なし

表示方法：簡略名なし，一括名「ガムベース」の範囲		
付　　記：米国　§172.615，ＦＣＣ規格あり		
日本食品添加物協会自主規格あり		

マリーゴールド色素（既存）

英　　名：Marigold Colour

概　　要：マリーゴールドは，メキシコが原産地のキク科の1年草であり，世界各地で園芸用に栽培されており，夏から秋にかけて黄金～橙色の花が咲く。

　マリーゴールド色素は，このマリーゴールドの花を乾燥させたものから，色素成分をヘキサンで抽出し，溶媒のヘキサンを除去・精製した，カロチノイド系のキサントフィルを主体とした黄色の色素である。この色素は，油脂に易溶で，pHによる色の変化はなく，また，熱に対しては安定であるが，光には弱く退色する性質がある。

　菓子類や油脂食品類の着色に使われる。また，乳化剤と混ぜた製剤にして飲料や冷菓，菓子類などの着色にも使われる。

主な用途：着色料

使用基準：着色料としては，こんぶ類，食肉，鮮魚介類（鯨肉を含む），茶，のり類，野菜およびわかめ類には，使用できない

成分規格：第9版食品添加物公定書

表示方法：用途名「着色料」併記，または「色素」名で表示
　　　　　簡略名 マリーゴールド，カロテノイド（色素），カロチノイド（色素）

付　　記：米国　§73.295，ＣＦＲ規格あり

マルトースホスホリラーゼ（既存）

英　　名：Maltose Phosphorylase

概　　要：マルトースを，リン酸の存在の下，グルコースとβ－グルコース－1－リン酸に可逆的に変換（加リン酸分解）する機能を持つ酵素である。

　特定の細菌の培養液の菌体を，酵素で処理したのち，水で抽出して得られたものである。

主な用途：酵素（転移酵素）

使用基準：なし

成分規格：第9版食品添加物公定書

表示方法：簡略名なし，一括名「酵素」の範囲，工程中で失活すれば加工助剤

マルトトリオヒドロラーゼ（既存）

（別名　Ｇ３生成酵素）

英　　名：Maltotriohydrolase

概　　要：デンプンをマルトトリオース単位に分解する機能を持つ酵素である。

特定の糸状菌または細菌の培養液より除菌したのち，濃縮して得られたものである。pHが6 ～ 8の中性領域，温度は40 ～ 50℃で活性が強く現れる。

主な用途：酵素（加水分解酵素）

使用基準：なし

成分規格：第9版食品添加物公定書

表示方法：簡略名 アミラーゼ，カロボヒドラーゼ，一括名「酵素」の範囲，工程中で失活すれば加工助剤

マルトール（指定）

英　　名：Maltol

概　　要：天然には，カラマツの樹皮抽出物に見いだされる。また，イチゴ，トウガラシ，カカオなどにも含まれる。

　合成法で作られ，白～わずかに黄色の結晶，結晶性粉末で，カラメル，バニリンに似た甘い香気を有する。

　チョコレート，ココアなどのフレーバーや，果実フレーバーなどに用いられる。本品は微量で食品の香味を強化する効果も持っている。

主な用途：香料

使用基準：着香の目的に限る

成分規格：第9版食品添加物公定書

安 全 性：ＦＡＯ／ＷＨＯ ＡＤＩ 0 ～ 1.0mg / kg

表示方法：簡略名なし，一括名「香料」の範囲

付　　記：米国　§172.515，ＦＣＣ規格あり

マルベリー色素（一般飲食物添加物）

英　　名：Mulberry Colour

概　　要：マルベリー色素は，クワ科のブラックマルベリーおよびホワイトマルベリーの果実を搾汁するか，水で抽出して得られる。アントシアニン系の配糖体シアニジングリコシド類を主要色素成分とするベリー類色素である。

　アントシアニン系共通の赤～青色に着色する性質を持つ。

主な用途：食品素材，食品添加物としては着色料

使用基準：着色の目的では，こんぶ類，食肉，鮮魚介類（鯨肉を含む），茶，のり類，豆類，野菜およびわかめ類には，使用できない

表示方法：用途名「着色料」併記，または「色素」名で表示
　　　　　　簡略名 ベリー色素，果実色素，アントシアニン（色素）

付　　記：米国　§73.250（果汁）
　　　　　　ＥＵ　Ｅ163（アントシアニン）

マンニトール　347

マンナン（一般飲食物添加物）

英　名：Mannan

概　要：こんにゃくいもの根茎を裁断，乾燥，粉砕したのち，含水エタノールで洗浄して得られたもので，グルコースとマンノースがほぼ2：3に結合した多糖類である。

主な用途：通常は食品，添加物としては増粘安定剤

使用基準：なし

表示方法：食品として使用した場合表示は任意

食添として使用した場合　用途名「糊料」または使用目的に応じて「増粘剤」，「安定剤」，「ゲル化剤」のいずれかを併記，既存添加物・通常食品の増粘安定剤の多糖類を2種以上併用するときの簡略名 増粘多糖類，この場合は，用途名「増粘剤」の併記を省略できる

→ コンニャクイモ抽出物

D－マンニトール（指定）

（別名　D－マンニット）

英　名：D-Mannitol

概　要：天然には海藻，きのこ等にも広く存在する。工業的には，海藻からの抽出法，ぶどう糖液のアンモニア電解還元法，ショ糖液の接触還元法などがある。通常は，ショ糖液を加水分解した後，ニッケル触媒を用いて還元し，精製した後結晶化させ，副成するソルビトールを分離して作られる。

　乾燥したものは，D－マンニトールを96～101％含む白色の結晶または粉末で，においはない。砂糖の60％程度の爽やかな甘味があり，低カロリーである。水に対する溶解度が，単糖類中では最も低く，実質上の吸湿性がないので，粘着防止効果がある。チューインガム，あめ類，こんぶの佃煮，顆粒を含むふりかけ類，らくがんに使われる。また，塩化カリウム，グルタミン酸塩と共に配合した減塩の調味料にも使われる。

主な用途：製造用剤

使用基準：あめ類，チューインガム，つくだ煮（こんぶ原料），ふりかけ（顆粒を含むもの），らくがんに限る。ただし，塩化ナトリウム，グルタミン酸塩と配合して調味の目的に使用する場合を除く，使用量の規定がある

成分規格：第9版食品添加物公定書

安全性：FAO／WHO ADI 特定せず

表示方法：簡略名 マンニトール，マンニット

付　記：米国　§182.20 FCC規格あり

EU　E421

未焼成カルシウム （既存）

英　　名：Non-Calcinated Calcium

概　　要：比較的多量にカルシウムを含有する物質を，洗浄し，殺菌したものを乾燥（弱い焼成も含む）して粉末化したものである。原料のカルシウム含有物には，ホタテ貝などの貝殻，浜に打ち上げられたサンゴ，鶏卵の殻（から），真珠貝から真珠を取りだした残りの真珠層，牛などの動物の骨および魚の骨などが使われている。

　主成分は，貝殻，サンゴ真珠層および卵殻を原料にしたときは「炭酸カルシウム」であり，骨を原料にしたものは「リン酸カルシウム」類である。

　原料と製法から推察できるように，カルシウム塩類だけでなく，原料に伴ういろいろな関連物質が混入している。

　これらのカルシウム剤は，カルシウム強化の目的で使用されている。また，食品添加物としての用法ではなく，いわゆる健康食品として錠剤の形で市販されていることもある。

主な用途：強化剤（カルシウム補填・強化）

使用基準：なし

成分規格：ＦＡＯ／ＷＨＯ規格（骨未焼成カルシウム）

安 全 性：ＦＡＯ／ＷＨＯ ＭＴＤＩ（未焼成の骨カルシウム：リンとして）
　　　　　　70mg / kg

表示方法：簡略名 未焼成Ca
　　　　　　強化の目的で使用した場合の表示は免除される

→ 貝殻未焼成カルシウム，骨未焼成カルシウム，サンゴ未焼成カルシウム，真珠層未焼成カルシウム，卵殻未焼成カルシウム

→ 炭酸カルシウム，リン酸三カルシウム

ミックストコフェロール （既存）

（別名　ミックスビタミンE）

英　　名：Mixed Tocopherols

概　　要：ビタミンEは，米や小麦の胚芽，大豆，卵黄，植物油，肝臓などに含まれている脂溶性のビタミンである。天然界には，$\alpha-$，$\beta-$，$\gamma-$，$\delta-$，ε－など，いろいろな形があり，ミックストコフェロールは，これらのトコフェロール類の混合物である。

　栄養面からみたビタミンEとしての働きは，$\alpha-$トコフェロールが一番強く，生理的には，酸化による細胞の老化を抑え，血液の凝固を防ぐ作用があり，ビタミンAの酸化を防いでビタミンAの働きを保つ作用がある。

　また，ビタミンEには，油脂・不飽和脂肪酸類の酸化を防止する力もあり，この力は$\delta-$トコフェロールが強く，$\beta-$や$\gamma-$にもあるが，$\alpha-$の抗酸化力はほかのものに比べて弱い。

ミックストコフェロールは，植物油脂からトコフェロール類を取り出して，各成分に分画することなく，トコフェロール成分の濃度を高めたものである。このトコフェロール類の混合物（ミックス）から，さらに，必要な成分だけを取り出して精製したものに，d－α－トコフェロールを初め，d－γ－，d－δ－がある。

栄養強化の目的では，油脂，油脂加工食品，菓子類および健康志向食品などに使われている。

酸化防止の目的では，油脂類，即席めん類，フライ製品，食肉加工製品などに使われている。

主な用途：強化剤（ビタミンEの補填・強化），酸化防止剤
使用基準：なし
成分規格：第9版食品添加物公定書
安　全　性：ＦＡＯ／ＷＨＯ ＡＤＩ０～2mg／kg
表示方法：簡略名　抽出V.E，トコフェロール，ビタミンE，V.E，ミックスV.E，
　　　　　　ミックスV.E，抽出トコフェロール，抽出V.E
　　　　　　栄養強化の目的で使用した場合の表示は免除される
　　　　　　酸化防止の目的で使用した場合は，用途名「酸化防止剤」併記
付　　　記：米国　§184.1890，§182.3890，§182.5890，§182.8890，ＦＣＣ規格
　　　　　　あり
　　　　　　ＥＵ　　Ｅ306

ミツロウ（既存）

（別名　オウロウ，ビースワックス，ベースワックス）

英　　名：Bees Wax
概　　要：ミツバチの巣より，加熱圧搾後，ろ過して得られたもので，パルミチン酸ミリシルを主成分とし，遊離のセロチン酸を含んでいる。

白～茶褐色のこわれやすい塊で，特有のはちみつ様のにおいがあり，味はほとんどない。融点60～67℃，水に不溶，冷エタノールにわずかに溶け，熱エタノールに可溶。

チューインガムに柔軟性を与えるためにガムベースに使われるほか，チョコレート，菓子類，果実，コーヒー豆などの光沢剤，防湿剤としての表面処理に使われる。

主な用途：ガムベース，光沢剤
使用基準：なし
成分規格：第9版食品添加物公定書
安　全　性：ＦＡＯ／ＷＨＯ ＡＤＩ 現行使用を認める
表示方法：簡略名なし，一括名「ガムベース」，「光沢剤」の範囲
付　　　記：米国　§184.1973，ＦＣＣ規格あり

ミモザタンニン（既存）

（名簿名称　タンニン（抽出物））

英　　名：Tannin of Silver Wattle

概　　要：タンニン（抽出物）の一種で，マメ科のミモザの樹皮から，水または
エタノールで抽出して得られたものであり，タンニンとタンニン酸を主成分とし
ている。

→　タンニン（抽出物）

ミルラ（既存）

（別名　ミル）

英　　名：Myrrh

概　　要：カンラン科ボツヤクの分泌物から，低沸点留分を留去し，エタノールで
抽出した後，エタノールを除去して得られたもので，成分としてコミホールを含む。

類黄色または褐〜赤褐色の塊状樹脂で，特有の甘いバルサム様のにおいがある。
水，エタノールには一部可溶。

チューインガムに樹脂様の食感を与えるためにガムベースに使われる。

主な用途：ガムベース

使用基準：なし

表示方法：簡略名なし，一括名「ガムベース」の範囲

付　　記：米国　§172.615，ＦＣＣ規格あり

ムラサキイモ色素（既存）

英　　名：Purple Sweet Potato Colour

概　　要：紫イモは，サツマイモの1種であり，ヤマカワムラサキイモといわれ
る。主に鹿児島県などで栽培されている。

紫イモ色素は，この紫イモの塊根（イモの部分）から水に溶ける成分として取
りだされた，シアニジンアシルグリコシドなどのアントシアニン系物質を主要成
分とする紫赤色の色素である。酸性で赤味が，アルカリ性で青味が強くなる傾向
がある。熱や光には比較的安定であるが，染着性はあまりよくない。

着色の目的で，キャンディーなどのあめ類，菓子頚，ジャム，冷菓などに使わ
れることがある。

主な用途：着色料

使用基準：着色の目的では，こんぶ類，食肉，鮮魚介類（鯨肉を含む），茶，の
り類，野菜およびわかめ類には，使用できない

成分規格：第9版食品添加物公定書

表示方法：用途名「着色料」併記，または「色素」名で表示
　　　　　　簡略名　アントシアニン，アントシアニン色素，野菜色素

付　　記：ＥＵ　Ｅ163（アントシアニン類）

ムラサキヤ　351

ムラサキトウモロコシ色素 （既存）

（別名　ムラサキコーン色素）

英　　名：Purple Corn Colour

概　　要：紫トウモロコシは，主に南米で栽培されているトウモロコシの仲間の
イネ科植物である。

　紫トウモロコシを煮出して砂糖を加えた赤紫色の液は，ペルーなどで飲料とし
て飲まれてきたものである。

　ムラサキトウモロコシ色素は，この紫トウモロコシの種実から水に溶け出す色
の成分を集めて濃縮したものであり，シアニジングリコシドを主成分とするアン
トシアニン系の赤〜赤紫色の色素である。酸性では紫系が弱く，黄色味が強い赤
系の色を呈し，中性でに赤〜暗赤色，アルカリ性では赤紫〜青紫色になる。この
ように，pHによる色の変化が大きい性質があり，たん白質によって暗い紫色に
変色する性質もある。

　着色の目的で，飲料類，キャンディーなどの冷菓，ゼリー，菓子類や漬け物な
どに使われている。

主な用途：着色料

使用基準：→　ムラサキイモ色素

成分規格：第9版食品添加物公定書

表示方法：→　ムラサキイモ色素，ただし，簡略名の野菜色素はない

付　　記：米国　§73.260（野菜ジュース）
　　　　　　EU　E163（アントシアニン類）

ムラサキヤマイモ色素 （既存）

英　　名：Purple Yam Colour

概　　要：紫ヤマイモは，主に東南アジアなどで栽培されているヤマノイモ科ヤ
マイモの変種である。この紫ヤマイモの粉は，フィリピンなどでは，菓子の材料
として市販されている。

　ムラサキヤマイモ色素は，紫ヤマイモの塊根（イモの部分）から水に溶け出す
成分を集めたアントシアニン系の紫赤色の色素であり，酸性では赤〜赤紫色，中
性〜アルカリ性では赤紫〜暗紫色になるように，pHによる色の変化が大きい性
質がある。熱や光には比較的安定であるが，タンパク質では青紫色に変化する。

　着色の目的で，飲料，冷菓類，菓子類，ジャム，漬け物などに使われることがある。

主な用途：着色料

使用基準：→　ムラサキイモ色素

表示方法：→　ムラサキイモ色素，ただし，簡略名に，ムラサキヤマイモを追加

付　　記：米国　§73.260（野菜ジュース）
　　　　　　EU　E163（アントシアニン類）
　　　　　　日本食品添加物協会自主規格あり

352 ムラミダーゼ

ムラミダーゼ（既存）

英　名：Muramidase

概　要：ムコ多糖類を加水分解する機能を持つ酵素である。放線菌，細菌の培養液より，除菌後濃縮し，含水エタノールで抽出して得られたものである。白〜淡黄〜褐色の粉末，または透明〜褐色の液体。水に可溶，エタノールに不溶。

　　生クリーム，麺類などに使われる。

主な用途：酵素（加水分解酵素）

使用基準：なし

成分規格：第9版食品添加物公定書

表示方法：簡略名なし，一括名「酵素」の範囲，工程中で失活すれば加工助剤

メタリン酸カリウム（指定）

英　名：Potassium Metaphosphate

概　要：メタリン酸は，(HPO_3) nの形で表される重合リン酸の1種であり，3個以上のリン酸が環状に脱水縮合したものを主体とし，直鎖状に高重合したリン酸も含み，(HPO_3) nの形で表される。

　　メタリン酸カリウムは，この縮合リン酸の水素がカリウムに置換したものであり，完全に中和されたものの他，部分的に中和（カリウムと置換）されたものも含まれる。

　　金属イオンをキレート化する作用が強く，冷時の粘性が高いことが特徴である。工業的には，リン酸二水素カリウムを加熱することにより脱水反応を起し，メタリン酸カリウム類を生成させて得られる。食品では，たん白質の沈殿剤，結着剤として使用され，保水性の分散剤としても使用されており，魚肉練製品，食肉練製品などでの使用が多い。通常は，他の（重合）リン酸塩類と併用されることが多い。

主な用途：製造用剤

使用基準：なし

成分規格：第9版食品添加物公定書

安 全 性：（参考）→ ポリリン酸カリウム

表示方法：簡略名 メタリン酸K，一括名「かんすい」，「膨脹剤」およびプロセスチーズ等における「乳化剤」の範囲

付　記：米国　ＦＣＣ規格あり
　　　　EU　E 452（ii）（ポリリン酸カリウムの範疇）

メタリン酸ナトリウム（指定）

英　名：Sodium Metaphosphate

概　要：メタリン酸の水素がナトリウムと置換したもので，完全に中和されたものと，部分的に中和（ナトリウムと置換）されたものがある。

メチオニン　353

→　メタリン酸カリウム

主な用途：製造用剤

使用基準：なし

成分規格：第9版食品添加物公定書

安　全　性：→　メタリン酸カリウム

表示方法：簡略名　メタリン酸Na，一括名「かんすい」，「膨脹剤」およびプロセ
　　　　　　　スチーズ等における「乳化剤」の範囲

付　　　記：米国　§182.6760，ＦＣＣ規格あり
　　　　　　　ＥＵ　　Ｅ452（i）（ポリリン酸ナトリウムの範疇）

DL－メチオニン（指定）

英　　　名：DL-Methionine

概　　　要：メチオニンは，多くのタンパク質に含まれているアミノ酸の1つで，
分子内に硫黄を含む含硫アミノ酸である。ウニの独特の味（ウニ様の味）はメチ
オニンによるものと言われている。一方，穀類には含有量が少なく，穀物食に頼
ると不足しがちになる。

　メチオニンは，人の肝臓や腎臓の働きに重要な役割を持っているが，体内では
生成できないために必須アミノ酸になっている。メチオニンは，特有のにおいと
わずかな苦味を持つ，比較的水に溶けにくい白色の結晶あるいは粉末で流通して
いる。

　メチオニンは，L－体だけではなく，D－体も生体内での活性が証明されてい
る。このため，一般的には，製造の容易なDL－体が使われてきたが，近年は，L
－体も増えてきている。

　一般的には，化学的な合成法によって製造されている。食品添加物としては，
必須アミノ酸として，主に強化の目的で各種のアミノ酸類と併用して穀類等いろ
いろな食品のアミノ酸バランスの改善や栄養ドリンク類等に使われている。

主な用途：強化剤（メチオニンの補填・強化），調味料

使用基準：なし

成分規格：第9版食品添加物公定書

安　全　性：栄養強化成分は，ＪＥＣＦＡでの評価対象外

表示方法：簡略名　メチオニン，一括名「調味料（アミノ酸）」の範囲

付　　　記：米国　§172.320（アミノ酸），ＦＣＣ規格あり

L－メチオニン（指定）

英　　　名：L-Methionine

概　　　要：L－メチオニンは，メチオニンの光学活性体であり，メチオニンの補
填・強化の目的で使用される。

　L－体だけではなく，D－体にも生体内での活性が証明されていることもあり，

近年まで，DL－体が一般的に使われてきたが，最近はL－体が増えてきている。
→ DL－メチオニン

主な用途：強化剤（メチオニンの補填・強化），調味料
使用基準：なし
成分規格：第9版食品添加物公定書
安 全 性：→ DL－メチオニン
表示方法：→ DL－メチオニン
付　　記：米国　§172.320（アミノ酸），ＦＣＣ規格あり

Ｎ－メチルアントラニル酸メチル（指定）
（別名　Ｎ－メチルアンスラニル酸メチル）

英　　名：Methyl N-Methylanthranilate
概　　要：天然にはヒヤシンス油，マンダリン葉油などの精油に含まれる。合成法で作られ，無～淡黄色の透明な結晶か液体で，ぶどう様の香気を有する。
　液体は青紫色の蛍光を発する。ブドウ，モモなどの果実フレーバーとして使われる。

主な用途：香料
使用基準：着香の目的に限る
成分規格：第9版食品添加物公定書
安 全 性：ＦＡＯ／ＷＨＯ ＡＤＩ０～0.2mg／kg
表示方法：簡略名なし，一括名「香料」の範囲
付　　記：米国　§172.515，ＦＣＣ規格あり

5－メチルキノキサリン（指定）

英　　名：5-Methylquinoxaline
概　　要：天然には，グァバ，アスパラガスなどの植物，畜肉加工品，嗜好飲料類などに含まれる。
　香料としては，98％以上の含量を持つ合成法で作られた無～橙色の液体あるいは結晶塊で，特有の香気を有する。
　飲料や菓子類の香気成分として配合される。

主な用途：香料
使用基準：着香の目的に限る
成分規格：第9版食品添加物公定書
表示方法：簡略名なし，一括名「香料」の範囲

メチルセル　355

6－メチルキノリン （指定）

英　　名：6-Methyl Quinoline

概　　要：キノリンの誘導体で，キノリン臭を持つ高沸点液体で，ウイスキーに含まれると言われている。

　焼菓子，ゼリー・プリン類，キャンディー類，清涼飲料などの香気・風味の調整に使われる。

　国際的に汎用されている香料として，新たな指定に向けて検討中である。

主な用途：香料

使用基準：着香の目的に限る

成分規格：第9版食品添加物公定書

安 全 性：食品安全委員会 検討中

表示方法：簡略名なし，一括名「香料」の範囲

付　　記：米国　FEMA－GRAS
　　　　　EU　認可香料物質

5－メチル－6，7－ジヒドロ－5H－シクロペンタピラジン （指定）

英　　名：5-Methyl-6,7-dihydro-5H-Cyclopentapyradine

概　　要：麦芽，ビール等の食品中に存在し，また，コーヒーの焙煎及び豚肉等の加熱調理により生成する成分である。淡黄～褐色の澄明な液体で特有のにおいがある。

主な用途：香料

使用基準：着香の目的に限る

成分規格：第9版食品添加物公定書

メチルセルロース （指定）

英　　名：Methyl Cellulose

概　　要：パルプをアルカリ処理したアルカリセルロースを，塩化メチルを用いてメチル化し，精製して作られる。白～類白色の粉末または繊維状物質で，においはない。水に可溶，水溶液はコロイド状で，pH2 ～ 12と幅広く安定であるが，高温ではゲル化する。無機塩があると粘度は増加し，ゲル化温度は低下する。

　乳化剤，安定剤，保水剤などに使われるほか，ミカンの缶詰ではメチルヘスペリジンの析出を防ぐので白濁防止剤となる。食物繊維としての用途もある。

主な用途：増粘安定剤

使用基準：→ カルボキシメチルセルロースカルシウム

成分規格：第9版食品添加物公定書

安 全 性：FAO／WHO ADI 特定せず

表示方法：用途名「糊料」または，使用目的に応じて「増粘剤」，「安定剤」，「ゲル化剤」のいずれかを併記

付　　記：米国　§182.1480，ＦＣＣ規格あり
　　　　　ＥＵ　Ｅ461

１－メチルナフタレン（指定）

英　　名：1-Methylnaphthalane

概　　要：オリーブ油，ピーマン，パッションフルーツ等の食品中に存在するほか，鮭等の加熱調理により生成する成分である。欧米ではさまざまな加工食品において香りを再現し，風味を向上させるために添加されている。無～微黄色の液体で特有のにおいがある。

主な用途：香料

使用基準：着香の目的に限る

成分規格：第9版食品添加物公定書

安 全 性：ＦＡＯ／ＷＨＯ合同食品添加物専門家会議（ＪＥＣＦＡ）では，2004年の第63回会合において，香料として評価を行っており，「安全性の懸念はない。」とされている。

メチルβ－ナフチルケトン（指定）

英　　名：Methyl β-Naphthyl Ketone

概　　要：天然には見いだされていない。合成法で作られ，白～淡黄色の結晶または結晶性の粉末で，特有の香気を有する。

　ストロベリーフレーバーとして使われる。

主な用途：香料

使用基準：着香の目的に限る

成分規格：第9版食品添加物公定書

安 全 性：ＦＡＯ／ＷＨＯ

表示方法：簡略名なし，一括名「香料」の範囲

付　　記：米国　§172.515，ＦＣＣ規格あり

２－メチルピラジン（指定）

英　　名：2-Methyl Pyrazine

概　　要：ピラジン環の2の位置にメチル基が置換したものである。天然には，リンゴ，ベリー類，ブドウなどの果物，トマト，ジャガイモ等の野菜類，乳製品焙焼製品などに含まれる。

　合成法で作られ，無色透明な液体で，弱い特有の香気を有する。飲料，焼菓子，アイスクリーム等で香気や風味を向上させる目的で配合される。国際的に汎用されている香料として，新たな指定が検討されている。

主な用途：香料

使用基準：着香の目的に限る

成分規格：第9版食品添加物公定書，ＦＡＯ／ＷＨＯ規格
安 全 性：食品安全委員会　香料の目的では安全性に懸念なし
表示方法：簡略名なし，一括名「香料」の範囲
付　　記：米国　§172.515，ＦＣＣ規格あり

2－メチルブタノール（指定）

英　　名：2-Methylbuthanol
概　　要：2－メチルブタノールは，炭素数5の短鎖のアルコールである。2－メチルブタノールは，果実の香気成分として存在する。香料として使われるものは，99％以上の含量をもつ合成法で作られた，無色の透明な液体で，特有の香気を有する。焼き菓子，清涼飲料，キャンディー，インスタントコーヒー等での使用が考えられる。
　国際的に汎用されている香料として，2007年に指定された。
主な用途：香料
使用基準：着香の目的に限る
成分規格：第9版食品添加物公定書
安 全 性：食品安全委員会　香料の目的では安全性に懸念なし
表示方法：簡略名なし，一括名「香料」の範囲
付　　記：米国　§172.515，ＦＣＣ規格あり

3－メチル－2－ブタノール（指定）

英　　名：3-Methyl-2-Buthanole
概　　要：カラバッシュナツメグ，ぶどう等の果物，ムール貝，チーズ，ココア，豆類等の食品に天然に含まれる成分である。欧米ではさまざまな加工食品において香りの再現，風味の向上等の目的で添加されている。無色澄明な液体で特有のにおいがある。無色澄明な液体で特有のにおいがある。
主な用途：香料
使用基準：着香の目的に限る
成分規格：第9版食品添加物公定書
安全性　：ＦＡＯ／ＷＨＯ

2－メチルブチルアミン（指定）

英　　名：2-MethyButylamine
概　　要：チーズ，ココア，ブドウ等に含まれている成分である。
主な用途：香料
使用基準：着香の目的に限る
成分規格：食品，添加物等の規格基準

2ーメチルブチルアルデヒド（指定）

英　　名：2-Methyl Butylaldehyde

概　　要：化学的には2－ブチルブタナールとも呼ばれる，炭素数5の短鎖のアルデヒドである。

　天然には，リンゴ，ベリー類，ブドウなどの果物，トマト，ジャガイモ等の野菜類，乳製品焙焼製品などに含まれる。

　合成法で作られ，無色透明な液体で，弱い特有の香気を有する。飲料，焼菓子，アイスクリーム等で香気や風味を向上させる目的で配合される。国際的に汎用されている香料として，新たな指定が検討されている。

主な用途：香料

使用基準：着香の目的に限る

成分規格：第9版食品添加物公定書

安　全　性：食品安全委員会 香料の目的では安全性に懸念なし

表示方法：簡略名なし，一括名「香料」の範囲

付　　記：米国　§172.515，ＦＣＣ規格あり

3ーメチルー2ーブテナール（指定）

英　　名：3-Methyl-2-Butenal

概　　要：カラバッシュナツメグ，ぶどう等の果物，ムール貝，チーズ，ココア，豆類等の食品に天然に含まれる成分である。欧米ではさまざまな加工食品において香りの再現，風味の向上等の目的で添加されている。無色澄明な液体で特有のにおいがある。無色澄明な液体で特有のにおいがある。

主な用途：香料

使用基準：着香の目的に限る

成分規格：第9版食品添加物公定書

*trans*ー2ーメチルー2ーブテナール（指定）

英　　名：*trans*-2-Methyl-2-butenal

概　　要：きいちご類，パッションフルーツ，マウンテン・パパイヤ，たまねぎ，マルメロ等に存在し，牛肉等の加熱調理により生成する成分である。無色澄明の液体で，特有のにおいがある。

主な用途：香料

使用基準：着香の目的に限る

成分規格：第9版食品添加物公定書

3ーメチルー2ーブテノール（指定）

英　　名：3-Methyl-2-Butenol

概　　要：コーヒー，果実，ホップ，はちみつ等の食品の香気成分として存在し

ている物質で，国際的にはさまざまな食品に対して着香の目的で広く使用されている。無色澄明な液体で持有のにおいがある。無色澄明な液体で特有のにおいがある。

主な用途：香料

使用基準：着香の目的に限る

成分規格：第9版食品添加物公定書

メチルヘスペリジン（指定）

（別名　溶性ビタミンP）

英　　名：Methyl Hesperidin

概　　要：ヘスペリジンは，ビタミンCと共に毛細血管壁を強化するビタミン様物質としてレモン汁から見出されたものであり，柑橘類，特に白い果皮の部分に多い。このヘスペリジンは，水に難溶なため，メチル化して水溶性にしたものがメチルヘスペリジンである。

　ビタミンCと併用して，果物のジュースなどに強化とビタミンCの効果を高める目的で使用される。

主な用途：強化（ビタミン様効果，ビタミンC効果増強）

成分規格：第9版食品添加物公定書

安 全 性：栄養強化成分は，ＪＥＣＦＡの評価対象外

表示方法：簡略名 ヘスペリジン，ビタミンP，V.P
　　　　　　栄養強化の目的で使用した場合の表示は免除される

→　ヘスペリジン

メナキノン（抽出物）（既存）

（別名　ビタミンK$_2$（抽出物））

英　　名：Menaquinone（Extract）

概　　要：メナキノンは，血液凝固促進作用を有する脂溶性のビタミンで，ビタミンK群の一つであり，ビタミンK$_2$とも呼ばれる。

　野菜類，緑葉特に栗の葉に多く含まれ，腐敗魚肉にも含まれており，これらから抽出された時期もある。

　既存添加物としては，アルトロバクター属の細菌培養液から，ブタノールやヘキサンを使って抽出・精製して得られるものが使用されている。

　化学的な合成法によって作る方法もあるが，食品添加物としては使用できない。

主な用途：ビタミン補填・強化

使用基準：なし

成分規格：第9版食品添加物公定書

安 全 性：栄養強化成分は，ＪＥＣＦＡでの評価対象外

表示方法：簡略名 メナキノン，ビタミンK$_2$，ビタミンK，V.K$_2$，V.K

栄養強化の目的で使用した場合の表示は免除される

メバロン酸 （既存）

英　名：Mevalonic Acid

概　要：特定の細菌のコーンスチーブリカーまたはカゼイン由来のペプトンを主原料とする発酵培養液から，有機溶剤で抽出して得られたもので，成分はメバロン酸である。透明の油状液体。水，有機溶剤に可溶。

　発酵食品の微生物増殖作用があるので，乳発酵食品等の製造に用いられる。

主な用途：製造用剤

使用基準：なし

表示方法：簡略名なし

付　記：日本食品添加物協会自主規格あり

メラロイカ精油 （既存）

英　名：Melaleuca Oil

概　要：メラロイカは，フトモモ科の植物であり，その葉にはテルピネン類が含まれている。このメラロイカの葉を水蒸気蒸留して得られる精油が，メラロイカ精油であり，主要成分として α - および γ - テルピネンを含む。テルピネン類は酸化され易いため，食品の酸化防止剤として使われることがある。

主な用途：酸化防止剤

使用基準：なし

表示方法：用途名「酸化防止剤」併記，簡略名なし

Dl－メントール （指定）

（別名　dl - ハッカ脳）

英　名：dl-Menthol

概　要：合成法で作られ，無色柱状，針状結晶，または白色結晶性粉末で，清涼でハッカ様の香気を有し，触れるとはじめに寒冷感，次いで灼熱感がある。

　常温で，少しの揮発性と，昇華性がある。チューインガム，キャンディーなどに使われる。

主な用途：香料

使用基準：着香の目的に限る

成分規格：第9版食品添加物公定書

安全性：ＦＡＯ／ＷＨＯ　ＡＤＩ０〜4mg / kg （メントール），香料としては問題なし

表示方法：簡略名なし，一括名「香料」の範囲

付　記：米国　§172.515，ＦＣＣ規格あり（dl - 体と1 - 体を一括）

モウソウチク　361

l－メントール （指定）

（別名　ハッカ脳）

英　　名：l-Menthol

概　　要：ハッカ油の主成分である。ハッカの茎葉を水蒸気蒸留して得たハッカ油は遊離の本品を65〜80％含むので，これより分離する方法と，合成法がある。無色柱状，針状結晶，または白色結晶性粉末で，清涼感とハッカ様の香気を有する。

チューインガム，キャンディー，飲料，アイスクリームなどに使われる。

主な用途：香料

使用基準：着香の目的に限る

成分規格：第9版食品添加物公定書

安 全 性：ＦＡＯ／ＷＨＯ ＡＤＩ ０〜4mg／kg（メントール），香料としては問題なし

表示方法：簡略名なし，一括名「香料」の範囲

付　　記：米国　§172.515，ＦＣＣ規格あり（dl－体とl－体を一括）

モウソウチク乾留物 （既存）

英　　名：Mousouchiku Dry Distillate

概　　要：モウソウチク（孟宗竹）の茎をチップ状にし，減圧加熱下で乾留して得られたものである。

主な用途：製造用剤

使用基準：なし

表示方法：簡略名 竹乾留物

付　　記：日本食品添加物協会自主規格あり

モウソウチク抽出物 （既存）

英　　名：Mousouchiku Extract

概　　要：竹は古くから竹の皮，竹筒など食品の保存性包材として使われている。本品はモウソウチク（孟宗竹）の茎の表皮を粉砕し，エタノールで抽出して得られたものである。褐色〜濃緑色の粘稠性の固体で，水に難溶，エタノール，油脂に可溶である。本品は，特に抗菌成分としての2，6－ジメトキシ－1，4－ベンゾキノンを含んでおり，細菌，真菌に強い抗菌活性を持っている。熱安定性も良いので，製造工程中に加熱殺菌のある食品にも利用することができる。

練り製品，畜産加工品等食品の日持向上剤として使われ，酸化防止効果もある。

主な用途：製造用剤（日持向上剤）

使用基準：なし

表示方法：簡略名なし

付　　記：日本食品添加物協会自主規格あり

木材チップ（既存）

（別名　シュペーネ）

英　　名：Wood Chip

概　　要：カバノキ科ハシバミ，ブナ科ブナの木の幹，枝を熱水で煮沸して可溶性成分を除去して殺菌し，乾燥，粉砕したものである。ビールの製造時，浮遊している混濁粒子を吸着し，清澄を促進させるのに用いられ，ろ過除去される。

主な用途：製造用剤（ビールの清澄剤）

使用基準：なし

表示方法：加工助剤

木酢液（既存）

（別名　スモークフレーバー）

（名簿名称　くん液）

英　　名：Wood Vinegar

概　　要：くん液の一種で，サトウキビ，トウモロコシまたは木材を乾留して得られたものである。

→　くん液

木炭（既存）

英　　名：Charcoal

概　　要：竹材（真竹，孟宗竹等），木材（白樺，朝鮮松，うばめ樫等）の幹枝，種子を炭化して得られたもので，主成分は炭素である。黒色の固体で，水，エタノールに不溶である。着色成分や香気成分を吸着する作用があり，液体食品の脱色，脱臭に使われ，ろ過除去される。

主な用途：製造用剤（脱色，脱臭剤）

使用基準：なし

表示方法：加工助剤

木灰（既存）

英　　名：Timber Ash

概　　要：ブナ等の幹枝を灰化して得られたものである。灰白～灰褐色の粉末で，においはない。水，エタノールに不溶であるが，水に懸濁するとアルカリ性泥状となる。

　酒税法でその他の雑酒（赤酒，地酒など）の製造時の使用が定められている。

主な用途：製造用剤

使用基準：なし

表示方法：加工助剤

モルホリン　363

木灰抽出物 （既存）

英　　名：Timber Ash Extract
概　　要：ブナの木，楠等の幹枝を灰化して得られた灰化物を精製して得られたものである。
主な用途：製造用剤
使用基準：なし
表示方法：簡略名

モクロウ （既存）

（別名　日本ロウ，ハゼ脂）
英　　名：Japan Wax
概　　要：日本特有の植物ロウで，ハゼノキの果実より，融解し，晒して作られ，主成分はグリセリンパルミタートである。白～微黄白色の塊で，特有のにおいがある。水に不溶，冷エタノールに難溶，熱エタノールに一部可溶。チューインガムに柔軟性のある食感を与えるためにガムベースに使われるほか，米菓などの菓子類，果実などに光沢性と防湿性を与えるための表面処理剤に使われる。
主な用途：ガムベース，光沢剤
使用基準：なし
表示方法：簡略名なし，一括名「ガムベース」，「光沢剤」の範囲
付　　記：米国　§172.615，ＦＣＣ規格あり

モモ樹脂 （既存）

英　　名：Peach Gum
概　　要：バラ科モモの幹枝の樹脂成分を分離して得られたもので，主成分は多糖類である。
主な用途：増粘安定剤
使用基準：なし
表示方法：用途名「糊料」または，使用目的に応じて「増粘剤」，「安定剤」，「ゲル化剤」のいずれかを併記，簡略名 ピーチガム，既存添加物・通常食品の増粘安定剤の多糖類を2種以上併用するときの 簡略名 増粘多糖類，この場合は，用途名「増粘剤」の併記を省略できる
付　　記：日本食品添加物協会自主規格あり

モルホリン脂肪酸塩 （指定）

英　　名：Morpholine Salts of Fatty Acids
概　　要：モルホリン脂肪酸塩は脂肪酸石けんの一種で，オレイン酸ナトリウムと同様に被膜剤の乳化剤である。本品はモルホリン水溶液に脂肪酸を加えて中和して作られ，これにフックス等を加えて乳化して果実等の被膜剤とされる。濃縮

してモルホリン脂肪酸塩として取り出されることはない。

主な用途：製造用剤（被膜剤の乳化剤）

使用基準：果実，果菜の被膜剤の目的のみ

成分規格：第9版食品添加物公定書

表示方法：加工助剤

モレロチェリー色素 （一般飲食物添加物）

英　名：Morello Cherry Colour

概　要：モレロチェリーは，サクランボの1種であり，ヨーロッパ原産のセイヨウミザクラ類を原種とするバラ科の植物で，皮も中身も，果実の全てが赤紫色がかった黒色の果実をつける。このモレロチェリーの果実から，エタノールで抽出して得られるものが，モレロチェリー色素である。

　モレロチェリー色素の主要色素成分は，アントシアニン系のシアニジングリコシルルチノシドなどであり，赤〜赤紫色を呈する。

　着色の目的で，飲料，各種の菓子類，ジャムなどに使用される。

主な用途：食品素材，食品添加物としては着色料

使用基準：着色の目的では，こんぶ類，食肉，鮮魚介類（鯨肉を含む），茶，のり類，豆類，野菜およびわかめ類には，使用できない

表示方法：食品として使用した場合　任意

　　　　　　着色の目的で使用した場合　用途名（「着色料」）併記，または「色素」名で表示，簡略名 チェリー色素，果実色素，アントシアニン（色素）

付　記：米国　§73.250（果汁）

　　　　　　EU　E163（アントシアニン類）

ヤ

ヤマモモ抽出物 （既存）

英　　名：Chinese Bayberry Extract

概　　要：ヤマモモは，温暖な地方に生育するヤマモモ科の常緑高木であり，梅雨期に暗紅紫色の実をつける。フィリピン，中国南部，台湾に生育し，日本では房総半島以西で生育する。

　このヤマモモの果実，樹皮または葉から，水，エタノールまたはメタノールで抽出して得られるものが，ヤマモモ抽出物であり，成分としてミリシトリンを含む。

　ミリシトリンは，ポリフェノールを持つナフタレン系化合物にラムノースが結合して配糖体を形成しているフラボノイドである。

　酸化防止作用が見られるため，食品の酸化防止に使われることがある。

主な用途：酸化防止剤

使用基準：なし

成分規格：第9版食品添加物公定書

表示方法：用途名「酸化防止剤」併記，簡略名なし

ユーケマ藻末 （既存）

（名簿名称　カラギナン）

英　　名：Powdered Red Algae

概　　要：カラギナンの細分類品目の一つ。紅藻のキリンサイの全藻を乾燥，粉砕したもので，主成分はカラギナンである。

→　カラギナン，

表示方法：簡略名　ユーケマ

ユッカフォーム抽出物 （既存）

（別名　ユッカ抽出物）

英　　名：Yucca Foam Extract

概　　要：ユリ科のユッカアラボレンス，またはユツカシジゲラの全草より水または含水エタノール等で抽出して得られたものである。

　主成分はサポニン（サルササポニン等）であり，茶褐～黒褐色の液体で特有の味とにおいがある。水に易溶，油脂に不溶。広いpH範囲（2 ～ 10）で，しかも非常に低い濃度でも強い起泡性があり，安定な泡をつくる。

　飲料等に使われる。

主な用途：乳化剤，製造用剤

使用基準：なし
成分規格：第9版食品添加物公定書
表示方法：簡略名 ユッカ抽出物，ユッカフォーム。一括名「乳化剤」の範囲

葉酸 （指定）

英　　名：Folic Acid
概　　要：葉酸（ようさん）は，酵母，肝臓，豆類，肉，卵，胚芽などに含まれる水溶性のビタミンであり，本体は，プテロイルグルタミン酸である。動植物界では，さらにいくつかのグルタミン酸と結合してペプチドを形成している。水溶性のビタミンB群の一つであり，ビタミンMと言われたこともある。

　血漿や核酸の生成・成長，発育促進などに重要な役割を果たしている。工業的には，化学的な合成法で作られている。栄養強化の目的で調整粉乳，小麦粉およびビスケットなどの小麦粉を使う菓子類に使われる。

主な用途：強化剤（葉酸の補填・強化）
使用基準：なし
成分規格：第9版食品添加物公定書
安 全 性：栄養強化成分は，ＪＥＣＦＡでの評価対象外
表示方法：簡略名なし
　　　　　　栄養強化の目的で使用した場合の表示は免除される
付　　記：米国　§172.345，ＦＣＣ規格あり

ヨモギ抽出物 （一般飲食物添加物）

英　　名：Mugwort Extract
概　　要：ヨモギは，ヨモギ餅（草餅）の原料として親しまれているキク科の多年草であり，止血，鎮痛，下痢どめなどの目的で生薬や民間薬としても使われてきたものである。

　このヨモギの葉および茎から，水またはエタノールで抽出して得られるものが，ヨモギ抽出物である。この抽出物は，カフェタンニンと精油類を主成分とし，やや渋味をもった苦味のある褐色系の粉末であり，若草のにおいがある。

　和菓子などの食品に，苦味や風味を与える目的で使用されることがある。

主な用途：食品素材，食品添加物としては苦味料
使用基準：なし
表示方法：簡略名なし，一括名「苦味料」の範囲

ラ

ラカンカ抽出物 （既存）

（別名　ラカンカエキス）

英　　名：Rakanka Extract

概　　要：ラカンカ（羅漢果）は，中国南部広西地区の高冷地で栽培されている多年性のウリ科植物の実である。中国では，熱さましや咳どめ，胃腸機能の調整などの効果を持つ民間薬として使われてきた。

　ラカンカ抽出物は，このラカンカの実から取り出された甘味成分で，砂糖の約300倍の甘さがある。ラカンカは，飴・キャンディー類，チューインガム，清涼飲料水などに甘味をつける目的で使われている。

主な用途：甘味料

使用基準：なし

成分規格：第9版食品添加物公定書

表示方法：用途名「甘味料」併記，簡略名 ラカンカ

酪酸 （指定）

英　　名：Butyric Acid

概　　要：天然には動植物界に遊離またはエステルの型で，汗様の不快臭として広く存在する。合成法で作られ，無色透明な液状で，酸敗したバター様の特有のにおいを有する。バター，発酵乳などの乳製品に用いられる。

主な用途：香料

使用基準：着香の目的に限る

成分規格：第9版食品添加物公定書

安 全 性：ＦＡＯ／ＷＨＯ，香料としては問題なし

表示方法：簡略名なし，一括名「香料」の範囲

付　　記：米国　§172.515，ＦＣＣ規格あり

酪酸イソアミル （指定）

英　　名：Isoamyl Butyrate

概　　要：天然には，ココア，バナナ，ラベンダー油などの香気成分に含まれる。合成法で作られ，無～淡黄色の透明の液状で，果実様の強い香気を有する。

　アプリコット，バナナ，チェリーなどの果実フレーバーとして広く使われる。

主な用途：香料

使用基準：着香の目的に限る

成分規格：第9版食品添加物公定書

安　全　性：ＦＡＯ／ＷＨＯ，ＡＤＩ０～3mg／kg，香料としては問題なし
表示方法：簡略名なし，一括名「香料」の範囲
付　　　記：米国　§172.515，ＦＣＣ規格あり

酪酸エチル（指定）

英　　　名：Ethyl Butyrate
概　　　要：天然にはストロベリー果汁中に存在する。合成法で作られ，無～淡黄色の透明な液状で，強いパイナップル様の香気を有するので，パイナップル油とも呼ばれる。
　バナナ，チェリー，グレープなどの果実フレーバーとして菓子類，清涼飲料，その他に広く使われる。
主な用途：香料
使用基準：着香の目的に限る
成分規格：第9版食品添加物公定書
安　全　性：ＦＡＯ／ＷＨＯ，ＡＤＩ香料としては問題なし
表示方法：簡略名なし，一括名「香料」の範囲
付　　　記：米国　§172.515，ＦＣＣ規格あり

酪酸シクロヘキシル（指定）

英　　　名：Cyclohexyl Butyrate
概　　　要：天然には見いだされていない。合成法で作られ，無～わずかに淡黄色の透明な液状で，甘い果実様の特有の香気を有する。
　アップル，バナナ，チェリー，グレープなどの果実フレーバーとしてガム類，アイスクリーム，清涼飲料などに使われる。
主な用途：香料
使用基準：着香の目的に限る
成分規格：第9版食品添加物公定書
表示方法：簡略名なし，一括名「香料」の範囲

酪酸ブチル（指定）

英　　　名：Butyl Butyrate
概　　　要：天然にはリンゴの香気成分やはちみつなどに含まれる。合成法で作られ，無～淡黄色の透明な液状で，果実様の香気を有する。アップル，バナナ，チェリー，グレープなどの果実フレーバーとして広く使われる。
主な用途：香料
使用基準：着香の目的に限る
成分規格：第9版食品添加物公定書
表示方法：簡略名なし，一括名「香料」の範囲

付　　記：米国　§172.515，ＦＣＣ規格あり

ラクトパーオキシダーゼ （既存）

英　　名：Lactoperoxidase
概　　要：脱脂生乳より，イオン交換樹脂で分離し，精製して得られたものである。白〜淡黄〜黒褐色の粉末，粒，または透明〜黒褐色の液体。水に可溶，エタノールに不溶。牛乳由来の過酸化水素分解酵素で，過酸化水素を使用した食品の後処理に使用される。
主な用途：酵素（酸化還元酵素）
使用基準：なし
成分規格：第9版食品添加物公定書
表示方法：簡略名なし，一括名「酵素」の範囲，工程中で失活すれば加工助剤

ラクトフェリン濃縮物 （既存）

英　　名：Lactoferrin Concentrates
概　　要：哺乳類の乳よりの脱脂分または乳清より精製，濃縮したもので，ラクトフェリンが主成分で，乳清たん白質等を含む。淡赤橙〜淡赤褐色の微粉末でにおいはない。水に易溶，エタノールに不溶。
　　ラクトフェリンは大腸菌，ブドウ球菌等に静菌作用がある。熱には比較的に弱い。
　　育児用調整粉乳に使用される。
主な用途：製造用剤
使用基準：なし
成分規格：第9版食品添加物公定書
表示方法：簡略名 ラクトフェリン

ラクトン類 （指定）

英　　名：Lactones
概　　要：合成法で作られた，着香の目的で用いられるラクトン類である。
主な用途：香料
使用基準：着香の目的に限る
表示方法：簡略名なし，一括名「香料」の範囲

ラズベリー色素 （一般飲食物添加物）

英　　名：Raspberry Colour
概　　要：ラズベリーは，バラ科キイチゴ属に属する低木であり，ヨーロッパや北米で自生していたものを，改良して栽培されているセイヨウキイチゴの果実である。ヨーロッパ産は赤い実をつけ，北米産は黒い実をつける。

370　ラックシキ

　このセイヨウキイチゴの果実を原料に，搾汁するか，水または弱酸性の水で抽出して得られる，アントシアニン系のシアニジングリコシドを主色素とするものが，ラズベリー色素である。

　ベリー類色素の中では，ブルーベリー色素と共に比較的多量に生産されており，飲料，果実酒，アイスクリーム類などの冷菓，各種の菓子類，ジャムなどに使用されている。

主な用途：食品素材，食品添加物としては着色料

使用基準：着色の目的では，こんぶ類，食肉，鮮魚介類（鯨肉を含む），茶，のり類，豆類，野菜およびわかめ類には，使用できない

表示方法：食品として使用した場合任意

　　　　　着色の目的で使用した場合用途名（「着色料」）併記，または，「色素」名で表示，簡略名 ベリー色素，果実色素，アントシアニン（色素）

付　　記：米国　§73.250（果汁）

　　　　　EU　E163（アントシアニン類）日本食品添加物協会自主規格あり

ラック色素（既存）

（別名　ラッカイン酸）

英　　名：Lac Colour

概　　要：ラックは，インドのアッサム地方およびベンガル地方に植生するイヌナツメなどの樹木に寄生するカイガラムシ科の昆虫ラックカイガラムシのメスが分泌する樹脂状物質で，寄生した木の枝に付着する（この状態をスティックラックという）。スティックラックは，インドのほかにタイや中国南部でも採取されている。

　ラック色素は，次のようにつくられる。まず，スティックラックからラックの部分を削りとり，沸騰水に入れて樹脂成分を溶かし出した後，冷やして上層に固まる樹脂の部分を取り除く。次に，下層に残された色の着いた液の部分から，色素成分を精製し，ラック色素を得る。このラック色素は，主要な色素成分がラッカイン酸類からなる赤系の色素であり，酸性では橙～橙赤色，中性で赤色，アルカリ性で赤紫色になる性質がある。

　なお，ラック色素をとるときの上層になる樹脂成分は，シェラッタ（セラック）といわれ，精製されたもの（精製シェラック）と，さらに，それを漂白したもの（白シェラック）が，ガムベースや光沢剤として使われている。ラック色素は，着色の目的で，ゼリー，キャンディーなどのあめ類，ジャムなどに使われ，色が赤紫色に着く性質を使ってあんにも使われており，また，安定性を増すために製剤化して，菓子類や食肉加工品などにも使われる。

主な用途：着色料

使用基準：着色の目的では，こんぶ類，食肉，鮮魚介類（鯨肉を含む），茶，のり類，野菜およびわかめ類には，使用できない

成分規格：第9版食品添加物公定書
表示方法：用途名（「着色料」）併記，または，「色素」名で表示，簡略名 ラック
→ シェラック

ラノリン （既存）
（別名 羊毛ロウ）

英 名：Lanolin
概 要：羊の毛に付着するロウ様物質より脱水，精製して得られたもので，主成分は高級アルコールとC_{12}〜C_{32}のα−ヒドロキシ酸のエステルである。
　淡黄〜微黄褐色の粘性のペースト状物質で，わずかに特有のにおいがある。水に不溶であるが，2倍量の水と混合すると軟膏状となる。エタノールに一部可溶。融点36〜43℃。チューインガムの食感に柔軟性を与えるためにガムベースに配合されるほか，菓子類，果実の光沢剤，防湿剤，離型剤などとしても使われる。
主な用途：ガムベース，光沢剤
使用基準：なし
成分規格：第9版食品添加物公定書
表示方法：簡略名なし，一括名「ガムベース」の範囲
付 記：米国 §172615，ＦＣＣ規格あり

ラムザンガム （既存）
（別名 ラムザン多糖類）

英 名：Rhamsan Gum
概 要：グラム陰性細菌（アルカリゲネス）の培養液より分離して得られたものである。主成分は多糖類である。類白〜淡黄褐色の粉末。水，エタノールに可溶。耐熱性がやや劣る（60℃以下で使用）が，耐酸，耐アルカリ性に優れるので，広いpH範囲で増粘安定剤として使用できる。
主な用途：増粘安定剤
使用基準：なし
成分規格：第9版食品添加物公定書
表示方法：用途名「糊料」または使用目的に応じて「増粘剤」，「安定剤」，「ゲル
　　　　　　化剤」のいずれかを併記，簡略名 ラムザン，既存添加物・通常食品
　　　　　　の増粘安定剤の多糖類を2種以上併用するときの類別名「増粘多糖類」，
　　　　　　この場合は，用途名「増粘剤」の併記を省略できる

L−ラムノース （既存）

英 名：L - Rhamnose
概 要：L−ラムノースは，マンノースに対応するデオキシ糖であり，配糖体のクェルシトリン，ナリンジン，ミリシトリンやルチンなどを構成する糖部分で

ある。天然には，ウルシ科，ブナ科，ミカン科の植物などに存在する。

L−ラムノースには，白色の粉末であり，一水和物である α 型と，加熱して結晶化した後，更に再結晶して得られる β 型があり，いずれの結晶形もグルコースと同程度の甘味がある。

食品添加物として使われるL−ラムノースは，「ルチン（抽出物）」を加水分解したもの，ミカン科のアマダイダイやウンシュウミカンの果皮，樹皮または花に含まれる配糖体を加水分解したもの，植物油脂（大豆油，菜種油，コーン油など）を発酵させて濃縮分離したものを加水分解したものなどから，分離して得られたものである。

菓子類，食肉加工品，魚肉加工品などの甘味付けに使われることがある。

主な用途：甘味料
使用基準：なし
成分規格：第9版食品添加物公定書
表示方法：用途名「甘味料」併記，簡略名 ラムノース

卵黄レシチン （既存）

（別名　レシチン）

英　　名：Yolk Lecithin
概　　要：卵黄レシチンは卵黄中に約30％含まれているリン脂質を分離したもので，卵黄より得られ卵黄油より分離して作られ，主成分はレシチンである。淡黄〜暗黒色の透明または半透明の粘稠な液体，または白色〜褐色の粉末。水に分散，エタノールに微溶。

卵黄レシチンは大豆を原料とする植物レシチンに比して，フォスファチジルコリンが2〜3倍多く含まれ，構成脂肪酸は飽和脂肪酸主体であることが異なる。

植物レシチンに比べ高価なため，食品，化粧品より，医薬品用が主体である。

市販レシチンの組成例（％）

	卵黄	大豆	ナタネ
フォスファチジルコリン	69	32	37
フォスファチジルエタノールアミン	24	22	24
フォスファチジルイノシトール	−	19	14

（油脂を除く）

主な用途：乳化剤
使用基準：なし
成分規格：第9版食品添加物公定書（レシチン）
安 全 性：ＦＡＯ／ＷＨＯ，ＡＤＩ制限せず
表示方法：簡略名なし，一括名「乳化剤」の範囲
付　　記：米国　§184.1400，ＦＣＣ規格あり

ＥＵ　Ｅ322
→　植物レシチン

卵殻焼成カルシウム（既存）

（名簿名称　焼成カルシウム）

英　　名：Calcinated Eggshell Calcium

概　　要：「焼成カルシウム」のうち，卵殻を原料にするものが，「卵殻焼成カルシウム」である。卵殻の主成分は，炭酸カルシウムであり，焼成すると酸化カルシウムになる。

製法は，卵殻を洗浄して清浄にしたのち，予備乾燥した後，高温で焼成する。酸化カルシウムは，吸湿すると水酸化カルシウムになり，空気中の炭酸ガスと反応すると炭酸カルシウムになるため，純度の高い酸化カルシウムを維持することは難しい。

カルシウムの補填など強化の目的で使用されたり，いわゆる健康食品の原体に使われたりするほか，吸湿して強アルカリ性を示す性質を用いて「かんすい」の代用に使われたりする。

主な用途：強化剤（カルシウムの補填・強化），製造用剤

使用基準：なし

成分規格：第9版食品添加物公定書

表示方法：簡略名 焼成Ca，卵殻Ca，卵殻カルシウム，一括名「イーストフード」の範囲
　　　　　　栄養強化の目的で使用した場合の表示は免除される

→　焼成カルシウム，骨焼成カルシウム

卵殻未焼成カルシウム（既存）

（名簿名称　未焼成カルシウム）

英　　名：Non-Calcinated Eggshell Calcium

概　　要：「未焼成カルシウム」のうち，卵殻を原料とするものが「卵殻未焼成カルシウム」であり，卵殻を清浄にし，殺菌，乾燥し，粉末化して得られる。

卵殻の主要成分は，炭酸カルシウムである。

主な用途：強化剤（カルシウムの補填・強化）

使用基準：なし

表示方法：簡略名 未焼成Ca，卵殻Ca，卵殻カルシウム 栄養強化の目的で使用した場合の表示は免除される

→　未焼成カルシウム

卵白 （一般飲食物添加物）

英　名：Egg White

概　要：卵白は，ニワトリの卵（鶏卵）の白身の部分である。この卵白は，食品または食品素材として使われるのが一般的である。

　しかし，清酒をはじめとする各種の酒類に清澄剤として使われることもある。このような使用方法の場合は食品添加物となるが，酒類の場合は，ろ過工程があり除去されるため，通常は加工助剤となる。

主な用途：製造用剤（清澄剤）

使用基準：なし

表示方法：食品添加物として使用した場合は簡略名なし

リキッドスモーク （既存）

（名簿名称　くん液）

英　名：Liquid Smoke

概　要：くん液の一種で，サトウキビ，竹材，トウモロコシ，木材を限定した空気の存在下で燃焼させ，発生したガス成分を補集して得られたものである。食品にくん香を付与するために使われる。

→　くん液

L－リシン （既存）

（別名　L－リジン）

英　名：L-Lysine

概　要：リシンは，通常はリジンと呼ばれることが多いアミノ酸である。リシンは，動物のタンパク質に比較的多く含まれ，植物系のタンパク質では少ないアミノ酸の一つであり，アミノ基が2つあるため，塩基性を示す。人の発育などへの大きな影響を持っているが，体内では生成できないため，必須アミノ酸の一つとされている。

　L－リシンは，糖類を原料とする発酵法による工業的製法が確立しており，発酵後，精製し，白色の粉末にしたものが食品添加物に使われている。

　リシンは，調理のような加熱によって分解しやすい性質がある。必須アミノ酸として，かつての特殊栄養食品の小麦粉，乾めん，食パン，ゆでめんで強化剤として使われてきたもので，栄養成分表示となった現在でもこのような強化の目的での使用が多い。また，一般食品でも，リシン含量の少ない食品に強化の目的で添加したり，他の必須アミノ酸類と共に強化の目的で，栄養ドリンク等に使用されている。また，味の調整の目的でも使用されることがある。

主な用途：強化剤（リシン補填・強化），調味料

使用基準：なし

成分規格：第9版食品添加物公定書

リシン 375

安 全 性：栄養強化成分は，ＪＥＣＦＡでの評価対象外
表示方法：簡略名 リシン，リジン，一括名「調味料（アミノ酸）」の範囲
　　　　　　栄養強化の目的で使用した場合の表示は免除される
付　　　記：米国　§172.320（アミノ酸），ＦＣＣ規格あり

L－リシンL－アスパラギン酸塩 （指定）

（別名　L－リジンL－アスパラギン酸塩）

英　　　名：L-Lysine L-Aspartate
概　　　要：必須アミノ酸のL－リシンに，調味の目的で使われるL－アスパラギ
ン酸を，塩を形成させる目的で付加したものが，L－リシンL－アスパラギン酸
塩である。特異なにおいがあるL－リシンやL－リシン塩酸塩に比べ，においが
弱くなっている。
　　リシンの強化の目的でも使用されるが，主に調味の目的で使われている。
主な用途：調味料，強化剤（リシンの補填・強化）
使用基準：なし
成分規格：第9版食品添加物公定書
表示方法：簡略名 リシン，リジン，リシンアスパラギン酸塩，リジンアスパラ
　　　　　　ギン酸塩，一括名「調味料（アミノ酸）」の範囲 栄養強化の目的で使
　　　　　　用した場合の表示は免除される

L－リシン液 （成分規格が設定された既存添加物の製剤）

（別名：L－リジン液）

英　　　名：L-Lysine Solution
概　　　要：L－リシンの，成分規格の設定に当たり，水溶液での流通も行われて
いることから，いわゆる原体製剤として，溶解度を勘案して80％以下の濃度で，
含量を表示する方法で成分規格が設定された。
主な用途：調味料
使用基準：→ Ｌ－リシン
成分規格：第9版食品添加物公定書
安 全 性：→ Ｌ－リシン
表示方法：→ Ｌ－リシン

L－リシン塩酸塩 （指定）

（別名　L－リジン塩酸塩）

英　　　名：L-Lysine Monohydrochloride
概　　　要：必須アミノ酸であるL－リシンに塩酸を付加して塩酸塩にしたものが，
L－リシン塩酸塩である。本品は，白色の粉末であり，通常は，わずかに特異な
においがある。必須アミノ酸として，強化の目的で使われたり，他の必須アミノ

酸類と共に強化の目的で，栄養ドリンク等に使用されている。また，味の調整の目的でも使用されることがある。

主な用途：強化剤（リシンの補填・強化），調味料

使用基準：なし

成分規格：第9版食品添加物公定書

表示方法：簡略名 リシン，リジン，リシン塩酸塩，リジン塩酸塩 一括名「調味料（アミノ酸）」の範囲 栄養強化の目的で使用した場合の表示は免除される

付　　記：米国　§172.320（アミノ酸），ＦＣＣ規格あり

L－リシンL－グルタミン酸塩（指定）

（別名　L－リジンL－グルタミン酸塩）

英　　名：L-LysineL-Glutamate

概　　要：必須アミノ酸であるL－リシンに，調味料のL－グルタミン酸を付加して，においの面で改良すると共に，調味の目的での使用も可能にしたものが，L－リシンL－グルタミン酸塩である。

　本品は，独特の味を持つ，白色の粉末である。リシン強化の目的でも使用されるが，調味の目的で使用されることが多い。

主な用途：調味料，強化剤（リシンの補填・強化）

使用基準：なし

成分規格：第9版食品添加物公定書

安　全　性：ＦＡＯ／ＷＨＯ

表示方法：簡略名 リシン，リジン，リシングルタミン酸塩，リジングルタミン酸塩，一括名「調味料（アミノ酸）」の範囲 栄養強化の目的で使用した場合の表示は免除される

リゾチーム（既存）

（別名　卵白リゾチーム）

英　　名：Lysozyme

概　　要：卵白より，アルカリ性水溶液または食塩水で処理し，樹脂精製して得られたもの，または樹脂処理，もしくは加塩処理した後，カラム精製もしくは再結晶して得られたものである。

　白色の粉末でにおいはない。水または生理食塩水に溶け，エタノール，エーテルにほとんど溶けない。

　ムコ多糖類を加水分解する特性があるので，細菌の細胞壁を構成するムコ多糖類も分解して溶かし，静菌効果を持つ。

　グリシン等と併用して，ナチュラルチーズ，水産加工品，麺類などの日持向上剤として使われる。

主な用途：酵素（加水分解酵素，日持向上剤）
使用基準：なし
成分規格：第9版食品添加物公定書
安　全　性：ＦＡＯ／ＷＨＯ，ＡＤＩ　ＧＭＰにより使用
表示方法：簡略名なし，一括名「酵素」の範囲，工程中で失活すれば加工助剤
付　　　記：ＥＵ　Ｅ1105

リナロオール（指定）

（別名　リナロール）

英　　名：Linalool
概　　要：天然には単品またはエステルとして多くの精油の主成分として含まれる。天然の精油より分離する方法と合成法がある。無色透明な液状で，特有の香気を有する。オレンジ，レモンなどの果実フレーバーとして菓子類，清涼飲料，その他に広く使われる。
主な用途：香料
使用基準：着香の目的に限る
成分規格：第9版食品添加物公定書
安　全　性：ＦＡＯ／ＷＨＯ，ＡＤＩ，香料としては問題なし
表示方法：簡略名なし，一括名「香料」の範囲
付　　　記：米国　§182.60，ＦＣＣ規格あり

リパーゼ（既存）

（別名　脂肪分解酵素）

英　　名：Lipase
概　　要：動物または魚類の臓器より，または動物の舌下部より水で抽出して得られたもの，あるいは特定の糸状菌，放線菌，細菌または酵母の培養液より水で抽出して得られたもの，除菌したもの，濃縮したもの，エタノールまたは含水エタノール，アセトンで処理して得られたものである。

　白〜褐色の粉末，粒，または透明〜褐色の液体で，水に可溶，エタノールに不溶。

　油脂（脂肪酸トリグリセリド）を加水分解して，ジグリセリド，モノグリセリドからグリセリンと脂肪酸まで分解する機能を持つ。油脂食品の改質や油脂分解に使われる。
主な用途：酵素（加水分解酵素）
使用基準：なし
成分規格：第9版食品添加物公定書
安　全　性：ＦＡＯ／ＷＨＯ，ＡＤＩ基原により特定せずまたはＧＭＰで制限
表示方法：簡略名 エステラーゼ，一括名「酵素」の範囲，工程中で失活すれば

加工助剤

付　　記：米国　§173.140，184.1415，ＦＣＣ規格あり

リポキシゲナーゼ（既存）

（別名　リポキシダーゼ）

英　　名：Lipoxygenase

概　　要：植物油粕から，または特定の糸状菌の培養液から水で抽出して得られたものである。

　白～淡黄～褐色の粉末，粒，または透明～褐色の液体で，水に可溶，エタノールに不溶。小麦粉中の脂質に作用して，パン生地混捏中のグルテンと脂質の結合を促進して生地の弾力性を向上する作用がある。また小麦粉の漂白効果もあるので，小麦粉，パンの改質に使われる。

主な用途：酵素（酸化還元酵素）

使用基準：なし

成分規格：第9版食品添加物公定書

表示方法：簡略名なし，一括名「酵素」の範囲，工程中で失活すれば加工助剤

Ｄ－リボース

英　　名：D-Ribose

概　　要：Ｄ－リボースは，リボ核酸の構成糖類であり，生物細胞中に存在する。酵母の核酸を分解して得る方法があるが，食品添加物としては，グラム陽性細菌（バチルス属）によるグルコースの発酵培養液から分離・精製したものなどが使用されている。

　Ｄ－リボースは，吸湿性のある白色の結晶または粉末で，ショ糖の7割程度の甘味がある。また，食品の加熱調理の際に，風味を増強させる効果もある。

　ビタミンB_2（リボフラビン）の合成原料としても使われる。

主な用途：甘味料

使用基準：なし

成分規格：第9版食品添加物公定書

表示方法：用途名「甘味料」併記，簡略名リボース

5'－リボヌクレオチドカルシウム（指定）

（別名　5'－リボヌクレオタイドカルシウム）

英　　名：Calcium 5'-Ribonucleotide

概　　要：リボヌクレオチドカルシウムは，数種類の核酸系調味料（カルシウム塩）が混合しているうま味調味料である。その味は，成分であるイノシン酸（かつお節のうま味），グアニル酸（しいたけのうま味），ウリジル酸およびシチジル酸のうま味が，総合的にミックスされたものとなっている。

工業的には，リボヌクレオチド（核酸）発酵による発酵液を，カルシウム塩にして精製して作られる。

　リボヌクレオチド系では，ナトリウム塩が一般的に使用されるが，ナトリウム塩は水に溶けやすく，酵素によって分解されやすいので，水に溶けにくいカルシウム塩にしたものである。このため，食肉練製品や水産練製品，しゅうまい，餃子など，核酸を分解する酵素を持つ材料を使い，加熱による調理を行う食品などで使われている。

主な用途：調味料

使用基準：なし

成分規格：第9版食品添加物公定書

安　全　性：（参考）→ 5－リボヌクレオチド二ナトリウム

表示方法：簡略名 リボヌクレオチドCa，リボヌクレオタイドCa，リボヌクレオチドカルシウム，リボヌクレオタイドカルシウム　一括名「調味料（核酸）」の範囲，調味料（アミノ酸）と併用するとき は「調味料（アミノ酸等）」と表示されることが多い

付　　　記：ＥＵ　Ｅ634

5'－リボヌクレオチド二ナトリウム（指定）

（別名　5'－リボヌクレオタイドナトリウム，5'－リボヌクレオチドナトリウム）

英　　名：Disodium 5'-Ribonucleotide

概　　要：リボヌクレオチドナトリウムは，数種類の核酸系（ナトリウム塩）調味料が混合しているうま味調味料である。その味は，成分であるイノシン酸（かつお節のうま味），グアニル酸（しいたけのうま味），ウリジル酸およびシチジル酸のうま味が，総合的にミックスされたものである。

　工業的には，糖類を原料に，リボヌクレオチド（核酸）発酵による発酵液を，ナトリウム塩にして精製して作られる。

　主に，グルタミン酸ナトリウムなどのアミノ酸系調味料と併用して，いろいろな食品にうま味を付ける目的で使用されている。通常は，グルタミン酸ナトリウムに対して約10％程度添加される場合と，少量の1 ～ 2％が添加される場合がある。

主な用途：調味料

使用基準：なし

成分規格：第9版食品添加物公定書

安　全　性：ＦＡＯ／ＷＨＯ ＡＤＩ特定せず

表示方法：簡略名 リボヌクレオチドNa，リボヌクレオタイドNa，リボヌクレオチドナトリウム，リボヌクレオタイドナトリウム　一括名「調味料（核酸）」の範囲，調味料（アミノ酸）と併用したとき は「調味料（アミノ酸等）」と表示されることが多い

380　リボフラビン

付　　記：ＥＵ　　Ｅ635
→　イノシン酸ナトリウム，グアニル酸ナトリウム

リボフラビン（指定）

（別名　ビタミンB₂）

英　　名：Riboflavin

概　　要：リボフラビンは，ビタミンB₂とも呼ばれる水溶性のビタミンである。動物の肝臓，牛乳，チーズ，卵などに含まれ，黄〜橙色を呈している。水溶性のビタミンの中では，比較的水に溶けにくい性質がある。アルカリ性では安定性が弱いものの，ビタミンB₁とは異なって，中性や酸性では加熱にも強い性質がある。生理作用としては，発育の促進，栄養成分の代謝に関係しており，不足すると，口内炎や口角炎，角膜炎，発育不全などの症状の原因になることがある。

　現在は，化学的な合成方法で作られており，黄〜橙黄色の苦味のある結晶または粉末になっている。水などへの溶解性を改善するためなどで，酪酸やリン酸のエステルのような誘導体にしたものもある。

　リボフラビンは，強化の目的で，味噌，醤油，小麦粉，粉ミルク，マーガリンなどに使われており，また，黄色系の着色料としても使われ，菓子類など（特に，ヨーロッパの菓子類など）に使われている。

主な用途：強化剤（ビタミンB₂補填・強化），着色料

使用基準：なし

成分規格：第9版食品添加物公定書

安　全　性：ＦＡＯ／ＷＨＯ，ＡＤＩ 0〜0.5mg/kg

表示方法：簡略名 V.B₂
　　　　　栄養強化の目的で使用した場合の表示は免除される

付　　記：米国　§73.450，§184.1695，§182.5695，ＦＣＣ規格あり
　　　　　ＥＵ　　Ｅ101（i）

リボフラビン酪酸エステル（指定）

（別名　ビタミンB₂酪酸エステル）

英　　名：Riboflavin Tetrabutyrate

概　　要：リボフラビンの水溶性を改善するために酪酸とのエステルにしたものが，リボフラビン酪酸エステルであり，黄橙色の結晶または粉末になっている。
→　リボフラビン

主な用途：強化剤（ビタミンB₂の補填・強化），着色料

使用基準：→　リボフラビン

成分規格：第9版食品添加物公定書

安　全　性：（参考）→　リボフラビン

表示方法：→　リボフラビン，ただし，簡略名 リボフラビン，ビタミンB₂，V.B₂

リュウサンア　381

リボフラビン5'-リン酸エステルナトリウム （指定）
（別名　リボフラビンリン酸エステルナトリウム，ビタミンB₂リン酸エステルナトリウム）

英　　名：Riboflavin Phosphate Sodium
概　　要：リボフラビンの水溶性を改善するために，リン酸とのエステルを形成させ，更にナトリウム塩としたものが，リボフラビンリン酸エステルナトリウムであり，苦味のある黄～橙色の結晶または粉末である。
→　リボフラビン
主な用途：強化剤（ビタミンB₂の補填・強化），着色料
使用基準：→　リボフラビン
成分規格：第9版食品添加物公定書，ＦＡＯ／ＷＨＯ規格
安 全 性：ＦＡＯ／ＷＨＯ，ＡＤＩ　0～0.5mg／kg
表示方法：→　リボフラビン，ただし，簡略名 リボフラビン，ビタミンB₂，V.B₂
付　　記：米国　§184.1697，§182.5697，ＦＣＣ規格あり
　　　　　　ＥＵ　Ｅ（ii）

硫酸 （指定）
英　　名：Sulfuric Acid
概　　要：硫酸は硫化鉄鉱を原料として作られる。また，原油の精製の際の脱硫工程で得られる硫黄を原料とする製法もある。
　デンプンの加水分解によるブドウ糖の製造，みかんの缶詰用の内皮の除去，食用油の精製など，食品の製造工程で使われる。
主な用途：製造用剤（無機酸）
使用基準：最終食品の完成前に中和または除去
成分規格：第9版食品添加物公定書
表示方法：加工助剤
付　　記：米国　§184.1095，ＦＣＣ規格あり
　　　　　　ＥＵ　Ｅ513

硫酸亜鉛 （指定）
（指定名称　亜鉛塩類）
英　　名：Zinc Sulfate
概　　要：硫酸亜鉛は，金属亜鉛と希硫酸との反応などで得られる亜鉛塩で，無色の結晶または白色の粉末である。
　人工栄養児用の無調整の粉ミルクには，微量必須元素である亜鉛塩が不足しがちなため，亜鉛塩を補填する目的で，乳幼児用の母乳代替食品（調整粉乳など）に限った使用が認められている。
主な用途：強化剤（亜鉛の補填・強化）

382　リュウサンアルミ

使用基準：母乳代替食品，発泡性酒類に限る，量的な規制あり
成分規格：第9版食品添加物公定書
安 全 性：ＦＡＯ／ＷＨＯ，ＭＴＤＩ（亜鉛として）1mg／kg
表示方法：簡略名なし
　　　　　　強化の目的であっても，調整粉乳では表示
付　　記：米国　§182.5997，ＦＣＣ規格あり
→　亜鉛塩類，グルコン酸亜鉛

硫酸アルミニウムアンモニウム（指定）

（別名　アンモニウムミョウバン；乾燥物の別名　焼アンモニウムミョウバン）
英　　名：AlminiumAmmonium Sulfate
概　　要：本品には「硫酸アルミニウムアンモニウム」と称する結晶品（12水和物）と，「硫酸アルミニウムアンモニウム（乾燥）」と称する乾燥品がある。前者は無〜白色の結晶，結晶性粉末で，後者は白色塊または粉末でにおいはないが，やや渋く，収斂性がある。いずれも水溶性で酸性を示す。
　本品は，ナスの青色色素のナスニンと錯塩を作るので，ナスの漬物の色の安定化として使われ，ゆでたこにも使われる。クリやゴボウを本品で前処理しておくと歯切れがよくなるので，くりきんとん，きんぴらごぼうなどに使われる。
　また，水に溶けると酸性となるので，膨脹剤の配合原料として用いられる。
主な用途：製造用剤
使用基準：みそに使用してはならない　菓子，生菓子またはパンにあってはアルミニウムとして0.1g/kg 以下
成分規格：第9版食品添加物公定書
安 全 性：ＦＡＯ／ＷＨＯ
表示方法：乾燥品の主な簡略名　アンモニウムミョウバン，ミョウバンいずれも一括名「膨脹剤」の範囲
付　　記：米国　§182.1127，ＦＣＣ規格あり
　　　　　　ＥＵ　　Ｅ523

硫酸アルミニウムカリウム（指定）

（別名　カリミョウバン，ミョウバン；乾燥物の別名　焼ミョウバン）
英　　名：AlminiumPotassium Sulfate
概　　要：本品には「硫酸アルミニウムカリウム」と称する結晶品（12水和物）と，「硫酸アルミニウムカリウム（乾燥）」と称する乾燥品がある。前者は無〜白色の結晶，結晶性粉末で，後者は白色塊または粉末でにおいはないが，やや渋く，収斂性がある。いずれも水溶性で酸性を示す。
　本品はなすの青色色素のナスニンと錯塩を作るので，なすの漬物の色の安定化として使われ，ゆでたこにも使われる。くりやごぼうを本品で前処理しておくと

歯切れがよくなるので，くりきんとん，きんぴらごぼうなどに使われる。

また，水に溶けると酸性となるので，膨脹剤の配合原料として用いられる。

主な用途：製造用剤

使用基準：みそに使用してはならない　菓子，生菓子またはパンにあってはアルミニウムとして0.1g/kg以下

成分規格：第9版食品添加物公定書

安 全 性：FAO／WHO

表示方法：乾燥品の主な簡略名　カリミョウバン，ミョウバン　いずれも一括名「膨脹剤」の範囲

付 　 記：米国　§182.1129，FCC規格あり

　　　　　EU　E522

硫酸アンモニウム（指定）

英 　 名：Ammonium Sulfate

概 　 要：硫酸とアンモニアガスより合成法で作られ，無色の結晶または白色の粉末で，水に易溶性である。

　酵母の窒素源として酒母，もろみの補強に用いられる。またパン製造時のイーストの栄養源としてイーストフードに配合される。

主な用途：製造用剤（無機塩）

使用基準：なし

成分規格：第9版食品添加物公定書

安 全 性：FAO／WHO

表示方法：簡略名なし，一括名「イーストフード」の範囲

付 　 記：米国　§184.1143

　　　　　EU　E517

硫酸カリウム（指定検討予定）

英 　 名：Potassium Sulphate

概 　 要：硫酸のカリウムによる中和塩で，無色あるいは白色の結晶性の粉末である。

　減塩食などの製造工程で，硫酸ナトリウムの代替として使われる。

主な用途：製造用剤

使用基準：未検討

成分規格：第9版食品添加物公定書

安 全 性：FAO／WHO ADI 特定せず

表示方法：未検討（簡略名 硫酸K）

付 　 記：米国　§184.1643，FCC規格あり

　　　　　EU　E515（i）

→ 硫酸ナトリウム

硫酸カルシウム（指定）

英　名：Calcium Sulfate

概　要：硫酸カルシウムは，天然にはセッコウとして存在し，岩塩の成分や海水中のミネラル分として存在する，水に対する溶解性の低いカルシウム塩である。工業的には，カルシウム塩類を硫酸または硫酸塩類と反応させることにより作られている。食品添加物としては，豆腐の凝固剤としての使用量が多く，そのほかには，カルシウム強化の目的で小麦粉や粉ミルクなどに添加されたり，酵母発酵を利用する食品でのイーストフード（酵母の栄養源）などにも使われている。

主な用途：製造用剤

使用基準：使用目的の限定，カルシウムとしての使用量の規制がある

成分規格：第9版食品添加物公定書

安　全　性：ＦＡＯ／ＷＨＯ ＡＤＩ制限せず

表示方法：簡略名 硫酸Ca，一括名「イーストフード」，「（豆腐用）凝固剤」，「膨脹剤」の範囲 栄養強化の目的で使用した場合の表示は免除される

付　　記：米国　§184.1230，ＦＣＣ規格あり
　　　　　　EU　E516

硫酸第一鉄（指定）

英　名：Ferrous Sulfate

概　要：硫酸第一鉄は，代表的な鉄塩の一つであり，鉄に希硫酸を加えて反応させて得ることができる。結晶水を7つ持つ結晶物「硫酸第一鉄（結晶）」と1〜1.5水塩まで乾燥させた乾燥物「硫酸第一鉄（乾燥）」がある。結晶物は帯白緑色の結晶または粉末であり，乾燥物は灰白色の粉末となっている。正月のおせち料理の一つである黒豆を炊くとき，色留めにも使用されるため家庭でも比較的馴染みの深い食品添加物である。

　黒豆，お多福豆，昆布およびなすなどの色留めあるいは発色増強の目的で，よく使われており，また，鉄塩類の一つとして，鉄の補填・強化の目的に使用されることもある。

主な用途：製造用剤（色留め），強化剤（鉄の補填・強化）

使用基準：なし

成分規格：第9版食品添加物公定書

表示方法：簡略名 硫酸鉄，硫酸第一鉄
　　　　　　栄養強化の目的で使用した場合の表示は免除される

付　　記：米国　§184.1315，§182.5315，ＦＣＣ規格あり

硫酸銅 （指定）

（指定名称　銅塩類）

英　　名：Copper Sulfate

概　　要：硫酸銅は，銅と希硫酸との反応などで得られる銅塩であり，水溶性の青色の結晶または濃青色の粉末で，なめると渋い味がある。

　人工栄養児用の無調整の粉ミルクには，微量必須元素である銅塩が不足しがちなため，銅塩を補填する必要があり，乳幼児用の母乳代替食品（調整粉乳など）に限った使用が認められている。

主な用途：強化剤（銅塩の補填・強化）

使用基準：母乳代替食品に限る。量的な規制あり

成分規格：第9版食品添加物公定書

表示方法：簡略名なし

　　　　　　強化の目的であっても，調整粉乳では表示

付　　記：米国　§184.1261，ＦＣＣ規格あり

→ 銅塩類，グルコン酸銅

硫酸ナトリウム （指定）

英　　名：Sodium Sulfate

概　　要：天然にはアメリカ，カナダ，中国，ロシアなどの砂漠地帯に産出し，鉱泉，かん湖（塩水湖）水中にも含まれる。合成法で作られ，結晶物（10水塩）と無水物があり，それぞれ硫酸ナトリウム（結晶）および硫酸ナトリウム（無水）と称している。結晶物は無色の結晶か白色の結晶性粉末，無水物は白色の粉末である。水に可溶，空気中で酸化する。結晶物は結晶水で溶解して32.38℃で無色の液体となり，逆に100℃で結晶水を失って無水物となる。

　過酸化ベンゾイルの希釈剤，かんすいの成分，水のミネラル調整や製剤の希釈剤として使われる。

主な用途：製造用剤（無機塩）

使用基準：なし

成分規格：第9版食品添加物公定書

安 全 性：ＦＡＯ／ＷＨＯ

表示方法：簡略名 硫酸Ｎａ，一括名「かんすい」の範囲

付　　記：米国　§186.1797，ＦＣＣ規格あり

　　　　　　ＥＵ　　Ｅ514

硫酸マグネシウム （指定）

英　　名：Magnesium Sulfate

概　　要：天然には海水，鉱泉中に含まれる。合成法でも作られるが，日本では海水を濃縮して食塩を採取した残りの母液（苦汁：にがり）中に含まれるので，

これを原料としている。本品には結晶物（7水塩）と乾燥物（3水塩）があり，それぞれ硫酸マグネシウム（結晶），硫酸マグネシウム（乾燥）と称している。結晶物は無色の針状結晶，乾燥物は白色結晶性粉末で，塩味と苦味がある。

　発酵食品の発酵時の栄養源として，醸造添加物やパンのイーストフードに添加され，また豆腐の凝固剤としても使われる。

主な用途：製造用剤（無機塩）

使用基準：なし

成分規格：第9版食品添加物公定書

表示方法：簡略名 硫酸Mg，一括名「イーストフード」「豆腐用凝固剤」の範囲

付　　記：米国　§184.1443，ＦＣＣ規格あり
　　　　　　　ＥＵ　Ｅ518

流動パラフィン（既存）

（別名　ミネラルオイルホワイト）

英　　名：Liquid Paraffin

概　　要：石油の原油よりガソリン，灯油，軽油などを分留したのち，残留分を蒸留してパラフィン油分をとり，これよりさらに分離，精製を行って作られる。本品は無色透明で粘稠な液体，におい，味はない。

　諸外国では食品に広く使用されているが，日本ではパンを製造するときの生地の自動分割機の刃の粘着を防ぐためのデパイダーオイルと，パン型箱の離れをよくするための天板油のみ使用が認められ，残存量も0.1%以下と定められている。

主な用途：製造用剤（パンの離型剤のみ）

使用基準：パンの自動分割機と型箱の離型の目的のみ，残存量規制あり

成分規格：第9版食品添加物公定書

安 全 性：ＦＡＯ／ＷＨＯ，ＡＤＩ高粘度品　0 ～ 20mg／kg
　　　　　　　中位粘度品および低粘度品　クラスⅠ　0 ～ 10mg／kg
　　　　　　　　　　　　　　　　　　　クラスⅡ，Ⅲ　0 ～ 0.01mg／kg（暫定）

表示方法：簡略名 パラフィン

付　　記：米国　§172.615，
　　　　　　　ＥＵ　Ｅ905
　　　　　　　本品は諸外国では食品に利用された歴史は古く，わが国でも昭和の初めより輸入され，その後国産されて食品にも使われるようになった。天然添加物であるが，不純物による発ガン性の恐れより，昭和45年に成分規格，使用基準が制定されている。なお，本品は高度精製品のために酸化されやすいので，$dl-\alpha-$トコフェロールを配合した製剤とされている

DL－リンゴ酸 （指定）

（別名　*dl*－リンゴ酸）

英　　名：DL-Malic Acid

概　　要：リンゴ酸は，リンゴをはじめとするいろいろな果実類を中心に，動植物に広く存在する有機酸の一つである。

　食品添加物のリンゴ酸は，マレイン酸を原料とする化学的な合成方法で作られ，光学的に不活性なDL－体となっている。通常は，特有の酸味がある白色の粉末または結晶である。天然系のL－リンゴ酸は，発酵法や酵素法で作り得るが，既存添加物名簿に収載されておらず，食品添加物としては使用できない。

　リンゴ酸およびそのナトリウム塩であるリンゴ酸ナトリウムは，いずれも水に溶けるため，求める効果を発揮しやすい方が選ばれて使われている。

　リンゴ酸は，いろいろなリンゴ加工食品をはじめとして清涼飲料やあめ菓子，マーガリン，マヨネーズ等の酸味や酸度の調整の目的で使用されている。

主な用途：酸味料，pH調整剤

使用基準：なし

成分規格：第9版食品添加物公定書

安 全 性：ＦＡＯ／ＷＨＯ，ＡＤＩ（ナトリウム塩と共に）特定せず

表示方法：簡略名 リンゴ酸，一括名「酸味料」，「pH調整剤」，「膨脹剤」の範囲

付　　記：米国　§184.1069，ＦＣＣ規格あり

　　　　　　EU　　E296

DL－リンゴ酸ナトリウム （指定）

（別名　*dl*－リンゴ酸ナトリウム）

英　　名：Sodium DL-Malate

概　　要：リンゴ酸ナトリウムは，リンゴ酸をナトリウム塩類と反応して得られる白色の粉末または塊であり，塩味がある。→ DL－リンゴ酸 リンゴ酸ナトリウムは，リンゴ酸との併用で，酸度の調整に使用されるほか，塩味があるため，食塩の代替（減塩）に用いられている。

主な用途：調味料，酸味料，pH調整剤

使用基準：なし

成分規格：第9版食品添加物公定書

安 全 性：→ DL－リンゴ酸

表示方法：簡略名 リンゴ酸Na，リンゴ酸ナトリウム，一括名「調味料（有機酸）」，「酸味料」，「pH調整剤」および「膨脹剤」の範囲

付　　記：EU　　E350（i）

リン酸 （指定）

英　名：Phosphoric Acid

概　要：リン酸は，生体の必須成分であるが，遊離の形では天然には存在せず，動植物では，たん白質や脂質等と結合したエステルの形，あるいは，カルシウム塩等の形で存在している。

　工業的には，リン鉱石を原料として化学的な処理を加えて作られている。食品添加物のリン酸は，シロップ状の粘性の高い液体（75％以上の水溶液）である。

　食品への使用は，清涼飲料では酸味料の一つとして，醸造用にはpHの調整の目的で使用されている。リン酸は，遊離の酸以外に一般的にナトリウム塩やカルシウム塩などの塩類の形で使用されている。

　カルシウム欠乏との関連で，安全性の観点から問題視されることもあるが，リンとカルシウムの摂取比率が1：1 ～ 1：2の間にあれば問題はないとされており，現在の両者の摂取量からみた場合，問題はないと考えられている。

主な用途：酸味料，酸（製造用剤）

使用基準：なし

成分規格：第9版食品添加物公定書

安 全 性：ＦＡＯ／ＷＨＯ ＭＴＤＩ（リン）0 ～ 70mg/kg（カルシウムの摂取量との関連で変動する）

表示方法：簡略名なし，一括名「酸味料」，「pH調整剤」の範囲

付　記：米国　§182.1073，ＦＣＣ規格あり

　　　　　EU　E 338

リン酸架橋デンプン （指定）

英　名：Distarch Phosphate

概　要：デンプンをトリメタリン酸ナトリウムあるいはオキシ塩化リンでエーテル化（架橋）して得られるデンプンの誘導体である。

　酸に強く，せん断耐性があり，糊化しにくいデンプンとなる。架橋の程度により，幅広い粘性が得られる。

　スナック類，ベーカリー類を始めさまざまな食品で，食感の改良，物性の改良に使われる。いわゆる化工デンプンとして，通関時には食品（デンプン）とみなされてきたが，国際的に汎用されている添加物であり，加工デンプンの一つとして，2008年10月に食品添加物に指定された。

主な用途：増粘安定剤

使用基準：なし

成分規格：第9版食品添加物公定書

表示方法：簡略名 加工デンプン，

　　　　　　増粘安定剤の目的で使用した場合は，用途名「糊料」または使用目的に応じて「増粘剤」，「安定剤」あるいは「ゲル化剤」を併記する。

付　　記：米国　§172.892（Food Starch-Modified）
　　　　　　EU　E1412

リン酸化デンプン（指定）

英　　名：Monostarch Phosphate

概　　要：デンプンをオルトリン酸類（酸およびそのナトリウム塩若しくはカリウム塩）またはトリポリリン酸ナトリウムでリン酸エステル化して得られるデンプンの誘導体である。

　親水性と冷凍耐性に優れた粘性の高い糊液を形成する。冷凍・冷蔵食品で，離水防止，老化抑制の目的で使用され，ソース，フィリング類等の粘性の調整にも使われる。いわゆる化工デンプンとして，通関時には食品（デンプン）とみなされてきたが，国際的に汎用されている添加物であり，加工デンプンの一つとして，2008年10月に食品添加物に指定された。

主な用途：増粘安定剤

使用基準：なし

成分規格：第9版食品添加物公定書

安 全 性：→　リン酸架橋デンプン

表示方法：→　リン酸架橋デンプン

付　　記：米国　§172.892（Food Starch-Modified）
　　　　　　EU　E1410

リン酸三カリウム（指定）

（別名　第三リン酸カリウム）

英　　名：Tripotassium Phosphate

概　　要：オルソリン酸とも呼ばれるリン酸のカリウム塩類（水酸化カリウムや炭酸カリウム等）との中和反応によって得られた塩が，リン酸カリウム塩類である。リン酸三カリウムは，リン酸が完全に中和されている（リン酸の酸としての働きを示す3つの水素が全てカリウムに置換されている）もので，無〜白色の結晶または塊，あるいは白色の粉末になっている。

　リン酸カリウム類は，ナトリウム塩類と共に，中華ソバを作る際に用いられる「かんすい」の原料（構成成分）として使われたり，食肉製品や水産練製品で保水性を高める結着の目的などに使われている。このほか，菓子を作る際に使われる「膨脹剤」の成分としての使用や，食品のpHを調整したり，味の調和を保つ目的など，いろいろな目的でさまざまな食品に使用されている。また，特殊な例としては，プロセスチーズの調製時の乳化を助ける乳化塩類としての使用があり，さらにアンモニウム塩と共に，清酒などの醸造食品の製造に使われる水の処理にも使用されている。

主な用途：製造用剤

使用基準：なし
成分規格：第9版食品添加物公定書
安　全　性：ＦＡＯ／ＷＨＯ → リン酸
表示方法：簡略名 リン酸K，リン酸カリウム，一括名「かんすい」，「調味料（無
　　　　　　機塩）」「膨脹剤」およびプロセスチーズ等における「乳化剤」の範囲
付　　　記：米国　ＦＣＣ規格あり
　　　　　　ＥＵ　Ｅ340（iii）

リン酸三カルシウム （指定）

（別名　第三リン酸カルシウム）

英　　名：Tricalcium Phosphate
概　　要：オルソリン酸とも呼ばれるリン酸のカルシウム塩類との中和反応に
より得られるものが，リン酸カルシウム類である。リン酸三カルシウムは，2分
子のリン酸（酸の部分が6個ある）に対して3個のカルシウムが結合して完全に中
和した形になっているものをさすが，リン6に対してカルシウム10比率となるさ
まざまな関連化合物の混合物になっている。本品は，水に溶けない（徐々に反応
する）白色の粉末である。
　このリン酸カルシウム類は，カルシウムによる食品の改質の目的やカルシウム
強化の目的で使用される。また，食品または食品添加物が固着して塊を作るのを
防ぐ目的の固結防止剤としても使用されている。
主な用途：カルシウムの補填・強化，製造用剤
使用基準：使用目的の限定，量的な制限あり
成分規格：第9版食品添加物公定書
安　全　性：ＦＡＯ／ＷＨＯ，ＭＴＤＩ → リン酸
表示方法：簡略名 リン酸Ca，リン酸カルシウム，一括名「イーストフード」「ガ
　　　　　　ムベース」，「膨脹剤」およびプロセスチーズ等における「乳化剤」の
　　　　　　範囲
付　　　記：米国　§182.1217，§182.5217，§182.8217，ＦＣＣ規格あり
　　　　　　ＥＵ　Ｅ341（iii）

リン酸水素二アンモニウム （指定）

（別名　リン酸二アンモニウム）

英　　名：Diammonium Hydrogen Phosphate
概　　要：リン酸水素二アンモニウムは，強酸のリン酸と弱塩基のアンモニア
（リン酸に対して2倍当量使用）が反応して得られる，アンモニア臭のする無〜白
色の結晶または白色の粉末である。水溶液は弱アルカリ性を示す。
　酒造用の水の調整，発酵食品などでのイーストフードなどに使われる。
主な用途：製造用剤

使用基準：なし

成分規格：第9版食品添加物公定書

安 全 性：ＦＡＯ／ＷＨＯ，ＭＴＤＩ → リン酸

表示方法：簡略名 リン酸アンモニウム，一括名「イーストフード」およびプロ
セスチーズ等における「乳化剤」の範囲

付　　記：米国　§184.1141b，ＦＣＣ規格あり

リン酸二水素アンモニウム （指定）

（別名　リン酸一アンモニウム）

英　　名：Ammonium Dihydrogen Phosphate

概　　要：リン酸とアンモニアが1当量ずつで反応したリン酸塩が，リン酸二水
素アンモニウムであり，無～白色の結晶または白色の粉末になっている。水溶液
は弱酸性を示す。

→ リン酸水素二アンモニウム

主な用途：製造用剤

使用基準：なし

成分規格：第9版食品添加物公定書

安 全 性：→ リン酸

表示方法：→ リン酸水素二アンモニウム

付　　記：米国　S184.1141a，ＦＣＣ規格あり

リン酸水素二カリウム （指定）

（別名　リン酸二カリウム）

英　　名：Dipotassium Hydrogen Phosphate

概　　要：リン酸カリウム類のうち，リン酸とカリウムの比が1：2のものがリン
酸水素二カリウムであり，白色の結晶，粉末または塊になっている。水溶液はア
ルカリ性を示す。

→ リン酸三カリウム

主な用途：製造用剤，pH調整剤

使用基準：なし

成分規格：第9版食品添加物公定書

安 全 性：ＦＡＯ／ＷＨＯ，ＭＴＤＩ → リン酸

表示方法：簡略名 リン酸Ｋ，リン酸カリウム，一括名「かんすい」，「調味料（無
機塩）」，「pH調整剤」，「膨脹剤」およびプロセスチーズ等における
「乳化剤」の範囲

付　　記：米国　§132.6285，ＦＣＣ規格あり
　　　　　　ＥＵ　Ｅ340（ii）

リン酸二水素カリウム（指定）

（別名　リン酸一カリウム）

英　　名：Potassium Dihydrogen Phosphate

概　　要：リン酸カリウム類のうち，リン酸とカリウムが1当量ずつで反応したものが，リン酸二水素カリウムであり，無色の結晶または白色の粉末になっている。水溶液は酸性を示す。

→　リン酸三カリウム

主な用途：製造用剤，pH調整剤

使用基準：なし

成分規格：第9版食品添加物公定書

安 全 性：→　リン酸

表示方法：→　リン酸水素二カリウム

付　　記：米国　ＦＣＣ規格あり
　　　　　　ＥＵ　Ｅ340（i）

リン酸一水素カルシウム（指定）

（別名　第二リン酸カルシウム）

英　　名：Calcium Monohydrogen Phosphate

概　　要：リン酸カルシウム塩のうち，リン酸1に対してカルシウム1の割合で結合しているものが，リン酸一水素カルシウムであり，白色の結晶または粉末になっている。結晶水の数が，0～2の範囲にあり，通常は結晶水を持つ製品が流通している。

→　リン酸三カルシウム

主な用途：カルシウムの補填・強化，製造用剤

使用基準：使用目的を限定，量的な規制もある

成分規格：第9版食品添加物公定書

安 全 性：ＦＡＯ／ＷＨＯ，ＭＴＤＩ→　リン酸

表示方法：→　リン酸三カルシウム

付　　記：米国　§182.1217，§182.5217，§182.8217，ＦＣＣ規格あり
　　　　　　ＥＵ　Ｅ341（ii）

リン酸一水素マグネシウム（指定）

（別名　リン酸二マグネシウム）

英　　名：Magnesium Hydrgen Phosphate，Dimagnesium Phosphate

概　　要：リン酸一水素マグネシウムは，リン酸のモノマグネシウム塩であり，1水和物から7水和物までさまざまな水和物が知られている。製法によっても異なる水和物が得られる。

　酸化マグネシウムとリン酸または水可溶性のマグネシウム塩とリン酸もしくは

リン酸水素アルカリ水溶液との反応により生成される。いずれも無色の結晶として得られる。

マグネシウム塩として栄養強化の目的で使用される。

主な用途：栄養強化剤

使用基準：使用目的を限定，量的な規制もある

成分規格：第9版食品添加物公定書

安　全　性：ＦＡＯ／ＷＨＯ　ＭＴＤＩ（一日当たり最大耐容摂取量）リンとして 70mg/kg

表示方法：リン酸三カルシウム

付　　記：米国　§184 1434，ＦＣＣ規格あり 同種のものとして，リン酸三マグネシウムが，2004年1月20日に指定されている

リン酸二水素カルシウム （指定）

（別名　第一リン酸カルシウム）

英　　名：Calcium Dihydrogen Phosphate

概　　要：リン酸カルシウム類のうち，リン酸2に対してカルシウム1の割合で結合したものがリン酸二水素カルシウムであり，無〜白色の結晶または白色の粉末になっている。→ リン酸三カルシウム ただし，本品は，カルシウムの含量が少ないため，他のリン酸カルシウム類とは異なり，通常は，食品などの固結の防止の目的では使われない。

主な用途：カルシウムの補填・強化，製造用剤

使用基準：使用目的を限定，量的な制限もある

成分規格：食品添加物公定書規格，ＦＡＯ／ＷＨＯ規格

安　全　性：ＦＡＯ／ＷＨＯ，ＭＴＤＩ → リン酸

表示方法：簡略名→ リン酸三カルシウム，一括名「イーストフード」，「膨脹剤」の範囲

付　　記：米国　§182.1217，§182.5217，§182.6215，§182.8217，ＦＣＣ規格あり

EU　E341（i）

リン酸水素二ナトリウム （指定）

（別名　リン酸二ナトリウム）

英　　名：Disodium Hydrogen Phosphate

概　　要：オルトリン酸とも呼ばれるリン酸とナトリウム塩類（水酸化ナトリウムや炭酸ナトリウム等）との中和反応によって得られるものが，リン酸ナトリウム類である。リン酸1に対してナトリウム2の割合で結合したものが，リン酸水素二ナトリウムであり，結晶水を持つ結晶物（2〜12個の結晶水を持つ）リン酸水素ナトリウム（結晶）と，無水物のリン酸水素二ナトリウム（無水）がある。結

晶物は，無～白色の結晶または塊であり，無水物は，白色の粉末である。

　リン酸ナトリウム類は，リン酸カリウム類と同様に，中華ソバを作る際に用いられる「かんすい」の原料（構成成分）として使われたり，食肉製品や水産練製品で保水性を高める結着の目的などに使われている。また，この他，菓子を作る際に使われる「膨脹剤」の成分としての使用や，食品のpHを調整したり，味の調和を保つ目的など，いろいろな目的でさまざまな食品に使用されている。また，特殊な例としては，プロセスチーズの調製時の乳化を助ける乳化塩類としての使用がある。さらに，アンモニウム塩と共に，清酒などの醸造食品の製造に使われる水の処理にも使用されている。

主な用途：製造用剤

使用基準：なし

成分規格：第9版食品添加物公定書

安 全 性：ＦＡＯ／ＷＨＯ，ＭＴＤＩ → リン酸

表示方法：簡略名 リン酸Na，リン酸ナトリウム，一括名「かんすい」，「調味料（無機塩）」，「pH調整剤」，「膨脹剤」およびプロセスチーズ等における「乳化剤」の範囲

付　　記：米国　§182.1778，§182.5778，§182.6290，ＦＣＣ規格あり
　　　　　　ＥＵ　　Ｅ339（ii）

リン酸二水素ナトリウム （指定）

（別名　リン酸一ナトリウム）

英　　名：Sodium Dihydrogen Phosphate

概　　要：リン酸ナトリウム類のうち，リン酸1に対してナトリウム1の割合で結合したものが，リン酸二水素ナトリウムであり，2個の結晶水を持つ結晶物：リン酸水素ナトリウム（結晶）と，結晶水のない無水物：リン酸二水素ナトリウム（無水）がある。結晶物は，無～白色の結晶または白色の粉末であり，無水物は，白色の粉末または粒である。水溶液は酸性を示す。→ リン酸水素二ナトリウム

主な用途：製造用剤

使用基準：なし

成分規格：第9版食品添加物公定書

安 全 性：ＦＡＯ／ＷＨＯ，→ リン酸

表示方法：→ リン酸水素二ナトリウム

付　　記：米国　§182.1778，§182.5778，§182.6778，ＦＣＣ規格あり
　　　　　　ＥＵ　　Ｅ339（i）

リン酸三ナトリウム （指定）

（別名　第三リン酸ナトリウム）

英　　名：Trisodium Phosphate

概　　要：リン酸のナトリウム塩のうち，リン酸の酸をナトリウムで完全に中和したものが，リン酸三ナトリウムであり，6水塩または12水塩の結晶物：リン酸水素ナトリウム（結晶）と，結晶水を持たない無水物：リン酸二水素ナトリウム（無水）がある。結晶物は，無〜白色の結晶または粉末であり，無水物は，白色の粉末または粒である。水溶液は比較的強いアルカリ性を示す。→　リン酸水素二ナトリウム

主な用途：製造用剤
使用基準：なし
成分規格：第9版食品添加物公定書
安 全 性：ＦＡＯ／ＷＨＯ，→　リン酸
表示方法：簡略名　リン酸Na，リン酸ナトリウム，一括名「かんすい」，「調味料（無機塩）」およびプロセスチーズ等における「乳化剤」の範囲
付　　記：米国　§182.1778，§182.5778，§182.6778，ＦＣＣ規格あり
　　　　　ＥＵ　　Ｅ339（iii）

リン酸三マグネシウム（指定）

（別名　第三リン酸マグネシウム）

英　　名：Trimagnesium Phosphate
概　　要：リン酸のマグネシウム塩のうち，リン酸2モルに対してマグネシウム3モルが塩として結合したものである。リン酸三マグネシウムには無水物および結晶水を持つ4水和物，5水和物，8水和物，22水和物があるが，食品添加物としては，4水和物，5水和物および8水和物が対象となっている。通常，水に溶けない，白色の結晶性の粉末である。現在は工業的に8水和物が作られており，これを強熱処理すると4水和物あるいは5水和物が得られる。さらに強熱することで無水物を得ることができるが，食品添加物としては使用できない。マグネシウムの補填，豆腐の凝固剤などの目的で使用される。国際的に汎用されている食品添加物であり，リン酸のマグネシウム塩の中で初めて2004年に指定された。

主な用途：製造用剤，強化剤（マグネシウムの補填・強化）
使用基準：なし
成分規格：第9版食品添加物公定書
安 全 性：ＦＡＯ／ＷＨＯ　リン酸塩としてのＭＴＤＩ（リンとして）0〜70mg/kg
　　　　　マグネシウム塩としてはデータ不足
付　　記：米国　§134.1434，ＦＣＣ規格あり
　　　　　ＥＵ　　Ｅ343

リン酸モノエステル化リン酸架橋デンプン（指定）

英　　名：Phosphated Distarch Phosphate

396　リンターセ

概　　要：デンプンをオルトリン酸類（酸およびそのナトリウム塩もしくはカリウム塩）またはトリポリリン酸ナトリウムでリン酸エステル化し，さらにトリメタリン酸ナトリウムまたはオキシ塩化リンでエーテル化（架橋）したデンプンの誘導体である。
　親水性と冷凍耐性に優れた粘性の高い糊液を形成する。冷凍・冷蔵食品で，離水防止，老化抑制の目的で使用され，ソース，フィリング類等の粘性の調整にも使われる。いわゆる化工デンプンとして，通関時には食品（デンプン）とみなされてきたが，国際的に汎用されている添加物であり，加工デンプンの1つとして，2008年10月に食品添加物に指定された。
主な用途：増粘安定剤
使用基準：なし
成分規格：食品，添加物等の規格基準，ＦＡＯ／ＷＨＯ規格
安 全 性：→　リン酸架橋デンプン
表示方法：→　リン酸架橋デンプン
付　　記：米国　§172.892（Food Starch-Modified）

リンターセルロース （既存）

英　　名：Linter Cellulose
概　　要：綿の実の単毛を精製し，機械的にすり潰したもので，繊維の末端がほぐれてからまった構造であり，セルロースが主成分である。白色の粉末状，ろう紙状など。水，有機溶剤には不溶。セルロースは水中でマイナスに帯電するので，カチオン物質を吸着する性質もあり，ろ過助剤として液体食品に使われる。
主な用途：製造用剤（ろ過助剤）
使用基準：なし
表示方法：簡略名 セルロース，ろ過助剤の場合は加工助剤

ルチン （抽出物）（既存）

英　　名：Rutin （Extract）
概　　要：ルチンは，エンジュ（豆科の植物）のつぼみ，ソバやアズキなどの中に含まれるフラボノイド系の物質で，クエルセチンの配糖体（糖はラムノースとグルコースからなる二糖類）である。ルチンは，熱に安定で，抗酸化作用がある。食品添加物としては，エンジュ，ソバ，アズキから，ルチン成分を抽出し，精製したものが使用されており，化学的な合成工程を経たものは使用できない。
　市場では，エンジュから抽出されたものが主体として流通している。ルチンは，飲料，冷菓，菓子類，肉や魚の加工品，珍味類に酸化防止の目的で使用されている。
　ルチンは，フラボノイド系物質であり，アルカリ性の液に溶かすと黄～橙色になるため，着色の目的で使うことも考えられるが，色が薄いため使われていない。

主な用途：酸化防止剤

使用基準：なし

成分規格：（エンジュ抽出物）第9版食品添加物公定書

表示方法：用途名「酸化防止剤」併記，簡略名 ルチン，フラボノイド

→ エンジュ抽出物，アズキ全草抽出物，ソバ全草抽出物，酵素処理ルチン，ルチン酵素分解物

ルチン酵素分解物（既存）

英　　名：Enzymatically Decomposed Rutin

概　　要：エンジュなどから得られる「ルチン（抽出物）」を，ナリンジナーゼ，ヘスペリジナーゼ，ラムノシダーゼなどの酵素で処理した後，精製して得られるイソクエルシトリンを主要成分とするものが，ルチン酵素分解物である。

　イソクエルシトリンを主成分とする既存添加物には，ほかに「ドクダミ抽出物」がある。

　イソクエルシトリンは，クエルセチンと共に，油脂類，飲料，冷菓，食肉加工品などに，酸化防止の目的で使用されている。

主な用途：酸化防止剤

使用基準：なし

成分規格：第9版食品添加物公定書

表示方法：用途名「酸化防止剤」併記，簡略名 イソクエルシトリン

→ ルチン（抽出物），ドクダミ抽出物，クエルセチン

ルテニウム（既存）

英　　名：Ruthenium

概　　要：元素Ru，食品製造用（還元糖製造等）の水素添加触媒として使われる貴金属系触媒で，低温低圧でも反応が進行するので，反応の選択性，省エネルギー面から使用は増加している。使用済み触媒は回収再使用される。

主な用途：製造用剤（触媒）

使用基準：なし

表示方法：加工助剤

レイシ抽出物（既存）

（別名　マンネンタケ抽出物）

英　　名：Mannentake Extract

概　　要：レイシ（霊芝）は，広葉樹の根元や切り株に生えるサルノコシカケ科のキノコ，マンネンタケの子実体である。マンネンタケは，中国では古くから栽培されているが，日本では近年栽培されるようになったものである。

　レイシは，滋養強壮，鎮痛などの目的で使われる漢方薬の原料とされてきた。

レイシ抽出物は，このマンネンタケの菌糸体または子実体あるいはマンネンタケの培養液から，水，エタノールまたはこ酸化炭素（炭酸ガス）で抽出して得られる成分である。

　この抽出液は，苦味成分とカルシウムなどのミネラル類を含むため，飲料などに苦味による味の調整の目的などで使われることがある。果実のレイシ（ライチ）からの抽出物ではないので，注意を要する。

主な用途：苦味料
使用基準：なし
表示方法：簡略名 レイシ，一括名「苦味料」の範囲
付　　記：日本食品添加物協会自主規格あり

レシチン（既存）

英　　名：Lecithin
概　　要：油糧種子または動物原料から得られたもので，主成分はリン脂質である。白〜褐色の粉末もしくは粒，淡黄〜暗褐色の塊または淡黄〜暗褐色の粘稠な液状の物質で，わずかに特異なにおいがある。
主な用途：乳化剤
使用基準：なし
成分規格：第9版食品添加物公定書

レッチュデバカ（既存）

英　　名：Leche De Vaca
概　　要：クワ科レッチュデバカの幹枝より得られたラテックスを熱時水で洗浄し，水溶成分を除去して得られたもので，アミリンエステルを主成分としている。淡黄色のもろい固体で，わずかに特有のにおいがある。水に不溶，エタノールに一部可溶。

　チューインガムに樹脂様の食感を与えるためにガムベースに使われる。

主な用途：ガムベース
使用基準：なし
表示方法：簡略名なし，一括名「ガムベース」の範囲
付　　記：米国　§172.615，ＦＣＣ規格あり

レッドカーラント色素（一般飲食物添加物）

英　　名：Red Currant Colour
概　　要：レッドカーラントは，アカ（赤）スグリとも呼ばれるユキノシタ科の低木である。ヨーロッパが原産で，地中海東部沿岸地方や，米国カリフォルニア州で栽培されている。果実はジャムの原料にも使われている。

　この赤スグリの果実を原料に，搾汁するか，水で抽出して得られるアントシア

レンネット　399

ニン系のペラルゴニジンガラクトシドおよびペチュニジンガラクトシドを主色素
とするものが，レッドカーラント色素である。

主な用途：食品素材，食品添加物としては着色料

使用基準：着色の目的では，こんぶ類，食肉，鮮魚介類（鯨肉を含む），茶，の
り類，豆類，野菜およびわかめ類には，使用できない

表示方法：食品として使用した場合任意
着色の目的で使用した場合用途名（「着色料」）併記，または，「色素」
名で表示，簡略名 ベリー色素，果実色素，アントシアニン（色素）

付　　記：米国　§73.250（果汁）
ＥＵ　Ｅ163（アントシアニン類）
日本食品添加物協会自主規格あり

レバン（既存）（第4次消除予定品目）

（別名　フラクタン）

英　　名：Levan

概　　要：枯草菌によるショ糖またはラフィノースの発酵培養液より，分離して
得られたものである。主成分はD－フラクトフラノースである。

　白色粉末。水に易溶，低粘性の水溶液となる。アラビアガムに近似した性質を
持ち，乳化安定剤，気泡安定剤等に使われる。

主な用途：増粘安定剤

使用基準：なし

表示方法：用途名「糊料」または使用目的に応じて「増粘剤」，「安定剤」，「ゲル
化剤」のいずれかを併記，既存添加物・通常食品の増粘安定剤の多糖
類を2種以上併用するときの簡略名 増粘多糖類，この場合は，用途名
「増粘剤」の併記を省略できる

レンネット（既存）

（別名　キモシン，レンニン）

英　　名：Rennet

概　　要：反すう動物の第四胃より，または特定の酵母菌，糸状菌，担子菌，細
菌の培養液より，水もしくは酸性水溶液で抽出して得られたもの，室温で濃縮し
たもの，あるいはエタノールまたは含水エタノールで処理して得られたものであ
る。

　吸湿性のある淡褐色の粉末，粒，または淡黄～褐色の液体で，無臭あるいはや
や酸臭を持つ。水に可溶，エタノール，エーテルにはとんど溶けない。

　乳たん白中のカゼインを凝集させる機能がある。チーズ，レンネットカゼイン
の製造に使われる。

主な用途：酵素（加水分解酵素）

使用基準：なし
成分規格：第9版食品添加物公定書　ＦＡＯ／ＷＨＯ規格
安　全　性：ＦＡＯ／ＷＨＯ，ＡＤＩ 基原により特定せずまたはＧＭＰで制限
表示方法：簡略名なし，一括名「酵素」の範囲
付　　記：米国　§184.1685，173.150，ＦＣＣ規格あり

レンネットカゼイン （一般飲食物添加物）

英　　名：Rennet Casein
概　　要：カゼインは牛乳中約3％含まれている。脱脂乳に凝乳酵素レンネットを用いてカゼインを凝集させて作られる。カゼインは良質のタンパク源であり，乳化剤，増粘安定剤，保水剤など多くの機能を持っている。
　通常は乳製品，畜産，水産加工品，菓子類に食品原料として使われる。
主な用途：通常は食品，食品添加物としては，増粘安定剤
使用基準：なし
表示方法：食品としては表示任意，
　　　　　食品添加物（増粘安定剤）として使用した場合用途名「糊料」または使用目的に応じて「増粘剤」，「安定剤」，「ゲル化剤」のいずれかを併記簡略名 カゼイン，乳たん白，既存添加物・通常食品の増粘安定剤の多糖類を2種以上併用するときの簡略名 増粘多糖類，この場合は，用途名「増粘剤」の併記を省略できる
付　　記：食品，添加物等の規格基準の成分規格に「カゼイン」があるが，これは酸カゼインを指しており，レンネットカゼインはカルシウム量が多く，この成分規格には合格しない。酸カゼインはレンネットカゼインとは異なり，増粘安定剤の機能と異なる機能（乳化安定剤）を有するとみなされている。表示には，注意が必要である

→ カゼイン

Ｌ－ロイシン （既存）

英　　名：L-Leucine
概　　要：Ｌ－ロイシンは，たん白質を構成するアミノ酸の一つで，血液（ヘモグロビンや血清）や種子類などに比較的多く含まれている。人の成長に大きな影響を持っているが，体内では生成することができないため，必須アミノ酸になっている。
　製法は，ロイシンを比較的多量に含むたん白質を加水分解した後，ロイシン分を取り出して精製する方法と，糖類を原料にした発酵法で生成させてロイシン分を精製する方法がある。
　Ｌ－ロイシンは，わずかに苦みを持つ，比較的水に溶けにくい，白色の粉末である。

必須アミノ酸として，ロイシン含量の少ない食品に強化の目的で添加したり，他の必須アミノ酸類と共に栄養ドリンク等に使用されている。また，特有の風味を利用してフレーバーの原料としての使用，各種食品での風味の改善にも使われている。

主な用途：強化剤（ロイシンの補填・強化），調味料
使用基準：なし
成分規格：第9版食品添加物公定書
安全性：栄養強化成分は，ＪＥＣＦＡでの評価対象外
表示方法：簡略名 ロイシン，一括名「調味料（アミノ酸)」の範囲
　　　　　　栄養強化の目的で使用した場合の表示は免除される
付　記：§172.320（アミノ酸)，ＦＣＣ規格あり

ローガンベリー色素 （一般飲食物添加物）

英　名：Loganberry Colour
概　要：ローガンベリーは，ラズベリーの近縁種のバラ科キイチゴ属に属する低木であり，米国で雑種交配して開発されたものである。果実は，大きく暗赤色で酸味がある。

このローガンベリーの果実を原料に，搾汁するか，水で抽出して得られる，アントシアニン系のシアニジングリコシドを主色素とするものが，ローガンベリー色素である。

主な用途：食品素材，食品添加物としては着色料
使用基準：着色の目的では，こんぶ類，食肉，鮮魚介類（鯨肉を含む），茶，のり類，豆類，野菜およびわかめ類には，使用できない
表示方法：食品として使用した場合任意
　　　　　　着色の目的で使用した場合用途名（「着色料」）併記，または「色素」名で表示，簡略名 ベリー色素，果実色素，アントシアニン（色素）
付　記：米国　§73.250（果汁）
　　　　　　ＥＵ　E163（アントシアニン類）

ログウッド色素 （既存）

英　名：Logwood Colour
概　要：ログウッドは，マメ科の植物である。このログウッドの心材には，ヘマトキシリンおよびヘマティン（ヘマトキシリンの酸化物）が含まれている。この心材から熱水で抽出して得られた，色素成分としてヘマトキシリンを含むものが，ログウッド色素である。

純粋のヘマトキシリンは無色の結晶で，アルカリ性で紅色を呈する性質があり，純粋のヘマティンは赤色の結晶で，アンモニア溶液で褐紫色を呈し，強アルカリで紫青色を呈する性質がある。ログウッド色素は，このような成分の混合物のた

め，黒褐色を呈する。

食品用の着色料として使われることがある。

主な用途：着色料

使用基準：着色の目的では，こんぶ類，食肉，鮮魚介類（鯨肉を含む），茶，のり類，豆類，野菜およびわかめ類には，使用できない

表示方法：用途名「（着色料）」併記，または，「色素」名で表示，簡略名なし

ロシディンハ （既存）

（別名　ロジディンハ）

英　　名：Rosidinha

概　　要：アカテツ科シデロキシロン属の幹枝より得られたラテックスを脱水して得られたもので，主成分はアミリンアセタートとポリイソプレンである。淡褐～淡茶褐色の固体で，わずかに特有のにおいがある。水に不溶。チューインガムに樹脂様の食感を与えるためにガムベースに使われる。

主な用途：ガムベース

使用基準：なし

表示方法：簡略名なし，一括名「ガムベース」の範囲

付　　記：米国　§172.615，ＦＣＣ規格あり

ロシン （既存）

（別名　ロジン）

英　　名：Rosin

概　　要：松の樹皮の分泌物より低沸点留出物を留去して得られたもので，主構成成分はアビエチン酸である。淡黄～黄褐色のガラス様のもろい固体で，特有の松脂臭がある。水に不溶，エタノール，油脂に可溶。チューインガムに樹脂様の食感を与えるとともに，風船ガムでは成膜性を強化するためにガムベースに使われる。

主な用途：ガムベース

使用基準：なし

表示方法：簡略名なし，一括名「ガムベース」の範囲

付　　記：米国　§172.615，ＦＣＣ規格あり

　　　　　日本食品添加物協会自主規格あり

ローズマリー抽出物 （既存）

（別名　マンネンロウ抽出物）

英　　名：Rosemary Extract

概　　要：ローズマリーは，ヨーロッパ地中海沿岸諸国や北アフリカに広く野生していたシソ科の常緑多年草で，マンネンロウとも呼ばれる。現在は，イギリス

や米国にも栽培が広がっており，ハーブとしても使用されるが，強いショウノウ（樟脳）臭がある。ローズマリー抽出物は，このマンネンロウの花や葉から，二酸化炭素（炭酸ガス）で抽出したもの，エタノールまたは含水エタノールで抽出したもの，あるいはさまざまな有機溶剤で抽出してその有機溶剤を除去したものであり，酸化防止の作用をもつ，ロスマノール，カルノソール，カルノシン酸などのフェノール性ジテルペノイドを主要成分にする独特なにおいがある液体である。

　油脂および油脂加工品，菓子類，水産練製品などに使われることがある。

主な用途：酸化防止剤

使用基準：なし

表示方法：用途名「酸化防止剤」併記，簡略名なし

付　　記：日本食品添加物協会自主規格あり

用　語　編

人を想う 食を支える

いつもの食卓、学食やお弁当、
ひとときのティータイムでさえも。
食べる時間を、もっと、幸せな時間にできないか。
おいしい食べ物を口にしたときの心満たされる気持ち、
ふとこぼれる笑顔や自然とはずむ会話。
そんな食の幸せを、寄り添うようにお手伝いしたい。
技術はもちろん、感性までも研ぎ、食品を豊かに。
そして、安全を追求することで、本当に安心といえる、
食の新たな価値の創造に努め続けること。

そう、味や香りをはじめ、色彩や食感、
機能性や保存性の向上に至るまで。
からだやおいしさに結びつく食品添加物により、
食品の可能性を広げていくことが、私たちの使命です。
ひとに、社会に、ひいては未来に、
健やかなくらしと食の歓びを届けていく。
食にできることを、そっと、今日も一つひとつ。

三栄源エフ・エフ・アイ

本社／〒561-8588 大阪府豊中市三和町1-1-11 Tel.06-6333-0521 Fax.06-6333-1219
東京／Tel.03-3241-2241　　仙台／Tel.022-214-2241　　名古屋／Tel.052-588-7071
広島／Tel.082-241-0521　　福岡／Tel.092-411-9137　　www.saneigenffi.co.jp

用　語　編

ＡＤＩ

　ＡＤＩ（許容一日摂取量）とは，Acceptable Daily Intakeの略で，対象となる食品添加物または食品添加物群を，毎日，一生涯食べ続けても，安全性の面から見て，問題が生じない量をいう。

　食品添加物の安全性は，実験動物による各種の毒性試験により確かめられるが，ある物質について何段階かの異なる投与量を用いて毒性試験を行ったとき，有害な影響が観察されなかった最大の投与量を無毒性量（ＮＯＡＥＬ）といい，各種の動物試験結果を総合して「最大無作用量（ＮＯＡＥＬ）」が求められる。これに人間と実験動物との動物種の差異や，人間内の老若などの差異による安全性を考慮した安全率（通常は100分の１）を掛けた値を「許容一日摂取量」といい，体重1kg当たりの量として，mg/kgで表す（ＡＤＩ＝無毒性量÷安全率）。

　日本においては、食品安全委員会が食品添加物などの食品健康影響評価を行う際に設定するのがＡＤＩである。また，国際的には，国際連合の専門機関であるＦＡＯ（国際連合食糧農業機関）とＷＨＯ（世界保健機関）が共同で主催する食品添加物に関する専門家の委員会（合同食品添加物専門家委員会：ＪＥＣＦＡ）で，多くの資料をもとにして検討し，その食品添加物の摂取してもよい量（許容量）の範囲が，0〜○○mg/kgのような幅で定められたもので，ＪＥＣＦＡの報告として公表されている。日本のような先進国においては，上限価が適用されることとされている。

　なお，栄養強化の目的で使用されるアミノ酸類やビタミン類などは，ＪＥＣＦＡで検討・評価する食品添加物としては対象外とされている。このために，栄養強化の目的で使用される物質には，ＪＥＣＦＡとしてのＡＤＩは決められていない。

→　ＮＯＡＥＬ，ＴＤＩ，ＰＴＷＩ

ＣＡＳ

　Chemical Abstracts Service Numberの略であり，アメリカ化学会（American Chemical Society，ＡＣＳ）が発行するChemical Abstracts誌で使用される化合物番号で，同学会の下部組織であるＣＡＳ（Chemical Abstracts Service）が，同誌をはじめ各種検索サービスとＣＡＳレジストリへの登録業務を行っている。第9版食品添加物公定書においても参考情報としてＣＡＳ番号が記載されている。

ＣＦＲ

　ＣＦＲはCode of Federal Regulations の略である。米国では，州間にわたる事項および他国との米国に関わる事項に関する法律・告示類は，連邦政府が制定し，連邦官報（Federal Register）で公布される。法律は多岐にわたっており，必要な法律・告示類を官報から調べることは困難なため，管轄する省庁ごとに，毎年一定の時点における現行の法規類をまとめ，所轄省庁ごとの50タイトルを4回に分

けてＣＦＲとして刊行している。食品添加物に関しては，4月1日時点の法規類
が，ＣＦＲのタイトル21（21ＣＦＲ）の9分冊のうち，第1～3分冊に収載されて
いる。

ＣＦＲ番号 → 米国の食品添加物

Ｅ番号（E Number）

ＥＵ（ヨーロッパ連合）には多くのヨーロッパ諸国が加盟していて，ＥＣ域内
での各種法規の統一作業が行われている。食品添加物についても域内の食品の流
通の円滑化を図るために，汎用される物については規格の整備などが行われ，さ
らに各国言語の違いによる混乱を避けるために，品名に代わって認識番号による
表示も行われている。

Ｅ番号は頭文字「Ｅ」をつけた3～4桁の数字であり，「Ｅ100」番代は着色料，
「Ｅ200」番代は保存料類，「Ｅ300」番代は酸化防止剤類，「Ｅ400」番代は増粘
安定剤・乳化剤というように大別されているが，Ｅ500番代以降は明確な区分は
行われていない。

同種の品目についてはアナトー色素「Ｅ160（b）」のように，小文字のアル
ファベットを付記した枝番号もある。

現在，Ｅ1500番代まであるが，欠番（空番）や枝番があるので，実品目数を表
しているわけではない。なお暫定品目としてＥの付かない番号もある。

これらのＥ番号で品目を表示する場合は主要な使用目的については，その目的
を併記することになっている。

ＥＵ加盟国は，ベルギー，デンマーク，ドイツ，フランス，ギリシャ，アイル
ランド，イタリア，ルクセンブルグ，オランダ，ポルトガル，スペイン，イギリ
ス，オーストリア，スウェーデン，フィンランド，チェコ，エストニア，ラトビ
ア，リトアニア，ハンガリー，スロヴァキア，スロヴェニア，キプロス，ポーラ
ンド，マルタ，ルーマニア，ブルガリアなどである。2019年4月1日現在の加盟国
は28カ国になっている。

→ ＩＮＳ番号

ＦＡＯ

ＦＡＯ（Food and Agriculture Organization of the United Nations：国際連合食糧農
業機関）は，人類の栄養および生活水準を向上し，食糧および農産物の生産お
よび分配の能率を改善し，拡大する世界経済に寄与することを目的として，1945
年に設立され，190カ国・地域（2008年）が加盟している。その任務の一環に
「栄養，食糧および農業に関する行政の改善」が定められている。

FCC

　ＦＣＣはFood Chemicals Codexの略で，米国の食品添加物などの食品関連物質に関する自主規格集である。

　米国の食品関連物質の規格は，連邦官報（Federal Register）に収載された後，ＣＦＲにまとめられるが，食品添加物としての規格のうち官報で告示されているものは一部であり，ＧＲＡＳ確認物質を中心にこのＦＣＣ規格に合致していることとされているものもある。

　ＦＣＣは，かつては，ＦＤＡの委託によりＮＡＳ（Nation Academy of Sciences）の食品関連部門（the Food and Nutrition Board of the Institute of Medicine）が学識経験者や業界の声も参考に作成していた規格集である。ＦＣＣは，当初は規格が設定されていないＧＲＡＳ物質を中心とする自主規格集であったが，現在は，一般的な食品添加物および一部の飼料添加物も網羅されている。なお，この一般的な食品添加物におけるＦＣＣ規格は，ＣＦＲ収載の規格の上乗せ規格であることが多い。現在は，United States Pharmacopedial Conventionの編纂により2018年に刊行された第11版が発刊されている。ＦＣＣは自主規格という立場にある。

FDA

　米国保健福祉省（U. S. Department of Health and Human Services：ＤＨＨＳ：日本の厚生省に当たる）の一部局である食品医薬品庁（Food and Drug Administration）の略である。医薬品と食品（食品添加物を含む）に関する指導，取り締まりを担当しており，日本ではＤＨＨＳよりなじみが深い。

　ＦＤＡに関連する法規類は，連邦官報（Federal Register）のタイトル21に収載される。これらの法規類は，毎年4月1日時点でまとめられ，21ＣＦＲとして刊行される。

FEMA

　Flavor and Extract Manufacturers Associationの略で，米国食品香料製造業者協会と訳される。香料についてのＦＥＭＡ　ＧＲＡＳの確認などを行っている。

FEMA GRAS

　香料についてＦＥＭＡが「一般に安全である」と確認し、公表している物質を言い，ＦＥＭＡ　ＧＲＡＳ品目は，米国で食品への使用が認められている。

FASEB

　Federation of American Societies for Experimental Biologyの略で国米実験生物学会連合会と略される。ＦＤＡの依頼によりＧＲＡＳ物質について再評価を実施した。

GRAS物質

　GRAS物質（Substances Generally Recognized as Safe）とは「一般に安全とみなされる物質」のことである。FDAが一時的にGRASと認めた物質については，その一般規定やGRAS物質リストが§182に収載されている。§182に一般に安全とみなされる全ての物質を収載することは実際上不可能であると記され，そのような物質の例として食塩，コショウ，砂糖，食酢，ベーキングパウダー及びL－グルタミン酸ナトリウムのようなふつうの食品成分があげられている。その後，FDAは，GRAS物質について再評価を実施し確認済物質については，§184（GRAS確認物質）に移された。これとは別に，申請者が物質のGRAS確認をFDAに求めることも可能とされていた。しかしながら，この制度は1997年にGRAS届出制度に変更されている。

　GRAS確認物質については，米国において安全性が確認された物質に該当する。

GSFA

　Codex General Standard for Food Additiveの略で，食品添加物に関するコーデックス一般規格と訳される。JECFAがADIを定め，コーデックスがINS番号を付与（香料、加工助剤には、基本的にINS番号がない）した上で食品添加物の最大使用基準値を設定する作業を行っており、この基準値がGFFAと呼ばれる。
→ JECFA, ADI, INS番号

HACCP

　HACCP（Hazard Analysis Critical Control Point）とは、食品の安全性を高度に保証する衛生管理の手法の一つであり、具体的には、食品の製造業者が原材料の受入から最終製品にいたる一連の工程の各段階で発生する危害を分析し、その危害の発生を防止することができるポイントを重点的に管理することにより、製造工程全般を通じて製品のより一層の安全性を確保するという手法である。

　この手法は国連の国連食糧農業機関（FAO）と世界保健機関（WHO）の合同機関である食品規格（コーデックス）委員会から発表され，各国にその採用が推奨されている。

　日本においては、2018年6月の食品衛生法の改正により、原則としてすべての食品に係る全事業者にHACCPに沿った衛生管理が強制されることとなっている。

INS番号

　INSは，International Numbering Systemの略で，EEC（現EU）の考え方を参考に，FAO／WHOの合同委員会などで検討された食品添加物の国際番号付

与システムである。この方法により付与された食品添加物の番号がＩＮＳ番号である。その多くは，番号の付与が先行していたＥＵにおけるＥ番号との混同を避ける意図から，Ｅ番号のＥを外したものが採用されている。なお，Ｅ番号のない食品添加物にも番号が付与されているものもある。

　海外からの輸入食品の中には，このＩＮＳ番号での原文表示も見受けられる。
→ Ｅ番号

ＪＡＳ法
　ＪＡＳ制度は，「農林物資の規格化などに関する法律（昭和25年法律第175号）（ＪＡＳ法）」に基づいて、農林物資の①品質の改善、②生産の合理化、③取引の単純公正化及び④使用または消費の合理化を図るため，「農林水産大臣が制定した日本農林規格（ＪＡＳ規格）による検査に合格した製品にＪＡＳマークをつけることを認めるＪＡＳ規格制度」と「一般消費者の選択に資するために内閣総理大臣が制定した品質表示基準に従った表示を全ての製造業者又は販売業者などに義務付ける品質表示基準制度」の2つからなる制度であったが，平成27年4月の食品表示法の施行に伴い、ＪＡＳ法の食品表示に関する規定が同法に移管され、ＪＡＳ法では飲食料品以外の農林物資の品質表示の適正化に関する制度として残されてはいるが，該当する品質表示基準はなくなっている。

ＪＥＣＦＡ
　ＦＡＯ／ＷＨＯ合同食品添加物専門家会議（ＦＡＯ／ＷＨＯ Joint Expert Committee on Food Additives）は，ＦＡＯとＷＨＯが組織する国際食品規格委員会の諮問機関の一つとして1955年に設立された検討委員会である。毎年1回以上ＦＡＯまたはＷＨＯから委嘱された食品添加物の専門家，安全性の専門家が会合し，参加各国より提出された資料に基づいて，食品添加物やその周辺物質の規格や安全性試験結果の評価を行っている。1956年以来すでに約1,000に上る食品関連物質の評価が行われている。その結果は刊行物およびインターネットなどで公表されている。

ＭＴＤＩ
　Maximum Tolerable Daily Intakeの略で，日本では「最大耐容摂取量」や「耐容一日最大摂取量」などと訳されている。

　人の生活には，カルシウム，リン，亜鉛などのように栄養面から必須とされるミネラル（金属元素）類がある。しかし，多すぎる摂取は，逆に，健康上の問題が生じる。このため，これらのミネラル類は，食品に常在する成分と使用した食品添加物から摂取される量の合計量で，必要量を満たしているかどうかを考えることが重要となる。

　これらの点から，ＪＥＣＦＡで，ＡＤＩの場合と同様に検討された結果，毎日

続けて摂取するとき，許容される（耐え得る）と判断された最大量が，MTDIである。
→ ADI, PTWI, TDI

NOAEL

NOAEL（無毒性量（Non Observed Adverse Effect Level））とは、ある物質について何段階かの異なる投与量を用いて毒性試験を行ったとき，有害な影響が観察されなかった最大の投与量のことであり，通常は，さまざまな動物試験で得られた個々の無毒性量の中で最も小さい動物種の値をその物質の無毒性量とし，1日当たり体重1kg当たりの物質量（mg/kg体重/日）で表される。

pH調整剤（水素イオン濃度調整剤）

pHは，本来は，水素イオン濃度の単位（ピーエイチ）の略号であるが，水素イオン濃度（指数）の略名としても使用される。食品には，その機能を維持するための適切なpHの範囲がある。この適切なpH範囲に保つために使用されるのが「pH調整剤」である。pH7が中性であり，pH 7からpH 0（マイナスもある）までが酸性で数値が小さくなるほど強い酸性となり，pH 7からpH14までがアルカリ性で数値が大きくなるほど強いアルカリ性となる。

一般的には，食品は，酸性側のpHを示すことが多いが，中にはアルカリ性側のpHを示すものもある。

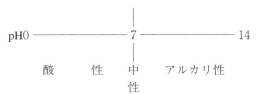

食品では，酸性が強くなると，味に酸味が出てくる。酸味を出す目的で使用された食品添加物は，「pH調整剤」ではなく，「酸味料」と表示することになる。

食品での表示で一括して「pH調整剤」と表示できる食品添加物には，一括名の「酸味料」が使用できる食品添加物類に加えて，酒石酸のカリウム塩と無機の炭酸カリウム，炭酸水素ナトリウム，炭酸ナトリウムの炭酸塩類，リン酸カリウム，リン酸水素カリウム，リン酸ナトリウム，リン酸水素ナトリウム，ピロリン酸二水素二ナトリウムのリン酸塩類が認められている。
→ 酸味料

PTWI

PTWIは，Provisional Tolerable Daily Intakeの略で，暫定週間耐容摂取量または暫定耐容週間摂取量と訳されている。

ＪＥＣＦＡにおいては，重金属類などのように体内蓄積性がある化学物質のうち，通常の食品にも必ず存在する化学物質について一定期間での許容量を設定する必要があるため，一週間での許容量を，一日当たりに平均化した数値がＰＴＷＩとして用いられている。食品安全委員会では、耐容週間摂取量（ＴＷＩ：Tolerable Weekly Intake）の用語を用いている。

→ ＡＤＩ，ＭＴＤＩ

ＴＤＩ

耐容一日摂取量（Tolerable Daily Intake）の略で，意図的に使用されていないにもかかわらず食品中に存在する物質（重金属、かび毒など）について、ヒトが一生涯にわたって毎日摂取し続けても、健康への悪影響がないと推定される一日当たりの摂取量のことである。体重1kg当たりの物質の摂取量で示される（mg/kg体重/日）。一週間当たりの摂取量は耐容週間摂取量（ＴＷＩ）、一カ月当たりの摂取量は耐容月間摂取量（ＴＭＩ）という。

ＷＨＯ

世界保健機関（World Health Organization）は，世界保健機関憲章に基づいて，保健衛生の分野における国際機関として1948年に設立され，194カ国（2019）が加盟している。この機関は世界の全ての人民が最高の健康水準に達する事を目的としており，その任務の一環として「食品に関する国際的基準の発展と向上」を定めている。

アミノ酸

たん白質は、20種類のアミノ酸がペプチド結合してできた化合物である。たん白質は、生物の重要な構成成分の一つであり、構成するアミノ酸の数や種類、またペプチド結合の順序によって種類が異なり、分子量4,000前後のものから、数千万から億単位になるウイルスたん白質まで多種類が存在する。ペプチド結合したアミノ酸の個数が少ない場合にはペプチドという。たん白質を構成するアミノ酸は20種であり、ヒトはその20種のうち、11種を他のアミノ酸または中間代謝物から合成することができる。それ以外の9種は食事によって摂取しなければならず、それらを不可欠アミノ酸（必須アミノ酸）という。不可欠アミノ酸はヒスチジン、イソロイシン、ロイシン、リシン、メチオニン、フェニルアラニン、トレオニン、トリプトファン、そしてバリンである。

参考に，食品用のアミノ酸とその主な性質を**第１表**に，成人の不可欠アミノ酸の所要量を**第２表**に，日本人のたんぱく質摂取基準を**第３表**に示した。

第1表 食品用アミノ酸とその性質

	アミノ酸の種類	刺激閾	甘味	塩味	酸味	苦味	うま味
甘いアミノ酸	DL-アラニン	60mg	◎				●
	L-アラニン	60mg	◎				●
	グリシン	110mg	◎				
	L-グルタミン	250mg	●				●
	L-セリン	150mg	◎				●
	L-トレオニン	260mg	◎				
	L-オキシプロリン	50mg	◎			○	
	L-プロリン	300mg	◎			◎	
	L-リシン塩酸塩	50mg	○			○	●
苦いアミノ酸	L-アルギニン	10mg				◎	
	L-アルギニン塩酸塩	30mg	●			◎	
	L-イソロイシン	90mg	●			◎	
	L-バリン	150mg	●			◎	
	L-ヒスチジン	20mg				○	
	L-フェニルアラニン	150mg				○	
	L-メチオニン	30mg				◎	●
	L-ロイシン	380mg				◎	
酸い	L-アスパラギン	100mg			○	●	
	L-アスパラギン酸塩	3mg			◎		●
	L-グルタミン酸	3mg			◎		○
	L-ヒスチジン塩酸塩	5mg		●	◎	●	
旨い	L-アスパラギン酸ナトリウム	100mg		○			○
	L-グルタミン酸ナトリウム	30mg	●	●			◎

<注> 1. 刺激閾の数値は，100mlの水に溶かしたとき，味を感じる量
　　　2. 符号　◎：強い味がある　○：かなり強い味がある　●：味を感じる

用　語　編

第3表　日本人のたんぱく質摂取基準（2015版）

性別	男性				女性			
年齢等	推定平均必要量	推奨量	目安量	目標量1（中央値）	推定平均必要量	推奨量	目安量	目標量1（中央値）
0 〜 5 （月）	−	−	10	−	−	−	10	−
6 〜 8 （月）	−	−	15	−	−	−	15	−
9 〜 11 （月）	−	−	25	−	−	−	25	−
1 〜 2 （歳）	15	20	−	13 〜 20 (16.5)	15	20	−	13 〜 20 (16.5)
3 〜 5 （歳）	20	25	−	13 〜 20 (16.5)	20	25	−	13 〜 20 (16.5)
6 〜 7 （歳）	25	35	−	13 〜 20 (16.5)	25	30	−	13 〜 20 (16.5)
8 〜 9 （歳）	35	40	−	13 〜 20 (16.5)	30	40	−	13 〜 20 (16.5)
10 〜 11 （歳）	40	50	−	13 〜 20 (16.5)	40	50	−	13 〜 20 (16.5)
12 〜 14 （歳）	50	60	−	13 〜 20 (16.5)	45	55	−	13 〜 20 (16.5)
15 〜 17 （歳）	50	65	−	13 〜 20 (16.5)	45	55	−	13 〜 20 (16.5)
18 〜 29 （歳）	50	60	−	13 〜 20 (16.5)	40	50	−	13 〜 20 (16.5)
30 〜 49 （歳）	50	60	−	13 〜 20 (16.5)	40	50	−	13 〜 20 (16.5)
50 〜 69 （歳）	50	60	−	13 〜 20 (16.5)	40	50	−	13 〜 20 (16.5)
70以上 （歳）	50	60	−	13 〜 20 (16.5)	40	50	−	13 〜 20 (16.5)
妊婦（付加量）　初期 中期 後期					+0 +5 +20	+0 +10 +25	−	−
授乳婦（付加量）					+15	+20		

414　　　用　語　編

第2表　成人の不可欠アミノ酸所要量

成人のたん白質必要量は0.66g/kg 体重/日として計算されている。（日本人のたん白質必要量は0.65g/kg 体重/日である。）

アミノ酸	2007 WHO/FAO/UNU		1985 FAO/WHO/UNU	
	(mg/kg/day)	(mg/g protein)	(mg/kg/day)	(mg/g protein)
His	10	15	8～12	15
Ile	20	30	10	15
Leu	39	59	14	21
Lys	30	45	12	18
Met+Cyc	15	22	13	20
Methionine	10	16	－	－
Cysteine	4	6	－	－
Phe+Tyr	25	38	14	21
Thr	15	23	7	11
Trp	4	6	3.5	5
Val	26	39	10	15
不可欠アミノ酸の合計	184	277	93.5	141

アルカリ → 酸とアルカリ（塩基）　安全性評価 → 国際的安全性評価

安定剤

　増粘安定剤の水溶液は粘性を持つことから，アルギン酸ナトリウムやカラギナンのように，アイスクリーム類や生クリーム類の起泡を安定化させたり，食品溶液中の懸濁物の分散を安定に保つなどの効果がある。この性質を生かして食品自体や食品の食感の改良，保持などの目的で使用される。このような使われ方をした場合の用途名が「安定剤」で，物質名と併記する。なお，ゲル化剤ついていては，「糊料」の表示も認められる。

　また，カゼインやカゼインナトリウムには，乳化状態を安定化する性質があり，乳化安定剤と呼ばれるが，安定剤ではなく製造用剤に分類され，食品には物質名で表示することとされている。

→　増粘安定剤

アントシアニン色素

アントシアニン色素は，天然の植物類から取り出される色素のうち，アントシアニン系に属する色素の総称的な類別名であり，その色は赤色系で，一般的には赤〜（赤）紫色であるが，中には青色を呈するものもある。

アントシアニン色素は，pHの変化により色調が変化する傾向があり，全般的に，酸性が強くなると赤色が強く，中性に近づくにしたがって赤色はうすくなりアルカリ性では暗禄色系になる傾向がある。

アントシアニン色素の主なものには，既存添加物のブドウ果皮色素，ムラサキイモ色素，ムラサキトウモロコシ色素などがあり，一般飲食物添加物には，赤キャベツ色素，シソ色素，ブドウ果汁色素，チェリー類の色素，ベリー類の色素などがある。

一般飲食物添加物を着色料として使用する場合には，使用基準に従う必要がある。

イースト

パンなどの原材料表示を見ると，イーストとイーストフードが並んで表示されていることがある。

イーストフードは，文字どおりイーストの栄養源になる食品添加物である。一方，イーストは，酵母または酵母菌ともいわれるものであり，栄養源が必要なことからも想像されるように，生体，すなわち，単細胞の微生物（菌）である。

食品の製造に使われるイーストには，清酒やビールの製造に使われる各種の清酒酵母やビール酵母，パンの製造に使われるパン酵母などが代表的なものである。

家庭でのパン作りや菓子作りには，取扱いと保存を容易にするために，乾燥させたドライイーストがよく使われている。しかし，工場でのパンの製造などでは，生のイーストが使われている。

日本では，このような食品を作るのに必要な生きている微生物（培養したもの）は食品扱いとされている。また，イーストは，必須アミノ酸を含む良質のたん白質と各種のビタミン類やミネラル類を含んでいるため，酵母エキスの原料や，医薬品や栄養食品の原料などとしても使われている。

イーストフード

一括名「イーストフード」は「パンや菓子などの製造工程で，イーストの栄養源などの目的で使用される添加物およびその製剤」と定義されている。パンなどの製造時のイーストの栄養源として，塩化アンモニウムや炭酸カリウムなどの無機塩類を配合したものが使われる。これらの一部は最終のパンにまで残るので，使用した場合は一括名で「イーストフード」と表示される。

イーストフードとして使える食品添加物の範囲として，塩化マグネシウム，炭酸アンモニウム，炭酸カリウム，リン酸カルシウムなど品目が決められている。

なお，イーストフードとして市販されているものの中には，ビタミンCなどが配合されていることもあるが，これらはイーストフードの一括名の添加物の範囲に入っていないので，個々の品名で別に表示する必要がある。

一括名

加工食品などに使われた食品添加物は，原則としてその物質名で表示することになっている。

しかし，実際の食品における表示のためのスペースは，決して広いものではなく，また，食品添加物の使用方法も，類似した性質を持ついろいろな食品添加物を少量ずつ組み合わせて使用することも，多く行われている。このような場合に，狭いスペースに，そのすべての物質名を表示することが困難な場合も多いため，類似した性質を持つ食品添加物をひとまとめにした用語で，表示することが認められている。このひとまとめにできる表示用の用語が，「一括名」である。

この一括名は，言葉の定義と一括名を使うことができる食品添加物の範囲が通知で決められており，これに外れたものには一括名を使用できない。

一括名としては，イーストフード，ガムベース，かんすい，苦味料，酵素，光沢剤，香料，酸味料，（チューインガム）軟化剤，調味料，（豆腐用）凝固剤，乳化剤，pH調整剤（水素イオン濃度調整剤），膨脹剤の14が認められている。さらに，その中の調味料は，アミノ酸，核酸，有機酸，無機塩の4つのグループに分けられており，このグループ名または代表的グループ名も付記することが定められている。

一般飲食物添加物

食品衛生法により「一般に食品として飲食に供される物であって，添加物として使用されるもの」と定義されたものを略したもので，通常は食品として扱われているものを，添加物用途に使用した場合、添加物扱いとなり，添加物としての表示が必要となるものである。

一般飲食物添加物については、消費者庁次長通知「食品表示基準について」の別添　添加物2-2によりリスト（例）として通知されている。

栄養機能食品

栄養機能食品とは、特定の栄養成分の補給のために利用される食品で、栄養成分の機能を表示するものをいう。対象食品は消費者に販売される容器包装に入れられた一般用加工食品および一般用生鮮食品であり，食品表示基準に基づき表示される。

栄養機能食品として販売するためには、一日当たりの摂取目安量に含まれる当該栄養成分量が定められた上・下限値の範囲内にある必要があるほか、栄養成分の機能だけでなく注意喚起表示なども表示する必要がある。

用　語　編　　　　　　　　　　　　　　　　　　　　417

エキス類

　エキス類は，原料となる食品または素材（食品）から，風味の点などから見て有効な成分を（冷，温，熱）水などに溶かし出して濃縮したものである。また，有効な成分を取り出すために酵素の力を利用することもある。

　原料となる食品により，肉エキス，野菜エキス，酵母エキスなどがある。

　「肉エキス」は，動物系のエキスの代表的なもので，牛，豚，鶏などの肉を原料にしたビーフエキス，ポークエキス，チキンエキスなどがあり，その成分は，さまざまなアミノ酸と油指類をはじめとする比較的濃厚なエキスになる。動物系にはこのほかに，「魚肉エキス」や「貝エキス」などもある。

　植物系のエキスには，各種の野菜を原料とした「野菜エキス」が代表的でありその成分は野菜の種類によって変わるが，肉エキスに比べると淡白なエキスになる。

　また，酵素を利用するエキスの代表的なものとしては，パン酵母やビール酵母などの酵母類を原料とする「酵母エキス」がある。

　これらのエキス類は，調味料の原料に使われたり，各種加工食品の味付けに使われている。さらに，家庭での調理のときに使えるように，液状のもの，粉末タイプのもの，固形タイプになったものなども市販されている。市販されているエキス類には，さらに食品添加物の調味料類を使用して風味の増強・安定が図られている場合もある。

液糖

　砂糖はブドウ糖（グルコース）と果糖（フラクトース）が結合した糖類である。ブドウ糖は砂糖より少し弱い甘味があり，一方，果糖は砂糖より少し強い甘味がある。この2つの糖類を混ぜれば，砂糖に近い甘味になり，砂糖を代替することが可能となる。

　比較的安いブドウ糖に酵素を作用させると，その一部を果糖に変えることができる。この反応を異性化といい，この反応によってできた糖の混合物を「異性化糖」といい，液体の形で流通している。ブドウ糖の割合が多い場合を「ぶどう糖果糖液糖」，果糖の割合が多い場合を「果糖ぶどう糖液糖」と表すことになっている。

　「液糖」は，このほかに砂糖を液状にしたもの（砂糖液糖）や転化糖（砂糖を酸などで分解したブドウ糖と果糖の1：1の液状混合物）も含まれる。

　「液糖」は食品であり，使用基準などはなく，清涼飲料水やドリンクもの，さまざまな菓子類をはじめ，各種の食品に糖分の調整，甘味の付与の目的などで使用されている。

塩（えん）

　塩とは，一般的には，酸と塩基との中和反応による生成物をいう。例えば，酸

である塩酸と，塩基である水酸化ナトリウム（カセイソーダ）の反応生成物が「塩化ナトリウム」である。塩化ナトリウムは，「塩」の代表的なものであり，食用に使われることから「食塩」とも呼ばれ，また，単に「塩（しお）」とも呼ばれている。食品添加物には，多くの塩類が使われている。例えば，L－グルタミン酸ナトリウムやL－酒石酸水素カリウム，乳酸鉄などの有機化合物（酸）の塩類や，炭酸水素ナトリウム（重曹）や硫酸カルシウム，塩化マグネシウムなどの無機化合物（酸）の塩類などがある。

　また，有機化合物類に無機酸類または有機酸類などをつけて，熱に対する安定性をよくしたり，水に溶けやすくしたりしたものも，広い意味での塩類になる。このような塩類も食品添加物に使われている。他えば，L－リシン塩酸塩（L－リシンに塩酸をつけた塩），チアミン硝酸塩（チアミンに硝酸をつけた塩）やL－アルギニンL－グルタミン酸塩（L－アルギニンにL－グルタミン酸をつけた塩）などがある。

オリゴ糖

　オリゴ糖とは，ブドウ糖（グルコース）や果糖（フルクトース）などの単糖類が2～10個程度結び付いた少糖類のことをいう。ただし，一般的には砂糖や麦芽糖は除かれている。

　食品用に使われるオリゴ糖は，ブドウ糖が直鎖状につながっている「マルトオリゴ糖」，枝分かれしてつながっている「イソマルトオリゴ糖」のような3つのブドウ糖からなる糖類を主成分にしたもの，砂糖を原料にして，さらにいくつかの果糖が結合した「フラクトオリゴ糖」，逆に，砂糖に数個のブドウ糖が結合した「カップリングシュガー」などがある。また，酵素の作用で，砂糖の結び付きの位置が変えられた「パラチノース」も広い意味ではオリゴ糖の1種になる。

　これらのオリゴ糖類は，甘さは砂糖に比べると弱いものの，食品のボディー感（かさ高さや重厚さ）を高める性質などがあり，砂糖系のフラクトオリゴ糖，カップリングシュガー，パラチノースなどは虫歯を作りにくい糖類でもあり，低甘味食品や健康食品などに使われている。

核酸とヌクレオチド

　核酸は，人などの体内にも存在する物質で，動植物の細胞の中に広く存在していて，遺伝や体内でいろいろなアミノ酸から体に必要な特別のたん白質を作りあげるのに，非常に重要な役割を持っている有機化合物（ポリヌクレオチド）である。

　ヌクレオチドは，核酸を構成する基礎単位で，アデニン，グアニンなどの塩基部分と，糖およびリン酸からなっている。

　核酸には，構成成分として，糖としてリボースを持つリボ核酸（ＲＮＡ）と，糖としてデオキシリボースを持つデオキシリボ核酸（ＤＮＡ）があり，また，塩

基部分の違いによって，アデニル酸，イノシン酸，グアニル酸などがある。

食品添加物として，調味の目的で使われるものには，5'-イノシン酸，5'-ウリジル酸，5'-グアニル酸および5'-シチジル酸のそれぞれのナトリウム塩と，何種類かの5'-リボヌクレオチドの混合物のナトリウム塩またはカルシウム塩がある。これらは，長い間，核酸系調味料と呼ばれてきており，食品に使ったときに，一括名により「調味料（核酸)」と表示することが認められている。

加工助剤

食品の製造や加工に使用された食品添加物でも，最終の食品には残っていないか，残っても微量となって食品に効果を持たないものも沢山あるが，これらは「加工助剤」と言って表示が免除されている。加工助剤の定義は，次のとおりである。

食品の加工の際に使用されるものであって
① 当該食品の完成前に除去されるもの
② 当該食品の原材料に起因してその食品中に通常含まれる成分と同じ成分に変えられ，かつ，その成分の量を明らかに増加させるものでないもの
③ 当該食品に含まれる量が少なく，かつ，その成分による影響を当該食品及ぼさないもの

製造用剤として使用された後中和される酸・アルカリ，工程中で除去される溶剤，ろ過助剤や使用後の工程で失活させた酵素などがこれに相当する。
国際的にも加工助剤の定義は同じで，表示を免除している。

加工デンプン

デンプンは，ジャガイモの塊茎，サツマイモの塊根，タピオカの根などのイモ類，トウモロコシ，コムギ，イネなど穀類の種実の主成分として存在する栄養成分である。これらイモ類や穀類は，そのままの形で，食材として使われるほかに，デンプンを取り出して，さまざまな加工食品の素材としても使われている。

デンプンは，D-グルコースの重合体であり，その結合の仕方により，直鎖状のアミロースと枝分かれした分岐状のアミロペクチンがあり，それぞの含量は原料により異なる。これらのデンプンは，吸湿性のある粉末であり，冷水には不溶で，55 ～ 60℃の温水には粘性の高い半透明の糊状になる。この糊化した状態をα-デンプンといい，冷えた状態のデンプンをβ-デンプンという。デンプンを食品として摂取する場合，α-デンプンが咀嚼性，吸収性に勝っている。α-デンプンはそのまま冷却するとβ-デンプンに戻り老化する性質があり，この老化を止めることができれば，食材としての価値が高まることになる。

欧米では，さまざまな化学的な処理を加えて，このα-デンプンの状態を持続させたり，低温でα化しやすくする研究が進められていた。このような化学的な処置を加えたデンプンを，Modified Starchといい，日本では化工デンプンと呼ば

れていた。

　このような化工デンプンは，国際的には，食品添加物として扱われる場合が一般的であったが，輸入する際には，日本では便宜上，食品のデンプンとして扱われてきた。近年行われている，国際的に汎用されている食品添加物の，日本での食品添加物指定への動きのなかで，加工デンプン類として指定検討が行われ，2008年10月に新たな食品添加物として指定された。

　指定された加工デンプン類は，次の11品目である。アセチル化アジピン酸架橋デンプン，アセチル化酸化デンプン，アセチル化リン酸架橋デンプン オクテニルコハク酸デンプンナトリウム 酢酸デンプン，酸化デンプン、ヒドロキシプロピル化リン酸架橋デンプン、ヒドロキシプロピルデンプン、リン酸架橋デンプン，リン酸化デンプンリン酸モノエステル化リン酸架橋デンプン。

　これら11品目を，食品添加物として使用した場合，表示では「加工デンプン」という簡略名を使うことが認められている。また，これらの加工デンプン類は，製造用剤として使用されることが一般的であり，その場合は，物質名表示を行うことになる。なお，増粘安定剤目的の場合は，用途名を併記することになる。

　また，デンプングリコール酸ナトリウムにおいても，簡略名の「加工デンプン」が追加されている。

果実色素

　果実色素は，オレンジ，カキ，ブドウ果汁，プラムおよび各種のチェリー類とベリー類の果実または果汁から取り出される色素を総称する類別名である。類似のものに果汁があるが果実色素の類別名は認められていない。

　着色料を食品に使用する場合には，着色料（化学的合成品を除く）の使用基準に沿って使用し，表示の基準に従って表示する必要がある。

ガムベース

　一括名「ガムベース」は「チューインガム用の基材として使用される添加物およびその製剤」と定義されている。

　チューインガム特有のかみ心地を作りだしている基材で，最終的には吐き捨てられる粘弾性の強いガム状の部分を総称した名称である。チクルなどの植物性樹脂，酢酸ビニル樹脂などの合成樹脂などを主体とし，ワックス類，乳化剤などを配合して均一に混合したゴム状の物質で，これに砂糖や香料などを混ぜるとチューインガムができる。

カロテノイド色素

　カロテノイド色素は，「カロテン」類を代表とする黄〜赤色系の色素で，天然の動植物界に広く分布している。ニンジンやカボチャ，卵黄などの黄〜橙色を呈する成分が，数種類の「カロテン」類の混合物であり，このカロテン類とその

誘導体類の総称がカロテノイドである。このようなカロテノイドを主成分とする色素が「カロテノイド色素」であり，表示の際の類別名としても認められている。

　カロテノイド色素の類別名に含まれる主な色素としては，指定添加物の β -カロテン，既存添加物のカロテン色素類（ニンジンカロテンなど），アナトー色素，パプリカ色素，クチナシ黄色素，トマト色素，トウモロコシ色素などがあり，一般飲食物添加物のサフラン色素などがある。また，水溶性アナトー（ノルビキシンカリウム・ノルビキシンナトリウムの製剤）なども含まれている。

　カロテノイドは，長い間カロチノイドと呼ばれてきたことから，カロチノイド色素という類別名表示も認められている。

　着色料を食品に使用する場合は，使用基準に従う必要がある。

かんすい

　一括名「かんすい」は，「中華麺類の製造に用いられるアルカリ剤で，炭酸カリウム，炭酸ナトリウム，炭酸水素ナトリウム，およびリン酸類のカリウム・ナトリウム塩のうち1種以上を含むもの」と定義されている。

　もともと中国では鹹水または梘水と書かれ，奥地の鹹湖から得られたものとも，天然の梘石を溶かしたものともいわれている。食品添加物「かんすい」は，食品添加物製剤で，成分規格が定められている。

→　かんすい（品目編）

簡略名

　食品添加物は一般に長く消費者に馴染みの少ない化学品の名称が多いので，狭い表示面積に消費者にわかりやすい表示を行うことは難しい。そこで，次のような一定のルールにしたがって，簡略化した簡略名が定められている。

　物質名の主な簡略化法

・汎用名の採用 ……………… 炭酸水素ナトリウム → 重曹

・色素，抽出物などの省略 … クチナシ青色素 → クチナシ

・機能を持つ部分の名称 …… 酵素処理レシチン → レシチン

・金属イオンの記号化 ……… ナトリウム，カリウム，カルシウム，マグネシウム → Na，K，Ca，Mg

・アルファベット表示 ……… ビタミンE → V.E アスコルビン酸ステアリン酸エステルが「ビタミンC，V.C」，食用赤色3号が「赤3」，炭酸ナトリウムが「炭酸Na」と表示されるのは，この簡略化による。この他，既存添加物・一般飲食物添加物の増粘安定剤（多糖類）を2種以上併用した場合の「増粘多糖類」のような簡略名もある。これらは個々に定められており，それ以外の簡略化は認められない。

　なお，簡略名は，消費者庁次長通知「食品表示基準について」に記載されている。

→ 物質名

規格基準

　食品衛生法第11条の規定に基づいて定められる規格および基準であり，「食品，添加物などの規格基準」として告示されている。ここでは，食品，食品添加物のほかに，器具および容器包装，おもちゃ，洗浄剤について必要な規格および基準が設定されている。

　「規格」とは，公衆衛生上に必要とされる含量，純度やそのものの状態を決めたもので，食品あるいは食品添加物のそれぞれの全般に関わる事項と，個々の食品あるいは食品添加物に関わる事項が定められている。

　「基準」とは，食品あるいは，食品添加物の製造方法，保存方法，使用方法，使用量など，取り扱う場合の遵守すべき事項を規定するものである。また，基準には，食品表示法に基づく表示に関する基準もあり，食品表示基準で細かく規定されている。

　このうち，食品添加物については，規格，基準を「食品添加物公定書」に収載することが，食品衛生法第21条に定められている。

期限表示

　加工食品などの期限表示については，食品表示基準において規制されており，この期限がおおむね5日以内と短期間の場合には「消費期限」とし，長期間の場合には「賞味期限」とし，これらの文字と共に，期限の年月日あるいは年月（期限まで3カ月以上の場合）を表示する。

　一般用加工食品については，一部の食品を除き、期限表示を行うこととされ，業務用加工食品については，表示を省略できることとされている。一般用添加物および業務用添加物については，表示を省略できることとされている。

→ 消費期限，賞味期限

既存添加物

　1995年春の食品衛生法の改正により，食品添加物は厚生大臣（現在は，厚生労働大臣）が指定した品目，以外は使用できなくなった。しかしこの改正前は，指定は化学的に合成された物質に限られていたため，天然物由来の添加物は自由に使用されていた。これら天然系の「いわゆる天然添加物」を，食品衛生上の観点から見た場合，一律に使用を禁止して再審査し，指定し直さねばならないほどの重大な理由はないとされ，法改正が行われた時点（1995.5.24）で，すでに市場に流通していたものに限って「既存添加物名簿」に収載し，この既存添加物は指定制度の適用外とすることになった。この名簿は，1996年春に告示され，従前どおりに使用できることになった（平成8.4.16 厚生省告示第120号）。この名簿に収載されたいわゆる天然添加物を，「既存添加物」と呼んでいる。

用 語 編　423

　既存添加物は，かつては「化学的合成品以外の食品添加物（いわゆる天然添加物）」と呼ばれていたもののうち，「天然香料」と「一般飲食物添加物」を除き再整理したものである。既存添加物名簿には，当初は，489品目が収載されていたが，その後，使用の実績がないなどの理由で，名簿から消除され，2019年4月1日現在は，365品目となっている。なお，名簿から消除された物質を，再び食品添加物として使用するときには，新たに食品添加物として指定される必要がある。

既存添加物名簿消除品目

　既存添加物は，1995年の食品衛生法の改正で，食品添加物はその製法の合成系，天然物系にかかわらず全て指定制度に移行する際の，指定免除の例外規定として定められたもので，その品名は1996年に既存添加物名簿として489品目が告示された。当初は，名簿は固定したものと考えられていたが，2002年の食品衛生法の改正の際に，次の条件のいずれかに該当する品目は，名簿から消除できるものと改められた。
　①　人の健康を損なうおそれがあると認められるとき
　②　販売，製造，輸入，加工，使用，貯蔵および陳列の状況からみて，販売の
　　　用に供されていないと認めるとき
　このうち②の条件に合う既存添加物は，消除予定添加物名簿を作成し，訂正の申し出を受けた後，消除添加物を確定し，告示し，当該既存添加物を名簿から消除する。
→　既存添加物名簿消除品目リスト

既存添加物名簿消除品目リスト

　既存添加物は，2002年の食品衛生法で、名簿からの消除が可能となり、2004年以降、4回にわたって消除が行われている。その品目は次のとおりである。
・アカネ色素の消除（2004年 7月 9日告示）
　アカネ色素（名簿上は、「削除」として記載されていた）
・第 1 次消除（2004年12月24日告示（38品目））
　アエロモナスガム，アクロモペプチダーゼ，イチジク葉抽出物，エルウィニアミツエンシスガム，エンジュサポニン，エンテロバクターガム，エンテロバクターシマナスガム，エンドマルトヘキサオヒドロラーゼ，エンドマルトペンタオヒドロラーゼ，オウリキュウリロウ，オオムギ穀皮抽出物，カウリガム，クサギ色素，グッタカチュウ，ゲイロウ，α−ケトグルタル酸（抽出物），コウジ酸，食用カンナ抽出物，テンリョウチャ抽出物，ナイゼリアベリー抽出物，ニトリラーゼ，ノイラミニダーゼ，ノルジヒドログアヤレチック酸，ハチク抽出物，バラタ，ビートサポニン，ピーナッツ色素，氷核菌細胞質液，ビンロウジュ抽出物，ファーバルサム，L−フコース，ホオノキ抽出物，ボラペット，マダケ抽出物，ミカン種子抽出物，ミラクルフルーツ抽出物，油糧種子ロウ，レンギョウ抽出物

424 　　　　　　　　　　用 語 編

・**第2次消除（2007年8月3日告示（32品目））**

アオイ花抽出物，アスペルギルステレウス抽出物，アゾトバクタービネランジーガム，アーモンドガム，イヌリン型ポリフラクタン，ウド抽出物，エビ色素，エラスターゼ，オオムギ穀皮抽出物，オポパナックス樹脂，カワラタケ抽出物，グアユーレ，クルクリン，酵素処理ダイズサポニン，コパイババルサム，スオウ色素，スーパーオキシドジスムターゼ，セサモール，セリ抽出物，ダイズ灰抽出物，タデ抽出物，テンペ抽出物，トウモロコシ色素，トマト糖脂質，トリアカンソスガム，ナタネ油抽出物，生ダイズ抽出物，フルクトシルトランスフェラーゼ処理ステビア，ブルーベリー葉抽出物，粉末パルプ，ベンゾインガム，モミガラ抽出物，リンドウ根抽出物

・**第3次消除（2011年5月6日告示（53品目））**

N－アセチルグルコサミン，アルカネット色素，アロエベラ抽出物，イモカロテン，エゴノキ抽出物，エラグ酸，オキアミ色素、オリゴ－N－アセチルグルコサミン，オリゴグルコサミン，カカオ炭末色素，ガストリックムチン，カニ色素，キダチアロエ抽出物，グリーンタフ，クワ抽出物，酵素処理カンゾウ，酵素処理チャ抽出物，酵素分解ハトムギ抽出物，コーパル樹脂，コバルト，ササ色素，サンダラック樹脂，シコン色素，スクレロガム，スフィンゴ脂質［ウシの脳に限る］，セサモリン，セスバニアガム，L－ソルボース，タンニン（抽出物）［クリの渋皮及びタマリンドの種皮に限る］，ダンマル樹脂，チャ種子サポニン，電気石，ドクダミ抽出物，トリアシルグリセロールリパーゼ，ニガキ抽出物，ニストース，ニュウコウ，ニンニク抽出物，パフィア抽出物，ヒキオコシ抽出物，ヒメマツタケ抽出物，ピメンタ抽出物，ヘスペレチン，ベニノキ末色素，ペパー抽出物，ホウセンカ抽出物，ホコッシ抽出物，メチルチオアデノシン，モウソウチク炭抽出物，モリン，モンタンロウ，油煙色素，ユーカリ葉抽出物，レモン果皮抽出物，ワサビ抽出物

・**第4次消除予定品目（2019年2月28日公示（10品目））**

イタコン酸，魚鱗箔，クーロー色素，香辛料抽出物（チャービルに限る），骨炭色素，ゴマ柄灰抽出物，シアナット色素，フェリチン，ヘゴ・イチョウ抽出物，レバン

既存添加物リスト

正式には「既存添加物名簿収載品目リスト」といい，厚生省生活衛生局食品化学課長通知「食品衛生法改正に基づく添加物の表示等について（平成8.5.23 衛化第56号）」の別添1として公表されたが，食品表示法の施行に伴い，消費者庁次長通知「食品表示基準について」の別添　添加物2-1に移管された。

このリストには既存添加物の品名（別名を含む）のほか，簡略名，類別名，基原・製法・本質，用途，備考（英名）が記載されている。

既存添加物名簿に（　）書きで基原，製法，本質などが付記されて限定されて

いる品目があり，この限定から外れた場合は，既存添加物に該当せず，新規の添加物とみなされて使用できない。

これに対し，本リストには，名簿の（　）での規定とは別に基原，製法，本質などが記されているが，これは，あくまでも通知の規定であり，直ちに使用不可となるものではないものとされている。また，成分規格が設定された物既存添加物の基原・製法・本質については，成分規格に記載された定義に従うこととされている。

機能性表示食品

機能性表示食品は、企業の責任において、科学的根拠にもとづいた機能性を表示した食品のことである。「特定の保健の目的が期待できる（健康の維持および増進に役立つ）」という食品の機能性を表示することが可能となる。

販売前に、安全性および機能性の根拠に関する情報などを消費者庁へ届け出るが、「特定保健用食品（トクホ）」とは異なり、消費者庁の個別の許可を受ける必要はなく、届け出られた情報は消費者庁のWEBサイトで公開される。

キャリーオーバー

原材料の品質改良のために添加されていた食品添加物が，最終食品に持ち越される場合がある。例えば，ショートニングに添加された酸化防止剤は，パンに使用した場合はパンまで移行するが，パンでの酸化防止剤の量は非常に微量となり，パンの酸化防止に効果があるわけではない。このように食品に原材料より持ち越された添加物の量が，その食品に効果を発揮するに必要な量より有意に少ない場合を「キャリーオーバー」と称して，表示が免除される。

キャリーオーバーの定義は，次のとおりとされている。

①　食品の原材料の製造または加工の過程において使用され，

②　かつ，当該食品の製造または加工の過程において使用されないものであって

③　該食品中には当該物が効果を発揮することができる量より少ない量しか含まれていないもの

急性毒性試験

急性毒性は，化学物質の1回の投与（ばく露）または短期間（24時間以内）の複数回投与によって短期間（一般的には14日以内）に生じる毒性のことであり，急性毒性試験は，動物の半数致死量を求める試験である。

通常実験動物に物質を一度に投与して，動物の半数が死亡する用量で表され，LD_{50}（50％致死量）と呼ぶ。LD_{50}は，体重1kg当たりのmgで示される。食品添加物では急性毒性を心配するような使い方がされるものはないので，他の試験をする場合の基礎資料程度とされている。

強化剤

栄養成分の補填・強化の目的で使用される食品添加物を一般的に「強化剤」とか「栄養強化剤」と呼んでいる。

強化剤は，消費者庁から，「栄養強化の目的が考えられる食品添加物」として，ビタミン類，アミノ酸類，およびミネラル（無機質）などリスト化され，これらを栄養強化の目的で使用された場合は，表示が免除されている。なお，特別用途食品および機能性表示食品については表示省略の対象から除外されている。また，農産物漬物，ジャム類，乾めん類，即席めん，マカロニ類，ハム類，プレスハム，混合プレスハム，ソーセージ，混合ソーセージ，ベーコン類，魚肉ハム・魚肉ソーセージ，ウスターソース類，乾燥スープ，食用植物油脂，マーガリン類，調理冷凍食品（10品目），チルドハンバーグステーキ，チルドミートボール，果実飲料および豆乳類についても表示省略の対象から除外されているので注意が必要である。

ゲル化剤

増粘安定剤の中には，水溶液の温度を上げた場合や下げた場合，酸や牛乳などを加えた場合に，ゼリー状に固まる性質を持つものがある。このゼリー状になった状態をゲルという。例えば，ペクチンやカラギナンなどがゼリー，プリンなどのデザート類やジャム類の製造に使われている。このように，食品のゲルを形成させるために使用された場合に，用途名の「ゲル化剤」の使用が必要であり，物質名と併記する。なお，ゲル化剤ついていては，「糊料」の表示も認められる，
→ 増粘安定剤

光学異性体 （D－体とL－体）

有機化合物の中には，一般的な化学的な性質と物理的な性質が同じでも，一方から光をあてたときに，その光が曲がる方向（旋光性）だけが異なるものがある。この光に対する性質だけが異なる物質を「光学異性体」という。

光学異性体の表し方には，いろいろな方法があるが，食品添加物では，その化合物の構造からみてD－とL－に区別する方法が一般的に採用されている。

D－体とL－体が同じ量（など量）ずつ混ざっていると，旋光性がなくなる。このような混合物をラセミ体といい，DL－と表す。

動植物など天然界では，アミノ酸や有機酸は，L－体のものが一般的である。しかし，最近の研究によると，D－体のものも，いろいろな動植物体内にさまざまな形で，存在していることが判ってきている。

食品添加物として許可されているものに限れば，特に，D－体とL－体の違いに気を使う必要はないが，L－アスコルビン酸とエリソルビン酸のように，慣用名称，使用基準等の異なるものもある。

食品添加物の名称を見ると，D－，L－のほかに，*d*－，*l*－で表されているも

のもある。これは，複雑な構造式のためD-，L-で表すより旋光性を示すd-（右旋性），l-（左旋性）で表すことが適当とされたものである。

香辛料

　香辛料とは，ショウガやコショウ，カレーのスパイス類や西洋料理に使われるスパイスやハーブ類の総称である。

　このような香辛料を原料にして，特定の成分を抽出して食品添加物として使うことがある。これらには，香辛味を抽出した「香辛料抽出物」，酸化防止の効果を持つ「セージ抽出物」や日持ち向上の効果がある「セイヨウワサビ抽出物」のようなものがある。

　原料となる香辛料としてはさまざまなものが知られており，「香辛料抽出物」の原料としては，既存添加物名簿にウコン，サフラン，シソ，ハッカ，バニラ，ワサビなど75品目が挙げられている。

　また，「香辛料抽出物」を使用した食品での表示では，簡略名として「香辛料」または「スパイス」が認められている。

合成添加物

　かつて，食品衛生法で「化学的合成品の食品添加物」と呼ばれる化学的な合成法で得られた食品添加物と，天然物を原料とする食品添加物に異なる扱いが行われていた。食品添加物として使用する際には，化学的合成品の食品添加物だけが，食品衛生法に基づく指定を受ける必要があり，天然系の食品添加物の使用は，業者の責任の下で自由に行われていた。この法律の規定は，1995年に改正され，食品添加物は原則として，全て指定を受けることが必要となっている（平成7.7.24法律第101号）。

　このような経緯があり，化学的な合成法で得られた食品添加物が「合成添加物」と称されて，指定添加物となっていた。なお，天然物を原料としても，ナトリウムなどの塩の形にしたり，精製の過程で塩にしている場合は，「合成添加物」に分類されていた。この化学的合成品とは「化学的手段で元素または化合物に分解反応以外の化学反応を起こさせてえられたもの」と定義されており，言いかえれば，合成添加物とは「製造工程中に少しでも化学的合成反応があった添加物」である。このため，上述したように，海藻より採取した「アルギン酸」は，「いわゆる天然添加物」とされるが，このままでは，水に溶けにくいので，水溶性にするために中和してアルカリ塩とし「アルギン酸カリウム」「アルギン酸ナトリウム」などにすると，化学的な合成を加えたものとなる。

　ところで，合成添加物と呼ばれた品目でも，その大半は天然にも存在する物質か，その簡単な誘導体であり，高純度品を化学的に合成法で生産したものが多い。昔から人間の食習慣がなく，化学的合成品として初めて食品添加物とされた物質は，保存料やタール系色素など1割程度に過ぎない。

酵素

　酵素は自然界の生物体に広く存在し，触媒として生体内の化学反応を左右しているたん白質性の物質であり，昔から，みそ，醤油や各種の発酵食品もこの酵素の働きによるものである。

　酵素は化学反応と異なり，常温常圧の下に特定の物質を多量に効果的に生産できる特徴があるため，新しい酵素の開発利用が近年盛んに行われている。

　食品添加物としての酵素は動植物体より分離するか，微生物の培養液より抽出，精製して作られ，種類も多く，2019年3月末の時点で既存添加物として68品目（当初は76品目）が名簿に収載されている。これらの酵素を作用機構より分類すると，加水分解酵素，酸化還元酵素，転移酵素，異性化酵素，その他などとなり，食品の製造，加工に広く利用されている。

　酵素を食品の製造に際して使用した場合，その多くは食品製造の工程中で加熱されて失活することが多く，加工助剤とみなされるため，表示は免除される。しかし，食品完成後にも，酵素が失活せず，効果を持続する場合は，表示が必要となる。このため，一括名の「酵素」が認められている。この場合の酵素は，「食品の製造又は加工の工程で，触媒作用を目的として使用された，生物細胞により生産された酵素類であって，最終食品でも失活せず，効果を有する食品添加物およびその製剤」と定義されている。

光沢剤

　一括名「光沢剤」は「食品の製造又は加工の工程で，食品を保護及び表面に光沢を与える目的で使用される添加物とその製剤」と定義されている。

　糖衣菓子，キャンディー，柑橘類などの表面に塗布することで，光沢を出したり，防湿効果を与えて内容成分を保護する目的でワックスコーティングする場合があるが，これに使われるワックス類の総称である。コメヌカロウ，カルナウバロウなどの植物性ワックスや，シェラックや，ミツロウ（蜜蝋）などの動物性ワックス，パラフィンワックスなどの鉱物性ワックスがある。

　なお，これらのワックス類には，ガムベースの成分として使われるものもあり，この場合は，一括名「ガムベース」の範囲にも含まれる。

香料

　よいにおいの食品には，食欲がそそられるものであるが，食品の材料によっては，どう加工しても，においのよくないものもある。また，加工食品では，原料が変わると，においが強くなったり，弱くなったり，においの傾向が微妙に変わったりすることもある。

　このような問題を解決する方法として，食品に均一で適切なにおいをつけることが考えられる。この目的で使われる食品添加物が，「香料」である。

　通常，香料は，いくつかの香料物質を組合わせて，必要とされるにおいが作ら

れる。この香料は，食品中でその効果を発揮させるには，ごく微量添加するだけ
で済むことから，物質名で表示する必要は少ないとされ，一括名「香料」による
表示が認められている。

香料には，化学的に合成された合成香料と，天然物からとりだされた天然香料
がある。

合成香料は，かつては，エチルバニリン，酢酸エチル，メントールなど78種類
の物質と，エステル類や脂肪族高級アルコール類などのようにグループ18種類が
食品添加物として指定されていた。しかし，短鎖のアルコール類や短鎖のアルデ
ヒド類などは，食品添加物として指定されていなかった。2004年以降国際的に汎
用されている香料が食品添加物として次々と指定されており，これからも資料が
揃い，検討が済めば，新たに指定されていく方向にある。食品に表示するときは，
一括名で「香料」と表示するか，「メントール」などのように，それぞれの香料
の物質名で表示する。

天然香料には，アップルミント，イチゴ，ウーロン茶，酒粕，発酵乳，バニラ，
ブドウ，ラベンダーなどさまざまな物質が，香料の基原として使われるものとし
てリスト化されている。これらの起原物質から取り出された香料を，食品に表示
するときは，一括名で「香料」と表示するか，「イチゴ香料」や「酒粕香料」の
ように，原料の基原物質名に「香料」の文字を付けた名称で表示する。

なお，食品添加物として指定された合成による香料は，「合成香料」と表示す
ることは認められているが，天然物から得られた香料を「天然香料」と表示する
ことは認められていない。

主な香料物質 指定添加物：エチルバニリン，バニリン，ベンズアルデヒド，
ボルネオール，マルトール，メントールなど 天然香料：イチゴ香料，バニラ香
料など

国際食品添加物規格

ＦＡＯ／ＷＨＯの下部機関であるＪＥＣＦＡ（合同食品添加物専門家会議：
Joint Expert Committee on Food Additives）が，国際的に汎用されている食品添加物
について安全性の評価を行い，成分規格に関しても検討を加えている。その評価
に使用した科学的資料と，評価結果と成分規格などを収載する報告書を作成し，
刊行されている。

ＪＥＣＦＡで定められた「食品添加物の同定および純度の規格」は，「FAO
Food and Nutrition Paper Series」などとして刊行されている。

これが食品添加物の国際規格（本事典では，「ＦＡＯ／ＷＨＯ規格」と記載）
と呼ばれるもので，日本でも食品添加物の成分規格を作成するときに，極力この
国際規格に準ずるように検討されている。

国際的安全性評価

食品添加物の安全性の国際的な評価として，ＦＡＯ／ＷＨＯにおける評価がある。これは，国際的に汎用されている食品添加物についてＪＥＣＦＡが，安全性評価の原則と方法を定め，そのガイドラインに従い，主に動物での試験結果を基に，ヒトに対する安全性を評価していることによる。

その安全性の指標として，ＡＤＩ（一日当たり許容摂取量）などが定められている。このＡＤＩに関しては，例えば，0～20mg/kg－体重というように幅で示されているのが一般的であるが，「制限しない（ＮＬ：Not Limited)」，「特定しない（ＮＳ：Not Specified)」などと表現するものもある。さらに，香料では「安全性に問題ない（ＮＳＣ：No Safety Concern)」と表現されるものがある。ＮＬは，内容が不明確であるとの理由からＮＳに改められた，現在では使われていない。

ＪＥＣＦＡでは，新たに開発された物質を除けば，一般的な食品添加物に関してはおおむね評価が終了しており，現在は，過去の評価の見直しと，香料に使われる物質に関する検討に注力されている。

なお，栄養成分補填の目的で使用されるアミノ酸類やビタミン類などの，いわゆる強化成分は，ＪＥＣＦＡにおける安全性評価の対象外とされている。

かつては安全性評価を，大きく次の3段階に区分していたが，現在はこのような区分は行われていない。

Ａ：毒性（安全性）に関する評価を終了して，ＡＤＩが設定されたもの，および使用が認められたもの

Ｂ：食品添加物としての使用が確認されているが，毒性に関する評価が完了していないもの

Ｃ：安全性の面から，食品には使用すべきではないとしたもの，および，衛生上の見地から使用が制限されたもの

→ ＡＤＩ，ＭＴＤＩ

国際汎用添加物

食品添加物は、各国でそれぞれの国の事情に合わせて規制されている。日本では、食品の多く（カロリー基準で約60％）を輸入に頼っている。しかし、国際的に使用されている食品添加物でも、日本では指定されていないために輸入を禁じざるを得ない食品もある。この国際間の規制の違いによる貿易障壁を緩和するためには、国際的な整合性を図る必要がある。

2002年には、主として岩塩を由来とする食塩にシアン化物が固結防止剤として配合されていることが判明したが、当該食塩を使用した食品の国内での流通の差し止めは実務的に困難なことであり、事態を把握した後、約3週間で食品添加物として指定した。

このことを契機として、国際的に汎用されている食品添加物を、国（当時は厚生省）が、指定の申請者となり、薬事・食品衛生審議会で検討することが、方針

として打ち出され、2002年12月19日に指定候補として46品目が公表された。

この指定候補品目は、次の2つの条件を満たす品目が選択されたものである。

・国際的な安全性評価（ＦＡＯ／ＷＨＯ　ＪＥＣＦＡでの評価と成分規格の設定）が行われている品目。

・米国およびヨーロッパ諸国（ＥＵ）で使用されている品目。指定候補の46品目は、次の4つのグループに分けて公表された。

・第1グループ：指定に向けて具体的な相談を受けているもの、および、化学構造の類似した品目が薬事・食品衛生審議会で審議中のもの

・第2グループ：化学構造が類似した品目が、既に指定されているもの

・第3グループ：その他

・第4グループ：すでに、関連企業から、新規指定の要請が行われているもの

これらは、第4グループと第1グループから、順次、要請のための資料の整備が行われ、安全性の確認を行い、成分規格および使用基準の検討を経て、指定が行われることになる。

2009年3月末現在で、すでに半数を超える品目が新たに食品添加物として指定されている。その現況を**第3表**に示す。

糊料

かつては，指定添加物のうち「安定剤」，「ゲル化剤」，「増粘剤」および錠剤やタブレットの形の食品の崩壊剤の目的で使用されるものを特定して，加工食品に使用したときは，用途名の「合成糊料」を使用・添加した旨を表示するか，物質名で表示することが規定されていた。近年は，このような機能を持つ食品添加物は，「増粘安定剤」と呼ばれることが多くなっている。

現在は，指定添加物および天然系の食品添加物（既存添加物および「通常食品（一般飲食物添加物）」）にかかわらず，従来「合成糊料」の目的とされていた使用方法で使われた場合に，表示に使われる総括的な用途名として「糊料」が定められている。

なお，安定剤，ゲル化剤および増粘剤の目的で使用された場合には，それぞれの用途名を用いることも認められており，この使用目的別の表示の方が一般的である。「糊料」は，安定剤と増粘剤など2種類以上の使用目的で複数の食品添加物を使用した場合に用いられることが多い。

→ 増粘安定剤，安定剤，ゲル化剤，増粘剤

催奇形性試験

物質が妊娠中の胎児に与える影響を調べる試験法である。妊娠中の母体に一定期間物質を与え続けて胎児の外形，骨格，死亡などを調べる。

432 用 語 編

第3表 国際汎用添加物の指定への現況　　　　　　　　　　　（2019．3．31現在）

グループ	指定候補品目	食品安全委員会	指定等現況
1	ポリソルベート類　4品目	2003.10. 8　評価要請	2008. 4.30　指定
1	ステアリン酸カルシウム	2004. 3. 4　評価要請	2004.12.24　指定
1	リン酸一水素マグネシウム	2005. 3.28　評価要請	2012.11. 2　指定
1	ヒドロキシプロピルセルロース	2004. 8.16　評価要請	2005. 8.19　指定
1	加工デンプン類　11品目	2004.11.26　評価要請	2008.10. 1　指定
2	アルギン酸アンモニウム	2005. 3.28　評価要請	2006.12.26　指定
2	アルギン酸カリウム	2005. 3.28　評価要請	2006.12.26　指定
2	アルギン酸カルシウム	2005. 3.28　評価要請	2006.12.26　指定
2	β-カロテン（*Blakeslea trispora*由来）		β-カロテンの範疇
2	L-アスコルビン酸カルシウム	2005.10. 6　評価要請	2008. 4.30　指定
2	サッカリンカルシウム	2006. 5.22　評価要請	2013. 5.22　指定
2	水酸化マグネシウム	2006. 3. 9　評価要請	2008. 7. 4　指定
2	ステアロイル乳酸ナトリウム	2007. 2. 6　評価要請	2010. 5.28　指定
2	乳酸カリウム	2007. 2. 6　評価要請	2013. 5.15　指定
2	ポリビニルピロリドン	2005. 6.21　評価要請	2014. 6.18　指定
2	ソルビン酸カルシウム	2007. 3.20　評価要請	2010. 5.28　指定
2	L-グルタミン酸アンモニウム	2006. 5.22　評価要請	2013. 5.22　指定
3	アルミノケイ酸ナトリウム	2005. 8.15　評価要請	依頼取り下げ*
3	ケイ酸カルシウム	2005. 8.15　評価要請	2008. 4.30　指定
3	ケイ酸アルミニウムカルシウム	2005. 8.15　評価要請	依頼取り下げ*
3	ケイ酸マグネシウム（合成品）	2005. 8.15　評価要請	2010.10.20　指定
3	β-apo-8'-カロテナール	2011. 4.19　評価要請	2014. 6.18　指定
3	カルミン	2011. 4.19　評価要請	食品安全委　評価中
3	カンタキサンチン	2011. 4.19　評価要請	2015. 2.20　指定
3	酸性リン酸アルミニウムナトリウム	2011. 4.19　評価要請	依頼取り下げ*
3→4	ナイシン	2003.10.20　評価要請	2009. 3. 2　指定
3	酢酸カルシウム	2011. 4.19　評価要請	2013.12. 4　指定
3	酸化カルシウム	2011. 4.19　評価要請	2013.10.22　指定
3	硫酸カリウム	2011. 4.19　評価要請	2013. 5.15　指定
3	クエン酸三エチル	2011. 4.19　評価要請	2015. 5.19　指定
3	イソプロパノール（香料以外）	2003.12.15　評価要請	2013.12. 4　使用基準改定
4	亜酸化窒素	2003.10.20　評価要請	2005. 3.22　指定
4	ナタマイシン	2003.10.20　評価要請	2005.11.28　指定

＊アルミニウムの摂取量を低減

酸化防止剤

　食品は，細菌による腐敗，カビの発生の他に，空気中の酸素による酸化による変質もある。油脂類や油脂を含む食品は，特に酸化作用を受けやすく，酸化によって着色したり，酸化臭の発生や刺激のある味になって風味を低下することがある。食品の酸化による変質を防ぐために，アルミニウムなどを用いた包材を使用したり，脱酸素剤を封入したり，真空包装にしたりと，さまざまに工夫されている。このような対応ができない食品や，酸化防止をより徹底するために，食品に直接添加使用するものが，「酸化防止剤」である。

　油脂類の酸化防止には，ジブチルヒドロキシトルエン（ＢＨＴ）などの指定添加物が国際的に使用されているが，日本では，大豆油から抽出した天然のビタミンＥ（トコフェロール）の使用が多い。

　油脂類を含まない食品でも，皮をむいたリンゴの褐変のような酸化もある。このような酸化に対してはビタミンＣ（Ｌ－アスコルビン酸）などが酸化防止剤として使用されており，セージやローズマリーのような香辛料原料から酸化防止作用を持つ成分を抽出したものも使用されている。

　酸化は，食品中に含まれる微量の金属も促進作用を持つ場合があり，エチレンジアン四酢酸二ナトリウム（ＥＤＴＡ）などの金属封鎖剤が，酸化防止剤として使用されることもある。

　金属封鎖作用のある食品添加物には，酸化防止作用のないクエン酸のようなものもある。クエン酸類は，酸化防止剤の効果を強めるいわゆるシネルギストとして併用されることもある。

　酸化防止剤は，表示のための用途名であり，酸化防止の目的で使用した場合は，物質名と併記する。

酸とアルカリ（塩基）

　酸とアルカリというと，何か難しい感じもするが，意外と身近にあるものであり，例えば，酸とは，塩酸や酢酸のようなもの，アルカリとは，アンモニアや水酸化ナトリウム（か性ソーダ）のようなものである。

　「酸」とは，一般的には，水に溶けたときに酸性を示す物質と考えることができるが，広い意味では　塩基と反応するものを酸ということもある。

　この酸には，「有機酸」と「無機酸」がある。有機酸とは，酢酸や乳酸のように，有機系（炭素を含む化合物のうち，炭素の酸化物と，炭素の酸化物と金属が化合した金属の炭酸塩を除く）の酸であり，無機酸とは，塩酸や硫酸のような無機系（炭素の酸化物などを含む）の酸である。

　「アルカリ」とは，一般的には，水に溶けたときにアルカリ性を示す物質と考えることができる。水に溶けにくい物質の中にも，酸と反応するなど，アルカリと同じような性質を持つ物質があるので，水に溶けやすいものと溶けにくいものを一括して「塩基」ということもある。

この「酸」と「アルカリ」は，食品の酸性食品とアルカリ性食品とは直接の関連はない。

酸味料

一般的には，食品に酸味などを与える目的で使用される食品用原材料を，酸味料と呼んでおり，この目的で使用される食品添加物のうち，一定の条件に合うものは，一括して「酸味料」と表示することが認められている。

酸味料の主要な使用目的は，食品に酸味を付与または増強することによって食品の味覚を向上または改善することにある。また，食品の酸度（酸の強さ）を調整するためにも使用されることがある。

寿司に使われたり，調理に使われる酸味調味料の「食酢」や「ビネガー」などは食品であり，食品添加物ではない。ただし，食品を製造する際などに，酢酸を原料として作られた食酢（「合成酢」など）を使用して酸味を付けたような場合は，「酢酸」または「酸味料」と表示する必要がある。なお，酸味料に該当する食品添加物は，食品のpHを調整する目的で使用されることもあり，この場合は，「pH調整剤」と表示する。また，これらの食品添加物は，食品の日持ちをよくする目的でも使用されるが，このような場合は，使用した食品添加物の物質名で表示する。一括名で「酸味料」と表示される主な食品添加物には，有機酸系のアジピン酸，クエン酸およびクエン酸ナトリウム，グルコン酸（グルコノデルタラクトン），コハク酸およびコハク酸ナトリウム類，酢酸（氷酢酸），および酢酸ナトリウム，酒石酸および酒石酸ナトリウム，乳酸および乳酸ナトリウム，リンゴ酸およびリンゴ酸ナトリウム，イタコン酸，フィチン酸など，無機の酸類である二酸化炭素（炭酸ガス）とリン酸がある。

参考として，**第4表**によく使用される有機酸系酸味料の性質を示す。

→ pH調整剤

指定添加物

食品添加物には，「人の健康を損なうおそれのない場合として厚生労働大臣が薬事・食品衛生審議会の意見をきいて定める場合以外は添加物として用いてはならない」（食品衛生法第10条）と決められており，これにより指定された添加物は「施行規則第3条別表1」に一連番号を付して記載されている。

なお，1995年の食品衛生法改正により，指定の対象は化学的合成品か天然品かという区別がなくなったが，それ以前は，40年余にわたって，指定される添加物は化学的合成品に限られていた。ただこの法改正時の経過措置として，その時点ですでに市場にあった，いわゆる天然添加物は別に「既存添加物」として指定が免除されている。そこで本書ではこれと区別するために，指定された添加物には「指定添加物」という用語を使用し，品目編では品名の後に（指定）と表記している。現在の指定添加物は，旧法で合成添加物に相当するのは455品目である

第4表 主な有機酸系酸味料の性質

有機酸系酸味料	味の特徴	酸味の強さ*
クエン酸	穏やかで爽快な酸味	100（基準）
アジピン酸	穏やかで爽快な酸味	90
グルコン酸	丸みのある爽快な酸味	60 ～ 70（100%換算）
コハク酸	うま味を伴う酸味	110 ～ 120
酢酸（氷酢酸）	強い刺激臭のある酸味	100 ～ 110
酒石酸	やや渋みと収斂味のある酸味	120 ～ 130
乳酸	穏やかな酸味	110 ～ 120
フマル酸	鋭く強い酸味	150 ～ 180
リンゴ酸	やや刺激のある収斂味の酸味	100 ～ 120
フマル酸一ナトリウム	丸みと濃厚味のある酸味	50 ～ 70
＜参考＞リン酸	渋みを伴う酸味	200 ～ 250

＜備考＞＊：酸味の強さは，濃度によって変動がある。

（2019年3月末）。この中には天然系を基原に持つグリセリンやビタミンAも含まれる。

指定又は使用基準改正の資料

食品添加物の新規指定または使用基準の改正を要請する場合に関する指針は1965年に出されていたが，1996年に全面的に改正された。要請の際に必要とされる資料は，次のとおりである。（平成8.3.22 衛化第31号）。

① 資料概要
② 基原または発見の経緯，外国の使用状況に関する資料
③ 物理化学的性質および成分規格に関する資料
④ 有効性に関する資料
⑤ 安全性に関する資料
⑥ 使用基準案に関する資料

指定要請時の安全性資料

食品添加物の指定を申請する場合に添付する資料中，安全性に関する資料は次のように定められている（厚生省通知　平成8.3.22 衛化第31号）。
安全性に関する資料
毒性に関する資料

① 28日反復投与毒性試験
② 90日反復投与毒性試験
③ 1年間反復投与毒性試験
④ 繁殖試験
⑤ 催奇形性試験
⑥ 発がん性試験
⑦ 1年間反復投与毒性試験／発がん性併用試験
⑧ 抗原性試験
⑨ 変異原性試験
⑩ 一般薬理試験
体内動態に関する資料
食品添加物の一日摂取量に関する資料

重合リン酸塩

　リン酸は，いくつかのリン酸から水が取れて結合した，いわゆる重合リン酸（縮合リン酸）を形成する性質がある。水の取れ方によって3種類のグループ（ピロ，ポリ，メタ）に区分される。ピロリン酸塩は2分子のリン酸から1分子の水がとれて縮合したピロリン酸の塩で，二リン酸塩とも呼ばれる。メタリン酸塩は3分子以上のリン酸から水がとれて，環状に縮合したメタリン酸の塩で，3分子のトリメタリン酸塩，4分子のテトラメタリン酸塩などが知られている。メタリン酸塩は水溶液中では徐々に加水分解してポリリン酸塩になる。

　このような重合リン酸類の塩類は，下記のように重要な食品添加物である。

重合（縮合）リン酸塩
　　ピロリン酸塩類　：　ピロリン酸カリウム
　　　　　　　　　　　　ピロリン酸カルシウム
　　　　　　　　　　　　ピロリン酸ナトリウム類
　　　　　　　　　　　　ピロリン酸鉄類
　　ポリリン酸塩類　：　ポリリン酸カリウム
　　　　　　　　　　　　ポリリン酸ナトリウム
　　メタリン酸塩類　：　メタリン酸カリウム
　　　　　　　　　　　　メタリン酸ナトリウム

　これらの重合リン酸塩類は，リン酸の重合（縮合）の仕方によってさまざまな性質を持ち，その性質に合わせて，いろいろな食品に使用されている。

　魚肉すり身やかまぼこなどの水産練り製品類での魚肉の結着の目的や，食品のpHを調整する目的などで使用されていることは有名である。

　ただし，ピロリン酸鉄類は，ほとんどが鉄の強化の目的で使用されている。

用 語 編　　　437

　また，ピロリン酸二水素カルシウムには，カルシウム塩としての使用目的と量的な制限（使用基準）があり，この基準に従う必要がある。
　これらの重合リン酸塩類は，別に決められた一括名に当たらない場合は，物質名で表示する必要がある。
　例えば，メタリン酸ナトリウムが使われている場合は，「メタリン酸Na」等と物質名で表示する。なお，2種類以上の（重合）リン酸塩を併用した場合には，リン酸塩という類別名が使用でき，例えば，ピロリン酸ナトリウムとポリリン酸カリウムが併用されている場合は，「リン酸塩（Na，K）」と表示することもできる。
→　リン酸塩

使用基準

　食品添加物を使用する場合の条件を定めた規定が，「使用基準」である。
　使用基準には，使用してもよい食品（対象食品）や，使用する際の添加限度量または食品での残存限度量のほか，使用した食品添加物を中和，除去するなどの後処理条件などが定められる。
　食品添加物は各種食品に使われた場合も，その残存量の総計値がＡＤＩ値より少なくなるように定められている。指定添加物の約60％の品目に使用基準が定められているが，安全性に問題のないアミノ酸類，酸味料，pH調整剤に使われる有機酸などには，使用基準のないものも多くある。一方，既存添加物（旧天然添加物）では，天然着色料や不溶性鉱物質など使用基準の定められている品目があるが，多くは使用基準が定められていない。

消費期限

　加工食品の品質が保持される期間のなかで，食品メーカーから指定された方法で貯蔵した場合，おおむね5日以内という比較的短期間に品質の劣化が生じる食品では，その期限内に消費するよう，消費者に注意を促すために，「消費期限」を表示する。
　食品表示基準では，『（品質が急速に劣化しやすい食品又は添加物で，）定められた方法により保存した場合において，腐敗，変敗その他の品質の劣化に伴い安全性を欠くこととなるおそれがないと認められる期限を示す年月日をいう。』と定義されている（食品表示基準第2条の7及び第3条第1項）。
　表示に際しては，「消費期限」の文字とその期限の年月日を表示し，必要に応じて時間を付記する。
　豆腐，弁当，パンなどのようなものが該当する。

賞味期限

　加工食品の期限表示のうち，5日間を超えて長期に保管・貯蔵できるものの表示方法として採用されたものが，「賞味期限」である。

食品表示基準では，『定められた方法により保存した場合において、期待される全ての品質の保持が十分に可能であると認められる期限を示す年月日をいう。ただし、当該期限を超えた場合であっても、これらの品質が保持されていることがあるものとする。』と定義されている（食品表示基準第2条の8及び第3条第1項）。

加工食品メーカーでは，通常，市販品と同じ包材で保存して試験中の経時変化を確認したり，流通段階に比べてはるかに過酷な条件の下での試験を行って，品質が維持できる期間を求め，さらに安全性を考慮して賞味期限を設定することになっている。このため，賞味期限を過ぎたからといって，直ちに食用に適さなくなるものではない。

1995年に期限表示が義務づけられたときは，「品質保持期限」という用語が採用されており，同様の意味を持つ用語として「賞味期限」での表示も認められていた。その後2003年に「賞味期限」に統一された。

表示に際しては，「賞味期限」の文字と共に，期限となる年月日を併記する。

なお，3カ月以上の期限を表示する場合は，年月日に代えて年月だけの表示も認められる。

→ 期限表示，品質保持期限

食品衛生法

終戦直後の食糧危機の時代に，食品からの事故の発生を防ぎ，国民の健康を維持するために，明治以来公布されていた食品衛生に関するさまざまな法律を統合したのが「食品衛生法」で，1947年に公布された（昭和22.12.24 法律第233号）。この法律は「食品の安全性の確保のために公衆衛生の見地から必要な規制その他の措置を講ずることにより，飲食に起因する衛生上の危害の発生を防止し，もつて国民の健康の保護を図る」ことを目的としており，食品，食品添加物の他，容器包装，乳幼児用のおもちゃから食品用洗浄剤等まで，公衆衛生上の安全を確保するために広範囲のものを含んでいる。

食品添加物もこの法律で定義されたが，1955年に起きたヒ素ミルク事件を契機に，1957年に化学的合成品の定義の新設や，食品添加物公定書の作成の規定など規格基準が整備され（昭和32. 6 .15），ほぼ現在の形になった。その後も一部の改正が繰り返されたが，1995年春に食品添加物における化学的合成品の定義が削除されて合成品か天然品かという区別がなくなり，すべての食品添加物に指定制度が適用されることになった（注：付記）。また2003年に食品安全基本法の制定に伴う大改正が行われた。

さらに2013年に食品表示法が制定され、食品衛生法，ＪＡＳ法及び健康増進法の食品の表示に関する規定を統合して食品の表示に関する包括的かつ一元的な制度が創設されたことに伴う大改正が行われた。

付記：化学合成品の定義は，法第62条オモチャの項に移り，オモチャの着色に使う添加物などに適用される。

食品添加物

　食品添加物とは，飲食品からの危害の発生を防止するという食品衛生上の観点から，食品の製造や貯蔵の目的で使用するすべてのものを規制するために，終戦直後に食品衛生法で「添加物」という用語で定められたものである。正確には食品衛生法で「添加物とは，食品の製造過程で又は食品の加工，保存の目的で，食品に添加，混和，浸潤，その他の方法で使用するものをいう。」と定義されている。（食品衛生法第4条第2項）

　すなわち，食品を製造加工したり，貯蔵する時点で使用される物のうち，小麦粉，油脂といった食品の原材料以外の総てのものを指している。そこで食品添加物には甘味料，保存料，着色料などの一般に連想される品目以外に，酸，アルカリ剤や溶剤，ろ過助剤など，食品の製造過程で使用される物も多く含んでおり，最終食品に残存していないものも多い。また化学的合成品（合成添加物）とか，天然物由来品（いわゆる天然添加物）といった区別はない。

　食品添加物は，全て国により審査されて指定されたものが原則であるが，次のように4種類に分類される。

① 　指定添加物
② 　既存添加物（指定を免除された，いわゆる天然添加物）
③ 　天然香料（天然の動植物由来，指定を除外されるもの）
④ 　一般飲食物添加物（一般に食品として飲食に供されている物であって添加物として使用されるもの：指定を除外されるもの）

　食品添加物の定義は国際的にも「Food Additive」として，ほとんど同じである。

　しかし，食習慣の違いなどから，国により，その分類，品目や規制方法については幾分の差異はある。

食品添加物公定書

　食品添加物の規格基準は，食品などの規格等と同様に必要に応じて審議されて「食品，添加物等の規格基準」として厚生省告示で公布されている。食品衛生法では，食品添加物に関する規格基準を一冊にまとめ，「食品添加物公定書」として発行することが決められている（法第21条）。食品添加物公定書は昭和35年（1960年）3月に初版が発行され，その後は，逐次改正されていく食品添加物に関わる規格基準を，5〜10年毎にまとめて刊行されている。刊行の時点では，最新の規格基準を反映する形になっており，現在は2017年に第9版が発行されている。刊行に間隔があるため，使用する時点では改正が行われていることが一般的であり，最新の規格基準を知るには，原告示に戻る必要もある。

　公定書には通則，一般試験法，成分規格，製造基準，使用基準，表示基準等が収載されている。このように食品添加物の規格基準を国が一冊にまとめて発行しているのは，国際的にも珍しく，英訳版も発行されている。

食品添加物における表示

　食品表示法（平成25年法律第70号）が平成25年に公布され，これに基づく食品表示基準（平成27年内閣府令第10号）が，5年間の経過措置期間（業務用食品は販売期限）をもって平成27年4月1日より施行された。これに伴い従来の通知等は廃止され新たに発出された平成27年3月30日消費者庁次長通知第139号「食品表示基準について」に移行した。そのうち，食品添加物自体とその製剤については，次の事項の表示を容器包装の見やすいところに表示するように，定められている。

- ①　名称（添加物原体の名称又は添加物製剤の名称（簡略名等は使えない））
- ②　食品添加物の文字
- ③　保存基準の定められたものは，その保存基準
- ④　消費期限又は賞味期限（省略可能）
- ⑤　食品関連事業者の氏名又は名称及び住所
- ⑥　製造所又は加工所の所在地及び製造者又は加工者の氏名又は名称
- ⑦　アレルゲン
- ⑧　使用基準の定められたものは，その使用基準
- ⑨　表示量（食品衛生法第11条第1項の規定に基づき定められた規格に表示量に関する規定がある添加物にあっては重量パーセント，色価等を表示することとされている。）
- ⑩　製剤である添加物の成分（着香の目的で使用されるものを除く）及び重量パーセント
- ⑪　タール色素の製剤の実効の色名
- ⑫　L－フェニルアラニン化合物（L－フェニルアラニン化合物である旨又はこれを含む旨を表示
- ⑬　添加物たるビタミンAの誘導体（ビタミンAとしての重量パーセントを表示）

食品における食品添加物の表示

　食品添加物の表示が必要な食品は，食品表示法（平成25年法律第70号）第4条第1項の規定に基づく食品表示基準（平成27年内閣府令第10号）に規定される食品である。

　食品に使用した食品添加物は，原則として物質名（品名，別名）で表示するとされている。しかし，食品添加物表示の主目的は消費者が食品を選択する時の情報の提供であるので，消費者に理解され易いように情報としての重要度に合わせて，次のような表示法が認められている。

- ①　物質名（品名，別名）または表示のための簡略名，類別名による表示。
- ②　着色料，保存料など8用途に使用した場合は，用途名を併記。
- ③　香料，調味料など14種の一括名による表示。
- ④　加工助剤，キャリーオーバー，栄養強化目的の添加物については，表示を

免除。ただし，アレルギーに関する注意表示が必要であれば，その旨を表示する。

　一般用加工食品に使用された食品添加物については，食品表示基準別記様式１に規定されている「添加物」の事項欄に表示するか又は事項欄を設けず原材料名の欄に「／」等により食品原材料と明確に区分して表示することとされている。また，表示の順番については，使用量の多い順に表示する必要がある。

植物性たん白

　大豆や小麦（小麦粉）などには，でん粉の他に，たん白質が豊富に含まれている。この原料となる大豆や小麦粉などを加工して，たん白質の割合を高めたものが「植物性たん白」である。

　植物性たん白は，さまざまな理由で動物性のたん白質を摂取できない人に，動物性たん白質の代わりに使われる他，パンやめん類などの小麦粉製品，魚肉ねり製品などに，不足したり，加工により失ったたん白質の強化・補填の目的や，つなぎなどの目的で使われている。

　「植物性たん白」と，これに調味料や香辛料などで味付けをした「調味植物性たん白」に関しては，日本農林物資規格（ＪＡＳ規格）が定められており，このＪＡＳの規定では，限られた範囲での食品添加物の使用も認められている。

ショートニング

　ショートニングとカタ仮名で表示されていると，これも食品添加物かと誤解されることもあるが，これは，食品を製造するときに原材料の一つとして使われる油脂系の食品である。

　ショートニングは，パンや菓子を作るときに，製品に，くずれやすく，さくさくした性質（ショートニング性）を与える目的で使われている。これは，精製された動植物油脂類などを主原料にしてグリセリン脂肪酸エステルなどの乳化剤などを加えて練り合されたもので，炭酸ガスなどのガスも含まれている。マーガリンとは異なり，通常は，水分は含まれていない。

製造基準

　食品，添加物等の規格基準の中で定められている，食品添加物および食品添加物の製剤を製造する際の条件が，「製造基準」である。

　この製造基準によると，食品添加物の製剤は，食品添加物，食品および水を原料に製造するものであり，食品添加物と食品は，成分規格が定められている場合には，その成分規格に合格した製品（食品および食品添加物）を使用することとされている。また，水には，「飲用適の水」を使用することなどが規定されている。

製造用剤

　用途名を併記したり，一括名の範囲に含まれたりして，食品添加物としての使用目的がまとまっている品目以外にも，例えば，無機酸類，アルカリ類，溶剤，ろ過助剤，日持向上剤，その他各種の目的で食品製造に使われている添加物が，総品目数の20％近くある。これらをまとめて「製造用剤」と称している。これらのうち，製造工程中で除去されたり中和されて，最終食品に残存しないか，残存しても微量で食品に効果を持たない物も多い。このような使われ方をした場合は，加工助剤とみなされて表示が免除されるが，最終食品で効果を持つものは物質名で表示する。

成分規格

　食品添加物は衛生上の品質を保証するために，その成分や構造，含量を定め，そのものであることを確かめる確認試験，不純物等の限度量を定めた純度試験と試験法が定められている。天然添加物については，かつては汎用されているレシチンなど10品目に限ってこの公式の成分規格が設定され，残りの主要な天然添加物については日本食品添加物協会が自主規格を作成してきた。食品添加物公定書の第7版（1999年），第8版（2007年）及び第9版（2017年）の作成に当たり，既存添加物についても，順次，成分規格が作成され，天然系の食品添加物に関しても約210の成分規格が設定されている。

　なお，食品添加物の規格としては，国際的にはＦＡＯ／ＷＨＯの定める規格があり，日本もこれにできるだけ整合性がとれるように検討されている。

増粘安定剤

　増粘安定剤とは，水に溶解または分散して粘稠性を生じる水溶性高分子物質（ハイドロコロイド）を指している。デンプンなど食品素材にも同様の性質を持ったものが多くあるが，食品添加物としての増粘安定剤には，指定添加物としてアルギン酸ナトリウムやデンプン誘導体，セルロース誘導体などが指定されている。一方，既存添加物は45品目以上が名簿に収載されており，通常は食品として扱われるもの（通常食品）にもあることから，天然系の添加物が主体に使われている。

　増粘安定剤の基本的性質である水溶液の粘度の強さや粘性の性質は種類により異なる。食品の製造に際しては，それぞれの特性を生かして，食品のボディーの形成や食感の改良に，また油脂や固形物などの食品成分の均一な分散，安定化に使用される。さらに，品種によっては水溶液の温度を変化させたり，塩類などを添加するとゲル化するものがあり，デザート類など食品のゲル組織を形成させる目的でも使われる。この他，結着性，被膜性，起泡性などの機能を持っている。また消化吸収され難く，有害物質を吸着して体外に排出する助けとなる性質を持ち，食物繊維として注目されるものもある。

本品を使用した場合は，使用目的により「増粘剤」，「安定剤」，「ゲル化剤」のいずれか，あるいはいずれの目的にも使える「糊料」という用途名のうち，いずれかを併記する。

増粘剤

増粘安定剤の多くは，水に溶けて高い粘性を示す。たとえば，アルギン酸やキサンタンガムなどを，ソース，ケチャップ，焼き肉のタレ類などに使用すると，食品に粘性を与えることから，粘性の調整の目的で使用される。この目的で使用される食品添加物を「増粘剤」といい，食品に使用した場合の表示のための用途名になっている。この場合，用途名「増粘剤」を物質名と共に併記する。

ただし，指定添加物以外の天然系の物質のうち，増粘多糖類に該当する品目を2種類以上併用した場合には，「増粘多糖類」と表示するだけで，「増粘剤」の表示を省略することが認められている。

→ 増粘安定剤，増粘多糖類

増粘多糖類

増粘安定剤には，かつては合成糊料と称されてきた指定添加物と，海藻などからの抽出物を中心にする既存添加物と通常食品の添加物からなる天然系の食品添加物がある。天然系の増粘安定剤の主成分は，多糖類系のものが多いが，原料が天然物であるため，産地，収穫時期，天候などによって呈する物性が変動することが多い。この変動を調整し，できるだけ均一の物性を示すように，2種類以上の多糖類を併用したり，あらかじめ製剤化したものを使用することが一般的に行われている。

このような天然系の多糖類の増粘安定剤を2種類以上併用した場合には，個々の物質名を列記することに代えて「増粘多糖類」と一括表示することが認められている。なお，天然系の多糖類は，既存添加物名簿収載品目リストおよび通常食品のリストで別名，簡略名・類別名に多糖類とついている品目に限られるものではなく，アルギン酸やカラギナンのような明らかな多糖類も含まれる。

この増粘多糖類を増粘剤として使用した場合は，用途名「増粘剤」の併記は免除される。ただし，安定剤やゲル化剤のように，増粘剤以外の目的で使用した場合には，該当する用途名と併記する。

また，原料が天然物であってもアルギン酸ナトリウムのような指定添加物と併用した場合は，指定添加物は別個の表示が必要となる。

このため，次のような表示が見受けられる。ゲル化剤（増粘多糖類），増粘剤（アルギン酸Na，増粘多糖類），糊料（ＣＭＣ，増粘多糖類）

短期（亜急性）毒性試験

食品や食品添加物は，長年の間摂取しても影響がないかという長期の毒性が問

題になるので，最終的には長期毒性試験等で判断される。その前に，通常，ラット，マウス等の実験動物を使い，試験する物質を基礎資料に混ぜて1～3カ月投与して試験をするのが短期毒性試験であり，長期毒性試験のための予備試験として行われる。

たん白加水分解物

たん白加水分解物とは，原料となるたん白質系の食品を加水分解して得られるいろいろなアミノ酸とペプチド類を主成分とする調味用の食品素材である。加水分解には，通常，塩酸などの酸が使われている。

植物を原料にした場合は，「植物たん白加水分解物」といい，「ＨＰＰ」または「ＨＶＰ」（野菜を原料にしたもの）とも言われる。一方，原料が動物系のものは，「動物たん白加水分解物」といい，「ＨＡＰ」とも言う。これらの「たん白加水分解物」は，食品の基礎的な味付けに，食品添加物の調味料（アミノ酸等）と併用されることが多い。市販されている「たん白加水分解物」には，味の調和をとる目的で，食品添加物の調味料（アミノ酸等）などを添加している場合もある。

「アミノ酸液」は，大豆や小麦などの植物たん白質を原料として，塩酸で加水分解したものを中和したもので，「植物たん白加水分解物」の1種でもある。このアミノ酸液には，粉末化したものもある。第２次世界大戦直後を中心にかつては，アミノ醤油と称される醤油の製造に多量に用いられていたが，最近はこのような醤油は少なくなっている。

着色料

食品の色は，食欲に大きな影響を持つ因子の一つである。一般的には，きれいな色の食品には，食欲がそそられる傾向がある。

また，加工食品では，原料が変わったりすると，微妙に色が変わってしまうことがある。この変動は，いつも同じ品質の製品を提供するという観点から見ると困ったことになり，色を同質にすることが求められる。

着色料は，このような要求に対応するため，食品を食欲が増す色に着色したり，年間を通していつも同じ色に調整したりする目的で，食品に色をつける食品添加物である。

着色料には，化学的な方法で合成された合成着色料と，天然物からとりだされた，いわゆる天然着色料（既存添加物と一般飲食物添加物）がある。

合成着色料には，よく知られている赤色2号や黄色4号などのようなタール色素と呼ばれる色素，二酸化チタンのような鉱物系の酸化物の色素，水溶性アナトーのように天然系のものからとりだした後，水溶性にするためにナトリウム塩などと化学反応させた色素，β－カロテンのように天然系の着色性の成分を化学的に合成した色素などがある。

いわゆる天然着色料は，天然物を原料として，これから着色性のある成分をと

り出したものであり，古くから糸や布などの着色，顔や皮膚の化粧などに使われてきたものもある。これらの多くは植物を原料にしているが，中には昆虫や鉱物を原料としているものもある。

　着色料を使用した食品では，「着色料」の文字と使用した着色料の物質名を，「着色料（赤2，カロテン）」のように併記して表示することになっている。

　この場合，化学的な合成によるものだけを使用した場合に限っては「合成着色料」と表示することも認められているが，ほとんど使用されていない。

　また，「赤色2号」とか「カロチノイド色素」というように「色」という文字があれば着色料であることがわかるため，「着色料」の表示は省略することも認められている。

　着色料が使われていない加工食品をさがすことが難しいほど，いろいろな食品の着色に使われており，特に，あめや和菓子をはじめとする各種の菓子類，冷菓，飲料，漬け物，佃煮類，魚肉練製品，即席めんなどでは，よく見られる。

　一方，生鮮食品類などは，食品の色を官能的に見て，その食品の鮮度を判断する方法がとられることが多い。このようなときに，色が着けられていると判断に狂いが生ずるため，生鮮食品をはじめとするいくつかの食品では，使用基準で，着色料を使うことが禁じられている。

　主な着色料

　合成系添加物

　　タール色素　　　：　赤色2号，赤色40号，赤色102号，赤色105号，
　　　　　　　　　　　　黄色4号，黄色5号，青色1号，緑色3号　など

　　そ　の　他　　　：　三二酸化鉄，二酸化チタン，
　　　　　　　　　　　　銅クロロフィリンナトリウム，水溶性アナトー，
　　　　　　　　　　　　β－カロテン，リボフラビン　など

　天然系着色料

　　既存添加物　　　：　アナトー色素，ウコン色素，カラメル，
　　　　　　　　　　　　クチナシ色素，コチニール色素，
　　　　　　　　　　　　パーム油カロテン，金，銀　など

　　一般飲食物添加物：　アカキャベツ色素，ブルーベリー色素　など

チューインガム軟化剤

　軟化剤とは「チューインガムの柔軟性を保つ目的で添加，使用される食品添加物とその製剤」と定義されている。

　チューインガムは，冬場寒くなると硬くなる。そこでこれを防ぎ，冬場でもガムを柔らかく保つために添加されるもので，グリセリン，プロピレングリコール，D－ソルビトールがある。これを使った場合は「軟化剤」と表示する。

　これらは諸外国のチューインガムにも，「Softner」と表示されている。

長期（慢性）毒性試験

　実験動物の一生涯にわたって連日投与して，その毒性を調べる試験法である。短期毒性試験結果を基礎として，通常マウスやラットを使い，動物の一生涯（1年半あるいは2年）の間，試験する物質を基礎飼料に混ぜて投与したのち，解剖して各種臓器の変化や組織細胞学的検査が行われる。これにより最大無作用量や最少無作用量が求められる。

　発がん試験も実験動物を一生涯飼育して行われるので，発がん性試験と併せて行われる場合が多い。

調味料

　食品の味を調整する目的で使用される食品用の原材料を，一般的には，調味料と呼んでおり，味噌・醤油や塩・胡椒のような食品と，化学調味料などと呼ばれてきた食品添加物としての調味料がある。

　食品添加物としての「調味料」は，うま味の付与や増強，味の調和等の目的で使用されるもので，甘味，酸味，苦味を与えるものは，それぞれ，甘味料，酸味料，苦味料として別に扱われている。

　また，食品添加物の「調味料」は，その本質によってグループ分けされており，加工食品などでの表示にあたっては，そのグループ名も併記されている。

調味料
　調味用食品　　：　味噌・醤油等
　　　　　　　　　　酸味調味料（食酢等）
　　　　　　　　　　塩・胡椒等
　　　　　　　　　　食品エキス類
　　　　　　　　　　たん白加水分解物　など
　食品添加物　　：　調味料（アミノ酸）
　　　　　　　　　　調味料（核酸）
　　　　　　　　　　調味料（有機酸）
　　　　　　　　　　調味料（無機塩）
　　　　　　　　　　物質名で表示する調味料
　　　　　　　　　　　クエン酸三カリウム，グルタミン酸マグネシウムなど

調味料（アミノ酸）

　調味料として食品添加物をただ1種類だけ使用することはまれで，いくつかの食品添加物の調味料を組合わせたり，これらと調味用食品類を併用したりして味の調和を図ることが一般的である。この食品添加物のうち，調味の目的で使用されたアミノ酸類を一括して表示するための名称が，「調味料（アミノ酸）」である。

　よく使用されるアミノ酸類としては，うま味のあるグルタミン酸ナトリウムの他，グリシン，アラニンなどがある。

調味料（アミノ酸等）

　食品の製造・加工の際には，調味料を組合わせて使用されることが一般的であり，このためにグループ毎の表示が認められている。しかし，実際の食品では，アミノ酸のグループと核酸のグループや有機酸のグループを併用する場合が多く見られる。このような場合に，主要なグループ名で代表して表示し，その他のグループを「等」として表示することも認められている。市販されている食品では，「調味料（アミノ酸等）」と表示されているものが，よく見かけられる。また食塩代替品では，塩化カリウム等の無機塩類に加えてアミノ酸等で味を改善したものもあり，「調味料（無機塩等）」と表示されているものもある。

調味料（核酸）

　調味料として使用された食品添加物のうち，うま味成分の核酸（ヌクレオチド）系を一括する表示のための名称が，「調味料（核酸）」である。

　核酸系の調味料としては，イノシン酸ナトリウム，グアニル酸ナトリウムおよびリボヌクレオチドナトリウムなどが，よく使用されている。

調味料（無機塩）

　調味料として使用される食品添加物のうち，無機の塩類を一括する名称が，「調味料（無機塩）」である。

　この無機塩には，指定添加物としては，食塩の代替に使用される塩化カリウムの他，リン酸のナトリウム塩類とカリウム塩類があり，天然系の既存添加物には塩水湖水低塩化ナトリウム液および粗製海水塩化カリウム，通常食品（一般飲食物添加物）にはホエイソルトなどがある。

調味料（有機酸）

　調味料として使用された食品添加物のうち，主として有機酸の塩類を一括する名称が，「調味料（有機酸）」である。

　調味料（有機酸）としては，唯一の遊離の酸であるコハク酸，コハク酸のナトリウム塩類，クエン酸　乳酸，リンゴ酸等の酸味系有機酸のナトリウム塩類と酒石酸のカリウム塩，製剤を作るとき配合されることの多い有機酸のカルシウム塩（クエン酸カルシウムと乳酸カルシウム）がある。

通常食品の添加物

　通常は食品として食べられているものでも，持っている機能や特性を利用し，特定の効果だけを期待して，添加物と同様の目的で使われる場合がある。天然物の食品素材が食品か添加物かは，あくまでも食品への使用目的で区別されるので，使用目的によっては「添加物」にもなる。しかし，これらは通常は食品素材として使われているものなので，特定の目的とはいえ添加物として指定されなければ

使えないと言われても納得されにくい。このような物を改正された新食品衛生法では，「一般に食品として飲食に供される物であって，添加物として使用されるもの」（「一般飲食物添加物」）と定義し，添加物の指定制度の適用外としている（法 第10条）。

　通常食品の添加物に相当するものとしては，着色の目的で使われた果汁類や，さらに水で色素分を抽出した果汁色素，静菌効果を期待して食品の日持ちをよくする目的で使われる醸造アルコールなど多くの品目がある。通常食品の添加物は，食品衛生法改正に関する通知（平成8．5．23 衛化第56号）の別添3「一般に食品として飲食に供される物であって，添加物として使用される品目リスト」に72品目が収載されている。

　これらの品目を添加物として使用する場合は，添加物としての使用基準や食品への表示方法などに従わねばならないので，留意する必要がある。

　なお，本事典ではこれを略して「通常食品」として記している。

デキストリン

　デキストリンは，でん粉を加水分解するとき，麦芽糖（マルトース：ブドウ糖が2つ結合したもの）やブドウ糖（グルコース）のような甘みのある糖になる前の，甘さがあまり出ない段階で加水分解を止めた糖（でん粉の分解物）である。

　でん粉の加水分解には，加熱による方法，塩酸などの酸を加える方法，酵素を作用させる方法などがあり，その目的によって使い分けられている。

　デキストリンは，甘さはあまりないが，食品に粘りを与えたり均一な液を作るのに適した性質を持っており，このような性質を利用して菓子類やソースなどをはじめとして，さまざまな食品に使われている。

電解水

英　　名：Hydrolyzed water
概　　要：食品の処理に使われる電解水は，食塩または塩酸を溶かし込んだ水を，電気分解（電解）して得られる水で，電気分解によって生じる次亜塩素酸の効果で，野菜や畜肉などに付着している枯草菌，大腸菌，黄色ぶどう球菌などの細菌類の殺菌作用がある。

　電解水の名称で，食品添加物としての指定の要請が行われていたが，主体となるものが次亜塩素酸であり，「次亜塩素酸水」の名称で指定された。
→　次亜塩素酸水

天然香料

　食品衛生法では，「天然香料」とは「動植物から得られたもの又はその混合物で，食品の着香の目的で使用される添加物をいう」と定義し（食品衛生法第4条3項），指定を受けなくても使用できる（食品衛生法第10条）。

| | 用　語　編 | 449 |

　この天然香料に関しては，原料としてつかわれる動植物等の基原物質579品目が，例示として食品衛生法改正に関する通知（平成8.5.23 衛化第56号）別添2の「天然香料基 原物質リスト」に収載されている。

　なお，欧米でも，天然物由来の香料は一般の食品添加物と区別して扱われ，指定制度が適用されていない。食品に着香の目的で使用される香料には合成品と天然物由来のものがあるが，いずれも，その使用量がごく微量であり，物質名で表示する必要性は少ないとして一括名「香料」として表示することが認められている。

天然添加物

　かつての食品衛生法では，「化学的合成品の食品添加物」のみが食品添加物として指定され，使用や表示の面で規制が行われてきた。一方，「化学的合成品以外の食品添加物」は，1989年に食品への表示が定められるまで，長年の間ほとんど野放し状態であった。これが「いわゆる天然添加物」と呼ばれていた食品添加物であり，消費者の天然物志向とも合って非常に多種類の天然添加物が開発され，使用されてきた。1995年の食品衛生法改正に伴い，添加物は総て指定を受けることになり，合成添加物とか天然添加物の区別はなくなった。ただ改正法の公布の時点で既に市場にあった天然添加物のうち，天然香料と通常は食品とみなされている添加物を除いたものは，既存添加物名簿に収載されて既存添加物となり，指定が免除された。

　なお，今後新たに開発される天然添加物は，すべて食品添加物として審査された後に指定され，指定されたものは食品衛生法施行規則別表第1に収載される。

デンプンリン酸エステルナトリウム（指定削除）

英　　名：Sodium Starch Phosphate

概　　要：でん粉の分散液にリン酸塩を加えて加熱してエステル化反応を行って作られる。1個のリン酸に1個のグルコースが結合したもの（（Ⅰ）型）をモノエステル，2個のグルニースが架橋状に結合したもの（（Ⅱ）型）をジエステルという。食品には主に架橋型エステルを多く含んだものが使われる。

　水に対する溶解性は，（Ⅰ）型は常温でも糊化するが，リン酸含量の増加と共に糊化温度は低下し粘度も低下する。（Ⅱ）型は水と共に加熱しても糊化しにくい。通常，架橋型でん粉と呼ばれるものは（Ⅰ）型と（Ⅱ）型が同一分子内で混じっているもので，水と加熱すると糊化し，糊化温度は通常のでん粉より低い。

　安定した粘度や分散性を必要とする場合や，老化防止のための小麦粉食品に使われる。

　リン酸のエステル化度の低いものが，化工でん粉の一種として食品扱いされてきたため，使用が極端に減っていたが，2008年10月に加工デンプン類の食品添加物指定に伴い，その役目は終了したものと見られる。

主な用途：増粘安定剤

糖アルコール

　食品または食品の素材として使われる糖類には，果糖（フルクトース）やぶどう糖（グルコース）のような単糖類，麦芽糖（マルトース）や砂糖（ショ糖）のような二糖類，オリゴ糖類やデキストリンのような少糖類，デンプンのような多糖類がある。デンプンや少糖類のうちでも結合した糖類の数が多いものには，甘味料としての効果は期待できないが，その他の糖類は食品に甘味を着ける目的でも使用されている。

　これらの糖類のアルデヒド基またはケトン基が還元されてアルコールになったものを糖アルコール類と総称する。これらのうち，特に，単糖類に対応する糖アルコールを糖アルコールと称することが一般的である。なお，炭素数が4のエリスリトール（エリスリトール）類も糖アルコールの1種である。

　糖アルコールには，D－グルコースに対応するD－グルシトール（D－ソルビトール），D－フルクトースに対応するD－グルシトールとD－マンニトール，D－ガラクトースからのガラクチトール，D－マンノースに対応するD－マンニトール，D－リボースからのリビトールなどがある。また，セルロース系のD－キシロースに対応するキシリトールも糖アルコールである。

　これらのうち，D－ソルビトール，キシリトールおよびD－マンニトールは指定添加物であり，それぞれ特性に応じて保湿，甘味付与，固着防止などの目的で使用されている。

豆腐用凝固剤

　一括名「凝固剤」は「大豆から調製した豆乳を豆腐様に凝固させる時に用いられる添加物とその製剤」と定義されている。

　豆腐はまず大豆を擂りつぶした液（ご）を煮たのち，おからを分離して豆乳を作り，これに豆腐用凝固剤を加えて凝固させ，成形して豆腐とする。

　もめん豆腐，絹ごし豆腐，包装豆腐など，種類により幾分製造条件が異なる。凝固剤には，塩化カルシウム，塩化マグネシウム，硫酸マグネシウム，グルコノデルタラクトン，粗製海水塩化マグネシウムがあり，凝固剤により，凝固の速さ，できた豆腐の性質が違うので，豆腐の種類や目的により適したものが使われている。豆腐，油揚げ類では，「豆腐用凝固剤」または「凝固剤」と表示される。なお，こんにゃくでは水酸化カルシウムが凝固の目的で使われるが，この場合は凝固剤と表示することはできず，物質名で表示する。ただし，使用目的を示すために物質名の後に（コンニャク凝固用）などと付記することは許されている。

特定保健用食品

　特別用途食品のうち，食品や食品成分と健康のかかわりに関する知見からみて

ある種の保健の効果が期待される食品であって、食生活において特定の保健の目的で使用する人に対し、その摂取によりその保健の目的が期待できる旨の表示について厚生労働大臣の許可または承認を受けた食品をいい、次の事項を表示する。

- ・保健機能食品（特定保健用食品）である旨
- ・許可または承認を受けた表示の内容
- ・栄養成分量および熱量
- ・原材料の名称
- ・内容量
- ・一日当たりの摂取目安量
- ・摂取の方法および摂取上の注意事項
- ・栄養所要量が定められているものでは、一日当たりの摂取目安量に含まれる機能表示を行う成分の、栄養所要量に対する割合
- ・調理または保存の方法に関する注意事項（必要な場合）

特別用途食品

「いわゆる健康食品」のうち、健康増進法で定められた特別用途表示を行う食品である。なお、特別用途とは、健康増進法で定められた、乳児用、幼児用、妊産婦用、病者用と、健康増進法施行規則（厚生労働省令）で定められた授乳婦用、高齢者用、および特定の保健の用途がある食品をいう。

毒性試験

食品、食品添加物、医薬品などを摂取した場合の安全性は、実際の結果を統計的に処理する疫学的調査と、実験動物を使って物質を投与して調べる毒性試験がある。指定添加物は毒性試験が繰り返し行われて安全性が確かめられてきた。既存添加物（天然添加物）については、従来は主に疫学的判断から安全であると考えられてきたが、今は重要なものから毒性試験が行われている。実験動物を使った主な毒性試験には次のようなものがある。

- ① 急性毒性試験
- ② 短期（亜急性）毒性試験
- ③ 長期（慢性）毒性試験
- ④ 繁殖試験
- ⑤ 催奇形成試験
- ⑥ 発がん性試験
- ⑦ 変異原性試験

苦味料

苦味料は、食品に、味の1つである「苦味（にが味）」をつける目的で使用される食品添加物類を一括して表示するための名称である。

一括名の調味料や酸味料と異なる点は，「苦味料」に含まれる食品添加物が，ホップの苦味の素であるイソアルファー苦味酸（既存添加物）やホップ抽出物（通常食品：一般飲食物添加物），茶やコーヒーに含まれるカフェイン（抽出物）などの天然系の添加物に限られていることである。

乳化剤

表示のための一括名としては，「乳化剤とは，食品に乳化，分散，浸透，洗浄，起泡，消泡，離型などの目的で使用される添加物やその製剤」と定義している。

乳化剤とは，本来は油と水のように混じり合わない2種の液体の界面に配列して，安定な乳化液を作るのに役立つ物質を指し，分子内に親油性基と親水性基を有する界面活性剤の一種である。食品用乳化剤も混じり合わない固体・液体，液体・液体，液体・気体などあらゆる界面に吸着して作用し，性質を変化させる機能を持っている。そこで乳化剤は単に乳化作用だけでなく，分散，浸透，洗浄，起泡，消泡，離型などの種々の作用があり，多方面の用途に使用されている。さらに食品用乳化剤は，でん粉やたん白質自体とも強固に作用してその性質をかえるので，多くのでん粉食品やたん白食品の製造や品質改良に使用されている。

乳化剤として多量に使われているものには，指定添加物のグリセリン脂肪酸エステル，ショ糖脂肪酸エステル，ソルビタン脂肪酸エステル，ステアロイル乳酸カルシウムや，既存添加物のレシチン類やサポニン類などがある。

なお，表示の一括名［乳化剤］の範囲には，プロセスチーズとその加工品やチーズフードの乳化を安定化するのに使われるリン酸塩類も含まれる。

発がん性試験

食品添加物の安全性で最大の関心事は「発がん性」の有無である。食品添加物は非常に弱い発がん性まで調べるために，実験動物の全生涯にわたって毎日物質を投与して，最終時に腫瘍の発現とその変化を肉眼的に，さらに病理組織学的検査により調べると共に，腫瘍発生比率，発生部位と各例の腫瘍の数，発現時期と腫瘍の種類その他を詳細に対照区と比較して調査する。

試験動物としてはマウス，ラットや，犬，猿などが使われるが，マウスなどでは2年間，犬では4年間以上観察される。結果の統計処理をするために，試験動物数もオス，メス別に1群50匹以上，投与量を変えた試験区で行われる。多数の試験動物を長期にわたって試験するために，莫大な費用と長期の期間がかかるので容易ではなく，慢性毒性試験と同時に行われる場合が多い。

発酵調味料

発酵調味料は，アルコールと米やぶどう果汁などの糖質を原料にして発酵させたものであり，酒類として扱われる「みりん」ほどにはアルコールが多くなく，発酵性の香気を持つ成分と，アミノ酸類やペプチド類を多く含んでいる風味のあ

る発酵液である。

このために，風味やうま味を向上させる調味の目的で，魚肉ねり製品などに使われている。

類似のものに「みりん風調味料」などと呼ばれる発酵系の調味液もある。

発色剤

肉などの食品にある種の化学物質を作用させると，着色とは別の機構で，色がきれいになる場合がある。このように，好ましい色が出るようにする助剤的な食品添加物が「発色剤」である。

現在は，食肉の発色に使われる亜硝酸ナトリウム，硝酸カリウム，硝酸ナトリウムの3種類の食品添加物が，発色剤として使用されている。これは，亜硝酸塩や硝酸塩が肉中の血液色素（ヘモグロビン）や筋肉色素（ミオグロビン）と結合して，酸化による変色（褐変）を防いで，安定な鮮赤色を保つことによる。

用途名の一つとして定められており，使用に当っては，使用基準に従うと共に，用途名と物質名の併記により表示する必要がある。

→ （品目編）亜硝酸ナトリウム，硝酸カリウム，硝酸ナトリウム

繁殖試験

物質の毒性，特に蓄積による生殖に及ぼす影響を調べる試験法である。ラットなどの実験動物に長期間投与した後，投与しながら交配，妊娠，哺育，育成させて，2〜3代にわたり繰り返して，物質の多世代に及ぼす影響を調べる。

ビタミン

ビタミンとは，人の体の発育や活動を正常に働かせるために必要な有機化合物である。多くのビタミンは，体内で生合成できないため，食品または医薬品類から摂取しなくてはならない微量成分である。

ビタミン類には，水に溶けやすい性質（水溶性）のものと，水に溶けにくく油に溶けやすい性質（脂溶性）のものがある。脂溶性のビタミン類としては，ビタミンA，ビタミンD，ビタミンEなどがあり，一方，水溶性のビタミン類としては，ビタミンB類（ビタミンB_1，ビタミンB_2，ビタミンB_6，ビタミンB_{12}およびニコチン酸など）やビタミンCなどがある。

食品添加物として使われるビタミン類は，水に対する溶解性や熱に対する性質などを使いやすく改良したいろいろな誘導体（塩，エステル，その他の誘導体）も使用されている。

ビタミン類は，ビタミンの性質からわかるように，栄養の強化を主な目的として使用されている。しかし，ビタミンB_2（リボフラビン）のように色のあるビタミンは，米国やヨーロッパを中心に，黄色の着色料としても使われており，日本でも，着色の目的でも使用されている。また，ビタミンAの仲間（前駆体）であ

るβ－カロテンなどのカロテン類も黄～だいだい色の着色にも使われている。

参考に，462ページの**第5表**に主なビタミンとその機能を，**第6表**に栄養成分としての主なビタミンの所要量を示す。

日持向上剤

食品の多くは，保存することによりその栄養価が落ちたり，腐敗や酸化による変質のため，食用に適さなくなる傾向にある。このような劣化を防ぐ目的で，保存料や酸化防止剤などが使用されている。

生鮮食品や一部の加工食品などでは，保存料を使用して長期間保存できるようにするのは問題もあるが，数日でも有効期間が延びれば無駄に廃棄することもなくなるということがある。このような短期間の日持ちをよくするために使用されるものが，日持向上剤である。

ただし，日持向上剤は，一括名ではないため，加工食品などでの食品添加物の表示においては，物質名で表示することとされている。

日持向上剤として使用される主な食品添加物には，指定添加物である酢酸，酢酸ナトリウム，アミノ酸のグリシン，ビタミンのチアミンラウリル硫酸塩，グリセリン脂肪酸エステルのうちグリセリンラウリン酸エステルなどのグリセリン中鎖脂肪酸エステル，既存添加物のイチジク葉抽出物，チャ抽出物，酵素のリゾチーム，モウソウチク抽出物など，通常食品であるエタノール（発酵法で作られたものに限る）などがある。

表示基準

食品および食品添加物には，その製品に表示すべき事項が定められている。これが表示基準である。

加工食品などにおいて食品添加物の物質名などを表示すること，食品添加物やその製剤に，「食品添加物」の文字を表示することなどが，この例である。

漂白剤

食品の色は，食欲の増進，減退に大きな影響を与える。きれいな色の食品には食欲も増すが，一方，必要以上に濃い色や暗い色の食品は，食欲がそがれることもある。食品をきれいな色に着色するには，白地であることが最も着色に適している。そこで，着色の前に，まず，できるだけ白い色にしておくことが望まれる。

このような要求に合わせて，食品の色を白くしたり，薄い色にするために使用される食品添加物が，「漂白剤」である。

漂白には，食品の色素を破壊する酸化型の漂白と，食品の色素に作用して，いったん，色が消えたようになる還元型の漂白がある。還元型の漂白では，漂白のための薬品がなくなると，元の色が出てくる色戻りの現象が起こる場合がある。

酸化漂白剤には，台所用品や衣料などの漂白剤としても使われる亜塩素酸系の

用　語　編　　　　　　455

第5表　主なビタミンとその機能

ビタミンの種類	主な機能	主な欠乏症
水溶性ビタミン		
ビタミンB$_1$	消化液の分泌促進，神経系統の調整	神経系障害，脚気
ビタミンB$_2$	発育促進	発育阻害，口角炎等
ナイアシン	消化器機能促進，皮膚の正常化	ペラグラ，胃腸炎等
ビタミンB$_6$	皮膚の抵抗力強化	成長停止，皮膚炎，貧血
ビタミンB$_{12}$	抗貧血作用，成長促進	悪性貧血
葉酸	各種アミノ酸の代謝	貧血
パントテン酸	補酵素Aの構成成分	栄養障害
ビタミンC	生体内水素伝達（酸化還元）	壊血病
ビタミンP	毛細血管の浸透性調整	
イノシトール		
脂溶性ビタミン		
ビタミンA	発育促進	夜盲症
ビタミンD	カルシウム－リンの平衡維持	クル病
ビタミンE	酸化防止，溶血防止	不妊症
ビタミンK	プロトロンビン生成（凝血作用）	血液凝固不全

＜注＞ビタミンP（ヘスペリジン類）は，ビタミン様機能を持つビタミン類似物質として，区別されることもあるが，表示の上ではビタミンとして扱われている。

第6表　日本人のビタミン所要量

ビタミン　　（単位）	成人（男）	成人（女）	10才児	高齢者男	＊1
ビタミンA　　（IU）	2000	1800	1500	2000	
ビタミンB$_1$　（mg）	1.0	0.8	0.9	0.8	
ビタミンB$_2$　（mg）	1.3	1.1	1.1	1.2	
ナイアシン　（mg）	16	13	14	14	
ビタミンC　（mg）	50	50	40	50	
ビタミンD　　（IU）	100	100	100	100	＊2
ビタミンE　（mg）	8	7			＊3

厚生労働省「第5次改定　日本人の栄養所要量」より

＜備考＞＊1：所要量は，中程度の生活活動をする人に対する値

＊2：5才児までのビタミンD所要量は，400IU

＊3：ビタミンEは，トコフェロールとしての推奨摂取量

物質と，過酸化水素がある。食品添加物としては亜塩素酸ナトリウム，高度サラシ粉，次亜塩素酸ナトリウム，過酸化水素がある。これらの物質には，殺菌効果もあるが，薬事法など他の法規との関連もあり，漂白剤としてのみ使用されている。

還元漂白剤には，亜硫酸塩系の物質があり，食品添加物としては，二酸化硫黄，亜硫酸ナトリウム，ピロ亜硫酸カリウムなどがある。これらは，亜硫酸が残っている間は色が消えているが，亜硫酸がなくなると色戻りの現象がみられる。亜硫酸塩は，漂白の他に，酸化防止の作用や，保存性を高める性質などがあり，酸化防止剤や保存料としても使われている。

漂白剤，とくに酸化漂白剤は，食品を漂白したあとその効果が持続するので，水などで洗浄して，残っている漂白剤成分を除くことがある。このように洗浄除去した場合は，加工助剤ということで食品での表示は免除される。

一方，亜硫酸塩系では，漂白のあと，希望する色に着色するか，酸化防止または保存の目的で亜硫酸塩を残しておくため，その用途名を表示することが多く，漂白剤としての効果は表に出てこない。このために，最終食品で漂白剤と表示されることはあまりない。

漂白デンプン

漂白デンプンは，酸化デンプンと同様に，デンプンを次亜塩素酸ナトリウムで化工処理したものであるが，酸化デンプンほど化工の度合いが進んでおらず，水酸基が多く残っていて，デンプンが漂白された程度の状態にあるものをいう。

酸化デンプンと漂白デンプンは，デンプン粒のメチレンブルー試液に対する反応で区分される。試液により濃青色に染色される場合は酸化デンプンとみなされ，染色されないものは漂白デンプンとみなされる。

ヨーロッパなどでも，食品扱いされており，加工デンプン類11品目の食品添加物としての指定への検討においても，食品扱いを続けることが認められた。

→ 品目編 酸化デンプン

ピロリン酸第一鉄 （指定削除）

英　名：Ferrous Pyrophosphate

概　要：ピロリン酸第一鉄は，ピロリン酸の鉄塩の1種であるが，粉末化，結晶化が難しく，成分規格では，希薄濃度（約2%）の水溶液（「ピロリン酸第一鉄液」）だけが規定されていた。この水溶液は，緑色系である。本品は酸化されやすいなど，安定性や取り扱いに注意が必要であり，取扱いの容易な点からピロリン酸第二鉄の方がよく使用されており，ピロリン酸第一鉄はあまり使用されていなかったため，2001年1月1日に食品添加物の指定を削除された。

かつては，不足する鉄を補ったり，強化したりする目的で，調製粉乳やベビーフード類，その他の一般食品に使用されることが想定されていた。

主な用途：強化剤（鉄の補填・強化）
安 全 性：栄養強化成分はJECFAの評価対象外

品質保持期限

　1995年に加工食品に期限に関する表示が義務づけられたとき，5日間を超えて保管・貯蔵できるものの表示方法として採用されたものが，「品質保持期限」である。その当時，食品衛生法施行規則では，『定められた方法により保存した場合において，食品又は添加物のすべての品質の保持が十分に可能であると認められる期限を示す年月日をいう。』と定義されていたが，2003年の食品衛生法施行規則の改正に伴い「賞味期限」に改められた。

　このため，現在では使用されない用語になっている。ところで，食品添加物は，指定添加物を中心に，比較的長期間品質が安定しているものが多いことから，期限の表示は省略することが認められている。食品添加物に「賞味期限」と表示することに違和感もあり，期限の表示を省略した上で，「品質保証期間」あるいは「品質保証期限」として，期間あるいは保証期限日を表示することも行われている。

→ 賞味期限，消費期限

品名

　食品添加物に限らず，あらゆる物質には名前があり，指定添加物の場合は，その名称と別名が告示で示されている。また，既存添加物の場合は，その名称が告示で示されており，別名は通知で公表されている。通常食品の場合は名称と別名が通知で公表されている。これらの食品添加物の名称と別名を合わせて品名という。

物質名

　物質名とは，食品添加物としての物質の特性を表す呼称である。すなわち，品名と，表示のために使用される簡略名および類別名を合わせて「物質名」という。既存添加物および通常食品のうち，増粘安定剤に属する食品添加物のうち，多糖類は，2種類以上併用した場合に「増粘多糖類」と一括した表示も認められている。これも物質名の一つである。

　また，リン酸塩類と重合リン酸塩類は，2種類以上を併用した場合，リン酸塩の文字と，使用した金属塩を示す記号を，例えば，リン酸二水素ナトリウムとロリン酸四カリウムを併用したとき，リン酸塩（K，Na）のように併記するとで，簡略化した表示も認められている。これらも物質名である。

　これらの名称は法律で決められており，指定添加物の品名は施行規則別表第1，また簡略名は通知別紙2に，一方，既存添加物の品名は既存添加物名簿に，その別名と簡略名などは通知別添1に記載されている（厚生省通知 平成8.5.23 衛化第

56号）。

食品での表示においては，物質名は定められたもの以外使用できないが，消費者に誤解を与えない範囲で，ひらがな，カタカナ，漢字を使って表示することが認められている。

フラボノイド色素

フラボノイドは，植物界に存在し，葉，花，実などを黄色にする色素化合物の総称である。

フラボノイドは，さらに，カルコン類，フラボノン類，フラボン類，フラボノール類，カテキンとも呼ばれるフラバノール類，イソフラボン類およびアントシアニン類などに細分される。

原料となるさまざまな植物から取り出された色素を総称する類別名として，「フラボノイド色素」があり，その呈する色は，黄色，褐色，赤褐色などで，カロテノイド色素が呈する黄色系より暗い色が多い。

フラボノイド色素の主なものとして，カカオ色素，カキ色素，シアナット色素，タマネギ色素，ピーナッツ色素，ベニバナ黄色素などがある。

着色の目的で使用する際には，使用基準に沿って使用し，表示の基準に従って表示する必要がある。

米国の食品添加物

米国では，食品添加物は，ＦＤＡ（Food and Durg Administration；食品・医薬品・農薬庁）が所管しており，1938年の連邦食品医薬品化粧品法（Federal Food Drug and Cosmetic Act）によっている。

食品添加物については1958年に法改正が行われ，現在の形となっている。米国の食品添加物は，次のように分類されている。

　　　・食品添加物………①直接食品添加物
　　　　　　　　………②間接食品添加物
　　　　　　　　………③ＧＲＡＳ物質（一般に安全とみなされる物質）
　　　　　　　　………④既認可物質
　　　・色素添加物

この中で，間接添加物（食品包材やそれに使われる資材など，間接的に食品に接触したり移行する可能性のある添加物）の一部およびその他の物質は，日本では食品添加物に相当する。

FDAが所管する法律は，連邦規則集（Code of Federal Regulation；ＣＦＲ）にまとめて毎年春に，CFR 21として発刊されている。このうち食品や食品添加物にかかわる部分は，21CFRのパート（§）1から199までに収載されている。

食品添加物は，品目毎に固有番号を付けて規制されており，これが「CFR No.」である。

ペーハー調整剤 → pH調整剤

ベリー色素

通常食品の中には，エルダベリー色素，ブルーベリー色素などさまざまなベリー類から得られる色素がある。

このようなベリー類から得られる色素の類別名として「ベリー色素」がある。ベリー類には，スイカズラ科，ツツジ科，ユキノシタ科，バラ科，クワ科など多くの植物分類に属するキイチゴ類がある。これらの果実を搾汁して得られる果汁や，果実から水やエタノールなどを使用して抽出された抽出分には，アントシアニン系の色素成分が含まれており，赤～紫色（一部では青色）に呈色する。

このため，食品の着色に用いられることがある。

変異原性試験

変異原性とは，生物に突然変異を誘発させる能力のことである。体細胞に突然変異が起こると発がんなどの原因となる可能性があり，また生殖細胞に突然変異が起こると過った遺伝情報を生じて，催奇形性など次世代に影響を与える可能性がある。そこで変異原性試験で陽性の物質は発がん性を持つ可能性が考えられ，または遺伝毒性を生じる可能性があることがわかっている。ただし，逆に変異原性を持つ物質が，すべて哺乳動物に発がん性や遺伝毒性を持つとは限らない。

食品添加物の安全性は発がん性試験や繁殖試験などの長期毒性試験で確かめられるが，これらの試験は長い期間と莫大な費用がかかるので，変異原性試験はそのスクリーニングのための予備試験として行われる。

一次のスクリーニングテストとしては復帰変異試験（Ames テスト）と染色体異常試験（Chromosomal Aberration Test）が行われ，陽性となった場合は小核試験（Micronucleus Test）が行わるのが一般的である。

さらに，必要に応じて二次テストとして，ＤＮＡ修復試験（Rec-Assay），優性致死試験（Dominant Lethal Assay）など各種の試験法が開発されているので，これらを組み合わせた試験が行われる。

防かび剤（防ばい剤）

食品の保存性を高めるためには「保存料」が使用されるが，かび（黴）を防ぐ目的で使用する食品添加物は，特に区別して「防かび剤」という。黴は「ばい」と読むため「防ばい剤」ともいう。

防かび剤は，輸入される柑橘類およびバナナの輸送中のかび発生を防ぐ目的で使用されることから指定されたもので，現在でも輸入品で使用される場合が多い。防かび剤には，イマザリル，オルトフェニルフェノールとそのナトリウム塩であるオルトフェニルフェノールナトリウム，ジフェニール，チアベンダゾールの5品目がある。使用が可能な食品は柑橘類とバナナに限られているが，防かび剤の

種類によって対象食品はさらに制限を受けており，その使用方法が使用基準で定められているものもある。

　これらの防かび剤を使用した柑橘類などは，用途名と物質名を表示する。さらにバラ売りする場合も，その商品の近辺に使用した旨の表示を行うように指導されている。これらの防かび剤は，いわゆるポストハーベスト（収穫後使用）農薬といわれるものである。日本では，収穫後に農薬を使用することが認められていないため食品添加物扱いとなっている。

保健機能食品

　「いわゆる健康食品」のうち，「栄養機能食品」と「特定保健用食品」に属する食品をいう。
→ **栄養機能食品，特定保健用食品**

膨脹剤

　（膨脹剤，膨張剤，ベーキングパウダー，ふくらし粉）一括名「膨脹剤」とは「パン，菓子等の製造工程で添加し，ガスを発生して生地を膨脹させ多孔性にするとともに，食感を向上させる添加物又はその製剤」と定義されている。

　パンやケーキを膨らませる方法としては，イースト菌の発酵で発生する炭酸ガスによる方法と，二酸化炭素あるいはアンモニアガスを発生させる食品添加物を使用する方法がある。食品添加物を使用する方法としては，炭酸水素ナトリウム（重炭酸ソーダ：重曹），炭酸アンモニウム，塩化アンモニウムなどのガス発生剤を単独で使用する方法，これらと必要に応じて酸剤を組合せて，加熱によりガスを発生させる方法があり，後者を「合成膨脹剤」と呼んで，食品添加物公定書に製剤としての成分規格が定められている。

　合成膨脹剤には，一剤式膨脹剤，二剤式膨脹剤，アンモニア式膨脹剤があり，また，作用速度などの異なる各種の製剤がある。これらは目的により使い分けされている。

　食品の製造に使用した場合は，一括名「膨脹剤」「膨張剤」「ベーキングパウダー」「ふくらし粉」のいずれかで表示する。
→ 合成膨脹剤

保存基準

　食品や食品添加物の中には，不安定な物質で，保存の仕方に注意する必要があるものもある。このような保存に関して，保存用の容器，保存の条件などを法的に定めたものが「保存基準」である。

保存料

　食品は，保管・流通している間，喫食するまでの間に，劣化や変質・変敗を起

こす場合がある。食品の変質，変敗，劣化を防ぐことは，食品衛生上重要なことはいうまでもなく，限りある食料資源の有効活用の面からも重要な課題である。

　このような劣化等，特に微生物による腐敗や変敗を防止して食品の保存性を良くする目的で使用される食品添加物が「保存料」である。

　保存料として使われる主な食品添加物には，指定添加物の安息香酸，安息香酸ナトリウム，ソルビン酸，ソルビン酸カリウム，パラオキシ安息香酸のエステル類，プロピオン酸とそのカルシウムおよびナトリウム塩，亜硫酸塩類，既存添加物のエゴノキ抽出物，しらこたん白抽出物，ε-ポリリシンなどがある。

　また抗生物質であるナイシン，ナタマイシンも，抗生物質の混入を禁止した食品の製造基準の除外特例として食品添加物に指定されている。

　指定添加物の保存料は，醤油や清涼飲料水などに使われる安息香酸類，チーズ，バター，マーガリンのデヒドロ酢酸ナトリウム，パンやケーキ類のプロピオン酸類などのように，使用基準で対象食品が限定されており，使用量に関する規程もある。一方，既存添加物は，対象食品と使用量に関する規程はなく，自由に選択して使用することが可能である。

　指定添加物，既存添加物にかかわらず，保存の目的で使用した場合には，用途名の「保存料」と物質名を併記する。

ポリオキシエチレンソルビタン脂肪酸エステル

（別名　ポリソルベート）

英　　名：Polyoxyethylene Sorbitan Fatty Acid Ester

概　　要：乳化剤のソルビタン脂肪酸エステルは親油性で水に溶けないので，用途が限定される。そこでこれにエチレンオキサイドを付加（20モル）して親水性にした乳化剤が，国際的に広く認められている。これらは表のように脂肪酸を限定した5種類あるが，国によって規制は異なっている。例えば，米国ではポリソルベート80，60，65の3種類が許可されている。いずれも水に透明に溶けて，非常に強い乳化力を持っており，多種類の加工食品に乳化剤や品質改良剤として広く使用されている。

　このうち，ポリソルベート20，60，65，80の4品目は，2008年に国際的に汎用されている食品添加物として，新たに指定されている。

品　　名		E-No	米国
Polyoxyethylene Sorbitan Monolaurate	（Polysorbate20）	E432	――
Polyoxyethylene Sorbitan Monooleate	（Polysorbate80）	E433	§ 172.840
Polyoxyethylene Sorbitan Monopalmitate	（Polysorbate40）	E434	－ － －
Polyoxyethylene Sorbitan Monostearate	（Polysorbate60）	E435	§ 172.386
Polyoxyethylene Sorbitan Tristearate	（Polysorbate65）	E436	§ 172.838

成分規格：ＦＡＯ／ＷＨＯ規格（品目別）
安 全 性：ＦＡＯ／ＷＨＯＡＤＩ０〜25mg/kg

マラカイトグリーン

英　名：Malachite Green

19世紀に開発された塩基性染料。光沢のある青緑色の結晶で，タンニンの媒染で木綿を青味のある緑に染色し，中性液で羊毛，絹を青味のある緑に染色する。堅牢性は，日光やアルカリに弱い欠点があるが，アルミニウムなどのレーキにすると堅牢性がます。

近年でも，食品衛生法に違反して輸入食品の着色に使用されていることが見いだされることがある。

水あめ

でん粉は，加水分解していくとデキストリンを経て，甘味のある麦芽糖（マルトース：ブドウ糖が2つ結び付いた二糖類）やブドウ糖（グルコース）まで分解される。

このでん粉の加水分解を甘さがでる程度まで進めたものが「水あめ」である。水あめには，でん粉を硫酸や塩酸などの酸によって分解する方法，酵素や麦芽（麦芽中のジアスターゼ）で分解する方法がある。また，分解の度合を少なくして粉末にした「粉末水あめ」もある。

「麦芽水あめ」などのように，そのまま甘味食品（食品としての甘味料）として，なめたり調理に使われたりすることもある。また，加工食品用の原料である素材食品としてあめやキャンディー類をはじめとする各種の菓子類，つくだ煮，ジャムなどに使われている。なお，「粉末水あめ」は，アイスクリーム，粉末スープ，各種のミックス類などに使われる他に，清酒の製造にも使われることがある。

ミラクルフルーツ抽出物 （名簿消除）

（別名　ミラクリン）

英　名：Miracle Fruit Extract

概　要：ミラクルフルーツは，西アフリカ南部地帯のガーナからコンゴにかけて生育するアカテツ科の喬木で，オリーブくらいの大きさの赤い実をつける。この果実から水で抽出される成分には，ミラクリンと称する糖と結合したタンパク質が含まれる。

このミラクリンには，口に含んだ後，2時間程度の内に酸味のある物質を口にすると，酸味を感じず甘味を感じるようになり，酢やクエン酸が甘く，レモンは甘いオレンジ様の味になるという不思議な性質がある。

このため，甘味を感じさせる味覚変質物質として使用されることがある。ただ

し，実際には使用の実態がないことから，既存添加物名簿から消除された。

メラミン

英　　名：Melamine

　シアヌル酸トリアミドとも呼ばれ，化学的には，2,4,6-トリアミノ-1,3,5-トリアジンという窒素を多量（66.7%）に含む化合物である。窒素量が多いことから，中国で希釈した牛乳に添加し，窒素量を多く見せる偽装に使われ，これを原料とした調製粉乳などで，乳幼児に腎結石などによる多大な健康障害をもたらした（2008年）。安全性では，LD50は3,161mg/kgと比較的高く，ＴＤＩ（耐容一日摂取量）は0.2mg/kgとみなされている。日本では，食品衛生法の規定上，未指定食品添加物の使用（第11条違反）という形で取締りが行われた。

野菜色素

　野菜色素は，赤キャベツ（紫キャベツ），赤ダイコン，シソ（赤シソ），タマネギ，チコリ，トマト，ビートレッド，ムラサキイモ，ムラサキヤマイモの8種の野菜から取り出される色素を含む類別名である。

　このうち，タマネギ色素，ビートレッド，ムラサキイモ色素，ムラサキヤマイモ色素は，既存添加物であり，その他は通常食品である。通常食品には，「野菜ジュース」もリスト化されているが，通常は食品として使用されており，着色の目的で使用されることは稀である。

　色素の呈する色は，それぞれの野菜に特有のもので，まとまった傾向はない。着色の目的で使用する場合は，対象食品などを規制する使用基準に沿って使用し，表示の基準に従って表示する必要がある。

有機酸

　有機酸とは，有機化合物である酸を指し，食品添加物で使われる有機酸類には，次のようなものが含まれる。

　　①酢酸，乳酸やクエン酸のような酸味などを利用する「いわゆる有機酸」
　　②アラニン，グリシンやグルタミン酸のような「アミノ酸」
　　③その他
　　　　例えば，栄養の強化と酸化防止の目的で使われるアスコルビン酸（ビタミンC），保存や酸化防止のために使われる安息香酸やエリソルビン酸，食品の製造・加工の過程で使われるシュウ酸のような酸類

有機（化合物）と無機（化合物）

　有機化合物とは，一般的には，炭素を含む化合物をいう。ただし，炭素と酸素だけからなる二酸化炭素（炭酸ガス）のような炭素の酸化物と，炭素の酸化物と金属が結びついた炭酸カルシウムのような金属の炭酸塩は除かれる。

有機物とは，このような有機化合物，または，有機化合物がその他の物質と結びついてできた物質をいう。

無機化合物とは，有機化合物以外の化合物をさすものということができる。同様に，無機物は，有機物以外の物質といえる。

誘導体

誘導体とは，塩類やエステル類（酸とアルコール類との反応物）のように，ある物質が他の物質と反応することによって生じた物質をいう。

身近な酢酸に例をとると，酢酸ナトリウムは酢酸のナトリウム塩であり，酢酸エチルは酢酸とエタノール（エチルアルコール）とのエステル化反応による生成物であり，いずれも酢酸の誘導体である。

日本では，食品添加物のうち，天然物を基原としても，精製工程でこのような誘導体を経る化学的な操作をした場合は，合成反応を行ったものとみなされるため，指定を受けて，食品添加物として使用されている。

輸入食品と食品添加物

日本の食料事情から，さまざまな食品が輸入されている。この輸入食品に使われている食品添加物は，日本の法規制に従う必要がある。しかし，食品添加物の規制は各国で微妙に異なっている。大きな相違点として次のようなものがある。

①使用が認められている食品添加物が異なる。諸外国では，食品添加物を合成品と天然由来のものに区別することがない。諸外国で使用が認められている合成系の食品添加物の数は，日本より多く，天然系の食品添加物の数は日本より少ない。

②同じ食品添加物でも，国によって使用基準が異なる。使用が認められている対象食品や使用量の限度が異なる場合がある。例えば，ソルビン酸は，米国では加工食品に幅広く使用されているが，日本では使用できる食品が限定されている。

③食品添加物の名称や表示方法が異なる。例えば，米国のフードカラー黄色5号と6号は，日本の食用黄色4号と5号に該当する。

また，用途名の併記や一括名などにも違いがある。輸入食品は，通関の際に，使用している食品添加物を申告し，日本の法規制に合致していることの確認を受けた後，日本語での表示を行い，市販される。通関の際や，通関後の抜き取り検査などで日本の法規制に違反していることが判明する場合もある。この場合は，輸出国に送り返されるか，破棄処分される。

加工食品の輸入は増大しているが，毎年数百件の違反があり，その内約10％は不許可食品添加物の使用であり，50〜60％が使用基準違反である。このように食品添加物に関わる違反が大半を占めており，加工食品を輸入する場合は，使用している食品添加物について事前に十分確認しておく必要がある。

用途名

食品に使用した食品添加物の表示が実施されるまでは，一部の食品添加物に限って，使用する目的またはその名称を表示することが行われており，表示される使用する目的を示す用語としては「人工甘味料」，「合成着色料」，「合成保存料」，「合成糊料」，「酸化防止剤」などが使われていた。このような使用目的（用途）の表示は，保存の仕方のめやすや，食品を選択する際に，消費者に衛生上の情報を与えることが大きな目的であった。現行の表示方法に移行するときに，原則としてすべての物質名を書くという観点から，使用目的を示す用語の付記に関する必要性も検討され，物質名だけでは消費者に衛生上の情報を伝えきれない面もあり，食品の原料に関するより多くの情報を提供したいという法律改正の趣旨もあり，特に重要と考えられる使用目的に関しては，その目的も合わせて表示することになった。

この表示に使われる使用目的を示す用語が，「用途名」である。現在，甘味料，着色料，保存料，糊料（安定剤，ゲル化剤，増粘剤），酸化防止剤，防かび剤（防ばい剤），発色剤，漂白剤の8種類の使用目的に対応する用途名がある。

用途名は，一括名とは違って定義や範囲となる食品添加物は決められておらず，通知によって，個々の用途名に該当する食品添加物が例示されている。

ところで，食品に対して，例示されていない食品添加物が用途名と同じ目的で使われることもある。用途名は，使用する目的がはっきりわかるような名称になっているので，このような目的で使用された食品添加物は，例示されていなくても，用途名と物質名を合わせて表示することになっている。

用途名併記

食品の食品添加物を表示する主たる目的は，消費者が食品を選択する場合の情報の提供である。そこで重要な情報と考えられる次の8種の用途に使用した添加物は，「着色料（赤3，カロチノイド）」のように，用途名を併記すると決められている。（食品衛生法施行規則別表第5および厚生省通知 平成8.5.23 衛化第56号別紙3）

「甘味料，着色料，保存料，増粘剤・安定剤・ゲル化剤（または糊料），酸化防止剤，発色剤，漂白剤，防かび剤（または防ばい剤）」

なおオレンジ色素のように，「色」の文字を含む物質名で表示したときは，用途名「着色料」を，「増粘多糖類」と表示した時は用途名の「増粘剤」の併記は，省略することができる。

リン酸塩

リン酸塩には，リン酸の塩類という意味での，いわゆる「りん酸塩」と，食品での表示のための「リン酸塩」がある。

食品添加物のリン酸類の塩類には，狭い意味でのリン酸（オルトリン酸）の塩

類であるアンモニウム塩類，カリウム塩類，カルシウム塩類およびナトリウム塩
類と，いくつかのリン酸が縮合した，いわゆる重合リン酸類の各種の塩類がある。
　それらをまとめると，次のようになる。

リン酸塩類（広い意味）
　　リン酸塩類（狭い意味）　　　　　　　　　リン酸アンモニウム類
　　　　　　　　　　　　　　　　　　　　　　リン酸カリウム類
　　　　　　　　　　　　　　　　　　　　　　リン酸カルシウム類
　　　　　　　　　　　　　　　　　　　　　　リン酸三マグネシウム
　　　　　　　　　　　　　　　　　　　　　　リン酸ナトリウム類
　　重合リン酸塩類　　　ピロリン酸塩類　　　Ca，K，Na，鉄
　　　　　　　　　　　　ポリリン酸塩類　　　K，Na
　　　　　　　　　　　　メタリン酸塩類　　　K，Na

　これらの各種のリン酸塩類は，その効果を高める目的で，しばしば併用される。
　このさまざまなリン酸塩類を併用した場合に，広い意味でのリン酸の塩類を一
つのグループとして表示することが認められている。これが，類別名の「リン酸
塩」である。
　「リン酸塩」を用いて表示する場合には，その直後の（　）の中に，使用した
ナトリウム（Na），カリウム（K），カルシウム（Ca）などの塩類の名称を表示列
記することになっている。
　例えば，リン酸カリウムとリン酸ナトリウムを併用した場合は，「リン酸塩（K，
Na）」と表示し，また，リン酸ナトリウムとメタリン酸ナトリウムを併用した場
合は，「リン酸塩（Na）」と表示する。
　なお，狭い意味でのリン酸塩類を中心に「pH調整剤」，「調味料」の構成成分
として使用され，それぞれの一括名で表示されることもある。さらに，リン酸塩
類は，中華めん用のアルカリ剤「かんすい」，菓子を作るときに使われる化学的
な「膨脹剤」などの構成成分，プロセスチーズなどを作るときいろいろな成分を
混合して乳化させるために使われる「乳化剤」（乳化用塩類）としても使用され，
それぞれの一括名で表示されることもある。
　リンとしてのMTDI（1日当たり最大許容摂取量）は，70mg/kgである。カル
シウムを代謝する恐れがあるということで，安全性の観点から問題視されること
もあるが，リンとカルシウムの摂取比率が1：1〜1：2の間にあれば問題はない
とされており，現在の両者の摂取量からみて，問題はないと言えよう。
→　重合リン酸塩

類別名

　トマト色素やたまねぎ色素は同じ野菜から採った色素の一種であり，またオレ
ンジ色素，カニ色素，ニンジンカロチンは同じような橙色の色素で，基原物質は

違うが，有効成分は同じカロテノイド色素である。このように既存添加物の中には，同種の天然の原料物質から採取したものや，原料は異なっても有効成分が同じものがある。これらは個々の名称で表示するより，「野菜色素」や「カロテノイド色素」といったグループ化した名称で表示したほうが判りやすい。このような表示の簡略化の一つとして，グループ化した名称を「類別名」という。なお，簡略名と類別名を明確に区別して使用することはなく，「簡略名・類別名」と一括りで扱われている。

ローダミン
英　　名：Rhodamine

19世紀に開発された塩基性染料で，通常は，テトラエチルローダミンとも呼ばれるローダミンBを指す。金属光沢のある緑色の微結晶あるいは赤味のある紫色の粉末で，中性液で羊毛，絹を鮮明な紫紅色に染色し，皮革，紙，セルロイドの染色にも使われる。また，誘導体（塩酸など鉱酸の塩，ステアリン酸など脂肪酸の塩）は，外用医薬品および化粧品の着色には使われている。

第二次世界大戦後の1940年代後半には，食品の着色に，有害性著色料取締規則（1900年制定），食品衛生法（1947年制定）などに違反する形で使用されたことがある。

現在でも使用している国があり，使用が確認され廃棄される輸入食品がある。

使 用 基 準

付録1

添加物一般の使用基準

1. 別に規定するもののほか，添加物の製剤に含まれる原料たる添加物について，使用基準が定められている場合は，当該添加物の使用基準を当該製剤の使用基準とみなす。
2. 次の表の第1欄に掲げる添加物を含む第2欄に掲げる食品を，第3欄に掲げる食品の製造又は加工の過程で使用する場合は，それぞれ第1欄に掲げる添加物を第3欄に掲げる食品に使用するものとみなす。

第1欄	第2欄	第3欄
亜硫酸ナトリウム，次亜硫酸ナトリウム，二酸化硫黄，ピロ亜硫酸カリウム及びピロ亜硫酸ナトリウム（以下「亜硫酸塩等」という。）	甘納豆，えび，果実酒，乾燥果実（干しぶどうを除く。），乾燥じゃがいも，かんぴょう，キャンデッドチェリー（除核したさくらんぼを砂糖漬にしたもの又はこれに砂糖の結晶を付けたもの若しくはこれをシロップ漬にしたものをいう。），5倍以上に希釈して飲用に供する天然果汁，コンニャク粉，雑酒，ゼラチン，ディジョンマスタード，糖化用タピオカでんぷん，糖蜜，煮豆，水あめ及び冷凍生かに	第2欄に掲げる食品以外の食品
サッカリンカルシウム及びサッカリンナトリウム	フラワーペースト類（小麦粉，でん粉，ナッツ類，若しくはその加工品，ココア，チョコレート，コーヒー，果肉又は果汁を主原料とし，これに砂糖，油脂，粉乳，卵，小麦粉等を加え，加熱殺菌してペースト状にし，パン又は菓子に充てん又は塗布して食用に供するものをいう。）	菓子
ソルビン酸，ソルビン酸カリウム及びソルビン酸カルシウム	みそ	みそ漬の漬物
すべての添加物	すべての食品	乳及び乳製品の成分規格等に関する省令第2条に規定する乳及び乳製品（アイスクリーム類を除く。）

［参考資料］

消費者庁次長通知　消食表第139号（平成27年3月30日号）「食品表示基準について」食品添加物表示ポケットブック2019年版（一般社団法人日本食品添加物協会発行）より部分転載（内容は2019年4月1日現在）

1　一般事項

　添加物製剤のみなし規定にいう「添加物製剤に含まれる原料たる添加物」とは，当該製剤を食品に使用した場合において，その成分による影響を当該食品に及ぼす添加物をいうものであること。

したがって，その成分による影響を当該食品に及ぼさない添加物であって，それが保存，酸化防止，矯臭等当該製剤の品質保持に必要不可欠な場合にあっては，当該添加物の使用はみなし規定に該当しないものとするものであること。

2　表示方法

(1) 成分及び重量パーセントの表示

①食品表示基準第32条第2項の表中の製剤である添加物の項において，「成分（着香の目的で使用されるものを除く。）及び重量パーセント」を表示することとしている。

②添加物製剤の成分の重量パーセント表示については，糖が製剤の製造における当該添加物の配合量を基準として行うこと。

③規格基準により規定されている「亜硫酸水素カリウム液」，「亜硫酸水素ナトリウム液」，「酢酸」，「水溶性アナトー」，「D-ソルビトール液」，「ピロリン酸第二鉄液」等については，製剤に準じて，その成分及び重量パーセントを表示するものであること。また，これら及び表示量の規定のあるものを用いて製剤を製造する場合には，添加物原体に換算して重量パーセントを表示するものであること。

④重量パーセントの表示に当たっては，秤取量の有効数字に配慮して表示することが望ましいものであること。

(2) 使用の方法

①使用の方法の表示は，規格基準に使用されている用語をそのまま表示することを原則とするが，内容を改変しない限り，一般的な平易な用語をもって表示することは差支えない。

②規格基準の第2添加物の部F使用基準の項の添加物一般の目中添加物製剤のみなし規定にいう「添加物製剤に含まれる原料たる添加物」とは，当該製剤を食品に使用した場合において，その成分による影響を当該食品に及ぼす添加物をいうものであること。

したがって，その成分による影響を当該食品に及ぼさない添加物であって，それが保存，酸化防止，矯臭等当該製剤の品質保持に必要不可欠な場合にあっては，当該添加物の使用はみなし規定に該当しないものとするものであること。

③使用の方法の表示の省略の運用は，次のとおりとする。

ア　当該添加物製剤の成分及び重量パーセントから判断して，用途を限定することが適当と考えられるものであって，使用の方法の表示中に当該用途にのみ使用する旨を表示した場合にあっては，表示された用途以外に用いる場合の使用の方法に係る表示は省略できるものであること。例えば，酢酸ビニール樹脂はチューインガムの基礎剤及び果実果菜の表皮の被膜剤として使用が認められているが，チューインガムの基礎剤用と表示してある

場合には，その使用方法の表示のみでよい。

イ　添加物一般の使用基準に規定される添加物製剤に含まれる原料たる添加
　物以外の添加物にあっては，当該添加物の使用方法に係る表示は省略でき
　るものであること。

添加物各条の使用基準（保存基準を含む）

品目	使用基準		
	対象食品	使用量の最大限度等	使用制限
亜塩素酸水	精米，豆類，野菜（きのこ類を除く），果実，海藻類，鮮魚介類（鯨肉を含む），食肉，食肉製品，鯨肉製品	亜塩素酸として0.40g/kg（浸漬液又は噴霧液につき）	左にあげた食品を塩蔵，乾燥，その他の方法によって保存したものを含む 最終食品の完成前に分解又は除去すること
亜塩素酸ナトリウム	かんきつ類果皮（菓子製造に用いるものに限る） さくらんぼ ふき ぶどう もも		最終食品の完成前に分解又は除去すること
亜塩素酸ナトリウム液	かずのこ加工品（干しかずのこ及び冷凍かずのこを除く） 生食用野菜類 卵類（卵殻の部分に限る）	0.50g/kg（浸漬液につき）	
	食肉 食肉製品	0.50～1.20g/kg（浸漬液又は噴霧液につき）	pH2.3～2.9の浸漬液又は噴霧液を30秒以内で使用すること
亜酸化窒素	ホイップクリーム類：乳脂肪分を主成分とする食品又は乳脂肪代替食品を主要原料として泡立てたものをいう		

品目	使用基準		使用制限
	対象食品	使用量の最大限度等	
亜硝酸ナトリウム	食肉製品 鯨肉ベーコン	亜硝酸根として最大残存量 0.070g/kg	
	魚肉ソーセージ 魚肉ハム	0.050g/kg	
	いくら すじこ たらこ:スケトウダラの卵巣を塩蔵したものをいう	0.0050g/kg	
アセスルファムカリウム	砂糖代替食品:コーヒー,紅茶等に直接加え,砂糖に代替する食品として用いられるものをいう	15g/kg	
	栄養機能食品(錠剤に限る)	6.0g/kg	
	チューインガム	5.0g/kg	
	あん類 菓子(除チューインガム) 生菓子	2.5g/kg	
	アイスクリーム類 ジャム類 たれ,漬物,氷菓 フラワーペースト	1.0g/kg	
	果実酒,雑酒 清涼飲料水 乳飲料 乳酸菌飲料 はっ酵乳(希釈して飲用に供する飲料水は,希釈後の飲料水)	0.50g/kg	特別用途表示の許可又は承認を受けた場合はこの限りではない
	その他の食品	0.35g/kg	

品目	使用基準		
	対象食品	使用量の最大限度等	使用制限
アセトアルデヒド			着香の目的に限る 保存基準：密封容器にほとんど全満し，空気を不活性ガスで置換し，5℃以下で保存する
アセト酢酸エチル			着香の目的に限る
アセトフェノン			
アセトン	ガラナ豆 油脂		ガラナ飲料を製造する際のガラナ豆の成分を抽出する目的及び油脂の成分を分別する目的に限る 最終食品の完成前に除去すること
亜セレン酸ナトリウム	母乳代替食品（厚生労働大臣の承認を受けたものを除く）	セレンとして5.5μg/100kcal	
	調製粉乳 調製液状乳		
アゾキシストロビン	かんきつ類＊ （みかんを除く）	最大残存量0.010g/kg	＊果実全体
アニスアルデヒド			着香の目的に限る
β-アポ-8'-カロテナール			こんぶ類，食肉，鮮魚介類（鯨肉を含む），茶，のり類，豆類，野菜及びわかめ類に使用してはならない
(3-アミノ-3-カルボキシプロピル)ジメチルスルホニウム塩化物			着香の目的に限る
アミノアルコール			
α-アミルシンナムアルデヒド			

品目	使用基準		
	対象食品	使用量の最大限度等	使用制限
亜硫酸水素カリウム液	かんぴょう 乾燥果実（干しぶどうを除く） 干しぶどう コンニャク粉 乾燥じゃがいも ゼラチン ディジョンマスタード	二酸化硫黄としての残存量 5.0g/kg未満 2.0g/kg未満 1.5g/kg未満 0.90g/kg未満 } 0.50g/kg未満 	ごま，豆類及び野菜に使用してはならない
亜硫酸水素ナトリウム液	果実酒（果実酒の製造に用いる酒精分1容量パーセント以上を含有する果実搾汁及びこれを濃縮したものを除く） 雑酒	} 0.35g/kg未満 	
亜硫酸ナトリウム	キャンデッドチェリー 糖蜜 糖化用タピオカでんぷん 水あめ 天然果汁(5倍以上に希釈して飲用に供するもの) 甘納豆 煮豆 えび 冷凍生かに その他の食品（キャンデッドチェリーの製造に用いるさくらんぼ，ビールの製造に用いるホップ並びに果実酒の製造に用いる果汁, 酒精分1容量パーセント以上を含有する果実搾汁及びこれを濃縮したものを除く)	} 0.30g/kg未満 0.25g/kg未満 0.20g/kg未満 0.15g/kg未満 } 0.10g/kg未満 } 0.10g/kg未満 （そのむき身につき） 0.030g/kg未満	使用基準に従って当該添加物を使用したかんぴょう，乾燥果実等左にあげた食品を用いて製造加工された「その他の食品（こんにゃくを除く）」であって二酸化硫黄としての残存量が0.030g/kg以上残存している場合は，その残存量

使 用 基 準   475

品目	使用基準		
	対象食品	使用量の最大限度等	使用制限
アルギン酸プロピレングリコールエステル	一般食品	1.0%	
安息香酸	キャビア マーガリン 清涼飲料水 シロップ しょう油	安息香酸として 2.5g/kg 1.0g/kg ｝0.60g/kg	マーガリンにあっては，ソルビン酸，ソルビン酸カリウム，ソルビン酸カルシウム又はこれらのいずれかを含む製剤を併用する場合は，安息香酸としての使用量及びソルビン酸としての使用量の合計が1.0g/kg以下
安息香酸ナトリウム	**（以下，安息香酸ナトリウムに限る）** 菓子の製造に用いる果実ペースト（果実をすり潰し，又は裏ごししてペースト状にしたもの） 菓子の製造に用いる果汁（濃縮果汁を含む）	｝1.0g/kg	
アントラニル酸メチル			着香の目的に限る
アンモニウムイソバレレート			
イオノン			
イオン交換樹脂			最終食品の完成前に分解又は除去すること
イソアミルアルコール			着香の目的に限る
イソオイゲノール			
イソ吉草酸イソアミル			
イソ吉草酸エチル			
イソキノリン			
イソチオシアネート類（毒性が激しいと一般に認められるものを除く）			
イソチオシアン酸アリル		（次ページにつづく）	

品目	使用基準		
	対象食品	使用量の最大限度等	使用制限
イソバレルアルデヒド			着香の目的に限る
イソブタノール			
イソブチルアルデヒド			
イソプロパノール			
イソプロパノール	ホップ抽出物（ビール及び発泡酒（発泡性を有する酒類を含む）の製造に当たり，麦汁に加えるものに限る）	最大残存量20g/kg	食品成分の抽出の目的に限る
	魚肉たん白濃縮物（魚肉から水分及び脂肪を除去したもの）	0.25g/kg	＊抽出後の食品及びこれを原料とした食品（ホップ抽出物又は魚肉たん白濃縮物を原料としたものを除く）
	その他の食品＊	0.2g/kg	
イソペンチルアミン			着香の目的に限る
イマザリル	かんきつ類（みかんを除く）	最大残存量0.0050g/kg	
	バナナ	0.0020g/kg	
インドール及びその誘導体			着香の目的に限る
γ-ウンデカラクトン			
エステルガム	チューインガム		チューインガム基礎剤の用途に限る
エステル類			着香の目的に限る
2-エチル-3,5-ジメチルピラジン及び2-エチル-3,6-ジメチルピラジンの混合物			
エチルバニリン			
2-エチルピラジン			
3-エチルピリジン			

品目	使用基準		
	対象食品	使用量の最大限度等	使用制限
2-エチル-3メチルピラジン			着香の目的に限る
2-エチル-5-メチルピラジン			
2-エチル-6-メチルピラジン			
5-エチル-2-メチルピリジン			
エチレンジアミン四酢酸カルシウム二ナトリウム	缶詰又は瓶詰の清涼飲料水	エチレンジアミン四酢酸カルシウム二ナトリウムとして 0.035g/kg	
エチレンジアミン四酢酸二ナトリウム	その他の缶詰又は瓶詰食品	0.25g/kg	最終食品の完成前にエチレンジアミン四酢酸カルシウム二ナトリウムにすること
エーテル類			着香の目的に限る
エリソルビン酸	魚肉ねり製品（魚肉すり身を除く）パンその他の食品		魚肉ねり製品（魚肉すり身を除く）及びパンにあっては栄養の目的に使用してはならない。その他の食品にあっては，酸化防止の目的以外に使用してはならない
エリソルビン酸ナトリウム			
エルゴカルシフェロール			保存基準：遮光した密封容器に入れ，空気を不活性ガスで置換し，冷所に保存する
塩化カルシウム	一般食品	カルシウムとして1.0%（特別用途表示の食品を除く）	食品の製造又は加工上必要不可欠な場合及び栄養目的に限る
塩酸			最終食品の完成前に中和又は除去すること
オイゲノール			着香の目的に限る
オクタナール			

	使 用 基 準		
品目	対象食品	使用量の最大限度等	使用制限
オクタン酸			着香の目的に限る
			過酢酸製剤として使用する場合に限る
オクタン酸エチル			着香の目的に限る
オルトフェニルフェノール	かんきつ類	オルトフェニルフェノールとしての最大残存量0.010g/kg	
オルトフェニルフェノールナトリウム			
オレイン酸ナトリウム	果実及び果菜の表皮		被膜剤の用途に限る
過酢酸			過酢酸製剤として使用する場合に限る
過酢酸製剤	鶏の食肉	過酢酸として2.0g/kg（浸漬液又は噴霧液につき）	牛，鶏及び豚の食肉，果実並びに野菜の表面殺菌の目的に限る
	牛及び豚の食肉	1.80g/kg（浸漬液又は噴霧液につき）	
	果実及び野菜の表面	0.080g/kg（浸漬液又は噴霧液につき）	
	鶏の食肉	1-ヒドロキシエチリデン-1,1-ジホスホン酸として0.136g/kg（浸漬液又は噴霧液につき）	
	牛及び豚の食肉	0.024g/kg（浸漬液又は噴霧液につき）	
	果実及び野菜の表面	0.0048g/kg（浸漬液又は噴霧液につき）	
過酸化水素	釜揚げしらす，しらす干し	残存量0.005g/kg未満	
	その他の食品		最終食品の完成前に分解又は除去すること

品目	使用基準		
	対象食品	使用量の最大限度等	使用制限
過酸化ベンゾイル	小麦粉		ミョウバン，リン酸のカルシウム塩類，硫酸カルシウム，炭酸カルシウム，炭酸マグネシウム及びデンプンのうち1種又は2種以上を配合して希釈過酸化ベンゾイルとして使用すること
過硫酸アンモニウム	小麦粉	0.30g/kg	
カルボキシメチルセルロースカルシウム	一般食品	2.0%	カルボキシメチルセルロースカルシウム，カルボキシメチルセルロースナトリウム，デンプングリコール酸ナトリウム及びメチルセルロースの2種以上を併用する場合は，それぞれの使用量の和が2.0%以下
カルボキシメチルセルロースナトリウム			
β-カロテン			こんぶ類，食肉，鮮魚介類（鯨肉を含む），茶，のり類，豆類，野菜及びわかめ類に使用してはならない 保存基準：遮光した密封容器に入れ，空気を不活性ガスで置換して保存する
かんすい			製造基準：原料として成分規格に適合する炭酸カリウム，炭酸ナトリウム，炭酸水素ナトリウム，リン酸類のカリウム塩及びナトリウム塩を用いる

品目	使用基準		
	対象食品	使用量の最大限度等	使用制限
カンタキサンチン	魚肉ねり製品（かまぼこに限る）	0.035g/kg	保存基準：遮光した密封容器に入れ，空気を不活性ガスで置換して保存する
ギ酸イソアミル			着香の目的に限る
ギ酸ゲラニル			
ギ酸シトロネリル			
希釈過酸化ベンゾイル	小麦粉	0.30g/kg	
グアヤク脂	油脂 バター	1.0g/kg	
クエン酸イソプロピル	油脂 バター	クエン酸モノイソプロピルとして0.10g/kg	
クエン酸三エチル	乳化剤として 通常の食品形態でない食品（カプセル及び錠剤（チュアブル錠を除く）に限る）	3.5g/kg	
	液卵（殺菌したものに限る） 乾燥卵（液卵を乾燥して製造したものに限る）	2.5g/kg	
	清涼飲料水（希釈して飲用に供する清涼飲料水は，希釈後の清涼飲料水）	0.2g/kg	
	香料として		着香の目的に限る
クエン酸カルシウム	一般食品	カルシウムとして1.0%（特別用途表示の食品を除く）	

使 用 基 準

品目	使用基準		
	対象食品	使用量の最大限度等	使用制限
グリセロリン酸カルシウム	一般食品	カルシウムとして1.0%（特別用途表示の食品を除く）	栄養目的に限る
グリチルリチン酸二ナトリウム	しょう油 みそ		
グルコン酸亜鉛	病者用食品		
	母乳代替食品	標準調乳濃度に調乳したとき，亜鉛として6.0mg/L（厚生労働大臣の承認を受けて使用する場合を除く）	
	特定保健用食品 栄養機能食品	＊	＊当該食品の1日当たりの摂取目安量に含まれる亜鉛の量が15mgを越えないようにしなければならない
グルコン酸カルシウム	一般食品	カルシウムとして1.0%（特別用途表示の食品を除く）	栄養目的に限る
グルコン酸第一鉄	オリーブ	鉄として0.15g/kg	
	母乳代替食品 離乳食品 妊産婦・授乳婦用粉乳		
グルコン酸銅	母乳代替食品	標準調乳濃度に調乳したとき，銅として0.60mg/L（厚生労働大臣の承認を受けて使用する場合を除く）	（次ページにつづく）

使 用 基 準

品目	使用基準		
	対象食品	使用量の最大限度等	使用制限
グルコン酸銅	特定保健用食品栄養機能食品	＊	＊当該食品の1日当たりの摂取目安量に含まれる銅の量が5mgを越えないようにしなければならない
L-グルタミン酸カルシウム	一般食品	カルシウムとして1.0%（特別用途表示の食品を除く）	
ケイ酸カルシウム	一般食品	2.0%＊（特定保健用食品及び栄養機能食品のカプセル・錠剤を除く）	母乳代替食品及び離乳食品に使用してはならない＊微粒二酸化ケイ素と併用するときは，それぞれの使用量の和
ケイ酸マグネシウム	油脂		油脂のろ過助剤に限る最終食品の完成前に除去すること
ケイ皮酸			
ケイ皮酸エチル			
ケイ皮酸メチル			着香の目的に限る
ケトン類			
ゲラニオール			
コレカルシフェロール			保存基準：遮光した密封容器に入れ，空気を不活性ガスで置換し，冷所に保存する
コンドロイチン硫酸ナトリウム	マヨネーズドレッシング魚肉ソーセージ	⎫20g/kg⎬3.0g/kg	
酢酸イソアミル			着香の目的に限る
酢酸エチル			香料着香の目的に限るただし，酢酸エチルを次のそれぞれに使用する場合を除く

（次ページにつづく）

使 用 基 準

品目	使用基準		
	対象食品	使用量の最大限度等	使用制限
酢酸エチル	アルコール		柿の脱渋に使用するアルコール，結晶果糖の製造に使用するアルコール，香辛料の顆粒若しくは錠剤の製造に使用するアルコール，コンニャク粉の製造に使用するアルコール，ジブチルヒドロキシトルエン若しくは，ブチルヒドロキシアニソールの溶剤として使用するアルコール又は食酢の醸造原料として使用するアルコールを変性する目的で使用する場合
	酵母エキス		酵母エキス（酵母の自己消化により得られた水溶性の成分をいう）の製造の際の酵母の自己消化を促進する目的で使用する場合
	酢酸ビニル樹脂		酢酸ビニル樹脂の溶剤の用途に使用する場合また，酵母エキスの製造に使用した酢酸エチルは，最終食品の完成前にこれを除去しなければならない
酢酸ゲラニル			着香の目的に限る
酢酸シクロヘキシル			
酢酸シトロネリル			
酢酸シンナミル			
酢酸テルピニル			
酢酸ビニル樹脂	チューインガム		チューインガム基礎剤及び被膜剤の用途に限る
	果実又は果菜の表皮		

使 用 基 準

品目	使用基準		
	対象食品	使用量の最大限度等	使用制限
酢酸フェネチル			着香の目的に限る
酢酸ブチル			
酢酸ベンジル			
酢酸l-メンチル			
酢酸リナリル			
サッカリン	チューインガム	0.050g/kg	
サッカリンカルシウム		サッカリンナトリウムとしての残存量	
	こうじ漬の漬物 酢漬の漬物 たくあん漬の漬物	2.0g/kg 未満	
	粉末清涼飲料	1.5g/kg 未満	
	かす漬の漬物 みそ漬の漬物 しょう油漬の漬物 魚介加工品（魚肉ねり製品，つくだ煮，漬物及び缶詰又は瓶詰食品を除く）	1.2g/kg 未満	
	海藻加工品 しょう油 つくだ煮 煮豆	0.50g/kg 未満	
サッカリンナトリウム	魚肉ねり製品 シロップ 酢 清涼飲料水 ソース 乳飲料 乳酸菌飲料 氷菓＊	0.30g/kg 未満（5倍以上に希釈して飲用に供する清涼飲料水及び乳酸菌飲料の原料に供する乳酸菌飲料又ははっ酵乳にあっては1.5g/kg，3倍以上に希釈して使用する酢にあっては0.90g/kg）	＊原料たる液状ミックス及びミックスパウダーを含む

（次ページにつづく）

使 用 基 準 485

品目	使用基準		
	対象食品	使用量の最大限度等	使用制限
サッカリンカルシウム	アイスクリーム類＊ あん類 ジャム 漬物（かす漬，こうじ漬，しょう油漬，酢漬，たくあん漬及びみそ漬を除く） はっ酵乳（乳酸菌飲料の原料に供するはっ酵乳を除く） フラワーペースト類 みそ	0.20g/kg 未満	サッカリンナトリウムとサッカリンカルシウムを併用する場合にあっては，それぞれの使用量の和がサッカリンナトリウムとしての基準値以下
サッカリンナトリウム	菓子＊	0.10g/kg 未満	
	上記以外の食品及び魚介加工品の缶詰，瓶詰	0.20g/kg 未満	特別用途表示の許可又は承認を受けた場合はこの限りではない
サリチル酸メチル			着香の目的に限る
三二酸化鉄	バナナ コンニャク		バナナについては果柄の部分に限る
次亜塩素酸水			最終食品の完成前に除去すること
次亜塩素酸ナトリウム			ごまに使用してはならない
次亜臭素酸水	食肉(食鳥肉を除く)	臭素として 0.90g/kg （浸漬液又は噴霧液につき）	食肉の表面殺菌の目的に限る
	食鳥肉	0.45g/kg （浸漬液又は噴霧液につき）	
次亜硫酸ナトリウム	かんぴょう 乾燥果実（干しぶどうを除く） 干しぶどう コンニャク粉	二酸化硫黄としての残存量 5.0g/kg 未満 2.0g/kg 未満 1.5g/kg 未満 0.90g/kg 未満	ごま，豆類及び野菜に使用してはならない

（次ページにつづく）

使 用 基 準

品目	使用基準		
	対象食品	使用量の最大限度等	使用制限
次亜硫酸ナトリウム	乾燥じゃがいも ゼラチン ディジョンマスタード	0.50g/kg 未満	
	果実酒（果実酒の製造に用いる酒精分1容量パーセント以上を含有する果実搾汁及びこれを濃縮したものを除く） 雑酒	0.35g/kg 未満	
	キャンデッドチェリー 糖蜜	0.30g/kg 未満	
	糖化用タピオカでんぷん	0.25g/kg 未満	
	水あめ	0.20g/kg 未満	
	天然果汁（5倍以上に希釈して飲用に供するもの）	0.15g/kg 未満	
	甘納豆 煮豆	0.10g/kg 未満	
	えび 冷凍生かに	0.10g/kg 未満（そのむき身につき）	
	その他の食品（キャンデッドチェリーの製造に用いるさくらんぼ，ビールの製造に用いるホップ並びに果実酒の製造に用いる果汁，酒精分1容量パーセント以上を含有する果実搾汁及びこれを濃縮したものを除く）	0.030g/kg 未満	使用基準に従って当該添加物を使用したかんぴょう，乾燥果実等左にあげた食品を用いて製造加工された「その他の食品（こんにゃくを除く）」であって二酸化硫黄としての残存量が0.030g/kg 以上残存している場合は，その残存量

使 用 基 準　　　　487

品目	使用基準		
	対象食品	使用量の最大限度等	使用制限
2,3-ジエチルピラジン			着香の目的に限る
2,3-ジエチル-5-メチルピラジン			
シクロヘキシルプロピオン酸アリル			
L-システイン塩酸塩	天然果汁 パン		
シトラール			着香の目的に限る
シトロネラール			
シトロネロール			
1,8-シネオール			
ジフェニル	グレープフルーツ レモン オレンジ類	残存量 }0.070g/kg 未満	貯蔵又は運搬の用に供する容器の中に入れる紙片に浸潤させて使用する場合に限る
ジブチルヒドロキシトルエン〔BHT〕	魚介冷凍品（生食用冷凍鮮魚介類及び生食用冷凍かきを除く）及び鯨冷凍品（生食用冷凍鯨肉を除く）	浸漬液に対して 1g/kg※	※ブチルヒドロキシアニソールと併用するときは，その合計量
	チューイングガム 油脂	0.75g/kg	
	バター 魚介乾製品 魚介塩蔵品 乾燥裏ごしいも	}0.2g/kg※	
脂肪酸類			着香の目的に限る
脂肪族高級アルコール類			
脂肪族高級アルデヒド類（毒性が激しいと一般に認められるものを除く）			

（次ページにつづく）

品目	使用基準		
	対象食品	使用量の最大限度等	使用制限
脂肪族高級炭化水素類（毒性が激しいと一般に認められるものを除く）			着香の目的に限る
2,3-ジメチルピラジン			
2,5-ジメチルピラジン			
2,6-ジメチルピラジン			
2,6-ジメチルピリジン			
シュウ酸			最終食品の完成前に除去すること
臭素酸カリウム	パン（小麦粉を原料として使用するものに限る）	臭素酸として0.030g/kg（小麦粉につき）	最終食品の完成前に分解又は除去すること
硝酸カリウム	チーズ	0.20g/L（原料に供する乳につき）	
	清酒	0.10g/L（酒母につき）	
硝酸ナトリウム	食肉製品 鯨肉ベーコン	亜硝酸根としての残存量 } 0.070g/kg 未満	
食用赤色2号（アマランス）			カステラ，きなこ，魚肉漬物，鯨肉漬物，こんぶ類，しょう油，食肉，食肉漬物，スポンジケーキ，鮮魚介類（鯨肉を含む），茶，のり類，マーマレード，豆類，みそ，めん類（ワンタンを含む），野菜及びわかめ類に使用してはならない
食用赤色2号アルミニウムレーキ（アマランスアルミニウムレーキ）			
食用赤色3号（エリスロシン）			
食用赤色3号アルミニウムレーキ（エリスロシンアルミニウムレーキ）			

<table>
<tr><th rowspan="2">品目</th><th colspan="3">使用基準</th></tr>
<tr><th>対象食品</th><th>使用量の最大限度等</th><th>使用制限</th></tr>
<tr><td>食用赤色40号（アルラレッドAC）</td><td></td><td></td><td rowspan="12">カステラ，きなこ，魚肉漬物，鯨肉漬物，こんぶ類，しょう油，食肉，食肉漬物，スポンジケーキ，鮮魚介類（鯨肉を含む），茶，のり類，マーマレード，豆類，みそ，めん類（ワンタンを含む），野菜及びわかめ類に使用してはならない</td></tr>
<tr><td>食用赤色40号アルミニウムレーキ（アルラレッドACアルミニウムレーキ）</td><td></td><td></td></tr>
<tr><td>食用赤色102号（ニューコクシン）</td><td></td><td></td></tr>
<tr><td>食用赤色104号（フロキシン）</td><td></td><td></td></tr>
<tr><td>食用赤色105号（ローズベンガル）</td><td></td><td></td></tr>
<tr><td>食用赤色106号（アシッドレッド）</td><td></td><td></td></tr>
<tr><td>食用黄色4号（タートラジン）</td><td></td><td></td></tr>
<tr><td>食用黄色4号アルミニウムレーキ（タートラジンアルミニウムレーキ）</td><td></td><td></td></tr>
<tr><td>食用黄色5号（サンセットイエローFCF）</td><td></td><td></td></tr>
<tr><td>食用黄色5号アルミニウムレーキ（サンセットイエローFCFアルミニウムレーキ）</td><td></td><td></td></tr>
<tr><td>食用緑色3号（ファストグリーンFCF）</td><td></td><td></td></tr>
<tr><td>食用緑色3号アルミニウムレーキ（ファストグリーンFCFアルミニウムレーキ）</td><td></td><td></td></tr>
</table>

（次ページにつづく）

使 用 基 準

品目	使用基準		
	対象食品	使用量の最大限度等	使用制限
食用青色1号（ブリリアントブルーFCF）			カステラ，きなこ，魚肉漬物，鯨肉漬物，こんぶ類，しょう油，食肉，食肉漬物，スポンジケーキ，鮮魚介類（鯨肉を含む），茶，のり類，マーマレード，豆類，みそ，めん類（ワンタンを含む），野菜及びわかめ類に使用してはならない
食用青色1号アルミニウムレーキ（ブリリアントブルーFCFアルミニウムレーキ）			
食用青色2号（インジゴカルミン）			
食用青色2号アルミニウムレーキ（インジゴカルミンアルミニウムレーキ）			
シリコーン樹脂	一般食品	0.050g/kg	消ほうの目的に限る
シンナミルアルコール			着香の目的に限る
シンナムアルデヒド			
水酸化カリウム			最終食品の完成前に中和又は除去すること
水酸化カリウム液			
水酸化カルシウム	一般食品	カルシウムとして1.0%（特別用途表示の食品を除く）	食品の製造又は加工上必要不可欠な場合及び栄養目的に限る
水酸化ナトリウム			最終食品の完成前に中和又は除去すること
水酸化ナトリウム液（カセイソーダ液）			
水溶性アナトー			こんぶ類，食肉，鮮魚介類（鯨肉含む），茶，のり類，豆類，野菜及びわかめ類に使用してはならない

品目	使用基準		
	対象食品	使用量の最大限度等	使用制限
スクラロース	砂糖代替品●	12g/kg	
	チューインガム	2.6g/kg	
	菓子（除チューインガム）	} 1.8g/kg	
	生菓子		
	ジャム	1.0g/kg	
	清酒，合成清酒 果実酒，雑酒 清涼飲料水 乳飲料 乳酸菌飲料（希釈して飲用に供する飲料水は，希釈後の飲料水）	} 0.40g/kg	特別用途表示の許可又は承認を受けた場合はこの限りでない
	その他の食品	0.58g/kg	
ステアリン酸マグネシウム	カプセル剤・錠剤等通常の食品形態でない食品及び錠菓以外の食品に使用してはならない		
ステアロイル乳酸カルシウム	生菓子（米を原料とするもの）の製造に用いるミックスパウダー	ステアロイル乳酸カルシウムとして 10g/kg	ステアロイル乳酸カルシウムとステアロイル乳酸ナトリウムを併用する場合にあっては，それぞれの使用量の和がステアロイル乳酸カルシウムとしての基準値以下
ステアロイル乳酸ナトリウム	スポンジケーキ,バターケーキ又は蒸しパン(小麦粉を原料とし,蒸したパン)の製造に用いるミックスパウダー	} 8.0g/kg	
	生菓子（米を原料とするもの）	6.0g/kg	

（次ページにつづく）

砂糖代替食品●：コーヒー，紅茶等に加え，砂糖に代替する食品として用いられるものをいう。

品目	使用基準		使用制限
	対象食品	使用量の最大限度等	
ステアロイル乳酸カルシウム	菓子（小麦粉を原料とし，油脂で処理したもの）又はパンの製造に用いるミックスパウダー	5.5g/kg	
	スポンジケーキ，バターケーキ及び蒸しパン		
ステアロイル乳酸ナトリウム	菓子（小麦粉を原料とし，ばい焼したもの。スポンジケーキ及びバターケーキを除く）の製造に用いるミックスパウダー	5.0g/kg	
	めん類（即席めん及び乾めんを除く）	4.5g/kg（ゆでめんにつき）	
	菓子（小麦粉を原料とし，ばい焼したもの又は油脂で処理したもの。スポンジケーキ及びバターケーキを除く），パン	4.0g/kg	
	マカロニ類	4.0g/kg（乾めんにつき）	
	蒸しまんじゅう（小麦粉を原料とし，蒸したまんじゅう）の製造に用いるミックスパウダー	2.5g/kg	
	蒸しまんじゅう	2.0g/kg	

使 用 基 準 493

品目	使用基準		
	対象食品	使用量の最大限度等	使用制限
ソルビン酸	チーズ	ソルビン酸として 3.0g/kg	チーズにあっては，プロピオン酸，プロピオン酸カルシウム又はプロピオン酸ナトリウムを併用する場合は，ソルビン酸としての使用量及びプロピオン酸としての使用量の合計量が3.0g/kg以下
	うに 魚肉ねり製品（魚肉すり身を除く） 鯨肉製品 食肉製品	2.0g/kg	
	いかくん製品 たこくん製品	1.5g/kg	
ソルビン酸カリウム	あん類 かす漬・こうじ漬・塩漬・しょう油漬・みそ漬の漬物 キャンデッドチェリー 魚介乾製品（いかくん製品及びたこくん製品を除く） ジャム，シロップ たくあん漬● （一丁漬及び早漬を除く） つくだ煮，煮豆 ニョッキ フラワーペースト類 マーガリン みそ	1.0g/kg	みそ漬の漬物にあっては，原料のみそに含まれるソルビン酸及びその塩類の量を含めてソルビン酸として1.0g/kg以下 この項でいうフラワーペースト類の主要原料には，いも類，豆類及び野菜類を含む マーガリンにあっては，安息香酸又は安息香酸ナトリウム併用する場合は，ソルビン酸としての使用量及び安息香酸としての使用量の合計量が1.0g/kg以下
ソルビン酸カルシウム	ケチャップ 酢漬の漬物 スープ（ポタージュスープを除く） たれ つゆ 干しすもも	0.50g/kg	
	甘酒（3倍以上に希釈して飲用するものに限る） はっ酵乳（乳酸菌飲料の原料に供するものに限る）	0.30g/kg	

(次ページにつづく)

たくあん漬け●：生大根又は干し大根を塩漬けにした後，これを調味料，香辛料，色素などを加えたぬか又はふすまで漬けたものをいう。

使 用 基 準

品目	使用基準		
	対象食品	使用量の最大限度等	使用制限
ソルビン酸	果実酒 雑酒 乳酸菌飲料（殺菌したものを除く）	⎫⎬ 0.20g/kg 0.050g/kg （乳酸菌飲料の原料に供するものにあっては0.30g/kg）	
ソルビン酸カリウム	**（以下，ソルビン酸カリウムおよびソルビン酸カルシウムに限る）**		
ソルビン酸カルシウム	菓子の製造に用いる果実ペースト（果実をすり潰し，又は裏ごししてペースト状にしたもの）菓子の製造に用いる果汁（濃縮果汁を含む）	1.0g/kg	
タール色素の製剤			カステラ，きなこ，魚肉漬物，鯨肉漬物，こんぶ類，しょう油，食肉，食肉漬物，スポンジケーキ，鮮魚介類（鯨肉を含む），茶，のり類，マーマレード，豆類，みそ，めん類（ワンタンを含む），野菜及びわかめ類に使用してはならない
チアベンダゾール（TBZ）	かんきつ類 バナナ バナナの果肉	最大残存量 0.010g/kg 0.0030g/kg 0.0004g/kg	
チオエーテル類（毒性が激しいと一般に認められるものを除く）			着香の目的に限る
チオール類（毒性が激しいと一般に認められるものを除く）			

使 用 基 準 495

品目	使用基準		
	対象食品	使用量の最大限度等	使用制限
着色料（化学的合成品を除く）			こんぶ類，食肉，鮮魚介類（鯨肉を含む），茶，のり類，豆類，野菜及びわかめ類に使用してはならないただし，のり類に使用する金は除く
デカナール			着香の目的に限る
デカノール			
デカン酸エチル			
鉄クロロフィリンナトリウム			こんぶ類，食肉，鮮魚介類（鯨肉を含む），茶，のり類，豆類，野菜及びわかめ類に使用してはならない
5, 6, 7, 8-テトラヒドロキノキサリン			着香の目的に限る
2, 3, 5, 6-テトラメチルピラジン			
デヒドロ酢酸ナトリウム	チーズ バター マーガリン	デヒドロ酢酸として 0.50g/kg	
テルピネオール			着香の目的に限る
テルペン系炭化水素類			
デンプングリコール酸ナトリウム	一般食品	2.0%	カルボキシメチルセルロースカルシウム，カルボキシメチルセルロースナトリウム及びメチルセルロースの1種以上と併用する場合は，それぞれの使用量の和が食品の2.0%以下

品目	使用基準		
	対象食品	使用量の最大限度等	使用制限
銅クロロフィリンナトリウム	こんぶ	銅として0.15g/kg（こんぶの無水物につき）	
	野菜類又は果実類の貯蔵品	0.10g/kg	
	シロップ	0.064g/kg	
	チューインガム	0.050g/kg	
	魚肉ねり製品（魚肉すり身を除く）	0.040g/kg	
	あめ類	0.020g/kg	
	チョコレート生菓子（菓子パンを除く）	} 0.0064g/kg	
	みつ豆缶詰又はみつ豆合成樹脂製容器包装詰中の寒天	} 0.0004g/kg	
銅クロロフィル	こんぶ	銅として0.15g/kg（こんぶの無水物につき）	
	野菜類又は果実類の貯蔵品	0.10g/kg	
	チューインガム	0.050g/kg	
	魚肉ねり製品（魚肉すり身を除く）	0.030g/kg	
	生菓子（菓子パンを除く）	0.0064g/kg	
	チョコレート	0.0010g/kg	
	みつ豆缶詰又はみつ豆合成樹脂製容器包装詰中の寒天	} 0.0004g/kg	
dl-α-トコフェロール（ビタミンE）			酸化防止の目的に限るただし，β-カロテン，ビタミンA，ビタミンA脂肪酸エステル及び流動パラフィンの製剤中に含まれる場合はこの限りでない

品目	使用基準		
	対象食品	使用量の最大限度等	使用制限
トコフェロール酢酸エステル d-α-トコフェロール酢酸エステル	特定保健用食品 栄養機能食品	＊	＊当該食品の1日当たりの摂取目安量に含まれるα-トコフェロールの量が150mgを超えないようにしなければならない
トリメチルアミン 2,3,5-トリメチルピラジン			着香の目的に限る
ナイシン	食肉製品 チーズ（プロセスチーズを除く） ホイップクリーム類※	ナイシンAを含む抗菌性ポリペプチドとして 0.0125g/kg	※乳脂肪分を主成分とする食品を主要原料として泡立てたもの
	ソース類 ドレッシング マヨネーズ	0.010g/kg	
	プロセスチーズ 洋菓子	0.00625g/kg	
	卵加工品 味噌	0.0050g/kg	
	穀類及びでん粉を主原料とする洋生菓子	0.0030g/kg	特別用途表示の許可又は承認を受けた場合は，この限りでない
ナタマイシン	ナチュラルチーズ＊	残存量 0.020g/kg未満	＊ハード及びセミハードの表面部分に限る 保存基準：遮光した容器に入れ，冷所に保存する
ナトリウムメトキシド			最終食品の完成前にナトリウムメトキシドを分解し，これによって生成するメタノールを除去すること 保存基準：密封容器に入れ，保存する

| | 使 用 基 準 | | |
品目	対象食品	使用量の最大限度等	使用制限
ニコチン酸			食肉及び鮮魚介類（鯨肉を含む）に使用してはならない
ニコチン酸アミド			
二酸化硫黄	かんぴょう	二酸化硫黄としての残存量 5.0g/kg 未満	ごま，豆類及び野菜に使用してはならない
	乾燥果実（干しぶどうを除く）	2.0g/kg 未満	
	干しぶどう	1.5g/kg 未満	
	コンニャク粉	0.90g/kg 未満	
	乾燥じゃがいも ゼラチン ディジョンマスタード	｝ 0.50g/kg 未満	
	果実酒（果実酒の製造に用いる酒精分１容量パーセント以上を含有する果実搾汁及びこれを濃縮したものを除く） 雑酒	｝ 0.35g/kg 未満	
	キャンデッドチェリー 糖蜜	｝ 0.30g/kg 未満	
	糖化用タピオカでんぷん	0.25g/kg 未満	
	水あめ	0.20g/kg 未満	
	天然果汁（５倍以上に希釈して飲用に供するもの）	0.15g/kg 未満	
	甘納豆 煮豆	｝ 0.10g/kg 未満	
	えび 冷凍生かに	｝ 0.10g/kg 未満 （そのむき身につき）	

（次ページにつづく）

品目	使用基準		
	対象食品	使用量の最大限度等	使用制限
二酸化硫黄	その他の食品（キャンデッドチェリーの製造に用いるさくらんぼ，ビールの製造に用いるホップ並びに果実酒の製造に用いる果汁，酒精分1容量パーセント以上を含有する果実搾汁及びこれを濃縮したものを除く）	0.030g/kg 未満	使用基準に従って当該添加物を使用したかんぴょう，乾燥果実等左にあげた食品を用いて製造加工された「その他の食品（こんにゃくを除く）」であって二酸化硫黄としての残存量が0.030g/kg以上残存している場合は，その残存量
二酸化塩素	小麦粉		
二酸化ケイ素（微粒二酸化ケイ素を除く）			ろ過助剤の目的に限る最終食品の完成前に除去すること
微粒二酸化ケイ素	一般食品	2.0％＊（特定保健用食品及び栄養機能食品のカプセル・錠剤を除く）	母乳代替食品及び離乳食品に使用してはならない＊ケイ酸カルシウムと併用するときは，それぞれの使用量の和
二酸化チタン			着色の目的に限るカステラ，きなこ，魚肉漬物，鯨肉漬物，こんぶ類，しょう油，食肉，食肉漬物，スポンジケーキ，鮮魚介類（鯨肉を含む），茶，のり類，マーマレード，豆類，みそ，めん類（ワンタンを含む），野菜及びわかめ類に使用してはならない
乳酸カルシウム	一般食品	カルシウムとして1.0％（特別用途表示の食品を除く）	
γ-ノナラクトン			着香の目的に限る

品目	使用基準		
	対象食品	使用量の最大限度等	使用制限
ノルビキシンカリウム			こんぶ類，食肉，鮮魚介類（鯨肉を含む），茶，のり類，豆類，野菜及びわかめ類に使用してはならない
ノルビキシンナトリウム			
バニリン			着香の目的に限る
パラオキシ安息香酸イソブチル	しょう油 果実ソース 酢 清涼飲料水 シロップ 果実及び果菜の表皮	パラオキシ安息香酸として 0.25g/L 0.20g/kg 0.10g/L ⎱ 0.10g/kg 0.012g/kg	
パラオキシ安息香酸イソプロピル			
パラオキシ安息香酸エチル			
パラオキシ安息香酸ブチル			
パラオキシ安息香酸プロピル			
パラメチルアセトフェノン			着香の目的に限る
バレルアルデヒド			着香の目的に限る
パントテン酸カルシウム	一般食品	カルシウムとして1.0％（特別用途表示の食品を除く）	
ビオチン	母乳代替食品（厚生労働大臣の承認を受けたものを除く）	含有量 10μg/100kcal	
	調製粉乳 調製液状乳 特定保健用食品 栄養機能食品		
ビタミンA油（油性ビタミンA脂肪酸エステル）			保存基準：遮光した密封容器に入れ，空気を不活性ガスで置換して保存する

使　用　基　準

品目	使用基準		
	対象食品	使用量の最大限度等	使用制限
1-ヒドロキシエチリデン-1, 1-ジホスホン酸			過酢酸製剤として使用する場合に限る
ヒドロキシシトロネラール			着香の目的に限る
ヒドロキシシトロネラールジメチルアセタール			
ピペリジン			
ピペロナール			
ピペロニルブトキシド	穀類	0.024g/kg	
ピラジン			着香の目的に限る
ピリメタニル	あんず，おうとうかんきつ類（みかんを除く）すもも，もも※	最大残存量 0.010g/kg	※果皮を含む
	西洋なし，マルメロ，りんご	0.014g/kg	
ピロ亜硫酸カリウム	かんぴょう 乾燥果実（干しぶどうを除く）干しぶどう コンニャク粉 乾燥じゃがいも ゼラチン ディジョンマスタード	二酸化硫黄としての残存量 5.0g/kg 未満 2.0g/kg 未満 1.5g/kg 未満 0.90g/kg 未満 0.50g/kg 未満	ごま，豆類及び野菜に使用してはならない
ピロ亜硫酸ナトリウム	果実酒（果実酒の製造に用いる酒精分1容量パーセント以上を含有する果実搾汁及びこれを濃縮したものを除く）雑酒	0.35g/kg 未満	

（次ページにつづく）

品目	使用基準		
	対象食品	使用量の最大限度等	使用制限
ピロ亜硫酸カリウム	キャンデッドチェリー 糖蜜	} 0.30g/kg 未満	
	糖化用タピオカでんぷん	0.25g/kg 未満	
	水あめ	0.20g/kg 未満	
	天然果汁（5倍以上に希釈して飲用に供するもの）	0.15g/kg 未満	
	甘納豆 煮豆	} 0.10g/kg 未満	
	えび 冷凍生かに	} 0.10g/kg 未満 （そのむき身につき）	
ピロ亜硫酸ナトリウム	その他の食品(キャンデッドチェリーの製造に用いるさくらんぼ，ビールの製造に用いるホップ並びに果実酒の製造に用いる果汁，酒精分1容量パーセント以上を含有する果実搾及びこれを濃縮したものを除く)	0.030g/kg 未満	使用基準に従って当該添加物を使用したかんぴょう，乾燥果実等左にあげた食品を用いて製造加工された「その他の食品（こんにゃくを除く）」であって二酸化硫黄としての残存量が0.030g/kg以上残存している場合は，その残存量
ピロリジン			着香の目的に限る
ピロリン酸二水素カルシウム	一般食品	カルシウムとして1.0%（特別用途表示の食品を除く）	食品の製造又は加工上必要不可欠な場合及び栄養目的に限る
ピロール			
フェニル酢酸イソアミル			
フェニル酢酸イソブチル			着香の目的に限る
フェニル酢酸エチル			
2-（3-フェニルプロピル）ピリジン			

使 用 基 準

品目	使用基準		
	対象食品	使用量の最大限度等	使用制限
フェネチルアミン			
フェノールエーテル類（毒性が激しいと一般に認められるものを除く）			着香の目的に限る
フェノール類（毒性が激しいと一般に認められるものを除く）			
フェロシアン化物			フェロシアン化カリウムフェロシアン化カルシウム及びフェロシアン化ナトリウムを2種以上併用するときは，その合計量
フェロシアン化カリウム	食塩	無水フェロシアン化ナトリウムとして0.020g/kg	
フェロシアン化カルシウム			
フェロシアン化ナトリウム			
ブタノール			着香の目的に限る
ブチルアミン			
ブチルアルデヒド			
ブチルヒドロキシアニソール〔BHA〕	魚介冷凍品（生食用冷凍鮮魚介類及び生食用冷凍かきを除く）及び鯨冷凍品（生食用冷凍鯨肉を除く）の浸漬液	浸漬液に対して1 g/kg	ジブチルヒドロキシトルエンと併用するときは，その合計量
	乾燥裏ごしいも 魚介塩蔵品 魚介乾製品 バター 油脂	0.2g/kg	

品目	使用基準		
	対象食品	使用量の最大限度等	使用制限
フルジオキソニル	キウィー パイナップル（冠芽を除く） かんきつ類（みかんを除く） ばれいしょ アボガド，あんず，おうとう，ざくろ，すもも，西洋なし，ネクタリン，パパイヤ，びわ，マルメロ，マンゴー，もも，りんご	最大残存量 0.020g/kg 0.010g/kg 0.0060g/kg } 0.0050g/kg ※	※アボガド，あんず，おうとう，すもも，ネクタリン，マンゴー及びももにあっては種子を除く。
フルフラール及びその誘導体（毒性が激しいと一般に認められるものを除く）			着香の目的に限る
プロパノール			
プロピオンアルデヒド			
プロピオン酸	チーズ パン 洋菓子	プロピオン酸として 3.0g/kg } 2.5g/kg	チーズにあっては，ソルビン酸，ソルビン酸カリウム又はソルビン酸カルシウムを併用する場合は，プロピオン酸としての使用量及びソルビン酸としての使用量の合計量が3.0g/kg以下
プロピオン酸			着香の目的に限る
プロピオン酸イソアミル			
プロピオン酸エチル			

使　用　基　準

品目	使用基準		
	対象食品	使用量の最大限度等	使用制限
プロピオン酸カルシウム	チーズ パン 洋菓子	プロピオン酸として 3.0g/kg }2.5g/kg	チーズにあっては，ソルビン酸，ソルビン酸カリウム又はソルビン酸カルシウムを併用する場合は，プロピオン酸としての使用量及びソルビン酸としての使用量の合計量が3.0g/kg以下
プロピオン酸ナトリウム			
プロピオン酸ベンジル			着香の目的に限る
プロピコナゾール	かんきつ類（みかんを除く） あんず，おうとう，ネクタリン，もも すもも	最大残存量 0.008g/kg }0.004g/kg 0.0006g/kg	※あんず，ネクタリン及びももにあっては種子を除く。おうとうにあっては果梗及び種子を除く。
プロピレングリコール	生めん いかくん製品 ギョウザ，シュウマイ，春巻及びワンタンの皮 その他の食品	}2.0% }1.2% 0.60%	
粉末ビタミンA			保存基準：遮光した密封容器に入れ，保存する
ヘキサン			食用油脂製造の際の油脂の抽出に限る 最終食品の完成前に除去すること
ヘキサン酸			着香の目的に限る
ヘキサン酸アリル			
ヘキサン酸エチル			
ヘプタン酸エチル			
l-ペリルアルデヒド			
ベンジルアルコール			
ベンズアルデヒド			
2-ペンタノール			

（次ページにつづく）

品目	使用基準		
	対象食品	使用量の最大限度等	使用制限
trans-2-ペンテナール			
1-ペンテン-3-オール			
芳香族アルコール類			着香の目的に限る
芳香族アルデヒド類（毒性が激しいと一般に認められるものを除く）			
没食子酸プロピル	油脂 バター	0.20g/kg 0.10g/kg	
ポリアクリル酸ナトリウム	一般食品	0.20％	
ポリイソブチレン	チューインガム		チューインガム基礎剤の用途に限る
ポリソルベート20	通常の形態外の食品（カプセル・錠剤等）	ポリソルベート80として25g/kg	ポリソルベート類の2種以上を併用するときは，それぞれの使用量の和がポリソルベート80としての基準値以下
	ココア及びチョコレート製品ショートニング即席麺の添付調味料ソース類チューインガム乳脂肪代替食品	5.0g/kg	
ポリソルベート60	アイスクリーム類菓子の製造に用いる装飾品（糖を主成分とするものに限る）加糖ヨーグルトドレッシングマヨネーズミックスパウダー（焼菓子及び洋生菓子の製造に用いるものに限る）焼菓子（洋菓子に限る），洋生菓子	3.0g/kg	
ポリソルベート65			
ポリソルベート80			

（次ページにつづく）

使用基準

品目	使用基準		
	対象食品	使用量の最大限度等	使用制限
ポリソルベート20	あめ類 スープ フラワーペースト（ココア及びチョコレートを主要原料とし，これに砂糖，油指，粉乳，卵，小麦粉等を加え，加熱殺菌してペースト状とし，パン又は菓子に充てん又は塗布して食用に供するものに限る） 氷菓	1.0g/kg	ポリソルベート類の2種以上を併用するときは，それぞれの使用量の和がポリソルベート80としての基準値以下
ポリソルベート60			
ポリソルベート65			
ポリソルベート80	海藻の漬物 チョコレートドリンク	0.50g/kg	
	野菜の漬物 非熟成チーズ	0.080g/kg	
	海藻の缶詰・瓶詰 野菜の缶詰・瓶詰	0.030g/kg	
	その他の食品	0.020g/kg	
ポリビニルピロリドン	通常の食品形態でない食品（カプセル，錠剤等）		
ポリビニルポリピロリドン			ろ過助剤の用途に限る 最終食品の完成前に除去すること
ポリブテン	チューインガム		チューインガム基礎剤の用途に限る
d-ボルネオール			着香の目的に限る
マルトール			
D-マンニトール	ふりかけ類（顆粒を含むものに限る）	50% （顆粒部分に対して）	塩化カリウム及びグルタミン酸塩を配合して調味の目的で使用する場合（D-マンニトールが塩化カリウム，グルタミン酸塩及びD-マンニトールの合計量の80%以下である場合に限る）は，この限りでない
	あめ類 らくがん チューインガム つくだ煮（こんぶを原料とするものに限る）	40% 30% 20% 25% （最大残存量）	

品目	使用基準		
	対象食品	使用量の最大限度等	使用制限
N-メチルアントラニル酸メチル			着香の目的に限る
5-メチルキノキサリン			
6-メチルキノリン			
5-メチル-6,7-ジヒドロ-5*H*-シクロペンタピラジン			
メチルセルロース	一般食品	2.0%	カルボキシメチルセルロースカルシウム，カルボキシメチルセルロースナトリウム及びデンプングリコール酸ナトリウムの1種以上と併用する場合は，それぞれの使用量の和が食品の2.0%以下
l-メチルナフタレン			着香の目的に限る
メチル*β*-ナフチルケトン			
2-メチルピラジン			
2-メチルブタノール			
3-メチル-2-ブタノール			
2-メチルブチルアルデヒド			
trans-2-メチル-2-ブテナール			
3-メチル-2-ブテナール			
3-メチル-2-ブテノール			
dl-メントール			
l-メントール			
モルホリン脂肪酸塩	果実又は果菜の表皮		被膜剤の用途に限る

使 用 基 準

509

品目	使用基準		
	対象食品	使用量の最大限度等	使用制限
酪酸			
酪酸イソアミル			
酪酸エチル			
酪酸シクロヘキシル			
酪酸ブチル			着香の目的に限る
ラクトン類（毒性が激しいと一般に認められるものを除く）			
リナロオール			
硫酸			最終食品の完成前に中和又は除去すること
硫酸亜鉛	母乳代替食品	標準調乳濃度に調乳したとき, 亜鉛として6.0mg/L（厚生労働大臣の承認を受けて使用する場合を除く）	
	発泡性酒類	亜鉛として0.0010g/kg	
硫酸アルミニウムアンモニウム	菓子, 生菓子, パン, 一般食品	菓子, 生菓子又はパンにあってはアルミニウムとして0.1g/kg以下	みそに使用してはならない
硫酸アルミニウムカリウム			
硫酸カルシウム	一般食品	カルシウムとして1.0%（特別用途表示の食品を除く）	食品の製造又は加工上必要不可欠な場合及び栄養目的に限る
硫酸銅	母乳代替食品	標準調乳濃度に調乳したとき, 銅として0.60mg /L（厚生労働大臣の承認を受けて使用する場合を除く）	

品目	使用基準		
	対象食品	使用量の最大限度等	使用制限
流動パラフィン	パン	残存量0.10％未満	パン生地を自動分割機により分割する際及び焙焼する際の離型の目的に限る
リン酸三カルシウム	一般食品	カルシウムとして1.0％（特別用途表示の食品を除く）	食品の製造又は加工上必要不可欠な場合に限る
リン酸一水素カルシウム	一般食品	カルシウムとして1.0％（特別用途表示の食品を除く）	食品の製造又は加工上必要不可欠な場合に限る
リン酸二水素カルシウム			
酸性白土	一般食品	残存量0.50％（2物質以上併用する場合は,その合計量）	食品の製造又は加工上必要不可欠な場合に限る
カオリン			
ベントナイト			
タルク	チューインガム	残存量5.0％	
砂	一般食品	残存量0.50％（2物質以上併用する場合は,その合計量）	
ケイソウ土			
パーライト			
これらに類似する不溶性の鉱物性物質＊			

＊花こう班岩，活性白土，クリストバル石，ゼオライトが該当する

食品添加物の表示名称

付録2

食品添加物の表示名称

—別名，簡略名・類別名と品名　対照表—

食品添加物を物質名で表示する場合は，食品の狭い表示面積内に判りやすく表示するために，品名か別名が短いものを除いて，簡略名・類別名で表示されています。このために，食品表示された食品添加物の名称では，使われている食品添加物が何であるか，判りにくいこともあります。

本書をより活用しやすくするために，表示に使われる別名，簡略名・類別名と品名を対応させて，一覧表にしました。

個々の食品添加物の内容を知りたいときは，本表より品名を検索して品目編を見て下さい。

なお，次の条件に合う食品添加物は，一覧表への記載を省略しました。
・品名だけが規定されていて，別名，簡略名・類別名がない食品添加物
・通常，一括名で「香料」と表示される着香の目的で使われる食品添加物
　ただし，個別の表示が見受けられるものは対照表に記載
・長い名称のために，表示では使われにくい別名

なお，品目の別名，簡略名・類別名に同一の名称があるものには，品名の後に*印を付して記載してあります。

アルファベットを主体とする表記

別名・簡略名・類別名	名　　称
5'-AMP	5'-アデニル酸
BHA	ブチルヒドロキシアニソール
BHT	ジブチルヒドロキシトルエン
CMC CMC-Na	カルボキシメチルセルロースナトリウム
CMC-Ca	カルボキシメチルセルロースカルシウム
5'-CMP	5'-シチジル酸
DP	ジフェニル
EDTAカルシウム二ナトリウム EDTAカルシウムナトリウム EDTA-Ca・Na	エチレンジアミン四酢酸カルシウム二ナトリウム
EDTA二ナトリウム EDTAナトリウム EDTA-Na	エチレンジアミン四酢酸二ナトリウム
G3生成酵素	マルトトリオヒドロラーゼ
G3分解酵素	α-アミラーゼ

別名・簡略名・類別名	名　称
G4生成酵素	エキソマルトテトラオヒドロラーゼ
HPC	ヒドロキシプロピルセルロース
HPMC	ヒドロキシプロピルメチルセルロース
OPP	オルトフェニルフェノール
OPP-Na	オルトフェニルフェノールナトリウム
TBZ	チアベンダゾール
V.A	ビタミンA ビタミンA脂肪酸エステル
V.B$_1$	ジベンゾイルチアミン ジベンゾイルチアミン塩酸塩 チアミン塩酸塩 チアミン硝酸塩 チアミンセチル硫酸塩 チアミンチオシアン酸塩 チアミンナフタレン-1,5-ジスルホン酸塩 チアミンラウリル硫酸塩 ビスベンチアミン
V.B$_2$	リボフラビン リボフラビン酪酸エステル リボフラビン5'-リン酸エステルナトリウム
V.B$_6$	ピリドキシン塩酸塩
V.B$_{12}$	シアノコバラミン
V.C	L-アスコルビン酸 L-アスコルビン酸カルシウム L-アスコルビン酸2-グルコシド L-アスコルビン酸ステアリン酸エステル アスコルビン酸ナトリウム L-アスコルビン酸パルミチン酸エステル
V.Cオキシダーゼ	アスコルビン酸オキシダーゼ
V.D	エルゴカルシフェロール コレカルシフェロール
V.E	dl-α-トコフェロール d-α-トコフェロール d-γ-トコフェロール d-δ-トコフェロール ミックストコフェロール
V.K V.K$_2$	メナキノン（抽出物）

50音順リスト

あ　行

	別名・簡略名・類別名	名　称
ア	青色1号 青1	食用青色1号 食用青色1号アルミニウムレーキ
	青色2号 青2	食用青色2号 食用青色2号アルミニウムレーキ
	アカキャベツ	アカキャベツ色素
	アカゴメ	アカゴメ色素
	アカシア アカシアガム	アラビアガム
	アカダイコン	アカダイコン色素
	アカビート アカビート色素	ビートレッド
	亜硝酸Na	亜硝酸ナトリウム
	アシッドレッド	食用赤色105号
	アズキ	アズキ色素
	アスコルビン酸	L-アスコルビン酸 L-アスコルビン酸2-グルコシド
	アスコルビン酸エステル	L-アスコルビン酸ステアリン酸エステル L-アスコルビン酸パルミチン酸エステル
	アスコルビン酸Ca	L-アスコルビン酸カルシウム
	アスコルビン酸Na	L-アスコルビン酸ナトリウム
	アスコルベートオキシダーゼ	アスコルビン酸オキシダーゼ
	アスパラギン	L-アスパラギン
	アスパラギン酸	L-アスパラギン酸
	アスパラギン酸Na アスパラギン酸ナトリウム	L-アスパラギン酸ナトリウム
	L-α-アスパルチル-L-フェニルアラニンメチルエステル	アスパルテーム
	アセスルファムK	アセスルファムカリウム
	亜セレン酸Na	亜セレン酸ナトリウム
	アデノシン5'-一リン酸	5'-アデニル酸
	水溶性アナトー アナトー アナトー色素	ノルビキシンカリウム ノルビキシンナトリウム

別名・簡略名・類別名	名　称
アナトー	アナトー色素
アポカロテナール アポカロテナール色素	β-アポ-8'-カロテナール
アマシード	アマシードガム
アマチャ アマチャエキス	アマチャ抽出物
アマランス	食用赤色2号 食用赤色2号アルミニウムレーキ
アマランスアルミニウムレーキ	食用赤色2号アルミニウムレーキ
アミダーゼ	ウレアーゼ グルタミナーゼ
アミラーゼ	a-アミラーゼ β-アミラーゼ エキソマルトテトラオヒドロラーゼ プルラナーゼ マルトトリオヒドロラーゼ
アミラーゼカルボヒドラーゼ	グルコアミラーゼ
sec-アミルアルコール	2-ペンタノール
アラニン	DL-アラニン L-アラニン
アラビノース	L-アラビノース
亜硫酸塩	亜硫酸ナトリウム 次亜硫酸ナトリウム 二酸化硫黄 ピロ亜硫酸カリウム ピロ亜硫酸ナトリウム
亜硫酸水素カリウム	ピロ亜硫酸カリウム
亜硫酸水素ナトリウム	ピロ亜硫酸ナトリウム
亜硫酸カリウム 亜硫酸K	ピロ亜硫酸カリウム
亜硫酸ナトリウム 亜硫酸Na	ピロ亜硫酸ナトリウム
亜硫酸Na 亜硫酸ソーダ	亜硫酸ナトリウム
アルギニン	L-アルギニン
アルギニングルタミン酸塩	L-アルギニンL-グルタミン酸塩
アルギン酸K	アルギン酸カリウム
アルギン酸Ca	アルギン酸カルシウム

食品添加物の表示名称 515

別名・簡略名・類別名	名　称
アルギン酸Na	アルギン酸ナトリウム
アルギン酸エステル	アルギン酸プロピレングリコールエステル
アルコール	エタノール
アルテミンアシードガム	サバクヨモギシードガム
α-アルミシンナミックアルデヒド	α-アルミシンナムアルデヒド
アルミ末	アルミニウム
アルラレッドAC	食用赤色40号 食用赤色40号アルミニウムレーキ
アルラレッドACアルミニウムレーキ	食用赤色40号アルミニウムレーキ
アンスラニル酸メチル	アントラニル酸メチル
安息香酸Na	安息香酸ナトリウム
アントシアニン アントシアニン色素	アカキャベツ色素 アカゴメ色素 アカダイコン色素 ウグイスカグラ色素 エルダーベリー色素 グーズベリー色素 サーモンベリー色素 シソ色素 ストロベリー色素 ダークスイートチェリー色素 チェリー色素 チンブルベリー色素 デュベリー色素 ハイビスカス色素 ハクルベリー色素 ブドウ果汁色素 ブドウ果皮色素 ブラックカーラント色素 ブラックベリー色素 プラム色素 ブルーベリー色素 ボイセンベリー色素 ホワートルベリー色素 マルベリー色素 ムラサキイモ色素 ムラサキトウモロコシ色素 ムラサキヤマイモ色素 モレロチェリー色素 ラズベリー色素 レッドカーラント色素

	別名・簡略名・類別名	名　称
	アンモニウムミョウバン	硫酸アルミニウムアンモニウム
イ	イソアスコルビン酸	エリソルビン酸
	イカ墨	イカスミ色素
	イソアスコルビン酸ナトリウム イソアスコルビン酸Na	エリソルビン酸ナトリウム
	イソアルファー酸	イソアルファー苦味酸
	イソクエルシトリン	ルチン酵素分解物
	イソブタナール	イソブチルアルデヒド
	イソロイシン	L-イソロイシン
	イヌラーゼ	イヌリナーゼ
	イノシット	イノシトール
	イノシン酸ナトリウム イノシン酸Na 5'-イノシン酸ナトリウム	5'-イノシン酸二ナトリウム
	インジゴカルミン	食用青色2号 食用青色2号アルミニウムレーキ
	インジゴカルミンアルミニウムレーキ	食用青色2号アルミニウムレーキ
ウ	ウーロンチャ抽出物	チャ抽出物
	ウェラン多糖類	ウェランガム
	ウコン	ウコン色素
	うに殻Ca うに殻カルシウム	うに殻焼成カルシウム
	5'-ウリジル酸ナトリウム ウリジル酸ナトリウム ウリジル酸Na	5'-ウリジル酸二ナトリウム
	ウンデカラクトン	γ-ウンデカラクトン
エ	液化アミラーゼ	α-アミラーゼ
	エステラーゼ	リパーゼ
	枝切り酵素	イソアミラーゼ
	エチルアルコール	エタノール
	エチルワニリン	エチルバニリン
	エナント酸エチル	ヘプタン酸エチル
	エノシアニン	ブドウ果皮色素
	エリスロシン	食用赤色3号 食用赤色3号アルミニウムレーキ

食品添加物の表示名称　　　　517

別名・簡略名・類別名	名　称
エリスロシンアルミニウムレーキ	食用赤色3号アルミニウムレーキ
エリソルビン酸Na	エリソルビン酸ナトリウム
塩化K	塩化カリウム
塩化Ca	塩化カルシウム
塩化鉄	塩化第二鉄
塩化Mg	塩化マグネシウム
塩水湖水ミネラル液	塩水湖水低塩化ナトリウム液
塩化マグネシウム含有物	粗製海水塩化マグネシウム

	別名・簡略名・類別名	名　称
オ	黄色4号 黄4	食用黄色4号 食用黄色4号アルミニウムレーキ
	黄色5号 黄5	食用黄色5号 食用黄色5号アルミニウムレーキ
	オウロウ	ミツロウ
	オキシダーゼ	アスコルビン酸オキシダーゼ カタラーゼ
	オキシプロリン L-オキシプロリン	L-ヒドロキシプロリン
	オクチルアルデヒド	オクタナール
	オクテニルコハク酸デンプンNa	オクテニルコハク酸デンプンナトリウム
	オリザノール	γ-オリザノール
	オルトフェニルフェノールNa	オルトフェニルフェノールナトリウム
	オレイン酸Na	オレイン酸ナトリウム

か　行

	別名・簡略名・類別名	名　称
カ	カーサマス黄色素	ベニバナ黄色素
	カーサマス赤色素	ベニバナ赤色素
	カーンワックス	サトウキビロウ
	貝Ca 貝カルシウム	貝殻焼成カルシウム（焼成カルシウム） 貝殻未焼成カルシウム（未焼成カルシウム）
	ガウチョック	ゴム
	カカオ	カカオ色素

別名・簡略名・類別名	名　称
柿渋 柿抽出物	柿タンニン（タンニン抽出物）
核たん白	しらこたん白抽出物
加工デンプン	アセチル化アジピン酸架橋デンプン アセチル化酸化デンプン アセチル化リン酸架橋デンプン オクテニルコハク酸デンプンナトリウム 酢酸デンプン 酸化デンプン デンプングリコロール酸ナトリウム ヒドロキシプロピル化リン酸架橋デンプン ヒドロキシプロピルデンプン リン酸架橋デンプン リン酸化デンプン リン酸モノエステル化リン酸架橋デンプン
果実色素	ウグイスカグラ色素 エルダーベリー色素 オレンジ色素 カキ色素 グーズベリー色素 サーモンベリー色素 ストロベリー色素 ダークスィートチェリー色素 チェリー色素 チンブルベリー色素 デュベリー色素 ハクルベリー色素 ブドウ果汁色素 ブラックカーラント色素 ブラックベリー色素 プラム色素 ブルーペリー色素 ボイセンベリー色素 ホワートルベリー色素 マルベリー色素 モレロチェリー色素 ラズベリー色素 レッドカーラント色素 ローガンベリー色素
カゼイン	レンネットカゼイン
カセイカリ	水酸化カリウム
カセイソーダ	水酸化ナトリウム
カゼインNa	カゼインナトリウム

食品添加物の表示名称 519

別名・簡略名・類別名	名　称
カッシア カッシアエキス	ジャマイカカッシア抽出物
カッシャガム	カシアガム
褐藻粘質物	褐藻抽出物
ガティ	ガティガム
カリミョウバン	硫酸アルミニウムカリウム
カプーレ	ベネズエラチクル
カフェイン	カフェイン（抽出物）
カプシカム色素	トウガラシ色素
カプシカム抽出物 カプシカム水性抽出物	トウガラシ水性抽出物
カプリルアルデヒド	オクタナール
カプリル酸エチル	オクタン酸エチル
カプリン酸エチル	デカン酸エチル
カプロン酸	ヘキサン酸
カプロン酸アリル	ヘキサン酸アリル
カプロン酸エチル	ヘキサン酸エチル
カラギーナン カラゲナン カラゲーナン カラゲニン	カラギナン 加工ユーケマ藻類 精製カラギナン ユーケマ藻末
カラメル カラメル色素	カラメルⅠ カラメルⅡ カラメルⅢ カラメルⅣ
カラヤ	カラヤガム
カリミョウバン	硫酸アルミニウムカリウム
カルシフェロール	エルゴカルシフェロール
カルナウバワックス	カルナウバロウ
カルボヒドラーゼ	α-アミラーゼ β-アミラーゼ エキソマルトテトラオヒドロラーゼ α-ガラクトシダーゼ β-ガラクトシダーゼ グルカナーゼ セルラーゼ プルラナーゼ ペクチナーゼ

別名・簡略名・類別名	名　称
（続き）	ヘミセルラーゼ マルトトリオヒドロラーゼ
カルミン酸 カルミン酸色素	コチニール色素
カロチン カロチン色素 カロテン カロテン色素	β-カロテン デュナリエラカロテン ニンジンカロテン パーム油カロテン
β-カロチン	β-カロテン
カロチノイド カロチノイド色素 カロテノイド カロテノイド色素	β-アポ-8'-カロテナール アナトー色素 オレンジ色素 カンタキサンチン クチナシ黄色素 サフラン色素 デュナリエラカロテン トウガラシ色素 トマト色素 ニンジンカロテン ノルビキシンカリウム ノルビキシンナトリウム パーム油カロテン ファフィア色素 ヘマトコッカス藻色素 マリーゴールド色素
カロブ カロブジャーム	カロブ色素
カワラヨモギ	カワラヨモギ抽出物
環状オリゴ糖	シクロデキストリン
カンゾウ	カンゾウ末 カンゾウ抽出物 酵素処理カンゾウ
カンゾウエキス	カンゾウ抽出物
カンゾウ甘味料	カンゾウ抽出物 酵素処理カンゾウ
カンデリラワックス	カンデリラロウ
キサンタン多糖類 キサンタン	キサンタンガム
キシリット	キシリトール
キシロース	D-キシロース

食品添加物の表示名称 521

別名・簡略名・類別名	名　称
キハダ抽出物	キハダ
揮発ガイシ油	イソチオシアン酸アリル
キビ色素	コウリャン色素
キモシン	レンネット
キャロットカロチン キャロットカロテン	ニンジンカロテン
キャンデリラロウ キャンデリラワックス	カンデリラロウ
キラヤサポニン	キラヤ抽出物
グァーフラワー グァルガム グァー	グァーガム
グァーフラワー酵素分解物 グァルガム酵素分解物 グァー分解物	グァーガム酵素分解物
グアニル酸ナトリウム グアニル酸Na 5'-グアニル酸ナトリウム	5'-グアニル酸二ナトリウム
クエン酸エステル	クエン酸イソプロピル
クエン酸エチル	クエン酸三エチル
クエン酸カリウム クエン酸K	クエン酸一カリウム クエン酸三カリウム
クエン酸Ca	クエン酸カルシウム
クエン酸Na クエン酸ナトリウム	クエン酸三ナトリウム
クエン酸鉄Na クエン酸鉄ナトリウム	クエン酸第一鉄ナトリウム
クチナシ クチナシ色素	クチナシ青色素 クチナシ赤色素 クチナシ黄色素
クラウンガム	チクル
グリセリンエステル	グリセリン脂肪酸エステル
グリセロール	グリセリン
グリチルリチン	カンゾウ抽出物
グリチルリチン酸ナトリウム グリチルリチン酸Na	グリチルリチン酸二ナトリウム

（ク行）

	別名・簡略名・類別名	名　称
	4-α-グルカノトランスフェラーゼ 6-α-グルカノトランスフェラーゼ	α-グルコシルトランスフェラーゼ
	クルクミン	ウコン色素
	グルコノラクトン	グルコノデルタラクトン
	グルコマンナン	コンニャクイモ抽出物
	グルコン酸Ca	グルコン酸カルシウム
	グルコン酸K	グルコン酸カリウム
	グルコン酸Na	グルコン酸ナトリウム
	グルコン酸鉄	グルコン酸第一鉄
	グルタミン	L-グルタミン
	グルタミン酸	L-グルタミン酸
	グルタミン酸アンモニウム	L-グルタミン酸アンモニウム
	グルタミン酸K グルタミン酸カリウム	L-グルタミン酸カリウム
	グルタミン酸Ca グルタミン酸カルシウム	L-グルタミン酸カルシウム
	グルタミン酸Na グルタミン酸ソーダ グルタミン酸ナトリウム	L-グルタミン酸ナトリウム
	グルタミン酸Mg グルタミン酸マグネシウム	L-グルタミン酸マグネシウム
	グレープフルーツ種子	グレープフルーツ種子抽出物
	クロシン	クチナシ黄色素 サフラン色素
	クロレラエキス	クロレラ抽出液
ケ	ケーンワックス	サトウキビロウ
	ケイ酸Ca	ケイ酸カルシウム
	ケイ酸Mg	ケイ酸マグネシウム
	ケイ皮アルコール	シンナミルアルコール
	ケイ皮アルデヒド	シンナムアルデヒド
	結晶セルロース	微結晶セルロース
	ケルセチン	クエルセチン
	ゲンチオビアーゼ	β-グルコシダーゼ
コ	香辛料	香辛料抽出物
	紅藻抽出物	精製カラギナン（カラギナン）

食品添加物の表示名称　　　　　　　　523

別名・簡略名・類別名	名　称
酵素処理ステビア	α-グルコシルトランスフェラーゼ処理ステビア
酵素処理ルチン	酵素処理イソクエルシトルリン 酵素処理ルチン（抽出物）
酵母細胞膜	酵母細胞壁
コーラルCa コーラルカルシウム	サンゴ未焼成カルシウム（未焼成カルシウム） 造礁サンゴ焼成カルシウム（焼成カルシウム）
コール酸	胆汁末
コーンセルロース	トウモロコシセルロース
ココア色素	カカオ色素
コチニール	コチニール色素
コハク酸Na コハク酸ナトリウム	コハク酸一ナトリウム コハク酸二ナトリウム
ゴマ油抽出物	ゴマ油不けん化物
コメヌカ油不けん化物	コメヌカ油抽出物
コメヌカワックス	コメヌカロウ
コレステロール	動物性ステロール
コンドロイチン硫酸Na	コンドロイチン硫酸ナトリウム
昆布類粘質物	アルギン酸

さ　行

	別名・簡略名・類別名	名　称
サ	サイクロテキストリン	シクロデキストリン
	サイリウム サイリウムハスク	サイリウムシードガム
	酢酸	氷酢酸
	酢酸Ca	酢酸カルシウム
	酢酸Na	酢酸ナトリウム
	酢酸トコフェロール 酢酸ビタミンE 酢酸V.E	トコフェロール酢酸エステル d-α-トコフェロール酢酸エステル
	酢酸フェニルエチル	酢酸フェネチル
	l-酢酸メンチル	酢酸l-メンチル
	サッカラーゼ	インベルターゼ
	サッカリンCa	サッカリンカルシウム
	サッカリンNa	サッカリンナトリウム

食品添加物の表示名称

	別名・簡略名・類別名	名　称
	サバクヨモギ種子抽出物	サバクヨモギシードガム
	サフラン	サフラン色素
	サポニン	キラヤ抽出物 ダイズサポニン
	酸カゼイン	カゼイン
	酸化Ca	酸化カルシウム
	酸化Mg	酸化マグネシウム
	酸化鉄	三二酸化鉄
	酸化ケイ素	二酸化ケイ素
	酸化チタン	二酸化チタン
	サンゴCa サンゴカルシウム	サンゴ未焼成カルシウム 造礁サンゴ焼成カルシウム
	三酸化二鉄	三二酸化鉄
	ザンサンガム	キサンタンガム
	酸性亜硫酸ナトリウム	ピロ亜硫酸ナトリウム
	酸性ピロリン酸カルシウム	ピロリン酸二水素カルシウム
	酸性ピロリン酸ナトリウム	ピロリン酸二水素二ナトリウム
	サンセットイエローFCF	食用黄色5号 食用黄色5号アルミニウムレーキ
	サンセットイエローFCFアルミニウムレーキ	食用黄色5号アルミニウムレーキ
	サンダルウッド サンダルウッド色素	シタン色素
シ	次亜塩素酸Na 次亜塩素酸ソーダ	次亜塩素酸ナトリウム
	シアナット	シアナット色素
	次亜硫酸Na	次亜硫酸ナトリウム
	ジェラン ジェラン多糖類	ジェランガム
	シスチン	L-シスチン
	システイン システイン塩酸塩	L-システイン塩酸塩
	シソエキス	シソ抽出物
	5'-シチジル酸ナトリウム シチジル酸Na シチジル酸ナトリウム	5'-シチジル酸二ナトリウム

食品添加物の表示名称

別名・簡略名・類別名	名　称
脂肪酸	高級脂肪酸
脂肪分解酵素	リパーゼ
シュークラーゼ	インベルターゼ
酒石酸	DL-酒石酸 L-酒石酸
dl-酒石酸	DL-酒石酸
d-酒石酸	L-酒石酸
酒石酸K 酒石酸カリウム	DL-酒石酸水素カリウム L-酒石酸水素カリウム
dl-酒石酸水素カリウム	DL-酒石酸水素カリウム
d-酒石酸水素カリウム	L-酒石酸水素カリウム
酒石酸Na 酒石酸ナトリウム	DL-酒石酸ナトリウム L-酒石酸ナトリウム
dl-酒石酸ナトリウム	DL-酒石酸ナトリウム
d-酒石酸ナトリウム	L-酒石酸ナトリウム
重亜硫酸K 重亜硫酸カリウム	ピロ亜硫酸カリウム
重亜硫酸Na 重亜硫酸ソーダ 重亜硫酸ナトリウム	ピロ亜硫酸ナトリウム
重酒石酸K 重酒石酸カリウム	ピロ亜硫酸カリウム
DL-重酒石酸カリウム	DL-酒石酸水素カリウム
L-重酒石酸カリウム	L-酒石酸水素カリウム
重曹	炭酸水素ナトリウム
重炭酸アンモニウム	炭酸水素アンモニウム
重炭酸Na 重炭酸ソーダ 重炭酸ナトリウム	炭酸水素ナトリウム
酒精	エタノール
シュペーネ	木材チップ
硝酸K	硝酸カリウム
硝酸Na	硝酸ナトリウム
焼成Ca	焼成カルシウム
醸造セルロース	ナタデココ

別名・簡略名・類別名	名　称
植物灰抽出物	イナワラ灰抽出物 ソバ柄灰抽出物
植物ワックス	カルナウバロウ カンデリラロウ コメヌカロウ サトウキビロウ モクロウ
食用赤色2号	食用赤色2号アルミニウムレーキ
食用赤色3号	食用赤色3号アルミニウムレーキ
食用赤色40号	食用赤色40号アルミニウムレーキ
食用黄色4号	食用黄色4号アルミニウムレーキ
食用黄色5号	食用黄色5号アルミニウムレーキ
食用緑色3号	食用緑色3号アルミニウムレーキ
食用青色1号	食用青色1号アルミニウムレーキ
食用青色2号	食用青色2号アルミニウムレーキ
消石灰	水酸化カルシウム
ショ糖エステル	ショ糖脂肪酸エステル
しらこ しらこたん白 しらこ分解物	しらこたん白抽出物
シリカゲル	二酸化ケイ素
シリコーン	シリコーン樹脂
白セラック 白ラック	白シェラック（シェラック）
白陶土	カオリン
ジンジャー抽出物	ショウガ抽出物
真珠層Ca 真珠層カルシウム	真珠層未焼成カルシウム（未焼成カルシウム）
水酸化Ca	水酸化カルシウム
水酸化K	水酸化カリウム
水酸化Mg	水酸化マグネシウム
スイムブルベリー色素	チンブルベリー色素
スクシノグリカン	アグロバクテリウムスクシノグリカン
スクラーゼ	インベルターゼ
ステアリン酸Ca	ステアリン酸カルシウム
ステアリン酸Mg	ステアリン酸マグネシウム

食品添加物の表示名称 527

	別名・簡略名・類別名	名　称
	ステアリル乳酸Ca ステアリル乳酸カルシウム ステアロイル乳酸Ca	ステアロイル乳酸カルシウム
	ステアリル乳酸Na ステアロイル乳酸Na	ステアロイル乳酸ナトリウム
	ステビア ステビア甘味料	α-グルコシルトランスフェラーゼ処理ステビア ステビア抽出物
	ステビアエキス ステビオシド	ステビア抽出物
	ステロール	植物性ステロール 動物性ステロール
	スパイス スパイス抽出物	香辛料抽出物
	スピルリナ青 スピルリナ青色素	スピルリナ色素
	スモークフレーバー	くん液 木酢液 リキッドスモーク
	スレオニン	DL-トレオニン L-トレオニン
	DL-スレオニン	DL-トレオニン
	L-スレオニン	L-トレオニン
セ	精製セラック	精製シェラック（シェラック）
	精油除去フェンネル抽出物	精油除去ウイキョウ抽出物
	赤色2号 赤2	食用赤色2号 食用赤色2号アルミニウムレーキ
	赤色3号 赤3	食用赤色3号 食用赤色3号アルミニウムレーキ
	赤色40号 赤40	食用赤色40号 食用赤色40号アルミニウムレーキ
	赤色102号 赤102	食用赤色102号
	赤色104号 赤104	食用赤色104号
	赤色105号 赤105	食用赤色105号
	赤色106号 赤106	食用赤色106号

食品添加物の表示名称

別名・簡略名・類別名	名　称
石油ナフサ	ナフサ
セラック	シェラック
セラックロウ	シェラックロウ
セリン	L-セリン
セルロース	海藻セルロース サツマイモセルロース トウモロコシセルロース ナタデココ 微結晶セルロース 微小繊維状セルロース 粉末セルロース リンターセルロース
セレシン	オゾケライト
セロビアーゼ	β-グルコシダーゼ
繊維素グリコール酸Ca 繊維素グリコール酸カルシウム	カルボキシメチルセルロースカルシウム
繊維素グリコール酸Na 繊維素グリコール酸ナトリウム	カルボキシメチルセルロースナトリウム
繊維素分解酵素	セルラーゼ

	別名・簡略名・類別名	名　称
ソ	ソーダ灰	炭酸ナトリウム
	ソーマチン	タウマチン
	藻類カロチン 藻類カロテン	デュナリエラカロテン
	ソメモノイモ色素	クーロー色素
	ソルバペケーニヤ	ソルビンハ
	ソルビタンエステル	ソルビタン脂肪酸エステル
	D-ソルビット ソルビトール ソルビット	D-ソルビトール
	ソルビン酸K	ソルビン酸カリウム
	ソルビン酸Ca	ソルビン酸カルシウム

た　行

	別名・簡略名・類別名	名　称
タ	タートラジン	食用黄色4号 食用黄色4号アルミニウムレーキ
	タートラジンアルミニウムレーキ	食用黄色4号アルミニウムレーキ

別名・簡略名・類別名	名　称
ターメリック色素	ウコン色素
第一リン酸カルシウム	リン酸二水素カルシウム
第二リン酸カルシウム	リン酸一水素カルシウム
第三リン酸	リン酸三カリウム
第三リン酸カルシウム	リン酸三カルシウム
第三リン酸ナトリウム	リン酸三ナトリウム
第三リン酸マグネシウム	リン酸三マグネシウム
ダイズヘミセルロース	ダイズ多糖類
タウリン	タウリン（抽出物）
竹乾留物	モウソウチク乾留物
タマリンド タマリンドガム タマリンド種子多糖類	タマリンドシードガム
炭酸ガス 炭酸	二酸化炭素
炭酸K 炭酸カリウム	炭酸カリウム（無水）
炭酸Ca	炭酸カルシウム
炭酸水素Na	炭酸水素ナトリウム
炭酸Na 炭酸ソーダ	炭酸ナトリウム
炭酸Mg	炭酸マグネシウム
炭末 炭末色素	骨炭色素 植物炭末色素
タンニン タンニン酸 タンニン酸（抽出物）	タンニン（抽出物） 柿タンニン 植物タンニン ミモザタンニン
たん白分解酵素	プロテアーゼ

チ	チアミン	ジベンゾイルチアミン ジベンゾイルチアミン塩酸塩 チアミン塩酸塩 チアミン硝酸塩 チアミンセチル硫酸塩 チアミンチオシアン酸塩 チアミンナフタレン-1,5-ジスルホン酸塩 チアミンラウリル硫酸塩 ビスベンチアミン

別名・簡略名・類別名	名　称
チアミンナフタリン-1,5-ジスルホン酸塩	チアミンナフタレン-1,5-ジスルホン酸塩
チェリー色素	ダークスィートチェリー色素 モレロチェリー色素
チオアルコール類	チオール類
チクブル	チクル
チコリ	チコリ色素
抽出カロチン 抽出カロテン	デュナリエラカロテン ニンジンカロテン パーム油カロテン
抽出V.E 抽出トコフェロール 抽出ビタミンE	d-α-トコフェロール d-γ-トコフェロール d-δ-トコフェロール ミックストコフェロール
チョウジ油 チョウジ抽出物	クローブ抽出物
チロシン チロジン	L-チロシン
L-チロジン	L-チロシン
テアニン	L-テアニン
デシルアルデヒド	デカナール
デシルアルコール	デカノール
デソキシコール酸	胆汁末
鉄クロロフィリンNa 鉄葉緑素	鉄クロロフィリンナトリウム
鉄たん白 鉄たん白質	フェリチン
デヒドロ酢酸Na	デヒドロ酢酸ナトリウム
デュナリエラカロチン	デュナリエラカロテン
デンプングリコール酸Na	デンプングリコロール酸ナトリウム
デンプンリン酸Na	オクテニルコハク酸デンプンナトリウム
糖・アミノ酸複合物	単糖・アミノ酸複合物
糖化アミラーゼ	グルコアミラーゼ
糖転移イソクエルシトルリン	酵素処理イソクエルシトルリン
糖転移ステビア	α-グルコシルトランスフェラーゼ処理ステビア
糖転移ナリンジン	酵素処理ナリンジン

別名・簡略名・類別名	名　称
糖転移ビタミンP 糖転移ヘスペリジン	酵素処理ヘスペリジン
糖転移ルチン	酵素処理イソクエルシトルリン 酵素処理ルチン（抽出物）
糖転移ルチン（抽出物）	酵素処理ルチン（抽出物）
銅クロロフィリンNa	銅クロロフィリンナトリウム
トウモロコシたん白	ゼイン
銅葉緑素	銅クロロフィリンナトリウム 銅クロロフィル
トコフェロール	dl-α-トコフェロール d-α-トコフェロール d-γ-トコフェロール d-δ-トコフェロール ミックストコフェロール
α-トコフェロール	d-α-トコフェロール
γ-トコフェロール	d-γ-トコフェロール
δ-トコフェロール	d-δ-トコフェロール
ドナリエラカロチン ドナリエラカロテン	デュナリエラカロテン
トマトリコピン	トマト色素
トラガント	トラガントガム
トランスフェラーゼ	シクロデキストリングルカノトランスフェラーゼ
トリクロロガラクトスクロース	スクラロース
トリプトファン	DL-トリプトファン L-トリプトファン
トレオニン	DL-トレオニン L-トレオニン

な　行

	別名・簡略名・類別名	名　称
ナ	ナイアシン	ニコチン酸 ニコチン酸アミド
	ナイアシンアミド	ニコチン酸アミド
	納豆菌粘質物	納豆菌ガム
	ナトリウムメチラート	ナトリウムメトキシド

別名・簡略名・類別名	名　称
ナリンギナーゼ	ナリンジナーゼ
ナリンギン	ナリンジン
ナリンジン	酵素処理ナリンジン
ニガヨモギ	ニガヨモギ抽出物
ニコチン酸	ニコチン酸アミド
二酸化イオウ	二酸化硫黄
ニスペロ	チクル
日本ロウ	モクロウ
ニューコクシン	食用赤色102号
乳酸K	乳酸カリウム
乳酸Ca	乳酸カルシウム
乳酸菌	乳酸菌濃縮物
乳酸Na	乳酸ナトリウム
乳清ミネラル	ホエイソルト
乳清第三リン酸カルシウム 乳清リン酸Ca 乳清リン酸カルシウム	乳清焼成カルシウム
乳たん白	カゼイン レンネットカゼイン
ニンジンカロチン	ニンジンカロテン
ノナラクトン	γ-ノナラクトン
ノルビキシンK	ノルビキシンカリウム
ノルビキシンNa	ノルビキシンナトリウム
海苔色素	ノリ色素

(左欄外：ニ、ノ)

は　行

別名・簡略名・類別名	名　称
パーム油カロチン	パーム油カロテン
ハイドロサルファイト	次亜硫酸ナトリウム
麦芽エキス	麦芽重出物
麦飯石	花こう斑岩
ハッカ脳	*l*-メントール
dl-ハッカ脳	*dl*-メントール
発酵セルロース	ナタデココ

(左欄外：ハ)

別名・簡略名・類別名	名　称
パプリカ色素	トウガラシ色素
パプリカ水性抽出物	トウガラシ水性抽出物
パラオキシ安息香酸 イソブチルパラベン パラヒドロキシ安息香酸イソブチル	パラオキシ安息香酸イソブチル
パラオキシ安息香酸 イソプロピルパラベン パラヒドロキシ安息香酸イソプロビル	パラオキシ安息香酸イソプロピル
パラオキシ安息香酸 エチルパラベン パラヒドロキシ安息香酸エチル	パラオキシ安息香酸エチル
パラオキシ安息香酸 ブチルパラベン パラオキシ安息香酸ブチル	パラオキシ安息香酸ブチル
パラオキシ安息香酸 プロピルパラベン パラヒドロキシ安息香酸プロピル	パラオキシ安息香酸プロピル
パラフィン	パラフィンワックス 流動パラフィン
パラメトキシベンズ	アニスアルデヒド
バリン	L-バリン
パントテン酸Ca	パントテン酸カルシウム
パントテン酸Na	パントテン酸ナトリウム
ピーカンナッツ色素	ペカンナッツ色素
ビースワックス	ミツロウ
ピーチガム	モモ樹脂
ヒスチジン	L-ヒスチジン L-ヒスチジン塩酸塩
ヒスチジン塩酸塩	L-ヒスチジン塩酸塩
ビタミンA	ビタミンA脂肪酸エステル
ビタミンAエステル	ビタミンA脂肪酸エステル
ビタミンB$_1$	ジベンゾイルチアミン ジベンゾイルチアミン塩酸塩 チアミン塩酸塩 チアミン硝酸塩

ヒ

別名・簡略名・類別名	名　称
（続き）	チアミンセチル硫酸塩 チアミンチオシアン酸塩 チアミンナフタレン-1,5-ジスルホン酸塩 チアミンラウリル硫酸塩 ビスベンチアミン
ビタミンB$_1$塩酸塩	チアミン塩酸塩
ビタミンB$_1$硝酸塩	チアミン硝酸塩
ビタミンB$_1$セチル硫酸塩	チアミンセチル硫酸塩
ビタミンB1ナフタレン-1,5-ジスルホン酸塩	チアミンナフタレン-1,5-ジスルホン酸塩
ビタミンB$_1$ラウリル硫酸塩	チアミンラウリル硫酸塩
ビタミンB$_1$ロダン酸塩	チアミンチオシアン酸塩
ビタミンB$_2$	リボフラビン リボフラビン酪酸エステル リボフラビン5'-リン酸エステルナトリウム
ビタミンB$_2$酪酸エステル	リボフラビン酪酸エステル
ビタミンB$_2$リン酸エステルナトリウム	リボフラビン5'-リン酸エステルナトリウム
ビタミンB$_6$	ピリドキシン塩酸塩
ビタミンB$_{12}$	シアノコバラミン
ビタミンC	L-アスコルビン酸ナトリウム L-アスコルビン酸 L-アスコルビン酸カルシウム L-アスコルビン酸2-グルコシド L-アスコルビン酸ステアリン酸エステル L-アスコルビン酸パルミチン酸エステル
ビタミンCオキシダーゼ	アスコルビン酸オキシダーゼ
ビタミンCステアレート	L-アスコルビン酸ステアリン酸エステル
ビタミンCパルミテート	L-アスコルビン酸パルミチン酸エステル
ビタミンD	エルゴカルシフェロール コレカルシフェロール
ビタミンD$_2$	エルゴカルシフェロール
ビタミンD$_3$	コレカルシフェロール
ビタミンE	dl-α-トコフェロール d-α-トコフェロール d-γ-トコフェロール d-δ-トコフェロール ミックストコフェロール

食品添加物の表示名称　535

別名・簡略名・類別名	名　称
α-ビタミンE	d-α-トコフェロール
γ-ビタミンE	d-γ-トコフェロール
δ-ビタミンE	d-δ-トコフェロール
ビタミンK ビタミンK2 ビタミンK2（抽出物）	メナキノン（抽出物）
ビタミンP	ヘスペリジン メチルヘスペリジン
ヒドロキシプロリン	L-ヒドロキシプロリン
ヒノキチオール ヒノキチオール（抽出物）	ツヤプリシン（抽出物）
ビフェニル	ジフェニル
ピペロニルブトキサイド	ピペロニルブトキシド
ピマリシン	ナタマイシン
ヒマワリエキス ヒマワリ種子 ヒマワリ種子エキス ヒマワリ抽出物	ヒマワリ種子抽出物
ピリドキシン	ピリドキシン塩酸塩
微粒二酸化ケイ素（微粒品のみ） 微粒酸化ケイ素（微粒品のみ） 微粒シリカゲル（微粒品のみ）	二酸化ケイ素
ピロリン酸カリウム ピロリン酸K	ピロリン酸四カリウム
ピロリン酸カルシウム ピロリン酸Ca	ピロリン酸二水素カルシウム
ピロリン酸ナトリウム ピロリン酸Na	ピロリン酸二水素二ナトリウム ピロリン酸四ナトリウム
ピロリン酸鉄	ピロリン酸第二鉄
ビルベリー色素	ホワートルベリー色素
フ　ファイシン	フィシン
ファストグリーンFCF	食用緑色3号 食用緑色3号アルミニウムレーキ
ファストグリーンFCFアルミニウムレーキ	食用緑色3号アルミニウムレーキ
フィチン	フィチン（抽出物）
フィトステロール	植物性ステロール

別名・簡略名・類別名	名　称
フェニルアラニン	L-フェニルアラニン
L-フェニルアラニンメチルエステル	アスパルテーム
フェノラーゼ	ポリフェノールオキシダーゼ
フェロシアン化Ca	フェロシアン化カルシウム
フェロシアン化K	フェロシアン化カリウム
フェロシアン化Na	フェロシアン化ナトリウム
フクロノリ多糖類 フクロフノリ多糖類 フクロフノリ抽出物	フクロノリ抽出物
ブチルゴム	ポリイソブチレン
ブドウ色素	ブドウ果皮色素 ブドウ果汁色素
ブドウ糖多糖	カードラン デキストラン
フマル酸Na フマル酸ナトリウム	フマル酸一ナトリウム
不溶性鉱物性物質	カオリン 花こう斑岩 活性白土 クリストバル石 グリーンタフ ケイソウ土 酸性白土 ゼオライト タルク パーライト ひる石 ベントナイト
フラクタン	レバン*
ブラジルカンゾウ	ブラジルカンゾウ抽出物
ブラジルワックス	カルナウバロウ
フラボノイド	カカオ色素 カキ色素 カロブ色素 クーロー色素 コウリャン色素 シアナット色素 シタン色素 タマネギ色素

食品添加物の表示名称　　　537

別名・簡略名・類別名	名　称
（続き）	タマリンド色素 ペカンナッツ色素 ベニバナ赤色素ベニバナ黄色素 ルチン
フラボノイド色素	カカオ色素 カキ色素 カロブ色素 クーロー色素 コウリャン色素 シアナット色素 シタン色素 タマネギ色素 タマリンド色素 ペカンナッツ色素 ベニバナ赤色素 ベニバナ黄色素
ブリリアントブルー FCF	食用青色1号 食用青色1号アルミニウムレーキ
ブリリアントブルー FCFアルミニウムレーキ	食用青色1号アルミニウムレーキ
プロアントシアニジン	ブドウ種子抽出物
フロキシン	食用赤色104号
プロタミン	しらこたん白抽出物
プロピオン酸Ca	プロピオン酸カルシウム
プロピオン酸Na	プロピオン酸ナトリウム
プロピレングリコールエステル	プロピレングリコール脂肪酸エステル
ブロメリン	ブロメライン
プロリン	L-プロリン
分解ペクチン	ペクチン分解物
分岐サイクロデキストリン 分岐シクロデキストリン	シクロデキストリン
ベースワックス	ミツロウ
ヘキサシアノ鉄（II）酸カリウム	フェロシアン化カリウム
ヘキサシアノ鉄（II）酸カルシウム	フェロシアン化カルシウム
ヘキサシアノ鉄（II）酸ナトリウム	フェロシアン化ナトリウム
ヘスペリジン	メチルヘスペリジン 酵素処理ヘスペリジン

別名・簡略名・類別名	名　称
紅花赤	ベニバナ赤色素
紅花黄	ベニバナ黄色素
紅花色素	ベニバナ赤色素 ベニバナ黄色素
紅麹	ベニコウジ色素 ベニコウジ黄色素
紅麹色素	ベニコウジ黄色素
ヘミセルラーゼ	グルカナーゼ
ベリー色素	ウグイスカグラ色素 エルダーベリー色素 グーズベリー色素 サーモンベリー色素 ストロベリー色素 チンブルベリー色素 デュベリー色素 ハクルベリー色素 ブラックカーラント色素 ブラックベリー色素 ブルーベリー色素 ボイセンベリー色素 ホワートルベリー色素 マルベリー色素 ラズベリー色素 レッドカーラント色素 ローガンベリー色素
ベリージョペンダーレレッチェカスピ	ソルバ
ペリアンドリン	ブラジルカンゾウ抽出物
ペルオキシダーゼ	パーオキシダーゼ
ヘリオトロビン	ピペロナール
l-ペリラアルデヒド	l-ペリルアルデヒド
ベンガラ	三二酸化鉄
ベンゾイルチアミンジスルフィド	ビスベンチアミン
ペンタナール	バレルアルデヒド
ペントサナーゼ	ヘミセルラーゼ

	別名・簡略名・類別名	名　称
ホ	ホエイミネラル	ホエイソルト
	ホエイ第三リン酸カルシウム ホエイリン酸Ca ホエイリン酸カルシウム ホエイリン酸三カルシウム	乳清焼成カルシウム（焼成カルシウム）

別名・簡略名・類別名	名　称
ホースラディッシュ抽出物	セイヨウワサビ抽出物
ホスファチダーゼ	ホスホリパーゼ
ホスホヒドロラーゼ	フィターゼ
ホスホモノエステラーゼ	酸性ホスファターゼ
没食子酸	没食子酸プロピル
ホップ	イソアルファー苦味酸 ホップ抽出物
ホップエキス	ホップ抽出物
骨Ca 骨カルシウム	骨焼成カルシウム 骨未焼成カルシウム
ポビドン PVP	ポリビニルピロリドン
ホホバワックス	ホホバロウ
ポリアクリル酸Na	ポリアクリル酸ナトリウム
ポリグルタミン	納豆菌ガム
ポリジメチルシロキサン	シリコーン樹脂
ポリブチレン	ポリブテン
ポリリジン ε-ポリリジン	ε-ポリリシン
ポリリン酸K	ポリリン酸カリウム
ポリリン酸Na	ポリリン酸ナトリウム
ボンチアナック	ジェルトン

ま・や行

	別名・簡略名・類別名	名　称
マ	マクロホモプシス多糖類	マクロホモプシスガム
	マスタード抽出物	カラシ抽出物
	抹茶	茶
	マリーゴールド	マリーゴールド色素
	マルターゼ	α-グルコシダーゼ
	D-マンニット マンニトール マンニット	D-マンニトール
	マンネンタケ抽出物	レイシ抽出物
	マンネンロウ抽出物	ローズマリー抽出物

	別名・簡略名・類別名	名　称
ミ	未焼成Ca	未焼成カルシウム
	ミクロクリスタリンワックス	マイクロクリスタリンワックス
	ミックスV.E ミックスビタミンE	ミックストコフェロール
	ミネラルオイルホワイト	流動パラフィン
	ミル	ミルラ
ム	ムコ多糖	ヒアルロン酸
	無水亜硫酸	二酸化硫黄
	ムタステイン	アスペルギルステレウス糖たん白質
	ムラサキコーン色素	ムラサキトウモロコシ色素
	ムラサキヤマイモ	ムラサキヤマイモ色素
メ	メタ重亜硫酸カリウム	ピロ亜硫酸カリウム
	メタ重亜硫酸ナトリウム	ピロ亜硫酸ナトリウム
	メタリン酸K	メタリン酸カリウム
	メタリン酸Na	メタリン酸ナトリウム
	メチオニン	DL-メチオニン L-メチオニン
	N-メチルアンスラニル酸メチル	N-メチルアントラニル酸メチル
	メチレンコハク酸	イタコン酸
	メナキノン	メナキノン（抽出物）
	メリビアーゼ	α-ガラクトシダーゼ
	メントール	dl-メントール l-メントール
モ	モナスカス モナスカス色素	ベニコウジ黄色素 ベニコウジ色素
	モナスカス黄色素	ベニコウジ黄色素
	モルトエキス	麦芽抽出物
	モルホリン	モルホリン脂肪酸塩
ヤ	焼アンモニウムミョウバン	硫酸アルミニウムアンモニウム
	焼ミョウバン	硫酸アルミニウムカリウム
	野菜色素	アカキャベツ色素 アカダイコン色素 シソ色素 タマネギ色素 トマト色素 ビートレッド

食品添加物の表示名称

	別名・簡略名・類別名	名　称
	（続き）	ムラサキイモ色素 ムラサキヤマイモ色素 チコリ色素
ユ	ユーカリプトール	1,8-シネオール
	ユーケマ	加工ユーケマ藻類 ユーケマ藻末
	油性カンゾウ	カンゾウ油性抽出物
	ユッカ・フォーム ユッカフォーム ユッカ抽出物	ユッカフォーム抽出物
ヨ	溶性サッカリン	サッカリンナトリウム
	溶性ビタミンP	メチルヘスペリジン
	羊毛ロウ	ラノリン
	葉緑素	クロロフィリン クロロフィル
	ヨノン	イオノン

ら・わ行

	別名・簡略名・類別名	名　称
ラ	ライスワックス	コメヌカロウ
	ラカンカ ラカンカエキス	ラカンカ抽出物
	ラクターゼ	β-ガラクトシダーゼ
	ラクトフェリン	ラクトフェリン濃縮物
	ラッカイン酸 ラック	ラック色素
	ラムザン ラムザン多糖類	ラムザンガム
	ラムノース	L-ラムノース
	卵殻Ca 卵殻カルシウム	卵殻焼成カルシウム（焼成カルシウム） 卵殻未焼成カルシウム（未焼成カルシウム）
	卵白リゾチーム	リゾチーム
リ	リアーゼ	α-アセトラクタートデカルボキシラーゼ
	リコリス リコリス抽出物	カンゾウ抽出物

別名・簡略名・類別名	名　称
リシン リジン	L-リシン L-リシンL-アスパラギン酸塩 L-リシン塩酸塩 L-リシンL-グルタミン酸塩
L-リジン	L-リシン
リシンアスパラギン酸塩 リジンアスパラギン酸塩 L-リジンL-アスパラギン酸塩	L-リシンL-アスパラギン酸塩
L-リジン塩酸塩 リシン塩酸塩 リジン塩酸塩	L-リシン塩酸塩
L-リジンL-グルタミン酸塩 リシングルタミン酸塩 リジングルタミン酸塩	L-リシンL-グルタミン酸塩
リボース	D-リボース
リポキシダーゼ	リポキシゲナーゼ
リボフラビン	リボフラビン酪酸エステル リボフラビン5'-リン酸エステルナトリウム
リボフラビンリン酸エステル ナトリウム	リボフラビン5'-リン酸エステルナトリウム
5'-リボヌクレオタイドカルシウム リボヌクレオタイドCa リボヌクレオタイドカルシウム リボヌクレオチドCa リボヌクレオチドカルシウム	5'-リボヌクレオチドカルシウム
5'-リボヌクレオタイドナトリウム 5'-リボヌクレオチドナトリウム リボヌクレオタイドNa リボヌクレオタイドナトリウム リボヌクレオチドNa リボヌクレオチドナトリウム	5'-リボヌクレオチド二ナトリウム
リナロール	リナロオール
硫酸K	硫酸カリウム
硫酸Ca	硫酸カルシウム
硫酸鉄	硫酸第一鉄
硫酸Na	硫酸ナトリウム
硫酸Mg	硫酸マグネシウム
緑色3号 緑3	食用緑色3号 食用緑色3号アルミニウムレーキ

別名・簡略名・類別名	名　称
緑茶抽出物	チャ抽出物
リンゴエキス リンゴ抽出物	酵素処理リンゴ抽出物
リンゴ酸 dl-リンゴ酸	DL-リンゴ酸
リンゴ酸Na リンゴ酸ナトリウム dl-リンゴ酸ナトリウム	DL-リンゴ酸ナトリウム
リン酸アンモニウム	リン酸水素二アンモニウム リン酸二水素アンモニウム
リン酸一アンモニウム	リン酸二水素アンモニウム
リン酸二アンモニウム	リン酸水素二アンモニウム
リン酸K リン酸カリウム	リン酸水素二カリウム リン酸二水素カリウム リン酸三カリウム
リン酸一カリウム	リン酸二水素カリウム
リン酸二カリウム	リン酸水素二カリウム
リン酸Ca リン酸カルシウム	リン酸一水素カルシウム リン酸二水素カルシウム リン酸三カルシウム
リン酸Na リン酸ナトリウム	リン酸水素二ナトリウム リン酸二水素ナトリウム リン酸三ナトリウム
リン酸一ナトリウム	リン酸二水素ナトリウム
リン酸二ナトリウム	リン酸水素二ナトリウム
リン酸Mg リン酸マグネシウム	リン酸三マグネシウム

	別名・簡略名・類別名	名　称
ル	ルチン	ルチン（抽出物）
	ルチン分解物	クエルセチン
レ	レイシ	レイシ抽出物
	レシチナーゼ	ホスホリパーゼ
	レシチン	ヒマワリレシチン 酵素処理レシチン 酵素分解レシチン 植物レシチン 分別レシチン 卵黄レシチン
	レシチン分別物	分別レシチン

	別名・簡略名・類別名	名　称
	レチノール	ビタミンA
	レチノール脂肪酸エステル レチノールエステル	ビタミンA脂肪酸エステル
	レバウジオシド	ステビア抽出物
	レンニン	レンネット
ロ	ローカスト ローカストビーンガム	カロブビーンガム
	ローズベンガル	食用赤色105号
	ローゼル	ハイビスカス抽出物
	ロジディンハ	ロシディンハ
	ロジン	ロシン
ワ	ワニリン	バニリン
	ワラ灰抽出物	イナワラ灰抽出物

索　引

索　　引

＜ＡＢＣ編＞

※外国語の略語とアルファベットで始まる用語
ＡＤＩ ······················· 405
ＣＡＳ ······················· 405
ＣＦＲ ······················· 405
ＥＤＴＡカルシウム二ナトリウム ······· 53
ＥＤＴＡ二ナトリウム ············· 53
Ｅ番号（E Number）············ 406
ＦＡＯ ······················· 406
ＦＡＳＥＢ ··················· 407
ＦＣＣ ······················· 407
ＦＤＡ ······················· 407
ＦＥＭＡ ···················· 407
ＦＥＭＡ　ＧＲＡＳ ·········· 407
ＧＲＡＳ物質 ················· 408
ＧＳＦＡ ···················· 408
ＨＡＣＣＰ ·················· 408
HEDP······················· 282
ＩＮＳ番号 ·················· 408
ＪＡＳ法 ···················· 409
ＪＥＣＦＡ ·················· 409
ＭＴＤＩ ···················· 409
ＮＯＡＥＬ ·················· 410
pH調整剤（水素イオン濃度調整剤）
···························· 410
ＰＴＷＩ ···················· 410
ＴＤＩ ······················· 411
ＷＨＯ ······················ 411

＜ア行＞

アウレオバシジウム培養液 ············· 1
亜鉛塩類 ······························ 1
亜鉛塩類（硫酸亜鉛）··············· 381
亜鉛塩類（グルコン酸亜鉛）········· 117
亜塩素酸水 ···························· 1
亜塩素酸ナトリウム ··················· 2

亜塩素酸ナトリウム液 ················· 2
アカキャベツ色素 ····················· 3
アカゴメ色素 ························· 3
アカシアガム ························· 25
アカダイコン色素 ····················· 3
アカネ色素の消除 ··················· 423
アカビート色素 ····················· 281
アガラーゼ ··························· 4
アクチニジン ························· 4
アグロバクテリウムスクシノグリカン
···························· 4
亜酸化窒素 ··························· 5
アシッドレッド ····················· 186
アジピン酸 ··························· 5
亜硝酸ナトリウム ····················· 5
アシラーゼ ··························· 6
アズキ色素 ··························· 6
アズキ全草抽出物 ····················· 7
Ｌ－アスコルビン酸 ··················· 7
Ｌ－アスコルビン酸カルシウム ········· 8
Ｌ－アスコルビン酸2－グルコシド ····· 9
Ｌ－アスコルビン酸ステアリン酸
エステル ························· 9
Ｌ－アスコルビン酸ナトリウム ········ 10
Ｌ－アスコルビン酸パルミチン酸
エステル ························ 10
アスコルビン酸オキシダーゼ··········· 8
アスコルベートオキシダーゼ··········· 8
Ｌ－アスパラギン ···················· 11
Ｌ－アスパラギン酸 ·················· 11
Ｌ－アスパラギン酸ナトリウム ········ 12
アスパラギナーゼ ···················· 11
Ｌ－α－アスパルチル－Ｌ－フェニル
アラニンメチルエステル ············ 12
アスパルテーム ····················· 12
アスペルギルステレウス糖たん白 ··· 13
アセスルファムＫ ···················· 13
アセスルファムカリウム ·············· 13

アセチル化アジピン酸架橋デンプン
　　………………………………… 14
アセチル化酸化デンプン ………… 14
アセチル化リン酸架橋デンプン …… 15
アセトアルデヒド ………………… 15
アセト酢酸エチル ………………… 16
アセトフェノン …………………… 16
α－アセトラクタートデカルボ
　　キシラーゼ …………………… 16
アセトン …………………………… 17
亜セレン酸ナトリウム …………… 17
アゾキシストロビン ……………… 18
5'－アデニル酸…………………… 18
アデノシン5'－一リン酸 ………… 18
アドバンテーム …………………… 18
アナトー色素 ……………………… 19
アニスアルデヒド ………………… 19
β－アポ－8'－カロテナール …… 20
アマシードガム …………………… 20
アマチャエキス …………………… 21
アマチャ抽出物 …………………… 21
アマランス ……………………… 182
アマランスアルミニウムレーキ…… 183
(3－アミノ－3－カルボキシプロピル)
　　ジメチルスルホニウム塩化物 …… 21
アミノ酸 ………………………… 411
アミノペプチダーゼ ……………… 21
α－アミラーゼ …………………… 22
β－アミラーゼ …………………… 22
アミルアルコール ………………… 23
α－アミルシンナミックアルデヒド
　　………………………………… 23
α－アミルシンナムアルデヒド …… 23
DL－アラニン …………………… 23
L－アラニン ……………………… 24
L－アラニン液 …………………… 24
アラビアガム ……………………… 25
アラビノガラクタン ……………… 25
L－アラビノース ………………… 26
亜硫酸水素カリウム …………… 288
亜硫酸水素カリウム液 …………… 26
亜硫酸水素ナトリウム ………… 289

亜硫酸水素ナトリウム液 ………… 27
亜硫酸ソーダ ……………………… 27
亜硫酸ナトリウム ………………… 27
アルカリ ………………………… 414
L－アルギニン …………………… 28
L－アルギニンL－グルタミン酸塩… 28
アルギン酸 ………………………… 28
アルギン酸アンモニウム ………… 29
アルギン酸カリウム ……………… 30
アルギン酸カルシウム …………… 30
アルギン酸ナトリウム …………… 31
アルギン酸プロピレングリコール
　　エステル ……………………… 31
アルギン酸リアーゼ ……………… 32
アルゴン …………………………… 32
アルテミシアシードガム ……… 153
アルミニウム ……………………… 32
アルミ末 …………………………… 32
アルラレッドAC………………… 184
アルラレッドACアルミニウムレーキ
　　……………………………… 184
アンスラニル酸メチル …………… 34
安息香酸 …………………………… 33
安息香酸ナトリウム ……………… 33
安定剤 …………………………… 414
アントシアナーゼ ………………… 34
アントシアニン色素 …………… 414
アントラニル酸メチル …………… 34
アンモニア ………………………… 34
アンモニウムイソバレレート …… 35
アンモニウムミョウバン ……… 382
イオノン …………………………… 35
イオン交換樹脂 …………………… 35
イカスミ色素 ……………………… 36
イースト ………………………… 415
イーストフード ………………… 415
イソアスコルビン酸 ……………… 54
イソアスコルビン酸ナトリウム …… 55
イソアミラーゼ …………………… 36
イソアミルアルコール …………… 36
イソアルファー苦味酸 …………… 37
イソオイゲノール ………………… 37

イソ吉草酸イソアミル	38	ウンデカラクトン	48
イソ吉草酸エチル	38	栄養機能食品	416, 460
イソキノリン	38	液化アミラーゼ	22
イソチオシアネート類	38	エキス類	416
イソチオシアン酸アリル	39	エキソマルトテトラオヒドロラーゼ	
イソバレルアルデヒド	39		48
イソブタナール	40	液糖	417
イソブタノール	39	エステラーゼ	49
イソブチルアミン	40	エステルガム	49
イソブチルアルデヒド	40	エステル類	49
イソプロパノール	40	枝切り酵素	36
イソプロピルアミン	41	エタノール	50
イソペンチルアミン	41	エチドロン酸	282
イソマルトデキストラナーゼ	41	エチルアルコール	50
L－イソロイシン	41	2－エチル－3,5－ジメチルピラジン	
イタコン酸	42	及び2－エチル－3,6－ジメチル	
一括名	416	ピラジンの混合物	50
一般飲食物添加物	416	エチルバニリン	51
イナワラ灰抽出物	42	2－エチルピラジン	51
イヌラーゼ	43	3－エチルピリジン	51
イヌリナーゼ	43	2－エチル－3－メチルピラジン	52
イノシット	43	2－エチル－5－メチルピラジン	52
イノシトール	43	2－エチル－6－メチルピラジン	52
5'－イノシン酸ナトリウム	43	5－エチル－2－メチルピリジン	53
5'－イノシン酸二ナトリウム	43	エチルワニリン	51
イマザリル	44	エチレンジアミン四酢酸カルシウム	
インジゴカルミン	181	二ナトリウム	53
インジゴカルミンアルミニウムレーキ		エチレンジアミン四酢酸二ナトリウム	
	182		53
インドール及びその誘導体	44	エーテル類	54
インベルターゼ	45	エナント酸エチル	326
ウーロンチャ抽出物	228	エノシアニン	303
ウェランガム	45	エリスロシン	183
ウェラン多糖類	45	エリスロシンアルミニウムレーキ	184
ウコン	46	エリソルビン酸	54
ウコン色素	46	エリソルビン酸ナトリウム	55
うに殻焼成カルシウム	46	エルゴカルシフェロール	55
5'－ウリジル酸ナトリウム	47	エルダベリー色素	56
5'－ウリジル酸二ナトリウム	47	エレミ樹脂	57
ウルシロウ	47	塩	417
ウレアーゼ	48	塩化アンモニウム	57
γ－ウンデカラクトン	48	塩化カリウム	57

塩化カルシウム	58	柿タンニン	71
塩化第二鉄	58	柿抽出物	71
塩化マグネシウム	59	核酸とヌクレオチド	418
塩化マグネシウム含有物	206	加工助剤	419
塩酸	59	加工デンプン	419
エンジュ抽出物	60	花こう斑岩	71
塩水湖水低塩化ナトリウム液	60	加工ユーケマ藻類	72
オイゲノール	60	過酢酸	72
オウロウ	349	過酢酸製剤	72
L－オキシプロリン	284	カーサマス赤色素	324
オクタナール	61	カーサマス黄色素	325
オクタン酸	61	過酸化水素	73
オクタン酸エチル	61	過酸化ベンゾイル	73
オクチルアルデヒド	61	カシアガム	73
オクテニルコハク酸デンプン		果実色素	420
ナトリウム	62	果汁	74
オクラ抽出物	62	カセイカリ	192
オゾケライト	63	カセイカリ液	193
オゾン	63	カセイソーダ	194
オリーブ茶	64	カセイソーダ液	194
オリゴガラクチュロン酸	63	カゼイン	74
オリゴ糖	418	カゼインナトリウム	75
γ－オリザノール	64	カタラーゼ	75
オルトフェニルフェノール	65	カッシアエキス	173
オルトフェニルフェノールナトリウム		カッシャガム	73
	65	活性炭	76
オレイン酸ナトリウム	66	活性白土	76
オレガノ抽出物	66	褐藻抽出物	76
オレンジ色素	66	褐藻粘質物	76
		ガティガム	77
＜カ行＞		カテキン	77, 227
		カードラン	78
貝殻焼成カルシウム	68	カプーレ	325
貝殻未焼成カルシウム	68	カフェイン（抽出物）	78
海藻セルロース	69	カプシカム色素	238
海藻灰抽出物	69	カプシカム色素水性抽出物	239
カウチョック	140	カプリルアルデヒド	61
カウベリー色素	69	カプリル酸	61
カオリン	70	カプリル酸エチル	61
カカオ色素	70	カプリン酸エチル	233
カキ色素	70	カプロン酸	319
柿渋	71	カプロン酸アリル	319

カプロン酸エチル	319	寒天	90
ガムベース	420	簡略名	421
カラギーナン	79	カーンワックス	153
カラギナン	72, 79, 201, 365	規格基準	422
α－ガラクトシダーゼ	79	期限表示	422
β－ガラクトシダーゼ	80	ギ酸イソアミル	90
カラゲーナン	79	ギ酸ゲラニル	90
カラゲナン	79	ギ酸シトロネリル	91
カラゲニン	79	キサンタンガム	91
カラシ抽出物	80	キサンタン多糖類	91
カラメル	81, 82	希釈過酸化ベンゾイル	92
カラメルⅠ	81	キシラナーゼ	92
カラメルⅡ	81	キシリット	92
カラメルⅢ	82	キシリトール	92
カラメルⅣ	82	D－キシロース	93
カラヤガム	82	既存添加物	422
カリミョウバン	382	既存添加物リスト	424
過硫酸アンモニウム	83	既存添加物名簿消除品目	423
カルシフェロール	55	既存添加物名簿消除品目リスト	423
カルナウバロウ	83	キチナーゼ	93
カルナウバワックス	83	キチン	93
カルボキシペプチダーゼ	83	キトサナーゼ	94
カルボキシメチルセルロース		キトサン	94
カルシウム	84	キナ抽出物	95
カルボキシメチルセルロース		機能性表示食品	425
ナトリウム	84	キハダ抽出物	95
カルミン酸色素	136	揮発ガイシ油	39
カロテノイド色素	420	キビ色素	136
β－カロチン	85	キモシン	399
β－カロテン	85	キャリーオーバー	425
カロブ色素	85	キャロットカロチン	263
カロブジャーム	85	キャロットカロテン	263
カロブビーンガム	86	キャンデリラロウ	89
カワラヨモギ抽出物	87	キャンデリラワックス	89
かんすい	87, 421	急性毒性試験	425
カンゾウエキス	87	強化剤	426
カンゾウ抽出物	87	魚鱗箔	95
カンゾウ末	88	キラヤサポニン	96
カンゾウ油性抽出物	88	キラヤ抽出物	96
カンタキサンチン	89	金	96
カンデリラロウ	89	銀	97
カンデリラワックス	89	金箔	96

銀箔 ······························ 97
グァーガム ························ 97
グァーガム酵素分解物 ··········· 98
グァーフラワー ··················· 97
グァーフラワー酵素分解物 ······· 98
5'-グアニル酸ナトリウム ········· 98
5'-グアニル酸二ナトリウム ······· 98
グアヤク脂 ························ 98
グアヤク樹脂 ····················· 99
グァルガム ························ 97
グァルガム酵素分解物 ··········· 98
クエルセチン ····················· 99
クエン酸 ·························· 99
クエン酸イソプロピル ··········· 100
クエン酸三エチル ··············· 100
クエン酸カリウム ··············· 101
クエン酸一カリウム ············· 101
クエン酸三カリウム ············· 101
クエン酸カルシウム ············· 102
クエン酸第一鉄ナトリウム ······· 102
クエン酸鉄 ······················ 103
クエン酸鉄アンモニウム ········· 103
クエン酸鉄ナトリウム ··········· 102
クエン酸三ナトリウム ··········· 103
クエン酸ナトリウム ············· 103
グースベリー色素 ··············· 104
クチナシ青色素 ················· 105
クチナシ赤色素 ················· 105
クチナシ黄色素 ················· 105
グッタハンカン ················· 106
グッタペルカ ··················· 106
クラウンガム ··················· 226
クランベリー色素 ··············· 107
グリシン ························ 107
クリストバル石 ················· 107
グリセリン ······················ 108
グリセリンクエン酸脂肪酸エステル 109
グリセリンコハク酸脂肪酸エステル 109
グリセリン酢酸エステル ········· 109
グリセリン酢酸脂肪酸エステル ··· 109
グリセリンジアセチル酒石酸脂肪酸
　エステル ····················· 110

グリセリン脂肪酸エステル
　··············· 108, 109, 110, 111, 336
グリセリン乳酸脂肪酸エステル ··· 112
グリセロール ··················· 108
グリセロリン酸カルシウム ······· 112
グリチルリチン ················· 87
グリチルリチン酸二ナトリウム ··· 112
グルカナーゼ ··················· 113
4-α-グルカノトランスフェラーゼ
　···························· 114
6-α-グルカノトランスフェラーゼ
　···························· 114
クルクミン ······················ 46
グルコアミラーゼ ··············· 113
グルコサミン ··················· 113
α-グルコシダーゼ ··············· 114
β-グルコシダーゼ ··············· 114
α-グルコシルトランスフェラーゼ
　···························· 114
α-グルコシルトランスフェラーゼ
　処理ステビア ················· 115
α-グルコシルトランスフェラーゼ
　処理ステビオール配糖体 ········ 115
グルコースイソメラーゼ ········· 115
グルコースオキシダーゼ ········· 116
グルコノデルタラクトン ········· 116
グルコノラクトン ··············· 116
グルコマンナン ················· 144
グルコン酸 ······················ 117
グルコン酸亜鉛 ················· 117
グルコン酸液 ··················· 117
グルコン酸カリウム ············· 118
グルコン酸カルシウム ··········· 118
グルコン酸第一鉄 ··············· 118
グルコン酸鉄 ··················· 118
グルコン酸銅 ··················· 119
グルコン酸ナトリウム ··········· 119
グルタミナーゼ ················· 120
グルタミルバリルグリシン ······· 120
L-グルタミン ··················· 121
L-グルタミン酸 ················· 121
L-グルタミン酸アンモニウム ······ 122

L－グルタミン酸カリウム	122	酵素処理ヘスペリジン	133
L－グルタミン酸カルシウム	122	酵素処理ルチン（抽出物）	133
グルタミン酸ソーダ	123	酵素処理レシチン	133
L－グルタミン酸ナトリウム	123	酵素分解カンゾウ	134
L－グルタミン酸マグネシウム	123	酵素分解リンゴ抽出物	134
グルテン	124	酵素分解レシチン	134
グルテン分解物	124	光沢剤	428
グレープフルーツ種子抽出物	124	高度サラシ粉	135
クーロー色素	124	酵母細胞壁	135
クローブ抽出物	125	酵母細胞膜	135
クロレラ抽出液	125	コウリャン色素	136
クロレラ末	125	香料	428
クロロフイリン	126	国際食品添加物規格	429
クロロフィル	126	国際的安全性評価	430
くん液	127, 362, 374	国際汎用添加物	430
ケイ酸カルシウム	127	ココア	136
ケイ酸マグネシウム	128	ココア色素	70
ケイソウ土	128	ココアパウダー	136
ケイ皮アルコール	192	コチニール色素	136
ケイ皮アルデヒド	192	骨カルシウム	137
ケイ皮酸	128	骨焼成カルシウム	137
ケイ皮酸エチル	129	骨未焼成カルシウム	138
ケイ皮酸メチル	129	骨炭	137
ケーンワックス	153	骨炭色素	138
結晶セルロース	278	コハク酸	138
ケトン類	129	コハク酸一ナトリウム	139
ゲラニオール	129	コハク酸二ナトリウム	139
ゲル化剤	426	ゴマ油不けん化物	139
ケルセチン	99	ゴマ柄灰抽出物	140
ゲンチアナ抽出物	130	ゴム	140
ゲンチオビアーゼ	114	小麦粉	140
光学異性体（D－体とL－体）	426	コムギ抽出物	141
高級脂肪酸	130	ゴム分解樹脂	141
香辛料	427	コメヌカ油抽出物	141
香辛料抽出物	131	コメヌカ油不けん化物	141
合成添加物	427	コメヌカ酵素分解物	141
合成膨張剤	131	コメヌカスフィンゴ脂質	142
酵素	428	コメヌカロウ	142
酵素処理イソクエルシトリン	132	コメヌカワックス	142
酵素処理ステビア	115	コラーゲン	143
酵素処理ステビオール配糖体	115	糊料	431
酵素処理ナリンジン	132	コール酸	220

コレカルシフェロール……………… 143
コレステロール…………………… 240
コーンセルロース………………… 240
コンドロイチン硫酸ナトリウム…… 144
コンニャクイモ抽出物…………… 144
昆布類粘質物……………………… 28

<サ行>

サーモンベリー色素……………… 154
催奇形性試験……………………… 431
サイクロデキストリン…………… 164
サイリウムシードガム…………… 145
サイリウムハスク………………… 145
酢酸………………………………… 145
酢酸イソアミル…………………… 145
酢酸エチル………………………… 146
酢酸カルシウム…………………… 146
酢酸ゲラニル……………………… 146
酢酸シクロヘキシル……………… 147
酢酸シトロネリル………………… 147
酢酸シンナミル…………………… 147
酢酸テルピニル…………………… 148
酢酸デンプン……………………… 148
酢酸ナトリウム…………………… 148
酢酸ビニル樹脂…………………… 149
酢酸フェニルエチル……………… 149
酢酸フェネチル…………………… 149
酢酸ブチル………………………… 150
酢酸ベンジル……………………… 150
酢酸 l ーメンチル………………… 150
 l ー酢酸メンチル………………… 150
酢酸リナリル……………………… 151
サッカラーゼ……………………… 45
サッカリン………………………… 151
サッカリンカルシウム…………… 151
サッカリンナトリウム…………… 152
サツマイモセルロース…………… 152
サトウキビロウ…………………… 153
サバクヨモギシードガム………… 153
サバクヨモギ種子多糖類………… 153
サフラン…………………………… 153

サフラン色素……………………… 154
サリチル酸メチル………………… 154
酸化カルシウム…………………… 155
酸カゼイン………………………… 74
酸化デンプン……………………… 155
酸化防止剤………………………… 433
酸化マグネシウム………………… 155
三酸化二鉄………………………… 158
サンゴ未焼成カルシウム………… 156
ザンサンガム……………………… 91
酸性亜硫酸カリウム液…………… 26
酸性亜硫酸ソーダ………………… 289
酸性亜硫酸ナトリウム液………… 27
酸性白土…………………………… 157
酸性ピロリン酸カルシウム……… 290
酸性ピロリン酸ナトリウム……… 291
酸性ホスファターゼ……………… 157
酸性リン酸アルミニウムナトリウム
……………………………………… 156
サンセットイエロー FCF………… 187
サンセットイエロー FCFアルミニウム
　レーキ…………………………… 188
酸素………………………………… 157
サンダルウッド色素……………… 167
酸とアルカリ（塩基）…………… 433
三二酸化鉄………………………… 158
酸味料……………………………… 434
次亜塩素酸水……………………… 158
次亜塩素酸ソーダ………………… 159
次亜塩素酸ナトリウム…………… 159
次亜臭素酸水……………………… 159
シアナット色素…………………… 159
シアノコバラミン………………… 160
次亜硫酸ナトリウム……………… 160
2,3ージエチルピラジン………… 161
2,3ージエチルー5ーメチルピラジン
……………………………………… 161
シェラック ………………… 161, 191, 201
シェラックロウ…………………… 162
ジェランガム……………………… 163
ジェラン多糖類…………………… 163
ジェルトン………………………… 163

シクロデキストリン……………164	重炭酸ソーダ……………219
シクロデキストリングルカノトランス	重炭酸ナトリウム……………219
フェラーゼ……………164	d－酒石酸……………175
シクロデキストリングルコシルトラン	DL－酒石酸……………175
スフェラーゼ……………164	dl－酒石酸……………175
シクロヘキシルプロピオン酸アリル	L－酒石酸……………175
……………165	d－酒石酸水素カリウム……………176
L－シスチン……………165	DL－酒石酸水素カリウム……………175
L－システイン塩酸塩……………165	dl－酒石酸水素カリウム……………175
シソエキス……………166	L－酒石酸水素カリウム……………176
シソ色素……………166	d－酒石酸ナトリウム……………176
シソ抽出物……………166	DL－酒石酸ナトリウム……………176
シタン色素……………167	dl－酒石酸ナトリウム……………176
5'－シチジル酸……………167	L－酒石酸ナトリウム……………176
5'－シチジル酸ナトリウム……………167	シュペーネ……………361
5'－シチジル酸二ナトリウム……………167	ショウガ抽出物……………177
指定添加物……………434	使用基準……………437
指定又は使用基準改正の資料……………435	ショートニング……………441
指定要請時の安全性資料……………435	硝酸カリウム……………178
シトラール……………168	硝酸ナトリウム……………178
シトロネラール……………168	焼成カルシウム
シトロネロール……………168	……… 46, 68, 137, 179, 205, 262, 373
1,8－シネオール……………169	消石灰……………193
ジフェニル……………169	醸造セルロース……………251
ジブチルヒドロキシトルエン……………170	消費期限……………437
ジベンゾイルチアミン……………170	賞味期限……………437
ジベンゾイルチアミン塩酸塩……………171	食品衛生法……………438
脂肪酸類……………171	食品添加物……………439
脂肪族高級アルコール類……………171	食品添加物公定書……………439
脂肪族高級アルデヒド類……………171	食品添加物における表示……………440
脂肪族高級炭化水素類……………172	食品における食品添加物の表示……440
脂肪分解酵素……………377	植物性ステロール……………179
2,3－ジメチルピラジン……………172	植物性たん白……………441
2,5－ジメチルピラジン……………172	植物タンニン……………179
2,6－ジメチルピラジン……………173	植物炭末色素……………179
ジャマイカカッシア抽出物……………173	植物レシチン……………180
重亜硫酸カリウム液……………26	食用青色1号……………181
シュークラーゼ……………45	食用青色1号アルミニウムレーキ……181
重合リン酸塩……………436	食用青色2号……………181
シュウ酸……………174	食用青色2号アルミニウムレーキ……182
臭素酸カリウム……………174	食用黄色4号……………182
重炭酸アンモニウム……………218	食用黄色4号アルミニウムレーキ……183

食用黄色5号	183	ステアロイル乳酸カルシウム	197
食用黄色5号アルミニウムレーキ	184	ステアロイル乳酸ナトリウム	198
食用赤色2号	184	ステビアエキス	198
食用赤色2号アルミニウムレーキ	185	ステビア抽出物	198
食用赤色3号	185	ステビア末	199
食用赤色3号アルミニウムレーキ	186	ステビオール配糖体	199
食用赤色40号	186	ステビオサイド	198
食用赤色40号アルミニウムレーキ	186	ステビオシド	198, 199
食用赤色102号	187	ストロベリー色素	200
食用赤色104号	187	スパイス抽出物	131
食用赤色105号	187	スピルリナ青色素	200
食用赤色106号	188	スピルリナ色素	200
食用緑色3号	188	スフィンゴ脂質	142, 201
食用緑色3号アルミニウムレーキ	188	スモークフレーバー	362
ショ糖酢酸イソ酪酸エステル	189, 190	DL－スレオニン	248
ショ糖脂肪酸エステル	189, 190	L－スレオニン	249
真珠層未焼成カルシウム	191	製造基準	441
しらこたん白	190	製造用剤	442
しらこたん白抽出物	190	精製カラギナン	201
しらこ分解物	190	G3生成酵素	345
シリカゲル	257	G4生成酵素	48
シリコーン樹脂	191	精製シェラック	201
白シェラック	191	精製セラック	201
白セラック	191	生石灰	202
白ラック	191	成分規格	442
ジンジャー抽出物	177	精油除去ウイキョウ抽出物	202
シンナミルアルコール	192	精油除去フェンネル抽出物	202
シンナムアルデヒド	192	セイヨウワサビ抽出物	202
水酸化カリウム	192	ゼイン	203
水酸化カリウム液	193	セージ抽出物	203
水酸化カルシウム	193	ゼオライト	203
水酸化ナトリウム	194	石油ナフサ	253
水酸化ナトリウム液	194	セピオライト	204
水酸化マグネシウム	194	ゼラチン	204
水素	195	セラック	161
スイムブルベリー色素	229	セラックロウ	162
水溶性アナトー	195	L－セリン	204
スクラーゼ	45	セルラーゼ	205
スクラロース	195	セレシン	63
ステアリル乳酸カルシウム	197	セロビアーゼ	114
ステアリン酸カルシウム	196	繊維素グリコール酸カルシウム	84
ステアリン酸マグネシウム	196	繊維素グリコール酸ナトリウム	84

索　引

繊維素分解酵素‥‥‥‥‥‥‥‥‥205
造礁サンゴ焼成カルシウム‥‥‥‥‥205
ソーダ灰‥‥‥‥‥‥‥‥‥‥‥‥219
増粘安定剤‥‥‥‥‥‥‥‥‥‥‥442
増粘剤‥‥‥‥‥‥‥‥‥‥‥‥‥443
増粘多糖類‥‥‥‥‥‥‥‥‥‥‥443
ソーマチン‥‥‥‥‥‥‥‥‥‥‥213
藻類カロチン‥‥‥‥‥‥‥‥‥‥234
藻類カロテン‥‥‥‥‥‥‥‥‥‥234
粗製海水塩化カリウム‥‥‥‥‥‥206
粗製海水塩化マグネシウム‥‥‥‥206
ソバ全草抽出物‥‥‥‥‥‥‥‥‥207
ソバ柄灰抽出物‥‥‥‥‥‥‥‥‥207
ソメモノイモ色素‥‥‥‥‥‥‥‥124
ソルバ‥‥‥‥‥‥‥‥‥‥‥‥‥207
ソルバペケーニヤ‥‥‥‥‥‥‥‥211
ソルビタン脂肪酸エステル‥‥‥‥207
D－ソルビット‥‥‥‥‥‥‥‥‥208
D－ソルビトール‥‥‥‥‥‥‥‥208
D－ソルビトール液‥‥‥‥‥‥‥209
ソルビン酸‥‥‥‥‥‥‥‥‥‥‥209
ソルビン酸カリウム‥‥‥‥‥‥‥210
ソルビン酸カルシウム‥‥‥‥‥‥210
ソルビンハ‥‥‥‥‥‥‥‥‥‥‥211

＜タ行＞

第一リン酸カルシウム‥‥‥‥‥‥393
第二リン酸カルシウム‥‥‥‥‥‥392
第三リン酸カリウム‥‥‥‥‥‥‥389
第三リン酸カルシウム‥‥‥‥‥‥390
第三リン酸ナトリウム‥‥‥‥‥‥394
第三リン酸マグネシウム‥‥‥‥‥395
ダイズサポニン‥‥‥‥‥‥‥‥‥212
ダイズ多糖類‥‥‥‥‥‥‥‥‥‥212
ダイズヘミセルロース‥‥‥‥‥‥212
ダイダイ抽出物‥‥‥‥‥‥‥‥‥212
タウマチン‥‥‥‥‥‥‥‥‥‥‥213
タウリン（抽出物）‥‥‥‥‥‥‥213
ダークスイートチェリー色素‥‥‥213
タートラジン‥‥‥‥‥‥‥‥‥‥186
タートラジンアルミニウムレーキ‥187

タマネギ色素‥‥‥‥‥‥‥‥‥‥214
タマリンドガム‥‥‥‥‥‥‥‥‥215
タマリンドシードガム‥‥‥‥‥‥215
タマリンド色素‥‥‥‥‥‥‥‥‥214
タマリンド種子多糖類‥‥‥‥‥‥215
ターメリック‥‥‥‥‥‥‥‥‥‥46
ターメリック色素‥‥‥‥‥‥‥‥46
タラガム‥‥‥‥‥‥‥‥‥‥‥‥215
タルク‥‥‥‥‥‥‥‥‥‥‥‥‥216
タール色素の製剤‥‥‥‥‥‥‥‥216
短期（亜急性）毒性試験‥‥‥‥‥443
炭酸アンモニウム‥‥‥‥‥‥‥‥217
炭酸ガス‥‥‥‥‥‥‥‥‥‥‥‥258
炭酸カリウム（無水）‥‥‥‥‥‥217
炭酸カルシウム‥‥‥‥‥‥‥‥‥218
炭酸水素アンモニウム‥‥‥‥‥‥218
炭酸水素ナトリウム‥‥‥‥‥‥‥219
炭酸ソーダ‥‥‥‥‥‥‥‥‥‥‥219
炭酸ナトリウム‥‥‥‥‥‥‥‥‥219
炭酸マグネシウム‥‥‥‥‥‥‥‥220
胆汁未‥‥‥‥‥‥‥‥‥‥‥‥‥220
単糖・アミノ酸複合物‥‥‥‥‥‥220
タンナーゼ‥‥‥‥‥‥‥‥‥‥‥221
タンニン（抽出物）‥‥‥71, 179, 221, 350
タンニン酸（抽出物）‥‥‥‥‥‥221
たん白加水分解物‥‥‥‥‥‥‥‥444
たん白分解酵素‥‥‥‥‥‥‥‥‥309
炭末色素‥‥‥‥‥‥‥‥‥‥138, 179
チアベンダゾール‥‥‥‥‥‥‥‥222
チアミン塩酸塩‥‥‥‥‥‥‥‥‥222
チアミン硝酸塩‥‥‥‥‥‥‥‥‥223
チアミンセチル硫酸塩‥‥‥‥‥‥223
チアミンチオシアン酸塩‥‥‥‥‥224
チアミンナフタリン－1, 5－
　　ジスルホン酸塩‥‥‥‥‥‥‥224
チアミンナフタレン－1, 5－
　　ジスルホン酸塩‥‥‥‥‥‥‥224
チアミンラウリル硫酸塩‥‥‥‥‥225
チェリー色素‥‥‥‥‥‥‥‥‥‥225
チオアルコール類‥‥‥‥‥‥‥‥226
チオエーテル類‥‥‥‥‥‥‥‥‥226
チオール類‥‥‥‥‥‥‥‥‥‥‥226

チクブル	226	
チクル	226	
チコリ色素	226	
窒素	227	
茶	227	
チャカテキン	227	
チャ乾留物	228	
着色料	444	
チャ抽出物	228	
チューインガム軟化剤	445	
抽出カロチン	234, 263, 270	
抽出カロテン	234, 263, 270	
抽出トコフェロール	241, 242	
抽出ビタミンE	241, 242	
長期（慢性）毒性試験	446	
チョウジ抽出物	125	
調味料	446	
調味料（アミノ酸）	446	
調味料（アミノ酸等）	447	
調味料（核酸）	447	
調味料（無機塩）	447	
調味料（有機酸）	447	
チルテ	228	
L－チロジン	229	
L－チロシン	229	
チンブルベリー色素	229	
通常食品の添加物	447	
ツヌー	229	
ツヤプリシン（抽出物）	230	
L－テアニン	230	
5'－デアミナーゼ	231	
低分子ゴム	231	
テオブロミン	232	
デカナール	232	
デカノール	232	
デカン酸エチル	233	
デキストラナーゼ	233	
デキストラン	233	
デキストリン	448	
デシルアルコール	232	
デシルアルデヒド	232	
デソキシコール酸	220	

鉄	234	
鉄クロロフイリンナトリウム	234	
5, 6, 7, 8－テトラヒドロキノキサリン	236	
2, 3, 5, 6－テトラメチルピラジン	236	
デヒドロ酢酸ナトリウム	236	
デュナリエラカロチン	234	
デュナリエラカロテン	234	
デュベリー色素	235	
テルピネオール	237	
テルペン系炭化水素類	237	
電解水	448	
天然香料	448	
天然添加物	449	
デンプングリコール酸ナトリウム	237	
デンプンリン酸エステルナトリウム	449	
銅	238	
糖アルコール	450	
銅塩類	119, 238, 385	
銅塩類（グルコン酸銅）	119	
糖化アミラーゼ	113	
トウガラシ色素	238	
トウガラシ水性抽出物	239	
銅クロロフイリンナトリウム	239	
銅クロロフィル	240	
糖転移イソクエルシトリン	132	
糖転移ナリンジン	132	
糖転移ビタミンP	133	
糖転移ヘスペリジン	133	
糖転移ルチン（抽出物）	133	
動物性ステロール	240	
豆腐用凝固剤	450	
トウモロコシセルロース	240	
トウモロコシたん白	203	
毒性試験	451	
特定保健用食品	450, 460	
特別用途食品	451	
トコトリエノール	241	
d－α－トコフェロール	241	
d－γ－トコフェロール	242	
d－δ－トコフェロール	242	

dl－α－トコフェロール	243	苦味料	451
トコフェロール酢酸エステル	243	ニガヨモギ抽出物	255
d－α－トコフェロール酢酸エステル		ニコチン酸	255
	243	ニコチン酸アミド	256
ドナリエラカロチン	234	二酸化硫黄	256
ドナリエラカロテン	234	二酸化塩素	257
トマト色素	244	二酸化ケイ素	257, 258, 288
トマトリコピン	244	二酸化炭素	258
トラガントガム	244	二酸化チタン	259
トランスグルコシダーゼ	245	ニスペロ	226
トランスグルタミナーゼ	245	ニッケル	259
トリクロロガラクトスクラロース	195	日本ロウ	363
トリプシン	246	乳化剤	452
DL－トリプトファン	246	ニューコクシン	185
L－トリプトファン	247	乳酸	259
2,3,5－トリメチルピラジン	248	乳酸カリウム	260
トリメチルアミン	247	乳酸カルシウム	260
DL－トレオニン	248	乳酸菌濃縮物	261
L－トレオニン	249	乳酸鉄	261
トレハロース	249	乳酸ナトリウム	262
トレハロースホスホリラーゼ	250	乳酸ナトリウム液	262
ドロマイト	250	乳清焼成カルシウム	262
トロロアオイ	250	乳清第三リン酸カルシウム	262
		乳清ミネラル	332
＜ナ行＞		ニンジンカロチン	263
		ニンジンカロテン	263
ナイアシン	255	ネオテーム	264
ナイアシンアミド	256	ノナラクトン	264
ナイシン	251	γ－ノナラクトン	264
ナタデココ	251	ノリ色素（海苔色素）	265
ナタマイシン	252	ノルビキシンカリウム	265
納豆菌ガム	252	ノルビキシンナトリウム	266
納豆菌粘質物	252		
ナトリウムメチラート	253	**＜ハ行＞**	
ナトリウムメトキシド	253		
ナフサ	253	ばい煎コメヌカ抽出物	267
生コーヒー豆抽出物	253	ばい煎ダイズ抽出物	267
ナリンギナーゼ	254	ハイドロサルファイト	160
ナリンギン	254	ハイビスカス色素	267
ナリンジナーゼ	254	パーオキシダーゼ	268
ナリンジン	254	麦芽エキス	268
ニガーグッタ	255	麦芽抽出物	268

白金 ·················· 269	ビオチン ·················· 277
白陶土 ·················· 70	ピーカンナッツ色素·········· 318
ハクルベリー色素·········· 269	微結晶セルロース ·········· 278
ハゼ脂 ·················· 363	微小繊維状セルロース ······ 278
ハッカ脳 ·················· 360	L－ヒスチジン ·············· 278
dl－ハッカ脳·············· 360	L－ヒスチジン塩酸塩········ 279
発がん性試験 ·············· 452	ビスベンチアミン ·········· 279
発酵セルロース ·········· 251	ビースワックス ·········· 349
発酵調味料 ·············· 452	ビタミン ·················· 453
発色剤 ·················· 453	ビタミンA················ 280
バニリン ·················· 269	ビタミンB₂·················· 380
パパイン ·················· 270	ビタミンA脂肪酸エステル·········· 281
パプリカ色素·············· 238	ビタミンA油·············· 281
パプリカ水性抽出物·········· 239	ビタミンB₁塩酸塩 ·········· 222
パプリカ粉末·············· 270	ビタミンB₁硝酸塩 ·········· 223
パーム油カロチン·········· 270	ビタミンB₁セチル硫酸塩······ 223
パーム油カロテン·········· 270	ビタミンB₁ナフタレン－1,5－
パーライト ·············· 271	ジスルホン酸塩 ·········· 224
パラオキシ安息香酸イソブチル···· 271	ビタミンB₁ラウリル硫酸塩·········· 225
パラオキシ安息香酸イソプロピル··· 272	ビタミンB₂酪酸エステル······ 380
パラオキシ安息香酸エチル·········· 272	ビタミンB₁ロダン酸塩········ 224
パラオキシ安息香酸ブチル·········· 273	ビタミンB₂リン酸エステルナトリウム
パラオキシ安息香酸プロピル········ 273	·················· 381
パラジウム ·············· 273	ビタミンB₆·················· 287
パラヒドロキシ安息香酸イソブチル	ビタミンB₁₂·················· 160
·················· 271	ビタミンC·················· 7
パラヒドロキシ安息香酸イソプロピル	ビタミンCオキシダーゼ········ 8
·················· 272	ビタミンCステアレート········ 9
パラヒドロキシ安息香酸エチル······ 272	ビタミンCナトリウム ·········· 10
パラヒドロキシ安息香酸ブチル······ 273	ビタミンCパルミテート········ 10
パラヒドロキシ安息香酸プロピル··· 273	ビタミンD₂·················· 55
パラフィン ·············· 274	ビタミンD₃·················· 143
パラフィンワックス·········· 274	α－ビタミンE·············· 241
パラメチルアセトフェノン·········· 274	γ－ビタミンE·············· 242
パラメトキシベンズアルデヒド······ 19	δ－ビタミンE·············· 242
L－バリン·················· 275	ビタミンK₂（抽出物） ········ 359
バレルアルデヒド·········· 275	ビタミンP·················· 322
パンクレアチン·············· 276	ビートレッド·············· 281
繁殖試験·················· 453	1－ヒドロキシエチリデン－1,1－
パントテン酸カルシウム·········· 276	ジホスホン酸·············· 282
パントテン酸ナトリウム·········· 277	ヒドロキシシトロネラール·········· 282
ヒアルロン酸·············· 277	ヒドロキシシトロネラールジメチルア

セタール	283	ピロリン酸第二鉄液	292
L－ヒドロキシプロリン	284	ピロリン酸二水素カルシウム	290
ヒドロキシプロピル化リン酸架橋		ピロリン酸二水素二ナトリウム	291
デンプン	283	ピロール	293
ヒドロキシプロピルセルロース	283	品質保持期限	457
ヒドロキシプロピルデンプン	284	品名	457
ヒドロキシプロピルメチルセルロース		ファーセレラン	293
	284	ファイシン	294
ヒノキチオール（抽出物）	230	ファストグリーンFCF	188
ビフェニル	169	ファストグリーンFCFアルミニウム	
ヒペリジン	285	レーキ	188
ピペロナール	285	ファフィア色素	293
ピペロニルブトキサイド	285	フィシン	294
ピペロニルブトキシド	285	フィターゼ	294
ピマリシン	252	フィチン（抽出物）	295
ヒマワリエキス	285	フィチン酸	295
ヒマワリ種子エキス	285	フィトステロール	179
ヒマワリ種子抽出物	285	L－フェニルアラニン	296
ヒマワリ抽出物	285	フェニル酢酸イソアミル	296
ヒマワリレシチン	286	フェニル酢酸イソブチル	297
日持向上剤	454	フェニル酢酸エチル	297
氷酢酸	286	フェネチルアミン	297
表示基準	454	フェノールエーテル類	298
漂白剤	454	フェノール類	298
漂白デンプン	456	フェノラーゼ	339
ピラジン	287	フェリチン	298
2－（3－フェニルプロピル）ピリジン		フェルラ酸	298
	297	フェロシアン化カリウム	299
ピリドキシン塩酸塩	287	フェロシアン化カルシウム	299
ピリメタニル	287	フェロシアン化ナトリウム	300
微粒シリカゲル	258	フェロシアン化物	299
微粒二酸化ケイ素	258, 288	フクロノリ多糖類	300
ひる石	288	フクロノリ抽出物	300
ピロ亜硫酸カリウム	288	フクロフノリ多糖類	300
ピロ亜硫酸ナトリウム	289	フクロフノリ抽出物	300
ピロリジン	290	ブタノール	300
ピロリン酸カリウム	290	ブタン	301
ピロリン酸四カリウム	290	sec－ブチルアミン	301
ピロリン酸ナトリウム	292	ブチルアミン	301
ピロリン酸四ナトリウム	292	ブチルアルデヒド	301
ピロリン酸第一鉄	456	ブチルゴム	335
ピロリン酸第二鉄	291	ブチルヒドロキシアニソール	302

物質名	457	ブロメライン	315
ブドウ果汁色素	302	ブロメリン	315
ブドウ果皮色素	303	L－プロリン	315
ブドウ果皮抽出物	303	L－プロリン液	316
ブドウ種子抽出物	303	G3分解酵素	22
フマル酸	304	分岐サイクロデキストリン	164
フマル酸ナトリウム	305	分岐シクロデキストリン	164
フマル酸一ナトリウム	305	分別レシチン	316
フラクタン	399	粉末セルロース	317
ブラジルカンゾウ抽出物	305	粉末ビタミンA	317
ブラジルワックス	83	粉末モミガラ	318
ブラックカーラント色素	305	米国の食品添加物	458
ブラックベリー色素	306	ベースワックス	349
フラボノイド色素	458	ペーハー調整剤（pH調整剤）	459
プラム色素	306	ペカンナッツ色素	318
ブリリアントブルーFCF	181	ヘキサシアノ鉄（Ⅱ）酸カリウム	299
ブリリアントブルーFCFアルミニウム		ヘキサシアノ鉄（Ⅱ）酸カルシウム	
レーキ	181		299
フルクトシルトランスフェラーゼ	307	ヘキサシアノ鉄（Ⅱ）酸ナトリウム	
フルジオキソニル	307		300
フルフラール及びその誘導体	307	ヘキサン	318
ブルーベリー色素	308	ヘキサン酸	319
プルラナーゼ	308	ヘキサン酸アリル	319
プルラン	308	ヘキサン酸エチル	319
フロキシン	185	ヘキシルアミン	320
プロタミン	190	ペクチナーゼ	320
プロテアーゼ	309	ペクチン	320
プロテイングルタミナーゼ	310	ペクチン分解物	321
プロパン	310	ヘゴ・イチョウ抽出物	322
プロピオンアルデヒド	310	ヘスペリジナーゼ	322
プロピオン酸	311	ヘスペリジン	322
プロピオン酸イソアミル	311	ベタイン	323
プロピオン酸エチル	311	ベニコウジ黄色素	323
プロピオン酸カルシウム	312	ベニコウジ色素	324
プロピオン酸ナトリウム	312	ベニバナ赤色素	324
プロピオン酸ベンジル	312	ベニバナ黄色素	325
プロピコナゾール	313	ベネズエラチクル	325
プロピルアミン	313	ペプシン	326
プロピレングリコール	313	ヘプタン	326
プロピレングリコール脂肪酸エステル		ヘプタン酸エチル	326
	314	ペプチダーゼ	327
プロポリス抽出物	314	ヘマトコッカス藻色素	327

ヘミセルラーゼ	328	ホップエキス	334
ヘム鉄	328	ホップ抽出物	334
ペリアンドリン	305	ホホバロウ	334
ベリー色素	459	ホホバワックス	334
ペリージョ	207	ポリアクリル酸ナトリウム	335
ヘリウム	328	ポリイソブチレン	335
ヘリオトロピン	285	ポリオキシエチレンソルビタン脂肪酸	
L－ペリラアルデヒド	329	エステル	461
L－ペリルアルデヒド	329	ポリグリセリン脂肪酸エステル	336
ペルオキシダーゼ	268	ポリグリセリン縮合リシノレイン酸	
変異原性試験	459	エステル	336
ベンガラ	158	ポリジメチルシロキサン	191
ベンジルアルコール	329	ポリソルベート	461
ベンズアルデヒド	329	ポリソルベート20	337
ベンゾイルチアミンジスルフイド	279	ポリソルベート60	337
ペンダーレ	207	ポリソルベート65	337
ペンタナール	275	ポリソルベート80	338
2－ペンタノール	330	ポリビニルピロリドン	338
ペンチルアミン	330	ポリビニルポリピロリドン	338
trans－2－ペンテナール	330	ポリフェノールオキシダーゼ	339
1－ペンテン－3－オール	330	ポリブチレン	339
ペントサナーゼ	328	ポリブテン	339
ベントナイト	331	ε－ポリリシン	340
ボイセンベリー色素	331	ε－ポリリジン	340
防かび剤（防ばい剤）	459	ポリリン酸カリウム	340
芳香族アルコール類	331	ポリリン酸ナトリウム	340
芳香族アルデヒド類	332	d－ボルネオール	341
膨脹剤	460	ホワートルベリー色素	341
ホエイソルト	332	ポンチアナック	163
ホエイミネラル	332		
ホエイ第三リン酸カルシウム	262	**＜マ行＞**	
ホエイリン酸三カルシウム	262		
保健機能食品	460	マイクロクリスタリンワックス	343
ホスファチダーゼ	333	マクロホモプシスガム	343
ホスホジエステラーゼ	332	マクロホモプシス多糖類	343
ホスホモノエステラーゼ	157	マスタード抽出物	80
ホスホリパーゼ	333	マスチック	344
ホースラディッシュ抽出物	202	マッサランドバチョコレート	344
保存基準	460	マッサランドババラタ	344
保存料	460	マラカイトグリーン	462
没食子酸	333	マリーゴールド色素	345
没食子酸プロピル	334	マルターゼ	114

索引

マルトースホスホリラーゼ………345
マルトール………346
マルトトリオヒドロラーゼ………345
マルベリー色素………346
マンナン………347
D－マンニット………347
D－マンニトール………347
マンネンタケ抽出物………397
マンネンロウ抽出物………402
ミクロクリスタリンワックス………343
未焼成カルシウム
………68, 138, 156, 191, 348, 373
水あめ………462
ミックストコフェロール………348
ミックスビタミンE………348
ミツロウ………349
ミネラルオイルホワイト………386
ミモザタンニン………350
ミョウバン………382
ミラクリン………462
ミラクルフルーツ抽出物………462
ミル………350
ミルラ………350
無水亜硫酸………256
ムタステイン………13
ムラサキイモ色素………350
ムラサキキャベツ色素………3
ムラサキコーン色素………351
ムラサキトウモロコシ色素………351
ムラサキヤマイモ色素………351
ムラミダーゼ………352
メタ重亜硫酸カリウム………288
メタ重亜硫酸ナトリウム………289
メタリン酸カリウム………352
メタリン酸ナトリウム………352
DL－メチオニン………353
L－メチオニン………353
N－メチルアンスラニル酸メチル………354
N－メチルアントラニル酸メチル………354
5－メチルキノキサリン………354
6－メチルキノリン………355
5－メチル－6, 7－ジヒドロ－5*H*－

シクロペンタピラジン………355
メチルセルロース………355
1－メチルナフタレン………356
メチル*β*－ナフチルケトン………356
2－メチルピラジン………356
2－メチルブタノール………357
3－メチル－2－ブタノール………357
3－メチル－2－ブテナール………358
3－メチル－2－ブテノール………358
2－メチルブチルアミン………357
2－メチルブチルアルデヒド………358
trans－2－メチル－2－ブテナール………358
メチルヘスペリジン………359
メチレンコハク酸………42
メナキノン（抽出物）………359
メバロン酸………359
メラミン………463
メラロイカ精油………360
メリビアーゼ………79
dl－メントール………360
l－メントール………360
モウソウチク乾留物………361
モウソウチク抽出物………361
木材チップ………361
木酢液………362
木炭………362
木灰………362
木灰抽出物………362
モクロウ………363
モナスカス黄色素………323
モナスカス色素………324
モモ樹脂………363
モルホリン脂肪酸塩………363
モレロチェリー色素………364

＜ヤ行＞

焼アンモニウムミョウバン………382
焼ミョウバン………382
野菜色素………463
ヤマモモ抽出物………365
ユーカリプトール………169

有機（化合物）と無機（化合物）‥‥463	リキッドスモーク‥‥‥‥‥‥‥‥374
有機酸‥‥‥‥‥‥‥‥‥‥‥463	リコリス抽出物‥‥‥‥‥‥‥‥87
ユーケマ藻末‥‥‥‥‥‥‥‥365	L－リシン‥‥‥‥‥‥‥‥‥374
誘導体‥‥‥‥‥‥‥‥‥‥464	L－リジン‥‥‥‥‥‥‥‥‥374
油性ビタミンA脂肪酸エステル‥‥281	L－リシンL－アスパラギン酸塩‥‥375
ユッカフォーム抽出物‥‥‥‥‥365	L－リジンL－アスパラギン酸塩‥‥375
輸入食品と食品添加物‥‥464	L－リシン液‥‥‥‥‥‥‥‥375
葉酸‥‥‥‥‥‥‥‥‥‥‥366	L－リジン液‥‥‥‥‥‥‥‥375
溶性サッカリン‥‥‥‥‥‥‥152	L－リシン塩酸塩‥‥‥‥‥‥375
溶性ビタミンP‥‥‥‥‥‥‥359	L－リジン塩酸塩‥‥‥‥‥‥375
用途名‥‥‥‥‥‥‥‥‥‥465	L－リシンL－グルタミン酸塩‥‥376
用途名併記‥‥‥‥‥‥‥‥465	L－リジンL－グルタミン酸塩‥‥376
羊毛ロウ‥‥‥‥‥‥‥‥‥371	リゾチーム‥‥‥‥‥‥‥‥376
ヨノン‥‥‥‥‥‥‥‥‥‥35	リナロオール‥‥‥‥‥‥‥377
ヨモギ抽出物‥‥‥‥‥‥‥366	リナロール‥‥‥‥‥‥‥‥377
	リパーゼ‥‥‥‥‥‥‥‥‥377
＜ラ行＞	D－リボース‥‥‥‥‥‥‥378
	リポキシゲナーゼ‥‥‥‥‥378
ライスワックス‥‥‥‥‥‥‥142	リポキシダーゼ‥‥‥‥‥‥378
ラカンカエキス‥‥‥‥‥‥‥367	5'－リボヌクレオタイドカルシウム
ラカンカ抽出物‥‥‥‥‥‥‥367	‥‥‥‥‥‥‥‥‥‥‥378
酪酸‥‥‥‥‥‥‥‥‥‥‥367	5'－リボヌクレオタイドナトリウム
酪酸イソアミル‥‥‥‥‥‥‥367	‥‥‥‥‥‥‥‥‥‥‥379
酪酸エチル‥‥‥‥‥‥‥‥368	5'－リボヌクレオチドカルシウム‥‥378
酪酸シクロヘキシル‥‥‥‥‥368	5'－リボヌクレオチドナトリウム‥‥379
酪酸ブチル‥‥‥‥‥‥‥‥368	5'－リボヌクレオチド二ナトリウム
ラクターゼ‥‥‥‥‥‥‥‥80	‥‥‥‥‥‥‥‥‥‥‥379
ラクトパーオキシダーゼ‥‥‥369	リボフラビン‥‥‥‥‥‥‥380
ラクトフェリン濃縮物‥‥‥‥369	リボフラビン5'－リン酸エステル
ラクトン類‥‥‥‥‥‥‥‥369	ナトリウム‥‥‥‥‥‥‥381
ラズベリー色素‥‥‥‥‥‥‥369	リボフラビンリン酸エステル
ラッカイン酸‥‥‥‥‥‥‥370	ナトリウム‥‥‥‥‥‥‥381
ラック色素‥‥‥‥‥‥‥‥370	リボフラビン酪酸エステル‥‥‥380
ラノリン‥‥‥‥‥‥‥‥‥371	硫酸‥‥‥‥‥‥‥‥‥‥‥381
ラムザンガム‥‥‥‥‥‥‥371	硫酸亜鉛‥‥‥‥‥‥‥‥‥381
ラムザン多糖類‥‥‥‥‥‥‥371	硫酸アルミニウムアンモニウム‥‥382
L－ラムノース‥‥‥‥‥‥‥371	硫酸アルミニウムカリウム‥‥‥382
卵黄レシチン‥‥‥‥‥‥‥372	硫酸アンモニウム‥‥‥‥‥383
卵殻焼成カルシウム‥‥‥‥‥373	硫酸カリウム‥‥‥‥‥‥‥383
卵殻未焼成カルシウム‥‥‥‥373	硫酸カルシウム‥‥‥‥‥‥384
卵白‥‥‥‥‥‥‥‥‥‥‥374	硫酸第一鉄‥‥‥‥‥‥‥‥384
卵白リゾチーム‥‥‥‥‥‥‥376	硫酸銅‥‥‥‥‥‥‥‥‥‥385

硫酸ナトリウム ··································· 385
硫酸マグネシウム ····························· 385
流動パラフィン ································· 386
緑茶抽出物 ······································· 228
DL－リンゴ酸 ································· 387
dl－リンゴ酸 ··································· 387
DL－リンゴ酸ナトリウム ················ 387
dl－リンゴ酸ナトリウム ················· 387
リン酸 ·· 388
リン酸塩 ··· 465
リン酸一アンモニウム ······················ 391
リン酸一カリウム ···························· 392
リン酸一ナトリウム ························· 394
リン酸一水素カルシウム ·················· 392
リン酸一水素マグネシウム ··············· 392
リン酸架橋デンプン ························· 388
リン酸化デンプン ···························· 388
リン酸二アンモニウム ······················ 391
リン酸二カリウム ···························· 391
リン酸二ナトリウム ························· 393
リン酸二マグネシウム ····················· 392
リン酸二水素アンモニウム ··············· 391
リン酸二水素カリウム ····················· 392
リン酸二水素カルシウム ·················· 393
リン酸二水素ナトリウム ·················· 394
リン酸三カリウム ···························· 389
リン酸三カルシウム ························· 390
リン酸三ナトリウム ························· 394
リン酸三マグネシウム ····················· 395
リン酸水素二アンモニウム ··············· 391
リン酸水素二カリウム ····················· 391
リン酸水素二ナトリウム ·················· 393
リン酸モノエステル化リン酸架橋
　デンプン ······································ 395
リンターセルロース ························· 396
類別名 ·· 466
ルチン（抽出物）··········· 7, 60, 207, 396
ルチン酵素分解物 ···························· 397
ルテニウム ······································· 397
レイシ抽出物 ··································· 397
レシチナーゼ ··································· 333
レシチン ················· 180, 316, 372, 398

レシチン分別物 ································· 316
レチノール ······································· 280
レチノール脂肪酸エステル ··············· 281
レッチェカスピ ································· 207
レッチュデバカ ································· 398
レッドカーラント色素 ····················· 398
レバウジオシド ························· 198, 199
レバウディオサイド ························· 198
レバン ·· 399
レンニン ··· 399
レンネット ······································· 399
レンネットカゼイン ························· 400
L－ロイシン ··································· 400
ローカストビーンガム ····················· 86
ローガンベリー色素 ························· 401
ログウッド色素 ································· 401
ロシディンハ ··································· 402
ロジディンハ ··································· 402
ロシン ·· 402
ロジン ·· 402
ローズベンガル ································· 185
ローズマリー抽出物 ························· 402
ローゼル色素 ··································· 267
ローダミン ······································· 467

＜ワ行＞

ワニリン ··· 269
ワラ灰抽出物 ··································· 42

＜ア行＞	青葉化成	広16
	旭化成	広 6
	アサマ化成	広 9
	天野エンザイム	広12
	池田糖化工業	広38
	イズミ食品	広18
	伊那食品工業	広11
	稲畑香料	広35
	磐田化学工業	広38
	イングレディオン・ジャパン	広52
	ウエノフードテクノ	広12
	ヴェ・マン・フィス香料	広47
	エイチビィアイ	広48
	エヌ・シー・コーポレーション	広14
	エフシー化学	広32
	大阪香料	広30
	奥野製薬工業	広 4
＜カ行＞	カーギル	扉裏
	キティー	広52
	キミカ	広22
	研光通商	広35
	神戸化成	広24
	コービオンジャパン	広28
	ゴールデンケリーパテント香料	広37
＜サ行＞	阪本薬品工業	広 6
	佐藤食品工業	広33
	サラヤ	広13
	三栄源エフ・エフ・アイ	扉裏
	サンエイ糖化	広33
	三栄薬品貿易	広31
	三晶	広28
	サンダイヤ	広29
	三和澱粉工業	広34
	ＪＮＣ	広14
	塩野香料	広49
	シキボウ	広48
	昭和電工	広41
	信越化学工業	広49
	新日本化学工業	広45
	星和	広18
	曽田香料	広41
＜タ行＞	第一化成	広 8
	第一工業製薬	広24
	タイショーテクノス	広25
	大東化学	広32

	太平化学産業	広 8
	太陽化学	広10
	ダイワ化成	広31
	種村商会	広46
	タマ生化学	広40
	ダンフーズ	広34
	ツルヤ化成工業	広20
	ＤＩＣライフテック	広45
	ＤＳＭ	広39
	ＤＳＰ五協フード＆ケミカル	広 1
	ＤＫＳＨジャパン	広36
	東洋精糖	広27
＜ナ行＞	長岡香料	広39
	ナガセケムテックス	広43
	日農食品販売	広10
	新田ゼラチン	広25
	日成共益	広40
	ニッピ	広20
	日本食品化工	広42
	日本製紙	広17
	日本甜菜製糖	広29
	日本葉緑素	広44
	ノボザイムズジャパン	広30
＜ハ行＞	ハイケム	広15
	長谷川香料	広19
	林原	広36
	樋口商会	広51
	富士商事	広27
	扶桑化学工業	広 3
	物産フードサイエンス	広16
	保土谷化学工業	広 4
＜マ行＞	松谷化学工業	広46
	マリンサイエンス	広23
	丸善製薬	広 2
	三井製糖	広22
	三菱ケミカルフーズ	広 5
	三菱商事ライフサイエンス	広 7
	武蔵野化学研究所	広43
	守田化学工業	広26
＜ヤ行＞	ヤエガキ発酵技研	広51
	ヤクルト薬品工業	広42
	横山香料	広21
	横山食品	広47
＜ラ行＞	理研ビタミン	広 2
	レッテンマイヤージャパン	広26

食 品 添 加 物 事 典 （新訂第二版）
2019年 7 月 1 日現在の内容で記載（転載分を除く）

平成 9 年 6 月 1 日　（初版発行）	定　価　10,000円＋税
平成13年10月 1 日　（改訂増補版発行）	
平成21年 5 月 1 日　（新訂第一版発行）	
令和元年 9 月 1 日　（新訂第二版発行）	

編著者　　樋口　　彰（一般社団法人日本食品添加物協会　常務理事）
　　　　　佐仲　　登（一般社団法人日本食品添加物協会　シニアア
　　　　　　　　　　ドバイザー）
　　　　　高橋　仁一（一般社団法人日本食品添加物協会　顧問）

発行人　　川添　辰幸

発行所　　株式会社　食 品 化 学 新 聞 社

　　　　　〒101－0051　東京都千代田区神田神保町 3 － 2 － 8 昭文館ビル

　　　　　Tel　03(3238)7818　Fax　03(3238)7898

印　刷　　株式会社光邦

落丁本・乱丁本はお取替えいたします。　　　　ISBN978-4-916143-36-5 C2560

多糖類.comのWEBサイトがリニューアル！

ますます便利に！

ナビゲーション機能を強化。
知りたい情報をスムーズに
検索できます。

このたびDSP五協フード＆ケミカルでは、「多糖類」についての情報サイトをリニューアルいたしました。本サイトでは多糖類の使い方や詳細情報などを掲載しています。
会員さま向けコンテンツもございますので、この機にぜひ会員登録していただきますようお願い申し上げます。
（会員登録方法は下記をご覧ください。）

多糖類とは

多糖類とは何か、基本構造や主な効果などを動画や図を用いてご紹介します。

多糖類の種類

「タマリンドシードガム」や「キサンタンガム」など多糖類の詳細情報を掲載しています。

多糖類の使い方

多糖類の使用方法、コツやポイントなどをご紹介します。

会員さま向けコンテンツのお知らせ　「多糖類.com」では会員さま向けコンテンツをご用意しております。同コンテンツでは製品リーフレットなどをダウンロードできるほか、製品情報、多糖類についてのお役立ち情報などを多数ご紹介しております。なお、同コンテンツはお客さまを対象としておりますので、個人利用の方や同業の方には会員登録をご遠慮いただいております。

会員さま募集中 ▶▶▶ www.tatourui.com
会員お申し込みページより、必要事項を入力の上お申し込みください。

DSP五協フード＆ケミカル
本社　〒530-0001　大阪市北区梅田二丁目5番25号　TEL：06-7177-6866（代表）

自然のパワーを食品加工に生かす

理研ビタミンが提供する食品加工用素材は、ビタミン、乳化剤、甘味料、着色料、調味料など食品加工時に求められるほとんどの分野をカバーしています。これらの製品は、自然の食品素材に含まれる成分を当社独自の技術で抽出・加工したものです（一部の製品を除く）。
安全性と合理性が求められる加工食品用製品に対し一貫してこのポリシーを貫き、トレーサビリティやコンプライアンスに取り組んでいます。

食を通じて健康と豊かな食生活を提供

 理研ビタミン株式会社

www.rikenvitamin.jp
TEL 03-5275-5136

 酵母対策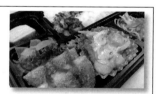

食品添加物　日持ち向上剤　ユッカ抽出物製剤
サラキープ® シリーズ

サラキープ® PE
サラキープ® ALS
サラキープ® P2
サラキープ® P2B

ユッカ抽出物とは？
ユッカ（*Yucca schidigera*）から抽出したサポニンを有効成分とした日持ち向上剤です。真菌類、特に酵母に対して抑制効果を有しています。

「サラキープ」は丸善製薬株式会社の登録商標です。

丸善製薬株式会社
【東京】東京食品課　〒150-0021 東京都渋谷区恵比寿西2-6-7　TEL(03)3496-1521　FAX(03)3496-1641
【大阪】大阪食品課　〒541-0045 大阪府大阪市中央区道修町2-6-6 塩野日成ビル6F　TEL(06)6203-6918　FAX(06)6233-3606

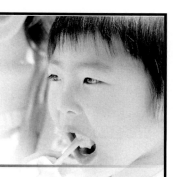

地球にやさしく、生活をゆたかに。
FUSOの食品添加物

果実酸類
- リンゴ酸フソウ
- 液体リンゴ酸
- DL-リンゴ酸ナトリウム
- リンゴ酸ソルト
- 精製クエン酸（結晶）
- 精製クエン酸（無水）
- 液体クエン酸
- 精製クエン酸ナトリウム
- 精製クエン酸三カリウム
- クエン酸カルシウム
- フジグルコン
- グルコン酸液（50％）
- ヘルシャスA
- ヘルシャスK
- グルコン酸カルシウム
- ヘルシャスZn
- ヘルシャスCu
- L-酒石酸
- L-酒石酸ナトリウム
- L-酒石酸水素カリウム
- 発酵乳酸
- 発酵乳酸90
- 高純度発酵乳酸
- 高純度発酵乳酸90
- 乳酸ナトリウム（50％）
- 乳酸ナトリウム（60％）
- 乳酸カルシウム
- フマル酸
- フマル酸一ナトリウム
- コハク酸
- コハク酸ニナトリウム
- フィチン酸（液体品）
- 粉末フィチン酸（粉末品）

果実酸製剤
- コートクエン酸B
- コートクエン酸80
- ハイフマール
- 緩衝性乳酸

酸化防止剤
- L-アスコルビン酸/ビタミンC
- L-アスコルビン酸ナトリウム
- L-アスコルビン酸カルシウム
- エリソルビン酸
- エリソルビン酸ナトリウム
- フジミックスE-20N

麺・皮類（餃子、春巻き）用製品
《練り込み用pH調整剤》
- フジグルコン
- 粉末ねりすい
- そばフレッシュ
- ランチフレッシュW

《茹で用pH調整剤》
- ニューメンソルト
- ニューメンソルトリキッド
- ニューメンソルトプラス

《浸漬槽pH調整剤》
- SLメンディップ
- 液体メンディップ
- パワーディップA
- フジクリヤーDP

《アルコール製剤》
- ニューメン
- スーパーニューメン
- ニューメンアップ
- 桂林
- スーパー桂林
- ゴールド桂林

惣菜用製品
《pH調整剤》
- クリーンソルト40
- クリーンソルト50
- ネオクリーンソルト30
- ネオクリーンソルト40
- ネオクリーンソルト50
- ネオクリーンクリーン

《日持向上剤》
- グリシン
- ランチフレッシュAL
- ランチフレッシュDE
- ランチフレッシュDS
- ランチフレッシュF
- ランチフレッシュFM
- ランチフレッシュW
- ランチフレッシュα

《品質改良剤》
- クラフトワークRE-23
- クラフトワークSE
- クラフトワークSG

《アルコール製剤》
- ア・プルコール300
- ア・プルコール700
- ア・プルコール800

《食品洗浄剤》
- ハイフマール
- フジフレッシュ

豆腐用製品
- フジグルコン
- ほんにがり
- カルグルコンM
- カルグルコンS
- カルグルコンK
- カルグルコンP
- カルグルコンF
- フジスター
- アワカットKL
- ソルキープ

栄養強化・健康食品用製品
- L-アスコルビン酸/ビタミンC
- L-アスコルビン酸ナトリウム
- L-アスコルビン酸カルシウム
- クエン酸カルシウム
- 精製クエン酸三カリウム
- グルコン酸カルシウム
- ヘルシャスK
- ヘルシャスZn
- ヘルシャスCu
- 精製グルコサミンフソウ
- 高純度グルコサミンV 100MP
- グルコサミンフソウV TypeSS

その他製品
- アワカットCP
- アワカットKL
- スピノガム/タラガム

FUSO 扶桑化学工業株式会社

〒103-0024 東京都中央区日本橋小舟町6番6号　TEL：03-3639-6313
〒541-0043 大阪市中央区高麗橋4丁目3番10号　TEL：06-6203-4771

URL．http://www.fusokk.co.jp／　E-mail．info@fusokk.co.jp

色の神様 愛染明王
色のことなら「アイゼン」

愛染食用色素

ハラール認証の天然色素発売中

| パプリカ色素 鮮明パプリカ14000 | ベニバナ黄色素 鮮明ベニバナ液600 | クチナシ・ベニバナ 鮮明グリーン No.1 |

アイゼン天然系色素

黄 色	クチナシ黄色素、ベニバナ黄色素、ウコン色素、アナトー色素、ベニコウジ黄色素
橙 色	パプリカ色素、トマト色素
赤 色	赤キャベツ色素、アカダイコン色素、シソ色素、ムラサキイモ色素、クチナシ赤色素、ベニコウジ色素、コチニール色素、ラック色素
緑 色	クロロフィル、クチナシ黄・青
茶 黒	ココア色素、イカ墨色素
油溶性製剤	OSシリーズ各種
その他各種製剤	

天然系色素 鮮明シリーズ

鮮明パプリカ14000、鮮明カロテン1000、鮮明ブルー液
鮮明赤キャベツ液、鮮明ベニバナ液600、鮮明グリーン No.1

野菜の変色防止・殺菌

GW-1	ごぼう・さといもの変色防止
ナスアップ	茄子の発色安定に
ネオシロックス	生食用カット野菜の殺菌

アイゼン合成色素

食用タール色素全種、各種アルミレーキ、医薬・化粧品色素、工業用酸性染料、ビタミンB₂、β-カロテン、水溶性アナトー、銅クロロフィリンNa、各種 機能性染料

保土谷化学工業株式会社 カラー&イメージング事業部

アイゼン営業部 http://www.hodogaya.co.jp/

アイゼン営業部●東京都中央区八重洲二丁目4番1号ユニゾ八重洲ビル9階
TEL:(03)5299-8087 FAX:(03)5299-8258
大阪支店●大阪市中央区高麗橋4丁目1番1号興銀ビル2F
TEL:(06)6203-2541 FAX:(06)6203-2543

おいしさと安全を食卓に

当社の特長ある製品・素材が『おいしさ』と『安全』を食卓へお届けします

- ベーキングパウダー
- 日持向上剤
- 保存料
- 品質改良剤
- 機能性素材
- 呈味素材

Future Chemical Future Life **OKUNO** 奥野製薬工業株式会社 OKUNO CHEMICAL INDUSTRIES CO. LTD.

食品営業部	大 阪	〒538-0044	大阪市鶴見区放出東1丁目10番25号	TEL(06)6961-7727
	東 京	〒123-0865	東京都足立区新田3丁目8番17号	TEL(03)3912-9247
	九 州	〒812-0011	福岡市博多区博多駅前4丁目18番26号	TEL(092)431-2478

Tasty, Healthy & Convenient
おいしさと健康をもっと身近に

取り扱い製品一覧

	商品名	一般名称
食品用乳化剤	リョートー™シュガーエステル	ショ糖脂肪酸エステル
	リョートー™ポリグリエステル	ポリグリセリン脂肪酸エステル
製菓用乳化起泡剤	リョートー™エステルSPシリーズ	製菓用起泡剤製剤
品質改良剤	リョートー™エステルSMO	乳化剤製剤
機能性糖類	エリスリトール	エリスリトール
	オリゴトース	直鎖オリゴ糖
酸化防止剤	RMシリーズ	ローズマリー抽出物
	サンフード™シリーズ	茶抽出物
	イーミックス®シリーズ	ビタミンE
日持ち向上剤	アミカノン®シリーズ	卵白リゾチーム製剤
抗菌・鮮度保持剤	ワサオーロ™	カラシ抽出物
乳酸菌	ラクリス™-S	有胞子性乳酸菌

酵素剤	ペクチナーゼ、アミラーゼ、プロテアーゼ、タンナーゼ、インベルターゼ、デキストラナーゼ、ホスホリパーゼ、パパイン他
着色料	クチナシ色素、パプリカ色素、ベニコウジ色素、β-カロテン、V.B$_2$、その他各種色素
強化剤	ドライビタミンA、ドライビタミンD$_3$、抽出α-E末、その他各種ビタミン類
増粘剤	精製カラギナン、ローカストビーンガム（精製品）、タラガム（精製品）、グァーガム（精製品）、タマリンドシードガム（精製品）、サイリウムシードガム（精製品）
機能性素材	オリーブ抽出物、コエンザイムQ10、ゲラニルゲラニオール

▲ 三菱ケミカルフーズ株式会社

http://www.mfc.co.jp

広5

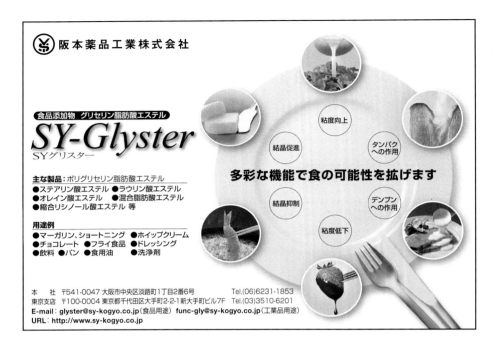

太平化学産業のミネラル素材

発酵乳酸カルシウム　リン酸マグネシウム
リン酸カルシウム　ピロリン酸第二鉄

High Technology & Sincerity
㊟太平化学産業株式会社

本　社	〒540-0039	大阪市中央区東高麗橋1-19	☎06(6942)2515(代)
支　店	〒103-0023	東京都中央区日本橋本町3丁目7-2 MFPR日本橋本町ビル5階	☎03(6206)2200(代)
営業所	〒460-0002	名古屋市中区丸の内2丁目19-23 MS桜通7階	☎052(232)1251(代)

食の安心と生産性向上に**Contribute**します!

第一化成の高品質で安全・安心な製品情報

機能性食品素材・製剤
- 機能性タンパク質 改質乳清タンパク質「ジェネシス」、乳清タンパク質、卵白タンパク質、エンドウタンパク質、豚コラーゲン
- 乳ペプチド素材、血漿タンパク分解物
- 乳風味向上素材
- 低甘味マルトデキストリン
- 食物繊維素材
- 酵母エキス
- リン酸塩代用品
- 麺用品質改良剤　他

プレミアムミックスDK

「プレミアムミックスDK」の詳細に関しましては、HPをご覧いただくか、お近くの営業オフィスまでお気軽にお問い合わせください。

食品添加物・製剤
- 製パン用pH調整剤、麺用pH調整剤
- 食肉加工用品質改良剤
- 発色剤、酸化防止剤
- 増粘剤
- リン酸塩、カゼインNa
- 調味料
- 着色料
- 保存料、日持向上剤
- 香辛料抽出物
- その他食品添加物

食品
- たれ、つゆ、ソース、ドレッシング、シーズニング
- 液体エキス系調味料
- 老化抑制米飯用調味液　他

株式会社 第一化成　本社/研究開発部/営業部
株式会社 ダイイチフーズ
〒607-8323
京都市山科区川田岡ノ西町7-1
TEL (075) 581-4126

生産部/品質保証部
〒607-8325
京都市山科区川田土仏町8
TEL (075) 594-5243

オフィス
札　幌(011)842-3211　名古屋(052)703-3132
仙　台(022)388-8061　大　阪(06)6943-1761
関東СD(03)5939-1261　福　岡(092)822-3388

びわ湖プラント

山科食添工場と亀岡F1プラントは「HACCP導入型食品GMP」の登録工場です。

山科DFプラントは「京(みやこ)・食の安全衛生管理認証制度」の認証工場です。

www.daiichi-kasei.co.jp

Natural History & Scientific Approach

Safety & Quality を実現する

独創的な天然食品素材のご提案——保存・日持向上に

とうがらし【唐辛子抽出物】

起源：トウガラシの果実から抽出したもの。主成分は辛味のない水溶性画分。サポニンの一種であるギトゲニン、たんぱく質等を含む。

特徴：酸性から中性の領域で産膜・非産膜酵母に抗菌性を示す。熱安定性が高く、レトルト加熱に耐える。有機酸との配合製剤が細菌、酵母に有効。

用途：惣菜・餃子、シューマイ、コロッケ、バッター等、液体調味料、漬物等の保存に。

製剤：アジナンバー・シリーズ、スパニッシュ・シリーズ

ホップ【ホップ抽出物】

起源：ホップ雌株の毬花（キュウカ）から抽出したもの。フムロン等の苦味成分とは別のポリフェノールを含む。主成分はフラボノイドの一種であるキサントフモール。

特徴：グラム陽性細菌、酵母に抗菌性を示し、特に乳酸菌に有効。水に不溶で50%アルコールに可溶。

用途：漬物（キムチ、浅漬け、タクワン等）、総菜、生珍味等の保存。

製剤：ホップイン、アサコール等

しらこ【白子たんぱく】

起源：サケ・ニシン等の魚類の成熟した精巣から抽出したもの。主成分は塩基性たんぱく質プロタミン。

特徴：熱安定性が高く、レトルト加熱に耐える。中性から弱アルカリ性の領域で最も強い抗菌性を示す。無味無臭で食品の呈味を損なわない。グラム陽性細菌、特に耐熱性芽胞細菌に有効。

用途：惣菜、和洋菓子、生珍味、だし巻き玉子、蒸中華麺等の保存に。

製剤：インパクト・シリーズ

アサマ化成株式会社

本社／〒103-0001 東京都中央区日本橋小伝馬町20-6　TEL 03-3661-6282
大阪（営）〒532-0011 大阪市淀川区西中島5-6-13　TEL 06-6305-2854

●東京アサマ／03-3666-5841　●九州アサマ／092-408-4114　●中部アサマ／052-413-4020　●桜陽化成／011-683-5052
E-mail: asm@asama-chemical.co.jp　http://www.asama-chemical.co.jp

Interface Solution
太陽化学の界面制御技術

界面を科学し製品作りに貢献します

乳化剤

サンソフトシリーズ
アワブレークシリーズ（消泡剤）

酸化防止剤製剤

スーパーエマルジョンTSシリーズ

乳化香料製剤

ナチュレイドシリーズ
クラウディ製剤

スーパーエマルジョンEM
減塩食品におすすめ
塩味や辛味などの呈味を引き立たせます

TAISET AD
油系食品の新たな可能性
油脂を"透明なまま"
固化・増粘します

太陽化学株式会社　東京本社　〒105-0013　東京都港区浜松町1-6-3　TEL（03）5470-6810
https://www.taiyokagaku.com

天然色素のパイオニア
ニチノーカラー

ニチノーは、創業以来、植物由来原料にこだわり、
高品質な製品と丁寧な対応で高い信頼を得てきました。

クチナシ色素
アカキャベツ色素
ムラサキイモ色素
アカダイコン色素
クロロフィル（葉緑素）

- ●高安定性クチナシ黄色素の液体製剤
- ●国産野菜色素、各種とりそろえています。
- ●クロロフィルはクロレラから抽出しています。
- ●紅イモエキス・赤シソエキス等、植物系エキスを多数とりそろえています。
- ●多種多様な製品群で、幅広い食品に対応いたします。

日農食品販売株式会社
東京都千代田区内神田3-3-4 全農薬ビル7F　TEL（03）3256-5325代

日農化学工業株式会社
埼玉県八潮市鶴ヶ曽根730-5　TEL（0489）96-8111代

URL:http://www.nichinokagaku.co.jp

寒天の可能性を求めて……。

粉末寒天の歴史は、伊那食品工業の歴史です。

低強度高粘性寒天 **柔S**

可食性フィルム **クレール**

超高ゼリー強度寒天 特許 **カリコリカン**

特許超低ゼリー強度寒天 **イーナ**

特許60℃で溶解する低温溶解寒天 **マックス**

日本薬局方寒天 **崩壊用精製寒天**

介護食用ウルトラ寒天

超高粘弾性寒天 **大和**

ウルトラ寒天

高級和菓子用寒天 **釜一番**

即溶性寒天

伊那フレーク

日本薬局方寒天

アガロース

培地用寒天

寒天製剤「イナゲル」

組織培養用寒天

高融点寒天

乳業用粉末寒天

テレット

ところてん用粉末寒天

みつ豆用粉末寒天

製菓用粉末寒天

粉末寒天

角寒天

寒天からさらに総合ゲル化剤メーカーへ

伊那食品工業株式会社

本 社／長野県伊那市西春近5074 TEL0265-78-1121
ホームページアドレス www.kantenpp.co.jp

東 京 支 店／	TEL03-5358-8808	札幌営業所／	TEL011-623-1741
名古屋支店／	TEL0568-75-6660	仙台営業所／	TEL022-777-1749
大 阪 支 店／	TEL06-6339-8500	岡山営業所／	TEL086-242-5588
長 野 営 業 所／	TEL0265-78-1121	福岡営業所／	TEL092-720-6677

寒天についてのお問い合わせは、お気軽に最寄りの支店・営業所までどうぞ。

新しい食品の開発には天野エンザイムの酵素が活きています。

用途	商品名
澱粉加工・デキストリン製造	クライスターゼ T10S
マルトトリオース製造	AMT 1.2L
澱粉のα-1、6グルコシド結合の分解	クライスターゼ PL45
サイクロデキストリン製造	コンチザイム
分岐オリゴ糖製造	トランスグルコシダーゼ L「アマノ」
油脂加工	リパーゼ AY「アマノ」30SD
蛋白加工 アミノ酸エキス製造	プロテアックス
蛋白加工 ペプチド製造	プロテアーゼA「アマノ」SD
	プロテアーゼM「アマノ」SD
	プロテアーゼP「アマノ」3SD
蛋白加工 アミノ酸エキス製造	ペプチダーゼR
グルタミン酸の増強	グルタミナーゼ SD-C 100S
酵母エキス製造他	ヌクレアーゼ「アマノ」G
	デアミザイムG

ご用命は天野エンザイム営業窓口へ 052-211-3032（本社）／03-3597-0521（東京事務所）

天野エンザイム株式会社 http://www.amano-enzyme.co.jp/
本社営業 〒460-8630 愛知県名古屋市中区錦一丁目2番7号 Tel.052-211-3032 Fax.052-211-3054
東京事務所 Tel.03-3597-0521 Fax.03-3597-0527

これまでも、これからも。
ポリリジンが届ける食の安心と笑顔。

独自のバイオ技術でつくられる保存料"ポリリジン"は、高い制菌力、安全性、幅広いpH領域での効果などが評価され、これまで多様なシーンで活躍してきました。美味しさそのままに、保存性を高める特徴は近年の"**食品ロス**"対策にも効果的。"**もったいない**"を減らす、新しい食の可能性をお客様にご提案しております。

- ガードロング〈グリシン製剤〉 — パンや惣菜デザート等に
- ガードエース〈酢酸製剤〉 — 米飯やパスタ等に
- ガードパワーアップ〈アルコール製剤〉 — サニテーション等に

他にも豊富なラインナップを取り揃え、様々な用途に対応しております。詳しくはお問合せください。

優れた技術で、社会の進歩に貢献する先端化学企業。

JNC株式会社
www.jnc-corp.co.jp
〒100-8105 東京都千代田区大手町2-2-1　tel.03-3243-6150

天然素材だから安心です。

- **フィッシュカル**
  焼成魚骨粉（Ca37%以上 500メッシュ）
- **ドロマイト**
  （Ca21%以上、Mg12%以上 500メッシュ）
- **ホタテ末・ホタテ末（S）**
  未焼成帆立貝殻粉末（Ca38%以上 300/500メッシュ）
- **貝殻焼成カルシウム**
  食品改良剤用（CaO91%以上 300メッシュ）

■ 天然ミネラルの総合メーカー ■

 株式会社 エヌ・シー・コーポレーション

本　　社　〒771-0212 徳島県板野郡松茂町中喜来字福有開拓308-15　TEL. 088-699-5121㈹
東京営業所　〒105-0013 東京都港区浜松町1丁目12-14　TEL. 03-3433-8068
http://nc-corporation.co.jp

HighSpeed
HighTech
HighChem

高品質で安価な製品を安定供給するため、
中国大手メーカーとの業務提携をはじめ、
現地メーカーへの厳しい品質・
生産管理の実施・徹底の指導も行っております。

ビタミンC
拓洋社総代理

ビタミンCナトリウム

ビタミンB1
(チアミン塩酸塩、チアミン硝酸塩)

エリスリトール

アセスルファムK
VITA社総代理

ポリデキストロース

グリシン

DL-アラニン

無水酢酸ナトリウム

その他、添加物・健康食品原料など各種取り扱いしております。

HighChem ハイケム株式会社　104-0032　東京都中央区八丁堀4-7-1
TEL.03-5542-0567　FAX.03-5542-0570

広15

新素材セルロースナノファイバー

- ●セレンピア®＜CNF＞　◇安定性(懸濁・乳化)、低曳糸性、増粘性

安定剤 増粘剤 ゲル化剤

- ●サンローズ®＜CMC＞　◇乳タンパク安定、保水性向上

セルロースパウダー

- ●KCフロック®＜粉末セルロース＞　◇離水防止、保形性向上
- ●NPファイバー＜食品素材＞　◇食物繊維強化、カロリーコントロール

新素材営業本部　本社　　　　03-6665-1020(代表)
**　　　　　　　　関西営業部　06-6262-3800(代表)**

甘味料

- ●SKスイート®＜酵素処理ステビア(米国GRAS適合品)＞
- ●ステビアファイン®＜ステビア抽出物(JECFA適合ステビア抽出物)＞
  ◇高甘味度甘味料、異味マスキング

天然系調味料

- ●SK酵母エキス　◇旨味・コク味付与

ケミカル営業本部　本社　　　　03-6665-5950(代表)
**　　　　　　　　関西営業部　06-6262-3800(代表)**

 日本製紙株式会社

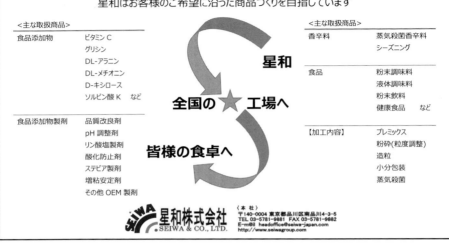
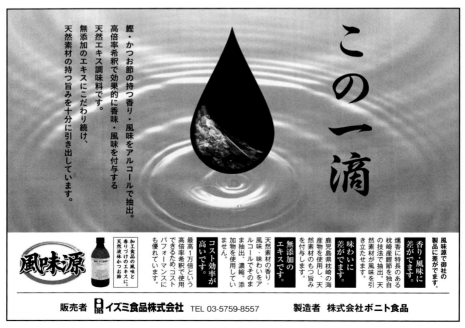

ニッピが提案する次世代のコラーゲンペプチド

Collagenomics

世界のコラーゲン研究・開発をリードしてきたニッピの新たな成果が「Collagenomics（コラゲノミクス）」シリーズです。

「Collagenomics DFF-01」
Pro-Hyp 高含有コラーゲンペプチド

「Collagenomics GFF-01」
X-Hyp-Gly 高含有コラーゲンペプチド

(株)ニッピ　バイオマトリックス研究所

「Collagenomics」は、「Collagen」（コラーゲン）と「omics」（〜の研究分野を扱う学問）を組み合わせた造語です。

株式会社ニッピ　ゼラチン事業部　ゼラチン・ペプタイド営業部
〒120-8601　東京都足立区千住緑町1-1-1　Tel 03-3888-8991　Fax 03-3888-9143

天然・合成甘味料のブリッジングパートナー

ツルヤ化成工業は、お客様が求められる味の実現のために、
天然・合成を問わず多くの高甘味度甘味料を取り揃えております。
高甘味度甘味料について何かご質問・ご要望等ございましたら、
是非ツルヤ化成工業にご連絡ください。
量の多少にかかわらず親身に対応させていただきます！

天然甘味料
・ステビア
・カンゾウ
・羅漢果（ラカンカ）

・ノウハウ
・経験
・情報
・安心・安全

合成甘味料
・スクラロース
・アスパルテーム
・アセスルファムカリウム
・ネオテーム

■ベルトロン
■シュガーリチン

■プレジロン
■アスパルテーム・C-APM
■アセスルファムK・T-ACK

ツルヤ化成工業株式会社
http://www.tsuruyachem.co.jp/

本社工場　〒407-0033　山梨県韮崎市龍岡町下條南割 995-400　TEL:0551-23-0330
営業本部　〒252-0144　神奈川県相模原市緑区東橋本1-5-10 大地ビル7-2F　TEL:042-770-8131
パッケージ事務所　〒252-0254　神奈川県相模原市中央区下九沢 1105-1　TEL:042-700-0131

MARINE SCIENCE
the life from sea

品質・価格・供給に自信があります！

【カラギナン】 ～高品質を誇る"MSC"社製品～

- 食品添加物／医薬品添加物
  カッパタイプ／イオタタイプ
- カラギナン複合基材
  カッパ＋カシアガム（CC-50）
  カッパ＋イオタ（KS-50）
  カッパ＋LBG（LC-50） etc…

★人気急上昇中！ "CC-50"
新食感！《カシアガム＋カラギナン》

★ハム・ソーセージ用に！"TAG-150"
異物を徹底除去した加工ユーケマ藻類！

★扱いやすい粉末寒天！"MK-100"
加熱溶解に優れ、一般製菓用に最適！

【寒 天】

- 糸寒天 ～世界一の生産規模を誇る"密陽寒天"社製品～
  標準品：1kg×5袋入り　カット品：4kg×2袋入り
  （サイズ・数量はご相談下さい）
- 粉末寒天 ～標準品から粘度タイプまで幅広い製品群～
  一般製菓用／みつまめ用／ところてん用 etc…

密陽寒天工場（韓国）

【ファーセレラン】

- 幻のゲル化剤
  デンマーク寒天（Danish agar）として
  使用されておりました。

MSC CO., LTD. 本社工場（韓国）

【韓国食品素材・その他】

- 韓国調味料
  キムチエキス（粉末・液体）※粉末は辛口タイプ有
  ※テンジャン（粉末）他、特注品として承ります。
- その他
  パーシモンシロップ（柿100％シロップ）etc…

【受託加工OEM】

- ★八王子の自社工場にて加工致します
- ★20kg×1袋、1kg×10袋等対応可能です。
- 粉体の受託加工各種
  混合／小分け／詰替／篩がけ

弊社八王子工場

マリン・サイエンス株式会社

〒101-0031　東京都千代田区東神田2-1-11　第一坂本ビル7階
Tel 03-3865-3485 Fax 03-3865-3450 URL:http://www.marine-science.co.jp

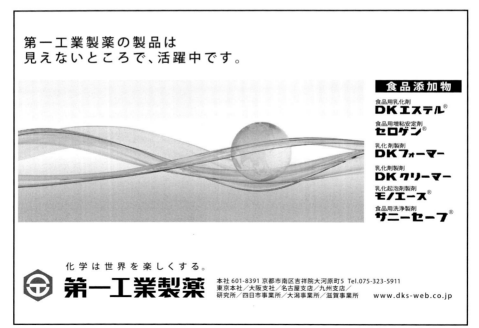

ステビア甘味料は次世代へ向け「A」から「M」へ引き継がれる

弊社は次世代のステビア甘味料として世界的に注目されている「レバウディオサイド M」の商品化に向け準備を進めております。

- 「レバウディオサイド M」に関する特許を日本、米国、欧州等において取得、出願しております。

【特許番号】
JP5604426 / JP6307649 / JP6159993 / US8703225 / US9215889 / US9848632 / EPC2350110 / KR101708068 / MY158626

【出願番号】
2017-504880 / 15/566,638 / 16761333.0 / 2016230587 / 2,979,166 / 201680021323.6 / 10-2017-7027068 / P12017703325 / 1-2017-501645 / 1701005138 / 1-2017-03787
※その他、用途特許も多数出願中。

- 「レバウディオサイド M」は、弊社のステビア品種に含まれる苦味、渋味の少ない甘味成分であり、味質は砂糖に近くまろやかでコクがあります。

- その他、ワンランク上の味づくりにレバウディオサイド A 高含有品のレバウディオ AD をはじめ、国際的な JECFA 規格、米国、欧州規格に適合した製品を多数取り揃えております。

ステビア甘味料のパイオニア
守田化学工業株式会社
〒577-0002 東大阪市稲田上町 1 丁目 19 番 18 号
TEL：06-6744-8877　FAX：06-6744-8777

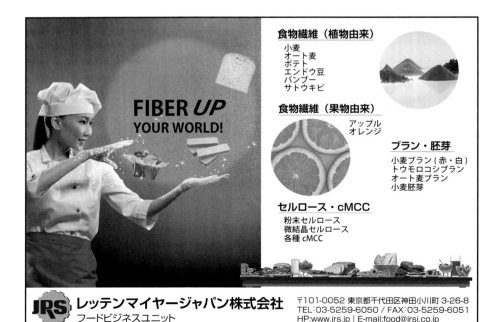

レッテンマイヤージャパン株式会社
フードビジネスユニット
〒101-0052 東京都千代田区神田小川町 3-26-8
TEL：03-5259-6050 / FAX：03-5259-6051
HP：www.jrs.jp | E-mail：food@jrsj.co.jp

しあわせは、
おいしいところから
生まれていく。

パールアガーシリーズ
ゼリー用製剤

フジプリンベースシリーズ
プリン用製剤

パールペックシリーズ
ジャム、ムース用製剤

マニスクレベール
艶がけ、生クリーム保型安定剤

※その他各種ゲル化剤.安定剤を揃えております。

株式会社富士商事

本　　社　〒133-0057　東京都江戸川区西小岩1-26-7　TEL 03-3657-6611　FAX 03-3657-0019
九州営業所　〒862-0910　熊本市東区健軍本町29-8-201　TEL 096-367-3866　FAX 096-367-3877
http://www.fuji-pearlagar.co.jp/

コービオンは人々のクオリティーオブライフの向上に貢献致します。

コービオンの製品は、バイオベース原料を用い、発酵などの天然製法で製造されており、人・環境に優しい製品開発にお役立て頂けます。

── 取扱い製品 ──
- ●発酵乳酸（液体・粉末）
- ●発酵乳酸カルシウム（顆粒）
- ●発酵乳酸ナトリウム（液体・粉末）
- ●発酵乳酸カリウム（液体）
- ●発酵緩衝乳酸（液体）
- ●グルコン酸乳酸カルシウム（顆粒）
- ●グルコン酸カリウム（顆粒）
- ●グルコン酸亜鉛（粉末）
- ●発酵調味液ベルダッドF7・F21（液体）
- ●製パン用改良剤・酵素製剤等（粉末）

Corbion Keep creating

コービオンジャパン株式会社
〒150-0012　東京都渋谷区広尾1-13-1　フジキカイビル3階
TEL:03-5422-6290　FAX:03-5422-7519

増粘安定剤・ゲル化剤・食感改良剤

- ●グァーガム ●ローカストビーンガム
- ●精製ローカストビーンガム ●タラガム
- ●ペクチン ●カラギナン
- ●スレンデイド（食感改良・脂肪代替）
- ●マルトデキストリン
- ●加工でん粉

- ●酸乳・醗酵乳用安定剤
- ●食感改良剤・脂肪代替物
- ●飲料用パルプ補助・強化剤

DuPont社
ローカストビーンガム／グァーガム（輸入代理店）

PAKCHEM　Pakistan Gum & Chemicals社
グァーガム（輸入総代理店）

CPKelco シーピーケルコ社
（ゲニュー製品輸入総代理店）

水系レオロジーコントロール剤専門商社

SANSHO 三晶株式会社

本　　　　社：〒540-6123 大阪市中央区城見2丁目1番61号 ツイン21MIDタワー23階
　　　　　　　Tel.06-6941-7271（代）　Fax.06-6941-7278
東京支社：〒103-0001 東京都中央区日本橋小伝馬町15番18号フジノビル
　　　　　　　Tel.03-3661-8341（代）　Fax.03-3661-2094
中央研究所：〒573-0128 大阪府枚方市津田山手2-21-1 津田サイエンスヒルズ
　　　　　　　Tel.072-808-0070（代）　Fax.072-808-0050
http://www.sansho.co.jp/

甜菜と共に 北海道産の食品素材を ご提供いたします。

- ●吸湿しない天然結晶オリゴ糖
  ニッテン ラフィノース
- ●おいしさを引き出す天然アミノ酸系調味料
  ニッテン ベタイン
- ●おいしさと自然な色合いが特徴の天然オリゴ糖入り液状甘味料
  スイートオリゴ
- ●不溶性・高保水性の食物繊維
  ビートファイバー
- ●グルコシルセラミド含有の植物脂質素材
  ビートセラミド

甜菜（ビート）

日本甜菜製糖株式会社

本社〒108-0073 東京都港区三田3丁目12番14号
TEL 03 (6414) 5535 FAX 03 (6414) 3984
http://www.nitten.co.jp/

「食の安全・信頼」と
「食品開発のパートナー」を目指して

加工食品・調味液の試作提案・共同開発
食品添加物・製剤の製造販売
すり身・農水産物等食材の販売
工場内衛生管理・関連資材の販売
一般分析・微生物検査等での品質管理

サンダイヤ株式会社

本　　社	東京都中央区日本橋浜町1丁目1番12号　プラザANSビル8階 TEL 03-5833-8670　(代表)　　FAX 03-5833-8671
札幌支店	札幌市西区西町南13丁目2番1号 TEL 011-663-2111　(代表)　　FAX 011-665-6461
福岡支店	福岡市中央区荒戸2丁目1番16号 TEL 092-761-6267　(代表)　　FAX 092-715-0985

ノボザイムズの革新的な酵素技術で、食品業界の常識を変え続ける。

2015	2016	2017	2018	2019	2020
澱粉加工用酵素 Branchzyme®	澱粉加工用酵素 Secura®		微生物由来トリプシン キモトリプシン Formea® CTL Formea® TL	製パン用 Lipopan® Prime	麦汁・ビールろ過 Ultraflo® Max
	菓子の老化防止 OptiCake® Fresh		低糖質ビール用 Attenuzyme® Clip Attenuzyme® Pro	スターチの増収 Frontia® Fiberwash	環境にやさしい脱ガム Quara® Low P
	パンの老化防止 Novamyl® 3D®	アクリルアミド低減 Acrylaway®	低糖質ビール用 Attenuzyme® Core	高グルコース収量 Dextrozyme® Peak Extenda® Peak 1.5Extra	パン保形性向上 Sensea® Form	高濃度での糖化 Extenda® Go 2Extra
		低pH液化酵素 LpHera®		環境にやさしい脱ガム Lecitase Ultra®	次世代ラクターゼ Saphera®

Rethink Tomorrow

ノボザイムズ ジャパン株式会社
https://www.novozymes.com/jp
〒261-8501　千葉市美浜区中瀬 1-3　CB-5
お問い合わせ：nzjp-productinfo@novozymes.com

novozymes

FLAVOR & TASTE
味と香りで新しい食品づくりをサポートします。

風味サポート
リサーチ&デベロプメント

ISO9001　　　　　　　JAFAGMP-015
JMAQA-1880　CM014

 大阪香料株式会社
URL http://www.osaka-koryo.co.jp

本　社 〒550-0026 大阪市西区安治川2丁目3番11号
　　　　TEL(06)6581-8861　FAX(06)6581-9101
東京支店 〒103-0024 東京都中央区日本橋小舟町5-7
　　　　TEL(03)3665-0955　FAX(03)3665-0977

～酢酸塩の大東化学～
サンミエース® pH調整剤、日持向上剤

酸性剤として酢酸ナトリウムとの併用が効果的です

一般的な酸性剤に比べてpHを下げず
より高い静菌効果を発揮します

	加熱後豚肉pH
無添加	6.13
酢酸Na:フマル酸 = 8:2 (0.5%)	5.90
酢酸Na:サンミエース42 = 8:2 (0.5%)	6.07
酢酸Na:サンミエース42 = 7:3 (0.5%)	6.03

※豚肉に対して混合物0.5%添加

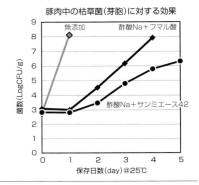

豚肉中の枯草菌（芽胞）に対する効果

大東化学株式会社
http://www.dcg.co.jp

〒105-0001
東京都港区虎ノ門1-2-20 第3虎ノ門電気ビルディング4階
TEL 03-5157-0875 FAX 03-5157-0876

リン酸塩製剤
品質の安定・変色防止に
→ ニュー **エフシリンサンF**

調味料
海水由来の塩味調味料
→ **カリベース**

酸味料・PH調整剤
米糠から精製された
天然由来の変色防止剤
→ **フィチン酸FC**

一滴からの貢献をめざします
— FC —

エフシー化学株式会社
FC CHEMICAL Co.,Ltd.

〒530-0043大阪市北区天満4丁目9-15
Tel 06-6353-1157 Fax 06-6353-1251
http://www.fc-k.co.jp/

素材本来の旨味、香りそのまま粉末に

お茶・昆布・鰹節・椎茸・野菜・果物・お酒などの天然風味を独自の技術で高品質な粉末にしてご提供いたします。

各種粉末製品や液体製品を製造販売しております。
OEM生産のご相談も承ります。

■ 本　社／〒485-8523 愛知県小牧市堀の内四丁目154番地
　　　　　TEL:0568-77-7315　FAX:0568-72-0273
■ 第二工場／〒485-0825 愛知県小牧市大字下末字揚見513番地6
■ 第三工場／〒480-0303 愛知県春日井市明知町字頓明1423番地57

佐藤食品工業株式会社
Sato Foods Industries Co.,Ltd.

佐藤食品工業　検索　www.sato-foods.co.jp

予防・治療・療養の医療の全局面に深く関与し、『人々の健やかで潤いのある生活』に貢献します。

〈取扱製品〉

医薬・食品・バイオ製品の分野で、新しい価値を創造します！

マスコットキャラクター
はばたきくん

● **オリゴ糖酸（マルトビオン酸含有水飴）**

　✓ 果汁感・乳風味・塩味を引き立てます
　✓ ミネラルの不快味をマスキングするとともに、可溶化状態を安定に保ちます
　✓ 骨密度改善、ミネラル吸収率向上、便通改善効果など機能性を持つ素材です
　水飴タイプの"サワーオリゴ®"と粉飴タイプの"サワーオリゴ® C"の2ラインアップご用意

● **糖化製品**

　日本薬局方ブドウ糖、無水結晶ぶどう糖、
　含水結晶ぶどう糖、全糖ぶどう糖、
　液状ぶどう糖、異性化液糖（ぶどう糖果糖液糖）、
　水飴、粉飴、デキストリン

● **乳酸菌製剤**

　乳酸菌受託製造
　（生菌粉末、殺菌粉末、凍結濃縮液）
　乳酸菌スターター

サンエイ糖化株式会社
SAN-EI SUCROCHEMICAL CO., LTD.

〒478-8503　愛知県知多市北浜町24番地の5
TEL:0562-55-5111　FAX:0562-56-2400

サンエイ糖化　検索　http://www.sanei-toka.co.jp

食品添加物のご用命は当社へどうぞ!!

ビタミン
アスコルビン酸・アスコルビン酸Na・リボフラビン

調味料
L-グルタミン酸Na・グリシン・アラニン

酸味料・pH調整剤
クエン酸・クエン酸Na・乳酸・酢酸Na・ソルビン酸K・リンゴ酸

甘味料
アセスルファムK・スクラロース・結晶果糖・ソルビトール

増粘多糖類
キサンタンガム(一般・透明タイプ)・ジェランガム

グアーガム・ペクチン(HM＆LMタイプ)

その他、アミノ酸各種取り揃えています。

輸入・販売 研光通商株式会社
〒101-0032　東京都千代田区岩本町3丁目1番2号岩本町東洋ビル4階
URL：www.kenkoco.com　TEL 03-6821-8061　FAX 03-6821-8060

山の小径をたどれば みどりの香り
シルヴァン グリーン ウッディ モッシィ
はかない草花は 働き蜂をいざない
気だるい羽音は午後の眠りをさそう

香りは遠い思い出へのとびら

稲畑香料株式会社

本社・工場　大阪市淀川区田川3-5-20　電話(06)6301-8931
東京支店　東京都中央区日本橋小舟町4-12　電話(03)3664-9161
関東工場　茨城県常総市大生郷町6140-4　電話(0297)24-4581

Flavors & Fragrances
inabata
www.inabatakoryo.co.jp

世界中から安心・安全な
食品加工用原料及び食品添加物を
お届けする DKSH ジャパン社

取扱い品目
- 香料・調合香料・香料製剤
- 各種調味料
- 増粘多糖類
- カルチャー
- 天然色素各種
- 乳化剤
- 酵素
- ハーブ・スパイス抽出物

Think Asia. Think DKSH.

DKSH ジャパン株式会社
食品・飲料インダストリー　　TEL03-5411-4535
東京都港区三田3丁目4-19　　FAX03-5441-4536

株式会社 林原

〒700-0907
岡山市北区下石井 1-1-3
日本生命岡山第二ビル新館
https://www.hayashibara.co.jp/

林原 WEB

食品化学新聞社の定期刊行物

食品化学新聞

食品添加物および素材、機能性食品素材の総合情報紙

1964年創刊 週刊 半年16,800円（税別/送料込）一部700円（税/送料別）

「おいしさと健康」をテーマに、食品添加物・素材から健康食品素材まで網羅した加工食品原料の総合専門紙として、技術、商品、市場、研究、行政等の動向を克明に報道。

フードケミカル

食品のおいしさと安心を科学する技術情報誌

月刊 年間30,000円（税別/送料込）
一部 2,700円（税/送料別）

食品の開発・製造の"決め手"となる素材や添加物、機器の技術情報をはじめ、市場動向、分析、衛生管理、制度、規格などを詳細に解説。

FOOD STYLE 21

食品の機能と健康を考える科学情報誌

月刊 年間22,857円（税別/送料込）
一部 2,381円（税/送料別）

食品成分（素材）の生理機能や疾病予防に関する最新研究を分かりやすく解説し、健全・快適な食生活の実現のための食品開発をサポート。

詳細はHPをご覧ください http://www.foodchemicalnews.co.jp

(株)食品化学新聞社 〒101-0051 東京都千代田区神田神保町3-2-8 昭文館ビル2F
TEL. 03-3238-9711（書籍販売） FAX. 03-3238-7898

食と向き合って100年

カラメル／天然着色料／調味料／デザート食品／甘味料／その他各種食品加工／食品素材

池田糖化工業株式会社

Ikeda tohka Industries Co.,Ltd.
https://www.ikedatohka.co.jp/

〒720-8638　広島県福山市桜馬場町2番28号
Tel　084-953-5322

東京本社、大阪支店、名古屋支店、福岡支店
福山営業所、鹿児島出張所

人と地球の健康に貢献する

「環境と調和し、人に優しい生活」を実現させるため、
長年培った技術を生かして4事業を展開しています。

有機酸事業
クエン酸をはじめとする幅広く利用されている有機酸。お客様が求める安全・高品質な有機酸を安定提供できる体制があります。

食品事業
食品加工の総合受託メーカーとして、粉砕・混合・造粒・乾燥・吸着・打錠・充填などの工程を受託します。OEMでは企画からパッケージまでサポートします。

発酵事業
目に見えない微生物との対話を繰り返しながら、発酵によるモノづくりに取組んでいます。お客様が要望する発酵素材の製品化・量産化にお応えします。

環境事業
メタン発酵による食品廃棄物のクリーンな処理を提案します。「リサイクルループ」の一員として環境問題に貢献しませんか。

磐田化学工業株式会社　BIO-TEC IWATA

〒438-0078　静岡県磐田市中泉3069番地
Tel：0538-35-5100　Fax：0538-35-5105
URL：http://www.i-kagaku.co.jp

日成共益株式会社

Since 1932

共に新しい価値を、幸せ商い企業

NISSEI KYOEKI

食品材料部　化学品部　新規事業部

http://www.nissei-jp.co.jp/

東京本社／〒101-0053　東京都千代田区神田美土代町7番地　TEL:03-3293-3741　FAX:03-3233-1174
仙台・富士・名古屋・大阪・高松・福岡・オークランド(ニュージーランド)・上海・シンガポール

自然の贈りもの、からだ健やか。

タマ生化学の各種 機能性素材

- ◆ グリーンルイボスエキス
- ◆ 大豆イソフラボン
- ◆ DHA(22%〜70%)
- ◆ EPA(18%〜70%)
- ◆ 月見草油(α-リノレン酸8%・20%)
- ◆ アメリカジンセンエキス
- ◆ 植物性ステロール
- ◆ オレアノール酸
- ◆ カシスエキス(アントシアニン35%以上)
- ◆ ブルーベリーエキス
- ◆ 茶抽出物
- ◆ 国産イチョウ葉エキス
- ◆ 鉄クロロフィリンナトリウム
- ◆ ツバメの巣エキス

その他、天然物から抽出・精製した多彩な製品を揃えております

 タマ生化学株式会社

本　社　〒160-0023　東京都新宿区西新宿1-23-3
TEL 03-5321-6051

食品添加物

グリシン glycine

SHOWA DENKO 昭和電工株式会社

神奈川県川崎市幸区大宮町 1310 番　ミューザ川崎セントラルタワー 23 階
TEL：044-520-1348　FAX：044-520-1349

SODA AROMATIC Co., Ltd.

おいしい笑顔には
煌く未来が待っている

確かな技術や情報に基づいた
信頼あるフレーバーをご提供いたします

曽田香料株式会社　本社：〒103-8366 東京都中央区日本橋堀留町 2-2-1
TEL：03-5645-7340
http://www.soda.co.jp/

皆様に信頼される**ムサシノ**の食品添加物

Ca強化に
●DL-乳酸カルシウム
● カルシウム強化用、漬け物の歯切れ向上、果実の形崩防止に。

●L-乳酸カルシウム
● 顆粒状で溶解性が高く、使いやすいカルシウム塩です。

アミノ酸強化、ドリンク剤に最適
●アラニン
● 旨味と甘味を持ち、他の旨味物質との相乗効果により旨味が増強されます。
● 様々な味カドを取り、旨味を引き出します。
● 肝機能の改善に関する研究が進んでいます。

加工食品から機能性飲料まで
●DL-乳酸カリウム
●L-乳酸カリウム
● 食塩代替・カリウム強化に。

株式会社 武蔵野化学研究所
東京都中央区京橋 ﾞ-1-1（八重洲ダイビル）　TEL：03-3274-5502（代）　FAX：03-3275-2206
大阪市北区梅田2-4-13（阪神産経桜橋ビル）　TEL：06-6341-2625（代）　FAX：06-6341-2628
URL https://www.musashino.com　e-mail webmaster@musashino.com

まず自らが
グリーン・カンパニーであること。
そして、社会をもっとグリーンに。

製菓・製パン用酵素
　デナベイク EXTRA
　デナベイク RICH
　デナチーム BBR LIGHT
　β-アミラーゼ#1500S

肉加工用酵素
　デナチーム PMC SOFTER
　食品用精製パパイン
　アスコルビン酸オキシダーゼ

機能性リン脂質
　ホスファチジルセリン

販売元：長瀬産業株式会社 ライフ＆ヘルスケア製品事業部 フードマテリアル部
〒103-8355　東京都中央区日本橋小舟町5-1
TEL：03-3665-3780　FAX：03-3665-3976　www.nagase.co.jp

製造元：ナガセケムテックス株式会社
〒620-0853　京都府福知山市夷田野町1-52
TEL：0773-27-5801　FAX：0773-27-2040　www.nagasechemtex.co.jp

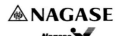

各種着色料・着色料製剤
イエローNYK・グリーンNYK・レッドNYK シリーズ
クロロンG・G液 ／ クロロンGA ／ クロロンF

チャ抽出物（緑茶カテキン）
カテキングS ／ ティーフレッシュS・30S・80S

イカスミ製品
アイカブラックS ／ デオブラックS
イカスミパウダー ／ セピアIC

サフラン色素製剤
サフランSP-30

着色料
酸化防止剤
食品素材

乳化油脂
ニューマイティー

卵・小麦たん白製品
卵白・卵黄・全卵パウダー
バランスグルテン／ハイパワーグルテン
ランパワーG ／ アルカパワーC ／グランガム

その他食品素材
クロレラ末 ／ 宇治抹茶

お問合せ・サンプルのご請求等は
 日本葉緑素株式会社
東京都千代田区神田須田町一丁目34-6 吉田ビル
〒101-0041　TEL 03-3256-8536　FAX 03-3254-7996
E-mail: info@nyk-jc.co.jp　　https://www.nyk-jc.co.jp/

食品工業用 酵素

新日本化学は、酵素を通じて
より豊かで健康な生活づくりに貢献します。

- グルコースオキシダーゼ
- α-ガラクトシダーゼ（メリビアーゼ）
- β-ガラクトシダーゼ（ラクターゼ）
- ペクチナーゼ
- セルラーゼ
- ヘミセルラーゼ
- キシラナーゼ
- マンナナーゼ
- グルコアミラーゼ
- α-アミラーゼ
- プロテアーゼ
- ペプチダーゼ
- リパーゼ
- カタラーゼ
- フィターゼ

ご要望に応じた酵素ご用意いたします。
ご相談ください。

新日本化学工業株式会社
TEL：0566-76-5171（代表）
TEL：0566-75-5555（営業部直通）
FAX：0566-75-0010
〒446-0063 愛知県安城市昭和町19番10号

欧米で使用可能な鮮明な青色天然色素！

植物生まれの青色色素リナブルー®は、米国FDA規格およびEUガイドラインに完全準拠しています。さらに、国際的な食品安全認証「FSSC22000」を米国・中国の自社2工場で取得しました。

リナブルー®とは

DICが管理培養したスピルリナに含まれている青色色素"フィコシアニン"を水抽出・精製した**鮮やかな食品用色素**です。

DICライフテックは、スピルリナ青色色素の量産サプライヤーです。日本はもちろんのこと、世界中で30年以上の販売実績があります。徹底した品質管理のもとで生産された原料スピルリナから一貫製造されるリナブルー®は、高品質かつトレーサビリティを確保し、信頼と安心をお届けします。

DICライフテック株式会社 スピルリナ素材営業チーム
〒103-8233 東京都中央区日本橋3-7-20 ディーアイシービル

お問い合わせは
Tel.03-6733-5537 Fax.03-6733-5546

リナブルー®及びスピルリナに関する詳しい情報はこちら
http://www.dlt-spl.co.jp/

ラーメンの決め手は麺づくり
応援します（＾０＾）/ヨコヤマのかんすい！

ひまわりかんすい／最高かんすい／特別かんすい
ゴールドかんすい／徳用かんすい／即効かんすい

〜お客様のご希望の配合で、300kgからお作りします〜

横山食品株式会社

本社 〒003-0029 札幌市白石区平和通14丁目北4番1号 TEL 011(864)7411
仙台支店 〒983-0034 仙台市宮城野区扇町4丁目7番43号 TEL 022(235)4451
URL：http：www.usagijirusi.jp

自然の花や植物から閃きと未来への
ヒントを得てきた私たち。

この限りある資源を守ること。

それは、MANEが
誰であり何をするかの
本質となります。

これからの世代に
サステナビリティの
深化と継承を。

Contact us：
ヴェ・マン・フィス香料株式会社
V. MANE FILS JAPAN, LTD.

〒151-0051 東京都渋谷区千駄ヶ谷1-7-16
TEL：03-5771-1871 | FAX：03-5771-1391

メトローズ®

食品添加物 メチルセルロース・HPMC(ヒドロキシプロピルメチルセルロース)

メトローズ® は、
水溶性のセルロース誘導体です。

"可逆的熱ゲル化"(加熱するとゲル化し、冷却すると元に戻る)というユニークな機能があり、食品の加熱時の安定性を向上させるのに効果的です。
クリームコロッケ、バッター、フィリング等、様々な食品に応用ができます。
また、乳化安定性や冷凍耐性に優れ、すでに様々な食品に使用され.ています。

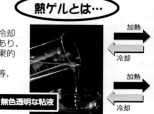

すでに様々な食品に使われております！

クリームコロッケ

チーズソース

からあげ

フライドポテト

ホイップとケーキ

Shin-Etsu

信越化学工業株式会社
有機合成事業部 セルロース部
TEL 03-3246-5261 FAX 03-3246-5372

塩野香料株式会社

より自然に、より心地よく。
香りの魔法で輝く未来を創造します。

FLAVORS
SAVORY FLAVORS
FRAGRANCES
FINE&AROMA CHEMICALS

FLAVORS | SAVORY FLAVORS | FRAGRANCES | FINE&AROMA CHEMICALS

本　社：〒541-0045 大阪市中央区道修町3丁目1番6号
　　　　TEL:06-6231-3013(代表) FAX:06-5229-8316
東京支店：〒101-0035 東京都千代田区神田紺屋町19番地
　　　　TEL:03-3251-7338(代表) FAX:03-3252-0165
研究所：東京・大阪　工場：大阪　海外事業所：台湾・上海
http://www.shiono-koryo.co.jp

別冊 フードケミカル11
乳化剤・増粘安定剤総覧
物性の理解から試作まで、この1冊でフォロー

　加工食品の物性をコントロールする上で必要不可欠な乳化剤と増粘安定剤。本書では、乳化剤10題、増粘安定剤27題について業界のエキスパートが実践的な物性の理論とアプリケーションへの応用について解説しています。
　さまざまな物質の特徴を知り、適切な素材や製剤を自ら選択できることが、新食感開発と品質向上につながります。巻末には試作用レシピと製品一覧を掲載。試作・開発担当者の"即戦力"となる1冊です。

目次

CHAPTER I
乳化剤・増粘安定剤の概要－法規制等－

CHAPTER II
乳化剤の基本物性と応用アプリケーション
乳化剤とは何か／乳化剤の選び方、使い方
モノグリセリド／有機酸モノグリセリド／ポリグリセリンエステル／プロピレングリコール脂肪酸エステル／ショ糖脂肪酸エステル／大豆レシチン／ひまわりレシチン／ステアロイル乳酸塩／乳化性デンプン（オクテニルコハク酸デンプンナトリウム）／カゼインナトリウム

CHAPTER III
増粘安定剤の基本物性と応用アプリケーション
カラギナン／アルギン酸、アルギン酸塩、およびアルギン酸エステル／寒天／ファーセレラン／ゼラチン／グァーガム／ローカストビーンガム／タマリンドシードガム／大豆多糖類／タラガム／サイリウムシードガム／カシアガム／キサンタンガム／ジェランガム／アグロバクテリウムスクシノグリカン／カードラン／プルラン／ペクチン／グルコマンナン／加工デンプン／アラビアガム／カラヤガム／トラガントガム／結晶セルロース／カルボキシメチルセルロースナトリウム（CMC）／メチルセルロース・ヒドロキシプロピルメチルセルロース／ポリアクリル酸ナトリウム

CHAPTER IV
各社の乳化剤・増粘安定剤を使ったレシピ集
　各社取り扱いの乳化剤・増粘多糖類製剤を使用したアプリケーション集です。
デザート・菓子、ベーカリー、タレ・ソース類、惣菜、ドリンク、麺類、食品添加物の7カテゴリー・94のレシピを掲載。
　使用する原材料・添加物の配合量はもちろん、投入順序や温度条件等をフローチャートで視覚的に分かり易く掲載しています。

CHAPTER V
各社取り扱いの乳化剤、増粘安定剤の製品一覧
　各社が取り扱う乳化剤・増粘多糖類の製剤一覧です。
試作用サンプル依頼等にご活用いただけます。

B5判、340ページ、12,000円（税抜）
お問い合わせ・お申込み

株式会社食品化学新聞社　書籍販売部
〒101-0051　東京都千代田区神田神保町3-2-8　昭文館ビル

☎ 03-3238-9711　FAX 03-3238-7898
http://www.foodchemicalnews.co.jp/

食品化学新聞社　検索

YAEGAKI

■注目の発酵素材
プロファイバー®(酒粕レジスタントプロテイン)
プロファイン®(酒粕発酵エキス末)
ショウガ麹(酵素含有発酵生姜)
多穀麹®(酵素含有穀物麹)
大豆ペプチド乳酸菌発酵物
紅麹粉末(モナコリンK含有)

■機能性素材
コンドロイチン硫酸、ルテイン(水可溶型)、アスタキサンチン(水可溶型)、キトサン(かに由来)、キトサン(いか由来)、D-グルコサミン塩酸塩、アガリクス菌糸体、メシマコブ菌糸体

■天然色素
紅麹色素、クチナシ赤色素、アントシアニン系色素、コチニール色素、ラック色素、ビートレッド、トウガラシ色素、アナトー色素、マリーゴールド色素、パームカロテン、ベニバナ黄色素、クチナシ黄色素、クチナシ青色素、タマリンド色素、各種混合色素製剤、各種乳化色素製剤、その他各種色素

■天然系調味料
"低酢酸・低ヒスタミン"魚醤

優しい発酵の力

ヤヱガキ醗酵技研株式会社
〒679-4298 兵庫県姫路市林田町六九谷681
TEL (079)268-8070(代) FAX (079)268-8065 URL:http://www.yaegaki.co.jp

---

"役に立つ"って
どういうことだろう。

お客さまの役に立ちたい。コトバにするのは簡単ですが、本気で力になろうと思うなら、お客さまの声にしっかりと耳を傾けることが大切。そこから課題をみつけ、解決できる知識や経験も求められます。私たちは、医薬、食品、化学品、産業用光源の4分野を得意とする専門商社です。豊富な知識や特殊な技術情報をもとに、お客さまのニーズにピンポイントで応えられることがいちばんの強み。役に立つにはどうすればいいのだろう。私たちはこれからも問い続けます。

・酵母エキス　　　　ohly社(ドイツ・アメリカ)－食品/発酵培地用パン酵母エキス・トルラ酵母
・酵素　　　　　　　AB Enzymes社(ドイツ)－アミラーゼ・キシラナーゼ・プロテアーゼ等
・乾燥野菜　　　　　乾燥オニオン・パフキャロット・スモークパプリカ等
・ペットフード用原料　ペットフード用嗜好剤・粉末ビール酵母等

カガクする、専門商社　樋口商会
www.higuchi-inc.co.jp
株式会社 樋口商会　〒108-0075 東京都港区港南2-16-2 太陽生命品川ビル10F
TEL : 03-5479-5593　FAX : 03-5479-5676

なめらかで口どけの良いコメでん粉

コメ由来の加工でん粉でおいしさをサポートします

**エヌダルジ™ 811・812 は、
コメ由来の食感改良でん粉です**

もち米由来のエヌダルジ™ 811•812は、なめらかな食感、素早い口どけ感、優れた照りつやが特徴。
老化や加工耐性にも優れ、様々な食品に応用が可能です。

**ノベロース™ 8490 は、
コメ由来のレジスタントスターチです**

ノベロース™ 8490 はヒトの消化管で消化されないレジスタントスターチ。
食物繊維含有量はドライベースで 90％以上。
口どけに優れた、おいしい低糖質食品づくりを可能にします。

イングレディオン・ジャパン株式会社
Ingredion | Tel:03-3504-9690 | E:tokyo.info@ingredion.com

Ingredion idea labs. J25
IDEAS TO SOLUTIONS

プリ・ジュワット職人
PURI JYUWATTOSYOKUNIN

お肉をもっと、美味しく「つなぐ」。

リン酸塩不使用＆美味しさも追求したひき肉用製剤

リン酸塩を使わず、プリッとジューシーにお肉のたん白質を結着。
様々な肉加工メニューで、ワンランク上の美味しさを実現します。

カラダにオイシイ、キットイイ。
株式会社キティー

〒103-0023
東京都中央区日本橋本町1-6-1 丸柏タマビル4F
TEL：03-6457-7990　FAX：03-6457-7992